AF498395

FELDZÜGE
DES
PRINZEN EUGEN
VON SAVOYEN.
(GESCHICHTE DER KÄMPFE ÖSTERREICHS.)
XVI. BAND.
II. SERIE. — VII. BAND.

FELDZÜGE

DES

PRINZEN EUGEN

VON SAVOYEN.

(GESCHICHTE DER KÄMPFE ÖSTERREICHS.)

Herausgegeben von der

Kriegsgeschichtlichen Abtheilung des k. und k. Kriegs-Archivs.

XVI. BAND.

(MIT FÜNF BEILAGEN ZUM XVI. UND XVII. BAND.)

WIEN 1891.

VERLAG DES K. UND K. GENERALSTABES.

IN COMMISSION BEI C. GEROLD'S SOHN.

DER

TÜRKEN-KRIEG 1716—18.

FELDZUG 1716.

Nach den Feld-Acten und anderen authentischen Quellen

bearbeitet in der

Kriegsgeschichtlichen Abtheilung

von

LUDWIG MATUSCHKA

K. UND K. HAUPTMANN DES GENERALSTABS-CORPS.

II. SERIE. — VII. BAND.

WIEN 1891.

VERLAG DES K. UND K. GENERALSTABES.

IN COMMISSION BEI C. GEROLD'S SOHN.

DRUCK VON R. v. WALDHEIM IN WIEN.

Inhalt.

Anhang.

Benutzte Quellen [1]).

~~~~~~~~~~

Militärische Correspondenz des Prinzen Eugen von Savoyen 1716.

von Savoyen 1716.

(Supplement-Heft.)

[1]) Siehe XVII. Band.

a*
~~~~~~~~~~

Graphische Beilagen [1].

[1] Siehe XVII. Band.

Militärisch-politische Einleitung.

Der dreizehnjährige Krieg um das spanische Erbe des Hauses
Habsburg hatte durch die Friedensacte von Utrecht, Rastatt und Baden
den langersehnten Abschluss gefunden. In vollem Glanze erstrahlte der
Ruhm der kaiserlichen Armee, die sich unter der Führung des Prinzen
Eugen von Savoyen unvergängliche Lorbeeren gesammelt. Wenn
aber die Resultate des langen Krieges nicht im Einklange standen mit
den reichen militärischen Erfolgen, welche die kaiserlichen Heere auf
allen Kriegsschauplätzen errungen, so war dies vorzugsweise der politischen Haltung der Verbündeten des Kaisers und ihrer Eifersucht
auf seine wachsende Macht zuzuschreiben.

Ebensowenig vortheilhaft entwickelte sich die Politik in der
Epoche, welche der Beendigung des spanischen Successionskrieges
folgte. Nicht genug, dass sie es war, die den militärischen Erfolg um
seine Früchte gebracht, machte sie auch den so mühselig zustande
gekommenen Frieden unsicher und rief Bewegungen hervor, welche
das Verhältniss der europäischen Staaten zu einander zu verrücken
drohten.

Während dieser politischen Wandlungen, welche eine hohe Wachsamkeit und Beachtung nothwendig machten, stiegen schwere Wolken
eines neuen Conflictes im Oriente auf. Wieder musste man sich rüsten
zur Abwehr des Erbfeindes der Christenheit, der schon zweimal an die
Thore Deutschlands, die Mauern Wiens gepocht und die in abendländischer Cultur aufblühenden Gebiete des hartgeprüften, von den
zahllosen Kämpfen mit den Osmanen und den steten Aufständen blutgetränkten Ungarn wieder mit den Schrecken seiner Alles verwüstenden
Barbarei bedrohte.

Der kaiserliche Hof sah der Möglichkeit eines Türkenkrieges
festen Muthes in das Auge; es wurde beschlossen, den Kampf mit
dem mächtigen Gegner zwar nicht herauszufordern, ihm aber auch
nicht auf Kosten demüthigender Bedingnisse auszuweichen. Man besass
jetzt wenigstens theilweise freie Hand und konnte alle verfügbaren

Kräfte zu Gunsten eines Krieges in die Wagschale werfen, der durch die Traditionen des Hauses Habsburg und das Gebot der Selbsterhaltung seit jeher als eine heilige und gerechte Sache angesehen wurde.

Die Utrechter und Rastatter Beschlüsse hatten eigentlich niemand vollständig befriedigt; allgemeine Erschöpfung und politische Intrigue besassen ohnehin mehr Antheil an ihrem Zustandekommen, als der aufrichtige Wunsch nach einem gedeihlichen Frieden.

Zwischen den früher so eng Verbündeten, dem Kaiser, Grossbritannien und den Generalstaaten war eine tiefgehende Verstimmung zurückgeblieben, eine Aussöhnung zwischen Kaiser Carl VI. und Philipp V. von Spanien schien überhaupt unmöglich und dies allein schon hinderte die Herstellung eines vollen Friedenszustandes, wenngleich die Hauptpuncte der Beschlüsse zur thatsächlichen Durchführung gelangten.

Den grössten Gewinn hatte England gemacht, das seinen politischen Einfluss und seinen Welthandel noch mehr erweiterte und eine dominirende Macht zur See auszuüben begann. Die neu erworbenen festen Puncte im Mittelmeere gaben den Engländern ausserdem die erforderliche Stütze, um eine Orientpolitik in das Leben zu rufen, welche von nun an die stete Einflussnahme auf die Angelegenheiten des türkischen Reiches ermöglichte.

Die Generalstaaten vermochten nicht in eben demselben Masse den Lohn für ihr wankelmüthiges Verhalten im letzten Theile des Erbfolgekrieges zu ernten. Sie hatten durch ein glückliches Zusammentreffen von Umständen, lange Zeit hindurch ein grösseres politisches Gewicht ausgeübt, als es ihrer äusseren Macht entsprach, allein den rechten Augenblick verkennend und allein kaufmännischem Egoismus gehorchend, verloren sie einen grossen Theil der Achtung und der Sympathien, die man ihnen vorher gezollt und gingen aus dem siegreichen Kriege eigentlich schwächer hervor, als aus den Zeiten ihrer grössten Gefahren und schwersten Leiden.

Die wenig erfreuliche Rolle, welche das römische Reich deutscher Nation während des Krieges gespielt, behielt es während und nach dem Friedensschlusse bei. Die steifen, umständlichen Förmlichkeiten des langwierigen Badener Congresses, auf welchem so viel berathen und so wenig geschaffen wurde, hatten die Würde und das Ansehen des heiligen römischen Reiches nicht gefördert und keinen Lohn für den jahrelangen Kampf gewährt, als dessen traurige Folgen sich nur erweiterte Selbstständigkeit der deutschen Fürsten, vermehrte Loslösung von Kaiser und Reich, sichtlicher Verfall und Ohnmacht des Vaterlandes zeigten. Unter solchen Umständen war es begreiflich, dass sich der letzte Herrscher aus Habsburgs glorreichem Hause, Kaiser Carl VI., mehr den inneren Angelegenheiten seiner Erbstaaten zuwendete, welche durch die im Rastatter Frieden theilweise neu geschaffenen Verhältnisse ohnehin seine ganze Fürsorge beanspruchen mussten.

Allerdings war der grosse Plan, die getheilten Kronen des Hauses Habsburg auf einem Haupte zu vereinen, gescheitert und die Erwerbung von Flandern sowie der spanischen Provinzen in Italien konnte dafür nur eine unvollkommene Entschädigung bieten. Ueberdies wurde der Besitz der Niederlande durch den Barrière-Tractat eingeengt und die grosse Entfernung dieser sowie der italienischen Gebietstheile von den Erblanden musste jene den fortwährenden Bedrohungen und Angriffen der Nachbarstaaten aussetzen.

Spanien, nunmehr unter der Regierung des Hauses Anjou, erfuhr durch die in den Utrechter und Rastatter Beschlüssen ausgesprochene Verkleinerung die erwarteten Nachtheile nicht in dem gefürchteten Masse. Philipp V. zeigte sich zwar im Frieden ebenso schwach wie im Kriege und seinem Einflusse war es nicht zuzuschreiben, dass sich das Land rascher erholte, als man erwarten konnte. Der durch so viele Jahre auf spanischem Boden geführte Krieg war zumeist doch mit französischem und österreichisch-englischem Gelde erhalten worden und das eigentliche Kampfobject, Spanien selbst, hatte einen verhältnissmässig geringen Antheil an seinen Lasten getragen. Eines der schwersten Opfer, welche der Frieden dem Kaiser auferlegte, war die Nothwendigkeit, die treuen Catalonier dem neuen bourbonischen König preisgeben zu müssen; alle Bemühungen Carl VI., zum Schutze seiner treuen Anhänger in Spanien waren vergebliche und die Amnestie-Clausel im Utrechter Vertrag reichte nicht hin, um die Rechte jenes wackeren Volkes zu schützen. In blutigem Kampfe waren Aragon und Catalonien 1713 — 1714 endlich niedergeworfen worden, aber diese Kämpfe konnten nur dazu beitragen, den Gegensatz und die innere Feindschaft zwischen dem Kaiser, dessen Recht durch die Entreissung der spanischen Krone so tief verletzt worden und dem Bourbon, der gierig die Hand nach Allem ausgestreckt und widerwillig doch

4

Italien und die Niederlande für sich verloren sah, dauernd und unversöhnlich zu machen.

Ludwig XIV. selbst, dessen Rath und Beispiel den schwachen Enkel gestützt und geführt und der durch den Abfall Englands nun endlich aus völliger Niederlage und beispielloser Noth als der Gewinnende aus dem schweren Kriege hervorgegangen und Spanien dem Hause Bourbon erworben hatte, genoss seinen Triumph nur noch kurze Zeit.

Im Jahre 1715 beschloss Deutschlands zäher und gewissenloser Feind sein thatenreiches Leben.

Das Resultat seiner fünfzigjährigen Kämpfe war schliesslich doch nur die gänzliche Erschöpfung und der ökonomische Ruin Frankreichs, die Vernichtung des überwiegenden Einflusses, welchen die französische Politik seit hundert Jahren in Europa auszuüben verstanden hatte und die Untergrabung des historischen Rechts, des Fundamentes des Königthums selbst.

Der Tod Ludwig XIV. wurde zum Beginn einer neuen, wenig ruhmvollen Zeit für sein Land, er brachte eine Aenderung der bisherigen Politik und manche Wandlungen am politischen Horizonte Europa's.

Während der politische Zündstoff der spanischen Erbrechtsfrage trotz Utrecht und Rastatt weiter glimmte, war das nördliche Europa schon seit einem Decennium von einem Kampfe erfüllt, welcher seinen Höhepunct zwar um diese Zeit schon überschritten hatte, in seinen Wirkungen aber bald auch für die kaiserliche Politik von Bedeutung wurde, und zwar von einer Seite, welche mittelbar den denkwürdigen Krieg 1716—1718 herbeiführte.

Die Siegeslaufbahn König Carl XII. von Schweden gegen die verbündeten Russen, Sachsen und Dänen hatte in der für ihn so verhängnissvollen Schlacht von Pultawa ihr Ende gefunden. Während er, in die Türkei flüchtend, diese zum Kampfe gegen Czar Peter I. antrieb, warfen sich seine Feinde auf die schwedischen Besitzungen in Deutschland und an der Ostsee. Sie bedrohten bereits des Königs Erbland, als dieser blitzschnell und unerwartet nach Schweden zurückeilte, um den schweren Kampf nochmals selbst aufzunehmen.

Am Kaiserhofe hatte man sich dem nordischen Streite gegenüber ziemlich neutral verhalten; der spanische Erbfolgekrieg hielt ohnehin alle Kräfte in Athem und nach den Friedensschlüssen, um jene Zeit, als Carl XII. in Stralsund eintraf, erachtete es der Kaiser nicht für geboten, diesen, seine Machtsphäre kaum berührenden Ereignissen näher zu treten.

Indessen hatte man nicht vergessen, dass sich die starrsinnige Politik Carl XII. dem deutschen Reichsoberhaupte stets feindlich erwiesen, besonders im Jahre 1707, als er in Sachsen eingebrochen war und mit einem Einfalle in die kaiserlichen Staaten gedroht hatte. Und wenn man es auch nicht gerne sah, dass Russland, Dänemark und bald darnach Preussen sich auf Schwedens Kosten vergrösserten, betrachtete man dies der Gefahr gegenüber, abermals im vielgeprüften römischen Reiche neuen Krieg entzündet zu sehen, doch noch als das kleinere Uebel.

Der Verlauf des nordischen Krieges blieb auch ohne Einfluss auf die neuen kriegerischen Verwicklungen in Europa, nicht so aber Carl XII. Treiben in der Türkei, welches diesen in Erschöpfung liegenden Staat neu belebte und zu furchtbaren, gefahrdrohenden Kraftäusserungen veranlasste.

Der fünfjährige Aufenthalt des Schwedenkönigs daselbst, der sein excentrisches Wesen genugsam kennzeichnet, war nur dem einen Ziele gewidmet: die Osmanen zum Vernichtungskriege gegen seinen bestgehassten Feind, Czar Peter I., zu entflammen. Der geniale Geist des abenteuerlichen Kriegshelden beeinflusste das erschlaffte türkische Regime auch wirklich so weit, dass es, theilweise unbewusst, zu Kriegserfolgen von einer Bedeutung gelangte, wie sie ihm nie wieder in solchem Masse zu Theil wurden.

Carl XII. wirkte durch das Geld, welches ihm der Sultan selbst zu seinem Unterhalte auswarf, wie durch Intriguen, für die er nirgends ein besseres Feld finden konnte. Obgleich die Pforte aus Furcht vor dem siegreichen Czar erst im Jahre 1709 die Friedensabmachungen von Karlowitz erneuert hatte, brachte es Carl XII. durch seine unausgesetzten Bemühungen doch dahin, den Sultan sowie den ehrgeizigen Grossvezier Mehemed Baltadschi [1]) schon im Jahre 1710 zum Krieg gegen die Russen zu treiben.

Peter I., welcher inzwischen die Angelegenheiten in den, den Schweden abgenommenen Provinzen geordnet hatte und sich in der

---

[1]) Mehemed (Mohammed) Baltadschi hatte sich von der niederen Stellung eines Serailbediensteten (Baltadschi, Holzhauer) durch vielfache Intriguen allmälig zur Würde eines Oberstallmeisters im kaiserlichen Palaste aufgeschwungen und wurde unter dem Grossvezier Baltadschi Kalailikof zum Kapudan Pascha der Flotte ernannt. Als solcher wusste er seinen Gönner durch Kabalen zu beseitigen und erhielt im Jahre 1704 selbst die Würde des Grossveziers. Im Jahre 1706 gelang es seinen Feinden ihn zu stürzen und als Statthalter nach Erzerum zu schicken, jedoch

Person des walachischen Fürsten Kantemir aus dem Hause der
Cantacuzene eines Verbündeten versichert zu haben glaubte, säumte
nicht, die Herausforderung der Pforte anzunehmen. In der Hoffnung,
die unteren Donauländer zu gewinnen, zog er vom Dniester an den
Pruth, übersetzte diesen und traf bei Jassy ein. Hier verlor er, theilweise durch Verpflegsschwierigkeiten veranlasst, Zeit und sah sich im
Juli 1711 von dem weit überlegenen türkischen Heere fast ganz eingeschlossen und in hoffnungslosester Lage.

Die Vernichtung oder Gefangennahme des russischen Heeres
schien unabwendbar, nur die Klugheit Czar Peter's I. und die Käuf-
lichkeit der Türken retteten die Russen.

Vergeblich war es, dass Carl XII. persönlich in das türkische
Hauptquartier eilte, um die Friedensverhandlungen zu hintertreiben,
es war nichts mehr zu ändern. Schon war der Czar mit seinem Heere
frei, die Präliminarien des sogenannten Friedens am Pruth waren abgeschlossen, die Russen hatten Asow abgetreten, sich verpflichtet, die
in der Ukraine neuerbauten Festungen Samara, Kamienska, Tingan
zu schleifen und versprochen, ohne dass übrigens Peter I. die Absicht
hatte, dieses Versprechen auch zu halten, sich nicht weiter in die
Angelegenheiten der Polen und Kosaken einzumischen[1]).

Dieser Präliminarien und des Abschlusses eines definitiven Friedens
wegen blieben die russischen Abgesandten, der Vice-Staatskanzler Peter
Baron Schafirow und der General Graf Michael Czeremetow
als Geiseln in Constantinopel.

Die Nachricht von dem grossen Erfolge hob das Selbstgefühl
der Osmanen anfänglich nicht wenig, aber die Siegesfreude Sultan
Achmed III. wurde bald gemässigter, als er durch Carl XII. Gesandten die näheren Einzelheiten der Convention erfuhr. In Folge
dessen konnte sich auch der Grossvezier mit seinem Anhange der
russischen Geschenke nicht lange erfreuen, denen er am Pruth so
zugänglich gewesen. Er wurde seiner Stelle entsetzt und einige als
besonders schuldig betrachtete Rathgeber hingerichtet.

---

bereits 1710 wurde er durch die Gunst des späteren Grossveziers Ali, wieder an die
Spitze der Reichsgeschäfte berufen.

Er zog im Jahre 1711 in den Krieg gegen Russland, siegte am 28. Juli in
der Schlacht bei Falciu und schloss den Frieden am Pruth, welcher Peter I. und sein
Heer rettete. Wegen des hiebei geübten Verrathes wurde er abgesetzt, zuerst nach
Lesbos, dann nach Lemnos verwiesen und starb im Jahre 1712.

[1]) Hammer, Geschichte des Osmanischen Reiches. VII. Bd.

Der Sultan ernannte am 20. November 1711 den Janitscharen-Aga J u s s u f zum Grossvezier.

Indessen blieb C a r l XII., der in seinem Gesandten F u n k und in dem polnischen General P o n i a t o w s k i geschickte Vertreter bei der Pforte besass, nach wie vor unermüdlich in dem Bestreben, den Krieg zwischen der Türkei und den Russen wieder zu beleben. Im December 1711 erfolgte auch eine nochmalige Kriegserklärung an den Czar, weil dieser ungeachtet des Vertrages am Pruth seine Truppen in Polen beliess und keine Miene machte, die Festungen in der Ukraine aufzulassen.

Die in Constantinopel anwesenden russischen Gesandten wurden in das Gefängniss geworfen und selbst am Leben bedroht, jedoch gelang es auch diesmal russischem Golde, das reichlich in die Taschen der türkischen Staatsbeamten floss und der officiellen Intervention der englischen und holländischen Gesandten, Chevalier Robert S u t t o n und Graf Jacob C o l y e r, welche gemeinsam dem schwedisch-französischen Einflusse entgegen arbeiteten, am 15. April 1712 einen neuen Frieden zustande zu bringen, noch ehe die Feindseligkeiten wirklich eröffnet worden waren.

Czar P e t e r I. hielt sich indessen an den zweiten Frieden so wenig wie an den ersten und jener konnte sonach gleichfalls nicht von Dauer sein. Auch hatte C a r l XII., der übrigens den türkischen Würdenträgern bereits äusserst unbequem geworden war, doch noch so viel Einfluss beim Divan, um den Sultan immer wieder gegen Russland aufzureizen und seinem fortwährenden Drängen, sowie den Machinationen des französischen Gesandten gelang es schliesslich am 11. November 1712 eine neue, also dritte Kriegserklärung zu erlangen [1]).

Gleichzeitig wurde der russenfreundliche Grossvezier J u s s u f durch S o l i m a n P a s c h a ersetzt, die Pforte rüstete und der Sultan selbst begab sich im December mit grossem Gefolge in das Lager von Adrianopel, wohin sich auch der damalige kaiserliche Vertreter bei der Pforte, Feld-Kriegs- und Legations-Secretär Franz Anselm von F l e i s c h m a n n verfügt hatte. In der Walachei wurden grosse Verpflegsvorräthe angesammelt, im ganzen Osmanen-Reiche das Sursat fermani, die Kriegssteuer-Ausschreibung, publicirt [2]).

Noch vor Ausbruch des Krieges steigerten sich indessen die steten Differenzen mit dem in Bender weilenden Schwedenkönige

---

[1]) Bericht des kaiserlichen Internuntius in Constantinopel, Michael von Talman. H. K. R. Exp. 1712; November, 80.

[2]) Bericht des Feld-Kriegs- und Legations-Secretärs Franz Anselm von Fleischmann an den Hofkriegsrath, 31. Mai 1713. H. K. R. Exp. 1713; Mai, 350.

zu offenem Streite. Die Räthe des Sultans wollten die Abreise des Königs aus der Türkei endlich beschleunigt wissen, ein Verlangen, dem Carl XII. seinerseits mit allen Kräften widerstrebte. Es kam im Februar 1713 zu förmlichen Kämpfen zwischen den Begleitern des Königs und den Türken. Der Sultan setzte wegen des Angriffes auf die fast zu einer Festung umgewandelte Behausung Carl XII. zwar den Tataren-Khan Dewletgirai, den Mufti und später auch den Grossvezier Soliman ab, aber er fühlte andererseits zu sehr die Last des unruhigen Besuches, um eine Intervention des holländischen Gesandten Grafen Colyer nicht gerne zu benützen und die Friedensverhandlungen mit Russland wieder aufzunehmen.

Diese gestalteten sich ziemlich langwierig und boten nicht einmal Erleichterung für die russischen Vermittler Schafirow und Czeremetow und den Abgesandten des Czars, Grafen Tolstoi, welche die Pforte in der unwürdigsten Weise noch immer in dem berüchtigten Gefängnisse der sieben Thürme eingekerkert hielt.

Es brauchte lange, bis es den russischen Diplomaten nur gestattet wurde, ihre Vollmachten vorzuweisen und sich zu weiterer Unterhandlungen nach Adrianopel zu begeben. Dort fanden sich im April und Mai 1713 auch der französische und schwedische Gesandte wieder ein und von neuem schien ein diplomatisches Ränkespiel beginnen zu wollen, das noch dadurch eine besondere Illustration erhielt, dass der erst seit wenigen Monaten im Amte befindliche Grossvezier Ibrahim Chodscha plötzlich in Ungnade fiel und zuerst verbannt, schon am nächsten Tage jedoch mit der seidenen Schnur beseitigt wurde [1]).

Der gleichfalls in Adrianopel anwesende Khan der Tataren, Kaplangirai, zeigte sich im Gegensatze zu den Türken sehr kriegslustig und forderte eine Entschädigung, falls es nicht zur Erneuerung des Kampfes mit den Russen kommen würde. Die Verhandlungen gingen unentschieden einige Monate fort und schliesslich wurde der Khan mit russischem Gelde beruhigt [2]) und dem französischen Gesandten des Alleurs, welcher eifrigst gegen den Frieden arbeitete, bedeutet, Adrianopel zu verlassen. Carl XII. weilte indessen als Gefangener des Sultans in dem festen Schlosse Demirtasch und später in Dimotika, südlich Adrianopel. Er hatte jetzt jeglichen Einfluss auf die türkischen Angelegenheiten eingebüsst. Hartnäckig widerstand er zwar noch der

---

[1]) Fleischmann an den Hofkriegsrath, 27. April 1713. H. K. R. Exp. 1713; Juni, 209.

[2]) Anfangs hatten die russischen Friedensgesandten einen Tribut von jährlich 40.000 Löwenthaler zugestanden, später fand man sich mit 250.000 Thalern (500 Beutel Gold) ein- für allemal ab. H. H. u. St. A., Acta turcica, 1716.

Abreise aus der Türkei, konnte es aber nicht hindern, dass, hauptsächlich durch die Vermittlung des holländischen Gesandten Grafen
Colyer, der Friede zwischen Russland und der Pforte nun doch zustande kam [1]).

Der Günstling und Eidam des Sultans, Damad Ali, der nach
Ibrahim zum Grossvezier erhoben worden, schloss denselben am
24. Juni 1713 ab; die Stipulationen entsprachen annähernd den im
vorigen Jahre zu Constantinopel vereinbarten Bedingungen, nur die
Grenze zwischen Samara und Orel wurde neu bestimmt [2]).

Gleichsam als Nachspiel zum türkisch-russischen Kriege entwickelten sich im Jahre 1713 ernste Differenzen zwischen der Pforte
und dem Königreich Polen, welchen fast ein wirklicher Ausbruch von
Feindseligkeiten zu folgen drohte.

Es handelte sich um die Anerkennung Friedrich August II. als
König von Polen und die Regelung einiger Grenzpuncte in Bessarabien.
Carl XII. säumte nicht, als unmittelbaren Nachbarn sofort wieder
den Tataren-Khan zum Kampfe gegen das Königreich aufzuhetzen,
der auch thatsächlich einen Verwüstungszug nach Polen unternahm.

Friedrich August II. dagegen hatte schon im Winter
1712—1713 zwei Gesandte, den Palatin von Masovien, Stanislaus
Chonistowski und den Baron Franz von der Goltz nach der
Türkei gesendet, die man jedoch in Adrianopel zurückhielt, weil der
damalige Grossvezier Soliman und später Ibrahim Chodscha sich
des vertriebenen Königs Stanislaus Leszczinski, der gleichfalls
den Schutz der Pforte gesucht, anzunehmen beliebten. Der Sultan
verweigerte den Empfang der beiden Gesandten, nahm gleichfalls Partei
für Stanislaus Leszczinski und verlangte die Abtretung der
Ukraine [3]).

Im August 1713 setzte sich sogar eine türkische Armee unter
dem Seraskier Abdi Pascha, bei der sich die Anhänger Stanislaus
Leszczinski's befanden, gegen Chotin am Dniester in Bewegung.

Chotin wurde dem Vertrage von Karlowitz entgegen besetzt, mit
einigen neuen Erdwerken versehen und sollte noch im Winter verstärkt werden, um einen Stützpunct für den Krieg gegen Polen zu

[1]) Am 13. September 1713 wurden die russischen Gesandten vom Grossvezier,
am 19. vom Sultan empfangen, wobei sie die Geschenke des Czars, drei Falken,
einen schwarzen, einen weissen Fuchs, drei Zobel- und zwei Hermelinpelze, überreichten. Am 7. November wurde die Auswechslung der Ratification vollzogen.
H. H. u. St. A., Acta turcica, 1716.

[2]) Hammer, Geschichte des Osmanischen Reiches. VII. Bd.

[3]) H. K. R. Exp. 1713; Mai, 399.

bilden. Die Hoffnungen Carl XII. auf neue Unruhen und auf die Möglichkeit, darin für sich Gewinn zu finden, stiegen hoch und schienen sich zu verwirklichen, als der kaiserliche Vertreter bei der Pforte, Franz von Fleischmann[1]) im Namen des Kaisers und in nicht zu missdeutender Weise erklärte, dass dieser mit Rücksicht auf die Karlowitzer Tractate die Befestigung von Chotin und das Eindringen eines türkischen Heeres in Polen nicht dulden werde[2]).

Diese Erklärung wirkte sehr ernüchternd auf die türkische Kriegspartei und der Grossvezier selbst nahm sogleich eine conciliantere Sprache an. Die Pforte entledigte sich der schwedisch-französischen Kriegsanstifter und trat mit den beiden polnischen Abgesandten in Unterhandlung, an der sich auch der kaiserliche Vertreter Fleischmann betheiligte. Die Forderung des Grossveziers, die polnische Ukraine als Pfand des Friedens an die Türkei abzutreten, wurde jedoch von dem Obristen von der Goltz entschieden verweigert. Zudem trafen jetzt auch aus dem türkischen Lager von Chotin üble Nachrichten ein, Krankheiten waren ausgebrochen, die Soldaten liefen haufenweise davon und so blieb denn nichts anderes übrig, als den Feldzug baldmöglichst zu beenden und das türkische Heer in die Heimat zu entlassen[3]).

[1]) Anselmus Franz von Fleischmann kam im Jahre 1706 mit dem kaiserlichen Internuntius bei der Pforte, Hofkriegsrath von Quarient, als dessen Kanzleibeamter nach Constantinopel. In Folge einer Krankheit ausser Stande, mit dem ausserordentlichen Botschafter wieder zurückzukehren, blieb er bei dem kaiserlichen Minister-Residenten Michael von Talman in Constantinopel, der ihn verwendbar fand und als Privat-Secretär benützte. Als im Jahre 1711 der Krieg zwischen Russland und der Pforte ausbrach, musste Talman jemanden zum Grossvezier in das Feldlager senden und bestimmte hiezu Fleischmann, welchem auch die Aufgabe zufiel, den inzwischen eingetretenen Tod Kaiser Joseph I. der Pforte zu notificiren. Die Antwort des Grossveziers Mehemed Baltadschi überbrachte Fleischmann dem Prinzen Eugen persönlich auf den Kriegsschauplatz nach den Niederlanden. Der Prinz erwirkte ihm bald darauf die Ernennung zum Hofkriegs-Secretär. Als Michael von Talman im Jahre 1712 die Würde eines Internuntius erhielt, beliess man ihm Fleischmann als Legations-Secretär und er führte die Geschäfte der kaiserlichen Residentschaft weiter, als Talman am 9. Januar 1713 Constantinopel verlassen hatte. Am 10. März 1714 wurde Fleischmann kaiserlicher Minister-Resident, in welcher Eigenschaft er unter feierlichem Aufzuge am 7. August vom Grossvezier und am 14. August vom Sultan empfangen wurde. H. H. u. St. A., Acta turcica, 1716.

[2]) Geheime Conferenz, abgehalten am 12. Mai 1713. Instruction an Fleischmann vom 20. October 1713. H. K. R. Reg. 1713; October, 234. Er hatte der Pforte zu erklären, dass sich der Kaiser in die inneren Angelegenheiten Polens zwar nicht einmenge, aber Friedrich August II. als König anerkenne. Die Befestigung Chotins sei mit den Bestimmungen des Karlowitzer Friedens nicht vereinbar.

[3]) Fleischmann an den Hofkriegsrath, 3. November 1713. H. K. R. Exp. 1713; December, 66.

Die Verhandlungen zogen sich zwar noch bis zum Frühjahre 1714 hin, zu welcher Zeit in Constantinopel die Mittheilung von dem abgeschlossenen Rastatter Frieden eintraf und sofort eine grosse Willfährigkeit der Pforte hervorrief, den Ausgleich mit Polen zu vollenden [1]).

Am 1. October 1714 verliess endlich Carl XII. das türkische Reich. Sein fünfjähriges Wirken war an dem türkischen Wesen nicht spurlos vorübergegangen. Der Sieg gegen die Russen, der Erfolg, den die Türkei durch die zeitweise Besetzung Chotins gegen Polen errungen hatte, die Art und Weise, in welcher die verschiedenen europäischen Gesandten sich jetzt wieder um die Gunst der Pforte bewarben, dies alles hob das gesunkene Selbstgefühl in Constantinopel wieder mächtig empor. Es fehlte auch nicht an Veranlassungen und Zielen um die neu erwachende Kriegslust und die sich immer hochmüthiger gestaltenden Aspirationen zur Geltung zu bringen.

Sultan Achmed III. hatte seinerzeit nur mit grossem Widerwillen, dem Zwange weichend, den die Seemächte ausübten, die Halbinsel Morea an die Republik Venedig abgetreten. Die Türkei hatte damit nicht nur ein bedeutendes Stück Landes verloren, sondern Venedig auch die Möglichkeit gegeben, die Entwicklung ihrer Seemacht empfindlich einzuschränken. Die Republik konnte, wenn sie ihre maritimen Streitkräfte genügend verstärkte und die festen Plätze und Häfen des Landes versicherte, zur gebietenden Rolle im griechischen Archipel gelangen. Der Signoria zu Venedig fehlte freilich der weitsehende Blick, welcher sonst grossen Handelsvölkern eigen ist. Berauscht von den bisherigen Erfolgen, dabei finanziell erschöpft und zu weiteren Opfern nicht geneigt, gab sich Venedig träger Ruhe hin, aus der es jetzt plötzlich unsanft genug aufgerüttelt werden sollte.

Die ruhmvollen Traditionen des tapferen Eroberers von Morea, Morosini, waren der alternden Republik gänzlich abhanden gekommen; eine verworrene Politik beraubte den Staat allen Ansehens nach Aussen. Die Flotte, einst der Stolz Venedigs und die Vorbedingung seiner Grösse, wurde vernachlässigt; es fehlte ebenso an tüchtigen Führern wie an ergebenen Soldaten. Das Hauptbestreben richtete sich auf die

---

[1]) Am 19. April 1714 hatte Fleischmann Audienz beim Grossvezier, um ihm den zwischen dem Kaiser und Frankreich geschlossenen Frieden mitzutheilen. Diese wichtige Nachricht hatte die Wirkung, dass die polnischen Minister schon am 22. April zum Grossvezier berufen, die noch strittigen Puncte verglichen und die Friedens-Tractate gefertigt, sowie auch gleich gegen einander ausgewechselt wurden. H. H. u. St. A., Acta turcica, 1716.

Besserung der finanziellen Schäden des Krieges, die so nothwendigen Vertheidigungsanstalten in Morea unterblieben oder wurden vernachlässigt, die Befestigungen, noch von der Türkenzeit her wenig entsprechend, verfielen ganz, die Besatzungen waren unzureichend, schlecht bezahlt und mangelhaft ausgerüstet. Bei den Söldnern der Republik war auf besonderen patriotischen Sinn ohnehin nicht zu rechnen und die Truppen sonach unter misslichen Verhältnissen auch noch unzuverlässig überhaupt.

Diese Engherzigkeit und Sorglosigkeit wurde für Venedig verhängnissvoll, sie beraubten es der grossen Erfolge des Karlowitzer Friedens.

Der Grossvezier Damad Ali Pascha hielt den richtigen Augenblick für gekommen, um der Republik das kostbare Pfand, dessen Verlust man in der Türkei nie hatte verschmerzen können, wieder abzunehmen.

Im Mai 1714 war der venetianische Gesandte (Bailo) bei der Pforte, Mocenigo, durch den Cavaliere di Memmo ersetzt worden und dieser Wechsel gestattete es den türkischen Staatsmännern in immer steigendem Masse ein unfreundliches Verhalten gegen die Republik anzunehmen, das endlich völlig den Charakter der Feindseligkeit gewann. Die weite Entfernung Morea's machte es noch wehrloser, als es durch die Vernachlässigung der Vertheidigungsanstalten ohnehin bereits geworden war. Auswärtige Hilfe konnte niemand bringen und die Türken erwarteten mit Recht einen raschen und vollständigen Erfolg.

Um die Venetianer in Sicherheit zu wiegen, liess der Grossvezier das Gerücht eines Kriegszuges gegen Malta ausstreuen, während er die Rüstungen mit Energie betrieb. Es wurden 60 grosse Kriegsschiffe, 36 Galeeren, 100 Galeoten, 150 Felucken für Transporte hergestellt und ausgerüstet [1] und das Arsenal in Tophane vollauf beschäftigt. Den Krieg selbst erklärten der Mufti und die Ulemas als heilige Sache und aus allen Theilen des Reiches zogen Hilfscontingente herbei.

Es handelte sich nur noch darum, einen Vorwand zum Kriege zu finden und dies gelang leicht. Verschiedene Plackereien zur See, namentlich die venetianischerseits erfolgte Wegnahme eines Schiffes, das den Harem eines türkischen Grossen barg, wurden der nächste

---

[1] Der Grossvezier betrieb persönlich eifrig diese Ausrüstungen, er fand sich, nach Fleischmann's Berichten, jeden zweiten Tag im Arsenal ein.

Anlass. Die Beschwerde der Pforte, dass Venedig im letzten Kriege der Türkei gegen Russland die von letzterem aufgewiegelten Montenegriner mit Waffen und Munition versorgt habe, bildete eine weitere Begründung. Trotzdem währte es ziemlich lange, bis der venetianische Senat die Gefahr, in der sich Morea befand, erkannte. Man machte nun freilich einige Anstrengungen zur Erhaltung des Friedens und wandte sich an den Kaiser, sowie an andere Mächte, um militärische Hilfe oder wenigstens Miethtruppen zu erlangen, aber in Stambul fiel bereits der Schleier, am 8. December 1714 erging die Kriegserklärung an die Republik, in welcher man die Rückeroberung von Morea und jene der übrigen venetianischen Erwerbungen aus der Zeit des letzten Krieges rundweg als den Zweck und das Ziel des „heiligen" Kampfes erklärte. Der Bailo der Republik, Cavaliere M e m m o. wurde in einem der Thürme, „wo sonst die Mörder hingehören", gefangen gesetzt [1]).

Der kaiserliche Minister-Resident hatte sich wohl alle Mühe gegeben, um den verderblichen Krieg abzuwenden [2]), aber der Grossvezier, welcher auch den unzufriedenen Janitscharen Beschäftigung geben wollte, liess sich durch die gütlichen Vorstellungen F l e i s c hm a n n's nicht mehr beeinflussen. Mit grösster Bestürzung sahen die Venetianer jetzt die Kräfte des türkischen Reiches sich gegen Morea in Bewegung setzen, bald konnten die Türken in der Adria erscheinen und voll Besorgniss wandte sich nunmehr auch Papst C l e m e n s XI. [3])

---

[1]) Bericht des Minister-Residenten Franz von Fleischmann an den Hofkriegsrath, am 24. December 1714 in Wien eingelangt. Der Bailo wurde zuerst in Constantinopel in ein Gefängniss gesteckt, später, als der Krieg begann, im Castell Abydos in den Dardanellen festgesetzt, wo ihm als Aufenthalt ein finsteres Gemach („so man Karli Kuju oder Blutbrunnen nennt") zugewiesen war. Erst im Juli 1715 wurde er losgelassen und aus dem türkischen Reiche abgeschafft. H. H. u. St. A., Acta turcica, 1716.

[2]) In der Audienz beim Grossvezier, welche Fleischmann am 10. November 1714 erhielt, stellte er vor, dass der kaiserliche Hof von den Kriegsabsichten der Türkei unterrichtet sei und zwar nicht die Ursachen derselben wisse, aber zu einer friedlichen Vermittlung bereit stehe. Der Grossvezier war hierüber, wie Fleischmann berichtete, gleich „in Rage" gefallen und hatte vorgewendet, die Venetianer hätten den türkischen Unterthanen so viel Unbill angethan. Als der kaiserliche Minister-Resident auf die Aufzählung von Thatsachen drang, wollte der Grossvezier mit der Farbe nicht heraus, bedeutete ihm „mit grösserer Furie", dass man sich vom Kriege mit Venedig nicht abwendig machen lasse und alle diejenigen, welche der Republik beistehen würden, auch bekriegen werde. Fleischmann aber, bemerkte der Grossvezier drohend, möge sich hüten und das frische Beispiel der russischen Gesandten im Gedächtniss behalten. H. H. u. St. A., Acta turcica, 1716.

[3]) Clemens XI. (Giovanni Francesco Albani) wurde 1690 Cardinal, 1700 zum Papst erwählt und starb 1721. Während des spanischen Successionskrieges nahm er politisch in ausgesprochener Weise die Partei Frankreichs, wurde indessen 1709 doch zur Anerkennung Carl III. veranlasst. Er blieb jedoch im übrigen seiner

14

nach Wien, um den Kaiser zu einer bewaffneten Intervention zu vermögen.

Die grossen Rüstungen der Türkei und die Kriegserklärung an die Republik Venedig hatten übrigens auch die kaiserlichen Minister in Unruhe versetzt. Es galt nicht so sehr das Wohl Venedigs, welches durch sein schwankendes, oft feindseliges Verhalten während des spanischen Successionskrieges das Misstrauen und die Abneigung der kaiserlichen Regierung in hohem Grade verdient hatte, als vielmehr die Gefahr, dass das mit so schweren Opfern besiegte Osmanenthum neuerdings mit allen seinen Schrecken wieder die Marken der Habsburgischen Monarchie bedrohe.

Fleischmann erhielt daher den Auftrag, auf Grund des zwischen dem Kaiser und Venedig bestehenden Garantievertrages bei der Pforte die Vorstellungen mit grösserem Nachdrucke fortzusetzen.

Der kaiserliche Hof war noch keineswegs geneigt, es schon zum Aeussersten kommen zu lassen und es wurde im Gegentheil auf Anrathen des Prinzen Eugen beschlossen, durchaus nicht sofort und förmlich für die Republik Partei zu ergreifen, sondern die Sache so lange als möglich hinzuhalten. Der Prinz schrieb denn auch in seinem Vortrage vom 23. Januar 1715 an den Kaiser[1]):

„Wenn bemeldte Republik (Venedig) eine wirkliche Hilfeleistung ansinnen und sich auf das foedus Sacrum berufen würde, in Ansehung des durch den vorgewesenen, langwierigen französischen Krieg erschöpften Aerarii allerseits gebrechenden Kriegsgeräthschaften und nicht einmal zulänglich vorhandenen Truppen alles anzuwenden wäre, wodurch die Ruptur der Pforte mit Venedig derzeit abgehalten werden möge. Dafern jedoch solches nicht mehr zu hintertreiben sein dürfte, E. k. M. weder wegen der Ihnen aus dem foedere Sacro zukommenden Verbindlichkeit noch ex ratione status sich von der wirklichen Beitretung wohl entziehen könnten und derenthalben für nöthig erachtet worden, dass von der Stunde an alle mögliche Gegenverfassung und Disposition zu machen, zu einer Thätigkeit hingegen eher nicht zu schreiten wäre, bis man sich nicht vorläufig mit der Republik Venedig, was sie ihresorts unternehmen und wie selbe den zu ihrer Defension

Gesinnung gegen das Haus Habsburg treu und spielte auch zur Zeit des Türkenkrieges eine sehr schwankende Rolle, indem er die durch den Cardinal Alberoni vertretenen Aspirationen Philipp V., auf die Wiederbesitznahme der spanischen Provinzen in Italien unterstützte, was bis zum Tode des Papstes ein gespanntes Verhältniss mit dem Kaiser verursachte.

[1]) Vortrag des Hofkriegsraths-Präsidenten an den Kaiser am 30. Januar 1715. H. K. R. Exp. 1715, Januar, 466.

eintretenden Krieg mitführen und souteniren könne, verlässlich einverstanden habe, damit nicht alles auf E. k. M. allein falle und beinebens das Königreich Polen zu der ihm ex praefato foedere zukommenden Concurrenz gezogen, auch zu solchem Ende von erwähnter Republik tanquam parte aggressa sowohl bei dem König als Sr. Päpstlichen Heiligkeit die Nothdurft vorgekehrt werde."

Am 24. December 1714 brachte der orientalische Courier die Nachricht von der erfolgten Kriegserklärung der Pforte und der Gefangensetzung des Bailo nach Wien. Schon am 9. Januar 1715 formulirte der venetianische Gesandte Cavaliere Pietro Grimani [1]) in mündlicher Audienz bei dem Prinzen Eugen die seitens der Signoria vom kaiserlichen Hofe erwarteten guten Dienste. Hiernach sollte:

1. Der Resident Fleischmann auf Grund der durch den „heiligen Bund" bestehenden Verpflichtungen seine Intervention bei der Pforte kräftig fortsetzen und

2. erklären, dass falls die Versuche zur Erhaltung des Friedens erfolglos blieben, der Kaiser eine starke Diversion gegen die Türken veranstalten werde.

3. Würde die Republik eine Flotte von dreissig Kriegsschiffen, vier Galeassen und vierundzwanzig Galeeren ausrüsten und gegen Morea auslaufen lassen, 20.000 Mann zu Land in Venedig und 10.000 Mann in Dalmatien stellen. Zu letzterem Contingent sollte der König von Polen 4000 Mann beitragen und für diese der Kaiser den freien Durchzug gestatten.

Prinz Eugen konnte diese vorschnellen Bemühungen des venetianischen Gesandten nicht billigen. Hinsichtlich des ersten Punctes rieth der Prinz, bei dem bisherigen Verhalten zu verharren, weil man verbindern müsse, vor der Zeit und unvorbereitet in einen Krieg verwickelt zu werden. Fleischmann solle auf dem Wege freundschaftlicher Vermittlung bleiben, könne aber immerhin einfliessen lassen, dass bekanntermassen der Kaiser zur Zeit des Karlowitzer Friedens-

---

[1]) Pietro Cavaliere Grimani, einer der ersten Familien der Republik entstammend, war im Jahre 1677 geboren; im Jahre 1707 wurde er zum Savio di terraferma (Verwaltungsbeamter) erwählt, ging 1710 als Botschafter nach England und kam 1713 in dieser Eigenschaft an den kaiserlichen Hof nach Wien. Klug und voll staatsmännischer Begabung, gelang es ihm ein gutes Einvernehmen zwischen dem Kaiser und der Republik herzustellen und 1716 das Schutz- und Trutzbündniss zustande zu bringen. 1719 wurde er Procurator von S. Marco, 1741 zum Dogen erwählt und starb als hochbetagter Greis am 7. März 1752.

schlusses mit dem Königreiche Polen und der Republik Venedig zur Aufrechthaltung des ewigen Friedens und gegenseitigen Schutzes ein Bündniss geschlossen habe, welches noch bestehe und daher ein Theil der Alliirten ohne die anderen nicht wohl angegriffen werden könne.

Es würde, hiess es in der Instruction für den Minister-Residenten Fleischmann [1]), der Grossvezier selbst beurtheilen können, dass der Kaiser einerseits der Sache sich anzunehmen verbunden sei, andererseits möge aber die angebotene freundschaftliche Vermittlung und „billige Satisfactionsverhelfung" als Beweis des Bestrebens angesehen werden, mit der Pforte in gutem Einvernehmen, wie seit dem Karlowitzer Frieden, fortzuleben. Was den zweiten Punct des venetianischen Memoires anbetraf, war der Prinz der Ansicht, dass die Angelegenheiten Morea's mit den Verpflichtungen des „heiligen Bundes" nicht so ohne weiteres zu vermengen seien und dem Botschafter Grimani zu bedeuten wäre, wie ungern der Kaiser die Kriegserklärung vernommen und nur mit Rücksicht auf die bestehende Defensiv-Allianz seine Vorstellungen am türkischen Hofe angebracht habe. Erst wenn dies fruchtlos bliebe, könne die Tripel-Allianz unter bestimmten Bedingungen erneuert und auch der Papst zum Beitritte aufgefordert werden. Was schliesslich den Durchzug polnischer Truppen anbelange, so müsse derselbe mit Rücksicht auf die Consequenzen und weil diese Erlaubniss von der Türkei als eine directe Feindseligkeit aufgefasst würde, abgelehnt werden.

Wenn übrigens der Prinz in kluger Voraussicht und mit gewissenhafter Erwägung des unfertigen und geschwächten Kriegswesens eine dilatorische Politik für die angemessenste erklärte, so säumte er doch nicht, auf Grund der in der „geheimen Conferenz" vereinbarten Grundsätze, durch einen ausführlichen Vortrag vom 3. Februar 1715 bei dem Kaiser die Beischaffung aller zu einem Kriege erforderlichen Mittel zu beantragen und die Detail-Vorschläge des Hofkriegsrathes vorzulegen [2]).

Er wünschte dabei die militärischen Vorbereitungen noch thunlichst geheim gehalten zu sehen, um den Argwohn der Pforte nicht zu früh zu erwecken.

Die Vorschläge des Prinzen fanden die volle Genehmigung des Kaisers.

---

[1]) Beilage zum alleruntertänigsten Vortrage des Prinzen vom 23. Januar 1715. H. K. R Exp. 1715; Januar, 466.

[2]) Siehe Supplement Nr. 1, Anhang Nr. 1 und 2.

Angesichts der Kriegsgefahr konnte sich in Wien aber auch niemand einer Täuschung über die Schwierigkeiten der Lage hingeben, die umso grösser waren, als der kaiserlichen Regierung keine einzige kräftige Allianz in Aussicht stand. Obwohl erst dreissig Jahre verflossen waren, seit die Osmanen verheerend bis an die Pforten Deutschlands vorgedrungen und der Schrecken von damals noch in hinreichend frischem Erinnern sein musste, zeigte sich doch nirgends Bereitwilligkeit, dem Kaiser in der Abwehr einer ähnlichen neuen Gefahr beizustehen. Man konnte nicht einmal mit voller Sicherheit auf eine wohlwollende Neutralität aller europäischen Mächte rechnen.

Es wurde indessen versucht, um wenigstens gegen Spanien und Frankreich gesichert zu sein, eine neue Allianz mit England und Holland im Sinne einer Garantie des gegenseitigen Besitzstandes einzuleiten. Auch mit der Krone Polen sollte man nach der Meinung des Prinzen in Unterhandlungen treten, um König Friedrich August II. zu bewegen, im Falle der Nothwendigkeit mit einer Armee in das Feld zu rücken, allein die inneren Unruhen in diesem Reiche boten wenig Aussicht, zu einem festen Bündniss zu gelangen, obgleich Prinz Eugen den kaiserlichen Minister-Residenten am Hofe König Friedrich August II., Freiherrn von Martels, stets antrieb, für die Mitwirkung Polens thätig zu sein [1]).

Auf den Erfolg einer Aufforderung an Russland glaubte der Prinz nicht rechnen zu können. Er berichtete hierüber dem Kaiser [2]):

„Nebstdem hat man auch gar wohl erkannt, dass der Türkenkrieg, jemehr die ottomanische Macht zertheilt wird, desto leichter und vortheilhafter zu führen sei, folgbar die Accession des Czar in Moskau einen grossen Vorschub geben könnte. Nachdem aber zu besorgen steht, dass selber bei Ansuchung seiner Allianz sich kostbar machen und Euer kaiserl. Majestät viel Beschwerlichkeiten einzudingen suchen dürfte, so ist anständiger zu sein geglaubt worden, dass ihm, Czar, dermalen dieses Krieges halber nichts einzudingen, sondern vielmehr zu erwarten sei, dass selber bei dessen ersehendem Fortgang aus Veranlassung seines eigenen Interesses von selbst beitreten werde, weil nicht zu zweifeln, dass der erwähnte Czar allein seine eigene Convenienz beobachten und ausser solcher sich in nichts einlassen wird. Mithin kann mit selbem bei eigener freiwilliger Angebung viel leichter, als wenn er zur Beitretung ersucht würde, zu Euer kaiserl. Majestät Vortheil zu handeln und zu schliessen sein.“

---

[1]) Supplement Nr. 34.

[2]) Eugen an den Kaiser, 21. April 1715. H. K. R. Exp. 1715, Mai.

Eine materielle Beihilfe hoffte man nur von Seite des Papstes von einer Besteuerung der Geistlichkeit, dem „Decimae Cleri pro toto tempore belli", erwarten zu können, welche auch nur der Papst anordnen konnte und die ausser den Erblanden, in Italien und den Niederlanden ausgeschrieben werden sollte.

Am 11. Mai.1715 erschienen als venetianische Botschafter der ausserordentliche Gesandte Morosini mit dem bisherigen Vertreter Grimani in der geheimen Conferenz, welche unter dem Vorsitze des Prinzen Eugen im Beisein des Fürsten Trautson, des österreichischen Hofkanzlers Grafen von Sinzendorff und des Hofkammer-Präsidenten Grafen Gundacker Starhemberg stattfand [1]).

Der Prinz erwähnte der vergeblichen Vermittlungsversuche des Minister-Residenten in Constantinopel; er hob hervor, dass wegen der weiteren Vorkehrungen, welche der „heilige Bund" nunmehr zu treffen habe, auch der König von Polen und der Papst gehört werden müssten. Die Venetianer, zum Abschluss einer bestimmteren Allianz drängend, betonten, dass die Republik ihre Hauptstärke in der Kriegsflotte besitze, welche, ohnehin schon ansehnlich, auch durch die Hilfeleistung des Papstes und des Malteser-Ritterordens verstärkt werden könne. Zur See werde man daher, selbst wenn die venetianische Flotte schwächer als die türkische sei, gewiss ein Uebergewicht erlangen. Venedig sei zwar auch zur Vertheidigung des festen Landes in guter Verfassung und die Plätze wohl bewehrt, doch müsse man zu Lande die Operation allerdings den Alliirten überlassen. Die Republik habe beabsichtigt, durch Anwerbung polnischer und württembergischer Truppen eine Landmacht von 20.000 Mann aufzubringen, aber die Verhandlungen seien noch nicht entsprechend weit gediehen.

Diese Versicherungen entsprachen wenig der Wahrheit. Der Prinz wies sofort mit Bestimmtheit nach, dass Venedig weder in Morea noch in Dalmatien, noch auf der Terraferma des venetianischen Gebietes eine nennenswerthe Streitmacht besitze und dass im Falle eines Krieges der Kaiser daher allein die gesammte Türkenmacht zu bekämpfen haben werde. Er ging in dieser Conferenz auch bald auf den Kernpunct der Sache über und erklärte, dass bevor der Kaiser sich zu einem entscheidenden Schritte für die Republik entschliesse, die Bundesgenossen eine gewisse Garantie für die entfernteren kaiserlichen Nebenländer übernehmen müssten, wobei zunächst der italienische Besitz in Betracht komme. Wenn der Kaiser seine Hauptarmee in

---

[1]) Prinz Eugen an den Kaiser, 16. Mai 1715. H. K. R. 1715; Mai, 448.

Ungarn versammle, so seien Neapel und Mailand auf sich selbst angewiesen und es scheine nur recht und billig, wenn Venedig und der
Papst, für die der Kaiser das Schwert ergreife, sich zum Schutze
seiner unvertheidigten italienischen Gebiete verpflichteten. Die venetianischen Gesandten zeigten sich durch dieses Ansinnen wenig befriedigt; sie hielten sich zu nicht mehr autorisirt, als zur Erneuerung
der Allianz auf Grund des „heiligen Bundes" vom Jahre 1684, ohne
zu beachten oder beachten zu wollen, dass jener Bund unter Voraus-
setzungen entstanden war, welche nun nicht mehr zutrafen.

Es verging einige Zeit, bis die Gesandten neue Instructionen erhielten; eine Verzögerung, die ganz den Wünschen des Prinzen
entsprach, welcher zu den Rüstungen so dringend Zeit bedurfte.

Auch die Türken suchten Zeit zu gewinnen.

Wohl wissend, dass man am kaiserlichen Hofe einem Angriffe
auf den Besitz Venedigs nicht gleichgiltig zusehen werde, hatte sich
der Grossvezier Ali entschlossen, einen eigenen Gesandten in der
Person des Mutiferrika Ibrahim Aga mit Friedensversicherungen
nach Wien zu senden. Am 5. Januar 1715 ging dieser von Constantinopel ab; aber er verlangsamte seine Reise, damit, wie der
Minister-Resident von Fleischmann[1]) berichtet, „die venetianische
Angelegenheit in suspenso bleibe, bis die Türken in Morea eingedrungen
und dem Kaiser für dieses Jahr nichts mehr zu thun übrig bleibe".

Erst am 2. Mai traf Ibrahim in Wien ein und wurde am
13. Mai 1715 vom Prinzen Eugen feierlich empfangen[2]). Der Prinz
nahm hiebei das Schreiben des Grossveziers, in welchem das Ansinnen

---

[1]) Vom Jahre 1715 im H. H. u. St. A. (Acta turcica), und zwar vom 5.,
29. Januar, 12. Februar, 8., 26. März, 7., 28. April, 9. Mai, 3., 30. Juni, 18. Juli,
8., 11. August, 25. October, 9., 17. November, 3., 13., 21. December.

[2]) „Zum Empfange sass der Prinz unter einem rothsammtenen mit goldenen
Borden verbrämten Baldachin auf einem rothsammtenen Rücken- und Armsessel, in
einem rothen mit Gold gestickten Kleid, mit bedecktem Hut; auf der rechten Seite
waren Ihro Excellenzen der Hofkriegsraths-Vicopräsident sammt dem löblichen Hofkriegsrath nach dem Range und auf der linken Seite der geheime Referendarius
gestanden. Sobald der Aga Ihro Durchlaucht sitzend sah, machte er seine Ceremonien
mit dreimaliger Berührung des Bundes (Turban) und überreichte demselben sein
Creditiv stehend, welches auch Ihro hochfürstliche Durchlaucht stehend, den Hut ein
wenig abnehmend, solches dem kaiserlichen Herrn Referendario sogleich einhändigte,
alsdann aber sich allsogleich wieder niedergelassen und ihm, Aga, mit der Hand das
Zeichen gegeben, auf einem zurückgestellten, rothsammtenen Rücken-Lehnsessel sich
niederzusetzen. Ihro hochfürstliche Durchlaucht hatten hierauf mit ihm, Aga, eine Zeit
geredet. Ueber welch' alles der Aga sich beurlaubt und sich nach der Thür kehrte,

an den Kaiser gestellt wurde, wie im letzten russischen Kriege auch
bei dem ausgebrochenen Streite mit Venedig keine Partei zu ergreifen,
entgegen.

Inzwischen war auch Fleischmann in Constantinopel thätig
gewesen. Vorsichtsweise hatte er schon am 12. Februar 1715 in Wien
gebeten, man möge den Aga nicht früher von dort weglassen, bevor
nicht seine eigene Abberufung und sichere Abreise erfolgt sei [1]). Er
nahm nun am 1. März eine Audienz beim Grossvezier, um demselben
neuerdings und noch vor Ausbruch der Feindseligkeiten, die „freundlichen Officii des Kaisers zur Hinderung des Krieges und Vergiessung von so viel Menschenblut" anzutragen.

Trotzdem der Resident kluger Weise zuerst von der nothwendigen
Genugthuung für die Türken und dann erst von dem „ewigen Bunde"
sprach, fuhr der Grossvezier doch heftig auf, fragend, ob man den
Krieg oder Frieden haben wolle [2])? Die Türkei, erklärte er, werde sich
an Vermittlungs-Verhandlungen nicht kehren; man habe geschworen,
die Unbill zu rächen, welche Venedig verübt und die an die Republik
abgetretenen Länder wieder zu gewinnen. Es sei verlorene Mühe, auch
wenn der Kaiser selbst schreiben, oder eine Gesandtschaft schicken
würde, der Krieg sei nicht mehr zu verhindern und das Einzige, was
dem Wiener Hofe zu thun übrig bleibe, sei das Bemühen, die Venetianer zu rascher und freiwilliger Räumung Morea's zu bestimmen. Dem
Hohne fügte der Grossvezier noch die Drohung bei, man werde die
widerspenstigen Ungarn gegen den Kaiser unterstützen.

Würdig entgegnete Fleischmann, er wisse nur von gehor-
samen Unterthanen seines Herrn, nicht von widerspenstigen und der
Grossvezier schloss endlich seine geharnischte Rede mit der drastischen

---

da ihn dann die Seinigen wieder gebräuchlichermassen unter die Arme nahmen,
worauf Ihro hochfürstliche Durchlaucht den Hut abgethan und sich zu der hohen
Versammlung gewendet. Nachdem wurde der Aga wie anfänglich von den zwei
Herren Kriegskanzlei-Verwandten bis an die erste Stufe der Stiege wieder begleitet,
über welche sich derselbe ferners in die Kutsche, sofort mittels voriger Ordnung in
sein Quartier begaben, daselbst namens Ihrer hochfürstlichen Durchlaucht sammt
seinem ganzen Gefolge auf das Herrlichste gastirt worden." (H. H. u. St. A., Acta
turcica.)

[1]) Auch Prinz Eugen schlug in einem Vortrage vom 21. April (H. K. R.
Exp. 1715; Mai, 410) vor, „dass der künftige Wochen allhier in ablegatione erwartete
Ibrahim Aga unter allerhand unbedenklichen Vorwänden einige Wochen aufzuhalten
und bei fürgehender Ruptur anders nicht als gegen Zurückstellung des Residenten
Fleischmann und seiner beihabenden Suite in das türkische Reich entlassen werden
solle".

[2]) Der Minister-Resident von Fleischmann an den Hofkriegsrath, 8. März 1715.
H. H. u. St. A., Acta turcica, 1715.

Bemerkung, die Pforte werde „Alle, die ihr etwas in den Weg legen, gleichmässig auf den Kopf schlagen“.

Fleischmann berichtete hierüber am 8. März 1715 [1]), „dass wahrhaftig der durch die Pruthische Begebenheit unerträglich aufgeblasenen Pforte, wie ich es schon im verflossenen Monate October berichtet, Intention sei, alle die im letzten Krieg verlorenen Länder zu reoccupiren und sobald sie mit Venedig fertig, auch Ungarn zu attaquiren, wobei er, Grossvezier, so oft ich ihm vom Karlowitzischen Frieden (welchen er seinerseits niemals nennen, noch gleichsam hören wollte), Meldung gethan, durch seine Geberden so viel angezeigt, als hätte er wider diesen, dem ottomanischen Reiche nachtheiligen Karlowitzer Frieden einen grossen Abscheu und trachte selbigen auf einen anderen Fuss zu setzen“. Da die Pforte alle Vermittlung zurückweise und ein „Universalkrieg“ bevorstehe, bat Fleischmann neuerdings um seine Abberufung. Es wäre Zeit, meinte er, sich in Kriegsverfassung zu setzen, „wie eben auch die verschiedenen Vertreter und namentlich der französische, der Pforte fortwährend mit nachtheiligen Angaben über den Kaiser und das Reich in den Ohren lägen“.

In der ersten Hälfte März 1715 rückten die osmanischen Truppen von Constantinopel nach Adrianopel, dem gewöhnlichen Sammelplatze der Armee ab. Der Sultan folgte mit der „Fahne des Propheten“, die er am 11. März dem Grossvezier übergab. Am 20. März lief die Flotte, bestehend aus 42 Kriegsschiffen, aus.

Fleischmann folgte dem Sultan nach Adrianopel, musste jedoch hier zurückbleiben, trotzdem er sich darauf berief, dass er bei der Person des Sultans selbst beglaubigt, daher in dessen Nähe zu verbleiben verpflichtet sei.

Während der Sultan unter Bedeckung von 800 „miserablen“ Spahis und einer Janitscharen-Oda von 5—600 Mann in einem, im Rhodope-Gebirge gelegenen Orte, die Ereignisse abwartete, rückte der Grossvezier, nachdem die schwere Artillerie und die Verpflegsvorräthe von der Flotte auf Negroponte ausgeschifft worden waren, am 22. April von Salonichi nach Larissa, wo längere Rast gehalten wurde und brach am 20. Mai nach Thiva (Theben) auf, von wo aus, theils durch Uebergabe von Seite der Venetianer, theils mit stürmender Hand die festen Plätze von Morea genommen wurden. Der Kapudan Pascha eroberte die Inseln Tino und Cerigo und Ende August, nach 101tägigem Feldzuge, sahen sich die Türken im Besitze von ganz Morea.

---

[1]) H. H. u. St. A., Acta turcica, 1715.

In Constantinopel feierte man die kriegerischen Erfolge mit Festen und selbst der kaiserliche Gesandte, so schwer es ihm ankam, musste sich bei einer zehn Nächte lang währenden Illumination betheiligen.

Am 20. November 1715, nach erfolgter Rückkehr des Grossveziers, hatte Fleischmann eine Unterredung mit demselben in Adrianopel, in der er die Ueberzeugung gewann, dass Ali Pascha, obwohl sich in Friedensversicherungen ergehend, im Jahre 1716 einen Krieg mit dem Kaiser bestimmt erwarte. Er zeigte sich in Kenntniss der Rüstungen in den kaiserlichen Landen, die er aus den holländischen und französischen Zeitungen und durch die Mittheilungen der Gesandten der Westmächte in Constantinopel gewonnen hatte. Vermittlungsvorschläge zu Gunsten Venedigs waren somit, wenigstens von Seite des Kaisers, ganz aussichtslos geworden [1]).

Die Pforte war entschlossen, die bisher erlangten Vortheile auszunützen, den Krieg nach Dalmatien, vielleicht selbst nach Italien hinüber zu tragen. Dass sie sich nicht gleich der griechischen Inseln bemächtigte, war nach der Meinung Fleischmann's ein Fehler ihrerseits; Corfu hatte im Sommer 1715 nur 500 Mann Besatzung, und unter den Venetianern herrschte solche Bestürzung, dass die Türken wirklich nur zu erscheinen brauchten, um alles in Besitz zu nehmen.

Die Pforte wusste wohl, dass der Kaiser den Venetianern schliesslich seinen Beistand nicht versagen werde, aber sie fühlte sich stark genug, es auch mit dem mächtigeren Gegner aufzunehmen. Sie sah sich in ihrem Selbstvertrauen unterstützt durch die Stimmung des Volkes in Constantinopel, das in wildem Uebermuth sogar das Leben des kaiserlichen Minister-Residenten bedrohte [2]).

---

[1]) Am 24. December 1715 war der englische Botschafter Mr. Sutton beim Grossvezier in Audienz und trug ihm die guten Dienste Englands in der venetianischen Angelegenheit an; der Grossvezier lehnte sie mit dem Bemerken ab, es sei nicht mehr Zeit, darauf zu reflectiren, man werde den Krieg gegen Venedig mit aller Kraft fortsetzen. Auch der holländische Botschafter Graf Colyer berief sich auf seiner Regierung langjährige Freundschaft mit der Pforte und versprach bei einer Vermittlung das Interesse und den Vortheil der Pforte bestens zu fördern, was der Grossvezier zwar dankend anhörte, ohne dass jedoch der holländische Gesandte, der keine Vollmacht von Seite Venedigs besass, irgendwelche Vermittlungsversuche wirklich unternehmen konnte. Bericht Fleischmann's vom 12. Januar 1716. H. H. u. St. A., Acta turcica, 1716.

[2]) Am 9. Januar 1716 sammelte sich ein aufgeregter Volkshaufe vor der Wohnung des Minister-Residenten und drang in dieselbe ein. Nur durch einen Zufall gelang es dem Gesandten, sich, und mit Hilfe einer herbeikommenden Wache auch sein Haus zu retten. Bericht Fleischmann's vom 12. Januar 1716.

Am 6. Februar 1716 wurde Fleischmann vor den Grossvezier berufen. Die Krisis nahte. Ali Pascha eröffnete dem Minister-Residenten, dass die Berichte der Paschas von Belgrad und Temesvár übereinstimmend Kriegsvorbereitungen kaiserlicherseits in Ungarn und Siebenbürgen gemeldet. Die Pforte sehe sich veranlasst nachzuforschen, zu welchem Zwecke so grosse Rüstungen bewirkt würden, da doch von Seite der Türkei ein Friedensbruch nicht beabsichtigt werde.

Fleischmann bemühte sich im Sinne seiner Instruction, die Befürchtungen des Grossveziers zu zerstreuen, indem er ihm bemerkte, dass die Ausbesserung der Grenzbefestigungen eine Sache des Friedens und schon längst geplant gewesen und dass die jetzt in Ungarn befindlichen Truppen bereits nach dem Rastatter Frieden in ihre stabilen Garnisonen verlegt worden seien [1]). Auch in der Absicht des Kaisers liege es, den Frieden aufrecht zu halten, wie der von Wien zurückgekehrte Gesandte Ibrahim Aga wohl berichtet haben werde.

Der Grossvezier erwiderte, dass er nur die von Ibrahim Aga in Wien ausgedrückten Friedensversicherungen erneuern und wünschen könne, man möge in den gegen Dalmatien gerichteten Operationen, welche eine Ansammlung von Truppen in Niš, Belgrad und besonders in Bosnien nöthig machten, nichts Feindseliges erblicken. Die Pforte, fügte er bei, sei nicht gewöhnt, ihre Gegner zu überfallen, sondern habe jederzeit, auch gegen Venedig, den Krieg lange vorher angekündigt.

Fleischmann war in die türkischen Verhältnisse zu wohl eingeweiht, um das Haltlose solcher Erklärungen nicht zu durchblicken. Er berichtete demnach am 9. Februar, dass er es zwar vermieden habe, durch eine Darstellung des bereits vorausgegangenen Notenwechsels zwischen der Pforte und der kaiserlichen Regierung den Grossvezier noch mehr aufzubringen, dass jedoch die Vorbereitungen zur dalmatinischen Campagne nur die eigentliche Absicht, den Krieg gegen den Kaiser, vorläufig noch zu verdecken bestimmt seien. Der Minister-Resident erachtete diesen Krieg indessen nicht mehr für so gefährlich, als jenen im Jahre 1683; er glaubte wahrzunehmen, dass den Grossvezier die geheime Angst erfülle, den Kampf mit dem mächtigen Nachbar zu beginnen und auch der innere Zustand der Türkei so zerrüttet sei, dass ein kräftiger Stoss hinreichen müsse, dieses Reich in die äusserste Verwirrung zu stürzen. Aus Furcht vor inneren Unruhen waren den Franken wie den Juden, Griechen und Armeniern die Waffen abgefordert worden.

----

[1]) Fleischmann an den Hofkriegsrath (chiffrirt), 9. Februar 1716. H. K. R. Exp. 1716; April, 69.

Man bestürmte Fleischmann wegen der fortschreitenden kaiserlichen Rüstungen unausgesetzt, während die angeblichen Gegenmassnahmen des Sultans nur eine Fortsetzung des längst Begonnenen waren. Hatte man ja doch schon nach der Beendigung des Feldzuges in Morea das Heer für das Frühjahr 1716 nach Adrianopel einberufen.

Am 15. April 1716 wurden Fleischmann vom Grossvezier zwei Fragen vorgelegt: Ob die auf die Unterredung vom 6. Februar längst erwartete Antwort des kaiserlichen Hofes eingelangt sei und warum man den Türken die übliche Betheiligung am Markte in Szegedin verboten habe.

Das war Streit vom Zaune gebrochen und Fleischmann suchte diesen so mühsam herbeigezogenen Beschwerden gegenüber mit ebenso werthlosen Erklärungen zu antworten. Er entschuldigte den zweiten Beschwerdepunct durch die schlechte Jahreszeit und Missverständnisse, aber der Grossvezier hielt den geringfügigen Anlass fest, um zu erklären, er sehe in diesem und den Rüstungen den Beweis, dass der Kaiser den Frieden brechen wolle. Um nicht überfallen zu werden, habe sich die Pforte bewogen gefunden, auch ihrerseits die Kriegsbereitschaft anzunehmen, wenn selbe vorläufig auch nur eine Vertheidigungsmassregel sei. Zunächst müsse sie verlangen, dass der Kaiser zu Gunsten der türkischen Operationen gegen Dalmatien den Schiffsverkehr auf der Save, bei Gradiska vorbei, gestatte.

Dass in Wien mit der Entscheidung über Krieg oder Frieden so lange gezögert wurde, hatte übrigens seinen Grund nicht nur in den Schwierigkeiten der Rüstungen, sondern auch in jenen der politischen Lage.

Man befürchtete schon damals einen Angriff Philipp V. von Spanien auf die italienischen Provinzen, wenn auch noch keine bestimmten Anhaltspuncte dafür sprachen. Das intime Verhältniss, welches zwischen Spanien und der römischen Curie bestand, musste den Kaiser mit Misstrauen gegen die Bemühungen des Papstes um die heilige Allianz erfüllen.

Der spanische Premier-Minister Cardinal Alberoni gab Erklärungen, nach welchen sein Monarch sich auch zum Schutze des Papstes gegen die Türken wenden wolle. Eine derartige bewaffnete Intervention der Spanier in den neapolitanischen Gewässern war aber wohl geeignet, die höchste Aufmerksamkeit der kaiserlichen Regierung wachzurufen.

Andererseits drängte die türkisch - venetianische Angelegenheit allerdings zur endlichen Entscheidung. Venedig war bereits niedergeworfen, Russland und Polen durch den nordischen Krieg in Anspruch genommen und ersteres hatte die Theilnahme an einer gemeinsamen Action gegen die Türken schon aus dem Grunde abgelehnt, weil es im Jahre 1711 von Seite der „Karlowitzer Garanten" gleichfalls keine Unterstützung empfangen habe.

Bedroht durch die ehrgeizigen Pläne des spanischen Premier-Ministers, fühlte man sich in Wien auch im Unklaren über das neue Verhältniss zu Frankreich und über den Ausgang der nordischen Streitigkeiten.

Das Verhalten Venedigs gegen das Erzhaus während des ganzen spanischen Erbfolgekrieges war kein derartiges gewesen, um eine besondere Theilnahme für die unredliche, doppelzüngige Republik zu begründen. Aber es gab andere Motive, die dringend für den Krieg sprachen und schliesslich forderten die durch den „heiligen Bund" vom Jahre 1684 und den Karlowitzer Frieden eingegangenen Verpflichtungen doch das thatkräftige Eintreten für den zweifelhaften, aber nun in Noth befindlichen Alliirten.

Prinz Eugen vertrat die Ansicht, der Krieg sei nicht aufzunehmen der Venetianer, sondern des eigenen Interesses wegen. Allerdings aber hielt der Prinz auch dafür, dass die Türken noch rechtzeitig verhindert werden müssten, die Republik Venedig völlig niederzuwerfen. Denn dann wäre die Gefahr vorhanden gewesen, dass die kaiserlichen Länder durch die türkische Macht von vielen Seiten angegriffen, das Königreich Ungarn in den Rücken genommen und endlich die deutschen Erblande selbst, „wo die wenigste Defension und meiste Rettungsschwierigkeit obhanden", bedroht würden.

Es war aber auch zu beachten, dass bei der Allianz mit Venedig mancherlei Rivalitäten zum Ausdruck kommen konnten. Hatte man es schon in früheren Zeiten nicht gerne gesehen, dass die Republik auf der Balkan-Halbinsel festen Fuss fasse, so konnte dies jetzt, wo der Kaiser Neapel besass, noch viel weniger wünschenswerth erscheinen und der Prinz erklärte es noch am 20. Juni 1716, nach bereits geschlossenem Bündniss [1]), für nothwendig, „dass die Republik Venedig die ihresorts vorzunehmen angetragenen Operationen eröffnen und darüber mit Euer kaiserl. Majestät sich einverstehen thue, damit dasjenige, was Ihrem Allerhöchsten Interesse entgegen sein möchte, entweder unter diensamen Ursachen abgerathen, oder auf andere Weise per indirectum

---

[1]) H. K. R. Exp. 1716; Juni, 550.

gehindert werden möge; allermassen der Republik Gedanken vermuthlich auf die beiden in Griechenland und resp. Albanien gelegenen Handelsplätze und Meerporten Thessalonika (Salonichi) und Durazzo hauptsächlich gerichtet zu sein scheinen, welche aber eben diejenigen wären, worauf von Seiten Euer kaiserl. Majestät bei von dem Segen des Allerhöchsten anhoffenden glücklichen Progressen Dero Waffen das besondere Absehen gemacht und durch solche sowohl eine Communication mit dem Königreiche Neapel als mit den hierwärts liegenden Ländern eine fürträgliche Handelschaft eingeführt werden könnte, zu geschweigen, was etwa die Republik in noch mehrerer Nähe für andere bedenkliche Vorhaben hegen möchte."

Wichtiger, ja geradezu entscheidend für den Entschluss zum Kriege aber war die Thatsache, dass noch immer ein Theil des ererbten und in so furchtbaren, für Kaiser und Reich so opfervollen Kriegen ruhmreich wieder befreiten Ungarlandes unter türkischem Drucke schmachtete, dass Osmanen- und Tatarenhorden noch immer räuberische Einfälle in die aufblühenden fruchtbaren Gebiete an der Donau und Theiss unternahmen, deren Entwicklung gewaltsam störend.

Wie eine fortwährende Drohung für die abendländische Cultur stand der rohe Türke der theilweise offenen Südostgrenze des habsburgischen Gebietes gegenüber. Berauscht durch die Erfolge, welche der Halbmond auf so leichte Weise gegen die Venetianer errungen, stieg der Dünkel des Osmanenthums, das längst nur an den Erinnerungen einstiger Siege gezehrt hatte, jetzt zu massloser Selbstüberschätzung. Eine Sprache wurde geführt, wie in den Zeiten Sultan Soliman's. Man beachtete in Constantinopel kaum mehr, dass die Verhältnisse sich geändert hatten. Stark und mächtig stand die habsburgische Monarchie jetzt da. Von Missgunst und verderblichen Anschlägen umringt, besass sie dennoch eine sichere Gewähr ihrer Grösse in ihrer tapferen kriegserprobten Armee und vor allem in einem Heerführer, über dessen Bedeutung Freund und Feind einig waren und dessen Rath auch jetzt die Politik lenkte, für die er bald mit den Waffen in der Hand ruhmvoll eintreten sollte.

Die trotzige Haltung des Divans fand als Erwiderung ein entschiedenes Vorgehen am kaiserlichen Hofe. Am 13. April 1716, am Geburtstage des Erzherzogs und gehofften Thronerben Leopold [1])

[1]) Am 13. April (Ostermontag) 1716, wurde ein Thronerbe geboren und damit schien die Gefahr eines Aussterbens des habsburgischen Mannesstammes beseitigt. Die Freude des ganzen Reiches sollte aber nicht lange währen, denn schon am 4. No-

kam die Allianz mit Venedig zustande ¹) und zwar unter Bedingungen, welche die Situation forderte.

Der Kaiser, in dessen Namen Prinz Eugen nebst den Ministern Fürst Trautson, Graf Sinzendorff und Graf Gundacker Starhemberg die Unterhandlungen als kaiserliche Commissäre leiteten, verpflichtete sich, die Waffen zum Schutze Venedigs zu ergreifen und ein Heer in Ungarn zu versammeln. Dagegen sollte die Republik gehalten sein, dem Kaiser, falls er in Italien angegriffen würde, eine Unterstützung von zwölf Kriegsschiffen und 8000 Mann bereit zu stellen.

Prinz Eugen von Savoyen wies dem venetianischen Botschafter gegenüber auf die Gerüchte von den ungeheuren Kriegsrüstungen der Türken hin, nach welchen sich fast die ganze Wehrkraft der Türkei gegen den Kaiser wende. Er sprach die Erwartung aus, dass die Republik keine müssige Zuschauerin des sich jetzt entspinnenden Streites zwischen den beiden Hauptkämpfern sein werde.

Nachdem der Entschluss zum Kriege gefasst war, wandte sich der Kaiser an das römische Reich, um von demselben die übliche „Türkensteuer" zu verlangen.

In dem Sendschreiben vom 8. März 1716 an alle Fürsten und Stände des heiligen römischen Reiches deutscher Nation ²), wies der Kaiser darauf hin, dass die bedeutenden Rüstungen der Pforte nicht gegen die Republik Venedig allein gerichtet seien, sondern auch einen Einfall in die ungarischen Länder, die Vormauer der Christenheit, befürchten liessen. Das Schutz- und Trutzbündniss, welches der Kaiser mit Polen und der Republik Venedig zur Abwehr und Bekämpfung

---

vember 1716 starb der junge Prinz Leopold, dem der Kaiser in fester Zuversicht auf eine günstige Lösung der spanischen Erbschaftsfrage den Titel eines Prinzen von Asturien beigelegt hatte.

¹) Der Vertrag hätte schon im Februar abgeschlossen werden sollen, allein wie das Referat über die geheime Conferenz am 13. Februar besagt, erhoben die Venetianer nicht nur Schwierigkeiten, die von ihnen verlangten 3000 Mann und 8 Kriegsschiffe im Angriffsfalle für Neapel beizustellen, sondern verweigerten auch die Erlaubniss zum Durchmarsche kaiserlicher Truppen in das Mailändische, falls es der Moment erheischen sollte. Die Conferenz beschloss jedoch auf die Bedingung der Sicherheit in Italien nicht zu verzichten. (Anhang Nr. 3.)

²) Kaiser Carl VI. an die Fürsten und Stände des römischen Reiches, 8. März 1716. Kriegs-A., „Türkenkrieg 1716"; Fasc. XIII, 99.

Commissions-Decret an den Reichstag zu Regensburg vom 19. März 1716. Theatrum europaeum XXI. Bd., Seite 31.

des Erbfeindes schon 1684 geschlossen, fordere nunmehr, dass man
den Venetianern, welchen die Türken soeben die Gebiete von Candia
und Morea abgenommen, mit kräftiger Hilfeleistung beispringe. Verschiedenen Nachrichten zufolge habe der Sultan weit bedeutendere
Kräfte als dies im Jahre 1683 der Fall gewesen, an den Grenzen
seines Reiches versammelt und deshalb müsse sich auch der Kaiser
rüsten, um alles zur Bekämpfung des Feindes zu thun. Da aber die
Kräfte der Erblande durch den vorausgegangenen Krieg völlig erschöpft
seien, so verlange er den Reichssatzungen entsprechend, von den Fürsten
und Ständen des Reiches in diesem Augenblicke ernster Gefahr, für
den heiligen Kampf kräftigen Beistand durch Volk und Geld. Der
Kaiser ersuchte, man möge nicht nur durch einen „bündigen Reichs-
beschluss" die Zustimmung bald erklären, sondern auch die hilfreiche
Hand wirklich anlegen, um zu verhindern, dass die Türken noch
weitere Vortheile gewännen.

Zur Betreibung der Türkenhilfe wurden vom Kaiser die Grafen
Kaunitz und Starhemberg als Specialgesandte an die deutschen
Höfe entsendet, während in Regensburg der kaiserliche Principal-Com-
missarius Fürst zu Löwenstein-Wertheim die Wünsche des
Kaisers vertrat.

- Nach dem Berichte des Grafen Kaunitz [1]) hätte man zwar einen
„Effect" von dem kaiserlichen Aufruf erwarten sollen, die Thatsachen
erwiesen aber fast das Gegentheil. Bei dem schwerfällig langsamen
Zuge der Verhandlungen wurde zwar, freilich erst nachdem die Schlacht
von Peterwardein schon geschlagen war, am 31. August 1716 entschieden, dass dem Kaiser 50 Römermonate zu bewilligen seien,
aber nach dem Conferenz-Protokoll vom 7. September 1716[2]) trugen
in diesem Jahre Preussen, Sachsen, Trier, Mecklenburg, Cöln, Bayern,

---

[1]) Graf Kaunitz berichtet über seine Commission im fränkischen, chursächsi-
schen und oberrheinischen Kreise am 28. Juli an den Prinzen: „Er habe bei allen
Höfen, wo er gewesen, eine erwünschte Disposition zur Erreichung I. k. M. Allergnädigster Intention wegen der Türkensteuer gefunden, so dass nicht zu zweifeln,
dieselbe wo nicht in toto, so doch wenigstens des mehrerentheils werde erfüllt werden.
Alle Fürsten zeigten eine so grosse Devotion gegen I. k. M. und besonders patriotischen Eifer für die Wohlfahrt der Christenheit, um den Türkenkrieg mit allem
Nachdruck zu führen, so dass nicht allein verschiedene von den weltlichen Reichs-
ständen Gut und Blut, sondern auch von den geistlichen, was ihre Stifter nicht vermöchten, zur Erfüllung I. k. M. Allergnädigster heilsamster landesväterlicher Intention, von dem Munde zu ersparen sich lobwürdigst offerirt haben. Es ist zu wünschen,
dass die Gemüther auch am Reichstag so einig und wohl disponirt, wie in particulare ein jeder sich erklärt hat, zur Erhaltung des gewünschten Effects, sein mögen."
(Kriegs-A., „Türkenkrieg 1716"; Fasc. VII, 209.)

[2]) H. H. u. St. A.

also gerade die mächtigsten oder reichsten Glieder des Reiches, zur Türkensteuer gar nichts bei. Dass Dänemark, Schweden und Frankreich, obgleich nominell Reichsglieder, nicht steuerten, war selbstverständlich.

Gleichzeitig mit diesem Appell an die Fürsten und Stände des Reiches suchte sich der Kaiser der versprochenen päpstlichen Hilfe zu versichern. Der Papst sollte überdies seinen Einfluss auf die geistlichen Fürsten und katholischen Stände ausüben, damit dieselben in der Erfüllung ihrer Reichspflicht nicht zögerten und hiedurch auch die lutherischen und reformirten Stände von der Beitragsleistung abhielten. Da sich der Kaiser durch den Allianz-Tractat mit Venedig auch zur Vertheidigung Italiens verpflichtet hatte, falls die Türken ihre Angriffe dahin richten sollten, so erhielten der kaiserliche Gesandte in Rom, Graf Gallas und der bei der römischen Curie beglaubigte Cardinal Schrattenbach Auftrag, dahin zu wirken, dass der Papst dem „heiligen Bunde" offen beitrete und sich zu einer militärischen Kraftaufbietung herbeilasse [1]).

Die anfängliche Abneigung Clemens XI., sich in dem drohenden Kriege als Protector des „heiligen Bundes" an die Seite des Kaisers zu stellen, machte auch wirklich bald anderen Regungen Platz, als man mit immer grösserer Bestimmtheit vernahm, dass der kriegerische Grossvezier nach der Eroberung Morea's seine Absichten auf die anderen venetianischen Besitzungen an der albanischen Küste, vor allem auf Corfu gerichtet habe und dass im Frühjahre 1716 eine mächtige türkische Flotte in den adriatischen Gewässern erscheinen solle. Besassen die Türken einmal Corfu, so konnte es ihnen nicht schwer werden, ihre Angriffe auf die wehrlose Ostküste der italienischen Halbinsel auszudehnen. Italien und der Kirchenstaat standen in Gefahr und Clemens XI. bemühte sich nun eifrig, die katholischen Staaten zu einer erweiterten „heiligen Liga" zu einigen, um der befürchteten Osmanen-Invasion durch Beistellung einer Flotte im mittelländischen Meere begegnen zu können.

Nebst Venedig sollten Toscana, Genua, Portugal und endlich, was kaiserlicherseits, wie erwähnt, nicht geringe Bedenken wachrief, auch Spanien der „heiligen Liga" beitreten.

Der spanische Minister Alberoni ergriff bereitwillig die Gelegenheit, sich dem Papste verbindlich zu zeigen und liess trotz des Protestes,

---

[1]) Kaiser Carl VI. an den Cardinal Schrattenbach in Rom, 14. März und 25. April 1716. Kriegs-A., „Türkenkrieg 1716"; Fasc. XIII, 102. Von Seite Venedigs ging der Cavaliere Morosini, nachdem er seiner Aufgabe, die Allianz zwischen dem Kaiser und der Republik festzustellen, gerecht geworden war, nach Rom, um den Beistand des Papstes zu erlangen.

welchen der kaiserliche Botschafter in Rom, Graf G a l l a s, erhob, eine Escadre von vier Galeeren und sechs Kriegsschiffen unter dem Admiral Balthasar von G u e v a r a und dem Marquis M a r y zur venetianischen Flotte stossen.

Eine Unterstützung durch 8000 Mann Landtruppen lehnte der Papst vorläufig ab [1]), versprach dem K a i s e r aber an Subsidien 200.000 fl., und falls die Belagerung von Corfu unterbleiben sollte, 300.000 fl.; auch wurde durch eine Bulle vom 15. Februar 1716 der geistliche Zehent für die kaiserlichen Erblande ausgeschrieben. Aber auch P h i l i p p V. wurde ebenso die sogenannte „Croisade“, in Spanien und Indien, die Erlaubniss auf sechs Jahre den Zehent von den dortigen Geistlichen einzuheben, zugestanden. Das Verhältniss zwischen Spanien und dem Papste gestaltete sich dadurch immer inniger und damit die entstehende Allianz gegen die Türken immer bedenklicher und drückender für den K a i s e r. Die Herzogthümer Parma und Modena erklärten ihren Beitritt zur „heiligen Liga“, ebenso der souveräne Malteser-Ritterorden, dessen Hauptort, die Inselfestung Malta, allerdings einer Gefahr in erster Linie ausgesetzt war.

Trotz des berechtigten Misstrauens wurden von Seite des K a i s e r s doch die Pflichten in vollem Masse erfüllt, welche ihm der Bund mit Venedig auferlegte.

Auf das vom Papste und der Republik Venedig gestellte Ansuchen, auch die neapolitanische Flotte mit der Escadre der „heiligen Liga“ zu vereinen, liess der K a i s e r die beiden Schiffe „St. Leopold“ und „Sta. Barbara“ nebst vier von jenen sechs Galeeren, die sich im Königreiche Neapel befanden, unverweilt mit der erforderlichen Bemannung, Armirung und Verpflegung versehen und die kaiserliche Flagge hissen. Die Escadre sollte unter denselben Formalitäten auslaufen, welche seinerzeit bei der Flotte Kaiser C a r l V. beobachtet worden, vor der Vereinigung jedoch noch das Erforderliche in Bezug auf Commando, Vorrang, Begrüssung, Ankerung und Schlachtordnung festgestellt werden [2]) „damit nicht nachträglich das gute Einvernehmen in

---

[1]) Theatrum europaeum XXI. Bd.; Italienische Geschichte, 1716.

[2]) Vor allem hatte der Vicekönig Feldmarschall Graf Daun bestimmten Bericht zu erstatten, ob die Flagge oder aber der Rang der Escadre-Commandanten über das Obercommando entscheide. Er sollte zugleich dem päpstlichen Nuntius und dem venetianischen Residenten in Neapel unter der Hand zu verstehen geben, dass die kaiserliche Flagge ihren Vorrang behaupten müsse und vorläufig diesfalls die Absicht der Curie und Venedigs erforschen. Feldmarschall Graf Daun machte darauf auf-

dieser wichtigen Unternehmung, zum Nachtheile der Christenheit zerstört würde".

Dieser Vorbehalt schien mit Rücksicht auf die spanische Bundesgenossenschaft wohl begründet und war umso dringender, als der Papst auf die vom Vicekönig von Neapel, Grafen Daun, gemachte Anregung in Betreff des Vorranges der kaiserlichen Flagge, durch den Nuntius zu verstehen gegeben hatte, dass sich hierüber erst sämmtliche Mächte verständigen müssten. Da dieselben dem Kaiserhause alle mehr oder weniger abhold waren, so musste man befürchten, dass ein oder der andere der Escadre-Commandanten, mit bis dahin unbekannten Vollmachten versehen, oder in anderer Weise sich des obersten Flotten-Commandos bemächtigen werde. Der unbedeutenden neapolitanischen Flotte blieb dann kein anderer Ausweg, als sich entweder unterzuordnen, oder gänzlich zurückzuziehen, beides Fälle, die mit dem Ansehen der kaiserlichen Flagge nicht vereinbar schienen.

Die Ausrüstung einer der kaiserlichen Flagge würdigen Flotte aber hätte unbesiegbare Schwierigkeiten geboten. Es fehlte dazu ebenso an Material wie an Zeit und Geld. Neapel vermochte nicht mehr als jene vier Galeeren auszurüsten; das im Bau begriffene Schiff „Sta. Barbara" konnte kaum in drei Monaten beendet werden und entbehrte überdies der nöthigen Geschütze, welche erst vom Auslande her beschafft werden mussten. Auch das Schiff „St. Leopold", welches aus dem adriatischen Meere einberufen wurde, bedurfte der Ausbesserung. Unter solchen Verhältnissen stellte der Vicekönig es der kaiserlichen Erwägung anheim, ob es nicht überhaupt besser wäre, auf den Anschluss der neapolitanischen Schiffe an die Flotte der „heiligen Liga" zu verzichten.

Die Betheiligung des Kaisers am Seekriege entfiel indessen schliesslich von selbst und die Flotte „der heiligen Liga" kreuzte im adriatischen Meere, ohne etwas auszurichten. Erst der Sieg von Peterwardein wurde die entscheidende Veranlassung, dass die Türken die schon weit vorgeschrittene Belagerung von Corfu aufgaben und Italien sich damit von der Gefahr befreit sah. Mächtigere und kraftvollere Hilfe brachte der Kaiser durch die Siege seines Heeres der Republik Venedig, als es ihre Alliirten zur See je hätten bewirken können.

----

merksam, dass unter Carl V. der Fürst Doria zum General-Capitän aller Galeeren ernannt worden sei und als solcher alle übrigen Flotten der Liga befehligt habe, ferner aus Bossio's „Geschichte der Seekriege" und dem See-Reglement vom Jahre 1671 hervorgehe, dass stets nur die Flagge, als Sinnbild des Fürsten oder Staates, das Vorrecht zum Commando bestimme, die königl. neapolitanische Flagge als solche daher jener der Kirche und der des Kaisers nachstehe.

Mit dem Beginne des Frühjahres 1716 glaubte man am Wiener Hofe eine weitere Zurückhaltung für unnöthig und selbst gefährlich ansehen zu müssen. Ein eigener Agent, Namens Isaak L u c c a, der am 6. April von Wien abging, überbrachte an F l e i s c h m a n n ausführliche Instructionen [1]).

Er sollte nun dem Grossvezier zwar „bescheidentlich, aber in deutlichen terminis" erklären, dass der K a i s e r auf der Herstellung des Karlowitzer Friedens bestehe und im Falle die vielfältigen Bemühungen, dies im friedlichen Wege zu ermöglichen, nutzlos blieben, sein Recht mit den Waffen zu vertreten genöthigt sei. Die geschehenen Kriegsvorbereitungen bedeuteten noch keineswegs unbedingt den Krieg, die kaiserliche Regierung sei im Gegentheil zu einem Ausgleiche geneigt, aber die Vorbedingung für einen solchen bleibe die Räumung Morea's und eine entsprechende Genugthuung für Venedig. Als Termin für das Eintreffen einer befriedigenden Antwort, die nach Peterwardein gesendet werden sollte, hatte F l e i s c h m a n n die Zeit vom 10. bis 15. Mai zu bezeichnen, ihr Ausbleiben müsse als casus belli betrachtet werden. Ausserdem sollte F l e i s c h m a n n die Beschwerde erheben, dass durch das unzuverlässige und feindselige Verhalten der Pforte der Frieden in der letzten Zeit oft verletzt worden sei und dass sich dieselbe daher „die wider den Friedensbrüchigen beschlossene schädliche Verfolgung" und die Verantwortung für so viel Blutvergiessen selbst zuschreiben müsse.

Der Courier L u c c a langte nach zweiwöchentlicher Reise am 21. April 1716 Früh in dem zwei Stunden von Constantinopel entfernten türkischen Lager an [2]), wurde dort jedoch festgehalten und es gelang dem Residenten nur mit Mühe, seine Freilassung zu erwirken.

F l e i s c h m a n n erhielt gleichzeitig vom Grossvezier den Auftrag, im Divan zu erscheinen und den Inhalt der kaiserlichen Botschaft mitzutheilen. In der am 22. April um 2 Uhr Nachmittags stattgehabten Unterredung gab der Minister-Resident dem Grossvezier die erhaltenen Befehle in stark gemildeter Form bekannt. Er betonte, dass der

---

[1]) Supplement Nr. 3.

[2]) Fleischmann an den Hofkriegsrath, 1. Mai 1716. H. K. R. Exp. 1716; November, 254. Dieser Bericht kam dem Hofkriegsrath erst am 18. Juli durch den französischen Gesandten zu. Der Prinz, welchem er am 21. Juli in das Feldlager nach Futak zugesendet wurde, sprach in seinem Schreiben an den Hofkriegsrath die Vermuthung aus, dass der Minister-Resident vielleicht aus Vorsicht oder Furcht das Ultimatum der kaiserlichen Regierung nicht mit der nöthigen Entschiedenheit kundgegeben habe, da man so lange über die türkischen Absichten im Unklaren geblieben sei. (Supplement Nr. 27.)

Kaiser zwar den Frieden sehr wünsche, da aber die Türkei fortfahre, die Republik zu bekriegen und ihre Truppen sich den kaiserlichen Grenzen bedenklich näherten, so müsse auch der Kaiser, um seine Unterthanen vor Gewalt zu schützen, sich bereithalten zu den Waffen zu greifen, wobei er indessen noch immer auf die Erhaltung des ruhigen friedlichen Einvernehmens hoffe. Ferner übergab Fleischmann einen Brief des Prinzen Eugen und zugleich sein Abberufungsschreiben [1]), worauf der Grossvezier, „ungeachtet er sich ziemlich verstellen konnte, ganz erblasst und seufzend gemeldet“, dass die Pforte ja die freundschaftliche Vermittlung nie ganz von der Hand gewiesen habe, der Krieg mit dem treulosen Venedig aber wegen so vieler Unbill unvermeidlich geworden sei. Er erklärte übrigens dem Minister-Residenten, dass gegen seine Abreise kein Hinderniss obwalte. Am anderen Tage begab sich Fleischmann zum holländischen und zum englischen Gesandten, um deren Unterstützung für seine sichere Rückkehr und die Offenhaltung der Wege zu weiteren Unterhandlungen zu erbitten.

Die Berathungen über die von der Pforte einzunehmende Haltung dauerten bei Damad Ali einige Tage und am 27. April 1716 kamen im türkischen Lager in des Sultan's Gegenwart die von Fleischmann überreichten Anträge zur Verhandlung [2]). Der Grossvezier verlas die in Form eines Manifestes [3]) gehaltene Antwort und nach mancherlei von „vernünftigen Türken“ vorgebrachten Vermittlungsvorschlägen, brach endlich die lang unterdrückte fanatische Erbitterung gegen das Christenthum in den lauten Rufen nach Krieg und Vernichtung der verhassten „Deutschen“ durch. Der Sultan selbst erklärte feierlich, durch die Anmassung der Christen sei „Mohammed höchst gekränkt und verschimpft“ und man stimmte allseits überein, dass in die Zurückgabe von Morea auf keinen Fall eingewilligt werden könne.

[1]) Supplement Nr. 2.

[2]) Hammer in seiner „Geschichte des Osmanischen Reiches“ erzählt die stürmischen Vorgänge im Divan sehr ausführlich. Man berieth zuerst, ob die türkische Hauptarmee auf Corfu oder an die ungarischen Grenzen ziehen solle und entschied, dass der Grossvezier als Seraskier das Commando gegen den Kaiser zu führen haben werde, „indem diese Deutschen nicht wie andere Ungläubige, sondern ein starker Feind seien“. In einer zweiten Berathung ging es noch lebhafter zu, indem sich eine Friedenspartei geltend zu machen suchte und der Ansicht des Grossveziers Ali, das Schreiben des Prinzen Eugen als eine Kriegserklärung zu betrachten, nicht beipflichtete. Indessen versammelte der Sultan seine Würdenträger in Adrianopel, dem historischen türkischen Kriegslager, abermals und hier wurde der Entschluss zum Kriege endgiltig gefasst. Eine ebenso detaillirte Darstellung liefert auch das Theatrum europaeum, XXI. Band, dann „Eugenii Heldenthaten“, III. Band.

[3]) Theatrum europaeum, XXI. Bd., Seite 491; französische Uebersetzung, Kriegs-Archiv.

Auf das Ersuchen Fleischmann's um den Ferman zu seiner Rückkehr wurde ihm bedeutet, dass er sich vorläufig mit dem Grossvezier nach Adrianopel zu begeben habe, man könne ihm dermalen noch keine Antwort ertheilen; wolle dies der Kaiser als Friedensbruch ansehen, so werde die hohe Pforte den Kampf aufnehmen, um wieder zu erobern, was sie bisher in Ungarn verloren.

Fleischmann theilte in seinem Berichte vom 1. Mai, in welchem er diese Ereignisse schilderte, auch mit, dass es immer mehr den Anschein gewinne, als wolle man ihn zurückbehalten. Uebrigens sei er bereit, „wenn es dem allgemeinen Besten diene, hier auszuharren und seinen letzten Blutstropfen aufzuopfern".

Indessen wurde im Rathe des Sultan's beschlossen, mit dem Heere nach Belgrad vorzugehen. Der Tataren-Khan sollte nicht, wie es zuerst bestimmt gewesen, mit seinen Heerhaufen nach Adrianopel kommen, sondern sich bereit machen, direct in kaiserliches Gebiet einzufallen. Gleiche Bereitschaftsbefehle ergingen an die Pascha's in Belgrad und Temesvár, sowie an die Fürsten der Moldau und Walachei. Die Pforte hatte sich der letztgenannten tributären Gebiete durch einen Gewaltstreich versichert, denn kaum war der Widersacher der Brancovan's, Fürst Stephan Cantacuzeno auf den walachischen Fürstenstuhl erhoben worden [1]), als er auch schon beim Divan, gleichwie sein Vorgänger, des Einverständnisses mit den Kaiserlichen beschuldigt wurde, wozu eine aufgefangene Correspondenz mit dem G. d. C. Grafen Steinville in Siebenbürgen willkommenen Anlass bot.

Der Hospodar wurde zur Rechtfertigung nach Constantinopel berufen, des Hochverrathes angeklagt und nach rascher türkischer Justiz grausam hingerichtet. An seiner Stelle erhielt der Pforten-Dolmetsch Nicolaus Scarlati, genannt Maurocordato, ein langjähriger Vertrauter der Pforte, über dessen Gesinnung sich die Türken keinem Zweifel hinzugeben brauchten, die Würde eines Fürsten der Walachei. Er war bekannt als Christenfeind und heftiger Gegner und Bekämpfer alles dessen, was dem kaiserlichen Interesse irgendwelchen Nutzen zu bringen vermochte. Trotzdem machte man kaiserlicherseits Versuche, sich mit ihm wie mit den früheren Hospodaren in Verbindung zu setzen und Maurocordato zeigte eine Zeitlang auch scheinbar Geneigtheit darauf einzugehen; schliesslich machte seine Unzuverlässigkeit aber allen diesen Anknüpfungsversuchen ein Ende [2]).

<hr>

[1]) Siehe Band XV. „Feldzüge des Prinzen Eugen von Savoyen".

[2]) Noch am 7. Mai 1716 berichtete Fleischmann über eine versuchte Verbindung mit der Walachei unter dem neuen Herrscher: Es habe der hier befindliche Agent des Fürsten Nicolaus Maurocordato im Namen seines Principals hinter-

Dagegen regten sich im walachischen Volke mächtig die Sympathien für das, den einzigen Hort der christlichen Cultur im Osten bildende Nachbarreich; die Hoffnungen und Wünsche, durch einen glücklichen Krieg des Kaisers der verhassten türkischen Satrapenwirthschaft los zu werden, erwachten auf's Neue und ebenso kamen auch aus anderen Gebieten der Balkan-Halbinsel Anzeichen, welche eine Bewegung unter den christlichen Bewohnern zu Gunsten des Kaisers anzukündigen schienen. So war über das von den Türken stark besetzte Bosnien hinweg, das Gerücht, dass der Kaiser neuerdings das Schwert gegen den Halbmond ziehe, auch nach Macedonien gedrungen und im April 1716 erschien Joannes Gigropole als Abgesandter der Griechen aus dieser Provinz bei dem Festungs-Commandanten in Arad, GFWM. Freiherrn von Cosa, um Verbindungen im Interesse seiner Nation anzuknüpfen. Der Hofkriegsrath wollte zwar auf so unsicherer Basis keine wie immer geartete Verhandlung eröffnen, als jedoch GFWM. Freiherr von Cosa die Anträge des Griechen neuerdings und in bestimmterer Weise formulirte [1]) und denselben auch zum Prinzen nach Futak sendete, nahm diese Angelegenheit doch eine bestimmtere Gestalt an.

Gigropole wies einen vom Patriarchen zu Ohrida und anderen Vornehmen des Landes unterzeichneten Brief vor, in welchem diese in aller Form um des Kaisers Protection ansuchten. Sie versprachen für den Fall, als der Prinz gegen Belgrad operire, im Rücken der Türken zu den Waffen zu greifen und mit mindestens 10—12.000 Mann aufzutreten. Das ganze Land werde sich dann dem Kaiser unterwerfen.

Gleichzeitig bat auch das unter türkischer Knechtschaft befindliche Montenegro durch einen Abgesandten Namens Nicolaus um den Schutz des Kaisers. Die Montenegriner seien bereit, berichtete er, sich für den Kaiser zu erklären und mit 40.000 Streitern die Waffen zu ergreifen. Als Preis für ihre Unterstützung stellte Nicolaus zur Bedingung:

---

bracht, dass dieser bereit sei, für den Kaiser Alles zu thun und sich beim Einrücken der kaiserlichen Truppen für dieselben zu erklären. Als aber Fleischmann, um diese gute Intention an den Prinzen zu berichten, dem Agenten die Bestellung des Briefes überweisen wollte, entschuldigte sich dieser, bei jetzigem Zustande keinen Brief annehmen zu können; „woraus genugsam erhellt, dass mit diesem griechischen Gesindel und Canaillen, deren Häupter wahrlich die jetzigen Fürsten in der Walachei und Moldau genannt werden können, ohne ihnen das Messer an den Hals zu setzen, nichts zu thun ist.“ (Dieser Bericht Fleischmann's kam erst am 18. Juli 1716 via Marseille nach Wien.)

[1]) GFWM. Freiherr von Cosa an den Prinzen, 14. Juli 1717. Kriegs-A., „Türkenkrieg 1716“; Fasc. VII, 69.

1. Bestätigung der alten Privilegien Montenegro's:

2. Truppenhilfe auf dem Wege über Sarajevo;

3. Sendung von vier erfahrenen Officieren zur Leitung, die aber auch etwas Geld und Munition mitbringen sollten.

Blieben die Erwartungen auf die Erhebung der Christen in Macedonien und Montenegro auch unsicher und unverlässlich, so war in dem bevorstehenden Kriege eine solche Bundesgenossenschaft doch nicht ganz zu verwerfen. In diesem Sinne schrieb der Prinz[1]) am 25. Juli 1716 an den Hofkriegsrath:

„Sonst gibt die nebenkommende Aussage des bewussten macedonischen Griechen, welcher vor einiger Zeit durch den Herrn GFWM. Freiherrn von Cosa ein in der Wesenheit übereinstimmendes Schreiben nach dem Hofe abgeschickt hat, wasmassen er einen ansehnlichen Theil der Seinigen zum Vortheil der glücklichen kaiserlichen Waffen armiren zu machen sich anerbietet. Nun stehet zwar dahin, ob und wie er dieses Vorhaben zu bewirken im Stande sei, weil aber sein Begehren in blos drei Fahnen und drei unnachtheilig copialiter hier nebenliegenden gleichlautenden Patenten[2]) bestände, habe ich solche für alle Fälle verfertigen und den Griechen damit abfertigen lassen, in der Zuversicht, gedachte Patente werden umsoweniger Bedenken finden, als die kaiserliche Protection keinem dahin Recurrirenden zu versagen und die Bestätigung der Privilegien eine entfernte Sache, auch diesen armen Christen unter der kaiserlichen Herrschaft dasjenige nicht zu versagen, was sie unter dem türkischen Joch geniessen. Neben diesen hat sich auch noch ein anderer, Montenegriner, angemeldet und laut Anlage anerboten. Ich wäre der unmassgeblichen Meinung, man könnte die Bewerkstelligung seines Vortrages zu Neapel einfädeln und zu diesem Ende den Herrn Feldmarschall Grafen Daun instruiren, damit er die verlangten Officiere in Bereitschaft stelle, um allenfalls nach Anleitung gedachten' Montenegriners eine Diversion machen zu können, massen man der Orten à portée und nur das mare adriaticum, auch die Schiffe und andere Nothwendigkeiten mit meerkundigen Leuten bei Handen hat.

Ich werde wiederholtem Montenegriner hierüber das Nöthige aufgeben und dahin zu vermögen trachten, dass er seine Patrioten dieser gemachten Anstalt benachrichtige und sich selbsten über Wien nach gedachtem Neapel begebe, der Expedition beizuwohnen.

Meinesorts will ich zwar auf diese weit entfernten und verschiedenen Bedenken unterworfenen Unternehmungen kein grosses

---

[1]) Supplement Nr. 32.

[2]) Supplement Nr. 33.

Vertrauen setzen, dennoch keine anscheinende Gelegenheit abschlagen, dem Erbfeind eine Diversion zu machen, zumal da diese Leute vor kurzer Zeit bereits gezeigt, was sie vermögen und obzwar dazumal in Friedenszeiten durch überlegene türkische Macht ihnen die Kräfte, ihr Vorhaben auszuführen, benommen worden, so bleibt doch der gute Wille und die gegenwärtigen Umstände zu ihrem dermaligen Vortheil noch übrig und wird umso vielmehr animirt, als die ottomanische Pforte ihre griechischen Unterthanen sehr tyrannisch tractirt und diese daher sich davon zu entziehen, keine Gelegenheit entgehen lassen werden.“

So schienen denn jetzt die unter Leopold I. entstandenen grossen Pläne zur Ausbreitung der kaiserlichen Herrschaft über die Balkan-Halbinsel, unterstützt durch die Aspirationen der nach Befreiung sich sehnenden christlichen Bewohner, neu aufzuleben, Pläne, würdig der Ausführung durch einen Eugenius von Savoyen.

Bevor es noch zum völligen Bruche kam, versuchten die beiden Seemächte, besonders Grossbritannien, eine Wiederannäherung zwischen Kaiser und Pforte zu vermitteln.

Man war jedoch in Wien nicht geneigt, diese, mehr der Türkei als den kaiserlichen Interessen günstige und zugeneigte Einmischung anzunehmen und die unter dem Vorsitze des Prinzen Eugen abgehaltene geheime Conferenz beschloss, beim Kaiser die Ablehnung der durch den englischen Botschafts-Secretär Schaub in officieller Weise angebotenen Friedensvermittlung „als unverlässlich und bedenklich“ zu beantragen [1]), da sie nur „von dem bekannten Genio und Uebereilung der englischen Nation herfliesset und hauptsächlich pro objecto führe, E. k. M. von dem bevorstehenden und solcher (der englischen Nation) aus verschiedenen politischen Ursachen nicht anständigen Türkenkrieg abzuhalten“.

„Es wäre sich,“ schreibt der Prinz in seinem Vortrage, „umsoweniger mit derlei ungewissen und unsicheren Friedenshandlungen zu amüsiren und aufzuhalten, als die Türken nicht allein bei Verfliessung des ihnen pro termino ultimo angesetzten 15. Mai und auch bisher nach schon anderen verflossenen vier Wochen keine Antwort, minder eine zulängliche Erklärung ertheilt, sondern mit aller Macht zu Wasser

---

[1]) Vortrag an den Kaiser vom 20. Juni 1716. H. K. R. Exp. 1716; Juni, 550.

und zu Land gegen Ungarn anmarschiren und den Residenten Fleischmann nach einhelliger Bestätigung aller Kundschaften anstatt der angesuchten Entlassung neglecto gentium jure arrestirt, folgbar auf verschiedene Art den Frieden mit E. k. M. selbst unmittelbar gebrochen haben, also dass Sie Ihre von Gott gegebene Macht zur Schützung Ihrer Unterthanen und Bundesgenossen gegen fernere barbarische Gewalt zu gebrauchen nicht wohl länger werden verschieben können. Damit aber andererseits die Krone England in gutem Vertrauen erhalten und ihre Mediation etwa in künftigen Zeiten nützlicher gebraucht werden könne, so hat man erachtet, es wäre dem Könige für seine diesseits in dem türkischen Friedenswerke anerbotenen officia zu danken und anbei zu bezeugen, dass solche E. k. M. jedesmal sehr angenehm sein würden . . . .

Es wäre ihm, König in Grossbritannien, der türkische Hochmuth und Treulosigkeit zur Genüge bekannt und würde mit E. k. M. selber vermuthlich der einstimmigen Meinung sein, dass die Türken, wenn sie so leicht und vortheilhaft aus ihrem ungerechten venetianischen Krieg kämen, selbe bei erster guter Gelegenheit, wo Sie wegen ihrer Alliirten anderweitig occupirt, mit E. k. M. desto unbedenklicher brechen und das Verlorene wieder zu gewinnen suchen würden."

Auch der englische Gesandte in Constantinopel, Mr. Sutton, wurde ersucht, in diesem Vermittlungswerk keine weiteren Schritte zu thun.

An Fleischmann hatte der Prinz schon am 6. April 1716 geschrieben [1]), er möge den beiden Vertretern der Seemächte zwar alles Vertrauen bezeugen, ihnen jedoch andeuten, dass der Kaiser, um nicht den Schein von Furcht und Unentschlossenheit zu erwecken, ihnen über seine weiteren Schritte keine Mittheilungen zu machen gedenke.

Indessen hatten die Türken das gespannte Verhältniss durch eine bei ihnen nicht ungewöhnliche völkerrechtswidrige Handlung bis auf das Aeusserste verschärft. Der kaiserliche Minister-Resident wurde, da sich die übrigen europäischen Vertreter lebhaft für ihn verwendeten, zwar nicht in einen der sieben Thürme geworfen, wie dies noch kurz vorher den russischen Abgesandten und dem venetianischen Bailo geschehen war, wohl aber an seiner ihm anbefohlenen Abreise verhindert und ihm das erbetene Schutzgeleite nach Belgrad versagt.

Von Adrianopel an, wo ihm der Grossvezier noch eine letzte Audienz gewährte, bei der er ihm in rauhen Worten mittheilte, dass

------
[1]) Supplement Nr. 3.

die weitere Verhandlung dem Schwerte anvertraut sei, stand er unter strenger Bewachung und man erfuhr am kaiserlichen Hofe zunächst nichts mehr von seinem Schicksale, da auch sein letzter Bericht vom 1. Mai 1716 erst Mitte Juli via Marseille in Wien eintraf, wo er durch den französischen Botschafter Grafen Luc überreicht wurde. Auf demselben Wege wurde man benachrichtigt, dass Fleischmann zwar noch am Leben sei, jedoch in engem Gewahrsam gehalten werde.

Der Grossvezier soll die Absicht gehabt haben, ihn mit einem Antwortschreiben für den Prinzen in das kaiserliche Gebiet zu entlassen; dann hatte er sich jedoch anders besonnen und Fleischmann blieb bis zur Schlacht bei Peterwardein in Semendria und später in Belgrad internirt. Damad Ali erklärte diese Massregel als ein Recht der Wiedervergeltung für die im Kriege 1689 erfolgte Festhaltung des Botschafters der Pforte, Sulfikar Effendi, zu Komorn [1]).

Das für Prinz Eugen bestimmte Ultimatum des Grossveziers vom 1. Juni [2]), wurde erst am 9. Juli 1716 durch den Emir von Szurduk dem in Szlankamen befindlichen Grenzposten vom Regimente Löffelholz-Infanterie zugestellt, durch den wachhabenden Lieutenant an den commandirenden General der Save- und Donau-Grenze, FML. Freiherrn Löffelholz von Kolberg gesendet und kam so an diesem Tage dem Prinzen zu, der im Lager von Futak, unweit Peterwardein eingetroffen war.

Charakteristisch in Styl und Ausdrucksweise, strotzend von heftigen und beleidigenden Anklagen, sollte der sonderbare Brief die Türken von der Schuld an diesem Kriege entlasten und die gesammte Verantwortung auf den Kaiser wälzen. Dieses Ultimatum der Pforte kann als Beleg gelten, was diese sich in jener Zeit den christlichen Mächten gegenüber noch erlauben zu können meinte. „Nach abgelegtem gebührendem Gruss wird hiemit zu wissen gemacht,“ schreibt der Grossvezier [3]),

---

[1]) Der Hofkriegsrath schrieb hierüber am 18. August 1716 aufklärend an den Prinzen, „dass Sulfikar Effendi nach vormaliger Eroberung Belgrads nebst dem Maurocordato zur Einleitung einer Friedenshandlung hieher gekommen, mit welchen man auch in dem allhiesigen Landhaus verschiedene Conferenzen gehalten hat, dieweil aber seine mitgebrachten Vorschläge, da insonderheit die Republik Venedig nicht in den Frieden mit einbegriffen war, nicht anzunehmen gewesen und man also ihm, Sulfikar Effendi, bedeutet, dass er um nähere Instructionen zu schreiben hätte, ist selber nebst dem berührten Maurocordato anfänglich zu Pottendorf und sodann zu Komorn einige Zeit, um die Antwort von der Pforte abzuwarten, zu verweilen veranlasst, ihnen jedoch alle Ehre und Höflichkeit bezeugt, auch ein sehr ergiebiger Taju oder Unterhalt von täglichen 160 fl. verabreicht worden.“

[2]) Kriegs-A., „Türkenkrieg 1716“; Fasc. VII, 33

[3]) Deutsche Uebersetzung. Kriegs-A., „Türkenkrieg 1716“; Fasc. VII, 39½.

„dass Eurem Residenten jederzeit zu verstehen gegeben worden, welchergestalt auch in diesem glückseligen Jahre der Krieg wider die Venetianer wegen ihrer übelgesinnten Bosheit noch ferners fortgesetzt, der zwischen dem Ottomanischen Reich und dem deutschen Kaiser geschlossene heilige Frieden aber, wie bisher geschehen, gebührend cultivirt und des Ottomanischen Reiches Unternehmungen nur wider die Venetianer gerichtet sein sollen, als von welchen in den zu Karlowitz geschlossenen und ratificirten Tractaten kein einziger Buchstabe oder Obligation zu finden. Da nun Euer Ruhm sonst unter anderen christlichen Potentaten wegen niemals unternommener Friedensviolirung bekannt und wir auch solchen aus den Geschichtsbüchern ersehen und gewusst haben, so hätten wir auf keine Weise vermuthet, dass Ihr mit Vorwand eines dergleichen Casus oder Facti (darin Ihr Euch doch nichts zu imisciren gehabt), das Widerspiel unternehmen und unversehens die List erwählen würdet.

So aber ist anjetzo 32 Tage nach dem Acquinoctio unvermuthet Euer Courier mit Eurem Schreiben, sammt der Translation, an das Ottomanische Reich anher gekommen und solches von Eurem Residenten überliefert worden, in dessen Inhalt Ihr zu verstehen gegeben, dass der zu Karlowitz gemeinschaftlich geschlossene Friede nicht beständig bleiben und gehalten werden könne, es sei denn, dass die den Venetianern so unversehens zugemeinte Feindseligkeit gänzlich und unverzüglich aufgehoben und die bisher von dem Ottomanischen Reich der venetianischen Republik zugefügten Schäden bezahlt und gebührendermassen ersetzt würden. Und da man fast abnahm, dass sich das Ottomanische Reich zu diesem nicht bequemen dürfte, möchten wir Euren bei der Ottomanischen Pforte anwesenden Residenten wieder sicher und frei zurückkehren lassen, welchen Practext, so Ihr wegen der Venetianer (so Euch doch nichts angehen) genommen, Ihr ganz unvermuthet und mit stolzen aufgeblasenen terminis dem Ottomanischen Reiche nebst Eurem bösen Vorhaben kundgemacht, welches gewiss eine sehr wundersame und befremdliche Sache ist. Indem man, da die Venetianer den Frieden vor einiger Zeit in vielen Stücken gebrochen, der zwischen den Potentaten bisher beständig observirten löblichen Gewohnheit nach, zwei Jahre vorher den venetianischen Bailo vorgerufen und ihm bedeutet, dass, wenn die Venetianer die von einigen Jahren her verübten Proceduren (so zu einiger Ruptur Ursache geben könnten) nicht unterlassen würden, man auch den Frieden mit ihnen brechen werde.

An welche Ermahnung sie sich aber nicht gekehrt, ob man ihnen gleich dabei eröffnet, dass, weil sie ein Jahr vorher den Frieden gebrochen, man auch künftiges Jahr mit ihnen Krieg haben werde, wozu sie sich auch bei Zeiten bereit halten könnten.

Eben dieses hat man auch Euch der Freundschaft gemäss mit einem besonderen Brief und Ablegaten zu wissen gemacht, also dass Ihr nicht sagen könnt, dass dieser victorieuse Krieg (welchen man vor zwei Jahren öffentlich und überall angerufen) ein plötzlicher Krieg zu nennen sei; und ist diesemnach destomehr zu verwundern, dass Ihr 32 Tage nach dem Aequinoctio unverhofft ein Schreiben an das Ottomanische Reich auf der Post überschickt mit der Bedeutung, dass ihr keinen Frieden mehr mit uns hättet und wir daher Euren Residenten zurücksenden möchten.

Was werden denn Eure gelehrten und verständigen Leute und andere Nationen dazu sagen, dass Ihr an unsere Grenze Truppen, Kriegsnothwendigkeiten und Schiffe sendet, indem Ihr das Fundament Eures Friedensbruches auf augenscheinlichen Betrug gebaut und aus übermässiger Hoffahrt und Herrschsucht Euch dergleichen Ungebührniss unterfangen, welche dem Ottomanischen Reiche in vorigen Jahren von keiner Seite widerfahren und dergleichen tadelhafte That auch kein geringer Fürst, geschweige denn ein Kaiser oder König, unternehmen würde. Dass Ihr aber vor den auswärtigen Potentaten oder Nationen, auch Euren eigenen Gelehrten keine Scheu tragt und unvermutheter Weise wider das Ottomanische Reich mit Betrug eine feindliche Bewegung vornehmen wollt, wird Euren bisherigen Ruhm wankelhaft machen. Und wer wird inskünftig Eurem Wort und Frieden zu seiner Zeit Glauben zustellen und trauen können? Und da Euer Kaiser nebst dem Friedensbruch auch Euren Residenten zurückbegehrt, also ist solcher freiwillig mit aller Sicherheit auf Eure Seite gegangen [1]), wir aber verhoffen, dass weil Ihr oberwähntermassen mit Unwahrheit und Betrug Euren Friedensbruch begeht, auch alles daraus entstehende Unglück über Euch kommen, hingegen dem Ottomanischen Reich alles Glück mit Gottes Hilfe daraus entspriessen werde. Und gleichwie Ihr durch diesen Friedensbruch eine so verächtliche That, als noch kein Potentat jemals begangen und unternommen, also wird man auch mit Euch einen Kampfplatz aufrichten und das Unglück des Blutes, so dabei von beiden Seiten vergossen werden wird, nebst der Schuld der geschehenden Beraubung der Unterthanen und daher entstehenden armen bedrängten Leuten über Euch kommen, da hingegen das Ottomanische Reich, welches von Friedensbruch und Uebermuth gänzlich entfernt (wie wir von göttlicher Hilfe verhoffen) viel Ruhm und Victorien

---

[1]) Was bekanntlich nicht der Fall war.

zu gewärtigen haben, dieses Euer schändliches Unternehmen aber Euch nicht allein, sondern auch nächst Gott Euren Nachkommen eine spöttliche Niederlage, auch alles Unheil und Fluch verursachen wird."

Der Prinz schenkte diesem Schreiben keine weitere Aufmerksamkeit, er beauftragte nur den Festungs-Commandanten in Peterwardein, Freiherrn von Löffelholz, sich beim Seraskier in Belgrad anzufragen, wie es sich mit der Zurücksendung des kaiserlichen Minister-Residenten verhalte [1]).

Wie der Prinz übrigens richtig voraussetzte, unterliess es aber der Grossvezier sein Verhalten irgendwie zu rechtfertigen, die Entscheidung war dem Schwerte anheimgestellt und jede Aussicht auf eine friedliche Lösung somit geschwunden. Nur hatte es noch den Anschein, als erwarteten die Türken die Kriegserklärung oder die Eröffnung der Feindseligkeiten von kaiserlicher Seite, weil dies nach ihrem Aberglauben dem Verlaufe des Krieges einen besseren Erfolg verhiess [2]).

Langsam näherten sich die beiden Heere; in jenem des Kaisers das Bewusstsein des Rechtes, das stolze Vertrauen auf den genialen Feldherrn und auf sich selbst, der tiefe Hass gegen den grausamen Christenfeind; im türkischen Lager blindwüthender Fanatismus und rohe Eroberungslust.

Wieder stand das Abendland in Wehr und Waffen gegen morgenländisches Barbarenthum vor einer gewaltigen Entscheidung, deren Folgen unmessbar sein konnten. Lag ja doch der Schutz Europa's wieder im Schwerte des kaiserlichen Heeres und in dem wägenden Geiste und dem mächtigen Willen des grossen kaiserlichen Feldherrn, der jetzt daran ging, diese schwerste Aufgabe seines Kriegerlebens mit seiner glänzendsten That zu lösen.

---

[1]) FML. Freiherr von Löffelholz an den Seraskier in Belgrad, 17. Juli 1716; Kriegs-A., „Türkenkrieg 1716"; Fasc. VII, 86.

[2]) Supplement Nr. 19.

Rüstungen des Kaisers.

Der Ausbruch des venetianisch-türkischen Conflictes fand den Hofkriegsrath in Wien gerade im Begriffe, den während des spanischen Successionskrieges stets erhöhten Stand des kaiserlichen Heeres, aus Rücksicht für die Staatsfinanzen zu vermindern [1]). Die Absicht einer gründlichen Standesreduction musste jedoch mit dem Eintritt der Kriegsgefahr im Südosten des Reiches aufgegeben werden.

Um diese Zeit, im Frühjahre 1715, waren die kaiserlichen Regimenter wie folgt vertheilt:

Im römischen Reiche.

Regimenter zu Fuss [2]):

Max Starhemberg, jetzt Nr. 24; d'Arnant, jetzt Nr. 12; Plischau, jetzt Nr. 22; de Wendt, 1721 aufgelöst; dann die beiden Schweizer-Regimenter Tillier (Erlach) und Diesbach, 1717 aufgelöst; 1 Bataillon des Regimentes Neipperg, jetzt Nr. 7.

Zusammen 4 Regimenter und 1 Bataillon zu Fuss mit einem Sollstande von 10.000 Mann, ohne die Schweizer-Regimenter, welche bereits zur Auflösung beantragt waren.

In den Niederlanden.

Regimenter zu Fuss:

Herberstein, das frühere Nr. 50; Wachtendonk, jetzt Nr. 54; Holstein-Beck, jetzt Nr. 20; Hoch- und Deutschmeister, jetzt Nr. 4; Baden-Baden, das frühere Nr. 23.

---

[1]) H. K. R. Exp. 1714; December, 404.

[2]) Sollstand der deutschen Regimenter zu Fuss: 17 Compagnien, 2300 Mann; der Regimenter zu Pferd und der Dragoner: 6 Escadronen zu 2 Compagnien, 1000 Reiter.

Dragoner-Regimenter:

Eugen Savoyen, jetzt Dragoner-Regiment Nr. 13; Württemberg, jetzt Dragoner-Regiment Nr. 11.

Zusammen 5 Regimenter zu Fuss und 2 Dragoner-Regimenter mit einem Sollstande von 13.500 Mann.

Hiezu kamen noch die niederländischen National-Regimenter und zwar:

Regimenter zu Fuss:

Arenberg, Maldeghem, L'Aspino, Hartop, Sarrablanca, D'Avila, de Venise, Liedermans, 1725 aufgelöst.

Regimenter zu Pferd:

Westerloo-Cürassiere, Audignies-Dragoner, Paleotti-Dragoner, sämmtlich 1725 aufgelöst.

Zusammen 8 Regimenter zu Fuss und 3 Regimenter zu Pferd mit einem verminderten Sollstande von 6800 Mann [1]).

In der Lombardie.

Regimenter zu Fuss.

Bayreuth, jetzt Nr. 41; Bagni, jetzt Nr. 25; Lothar Königsegg, 1720 aufgelöst; Zum Jungen, jetzt Nr. 27; Traun, 1748 aufgelöst; O'Dwyer, 1747 aufgelöst; Luccini (national), 1721 aufgelöst; Gyulai-Hayducken-Regiment, jetzt Nr. 51.

Regimenter zu Pferd:

Visconti-Cürassiere, 1735 aufgelöst; Battée-Dragoner, 1721 aufgelöst; Hamilton-Dragoner (national), 1721 aufgelöst.

Zusammen 8 Regimenter zu Fuss und 3 zu Pferd mit einem Sollstande von 20.300 Mann [2]).

---

[1]) Nach dem Berichte des G. d. C. Grafen Vehlen an den Prinzen Eugen vom 6. August 1716 hatten die 6 erstgenannten niederländischen National-Regimenter einen Stand von je 12 Compagnien und 800 Mann; die beiden letztgenannten einen solchen von 6 Compagnien mit 400 Mann. Das Cürassier-Regiment Westerloo formirte 3, die beiden Dragoner-Regimenter je 2 Compagnien mit zusammen 1200 Reitern. Kriegs.-A., „Türkenkrieg 1716"; Fasc. VIII, 84.

[2]) Das nationale Regiment Luccini bestand nur aus 13 Compagnien mit 1500 Mann; das Hayducken-Regiment aus 10 Compagnien mit 2000 Mann. Im Mailändischen standen an nationalen Truppen ausserdem die finalische Invaliden-Compagnie (aus Cataloniern gebildet, leistete in Cremona Dienste) und das königl. Leibgarde-Regiment zu Pferd, letzteres nur mit 200 Mann.

In Neapel.

Regimenter zu Fuss:

Wetzel, jetzt Nr. 42; Toldo, 1720 aufgelöst; Georg Olivier Wallis, 1748 aufgelöst; Sickingen, jetzt Nr. 18; Lothringen-Osnabrück, jetzt Nr. 15.

Regimenter zu Pferd:

Caraffa-Cürassiere, 1768 aufgelöst; Vaubonne-Dragoner, 1721 aufgelöst; Roma-Dragoner (national), 1721 aufgelöst.

Zusammen 5 Regimenter zu Fuss und 3 zu Pferd mit einem Sollstande von 14.100 Mann [1]).

In den Erblanden.

Regimenter zu Fuss:

Guttenstein (in Böhmen), 1748 aufgelöst; Hasslingen (in Mähren und Schlesien), jetzt Nr. 11; Harrach (in Ober- und Nieder-Oesterreich), jetzt Nr. 47; Alt-Daun (in Inner-Oesterreich), jetzt Nr. 56.

Regimenter zu Pferd:

Gronsfeld-Cürassiere, jetzt Dragoner Nr. 9; Martigny-Cürassiere, 1768 aufgelöst; Lobkowitz-Cürassiere, 1801 aufgelöst; Hautois-Cürassiere, 1775 aufgelöst; Emanuel Savoyen-Cürassiere, jetzt Dragoner Nr. 8; Schönborn-Dragoner, 1801 aufgelöst; Saint-Amour-Dragoner, 1775 aufgelöst (in Böhmen, Mähren und Schlesien); Bayreuth-Dragoner (in Nieder-Oesterreich), jetzt Husaren Nr. 15; Rabutin-Dragoner (in Inner-Oesterreich), jetzt Dragoner Nr. 10.

Zusammen 4 Regimenter zu Fuss und 9 zu Pferd mit einem Sollstande von 18.200 Mann [2]).

In Ungarn.

Regimenter zu Fuss:

Guido Starhemberg, das frühere Nr. 13; Heister, 1748 aufgelöst; Gschwind, jetzt Nr. 35; Nicolaus Pálffy, jetzt Nr. 8; Neipperg, jetzt Nr. 7; Prinz Alexander Württemberg, jetzt Nr. 17; Löffelholz, 1741 aufgelöst; Braunschweig-Wolfenbüttel-Bevern, jetzt Nr. 29; Bonneval, 1725

---

[1]) Das Regiment Roma hatte 600 Reiter Sollstand. Hiezu die Invaliden- und Frei-Compagnien, dann die Besatzungen einzelner Küstenplätze, endlich die wenigen Truppen in Sardinien und zwar die stark reducirten Marine-Regimenter Barbon und Carreri, dann die Grenadier-Garde des Vicekönigs Marquis de Rubi.

[2]) Hiezu die Stadt-Guardia in Wien (1200 Mann), in Graz (100 Mann), die Frei-Compagnien in Brieg (300 Mann), am Spielberg und zu Hradisch (je 150 Mann).

aufgelöst; Jung-Daun, das frühere Nr. 45; von der Lancken, jetzt Nr. 28; Regal, jetzt Nr. 36; Ahumada, Alcaudete, spanische Regimenter, 1721 aufgelöst; Marulli, Faber, italienische Regimenter, 1721 aufgelöst.

Regimenter zu Pferd:

Pfalz-Neuburg-Cürassiere (wurde 1715 nach Siebenbürgen verlegt), 1734 aufgelöst; Hannover-Cürassiere, jetzt Dragoner Nr. 2; Uhlefeld-Cürassiere, jetzt Dragoner Nr. 4; Darmstadt-Cürassiere, jetzt Dragoner Nr. 6; Cusani-Cürassiere, 1775 aufgelöst; Montecuccoli-Cürassiere, 1767 aufgelöst; Mercy-Cürassiere, 1801 aufgelöst; Viard-Cürassiere, jetzt Dragoner Nr. 7; Hohenzollern-Cürassiere, 1801 aufgelöst; Johann Pálffy-Cürassiere, 1801 aufgelöst; Falkenstein-Cürassiere, 1775 aufgelöst; Saint-Croix-Cürassiere, 1775 aufgelöst; Jörger-Dragoner, 1801 aufgelöst; Althann-Dragoner, jetzt Uhlanen Nr. 6; Moras-Cürassiere, Cordova-Cürassiere, Galbes-Dragoner, spanische Regimenter, 1721 in ein Regiment zusammengezogen, jetzt Dragoner Nr. 5; Splényi-Husaren, jetzt Nr. 8; Josef Simon Esterházy-Husaren, Ebergényi-Husaren, 1721 in das jetzige Husaren-Regiment Nr. 9 incorporirt; Babocsay-Husaren, jetzt Husaren-Regiment Nr. 3; Nádasdy-Husaren, 1721 aufgelöst.

Zusammen 16 Regimenter zu Fuss (Neipperg mit 2 Bataillonen) und 22 zu Pferd, mit einem Sollstande von 51.600 Mann[1]).

In Siebenbürgen.

Regimenter zu Fuss:

Virmond, jetzt Nr. 16; Jörger zu Tollet, jetzt Nr. 59; Wellenstein, jetzt Nr. 57.

Regimenter zu Pferd:

Steinville-Cürassiere, 1721 aufgelöst; Vehlen-Dragoner, 1748 aufgelöst; Breuner-Dragoner, 1721 aufgelöst.

Zusammen 3 Regimenter zu Fuss, 3 zu Pferd, mit einem Sollstande von 9900 Mann. Hiezu kommt noch die siebenbürgische National-Miliz.

---

[1]) Die spanischen Regimenter zu Fuss hatten einen Sollstand von 11 Compagnien mit 1500 Mann; die spanischen Regimenter zu Pferd und die Husaren einen Sollstand von je 10 Compagnien mit 600 Mann. In Ungarn standen ausser den genannten Regimentern noch eine Anzahl Frei-Compagnien und zwar: in Pressburg 1 Compagnie, in Raab 5 Compagnien, in Komorn 3 Compagnien, in Gran 2 Compagnien.

Hiezu kam noch die ungarische National-Miliz in den Festungen Raab, Komorn, Gran, Szigeth, Szolnok und Grosswardein mit 10 Compagnien zu Fuss und 12 Compagnien zu Pferd.

Somit betrug der Sollstand der Armee in 45 Regimentern zu Fuss und 42 zu Pferd (die niederländischen National-Regimenter nicht einbezogen) 137.600 Mann und, wenn man die nationalen oder Raizen-Milizen an der Grenze gegen die Türkei hinzurechnet, bei 160.000 bis 170.000 Mann.

Diese stattlichen Zahlen schrumpfen aber bei Berücksichtigung des wirklichen Standes der Regimenter einigermassen zusammen. Denn stark geschwächt waren sie nach dem Kriege in ihre Quartierbezirke eingerückt und eine Recrutirung und Remontirung erfolgte seit dem Frühjahre 1714 nicht. Am meisten gelichtet waren die spanischen Regimenter. Der allgemeine Abgang bezifferte sich im Jahre 1715 auf mindestens 20.000 Mann und 6000 Pferde.

Die Truppen-Vertheilung war insofern für die bevorstehende Aufgabe günstig, als ein verhältnissmässig grosser Theil der Streitkräfte, — die Hälfte der Reiterei und zwei Fünftel der Infanterie — im Königreich Ungarn dislocirt war, während in den anderen Theilen der Monarchie nur soviel Truppen standen, als durch die Rücksicht auf Erhaltung der allgemeinen Sicherheit erfordert wurde.

Nachdem die Regimenter im Frieden als eine schwere Belastung des Landes, in welchem sie bequartiert waren, angesehen wurden, war auch diese Eintheilung, wie üblich, nicht ohne Beschwerden der verschiedenen Königreiche und Länder zu Stande gekommen. Dass das Königreich Ungarn zur Zeit den grösseren Antheil an derselben trug, hatte seinen Grund in der Leichtigkeit, hier Truppen zu verpflegen und in der nothwendigen Vorsicht gegen den gefährlichen Nachbar, wenngleich im Jahre 1714, nach Beendigung des spanischen Successionskrieges, die Möglichkeit eines so nahen Türkenkrieges noch nicht in das Auge gefasst worden war.

Mit der Jahreswende 1714 bis 1715 kam aber der venetianisch-türkische Krieg und dann die Nothwendigkeit, für eine neue Mobilmachung des Heeres vorzusorgen.

Die für die allmälige Annahme der Kriegsbereitschaft wichtigsten Vorkehrungen legte Prinz Eugen bereits am 3. Februar 1715 in einer an den Kaiser gerichteten Denkschrift dar [1]). „Der Krieg muss mit Macht geführt werden,“ schrieb der Prinz, „folgbar die Oberhand behauptet und dadurch die Feinde, so in jedem Kriege, insonderheit aber bei den Türken das vornehmste ist, in steter Furcht erhalten werden und nicht minder die Stärke der Truppen die Schwäche der Festungen in Ungarn dermalen ersetzen muss; also ist

---

[1]) Supplement Nr. 1.

auf die Zusammensetzung einer solchen Armee anzutragen, welche solches Vorhaben mit Verlässlichkeit auszuführen und zur Unterstützung genugsam gewachsen ist."

Er beantragte daher als für den Krieg erforderlich den Stand der Feld-Armee mit mindestens 70 Bataillonen und 185 Escadronen, das ist mit circa 80.000 Mann festzustellen, ungerechnet die Festungs-Besatzungen in Ungarn. Um aber diesen Stand zu erreichen und die Armee marschbereit zu machen, verlangte der Prinz:

1. die ausgiebige Recrutirung und Remontirung der, starke Lücken aufweisenden Truppen und die Aufstellung einiger neuer Infanterie-Regimenter,

2. die Vollendung und Ausrüstung der festen Plätze auf den bedrohten Theilen des Kriegsschauplatzes, „weil die Türken bei der gegenwärtigen Beschaffenheit der ungarischen Festungen, im Falle selbe eine Oberhand (so doch Gott gnädiglich verhüten wolle) überkommen möchten, in ein oder höchstens zwei Jahren wiederum vor Wien, mithin E. k. M. in Ihrer eigenen Residenz nicht sicher sein würden."

3. Die Aufstellung einer Donau-Flottille und die Herrichtung des Schiffbrücken-Materiales,

4. die Beschaffung des erforderlichen Trains, dann die Ausrüstung und Bespannung der schweren Artillerie und die Ansammlung der Munitionsvorräthe und des Schanzzeuges,

5. die Aufstellung und Füllung der für die Verproviantirung nothwendigen Magazine.

Der Kaiser genehmigte die in der Denkschrift vom Prinzen gestellten Rüstungsanträge und verfügte, dass nebst den Vorkehrungen für die finanzielle Bedeckung in erster Linie mit der Recrutirung und Remontirung, als der dringendsten Vorsorge, begonnen werde [1]). Das Schwierigste blieb jedenfalls die Beschaffung des nöthigen Geldfondes.

Einen weiteren Einblick in die Rüstungsvorsorgen für die Armee gewähren das Memorandum des Hofkriegsrathes an die Hofkammer vom 12. März und die Aufsätze des General-Kriegs-Commissariates vom 23. März 1715 [2]), welch' ersteres, ebenso wie die citirte Denkschrift des Prinzen Eugen den Beweis liefert, dass man bereits in den ersten Monaten des Jahres 1715, also bald nach der Kriegserklärung der Pforte an Venedig, den Türkenkrieg für unvermeidlich hielt.

---

[1]) Supplement Nr. 1.

[2]) Anhang Nr. 1 und 2

Andererseits mochte der Prinz, welcher die Finanzlage vollständig kannte, wohl ahnen, welch' lange Zeit die umfangreichen Rüstungen brauchen würden und er strebte daher darnach, so früh als möglich mit denselben anzufangen.

Nach dem Memorandum vom 12. und den Aufsätzen des General-Kriegs-Commissariates vom 23. März 1715 [1]) sollten nebst den von den Ländern pro 1715 bewilligten 5000 Recruten zu Fuss noch 11.000 bis 12.000 Mann für die Infanterie und gegen 2000 Mann für die Cavallerie aufgeworben, dann über die in natura beizustellenden 1000 bis 1500 Pferde noch gegen 4000 Cavallerie-Remonten angeschafft werden, um damit die Lücken der für die Feld-Armee bestimmten Regimenter auszufüllen.

Diese Feld-Armee sollte, wie erwähnt, 70 Bataillone und 185 Escadronen stark werden und weil man weder die entlegenen Provinzen noch die Garnisonen in Ungarn ganz von Truppen entblössen durfte, so wurde beschlossen, wieder zu dem erprobten Mittel zu greifen, von einzelnen Fürsten des römischen Reiches Regimenter zu „erhandeln".

Die Beschaffung der gebräuchlichen Proviant-, Zelt- und Balkenwagen, ferner die Aufstellung der Magazine und die Beistellung eines reichlichen Brücken-Materiales, das nothwendig war, weil über die Donau, Drau und untere Theiss gar keine stabilen Brücken führten, sowie die Ausrüstung der Donau-Flottille, waren die weiteren Aufgaben des Hofkriegsrathes.

Die Feld-Artillerie sollte aus 80 bis 100 Regimentsstücken und Falkaunen von 3-, 6- und 12pfündigem Caliber bestehen; der Belagerungs-Artilleriepark aus 100 Batteriestücken, worunter zumeist halbe Carthaunen von 24pfündigem Caliber, einige Zwölfpfünder und eine grössere Anzahl Mörser.

Die schlimmen Erfahrungen, die man in den ungarischen Feldzügen wiederholt hinsichtlich der unzureichenden sanitären Vorkehrungen gemacht, bestimmten den Hofkriegsrath, diesmal nebst einem Hauptspitale noch mehrere Nebenspitäler zur Einrichtung zu beantragen.

Für alle diese Vorbereitungen, für die Beschaffung der Munition und der übrigen Feldausrüstung, besonders aber für die Ansammlung von Proviantvorräthen und den Weiterbau der zumeist unvollendeten Festungen in Ungarn, sollte nun die Hofkammer die nöthigen Geldmittel aufbringen, eine Aufgabe, der sie sich nicht gewachsen fühlte.

---

[1]) Anhang Nr. 1 und 2.

Wie sehr sich die wirthschaftlichen Verhältnisse der kaiserlichen
Erbländer einem traurigen Niedergange näherten und wie der öffentliche
Credit so tief gesunken war, dass es dem Staate fast unmöglich wurde,
auch nur geringfügige Anleihen aufzunehmen und überall Noth und
Elend herrschte, dafür sprechen lebhaft genug die Erfahrungen während
des spanischen Successionskrieges. Kaum war 1714 der Frieden im
Lande verkündigt worden, so kamen von allen Seiten die bisher durch
Versprechungen hingehaltenen zahllosen Staatsgläubiger und forderten die
Begleichung ihrer oft beträchtlichen Vorschüsse. Die Finanzen waren
durch die fast ununterbrochen währenden Kriege völlig zerrüttet; die
öffentlichen Ausgaben trotz der grössten Sparsamkeit [1]) von Jahr zu Jahr
in ein grösseres Missverhältniss zu den Staats-Einnahmen gekommen.
Die Unordnung in der Verwaltung verschlimmerte das Uebel und man
kam bei den nothwendigsten Zahlungen so sehr in das Gedränge, dass
trotz des Friedens oft weder der Gehalt der Hofbedienten noch der
Sold des Militärs zu gehöriger Zeit verabfolgt, ja zuweilen wichtige
Couriere wegen Mangel an Barschaft nicht befördert werden konnten.

Die Truppen waren, wie der Prinz selbst dem Kaiser in
seiner Denkschrift über die Rüstungen darlegte, aus Mangel der Verpflegung in einen schlechten Stand verfallen, die meisten Regimenter
hatten, abgesehen von älteren Ausständen, vom spanischen Successionskrieg allein 2—300.000 fl., manche sogar bei 400.000 fl. an rückständiger Verpflegung zu fordern [2]).

Die steigende Verarmung der Bevölkerung, das gänzliche Dar-
niederliegen von Handel und Wandel thaten natürlich den Steuer-
erträgnissen bedeutenden Eintrag und wenn auch die meisten Länder
der Monarchie sich zu „Recessen“ verstanden hatten, durch welche
die Steuerbewilligung auf 10 Jahre festgesetzt war, so gingen doch
die Abgaben ganz unverlässlich ein und in allen Ländern mehrten
sich die Rückstände [3]).

Die Friedensjahre 1714 und 1715 hätten nun allerdings auf die
Verbesserung dieser Verhältnisse günstig einwirken können und auch
der gute Stand des Wiener Stadt-Banco, welcher gegen Zuweisung

---

[1]) Man schritt unter anderem von Amtswegen gegen den übermässigen Aufwand ein; verbot doch der Kaiser, um nur ein Beispiel zu erwähnen, sogar den Gebrauch von mit Gold und Silber verbrämten Livréen im Bereiche der ganzen Monarchie. Zu deren Austragung sollte nur ein Jahr bewilligt sein. Theatrum europaeum,
XXI. Bd., „Kaiserliche Hof- und Erblandsgeschichte 1716“.

[2]) Supplement Nr. 1.

[3]) Selbst in den verhältnissmässig reichen böhmischen Ländern betrugen die
Steuerrückstände über eine Million Gulden. Bericht des Hofkammer-Präsidenten von
Walsegg an den Kaiser. Hofkammer-A.

von Gefällen die Bezahlung der dringendsten Schulden übernommen hatte und dessen Creditfähigkeit einen ungeahnten Aufschwung nahm, hätte der Bilanz des Jahres 1715 vortheilhaft sein sollen [1]. Wie es aber in Wirklichkeit damit beschaffen war, erklären die „unvorgreiflichen Gedanken über den dermaligen Militärzustand 1715" der österreichischen Hofkanzlei [2]), wonach „der Nothstand und das billige Klagen der Miliz von Tag zu Tag solchergestalt zunimmt, dass mit der Remedur länger anzustehen ebenso gefährlich als schädlich sein kann".

Die üble Lage des Finanzwesens fällt umsomehr in das Auge, als die sogenannten „Militär-Einnahmen" 13 Millionen Gulden, die Militär-Ausgaben aber 17 Millionen Gulden betrugen, wozu noch ein für mehrere Jahre verpflichtender Schuldenconto von 7 Millionen gerechnet werden muss, so dass also ein für jene Zeit unerhörtes mehrjähriges Deficit von 10 Millionen Gulden vorhanden war. Grösserer Leistungen aber waren die Länder nicht mehr fähig [3]).

Durch die schon 1713 begonnene Reform der Finanzverwaltung sollte nun den bestehenden Uebelständen abgeholfen werden. Die erste Idee, auf welche man hier verfiel, bestand darin, sämmtliche Staats-Cassen in eine Art Bank zu verwandeln, wovon man, nach dem Gedeihen der Wiener Stadt-Bank zu schliessen, eine gründliche Verbesserung der Finanzen hoffte. Mit den Patenten vom 24. März 1713 und 14. December 1714 wurde sonach die „freie Universal-Bancalität" für sämmtliche Erblande errichtet [4]).

---

[1]) In diesem Jahre führte der Wiener Stadt-Banco an die neu errichtete Bancalität für die Militär-Erfordernisse 1,100.000 fl. ab. Schwabe, „Versuch einer Geschichte des österreichischen Staats-Credits- und Schuldenwesens"; Dr. Bidermann, „Die Wiener Stadt-Bank". (Archiv für Kunde österr. Geschichtsquellen, XX. Band.)

[2]) H. H. u. St. A., „Kriegs-Acten 1716 bis 1718"; Fasc. 111.

[3]) „Gewiss ist," so lässt sich die, weiteren Rüstungen abgeneigte, österreichische Hofkanzlei vernehmen, „dass die Macht und Herrlichkeit eines Monarchen nicht darin besteht, eine zahlreiche Miliz zu haben, welche aus Mangel der Zahlung und anderer Nothdurft nicht allein zur Operation nicht kann gebraucht werden, sondern vielmehr durch die Noth zu allerhand Unordnungen verleitet und gedrungen wird, wie man das erste leider! heutigen Tages erfahren und das andere nicht unbillig zu besorgen haben wird, sondern vielmehr in dem, dass er eine solche Armee habe, welche in Vorfallenheiten zu operiren imstande, durch punctuale Zahlung zufrieden und ihrem Herrn zu dienen willig ist, womit auch eine wohl regulirte Disciplin gehalten, die Länder von vielen beschwerlichen Excessen bewahrt und anderes Unheil abgewendet, bei dem Nachbarn aber Ehre und Furcht erworben werden mag." H H. u. St. A., „Kriegs-Acten 1716 bis 1718"; Fasc. 111.

[4]) Ministerial-Banco-Deputation an den Hofkriegsrath, 23. Januar 1715. H. K. R. Exp. 1715; Januar, 297.

52

Die Bancalität, welcher das Hof-Bank-Gubernium vorstand, sollte
den gesunkenen Credit wieder herstellen, die Gefälle und Abgaben in
eine bessere Ordnung setzen, Handel und Verkehr beleben. Nicht nur
durch die Ueberlassung der Zölle und sonstiger Staats-Einnahmen,
sondern auch durch Einlagen von Privaten sollten die Capitalien der
Bank einen derartigen Umfang gewinnen, dass diese alle wichtigeren
Bedürfnisse des Staates bestreiten, Vorschüsse leisten und selbst an
grösseren Unternehmungen sich zu betheiligen vermöchte.

Die Anlage und Organisation des Bancalitäts-Instituts erwiesen
sich jedoch in der Folge als verfehlt und die erwarteten Vortheile
traten nicht ein [1]. Zu alldem ergaben sich noch Zwistigkeiten zwischen
dem Bank-Gubernium und der auf ihre früheren Rechte eifersüchtigen
Hofkammer. Ersteres beklagte sich, dass der „Banco" in der Eintreibung von Gefällen zu wenig unterstützt werde und dass ihm
Anweisungen ohne die institutsmässige Bedeckung aufgebürdet würden.
Die Hofkammer dagegen legte dem Banco zur Last, dass er bisher keine
der Erwartungen erfüllt habe.

Wenn nun im August 1716 das Bank-Gubernium aufgehoben
und Bancalität nebst Hofkammer der neu gebildeten „Geheimen Finanz-
Conferenz", welche oft ihre Berathungen unter dem Vorsitze des Kaisers
abhielt, untergeordnet wurden, so brachte dies in den bestehenden
üblen Verhältnissen keine wesentliche Aenderung hervor [2]. Der Mecha-
nismus der Bancalität war zu schwerfällig; Tage, Wochen vergingen,
bevor die dringendsten Eingänge nur berathen wurden und die Doppel-
wirthschaft mit der Hofkammer, an die andererseits der Hofkriegsrath
seine Anforderungen richtete, schufen einen schleppenden Geschäfts-
gang, der besonders bei einer Mobilmachung, während welcher rasch
ein grosser Geldbedarf bestritten werden musste, sehr nachtheilig wirkte
und in der Folge auch den langsamen Verlauf der Rüstungen ver-
schuldete, für welche nach dem Rüstungsprojecte vom 23. März 1715
allein 5 Millionen Gulden erforderlich waren.

So kam es, dass die Commandanten der Regimenter, nach diesen
das General-Kriegs-Commissariat, der Hofkriegsrath, die Hofkammer, die
geheime Finanz-Conferenz und endlich der Kaiser selbst, theils bittend,

---

[1] „Mit dem vorigen Jahres aufgerichteten Banco," schreibt das Theatrum europaeum
XXI. Bd. 1716, „wollte es gleich im Anfange nicht so gut fort, als man sich es ein-
gebildet haben mochte, deshalb man mit eingetretenem gegenwärtigem Jahre schon
hören musste, es fehle diesfalls an Credit und am Gelde und falle die Zahlung nicht
mehr richtig daher, sondern sei nöthig, dass die Hofkammer dem Mangel abhelfe."

[2] Hofkammer-A. Theatrum europaeum XXI. Bd., „Kaiserliche Hof- und Erblandsgeschichte 1716".

theils befehlend, die Bancalität um die Flüssigmachung von dringend erforderlichen Geldern bestürmten und dass alle diese Bitten und Befehle doch zumeist ohne Erfolg blieben. Die Cassen waren fast immer leer.

Da werden denn die lebhaften Klagen des Prinzen begreiflich, welcher die Kriegsvorbereitungen beschleunigt wissen wollte, während thatsächlich wegen Geldmangel alles stockte und ausserdem die Soldaten in der Lombardie und im Reiche förmlich Hunger litten [1]).

Der Hofkriegsrath hatte schon am 12. März, am 1. Mai, am 27. Mai 1715 bei der „Geheimen Conferenz“, dann am 2. Juni 1715 und so fort die Hofkammer zur Auszahlung der nöthigen Gelder für die Rüstungen gedrängt, aber stets nur die Entschuldigung erhalten, dass die Kammer nach der jetzigen Organisation über keine solchen verfüge und nichts anderes thun könne, als diese Auffordungen mit einem dringenden Appell der Bancalität zu überantworten.

------

[1]) „Es sind bereits fünf Monate hingewichen, dass ich an E. k. M. Dero FML. Freiherrn Zum Jungen dahin überschickt habe, um nicht nur allein den extremen Nothstand, in welchem sich die Truppen befinden, in aller Unterthänigkeit vorzutragen, sondern zugleich auch, um die Allergnädigste Remedur dergestalten zu imploriren, dass doch dermal auf die ganz verlassenen Truppen· in Allerhöchsten Gnaden reflectirt werden möchte. Da nun aber hierauf ausser einer ganz unerheblichen Rimessa bis dato keine solche Aushilfe erfolgt ist, womit man diese so alten und wackeren Regimenter nur in etwas zu trösten und aufzumuntern vermöchte, so befinde ich mich durch meine allertreueste Pflicht und Schuldigkeit dahin verbunden, bei E. k. M. klar und unverhalten, jedoch mit allerunterthänigstem Respecte allergehorsamst vorzustellen, dass woferne nicht auf das schleunigste eine rechtschaffene Geldhilfe hereinkommt, mit diesen Truppen es nunmehro beschehen sein wird, indem bei dieser ungemeinen Hitze dem Soldaten mit dem blossen Wasser und Brod zu leben unerträglich fallet, dass derjenige, so von den Krankheiten nicht niedergeworfen wird, durch die Desertion sich zu salviren vorhat und sind die Officiere ihres Elends und harten Zustands halber eben so sehr zu bedauern, als unter denselben auch schon ein und anderer so deplorabler casus sich ereignet, dass E. k. M. in aller Unterthänigkeit von solchen was zu melden, die natürliche Modestie verbietet etc.“ Schreiben des Militär-Befehlshabers von Mailand, Hannibal Visconti, an den Kaiser am 12. Juni 1715.

Ein Brief des Kriegs-Commissarius de la Broue vom 20. April 1716 an den Grafen von Thürheim meldet aus den Niederlanden, dass die flandrischen Stände sich an die Befehle und an die Beschwerden des Militär-Commandanten und bevollmächtigten Ministers Grafen von Königsegg gar nicht kehren und wenn nicht Mittel beschafft würden, stehe der völlige Untergang der Regimenter zu erwarten. Es habe das Ansehen, „dass die hiesigen Länder suchten, die kaiserlichen Truppen auf den alten spanischen Fuss zu setzen, nämlich, dass solche betteln gehen sollen.“ Der Abgang werde täglich grösser, betrage schon 2500 Mann, die Krankheiten nehmen zu, aus Mangel der Mittel und der Montur, wie denn bei manchem Regiment der von der Wache Kommende, dem daraufziehenden die Schuhe leihen muss und dergleichen miseri mehr. „Die Officiere stecken in Schulden, und werden sie sich bei sothanen Umständen nie daraus wickeln können.“

Bezüglich der Geldleistungen der Erbländer für das Jahr 1716 wurden im September 1715 zwischen der Hofkammer, der böhmischen, österreichischen und ungarischen Hofkanzlei Berathungen gepflogen. Man erwartete wohl, dass die Stände auf Grund der abgeschlossenen zehnjährigen Recesse einer Mehrforderung grosse Bedenken entgegenstellen würden; indessen hatten die Erbländer, so schwer es auch ging, in den Zeiten der Gefahr dem K a i s e r ausgiebige Hilfe schliesslich doch nie versagt und gewiss erheischte der gegenwärtige Zeitpunct dringender als je eine Inanspruchnahme der wirthschaftlichen Kräfte des Reiches.

„Ihre Majestät beherzigen wohl," schrieb die Hofkammer an die böhmische Hofkanzlei [1]), „was die treugehorsamsten Erb-Königreiche und Länder im vergangenen Kriege zu tragen gehabt und wie gerne man sie auch diesmal verschonen würde, findet man doch aus wichtigen Gründen und Umständen von höchsten Amtswegen sich bemüssigt, eine bedeutendere Summe, als im Recesse vorgesehen, zu verlangen. Es wäre ein weit grösserer Nachtheil, wenn man bei unterlassenen Kriegsvorbereitungen den feindlichen Anschlägen gleichsam Thür und Thor offen liesse und würde ein schlechter Effect sein, dann erst etwas zu thun, wenn der Feind schon einen Vorsprung hätte und seine gefährlichen Unternehmungen gegen Ungarn und Siebenbürgen als das „ante murate" der deutschen Erbländer richten würde."

Nach einem beim Hofkriegsrath verfassten Entwurf über die Ausgaben und Einnahmen für 1716 [2]) ergaben sich im günstigsten Falle aus den Bewilligungen der Länder folgende Einnahmen:

Aus den böhmischen Ländern	4,000.000 fl.
Von Nieder-Oesterreich	600.000 „
„ Ober-Oesterreich	300.000 „
„ Steyermark	370.000 „
„ Kärnthen (so ungewiss).	140.000 „
„ Krain (kann geben)	90.000 „
Ungarn hat bewilligt (in natura)	2,832.000 „
Slavonien und Syrmien tragen in Geld und Grundgenuss für die Grenz-Stäbe, die National-Miliz und zum Fortificationsbau circa . . .	308.000 „
Siebenbürgen	800.000 „
Fürtrag . . .	9,440.000 fl.

[1]) 18. September 1715 (Hofkammer-A.).

[2]) Reflexiones über der Kais. und Kathl. Majst. Militär-Erfordernisse, dermalen wissentlicher Fondi und Abgang pr. 1716. H. K. R. Exp. 1716; Januar, 521.

Uebertrag . . . 9,440.000 fl.

Die gesammten österreichischen und vorder-
österreichischen Länder mit Tyrol könnten
verwilligen. . . . . 300.000 „

Croatien für die Gyulai'sche alte und neue
Mannschaft . . . . 9.000 „

Die „Hohenzollern'schen Eröffnungsgelder"
haben ihren Fond ohnehin mit . . . . . 21.414 „

Summa des Ordinariums . . 9,770.414 fl.

Ferner:

Das Extra-Ordinarium wenigstens . . . . . 2,000.000 fl.

das geistliche Subsidium . . . . 1,000.000 „

von den Proviant - Erfordernissen im Reich
und Ungarn wird mit der Bezahlung bis
anno 1717 differirt . . . . 1,048.000 „

Summa . . 13,818.414 fl.

Das wirkliche Erforderniss für die Armee betrug jedoch 20,639.375 fl.,
was somit, vorausgesetzt, dass die Einnahmen pünctlich eingingen, einen
Abgang von 6,820.961 fl. ergab.

Für diesen Abgang standen noch einige besondere Geldquellen
zur Verfügung.

In Rom hatte Cardinal Graf Schrattenbach nach längeren
diplomatischen Verhandlungen erreicht, dass auch der Papst sich bereit
erklärte, beim Beginn des Krieges 200.000 fl., und wenn die Belagerung
von Corfu verhindert werden könnte, noch 300.000 fl. beizusteuern[1]).
Ausserdem bewilligte das päpstliche Breve vom 30. November 1715
und die Bulle vom 15. Februar 1716, dass „alle kaiserlichen Erblande und Königreiche, auch die Jesuiten- und Ritter-Orden (nur die
Johanniter und Cardinäle ausgenommen) von ihren geistlichen Einkünften
drei Jahre hintereinander den zehnten Pfennig richtig und ohne Aus-
flucht erlegen sollten". Dieser „Decimen" ging aber so langsam ein,
dass er für die Zeit der Rüstungen nicht mehr in Rechnung kam.

Verlässlicher war die Geldhilfe, welche der Wiener Stadt-Banco
und einige Wechsler in Wien darboten, nachdem die kaiserliche Universal-Bancalität erklärt hatte, nicht mehr als den Rest für die Truppen-
Verpflegung in Ungarn und einige Gelder für die Schiffsarmirung
beitragen zu können.

Der Wiener Stadt-Banco war vermöge seines blühenden Credit-
wesens im Stande, gegen Verschreibung der sogenannten „Kuchelgelder

---

[1]) Päpstliches Breve vom 30. November 1715, päpstliche Bulle vom 15. Februar 1716. Der Kaiser an die Hofkammer, 18. Jaunar 1716 (Hofkammer-A).

der Kaiserin-Mutter Amalia" 500.000 fl. an die Bancalitäts-Cassa abzuführen [1]).

Nach einem Berichte der Hofkammer an den Kaiser vom 11. August 1716 hatte der Stadt-Banco sich ausserdem bereit erklärt, noch
eine Million Gulden weiter zu liefern und zwar: 150.000 fl. gleich, die
der General-Kriegscommissär Ende Juli 1716 zur Armee mitnahm;
110.000 fl. im August 1716 und so fort in Raten bis halben December 1716. Die noch erübrigenden 300.000 fl. wollte der Banco zahlen,
wenn der ihm verschriebene geistliche Decimen aus Böhmen und Mähren
eingegangen sein würde.

Hiefür erhielt die Bank noch das „mährische Vieh-Aufschlags-,
das Tax- und Umgeld-Gefälle" und andere Einnahmen überwiesen.
Nicht so erfolgreich waren die Bemühungen wegen einer Geldanleihe
in England, wohin der Hofkammerrath Graf Volkra im Mai 1716
abreiste. Man bot ihm dort die gewünschten 2 Millionen nur unter
drückenden Bedingungen und so kurzer Rückzahlungsfrist, dass die
Anleihe nicht anzunehmen war. Die Verhandlungen scheiterten übrigens
besonders daran, dass England ausserdem noch als Nebengewinn die
zollfreie Einfuhr englischen Tuches nach den österreichischen Niederlanden in Anspruch nahm. Das hiess die eigene Tuch-Industrie in
den Niederlanden geradezu vernichten [2]).

Noch vor dem Abbruch des englischen Geschäftes war der Hofkammerrath von Tinti nach Holland geschickt worden und ihm gelang
es, hier mit dem Bankier Georg Clifford, welcher übrigens offen-
kundig einige englische Bankfirmen deckte, die Anleihe von zwei Millionen Gulden, freilich auch nicht unter leichten Bedingungen abzuschliessen [3]).

[1]) Hofkammer-A.

[2]) „E. D. werden schon wissen," schrieb der Kaiser an den Prinzen Eugen am
20. August 1716, „dass aus dem Englischen nichts geworden, weil sie unter anderen
hohen Conditionen auch das Tücherwesen in den Niederlanden einmauscheln wollen,
welches nicht sein kann." Anhang Nr. 10.

[3]) Die Hofkammer an den Kaiser am 14. September 1716 (Hofkammer-A.):

1. „Dermals gleich auf 300.000 fl. eine in drei Wochen zahlbare Assignation,
auf welche der Tinti inzwischen zu anticipiren gedenkt, von sich zu geben und das
übrige Quantum bis 12. November 1716 in Amsterdam zu erlegen.

2. Dass die Refundir- oder Wiederzahlung in der Zeit von acht nächst nacheinander folgenden Jahren geschehen und die ersten vier Jahre blos die Interessen
zu 8%, so den 12. dieses Monats anzufangen hätten, bei Ausgang jedesmaliger Jahres-
frist für die völlige Capitalsumme, richtig in Amsterdam und hinwiederum in hollän-
discher Current-Münze abgeführt, das Capital selbst aber, die übrigen vier Jahre hindurch, mit einem Viertel nebst der fortlaufenden Interessen-Gebühr abgetragen und
so fort, bis den 12. September 1724 continuirt; nebstbei

Gleichzeitige Verhandlungen mit Bayern, welches eine Million rheinische Gulden angeboten, zerschlugen sich [1]).

In der Voraussicht, dass der Abschluss dieser Anleihen kaum vor Ende des Jahres 1716 perfect werden würde, hatte man inzwischen mit verschiedenen Geldmäklern auf kurze Darlehen verhandelt, wodurch 4—500.000 fl. zur Bestreitung der dringendsten Bedürfnisse flüssig wurden. Sehr unsicher war die Rechnung mit den vom römischen Reich verlangten Subsidien, da, wie die Hofkammer bemerkt, „das Geben alle Zeit schwer ankommt" und die Zahlung nicht so bald erwartet werden konnte [2]).

Alle diese Anstalten zur Geldbeschaffung waren viel zu spät begonnen worden und gereichten daher den Rüstungen, ja selbst der Armee für den Feldzug 1716 wenig zum Nutzen. Bis in den April 1716 hinein hatte daher Prinz Eugen der ungenügenden Mittel wegen wieder mit unendlichen Schwierigkeiten zu kämpfen und seine vielen Klagen und Beschwerden lassen klar erkennen, wie sehr die Geldnoth die Eröffnung des Krieges verzögerte.

Zur Formirung der in einer Stärke von 70 Bataillonen und 185 Escadronen beantragten Feld-Armee in Ungarn waren in erster Linie die in Ungarn selbst, dann die in den österreichischen Erblanden liegenden kaiserlichen Regimenter bestimmt.

Nach der früher angegebenen Dislocation der Truppen standen im Jahre 1715 in Ungarn:

12 deutsche Infanterie-Regimenter (inclusive des noch in

    Philippsburg befindlichen Bataillons Neipperg). . . 36 Bataillone

4 spanische Infanterie-Regimenter 8   „

---

3. dem Clifford wegen beschwerlicher Aufbringungs-Unkosten semel pro semper eins pro cento und solchergestalten auch

4. für die Mühewaltung bei der Wiederzahlung als eine Provision ein für allemal ein Viertel pro cento bei jedesmaliger Interesse- als Capitals-Rimessa vergütet werden solle."

Der Kaiser ertheilte seine Zustimmung und befahl der Hofkammer, mit der Bancalität eine Vereinbarung zu treffen, um so bald als möglich bares Geld zu erhalten.

[1]) Graf Thürheim an den Prinzen, 15. Juli 1716. Kriegs-A., „Türkenkrieg 1716"; Fasc. VII, 79.

[2]) Mit 31. August 1716 bewilligte der Reichstag 50 Römermonate. Dies hätte in Gold vier Millionen betragen sollen, da aber die grösseren Reichsfürsten eine derartige Steuer unter verschiedenen Vorwänden verweigerten, so wurde in der geheimen Conferenz am 7. September der Betrag nur mit circa 1,400.000 fl. fixirt. Ende 1716 waren aber erst 218.933 fl. eingegangen. (H. H. u. St. A., Fasc. 111.)

In den deutschen Erblanden:

2 Infanterie-Regimenter . . . . 6 Bataillone

    In Böhmen, Mähren und Schlesien:

2 Infanterie-Regimenter, von denen aber nur 2 Bataillone

    zur Armee nach Ungarn rücken sollten 2   „

    Weiters beantragte der Prinz in der Denkschrift über die Rüstungen vom 3. Februar 1715 [1]):

aus Neapel 1 Infanterie-Regiment. . . . . 3 Bataillone

  „ der Lombardie 2 Infanterie-Regimenter 6   „

  „ den Niederlanden 2 Infanterie-Regimenter 6   „

herauszuziehen.

    Dies ergab somit für die zu versammelnde Armee eine Stärke von 67 Bataillonen und der noch fehlende Rest, ferners die auf mindestens 16 Bataillone zu veranschlagenden Besatzungen in den ungarischen Festungen, sollten durch Erhandlung neuer Regimenter aufgebracht werden.

    Von der kaiserlichen Cavallerie standen in Ungarn:

12 Cürassier-Regimenter zu 6 Escadronen [2]) . . . . 72 Escadronen

 2 Dragoner-   „   zu 6   „   12   „

 3 spanische   „   zu 3   „   9   „

    In den österreichischen Erblanden befanden sich

5 Cürassier-Regimenter . . . . 30 Escadronen

4 Dragoner-   „   24   „

    Ferners sollten zur Armee bestimmt werden:

aus Neapel ein Cürassier-Regiment

  „ dem Mailändischen 1 Dragoner-Regiment } . . . 18   „

  „ den Niederlanden 1   „

    Hiezu noch die in Ungarn stehenden 5 Husaren-

    Regimenter à 4 Escadronen. . . . . 20 Escadronen.

    Dies ergab eine Gesammtsumme von 185 Escadronen.

    Die vom Prinzen gemachten Anträge zur Bildung der Feld-Armee in Ungarn gelangten im Verlaufe der Rüstungen mit einigen Abänderungen thatsächlich zur Ausführung.

    Die aus den entfernten Gebieten von Neapel, Mailand und den Niederlanden zur Armee bestimmten Regimenter wurden theilweise schon im Jahre 1715 in Marsch gesetzt [3]) und zwar:

---

[1]) Supplement Nr. 1.

[2]) Der Stand der Escadronen erhöhte sich in der Folge durch die Aufstellung der Carabinier- und Grenadier-Compagnien zu Pferd.

[3]) Die Regimenter aus den Niederlanden marschirten über Cöln, Siegburg, Schweinfurt, Eger, Rokitzau, Hradisch (Olmütz). Die Truppen aus dem Reiche wurden

aus Neapel Wetzel-Infanterie und Caraffa-Cürassiere;

aus der Lombardie Bagni-Infanterie und Battée-Dragoner;

aus den Niederlanden Savoyen- und Württemberg-Dragoner;

endlich aus dem römischen Reiche Max Starhemberg-Infanterie aus Freiburg und ein Bataillon Neipperg-Infanterie aus Philippsburg.

Somit blieben von den im Jahre 1715 überhaupt vorhandenen 45 kaiserlichen Infanterie-Regimentern 19, und von den 42 Reiter-Regimentern nur 4 dem Operations-Schauplatze in Ungarn und Sieben-bürgen ferne [1]).

Von einer noch weitergehenden Verminderung der kaiserlichen Streitkräfte in den neuerworbenen Provinzen und am Rhein musste mit Rücksicht auf die stets unsichere politische Lage abgesehen werden.

Infanterie.

Nach Beendigung des spanischen Successionskrieges 1714 war aus Ersparungsrücksichten fast gar keine Ergänzung der Regimenter eingetreten und erst für das Jahr 1715 zufolge kaiserlichen „Deputations-beschlusses" von den Ländern ein Recrutenquantum in natura von 5000 Mann bewilligt worden. Nach dem Entwurfe vom 23. März 1715 betrug indessen der Abgang noch immer 10.190 Mann [2]).

Für die Beschaffung dieser Recruten mussten abermals wie gewöhnlich die deutschen Erblande aufkommen; die Hofkammer besass die für die Werbung erforderlichen 360.000 fl. jedenfalls nicht [3]). Die Länder fügten sich mit grossem Widerstreben dieser Forderung, die zur völligen Completirung der Armee in Ungarn für das Jahr 1716

---

auf der Donau von Günzburg und Ulm aus befördert. Das Dragoner-Regiment Battée kam schon im Jahre 1715 durch Tyrol und Kärnthen, Bagni durch Tyrol und wegen der Pest statt durch Kärnthen auf dem Inn und der Donau abwärts. Aus Neapel wurde der Transport des Regimentes Wetzel zur See über Triest und Fiume bewirkt.

[1]) Siehe weiters: Ordre de Bataille der Armee in Ungarn und Siebenbürgen.

[2]) Und zwar: Für Neapel . . . . 809 Mann

     „ die Lombardie . . . . 3710 „

     „ das römische Reich . . . . 1411 „

     „ die Niederlande . . . . 1333 „

     „ die deutschen Erblande . . . . — „

     „ das Königreich Ungarn . . . . 2927 „

     „ Siebenbürgen . . . . — „

[3]) Das Handgeld betrug bei der Infanterie 30 fl, bei den Hayducken 22 fl., bei der Cavallerie 35 Thaler; für ein Cürassierpferd wurden gewöhnlich 54 Thaler, für ein Dragonerpferd 44 Thaler bezahlt. In den einzelnen Ländern bestanden für das Remontengeld Preisunterschiede.

zudem noch bedeutend erhöht werden musste; in diesem Jahre verlangte der Hofkriegsrath für die weitere Ergänzung die Aufstellung
der Grenadier- und Carabinier-Compagnien bei der Cavallerie, und für
die neu aufgeworbenen Infanterie-Regimenter 20.000 Recruten.

Nur wenige Regimenter erhielten das Werbegeld, um ihre Recrutirung selbst durchzuführen.

Die Ergänzung ging auch nur äusserst langsam vor sich, so dass
im Frühjahre 1716 die Mehrzahl der Regimenter ihren vorgeschriebenen
Stand noch nicht erreicht hatte.

Die Anwerbung neuer Regimenter hatte der Kaiser schon im
Frühjahre 1715, auf Grund der in einem Vortrage des Prinzen vom
3. Februar 1715 gestellten Forderung beschlossen und man stand
hierüber mit verschiedenen Fürsten in Unterhandlung.

Zuerst wurde der Antrag des Herzogs Leopold von Lothringen
vom 30. Juni 1715 zur Aufstellung zweier Regimenter angenommen.
Im Herbste 1715 genehmigte der Kaiser über Vorschlag des
Prinzen die weitere Annahme von Infanterie-Regimentern in seinen
Dienst; zur Stellung solcher hatten sich erbötig gemacht:

der regierende Markgraf Carl Wilhelm zu Baden;

der regierende Herzog Ludwig Eberhard zu Württemberg;

Der GFWM. Prinz Friedrich von Württemberg;

die kaiserlichen Obriste Graf Johann Carl Trautson, Graf
Franz Wallis, Graf Adolf Hoensbroeck und Gehlen [1]).

Die bezüglichen Bestallungsbriefe wurden am 14. October 1715
ausgefertigt.

Als Stellungstermine für die neuen Regimenter wurden die Monate
Februar bis April 1716 festgesetzt.

Für die Aufstellung der zwei angebotenen Regimenter hatte
Herzog Leopold von Lothringen seinem Bruder, Herzog Carl,
Churfürsten von Trier, am 30. Juni Vollmacht ertheilt, da man mit
Rücksicht auf das Verhältniss des Herzogs zu Frankreich es für besser
hielt, diese Regimenter als churtrier'sche in des Kaisers Dienst treten
zu lassen.

Sie führten anfangs die Namen Alt- und Jung-Lothringen [2]) (heute
Nr. 1 und Nr. 3) und sollten vor Ablauf von zehn Jahren nicht aufgelöst werden. Die Werbung hatte im römischen Reiche und in

------

[1]) Hofkriegsrath an den Kaiser, 5. und 23. October 1715. H. K. R. Exp. 1715;
October, 700 und 705.

[2]) Als das Regiment Osnabrück nach dem Ableben des Churfürsten von Trier
an Prinz Carl, den dritten Sohn des regierenden Herzogs von Lothringen verliehen
wurde, hiessen die lothringischen Regimenter: Leopold, Franz und Carl von Lothringen.

Vorder-Oesterreich zu geschehen. Von den beiden Regimentern musste das 1. Bataillon am 1. März, das 2. Bataillon bis 15. März, das 3. Bataillon bis Anfang April 1716 in Günzburg zur Musterung bereit stehen.

Für die zwei Monate October und November wollte der Herzog von Lothringen die Verpflegskosten tragen.

Das Regiment Jung-Lothringen sollte einige Compagnien gegen alte kaiserliche austauschen dürfen, ausserdem war ihm, besonders um die Grenadier-Compagnien formiren zu können, die Ueberlassung etlicher Mannschaft von den alten kaiserlichen Regimentern Regal, Guttenstein, Harrach, d'Arnant, Plischau und de Wendt zugestanden.

Hier, wie auch bei den anderen Truppen, wurden als „verbotene Nationalisten" angesehen und durften, zumeist aus politischen Rücksichten nicht aufgeworben werden: Franzosen, Italiener, Schweizer, Polen, Ungarn und Croaten.

Der Bestallungsbrief für die lothringischen Regimenter datirt vom, 29. August 1715 [1]).

Markgraf Carl Wilhelm von Baden überliess dem Kaiser ebenfalls auf zehn Jahre, zwei Bataillone als Regiment Prinz Christoph von Baden-Durlach (heute Nr. 49). Für die Mannschaft des 3. Bataillons und die aus den beiden ersten für die Grenadier-Compagnien herausgezogenen Leute wurden ihm für den Mann 34 fl., dann die Verpflegung ohne Brod mit 4 fl. vom halben Februar, die völlige Verpflegung vom halben März 1716 an bei der Einbarkirung in Ulm vergütet [2]).

Dem Regimente des kaiserlichen GFWM. Prinzen Friedrich von Württemberg (heute Nr. 10), wurde der Sammelplatz zu Rothenburg in Vorder-Oesterreich; dem neuen Regimente des Obristen vom Regimente Hasslingen, Franz Grafen Wallis (dem 1809 aufgelösten früheren Infanterie-Regimente Nr. 43) jener in Passau; dem Regimente des Obristen Bertram Adolf Grafen von Hoensbroeck und Gehlen (1721 aufgelöst) die Sammelplätze Prag, Breslau oder Pressburg; dem Regimente des Obristen Johann Carl Trautson, Grafen zu Falkenstein (1721 aufgelöst) die Sammelplätze Radolfzell, Waldsee und Innsbruck angewiesen.

Diese Regimenter stellten bis Ende Februar 1716 nur je 4 Compagnien auf eigene Kosten auf, als Stamm erhielten sie einzelne Com-

---

[1]) Kriegs-A., „Vorbereitungen zum Türkenkrieg 1715"; Fasc. VIII, 2, 5.

[2]) Der Markgraf selbst erhielt als Zeichen der Erkenntlichkeit des Kaisers die Feldmarschallswürde.

pagnien von alten Regimentern zugewiesen [1]), aus welchen bei der Vereinigung im Aufmarschraume auch die beiden Grenadier - Compagnien formirt werden sollten.

Schliesslich übernahm auch der regierende Herzog L u d w i g E b e r h a r d zu W ü r t t e m b e r g die Stellung eines Infanterie-Regimentes auf 5 Jahre. Dasselbe trat mit halbem März 1716 in die kaiserliche Verpflegung und musste Ende April 1716 in Ulm zur Einschiffung bereit sein. Es erhielt die Bezeichnung Alt - Württemberg [2]).

Diese gesammte neu aufgestellte Infanterie hatte vollständig ausgerüstet und bewaffnet am Musterplatze einzutreffen, nur die Fahnen für die alten Compagnien und die Trainfuhrwerke stellte das kaiserliche Aerar bei.

Nach erfolgter Recrutirung und Werbung sollten die für den Kriegsschauplatz in Ungarn und Siebenbürgen bestimmten 30 kaiserlichen Infanterie-Regimenter sich formiren in je zwei Grenadier-Compagnien und drei Bataillonen zu fünf Füsilier-Compagnien; die Füsilier-Compagnien mit 140 Mann, die Grenadier-Compagnien mit 100 Mann. Der Gesammtstand des Regimentes betrug sonach 2300 Mann.

Die Grenadier-Compagnien sollten erst bei Vereinigung der Armee in den Feldlagern aufgestellt werden.

Die vier ehemals spanischen Regimenter Faber, Marulli, Ahumada und Alcaudete zählten nur je zwei Bataillone mit 13 Compagnien und 1500 Mann.

[1]) Es gab also jetzt in der Armee 4 Regimenter Württemberg, die alle auf dem Kriegsschauplatze in Ungarn zur Verwendung kamen und zwar: die neu aufgestellten Regimenter Alt- und Friedrich (Jung-) Württemberg, dann FZM. Alexander Prinz von Württemberg zu Fuss, endlich das Dragoner-Regiment Herzog von Württemberg.

[2]) Von alten Compagnien erhielten Regiment Friedrich (Jung-) Württemberg: 1 Compagnie von Neipperg aus Philippsburg, 2 Compagnien von Prinz Alexander von Württemberg, 2 Compagnien von Regal aus Ungarn, 2 Compagnien von Harrach aus Nieder- und Ober-Oesterreich, 2 Compagnien von d'Arnant aus dem römischen Reiche, 2 Compagnien von Jung-Daun aus Inner-Oesterreich. Regiment Wallis: 1 Compagnie von Neipperg aus Ungarn, 2 Compagnien von Virmond, 2 Compagnien von Wellenstein, 2 Compagnien von Jörger von Tollet aus Siebenbürgen, 2 Compagnien von Hasslingen, 2 Compagnien von Guttenstein aus den böhmischen Ländern. Regiment Hoeusbroeck-Gehlen: 1 Compagnie von Löffelholz aus Croatien, 2 Compagnien Heister aus Ungarn, 2 Compagnien Plischau aus dem römischen Reiche, 2 Compagnien Bonneval aus Ungarn, 2 Compagnien von Gschwind aus Ungarn. Regiment Trautson: 1 Compagnie Löffelholz aus Croatien, 2 Compagnien Alt - Daun aus Inner-Oesterreich, 2 Compagnien Niclas Pálffy, 2 Compagnien von Bevern und 2 Compagnien Laucken aus Ungarn, 2 Compagnien von de Wendt aus dem römischen Reiche.

Cavallerie:

Die Ergänzung jener 38 Cavallerie-Regimenter, welche zur Operations-Armee in Ungarn und Siebenbürgen bestimmt waren und die ohnehin zum grösseren Theil bereits in diesen Gebieten standen, ging aus denselben Ursachen, wie bei der Infanterie, sehr langsam und unregelmässig vor sich. Der Abgang an Mannschaft betrug im October 1715 etwa 4200 Mann [1]).

Uebler war es noch mit dem Pferdestande bestellt; besonders herabgekommen, ja geradezu in Auflösung begriffen, waren die drei ehemals spanischen Reiter-Regimenter, bei denen an einem Sollstande von 600 Reitern

beim Cürassier-Regimente Cordova . . . . . 500 Pferde

   „   „   „   Moras . . . . . . 500 „

  „   Dragoner-   „   Galbes . . . . . 446 „

abgängig waren [2]).

Das aus dem Mailändischen herangezogene Dragoner-Regiment Battée verzeichnete gleichfalls einen Abgang von 629 Pferden.

Im Ganzen bezifferte sich der Bedarf bei der kaiserlichen Cavallerie auf 7—8000 Pferde.

Da das Geld zur Aufwerbung der Mannschaft und zum Pferde-Ankauf lange Zeit nicht flüssig gemacht werden konnte, vergingen die Wintermonate 1715/16, ohne dass die Lücken der Cavallerie-Regimenter ausgefüllt und ihre Mobilmachung vollendet worden wäre. Hinsichtlich der Remontirung wollte man zu dem Hilfsmittel greifen, die Pferde von den Ländern in natura zu verlangen, war aber schliesslich doch genöthigt, den grössten Theil des Bedarfes an Unternehmer zu vergeben.

Der Ankauf erfolgte zumeist im Reiche und der bekannte Armee-Lieferant Mohr von Mohrenfeld besorgte auf Grund eines Contractes vom Januar 1716 allein bei 4000 Pferde, von denen eine Anzahl Regimenter je 2—300 Remonten zugewiesen erhielten [3]).

---

[1]) Erforderniss-Aufsatz vom October 1715. Hofkammer-A.

Abgang bei 18 Regimentern in Ungarn . . . . 2779 Mann

        4   „   „ Siebenbürgen . . . . . . 451 „

        7   „   „ den Erblanden . . . . . 755 „

        2   „   „ den Niederlanden . . . . 138 „

                                      4123 Mann,

für deren Aufbringung eine Summe von 223.125 fl. an Werbegeldern erforderlich war.

[2]) Hofkriegsrath an das General-Kriegs-Commissariat, 26. November 1715. Hofkammer-A.

[3]) H. H. u. St. A., Kriegs-Acten. Deutschland 1716.

Um die Cavallerie ohne die kostspielige Errichtung neuer Regimenter zu verstärken, wurden Carabinier-Compagnien bei den Cürassier- und Grenadier-Compagnien bei den Dragoner-Regimentern aufgestellt. Diese Compagnien mit dem Stande von 94 Reitern sollten jedoch erst auf dem Kriegsschauplatze aus älteren, wohlgeübten Leuten formirt werden [1].

Die Husaren ergänzten sich selbstständig durch Recrutirung und Pferde-Ankauf im Königreiche Ungarn.

Somit bestand jetzt jedes kaiserliche Cavallerie-Regiment aus 12 „ordinären“ Compagnien à 82 oder 84 Reitern (6 Escadronen) und 1 Grenadier- oder Carabinier-Compagnie à 94 Reitern, zusammen 1094 Reitern, die spanischen und die Husaren-Regimenter aus 10 Compagnien à 60 Mann (5 Escadronen), zusammen 600 Reitern. Die Husaren-Regimenter sollten später auf die Stärke von 800 Mann gebracht werden.

Artillerie.

Nach dem allgemeinen Rüstungsprojecte des General-Kriegs-Commissariats vom 23. März 1715 [2]) sollte die Feld-Artillerie bei der Armee in Ungarn aus 80—100 Geschützen, und zwar dreipfündigen Regimentsstücken, sechspfündigen Falkaunen, dann acht- und vierzehnpfündigen Haubitzen, die Belagerungs-Artillerie aus 100 Batteriestücken und 40—50 Mörsern bestehen [3]).

Die Feld-Artillerie befand sich unter Commando des GFWM. Grafen Cäsar Berzetti von Buronzo zum grössten Theile in Böhmen, das schwere Geschützmaterial in den Depôts und Zeughäusern zu Wien, Ofen und in den Festungen Essegg, Peterwardein, Neuhäusel, Komorn, Leopoldstadt und Raab.

Eine Mineur-Compagnie war bei der Feld-Artillerie eingetheilt (2 Officiere und 70 Mann).

Als vorläufiger Sammelplatz für das Geschützmaterial, von dem in den ungarischen Grenzfestungen Essegg, Peterwardein, Szegedin und Arad deponirten abgesehen, wurde Ofen bestimmt.

Sämmtliche Vorräthe gingen im Frühjahre 1716 auf der Donau nach und nach dahin ab.

[1]) Der Kaiser an die Regimenter zu Pferd, 17. October 1715. H. K. R. Reg. 1715; October, 277.

[2]) Anhang Nr. 1 und 2.

[3]) Nach einem früheren Antrage des Hofkriegsrathes hätte die gesammte Feld-Operations-Artillerie aus 350 Geschützen bestehen sollen, und zwar:

100 schweren Batteriestücken, 120 Feldstücken, 20 hundertpfündigen, 30 sechzigpfündigen, 30 dreissigpfündigen, 5 zehnpfündigen Mörsern. Für jedes Geschütz waren an Munition 800 Kugeln, für jeden Mörser 500 Bomben veranschlagt.

Die Depôts und Zeughäuser[1]	lieferten für die															
	Feld- und Belagerungs-Artillerie									Kriegsschiffe						
	24	12	6	3	8	100	60	30	10	8	6	3	4			
	pfündige															
	Karthaunen	Quartier-schlangen	Falkaunen	Regiments-geschütze	Haubitzen	Pöller (Mörser)				Geschütze				Tschaiken-Geschütze	Eiserne Geschütze verschied. Calibers	Centner Pulver
Wien[2]	15	—	2	6	—	4	2	2	26	30				—	—	2000
Pressburg	3	—	—	—	—	—	—	1	—	—	—	—	—	—	—	—
Komorn	2	—	—	13	—	2	4	3	14	3	—	26	2	29	—	—
Neuhäusel	verschiedenes Artillerie-Material															
Ofen	22	3	6	7	2	—	—	8	20	—	—	—	—	—	—	—
Peterwardein.	8	10	1	—	—	—	4	—	—	—	—	—	—	—	—	—
Essegg	—	—	5	—	—	—	—	—	—	—	—	—	—	—	—	20
Szegedin	—	—	—	—	—	—	—	—	—	—	—	—	—	—	—	—
Arad	—	—	—	—	—	—	—	—	—	—	—	—	—	—	—	—

[1]) Beilage zum Bericht des Hofkriegsrathes an den Prinzen vom 26. August und 10. September 1716. Kriegs-A., „Türkenkrieg 1716"; Fasc. VIII, 251 a; Fasc. IX, 97. Siehe Anhang Nr. 11.

[2]) Ausserdem sonstige Munition und Artillerie-Requisiten.

Die Depôts und Zeughäuser¹)	behielten noch im Vorrath																		Pulver	Blei
	24	12	6	3	100	60	30	10	24	12	8	6	3	100	60	30	10	verschiedenen Calibers	Centner	Centner
	pfündige																			
	Karthaunen	Quartier-schlangen	Falkaunen	Regiments-geschütze	Pöller (Mörser)				Kugeln					Bomben						
Wien²)	—	—	—	—	—	—	—	—	—	—	—	—	—	—	—	—	—	—	—	—
Pressburg	—	—	—	—	—	—	—	—	—	—	—	—	—	—	—	—	—	—	—	—
Komorn	—	—	—	—	—	—	—	—	—	—	—	—	—	—	—	—	—	—	—	—
Neuhäusel	—	—	—	—	—	—	—	—	—	—	—	—	—	—	—	—	—	—	—	—
Ofen	26	2	—	11	7	6	6	35	24031	3930	2180	5620	29168	2000	4606	5900	8105	—	1500	—
Peterwardein	—	5	4	—	4	—	—	—	—	—	—	—	14034	19460				—	—	—
Essegg	14	10	—	19	—	8	1	—	8000	8000	—	4000	6814	—	—	—	—	—	4000	3000
Szegedin	—	—	—	—	3	2	2	—	10000	2000	—	—	20000	732	2000	1000	129	—	—	—
Arad	—	—	—	13	—	—	—	—	—	—	—	—	—	—	—	—	—	—	—	—

---

¹) Beilage zum Bericht des Hofkriegsrathes an den Prinzen vom 26. August und 10. September 1716. Kriegs-A., „Türkenkrieg 1716"; Fasc. VIII, 251 a; Fasc. IX, 97. Siehe Anhang Nr. 11.

²) Ausserdem sonstige Munition und Artillerie-Requisiten.

Die verspäteten Contract-Abschlüsse waren Ursache, dass die Lieferungen nicht rechtzeitig erfolgten [1]).

Das Feld-Artillerie-Fuhrwesen, welches ganz neu organisirt werden musste, bestand aus Pferdebespannungen für die leichten Geschütze und Ochsenzügen für das schwere Material und die Munitions-Fuhrwerke. Die Aufstellung desselben erfolgte gleichfalls in Ofen, nur die Pferde wurden aus Böhmen mitgebracht. Der Stand betrug 640 Pferde mit 260 Knechten, ausserdem 600 Ochsen mit 350 Knechten [2]).

Die nöthigen Vorsorgen wurden aber erst im März und April 1716 begonnen, so dass das Fuhrwesen der Artillerie noch am 22. Juni in unfertigem Zustande sich in Ofen befand.

Das Schanzzeug, welches einen Ausrüstungsgegenstand der Artillerie bildete, sollte nach dem Rüstungs-Aufsatze vom 23. März 1715 zu zwei Theilen aus Schaufeln, und einem Theile aus Krampen bestehen. Es wurde im Zeughause zu Wien bereitgehalten und bis Ende Juni 1716 gingen davon 15.400 Stück (dann 5000 Stück Schiebkarren und 200 Faschinenmesser) nach Ofen und Peterwardein ab.

Train-Ausrüstung der Infanterie und Cavallerie.

Während des spanischen Successionskrieges war bei den kaiserlichen Infanterie- und Cavallerie-Regimentern der Truppen-Train theils ganz abhanden gekommen, theils befand er sich in felduntüchtigem

---

[1]) Es hatten zu liefern:

Gräfin Czernin 8000 dreipfündige, 10.000 vierundzwanzigpfündige Kugeln, 100 Centner Schrott (Kartätschkugeln) und 1000 Centner Bomben zu 100, 60, 30 und 10 Pfund, bis Ende März und Ende April 1716;

Die Juden May und Fränkel 12.000 dreipfündige, 20.000 zwölf- und vierundzwanzigpfündige Kugeln bis Ende Mai 1716;

Salomon Deutsch und Anton Markbreiter 6000 achtpfündige Haubitz-Granaten, 4000 zehnpfündige, 2000 zwölf- und vierundzwanzigpfündige Haubitz-Granaten, 20.000 zehnpfündige, 15.000 dreissigpfündige Bomben, die erste Hälfte bis Ende des Jahres 1715, die zweite Hälfte bis Ende Mai 1716.

Auch die übrigen zahlreichen Contracte sind meist erst zwischen October und December 1715 ausgestellt. Hofkammer-Archiv.

[2]) Nach den Aufsätzen vom 23. März 1715 (Hofkammer-Archiv) hatte das 150 Wagen betragende „Feld-Artillerie-Ochsen-Fuhrwesen" folgenden Personal-Stand anzunehmen: ein Verwalter, zwei Officiere, ein Fourier, ein Ober- fünf Unter-Wagenmeister, zwei reitende Knechte, ein Profoss, ein Caplan, ein Feldscherer, dreihundert Knechte.

68

Zustande. Bei den wohlbekannten Verhältnissen des damaligen unga-
risch-türkischen Kriegsschauplatzes mit seinen wenigen und schlechten
Communicationen hielt es der P r i n z für nothwendig, sämmtliche in das
Feld rückende Regimenter mit neuem, eigenem Fuhrwerke auszurüsten.
Man rechnete hiebei für zwei Grenadier-Compagnien, dann für jede
Füsilier-Compagnie und jede Escadron je einen vierspännigen Proviant-
wagen (à 200 fl.), für jedes Bataillon einen Zelt- und einen Balkenwagen
(à 100 fl.).

Somit hatte ein Regiment zu Fuss 22 ärarische Fuhrwerke, ein
Cavallerie-Regiment sechs, die spanischen und Husaren-Regimenter vier
Proviantwagen [1]).

Auf den Zeltwagen waren die Zeltbestandtheile verladen, die
Balkenwagen führten die hiefür nöthige Gerüst-Armatur, ausserdem
auch die sogenannten Schweinsfedern oder spanischen Reiter, von denen
man im bevorstehenden Feldzuge wieder vortheilhaften Gebrauch zu
machen hoffte [2]). Die Beschaffung des Truppen-Fuhrwesens erforderte
100.000 fl., die Bezahlung der „Knechte" monatlich 10.000 fl., was mit
Rücksicht auf den Vortheil eines geordneten Truppen-Trains gewiss
nicht zu viel war.

Wegen der „Bagage-Ordnung" wurden, wie dies vor jedem Feldzuge üblich war, strenge Normen erlassen, um eine, durch willkürliches
Mitnehmen von Privat-Fuhrwerken entstehende Trossvermehrung zu
verhindern. Es wurden bei der Infanterie bewilligt für den [3]):

	Wagen	Pferde
Obristen zu Fuss, zugleich Hauptmann . . .	2	12
Obristlieutenant } zugleich als Hauptleute {	2	8
Obristwachtmeister }	1	7
Hauptmann	1	4
Lieutenant } zusammen	1	2
Fähnrich }		

---

[1]) Die Hofkammer an das Hof-Bank-Gubernium, 25. October 1715. Hofkammer-
Archiv. Die vom Kaiser genehmigte Fuhrwerksbeschaffung liess aber auch lange auf
ihre Verwirklichung warten. Die Hofkammer und das Bank-Gubernium sahen von
ihrem Standpuncte mehr die herrschende Geldnoth als die Nothwendigkeit dieser
Ausrüstung.

[2]) Schon am 1. März 1715 verlangte der Hofkriegsrath die Beschaffung der, den
Regimentern Guido Starhemberg, Gschwind, Alt-Daun, Württemberg und Regal „verloren gegangenen" Schweinsfedern. Sie wurden auch für sieben neue und für die vier
„spanischen" Infanterie-Regimenter gefordert (à 600 fl.).

[3]) Der Kaiser an die neuen Regimenter, 10. Jannar 1716. Kriegs-A., „Türkenkrieg 1716"; Fasc. I, 2½.

Wagen   Pferde

den kleinen Regiments-Stab zusammen . . . 2   —

und so viel Pferde, als die Ordonnanz vermag, sowohl bei der Infanterie als
auch der Reiterei.

Bei jeder Compagnie zu Pferd und zu Fuss
1 Marketender 1   —

Die sonstige Kriegs-Ausrüstung, namentlich was an Kleidung nothwendig war, hatten sich die Regimenter aus Eigenem zu beschaffen.
Nur für die Bewaffnung wurde von Seite des „Aerarii" vorgesorgt
und grössere Gewehrlieferungen bei den in Ober-Oesterreich befindlichen Waffenfabrikanten sichergestellt.

Bei der Infanterie existirten noch zahlreiche Caliber (von $1^1/_8$,
$1^1/_4$, $1^1/_3$, $1^3/_4$, 2 Loth), nach und nach gedachte man sie durch Flinten
mit $1^1/_2$ löthigem Caliber zu ersetzen.

Die Cürassiere erhielten einen neuen Cürass, welcher dem „zwei-
löthigen Caliber" noch widerstehen sollte; die erforderliche Anzahl von
16.000 Stück sollte successive hergestellt werden [1]), was aber weder
im ersten noch im zweiten Kriegsjahre ganz zustande kam [2]).

Als besonderer Ausrüstungsgegenstand erscheinen diesmal auch
die Karten, über deren Anfertigung die Hofkammer, freilich erst
am 27. August 1716, an den Registrator Puchberg schrieb, er solle
mit den Kupferplatten, die er bei sich hatte, sofort 200 ungarische
Landkarten auf Papier und 10 auf Atlas oder wenn es thunlicher sei,
auf gutem weissem Taffet drucken lassen [3]).

Schiffbrückenwesen.

Mehr als in den früheren Feldzügen in Ungarn erschien bei den
geplanten Operationen ein ausreichendes Brückenmaterial als unumgäng-
liches Bedürfniss und erforderte umsomehr rechtzeitige Beachtung, als
gerade auf diesem Gebiete viel Versäumtes nachzuholen war.

---

[1]) Contracte mit Sigmund Hager und Johann Allensteig wegen jährlicher Lieferung von 2—3000 Gewehren (à 3 fl. 50 kr.). Hofkammer-Archiv.

[2]) Hofkriegsrath an die Hofkammer am 29. Januar 1715, um „Mahnung" am
28. März 1715, Hofkammer-Archiv.

[3]) — „unter Obsicht und Gegenwart einer juramentirten emsigen Hofkammer-
Person, damit über die Anzahl von 210 keine mehr verfertigt und die Platten jedesmal von ihm in fleissige Verwahrung, wie denn auch das Papier in Verrechnung genommen werde." Hofkammer-Archiv.

Nach Meldung des obersten Schiff-Amtes zu Wien war im Jahre 1715 an Brückenmaterial ausser hundert alten Schiffen und einigen dazugehörigen Requisiten nichts mehr vorräthig, während nach dem Antrage des Prinzen E u g e n die Armee mit so viel Material versehen sein sollte, um drei Brücken über die Donau, zwei über die Theiss und eine über die Drau schlagen zu können. Hiezu kam noch eine sogenannte Laufbrücke mit 50 Schiffen, welche gleichwie in den Feldzügen am Rhein auf ebensoviel Fuhrwerken verladen wurden.

Mit der neuen Beschaffung eines Schiffbrücken-Materials glaubte man insoferne leichter fortkommen zu können, als die Hofkammer bereit war, die vom kaiserlichen Salz-Amt aus Gmunden kommenden Salzschiffe, nachdem sie in Wien ihrer Fracht entledigt worden, der Verwendung als Brückenschiffe zuzuführen, während man das übrige Holzwerk vom niederösterreichischen Wald-Amte und aus dem Waag-Thale zu beziehen gedachte und diese Brückenschiffe zudem zum Transport der schweren Artillerie und der Munition bis Ofen und Peterwardein benützen wollte.

Die Naufahrt dieser Schiffe von Gmunden ergab aber bald Schwierigkeiten, wie die häufigen Anfragen des Hofkriegsrathes und schliesslich das Ansuchen der Hofkammer an das Bank-Gubernium vom 14. Juni 1716 zeigen, schleunig 5000 fl. anzuweisen, um Schiffe in Linz und anderen Orten kaufen zu können, weil von Gmunden die Salzschiffe wegen Hochwasser nicht auszulaufen im Stande seien [1]).

Während übrigens nach und nach die Zusammenstellung des Brückenmaterials unter Leitung des „Obersten Schiffbrückenmeisters" Paul H e z e r in Gang kam [2]), ordnete der Hofkriegsrath ausser den zwei fertigen Schiffbrücken mit 100 Schiffen und einer Laufbrücke mit 50 „Plätten" auch noch eine Bereitstellung der dritten Schiffbrücke mit 100 Schiffen und einer Laufbrücke mit 20 Plätten an.

Grössere Schwierigkeiten machte die Aufbringung des Personals und der Fuhrwerke.

Ausser dem obersten Schiff-Amt und den sogenannten „Schiff-Verwahrungen" in Pressburg, Raab, Komorn, Gran, Pest, Essegg, Peterwardein und Szegedin, welche nur aus dem „Schiffverwahrer" und einem „Wasserknecht" bestanden, war im Frieden kein geübtes Brückenpersonale vorhanden; nach dem Voranschlag des Schiffbrückenmeisters Paul H e z e r vom 28. Januar 1716 jedoch erforderlich:

---

[1]) Hofkammer-A. 1716.

[2]) Der Hofkriegsrath an das General-Kriegs-Commissariat, 18. August 1715. Hofkammer-A. 1715.

Zum Feld-Schiff-Amt in Wien: 1 Schiffslieutenant, 1 Amtsschreiber, 1 Fourier.

Für das Schiff- und Laufbrückenwesen: 2 Lieutenants, 2 Brückenschreiber, 4 Brückenmeister, 4 Brückencorporale, 1 Feldscherer, 2 Schmiedknechte, 2 Wagnergesellen, 1 Zimmerpolier, 6 Gesellen, 8 Schopper, 60 Brückenknechte, 60 Wasserknechte, 1 Profoss, 3 Tambours.

Zum Fuhrwerk der Laufbrücken: 1 Fuhrwesens-Officier, 1 Fourier, zugleich Geschirrschreiber, 2 Wagnergesellen, 2 Schmiedgesellen, 3 Wagenmeister, 1 reitender Knecht, 140 Ochsenknechte zu 70 Wagen, 6 Ochsenknechte zu 3 Requisitenwagen, 2 Ochsenknechte zur Schmiede, 444 Ochsen zur Bespannung, 16 Ochsen als Vorrath.

Die Vorkehrungen zur Ausbesserung der Communicationen in Ungarn konnten nach Zeit und Mittel nur sehr beschränkte sein. Die ausgedehnten Sümpfe bildeten dabei grössere Hindernisse für die Operationen, als die schlechten Wege und selbst die eigentlichen Wasserlinien.

Der Hofkriegsrath unternahm es daher, gewisse Strecken, welche für die Bewegungen der Armee von Bedeutung werden konnten, durch Brücken und Dämme gangbar zu machen. So wurde die durch Sümpfe unterbrochene Wegstrecke Szolnok-Debreczin, besonders aber Szegedin-Peterwardein und Szegedin-Arad, allerdings erst in Folge fortwährender Mahnung und Aneiferung von Seite des Hofkriegsrathes [1]), soweit hergestellt, dass diese Communicationen im Frühjahre 1716 mit vielen Morastbrücken versehen und nothdürftig brauchbar waren.

Auch die Wege längs der Donau und der Drau wurden hergerichtet und für die voraussichtlich grosse Inanspruchnahme beim Gegenzug der Schiffe vorbereitet.

Die Errichtung einer Donau-Flottille (Schiffs-Armament), wurde im Entwurfe des General-Kriegs-Commissariats vom 23. März 1715 zwar beantragt, es bedurfte aber energischer Vorstellungen von Seite des Prinzen, um die Hofkammer und durch diese wieder das Hof-Bank-Gubernium zur Anweisung der hiezu erforderlichen bedeutenden Mittel zu veranlassen.

---

[1]) Der Hofkriegsrath an die Hofkammer am 3. Januar, 29. Mai, 26. Juni, 27. Juli 1715.

Die Hofkammer an den Cameral-Präfecten in Szegedin, an den Salzeinnehmer in Szolnok, an die Cameral-Inspection in Essegg, 30. Juni 1715. Hofkammer-A. 1715.

Das „Schiffs-Armament" auf der Donau[1]) war seit der Beendigung des letzten Türkenkrieges 1699 nicht mehr in Verwendung gestanden. Die kleine Flotte, damals unter dem Commando des Admirals Saphorin, hatte ganz gute Dienste geleistet, aber nach dem Kriege wurde die Bemannung entlassen und die Schiffe im Arsenal in Wien (Leopoldstadt) deponirt, wo sie dem allmäligen Zerfalle preisgegeben waren[2]).

Für eine neuerliche Verwendung erschienen daher sehr eingehende Vorsorgen erforderlich, die einer völligen Neu-Errichtung ziemlich gleich kamen. Es musste in Aussicht genommen werden:

1. die Erbauung und Ausrüstung der Kriegsschiffe;

2. die Bestellung eines tüchtigen und wohlerfahrenen Flotten-Commandanten;

3. die Anwerbung schifffahrtskundiger Ober- und Unterofficiere, sowie von Schiffleuten und Matrosen.

Nach dem Aufsatze vom 23. März 1715 hielt man für den beantragten Bau von 12 Kriegsschiffen 72.000 fl., für die Aufwerbung der Schiffsbemannung ungefähr 30.000 fl. für nothwendig.

Für die Erbauung und Einrichtung der Kriegsschiffe hatte der Prinz als Grundsatz aufgestellt, dass dieselben gross und stark sein müssten, um sich einer gewissen Ueberlegenheit über die zahlreichen, meist sehr guten, mit geübter Mannschaft versehenen, aber leichten türkischen Fahrzeuge zu versichern.

Was die Construction betrifft, sollten die Schiffe eine hinreichende Beweglichkeit besitzen und im Stande sein, nebst der Kriegsprovision 30 bis 40 Kanonen zu führen, sowie Raum zur Aufnahme einer Anzahl Soldaten zu bieten. Sie durften der zahlreichen Sandbänke der unteren Donau wegen zudem keinen grossen Tiefgang haben.

Unter der Aufsicht des Schiffbrückenmeisters Paul Hezer und einiger aus Holland und Hamburg berufener Schiffsbaumeister (Thomas David, Foke-Jerson, Leonhard und Anderer) wurde der Bau zwar begonnen, schritt aber so langsam fort, dass bis zum Sommer 1716 von den 12 Schiffen des Armaments nur drei, im Herbste aber erst sieben fertiggestellt waren.

Unter den noch 1716 vollendeten Fahrzeugen führten 2 Schiffe 40 bis 44 Kanonen, 2 Schiffe 36 Kanonen, 2 Schiffe 30 Kanonen; das siebente war eine sogenannte Prähme, wie man sie damals auf seichteren Gewässern im Norden in Gebrauch hatte.

---

[1]) Der Hofkriegsrath an den Kaiser, 18. Januar 1716. H. K. R. Reg. 1716; Januar, 525.

[2]) Siehe „Feldzüge des Prinzen Eugen von Savoyen", I. Bd., S. 253 und II. Bd., S. 30.

Die Armirung der Schiffe sollte in Essegg erfolgen [1]).

Zum Commandanten der Donau-Flottille wurde der Capitain von Anderson, welcher bereits im Jahre 1697 den Türkenkrieg mitgemacht hatte, bestellt, obgleich der Hofkriegsrath die Forderungen desselben, den Vice-Admiralsrang und einen Gehalt von monatlich 450 fl., für übertrieben ansah [2]). Unter ihm befehligte der tüchtige Capitain und spätere Commodore Schwendermann.

Die Werbung der Matrosen, deren Zahl nach dem Rüstungsprojecte vom Jahre 1715 auf 450 Mann veranschlagt war, sollte in den Hanse-Städten Hamburg, Lübeck und Bremen vorgenommen werden, weil man hier die Leute zu besseren Bedingungen erhielt und sich auch nicht Sprachschwierigkeiten ergaben, wie mit Holländern. Der kaiserliche Kriegs-Commissär Barreith wurde aber erst im März 1716 zur Werbung nach Hamburg geschickt und das Hof-Bank-Gubernium angewiesen, den für die Jahresverpflegung erforderlichen Betrag von 91.842 fl. wenigstens mit vier Monatsraten sicherzustellen, da die Matrosen einen zweimonatlichen Sold im Vorhinein erhalten mussten und man auch für die weitere richtige Bezahlung in Hamburg Bürgschaft zu leisten hatte [3]).

Ende April 1716 war das Werbgeschäft wenigstens zum Theile erledigt und der erste Matrosentransport von 209 Mann setzte sich nach Regensburg in Bewegung [4]). Da das Bank-Gubernium aber die Absendung der Werbgelder verzögerte, so gerieth der Kriegs-Commissär Barreith mit dem Werbgeschäft in's Stocken, ebenso wie der ganze

---

[1]) Supplement Nr. 34.

[2]) In seinem Contracte vom 24. Februar 1716 (Hofkammer-A.) wird er indessen doch zum Vice-Admiral und Obristen zu Fuss mit dem Jahresgehalt von 5000 fl., vom 24. Februar 1716 an gerechnet, ernannt. In dem Contracte vom 20. Juni 1716 (H. K. R. Reg. 1716, September, 125) wurde ihm überdies zugestanden, dass für jeden Matrosen eine Verpflegsportion von 12 kr., für die Officiere aber deren 2 nebst der übrigen Bezahlung berechnet werden durften. Auch der dänische Vice-Admiral Gabel trug sich dem Hofkriegsrath an, ohne dass es mit ihm jedoch zu weiteren Abmachungen gekommen wäre.

[3]) Hofkammer-A. 1716. Diese Caution wurde nicht erlegt, nachdem ein gewisser Abraham Wasser-Schout die Bürgschaft übernahm.

[4]) Der Stand desselben war folgender: 2 Capitains, 2 Capitain-Lieutenants, 2 Oberlieutenants, 3 Unterlieutenants, 3 Schiffer, 4 Schiffs-Zimmerleute, 6 Bootsleute, 5 Bootsmanns-Maaten, 12 Quartiermeister, 5 Constabler, 8 Constabler-Maaten, 5 Bouteillers, wovon einer auf Werbung zurückgeblieben, 1 Barbier, 4 Köche, 1 Küfer, 1 Segelmacher, 163 Matrosen (wovon 146 mit Capitain Schwendermann nach Wien gingen, 18 blieben für die Werbung zurück, 1 war ertrunken, 4 desertirt), 6 Schiffsjungen. Der Gesammtstand des Flottenpersonals belief sich 1716 auf etwa 500 Mann. Hofkammer-Archiv.

Schiffbau, was sich später bei den Operationen in nachtheiliger Weise geltend machte.

Nebst dieser Flottille wurden auch eine Anzahl Tschaiken (kleine Ruderschiffe) ausgerüstet [1].

Diese Tschaiken wurden in Raab, Gran und Komorn von den dortigen Frei-Compagnien mit Mannschaft versehen, einige derselben mit kleinen Kanonen armirt und nach und nach, sobald ihre Ausrüstung beendet war, gegen Peterwardein abgesendet. Aber noch im März 1716 hatte man von Gmunden 30 „ganze“ und 15 „halbe“ Tschaiken nebst 1000 Rudern verlangt, nachdem im Jahre 1715 deren erst 31 Stück herbeigeschafft worden waren.

Verpflegsvorkehrungen.

Die eigentliche ärarische Verpflegung der Armee beschränkte sich systemmässig auf Brod und Fourage. Die übrigen Verpflegsartikel mussten entweder von den Truppen gekauft oder vom Lande aufgebracht werden.

Nach dem Aufsatze des General-Kriegs-Commissariates vom 23. März 1715 [2]) betrug der Bedarf für eine Armee von 80.000 Mann auf fünf Monate 200.000 Centner (112.000 Meter-Centner) Mehl und 400—500.000 niederösterreichische Metzen (240—300.000 Hectoliter) Hafer.

Bei der dünnen Bevölkerung und geringen Cultur des voraussichtlichen Kriegsschauplatzes war auf die eigenen Hilfsmittel des Landes wenig zu rechnen, eine äusserst sorgfältige Vorbereitung der Verpflegung daher geboten, soweit dies unter den gegebenen Verhältnissen überhaupt möglich sein konnte.

Der Prinz liess sich die Gutachten zweier im Proviantwesen und in der Verwaltung besonders erfahrener Fachmänner vorlegen, des General-Kriegs-Commissärs FZM. Franz Sebastian Grafen von Thürheim [3]) und des Hofkammerrathes und „Proviant-Obristlieutenants“ Johann Georg Harrucker.

---

[1]) Der Hofkriegsrath an den Obristen Leithmann in Komorn, 7. März 1716. Kriegs-A., „Türkenkrieg 1716“; Fasc. III, 142. Nach den Aufsätzen vom 23. März 1715 an die Hofkammer war beantragt, eine Flottille von 50 Tschaiken auszurüsten, deren jede eine Bemannung von 33 Mann (ein Commandant, 3 Corporale, 29 Gemeine) aufweisen sollten, was 31.000 fl. erfordert hätte.

[2]) Anhang Nr. 2.

[3]) Franz Sebastian Graf Thürheim, geboren am 2. Februar 1665, begann seine militärische Laufbahn in den Türkenkriegen, zeichnete sich 1691 bei Szlankamen

Sie hatten vor allem ihre Meinung darüber abzugeben, ob die Verpflegung durch die eigene Beschaffung platzgreifen, oder ob man die ganze Verpflegung nach der in den letzten Kriegen gebräuchlich gewordenen Art wieder einem Consortium von Lieferanten übergeben solle. Man entschied sich für die letztere Form, weil sie momentan einen geringeren Geldaufwand erforderte [1]).

Uebrigens sprachen dafür auch andere Umstände, die der Hofkammerrath Harrucker [2]) nach den Erfahrungen der letzten Feldzüge in Ungarn geltend machte. In den Kriegsjahren 1696 und 1698 war man hier mit der Selbstverwaltung fast gänzlich gescheitert, grosse Uebelstände waren damals zum Vorschein gekommen und hatten eine Unordnung in dem Verpflegswesen hervorgerufen, welche noch in guter Erinnerung stand. Allerdings wäre man nun auf Grund der gemachten Erfahrungen im Stande gewesen, eine bessere Verpflegsorganisation einrichten zu können, wenn hiezu nicht ein tüchtiges geschultes Proviantpersonale gefehlt hätte.

---

aus, errichtete 1698 ein Infanterie-Regiment (heute Nr. 28) und wurde in demselben Jahre zum General-Feldwachtmeister befördert. 1698 befehligte er die Ehrenwache beim Friedenscongress zu Karlowitz. Der spanische Successionskrieg bot ihm Gelegenheit zu weiteren verdienstvollen Leistungen; 1704 wurde er Feldmarschall-Lieutenant, führte das Commando der in Ober-Oesterreich gegen Bayern aufgestellten Truppen, besetzte den Braunauer Kreis und unterwarf dieses Gebiet der kaiserlichen Herrschaft. 1708 wurde er Feldzeugmeister und Hofkriegsrath und 1713 mit Rücksicht auf seine bei der bayerischen Occupation bewährten administrativen Kenntnisse zum General-Kriegs-Commissär ernannt. In dieser Stellung war er berufen, bei den Rüstungen und während des Krieges 1716 bis 1718 für die Erhaltung des Heeres wichtige Dienste zu leisten und wurde hiefür 1717 zum Feldmarschall befördert. Leider lähmte die herrschende Geldnoth, sowie eine schwere Krankheit einigermassen den Erfolg seiner rastlosen Thätigkeit. Er starb 10 Jahre nachher, 62 Jahre alt.

[1]) General-Kriegs-Commissär FZM. Graf Thürheim an die Hofkammer, 28. August 1715. Georg Harrucker, kaiserlicher Feld-Proviantamts-Obristlieutenant und Hofkammerrath an das General-Kriegs-Commissariat, 10. August 1715. H. K. R. Exp. 1715, September, 296.

[2]) Hofkammerrath Friedrich Georg Harrucker wurde 1662 zu Hellmonsöd in Ober-Oesterreich geboren, war später angeblich Bäckermeister in Linz, trat 1689 bei der niederösterreichischen Hofkammer-Buchhalterei ein, wurde 1692 Feld-Kriegs- und während des ungarischen Feldzuges, Proviant-Commissär. Zur Zeit des spanischen Successionskrieges leitete er in Italien durch fünf Jahre das Proviantwesen und erwarb sich das Vertrauen des Prinzen, der ihn 1708 für seine Dienste zum Proviant-Amts-Obristlieutenant vorschlug. Er wurde später Hofkammerrath, nahm lebhaften Antheil an den Rüstungen zum Türkenkriege, leitete das Verpflegswesen während desselben mit praktischer Gewandtheit und Energie, wofür er, 1718 in den Adelstand erhoben, 1729 als Grossgrundbesitzer in Ungarn den ungarischen Freiherrntitel erhielt. Er starb zu Wien am 18. April 1742.

Der Verrechnungsapparat selbst war bis in's Detail herab noch so complicirt und schwerfällig, dass es der Heeresleitung als Gewinn erscheinen musste, dieser Verwaltungslast nach Möglichkeit ganz enthoben zu sein und schliesslich fehlte das Wichtigste — bares Geld zum Ankauf der Vorräthe.

Alles dies rechtfertigte den Entschluss, die Verproviantirung in dem bevorstehenden Kriege, gleichwie es in den Feldzügen am Rhein geschehen war, an eine Gesellschaft zu vergeben, welche sich bereits seit längerer Zeit mit Armee-Lieferungen beschäftigte und von der man daher Erfahrung und Sicherheit im Verpflegs- und Nachschubwesen erwarten konnte [1]).

Nach längeren Verhandlungen wurden die Anträge des Consortiums Schell-Mohrenfeld [2]) acceptirt und mit demselben der Contract am 9. September 1715 abgeschlossen.

Zu den Hauptpuncten des letzteren gehörten:

1. Die „Proviant-Admodiations-Association" liefert zur Armee auf den Kriegsschauplatz (Siebenbürgen ausgenommen) Brod und Hafer; der Bedarf beträgt täglich 101.000 Brod- und 44.000 Hafer-Portionen auf die Dauer von 7, respective 4 Monaten. (In Summa 21,614.000 Brod- und 5,280.000 Hafer-Portionen.)

Die Vorräthe müssen von drei zu drei, oder von vier zu vier Tagen im vorhinein bis zu den Fahnen und Standarten vorgebracht werden und darf jede Brodportion nicht weniger als $^3/_4$ Wiener Pfund (1 Kilogramm), die Haferration $4^1/_2$ Pfund wiegen.

---

[1]) Das Memorandum des Hofkriegsrathes vom 12. März 1715 und die Aufsätze des General-Kriegs-Commissariates vom 23. März 1715 (Anhang, Nr. 1 und 2) zeigen übrigens, dass doch ursprünglich auch der Gedanke Vertretung fand, die Verpflegung selbst in die Hand zu nehmen. Es stand dies im Zusammenhange mit den Hoffnungen, die man auf das Aufblühen der Bancalität gesetzt hatte, die nach der Ansicht der damaligen Finanzmänner die Staatsverwaltung in den Besitz grosser Capitalien bringen sollte. Mit diesen gedachte man dann alle Ankäufe gleich selbst besorgen zu können. Noch am 15. September 1715 wurde, wie die Hofkammer dem Bank-Gubernium mittheilte, zufolge Deputationsbeschlusses der eigene Einkauf festgestellt, am 3. October beginnen jedoch bereits die Verhandlungen mit den „Proviant-Admodiatoren". Hofkammer-A.

[2]) Das Consortium bestand aus folgenden Personen: Johann Philipp Schell von Scheller, Edlen auf Bauschlot-Stätten, Gross-Elchingen und der röm. kais. Maj. Rath und eines löblichen schwäbischen Kreises General-Kriegs-Commissariat-Amts-Director, dann Johann Christoph Mohr Edlen von Mohrenfeld, gleichfalls Seiner kais. Maj. Rath, auch Markgräflich badischer Kammerrath und Ober-Amtmann zu Ettlingen, dann Franz Freiherr von Ehingen und Johannes Oehninger, Handelsmann zu Ochsenfurt, des löblichen schwäbischen Kreises Proviant-Factor. II. K. R. Reg. 1715, November, 139.

2. Die Association hat stets einen Reservevorrath von 6000 Portionen Brod und 3000 Portionen Hafer auf eigene Kosten zu erhalten.

3. Von diesen Vorräthen, die sich in Gewicht und Mass ausgedrückt auf 270.175 Centner (circa 150.000 Meter-Centner) Mehl und 660.000 n.-ö. Metzen (circa 400.000 Hectoliter) Hafer belaufen, muss ein Drittheil bis Ende December 1715, das zweite bis Ende April und das letzte bis Ende Juli 1716 in die fünf Hauptmagazine Ofen, Szegedin, Baja, Essegg und Peterwardein eingeliefert sein.

4. Die Gesellschaft hat von vierzehn zu vierzehn Tagen ihre Extracte an das General-Kriegs-Commissariat einzusenden.

5. Die Feldbäckerei mit den beiden Hauptplätzen Futak und Baja, ist entsprechend einzurichten und muss die Gesellschaft das nöthige Personale und zwar mit Berücksichtigung des etwa eintretenden Krankenstandes selbst beschaffen.

6. Zum Transport der Vorräthe muss sie ein eigenes Fuhrwesen von 1200 Wagen, jeder Wagen mit sechs Ochsen bespannt, aufstellen und 1000 Wagen derart vertheilen, dass das Commando der Armee damit disponiren kann.

7. Für jede Brod-Portion erhält die Admodiation 3 kr., für die Hafer-Ration 8 kr., und beträgt die Gesammtsumme mit Zuschlag von 75.000 fl. als Interessen 1,646.366 fl. Die Zahlung soll mit 1. Januar 1716 beginnen, und in Raten von je 205.795 fl. 50 kr. bis 1. October 1717 beendet sein.

8. Die Gesellschaft verlangt, dass die Regimenter ihre Proviantmeister und Fouriere mit Säcken um das Brod in die nächst der Armee befindlichen Backstätten, um den Hafer in die nächsten Vorraths-Anstalten zur Uebernahme senden und den Truppen von da durch die eigenen Wagen zuführen.

Der Kaiser genehmigte diesen Vertrag mit der Lieferungs-Gesellschaft am 3. October 1715. Die Versorgung der ungarischen Festungen jedoch wurde mit Contract vom 10. September 1715 an Emanuel Oppenheimer übertragen [1]).

---

[1]) Er hatte zu liefern:

1. Circa 30.000 Meter-Centner Mehl ($^2/_3$ Roggen, $^1/_3$ Weizen) bis Ende October 1715, und zwar 3000 für Ofen, 9000 für Essegg, 12.000 für Peterwardein, 16.000 für Szegedin;

2. 65.000 Hectoliter Hafer (oder auch Gerste) und zwar: 13.000 für Ofen, 13.000 für Essegg, 20.000 für Peterwardein, 13.000 für Szegedin.

Das Mehl sollte Oppenheimer, wenn nothwendig, verbacken lassen. Für diese Lieferung erhielt er 200.000 fl. mit 6% Verzinsung.

Schon am 18. December 1715 liefen Klagen ein, dass Oppenheimer seinen Verpflichtungen nicht mehr nachkomme. Besonders seien Arad, Jenő und andere

Von der Aufstellung eines eigenen ärarischen Verpflegs - Fuhrwesens, wie es ursprünglich geplant gewesen, sowie von der Einrichtung von sechs Feldbäckereien nach dem Rüstungsprojecte vom März 1715 wurde nun ganz abgesehen. Dagegen sollte den Anstalten der „Proviant-Admodiation" aller mögliche Vorschub geleistet werden. Das oberste Schiff-Amt in Wien erhielt die Weisung, ihr auf Verlangen für den Transport auf der Donau mit Flössen und Schiffen auszuhelfen.

Nur zu bald zeigte es sich indessen, dass die Lieferungs-Gesellschaft ihre Termine nicht einzuhalten vermochte. Sei es, dass ihre Capitalien nicht ausreichten, dass sie, wie wahrscheinlich, von der Hofkammer ihre Bezahlung nicht zu den vereinbarten Zeitabschnitten erhielt oder dass sie die Schwierigkeiten nicht richtig berechnet hatte, welche der Transport in einem so communicationsarmen Gebiete verursachten musste, die Versorgung der Haupt-Magazine ging nicht contractmässig vor sich.

Der Hofkriegsrath wies daher die Association auf Grund der Relation des Hofkammerrathes **Harrucker** schon am 8. Januar 1716 an, die Einlieferungen zu beschleunigen, besonders aber die verschiedenen Magazinsräumlichkeiten auszubessern und erweitern zu lassen, da grosse Vorräthe ganz unverwahrt unter freiem Himmel lagen. Nach dem Berichte des General-Kriegs-Commissariates vom 21. März 1716 waren um diese Zeit erst eingeliefert:

an Mehl circa 70.000 Meter-Centner; an Hafer circa 100.000 Hectoliter; also nur die Hälfte, beziehungsweise ein Viertheil des ganzen Quantums [1]).

Eine weitere. Verpflegsvorsorge war durch das **Marketenderwesen** gegeben. Dasselbe war wohl auch in diesem Kriege nicht

Posten am schlechtesten versehen, von den Misshandlungen und Eigenmächtigkeiten abgesehen, welche sich seine Agenten und Helfer zuschulden kommen liessen. Hofkammer an den „Juden" Oppenheimer am 6. März 1716. Hofkammer-A.

Für die Plätze Brod, Požega und Gradiska sollte Oppenheimer circa 2000 Meter-Centner Mehl liefern, was nach den lebhaften Beschwerden des Obristen Petrasch zu urtheilen, bis 14. März 1716 aber auch noch nicht geschehen war.

[1]) Hofkammer-A. 1716.

Die Proviantgesellschaft hatte Magazine in Pest, Szegedin, Baja, Essegg, Brod. Požega, Moháes, Derina (?), Onód, Futak, Csongrad, Raab, Komorn, Neuhäusel, Gran, Treutschin. Das Mehl gelangte zur Vermahlung in Ofen, Onód, Essegg, Požega, Szegedin, Moháes. Grössere Bäckerei-Abtheilungen befanden sich ausser in den letztgenannten Orten noch in Futak, Baja, Bács, Grosswardein und Vecse. Bericht Harrucker's vom 17. Juli und Ausweise vom 24. Juli 1716.

militärisch eingerichtet, es sollten aber in herkömmlicher Weise den Marketendern allerlei Erleichterungen gewährt werden. Von Seite des „Aerarii“ wurde für Fleisch und geistige Getränke nicht weiter vorgesorgt und deren Beschaffung den Privat-Unternehmern oder den Truppen selbst anheimgestellt.

Betreffs des Marketenderwesens schrieb der Hofkriegsrath an die Hofkammer am 26. Mai 1716 [1]):

„Wie zumalen nun unter anderem Allerhöchst I. k. M. und dem gemeinen Wesen merklich daran gelegen, dass bei der Armee an Lebens- und Subsistenzmitteln kein Abgang erscheine, mithin der Soldat solche um einen billigen Werth jedesmal überkommen möge, so haben Dieselbe Allergnädigst verordnet, dass die Zufuhr insonderheit auf dem Strome auf alle Weise befördert, solches in den Ländern Jedermann zur Wissenschaft gebracht und diejenigen, welche der Armee einige Lebensnothdurft beizubringen gedenken, von diesem Hofmittel mit Freipässen versehen, darauf Zoll, Mauth und Dreissigst-Abgabe frei und auch in allen anderen Wegen gegen unbillige Gewalt und Erpressung geschützt werden sollen.“

Sanitätswesen.

Nachdem die Erfahrung der ungarischen Feldzüge gezeigt, dass die Mannschaft in Folge „der schädlichen Luft und kalten Nächte“, und weil man wegen Mangel an Stroh „auf blosser Erde liegen muss“, in sehr grosser Anzahl erkrankte und davon der grösste Theil „in Ermangelung des nöthigen Unterkommens und der Wartung zu Grunde ging“, so hatte der Prinz für den bevorstehenden Krieg nebst der Errichtung eines Haupt-Spitales auch die Anlage mehrerer Neben-Spitäler in Betracht gezogen, um auf diese Weise „den kranken Soldaten, wo so viel krepiren, nicht aller Orten · mitschleppen zu dürfen“.

Nach dem im Memorandum des Hofkriegsrathes vom 23. März 1715 angestellten Kostenvoranschlage waren für Spitäler auf den Stand von 8000 Mann 80.686 fl. erforderlich.

An Personale wurde gerechnet: ein Commissarius als Director, drei Amts-Officiere zur Aufsicht und Vertheilung der Victualien, zwei Aerzte, ein Ober-Feldscherer, zwei Unter-Feldscherer, zwei Geistliche, zwei Spitalsbrüder, zwei Fleischhacker, ein Hausmeister, drei Kranken-wärter (Barmherzige Brüder) und zwei Köche.

---

[1]) Hofkammer-A. 1716.

Man blieb indessen mit diesen Sanitätsvorkehrungen zum grösseren Theile beim Entwurf. Der Hofkriegsrath erhielt erst nach monatelangem Drängen Ende Juli 1716 etwa 13.000 fl. und damit vermochte er nicht mehr als ein Doppel-Lazareth für den Belag von 2—3000 Mann unweit Mohács, welches später nach Futak verlegt wurde und ein fliegendes Hospital für 500 Kranke aufzustellen. Erst während des Krieges wurde noch ein Spital in Peterwardein eingerichtet.

Diese Vorsorgen erwiesen sich selbstverständlich als durchaus unzureichend und nach Beendigung des ersten Feldzuges ordnete endlich Kaiser Carl VI. selbst an [1]), dass über das Militär-Sanitätswesen eingehende Untersuchungen angestellt werden sollten und auch das Gutachten der medicinischen Facultät der Wiener Universität abzufordern sei, um bei dem künftigen Feldzuge den Kranken und Verwundeten bessere Hilfe zu leisten.

Ebenso misslich war es mit den Feldapotheken bestellt, denn gerade so, wie die Hofkammer im Frieden einer unentgeltlichen Abgabe von Arzneimitteln an die Truppen nicht zustimmen wollte, kargte sie auch mit der Ausrüstung für den Krieg und charakteristisch ist der Vorwurf, den sie gegen die Sanitätsleitung der Armee im Felde erhob, es habe diese unberechtigter Weise an den „erkrankten gemeinen Mann" Arzneien verabfolgt, die doch nur für bemittelte Officiere bestimmt gewesen seien und sonach zur Heilung der Mannschaft nicht beizutragen hätten. Die Hofkammer verweigerte auch die Aufstellung einer Feldapotheke in Essegg und nur in Arad, Szegedin, dann Peterwardein und bei dem Feldhospitale befanden sich derartige Anstalten.

Kriegsvorbereitungen in Siebenbürgen und der Militärgrenze.

Auch in Siebenbürgen, welches unter den Befehlen des G. d. C. Grafen Stephan Steinville stand, begannen seit 1715 Rüstungen, welche jedoch nicht über die Erfordernisse eines Nebenkriegsschauplatzes hinausreichten. Es befanden sich daselbst drei Regimenter zu Fuss und vier zu Pferd [2]); erstere erhielten ihre Ergänzung, ebenso Waffen und Kriegsmaterial aus den Erblanden [3]), letztere

---

[1]) Der Kaiser an die Hofkammer, 15. October 1716; die Hofkammer an das General-Kriegs-Commissariat, 26. October 1716. (Hofkammer-A. 1716, Ungarn.)

[2]) Siehe S. 46.

[3]) Unter anderem kamen von hier 2000 Musketen und 100.000 Flintensteine. Hofkriegsrath an den G. d. C. Grafen Steinville, 28. December 1715, Kriegs-A., Vorbereitungen zum Türkenkrieg, 1715; Fasc. XII, 2.

augmentirten sich durch directe Werbung der Recruten und Ankauf der Remonten. Im Mai 1716 fehlten bei dem siebenbürgischen Truppencorps noch etwa 500 Mann und 200 Pferde [1].

Ausser diesen Truppen stand noch eine „siebenbürgische Grenzmiliz" zur Verfügung, die von Hauptmann Dettina befehligt, aus 6 Compagnien zu Fuss mit 318 Mann und 21 Compagnien zu Pferd mit 1041 Reitern bestand. Im Verlaufe des Krieges erhöhte sich dieser Stand noch durch Freiwillige.

Die Feld-Artillerie des Corps zählte:

8 dreipfündige Regimentsstücke [2]), 4 Munitionskarren, jeder mit 3—4 Centner zu beladen, 4 „weiss gedeckte" Munitions-Schanzzeug- und Requisitenwagen, jeder zu 20 Centner schwerer Ladung, 2 Kugelwagen, eine Feldschmiede. Das Personale bestand aus 2 Officieren und 65 Mann [3]); für die Bespannung waren 40 Pferde und 56 Ochsen angekauft.

---

[1]) Und zwar:

Bei Virmond-Infanterie . . . . 69 Mann

   „   Browne (Wellenstein)-Infanterie 98   „

   „   Ottokar Starhemberg (Tollet)-Infanterie 117   „

   „   Steinville-Cürassieren . . . . 18 Mann, 37 Pferde

   „   Pfalz-Neuburg-Cürassieren . . . . 89 „ 102 „

   „   Vehlen-Dragonern . . . . 66 „ 63 „

   „   Breuner-Dragonern . . . . 29 „ 27 „

[2]) Nach einem späteren Ausweise befanden sich bei der Feld-Artillerie 4 sechspfündige, 3 zehnpfündige Kanonen, was daher rührte, dass sie sich für die Operation auf Temesvár mit schwerem Geschütz versehen musste.

[3]) 1 Stuck-Ober-Hauptmann
   1 Stuck-Junker   } bereits vorhanden,
   4 Jung-Feuerwerker

   1 Zeugschreiber   } erst aufzunehmen,
   1 Feldscherergeselle

   3 Büchsenmeister-Corporale } vorhanden,
 15 Büchsenmeister

   9   „   erst aufzunehmen,

   1 Zeugsdiener   } von der Haupt-Armee,
   2 Schmiedgesellen

   1 Sattler   } erst aufzunehmen,
   1 Wagnergeselle

   2 Zimmergesellen,
   3 Handlanger,
   1 Wagenbauer.

Ross-Partei:

   1 Geschirrknecht   } erst aufzunehmen.
 20 Stuck-Knechte

In Siebenbürgen standen ausserdem in der Hauptfestung Karlsburg 26, in Déva 20, im Zeughause zu Hermannstadt 76 Stücke schweren Geschützes mit der erforderlichen Munition.

Bezüglich des Proviantes für den voraussichtlich eine gewisse Selbstständigkeit erlangenden siebenbürgischen Kriegsschauplatz wurde nebst dem gewöhnlichen Vorrathe von 40.000 Kübeln noch die Aufspeicherung von weiteren 50.000 Kübeln Getreide und 100.000 Kübeln Hafer angeordnet, für deren Zufuhr G. d. C. Graf Steinville ein Proviant-Fuhrwesen von 100 Wagen einrichten sollte. Ende April waren aber deren erst 50—60 in Bereitschaft, wobei es auch verblieb. Ende Juli 1716 befanden sich Magazine in: Hermannstadt, Fogaras, Maros-Vásárhely, Karlsburg. Klausenburg, Bistritz, Szamos-Ujvár, Kronstadt und Déva, mit einem Vorrath von 72.607 Kübeln Getreide und 30.844 Kübeln Hafer.

Ebenso wie Siebenbürgen musste im Falle eines Türkenkrieges auch die militärische Grenzbewachung, welche die kaiserlichen Länder gleich einem Schutzwalle vor räuberischen Einfällen der Osmanen bewahrte, zu erhöhter Bedeutung gelangen. Durch die Erwerbungen des Karlowitzer Friedens hatte das Grenzgebiet eine beträchtliche Erweiterung und in den darauffolgenden Jahren auch eine den neuen Verhältnissen entsprechende Organisation erfahren. An der Grenze des türkischen Banats standen längs der Maros und Theiss bis Titel die „Grenzparteien an der Maros und Theiss" mit den Hauptplätzen Arad und Szegedin.

Von da strich quer durch Syrmien und längs der Save „die Donau- und Save-Grenze", erstere mit Peterwardein, letztere mit Essegg als Stützpunct.

Hieran schlossen sich die Banal-Grenze des Königreiches Croatien, auch kurzweg Banat genannt, dann die alten Generalate von Warasdin und Karlstadt mit den Territorien der Lika und Corbavia, den Beschluss machte die Meergrenze mit Zengg.

Bespannung:

8 Regimentsstücke jedes mit 4 Pferden . . . . . . 32 Pferde,		
4 Munitionskarren jeder mit 2 Pferden . . . . . . 8 „		
4 Requisitenwagen mit 8 Ochsen . . . . — „	32 Ochsen	
2 Kugelwagen mit 8 Ochsen . . . . — „	16 „	
1 Feldschmiede „ 8 „ . . . . — „	8 „	
	40 Pferde, 56 Ochsen.	

Zur Ochsenbespannung waren auch die erforderlichen Knechte aufzunehmen.

Diese Gebiete waren verschieden organisirt und standen theils unter dem Hofkriegsrathe in Wien, theils unter jenem in Graz oder unter dem Banus von Croatien. Allen gemeinsam war freilich der Zustand der Vernachlässigung, welcher sich in dem Masse herausgebildet, hatte, als die kaiserlichen Interessen durch den spanischen Successionskrieg während so vieler Jahre in anderer Richtung gewahrt werden mussten.

Noch zur Zeit der Friedensverhandlungen in Rastatt, besonders aber bei Ausbruch der türkisch-venetianischen Streitigkeiten lenkte sich die Aufmerksamkeit des Hofkriegsrathes wieder auf die türkische Grenze und die grossen Uebelstände daselbst konnten nicht mehr unbeachtet bleiben.

Besonders viel zu thun war im Warasdiner und Karlstädter Generalate, welche bei Feindseligkeiten in Dalmatien Bedrohungen in erster Linie ausgesetzt waren. Die Erhaltung des Wehrzustandes in diesen Gebieten wäre Sache des innerösterreichischen Hofkriegsrathes in Graz gewesen, dem aber die Mittel hiezu fehlten. Seit keine verheerenden osmanischen Einfälle mehr drohten, hatten sich die innerösterreichischen Länder, denen die Aufbringung dieser Mittel zukam, allen diesen Verpflichtungen nach Möglichkeit entzogen [1].

Prinz Eugen drang unablässig auf die militärische Herrichtung dieses Theiles des voraussichtlichen Kriegsschauplatzes, auf die Anlage von Magazinen, Beschaffung von Munition, Bezahlung des ausständigen Soldes der Grenzmannschaft, Instandsetzung der ganz verfallenen Festungen, Anlage neuer Tschardaken etc., aber trotzdem am 9. und 13. Februar 1716 auch der Kaiser strenge Befehle an die innerösterreichische Hofkammer erliess, die Rüstungen in den Grenzlanden in Angriff zu nehmen, „nachdem keine Kanone mehr auf der Lafette läge, keine Wohnung bestehe, die von Raubgesindel sicher wäre, die Grenzsoldaten der Gewehre und selbst der nothwendigen Kleidung entbehrten" — wollte sich hier doch lange Zeit hindurch keine entsprechende Thätigkeit zeigen [2].

In der Lika und Corbavia, wo selbst die Venetianer räuberische Einfälle oder wohl auch Repressalienzüge unternahmen [3], war die Ver-

---

[1] Uebrigens herrschte in den innerösterreichischen Ländern in diesem Jahre auch in hohem Masse die Pest, der Nothstand daselbst war beträchtlich vermehrt und es war thatsächlich schwer, den üblichen Beitrag zur Wehrverfassung an der Grenze zu leisten.

[2] Hofkammer-A. 1716, Ungarn.

[3] Der Hofkriegsrath an die Hofkammer, 28. Juni 1715. Hofkammer-A. 1715, Ungarn.

stärkung der Wachen und der Aufbau der Tschardaken sehr nöthig; das Hof-Bank-Gubernium weigerte sich aber, hiefür Geld vorzustrecken und das hiezu verpflichtete Krain war zu arm, als dass es diesen Forderungen hätte gerecht werden können [1]).

An der croatischen Meeresküste waren 1715 einige Vertheidigungsanstalten begonnen worden. Das „Buccaranische Banderium" wurde einberufen, Porto Ré ausgerüstet und sollte mit 80 Kanonen armirt werden, um sich gegen türkische Seeräuber zu schützen.

In der Lika und Corbavia betrug der Stand der ganzen wehrfähigen Mannschaft 1800 Reiter und 4600 Fuss-Soldaten, welche unter dem Oberhauptmann zu Carlopago, die der Meergrenze unter dem Oberhauptmann zu Zengg standen.

Das Warasdiner Generalat mit den Grenzbezirken St. Georgen, Kreutz, Ivanich und Kopreinitz, lieferte ein Regiment zu Fuss mit 3000 Mann und einige hundert Reiter, die Banalgrenze etwa 2000 Grenzer von Glina und Petrinia, weiter bei 3000 Mann im Bezirke von Kostajnica und Zrin, endlich die Karlstädter Grenze 4000 Mann. Hiezu kam noch das Landes-Aufgebot von Croatien.

Die Stärke der gesammten Grenz-Mannschaft in erster Linie war im Jahre 1716 auf etwa 25.000 zu veranschlagen und zwar:

In Slavonien und an der Save (nach der Einrichtung vom Jahre 1702) unter 3 Ober-Capitänen und 9 Capitänen, erstere zu Kobaš, Brčka und Illok, 1512 Mann Infanterie, 950 Mann Cavallerie, 3199 Mann in den Tschardaken (100 mit je 32 Mann Besatzung) zusammen 5661 Mann [2]);

an der Maros und Theiss unter 2 Ober-Capitänen und 6 Capitänen 1100 Mann Infanterie, 900 Mann Cavallerie, dann die

---

[1]) Hofkammer-A. 1715, Ungarn.

[2]) Nach einem Berichte des Obristen Freiherrn von Petrasch aus Brod vom 20. Juli 1716, an den Prinzen standen an der Save-Grenze:

In Brod: Vom Regiment Löffelholz commandirt . . . . 66 Mann

   „   „   Grenzer . . . . 700 zu Fuss, 150 zu Pferd

  „ Rača: Grenzer . . . . 500 „   „   100 „   „

(ausserdem 1000 Mann unter Obrist Baron Langlet)

in Rajevoselo: Grenzer . . . . 60 zu Fuss, 25 zu Pferd

  „ Županje blata: Grenzer . . . . 50 „   „

  „ Babinagreda: „ . . . . 300 „   „   50 „   „

  „ Gradiska   „ . . . . 500 „   „   100 „   „

90 Tschardaken mit je 6 Mann = 540 Mann.

Da der Gesammtstand 4075 Mann betrug, so blieben dem Obristen Baron Petrasch noch 1075 Mann für Unternehmungen im Felde verfügbar.

(Kriegs-A., „Türkenkrieg" 1716; Fasc. VII, 233.)

sogenannte „Bulgarische Miliz" mit 300 Mann zu Fuss und 225 Mann zu Pferd, zusammen 2525 Mann [1]).

Zu diesen mehr oder weniger irregulären Formationen war auch die ungarische National-Miliz zu rechnen, von welcher sich im Jahre 1715

in Raab. . . . 2 Compagnien Hayducken und 3 Compagnien Husaren
„ Komorn . . 2 „ „ „ 1 „ „
„ Gran. . . . 1 „ „ „ 1 „ „
„ Szigeth . . . 2 „ „ „ 2 „ „
„ Szolnok. . . 1 „ „ „ 1 „ „
„ Grosswardein 2 „ „ „ 4 „ „

befanden.

Der Stand dieser Compagnien war sehr verschieden, die zu Pferd zählten 50, die zu Fuss zumeist circa 100 Mann [2]). Insoweit sie nicht für Garnisonszwecke benöthigt wurde, fand sich diese ungarische Miliz bei der kaiserlichen Feld-Armee ein.

Nebst diesen organisirten Grenz- und National-Truppen verstärkten die kaiserliche Armee noch eine Anzahl von Freischaaren, welche zumeist aus den damals von serbischer Bevölkerung bewohnten Comitaten an der unteren Theiss und Donau gebildet, für kleinere Unternehmungen sich besonders geeignet zeigten. Sobald die Kunde vom neuen Türkenkriege in das Volk drang, eilten viele abenteuer- und beutelustige Männer herbei, von denen manche schon im letzten das Schwert ge-

---

[1]) Nach einem Ausweise des General-Kriegs-Commissariates vom 28. December 1715 (Hofkammer-A.) war der Stand dieser Miliz erhöht und dieselbe folgendermassen vertheilt:

Szegedin . . 3 Compagnien zu Pferd,	2 Compagnien zu Fuss	=	528
Szabadka . . 1 „ „ „	1 „ „ „	=	317
Zombor . . . 1 „ „ „	2 „ „ „	=	291
Mártonyos . . 1 „ „ „	1 „ „ „	=	127
Kl.-Kanizsa . 1 „ „ „	1 „ „ „	=	128
Zenta . . . . 1 „ „ „	1 „ „ „	=	179
Osztrovo . . . 1 „ „ „	1 „ „ „	=	133
Moholy . . . 1 „ „ „	1 „ „ „	=	73
Petrovosello . 1 „ „ „	1 „ „ „	=	118
(Ó) Bécse . . 1 „ „ „	3 „ „ „	=	279
Földvár . . . 1 „ „ „	1 „ „ „	=	88
Csurog . . . 1 „ „ „	1 „ „ „	=	167
Zsablya . . . 2 „ „ „	2 „ „ „	=	240
Szt. Tamás . 1 „ „ „	1 „ „ „	=	73
Zusammen . . . . . 17 Compagnien zu Pferd,	19 Compagnien zu Fuss	=	2741.

[2]) Aufsatz des General-Kriegs-Commissariates an die Hofkammer, vom 9. Januar 1715. Hofkammer-A.

führt [1]). Sie wurden in Compagnien eingetheilt und als ihr Oberanführer durch ein eigenes Patent des Prinzen der Adelsrichter des Bácser Comitates, Johann Stratimirovich bestellt [2]).

Im Sinne der Grenzinstitution waren die Bewohner dieser Gebiete verpflichtet, im Falle eines Türkenkrieges mit vierzehntägiger Verpflegung auszurücken. Da sich die eigenen Vorsorgen indessen nicht immer verlässlich erwiesen hatten, ordnete der Prinz die Anlage eines Proviantmagazins in Agram mit 10.000 Centner Mehl und 10—15.000 Metzen Hafer an, die theils von Inner-Oesterreich, theils von Oppenheimer geliefert wurden.

Mit der Bewaffnung, für welche der Grenzer selbst zu sorgen hatte, war es gleichfalls recht schlecht bestellt; es musste in Folge dessen den Leuten mit Gewehren, Pulver und Blei aus Kärnthen und Steiermark ausgeholfen werden.

An der Maros befehligte GFWM. Freiherr von Cosa in Arad; an der Theiss GFWM. Graf Herberstein in Szegedin. Der Oberbefehlshaber dieser Grenze, FML. Graf Althann, befand sich in Wien.

Die „untere Donau-Grenze" stand unter Commando des Festungs-Commandanten von Peterwardein, FML. später FZM. Freiherrn von Löffelholz [3]); an der Save führte Obrist Freiherr von Petrasch, welcher in Brod seinen Sitz hatte, den Befehl und dahinter befand sich der Grenzbezirk von Essegg unter GFWM. Freiherrn von Beckers.

Die Banal-Grenze war, nachdem sich der Banus Feldmarschall Graf Johann Pálffy bei der Armee befand, dem Vice-Banus (locumtenens banali) von Croatien, GFMW. Grafen Johann von Draskovich untergeordnet; im Warasdiner- und Karlstädter Generalate befehligten die „General-Amtsverwalter" Grafen Hannibal Heister und Rabatta, Ersterer den Grafen Breuner in Wien vertretend. In Kopreinitz stand der FML. Graf Königsegg als „Oberhauptmann".

In der Lika und Corbavia war Graf Attems, in der Meergrenze Freiherr von Teuffenbach, Letzterer mit dem Sitze in Zengg, als „Oberhauptmann" bestellt.

Prinz Eugen, in dessen Händen als Hofkriegsraths-Präsident sich die Leitung des Kriegswesens und somit auch die Durchführung der

---

[1]) Vom ehemaligen raizischen Husaren-Regiment Jeney trugen sich viele Officiere zu neuen Diensten an, doch konnte der Prinz ihrem Anliegen wegen vorgerückter Zeit für das erste Feldzugsjahr nicht mehr genügen. Supplement Nr. 20.

[2]) Supplement Nr. 50.

[3]) Der „Grenz-Oberhauptmann Feldmarschall" Graf Guido Starhemberg führte nur diesen Titel, ohne die Function auszuüben.

Rüstungen befand, hatte diese wohl unermüdet und nach Möglichkeit zu beschleunigen gesucht, es war aber bereits ein Jahr vorbeigegangen, der Frühling 1716 rückte heran und noch fehlte so manches zur vollständigen Operationsfähigkeit.

Am 10. Januar 1716 berichtete der Prinz an den Kaiser über die Erfolglosigkeit einer Berathung beim Grafen Caraffa[1]), weil von der Universal-Bancalität, der Geldgeberin, niemand erschienen und diese nachträglich habe erklären lassen, dass alle Fonds bereits erschöpft seien, dass bis Ende Mai drei Millionen Gulden gebrächen, für den Sommer aber gar nichts flüssig gemacht werden könne.

In seinem Vortrage berichtete der Prinz über das bisherige Ergebniss der Mobilmachung, dass allerdings eine Anzahl Regimenter neu aufgeworben worden, allein diese zum Theil die Werbegelder und überdies die gesammte Verpflegung vom 1. December 1715 an, noch nicht erhalten hätten, von der so nothwendigen Train-Ausrüstung aber noch gar nichts angeschafft sei. Die Cavallerie habe theilweise die Remonten in natura erhalten, jene Regimenter aber, welche den Ankauf selbst zu besorgen hätten, könnten nicht in den Besitz der nothwendigen Gelder gelangen. „Nicht zu sprechen," wie der Prinz meinte, „von den Regimentern im römisch-deutschen Reich, in den Niederlanden und in Mailand, wo Alles mangelt."

Mit den Transportgeldern für die aus dem römischen Reiche und Tyrol nach Ungarn bestimmten, neu aufgestellten Regimenter, mit den Verpflegsgebühren für das Max Starhemberg'sche Regiment, welches seit Monaten ohne den geringsten Unterhalt war, mit dem Winterquartal für die Armee in Ungarn, den contractmässigen Ratenabzahlungen an die Schell- und Mohr'sche Proviantgesellschaft, mit der selbstständigen Proviantirung für Siebenbürgen befand man sich des Geldmangels wegen gleichfalls in starkem Rückstand.

Für die Feld-Artillerie waren zur Herstellung einiger Wagen bis zum Januar 1716 nur 6000 fl. erfolgt worden, Bespannung und Fahrmannschaft fehlte, ebenso das Fuhrwesen für die Laufbrücken, die Schiffsbemannung der Donau-Flottille, für deren Aufbringung man wenigstens drei Monate bedurfte.

Was nun den Aufmarsch anbelangt, welchen der Prinz als „Mobilmachung" bezeichnete, so hätten die ersten Bereitschaftsbefehle schon ausgefertigt werden sollen. Da aber zur Ergänzung noch so viel fehlte und durch die Erklärung der Bancalität, nichts zahlen zu

---

[1]) Kriegs-A., „Türkenkrieg 1716"; Fasc. I, 3.

können, die ganze Kriegsvorbereitung in's Schwanken gerieth, sah sich der Hofkriegsrath gezwungen, mit diesen Befehlen, ebenso wie mit der Bestimmung der höheren Commandostellen noch zurückzuhalten.

Jetzt, da es an der Zeit war, die Operationen zu beginnen, stand die Hofkammer rath- und thatlos, wie so oft schon während des spanischen Successionskrieges da, die Truppen konnten in Folge ihrer bedeutenden Schulden nicht aus ihren Quartieren aufbrechen, ein grosser Theil der Kriegsausrüstung fehlte und man wusste nicht, von wo das Geld nehmen für die Dotirung der Kriegs-Cassa.

Aus den Nachrichten, welche FML. Freiherr von Löffelholz [1]) aus Peterwardein einsendete, ging bereits zur Genüge hervor, dass die ottomanische Pforte zwar so lange als möglich „die Freundschaft zu simuliren beflissen sei", hingegen alle Anstalten treffe, um eine bedeutende Armee, zahlreicher als sie unter Soliman gewesen, an der Donau zu versammeln. Aller Verkehr an der Grenze war bereits abgebrochen, die Türken hinderten jede Ein- und Ausfuhr, immer näher rückte die Gefahr der Eröffnung der Feindseligkeiten durch die Türken und der Prinz stellte dem Kaiser in einem zweiten Vortrage vom 8. Februar 1716 [2]) mit eindringlichen Worten diese Lage vor.

Der Kaiser versprach die möglichste Betreibung der Rüstungen und befahl, indessen die nothwendigsten operativen Anordnungen zu treffen [3]).

---

[1]) Georg Wilhelm Freiherr Löffelholz von Kolberg wurde am 9. Juni 1661 zu Nürnberg geboren. Er begann sehr frühzeitig seine militärische Laufbahn, war 1681 Hauptmann beim Regimente Daun, betheiligte sich hierauf an den Kämpfen mit den Türken und zeichnete sich besonders als Obrist in der Schlacht von Szlankamen 1691 aus. Nach dem Karlowitzer Frieden commandirte er einige Zeit in Arad, welche Festung unter ihm neu erstand und gegen die Rebellen wiederholt tapfer vertheidigt wurde. 1704 wurde er General-Feldwachtmeister, 1706 Feldmarschall-Lieutenant und erhielt ein Regiment zu Fuss, vormals Graf Friesen, 1708 wurde er in den Freiherrnstand erhoben. Er eroberte im Jahre 1710 die Festung Leutschau, dann das „Zipser Haus" und 1711 die Feste Munkács; wirkte im Uebrigen in versöhnlichem Sinne für das Werk der Pacification. Im Jahre 1713 erhielt er das Grenz-Generalat an der Save mit dem Commando in Peterwardein. In dieser Stellung hatte Löffelholz, der 1716 zum Feldzeugmeister ernannt worden war, reichliche Gelegenheit sich hervorzuthun und die 1717 erfolgte Ernennung zum Befehlshaber in Ofen war die Anerkennung seiner verdienstvollen Leistungen. Bereits bei Ausbruch des Krieges kränklich, starb Löffelholz schon am 10. August 1719 zu Ofen.

[2]) Der Prinz an den Kaiser, 8. Februar 1716. H. K. R. Exp. 1716; Februar, 576.

[3]) „Habe des Hofkriegsraths eifrige und treue Vorstellung wohl vernommen, werden auch alle möglichen Anstalten und Remedur wegen der Mittel gemacht werden, dieweil der Kriegsrath die Dispositiones praeventives in militare, als Benennung der Generale und Ordres zu machen anfangen kann." Eigenhändige Resolution auf obigen Bericht vom 8. Februar 1716.

Bei der Ohnmacht der Bancalität blieben aber auch die kaiserlichen Befehle wirkungslos. Endlich verlangte der Prinz von ihr am 3. März 1716 die kategorische Erklärung, ob und wann sie die Ansprüche des Hofkriegsrathes zu befriedigen vermögen werde, da er bei weiterer Verzögerung der Rüstungen die Folgen nicht mehr verantworten könne [1]).

Auch dem Kaiser legte er in seinem Antrage vom 13. März [2]) dar, dass der durch die Verschleppung der Kriegsvorbereitungen entstandene Schaden kaum mehr gut zu machen sein werde, „und möchte I. k. M. das Angelegentlichste momentan rei et temporis zu Gemüth nehmen, der Sachen eine ungesäumte und zulängliche Abhilfe und Massgabe Allergnädigst verordnen, damit die so unverschieblich bedürftigen Gelder in ein und anderen allsogleich abgereichet, folgbar, wie es sonsten in derlei dringenden Nothfällen geschehen, auf ein oder andere Weise beigebracht werden; der gehorsamste Hofkriegsrath thut sich anbei von E. k. M. Allerhöchsten Gerechtigkeit in Unterthänigkeit versichern, dass selbe ihm bei allem sich ergebenden und sofern das Werk noch länger in dem gegenwärtigen Gebrechen gelassen wird, fast natürlich unvermeidlichen Unglücke ausser aller Schuld und Verantwortung halten werden".

---

[1]) Hofkriegsrath an das Universal-Bancal-Hof-Gubernium, 3. März 1716. Beilage zum Bericht an den Kaiser vom 3. März 1711. H. K. R. Exp. 1716; März, 604.

[2]) H. K. R. Exp. 1716; März, 604.

Der Oberbefehl und die Ordre de bataille des kaiserlichen Heeres in Ungarn.

Mit kaiserlichem Handschreiben vom 26. Februar 1716 wurde Prinz Eugen von Savoyen als Hofkriegsraths-Präsident und General-Lieutenant des Kaisers zum Ober-Commandanten der in Ungarn aufzustellenden Armee ernannt und der Prinz übernahm den Oberbefehl des Heeres, seiner in dem Vortrage vom 3. Februar 1716 [1]) dem Kaiser gegebenen ehrfurchtsvollen Zusage entsprechend, „es hat wegen meiner, Prinz Eugenii, ohnedem keinen Anstand und werde mir die eifrigste Besorgung Euer kaiserlichen katholischen Majestät Allerhöchsten Dienstes und Armee mit pflichtmässigen Eifer ferners treugehorsamst angelegen sein lassen“.

Der Kaiser hatte dem Antrage eigenhändig hinzugefügt: „und wird Mein Dienst überall und förderst bestellt werden, wo der General-Lieutenant und Kriegs-Präsident, so wie er auch rühmlich beantragt, sich selbst mit dem Commando beladen wird, obwohl auch seine Person mir allezeit hier abgehen wird“.

Der Prinz stand um diese Zeit im 53. Lebensjahre. In voller Rüstigkeit und Geistesfrische trat er nun wieder an die Spitze der Armee.

Die Schwierigkeiten, unter denen er die Rüstungen betrieb und diesen glorreichen Krieg begann, erhöhen seine Verdienste und die Bewunderung seines Geistes und seiner Energie. Der Ruhm, nach dem so langwierigen Kriege um das spanische Erbe, der die besten Kräfte des Kaisers erschöpft hatte, das Heer dennoch zu so gewaltigen neuen Anstrengungen befähigt, dem Kaiser neue glänzende Siege errungen zu haben, gebührt vor Allem dem Prinzen, obgleich er, grossherzig und edel wie immer, ihn nur der braven Armee hat zuerkennen wollen.

____

[1]) H. K. R. Exp. 1716; Februar, 573.

Als Hofkriegsraths-Präsident behielt der Prinz die Leitung des ganzen kaiserlichen Kriegswesens auch während seines Aufenthaltes bei der Armee. In Wien vertrat ihn der Hofkriegsraths-Vicepräsident Feldmarschall Graf Leopold von Herberstein.

Schwieriger als die Bestimmung des Oberbefehles wurde die Auswahl der anderen Generale. Es standen damals 24 Feldmarschälle in kaiserlichen Diensten [1]), von denen indessen wirklich nur sehr wenige verfügbar waren.

Von jenen Feldmarschällen, die sich in den vorangegangenen Kriegen ausgezeichnet und auf die noch gerechnet werden konnte, blieben nur drei, Graf Guido Starhemberg, Graf Siegbert Heister [2])

---

[1]) 1. Prinz Carl Philipp von Pfalz-Neuburg war Gubernator in Tyrol; 2. Marchese del Vasto, aus Spanien übernommen, hatte früher nie in kaiserlichen Diensten gestanden; 3. Graf Rabutin de Bussy war ausser Stande zu dienen (starb 1717); 4. Graf Siegbert Heister erbot sich bei der Armee Dienste zu thun; 5. Graf Guido Starhemberg wollte nicht dienen; 6. Graf Gronsfeld war sehr alt und wurde als Gouverneur nach Luxemburg designirt; 7. Graf Nassau-Weilburg, zur Zeit in churpfälzischem Dienst; 8. Graf Castell, ausser Stande zu dienen; 9. Graf Nicolaus Pálffy war Palatin in Ungarn; 10. Gschwind Freiherr von Pöckstein hatte eine Verwendung beim Bank-Gubernium; 11. Prinz Maximilian von Hannover wünschte nicht zu dienen; 12. Graf Huyn, Commandant in Szigeth, war zu alt; 13. Fürst Hohenzollern schon lange ausser Dienst; 14. Graf Maximilian Breuner, sehr alt und ausser Stande zu dienen; 15. Graf Schlik, königlich böhmischer oberster Kanzler; 16. Graf Johann Pálffy sollte bei der Armee dienen; 17. Prinz Philipp von Hessen-Darmstadt war Gubernator zu Mantua; 18. Graf Leopold Herberstein war Hofkriegsraths - Vicepräsident und Trabanten-Hauptmann; 19. Herzog Eberhard von Württemberg diente nur im römischen Reiche; 20. Graf Daun, Vicekönig in Neapel; 21. Markgraf Georg Wilhelm von Brandenburg-Bayreuth war unpässlich; 22. Fürst von Oettingen, seit lange ausser Dienst; 23. Colmenero, Conte de Valderias war Castellan im Schloss zu Mailand; 24. Markgraf zu Baden-Durlach war erst kürzlich und nur ad honores befördert.

[2]) Feldmarschall Siegbert Graf Heister wurde 1646 geboren, zeichnete sich in den Kriegen gegen die Franzosen aus und wurde 1678 als Obristwachtmeister bei Rheinfelden schwer verwundet. Er focht bei dem Entsatze von Wien 1683, wurde General-Feldwachtmeister und Feldmarschall-Lieutenant, befehligte unter dem Prinzen Ludwig von Baden das Fussvolk und trug viel zum Siege von Batočina am 24. September 1689 bei. 1697 Feldzeugmeister, wurde er 1703 Vicepräsident des Hofkriegsrathes und Commandant in Tyrol, aus dem er die Bayern vertrieb, hierauf Feldmarschall. Seit 1704 im Kriege gegen die ungarischen Rebellen verwendet, bewährte er sich als ein tapferer, erfahrener General, besiegte die Aufständischen bei Trentschin 1708 und stellte das Ansehen des Kaisers in Ungarn, obgleich mit strengen Mitteln, wieder her. Er betheiligte sich auch weiter an der Pacification des Landes, sein rauhes Wesen machte ihn jedoch wenig zu den erstrebten Friedensverhandlungen geeignet, daher er sich nach Beendigung der Feindseligkeiten nach Raab, wo er Gouverneur war, zurückzog. In den Feldzügen gegen die Türken 1716 und 1718 befehligte er mit Auszeichnung die Infanterie, war jedoch gezwungen, sich noch vor Beendigung des Feldzuges 1717 wegen Krankheit auf sein Gut Kirchberg in Steier-

und Graf Johann P á l f f y [1]) übrig. Feldmarschall Graf Wirich D a u n, welchen der P r i n z gerne bei der Armee gehabt hätte und der auch wiederholt darum ansuchte, konnte während der gegenwärtigen kritischen Zeit von dem hochwichtigen Amte eines Vicekönigs von Neapel nicht abberufen werden.

Dagegen lehnte Graf G u i d o S t a r h e m b e r g, der verdienteste von den Generalen nach dem P r i n z e n, der Mann mit dem eisernen Herzen und dem energievollen Willen es ab, an dem Türkenkriege theilzunehmen, weil er „alt, ausgearbeitet und zu ferneren Diensten unvermögend sei" [2]). Er war wohl verstimmt durch die Ereignisse in Spanien und auch wirklich der Ruhe bedürftig, die er im Felde nie gekannt hatte.

Graf Siegbert von H e i s t e r, dessen Name seit dem Rebellionskriege in Ungarn gefürchtet war, hatte dem P r i n z e n selbst geschrieben und sich nach damaliger Sitte zu dienen offerirt; er war in der letzten

mark zu begeben. Feldmarschall Graf Heister war ein tapferer Kriegsmann, der fast sein ganzes Leben dem Kriegsdienste gewidmet hatte. Er starb, 72jährig, noch vor dem Friedensschlusse von Požarevac am 22. Februar 1718. Sein Sohn Rudolf, Obrister seines Regimentes, fand vor den Augen des Vaters in dem harten Treffen am 17. Juli 1717, aus 18 Wunden blutend, den Heldentod.

[1]) Feldmarschall Graf Johann Pálffy von Erdőd, einer der bedeutendsten Kriegshelden und Staatsmänner des Ungarlandes, geboren zu Vöröskő 1663 (?), trat bereits 1681 als Volontär in das Infanterie-Regiment Pfalz-Neuburg, kam später zum Cürassier-Regiment Carl Pálffy, focht 1683 beim Entsatze von Wien, wurde 1689 Obrist und später Inhaber des Husaren-Regimentes Czobor. Als kühner Husarenführer zeichnete er sich gegen die Franzosen aus, wurde für seine Verdienste 1693 General-Feldwachtmeister, 1704 Feldmarschall-Lieutenant und Banus von Croatien, erhielt ein Cürassier-Regiment und im Jahre 1709 die Feldmarschallswürde. Als treuer Anhänger des Hauses Habsburg wurde ihm bereits 1703 in den ungarischen Rebellionskriegen der Oberbefehl der kaiserlichen Truppen anvertraut, den er auch ruhmvoll führte. Im Jahre 1710 erhielt er neuerdings das Obercommando in Ungarn und besiegelte seine tapferen Leistungen im Kampfe durch den Frieden von Szathmár 1711, der im ganzen Königreiche die ersehnte Ruhe herstellte und die aufgeregten Parteien wieder mit der Krone versöhnte. Seinen Ruhm bewährte er nun auch im folgenden Türkenkriege durch seine persönliche Tapferkeit, Geistesgegenwart und sein ungewöhnliches tactisches Talent. Aber auch im Frieden bethätigte Pálffy seine ausgezeichnete und dabei immer loyale, den Diensten des Kaisers gewidmete Gesinnung; er trat kräftig für die Annahme der pragmatischen Sanction ein und als 1740 Carl VI. starb, war Pálffy als Palatinus von Ungarn, einer der treuesten Stützen der jungen Königin Maria Theresia. Er starb im Jahre 1751.

[2]) Guido Graf Starhemberg an seinen Neffen Gundomar, aus Laibach am 19. December 1715. Riedegger-A. Arneth, Starhemberg's Leben, S. 769. Inwieweit die Spannung zwischen dem Prinzen Eugen und dem Grafen Starhemberg, welch' Letzterer seit dem Jahre 1705 nicht mehr unter ihm befehligte, zu dieser Weigerung beigetragen haben mag, lässt sich nicht nachweisen. In dem Vortrage des Prinzen

Zeit ohne grösseres Commando und nur in der Würde eines Gouverneurs von Raab. Als der Türkenkrieg mehr und mehr Gewissheit wurde, stellte sich der siebzigjährige Feldmarschall, welcher alle früheren Kämpfe gegen die Ungläubigen mitgemacht, wieder zur Verfügung. Prinz E u g e n hatte es zwar bisher zu verhindern gewusst, dass H e i s t e r bei der unter seinem Commando stehenden Armee eingetheilt wurde. Es scheint, dass das heftige und etwas excentrische Benehmen des Feldmarschalls dem P r i n z e n nicht recht zusagte, er erhob auch Bedenken, als H e i s t e r für die Eintheilung zur Armee in Antrag kam und meinte, dass derselbe „ziemlich alt und schon abstrapazirt sei".

Doch hat Feldmarschall Graf H e i s t e r seinem Kriegsruhme auch in diesem Kriege reiche Lorbeeren zugefügt. Er erhielt das Commando der Infanterie.

Graf Johann P á l f f y, seit dem Jahre 1709 Feldmarschall, eine ritterliche Natur, bei den inneren Wirren in Ungarn durch seine versöhnliche Haltung ebenso hervorleuchtend als durch sein kühnes durchgreifendes Auftreten vor dem Feinde, hatte gleichfalls um Eintheilung zur Armee in Ungarn gebeten. Der P r i n z vertraute ihm das Commando der Cavallerie an. Seine treue Anhänglichkeit an die Person des P r i n z e n hatte ihm auch die freundschaftlichen Gesinnungen E u g e n's gesichert. Er zeigte so viel Vertrauen in die militärischen Eigenschaften des Feldmarschalls, dass er nicht dem rangsälteren Grafen H e i s t e r, sondern P á l f f y das interimistische Commando der Armee vor seiner Ankunft bei derselben übertrug [1]).

Von den Generalen der Cavallerie wurde nur einer, der Graf N á d a s d y, seit 1714 in dieser Charge, zur Armee bestimmt.

General der Cavallerie Graf S t e i n v i l l e blieb commandirender General in Siebenbürgen und sollte „das dortige Corps commandiren,

---

an den Kaiser vom 3. Februar 1716 sagt er bezüglich der Ernennung der Feldmarschälle bei der Armee: „Bei den Feldmarschällen aber hat sich allererst zu äussern, welche aus ihnen zu dienen im Stande sich befinden und also beizuziehen sind, mithin der gehorsame Hofkriegsrath darüber die Entschliessung bis zur wirklichen Kriegs-Declaration in suspenso zu lassen unmassgeblich ermessen thäte." Am 25. April, bei der Specification der kaiserlichen Feldmarschälle, sagt er beim Grafen Guido Starhemberg: „was es mit diesem Feldmarschalle für eine Beschaffenheit hat, ist E. k. M. bereits gnädigst bekannt". Er wird zu jenen drei Feldmarschällen gezählt, welche im Felde zu gebrauchen sind, allein auch hier ohne nähere Angabe nur erwähnt: 2. „der Graf Guido Starhemberg, von dem E. k. M. gnädigst schon informirt sind".

[1]) H. K. R. an die kaiserlichen Generale in Ungarn 18. Mai 1716. H. K. R. Reg. 1716; Mai, 263.

94

ausser es thäte sich die Occassion ergeben und E. k. M. Dienst erfordern, dass er mit der Haupt-Armada sich conjugiren müsse" [1]).

Von den Feldzeugmeistern war gleichfalls nur einer, der Prinz Alexander von Württemberg, für die Armee verfügbar [2]).

Aehnlich wie Graf Pálffy seine hervorragende Eignung zum Cavallerieführer, so entfaltete sich Prinz Alexander wie schon im Jahre 1713 bei Landau, so auch in diesem Kriege als ausgezeichneter Infanterie-General und machte der Werthschätzung des Prinzen Eugen volle Ehre, der ihn als den tüchtigsten seiner Generale betrachtete und stets da verwendete, wo die schwierigsten Aufgaben zu lösen waren. Das Haus Württemberg, dessen erlauchter Name in der kaiserlichen Armee so oft und ruhmvoll wiederkehrt, hatte in Prinz Alexander einen seiner glänzendsten Vertreter. Das Jahr 1717 brachte dem damals erst 33 Jahre alten Prinzen zu seinen reichen Lorbeeren auch die Feldmarschallswürde.

Um nun die höheren Commandostellen für die Treffen und Flügel, wie sie die Ordre de bataille der Armee ergab, besetzen zu können, schlug der Prinz eine Anzahl von Feldmarschall-Lieutenants zur Beförderung in die höhere Charge vor.

Demgemäss wurden zu Feldzeugmeistern bei der Armee in Ungarn ernannt:

Graf Maximilian Starhemberg [3]), der jüngste Bruder Guido's, der sich bereits bei verschiedenen Gelegenheiten hervorgethan und in

[1]) Vortrag des Prinzen vom 25. April 1716. H. K. R. Exp. 1716; April, 622. Von den übrigen Generalen der Cavallerie waren Graf Westerloo und Graf von Vehlen in den Niederlanden, Marchese Visconti in Mailand, Graf Atalaya noch Vice-könig in Sardinien.

[2]) Von den übrigen Feldzeugmeistern war Hasslingen Commandant zu Gross-Glogau, Bagni sehr alt, ohne Verwendung, Neipperg in Philippsburg, wo er verbleiben musste, Thürheim General-Kriegs-Commissär, Bürkli in den Waldstädten, Rappach war Obrist-Land- und Haus-Zeugmeister und Vice-Commandant in Wien, Harsch Commandant zu Freiburg. Befördert wurden, ohne bei der Armee eingetheilt zu sein: Graf Adam Kollonits, alt und ohne Verwendung, Graf Eustachius Fugger in Diensten des schwäbischen Kreises, Graf Virmond in diplomatischer Verwendung, Graf Johann Caraffa in Neapel, Graf Hermann von Zollern im Reiche, Graf Königsegg in diplomatischer Verwendung, Freiherr d'Arnant, Commandant zu Alt-Breisach, Freiherr von Sickingen, Commandant zu Prag.

[3]) FZM. Maximilian Adam Graf Starhemberg, später Feldmarschall und Stadt-Commandant von Wien, wurde 1669 geboren, machte die Türkenkriege mit, war 1703 Obrist eines Regimentes zu Fuss (heute Nr. 24), kämpfte mit Auszeichnung in Italien, wofür er 1704 zum General-Feldwachtmeister, 1706 zum Feldmarschall-Lieutenant befördert wurde. Er commandirte hierauf während des Aufstandes in Ungarn, bei welcher Gelegenheit er einmal in Gefangenschaft gerieth, wurde 1716 Hofkriegsrath und Feldzeugmeister und zeichnete sich in den nun folgenden Feld-

Italien sowohl als in Ungarn vorzügliche Dienste geleistet hatte; Graf
Regal, Commandant in Ofen, welcher sich die Befestigung dieses
Platzes sehr angelegen sein liess. Regal hatte das Verdienst ein
Reglement für ein kaiserliches Regiment zu Fuss verfasst zu haben,
welches in der Armee hohe Anerkennung fand. Graf Harrach [1]) und
Prinz von Braunschweig-Bevern [2]) ein Schwager des Kaisers,
der bei seiner Jugend bisher keine Proben seiner Tüchtigkeit hatte
ablegen können, in dem aber der Prinz mit Recht eine bedeutende
militärische Befähigung erkannte und den auch der Kaiser sehr
schätzte. Der Prinz Bevern, wie er genannt wurde, galt als ein
treuer Anhänger des Prinzen Eugen.

Zu Generalen der Cavallerie wurden die Feldmarschall-Lieutenants
Graf Claudius Florimund Mercy, Freiherr von Ebergényi [3]), die

zügen gegen die Türken besonders in der Schlacht bei Belgrad, durch seine tapfere
und umsichtige Führung der Infanterie in hervorragender Weise aus. 1719 Vice-
Stadt-Commandant von Wien, 1720 General-Feld- Land- und Haus-Zeugmeister,
1723 Feldmarschall und 1741 Stadt-Commandant von Wien, besass er das Vertrauen
Kaiser Carl VI. in hohem Masse und starb bald nach dem Kaiser am 22. November 1741.

[1]) Johann Philipp Josef Graf Harrach zu Rohrau, der Sohn des seinerzeitigen
kaiserlichen Gesandten zu Madrid, wurde am 22. October 1678 geboren, war bereits
1701 Obristlieutenant und brachte es während des spanischen Successionskrieges
bis zum Feldmarschall-Lieutenant im Jahre 1708 und Regimentsinhaber (seit 1704),
nachdem er sich besonders in der Schlacht von Turin 1706 ausgezeichnet hatte. Bei
Ausbruch des Türkenkrieges zum Feldzeugmeister befördert, befehligte er jeweilig
den Flügel eines Treffens bei der Infanterie, wurde 1723 Feldmarschall, 1739 Hofkriegsraths-Präsident, welche Stelle er in einer ereignissreichen Zeit bis zu seinem
1764 eingetretenen Tode, also durch 23 Jahre, inne hatte.

[2]) Ferdinand Albrecht II., Herzog zu Braunschweig-Wolfenbüttel-Bevern, wurde
am 19. Mai 1680 geboren, trat 1704 in kaiserliche Dienste, war im Jahre 1706
General-Adjutant des Kaisers Joseph I. bei Landau. 1707 wurde er General-Feldwachtmeister, 1711 Feldmarschall-Lieutenant und schon 1716 Feldzeugmeister. Im Jahre
1716 erhielt er den Posten eines Gouverneurs von Komorn und zeichnete sich in
vorzüglicher Weise in den Kämpfen des Türkenkrieges aus, wo er sich das volle
Lob des Prinzen Eugen erwarb. Im Jahre 1734 kämpfte er als Feldmarschall im
kaiserlichen Heere, jedoch gelangte er 1735 auf den Thron von Braunschweig, womit
seine Laufbahn in kaiserlichen Diensten beendigt war. Er starb bereits am 13. September 1735.

[3]) Ladislaus Freiherr von Ebergényi zeichnete sich schon in den Türkenkriegen am Ende des 17. Jahrhunderts aus, wurde 1700 Obrist eines Husaren-Regimentes (heute Husaren-Regiment Nr. 9), mit welchem er sich bei Luzzara tapfer
hielt und sich beim Streifzug nach Mailand hervorthat. Von 1706 bis 1711 focht er
in Ungarn, wurde General-Feldwachtmeister, im Jahre 1708 Feldmarschall-Lieutenant
und unterstützte 1711 den Feldmarschall Graf Pálffy bei den Friedensverhandlungen
von Szathmár. Bei Ausbruch des Türkenkrieges rückte er als einer der ausgezeich-
netsten Reitergenerale zum General der Cavallerie vor, als welcher er sich auch
bei Peterwardein und Belgrad hervorthat. Er starb im Jahre 1723.

Grafen Montecuccoli[1]), Falkenstein[2]), Martigny und Baron de Battée ernannt.

Alle hatten bereits glänzende Beweise ihrer Tüchtigkeit gegeben, besonders aber schätzte der Prinz den Grafen Mercy[3]), der, eine kühne, rasch entschlossene Natur, nicht leicht vor einer Schwierigkeit zurückscheute, wohl aber doch manchmal durch seine Hastigkeit zu übereilten Handlungen hingerissen wurde, vor denen ihn seine hohe Einsicht in einem ruhigeren Momente bewahrt hätte. Er war unermüdlich thätig und bekundete nebst hervorragenden kriegerischen auch

---

[1]) Hercules Pius Montecuccoli, ein tapferer Kriegsheld aus den Türkenkriegen, focht hernach als Obrist gegen die ungarischen Rebellen, errichtete 1702 ein Cürassier-Regiment, wurde 1704 General-Feldwachtmeister, 1706 Feldmarschall-Lieutenant und kam später wieder nach Ungarn, wo er sich unter FZM. Freiherr von Kriechbaum in hervorragender Weise an der Pacification Siebenbürgens betheiligte. 1716 wurde er General der Cavallerie, später Feldmarschall und starb als Kämmerer der Kaiserin-Witwe Wilhelmine Amalie im Jahre 1735.

[2]) G. d. C. Franz Leopold Freiherr von Falkenstein stammte aus Schlesien, trat bei der kaiserlichen Reiterei in Dienste, war bei Ausbruch des spanischen Successionskrieges Obristlieutenant, wurde 1702 bei S. Vittoria verwundet, rückte noch in diesem Jahre zum Obristen und Inhaber des erledigten Cürassier-Regimentes Commercy vor und focht tapfer bei Luzzara, 1706 bei Turin, wofür er zum General-Feldwachtmeister befördert wurde. 1708 kam er in die Niederlande, zeichnete sich bei der Belagerung von Lille und in der Schlacht von Malplaquet aus und wurde Feldmarschall-Lieutenant. Vor Ausbruch des Türkenkrieges zum General der Cavallerie ernannt, wurde er bei Temesvár verwundet und starb 1717.

[3]) Feldmarschall Claudius Florimund Graf Mercy wurde 1666 in Lothringen geboren. Er war ein Enkel des berühmten kaiserlichen Feldmarschalls Franz de Mercy, machte bereits 1683 in kaiserlichen Diensten die Schlacht bei Wien mit und zeichnete sich in den folgenden Türkenkriegen in hervorragender Weise aus.. 1690 verlor er ein Auge. In der Schlacht von Zenta 1697 focht er als Obristwachtmeister. Während des spanischen Successionskrieges fand er Gelegenheit, seine militärischen Talente immer mehr zu entwickeln. Beim Ueberfall auf Cremona 1702 hatte er das Unglück, gefangen zu werden, wurde aber bald ausgewechselt und noch in demselben Jahre Obrist eines neu errichteten Cürassier-Regimentes. Im Jahre 1705 zum General-Feldwachtmeister und 1706 zum Feldmarschall-Lieutenant befördert, hatte Mercy während des dreizehnjährigen Krieges vielfache Thaten des Ruhmes verrichtet, was ihm nebst anderen Ehren auch die besondere Gunst und Freundschaft des Prinzen Eugen eintrug. Vor Ausbruch des Krieges mit den Türken zum General der Cavallerie ernannt, kämpfte er 1716 mit Auszeichnung bei Peterwardein und Temesvár, vollendete die Eroberung des Banates und trug 1717 viel zum Erfolge von Belgrad bei. Sein grösstes Verdienst erwarb sich der 1717 zum Feldmarschall ernannte Graf Mercy durch die weise Verwaltung des Banates, mit der ihn der Prinz im Jahre 1716 betraut hatte. Nur die Kämpfe in Sicilien 1719—1721 unterbrachen die segensreiche Thätigkeit Mercy's, im Uebrigen wirkte er durch 15 Jahre und schuf aus der verwüsteten Landschaft des Banates einen blühenden, von arbeitsamer Bevölkerung bewohnten Garten. 1734 zum Befehlshaber der Armee in Italien ernannt, fiel er in der Schlacht bei Parma am 29. Juni 1734.

organisatorische und administrative Talente; der Türkenkrieg sollte ihm Gelegenheit bieten, sich in jeder Richtung hervorzuthun.

Endlich wurde auch FML. Freiherr Löffelholz von Kolberg, ein Veteran aus den ungarischen Kämpfen und derzeit Commandant der Festung Peterwardein, zum Feldzeugmeister ernannt. Der Prinz machte es von den Umständen abhängig, ob Löffelholz zur Armee einrücken oder aber Commandant in Peterwardein bleiben solle.

Von den Feldmarschall-Lieutenants waren folgende Neubeförderte zur Armee bestimmt[1]).

Feldmarschall-Lieutenants der Cavallerie:

Graf von der Hauben, Graf Breuner, von Graven, Graf Hochberg, Graf Saint-Croix, Graf Veterani, Graf Hautois, Baron de Viard, Graf Tige, Fürst Lobkowitz, Graf Gondrecourt, Graf Althann, Graf Schönborn, Graf von Vehlen (kam aus den Niederlanden).

Feldmarschall-Lieutenants der Infanterie:

Freiherr von der Lancken, Graf Bonneval[2]), Graf Georg Olivier Wallis, Freiherr von Wellenstein, Graf Heinrich Josef

---

[1]) Nicht zur Armee designirt waren: Baron Zum Jungen in der Lombardie (wurde noch 1716 Feldzeugmeister), Freiherr von Wetzel in Neapel (wurde noch 1716 Feldzeugmeister), Graf Wilczeck, Graf Rabatta, General-Obrister im Karlstädter Generalat, Graf Hannibal Heister, „Amtsvorsteher" im Warasdiner Generalat, Fürst Theodor Lubomirski, ausser Dienst, Graf Károlyi in Ober-Ungarn, Fechenbach in würzburgischem Dienst, Baron von der Horst, Commandant zu Ehrenbreitstein, Graf Johann Ferdinand Herberstein, Malteser; neu befördert: Freiherr von Ritschan, Commandant zu Hradisch, Freiherr von Salzer, Commandant zu Grosswardein, Graf Lengheim, innerösterreichischer Hofkriegsraths-Vicepräsident, Freiherr von Weitersheim, zu Freiburg commandirt, Graf Walmerode, in der Lombardie commandirt, Baron Toldo in Neapel, Freiherr von Plischau zu Alt-Breisach, Heindl Graf von Sonnenberg in Vorder-Oesterreich, Freiherr von Wachtendonk zu Luxemburg, La Marre ausser Dienst in Mailand, Conte Stella, Prinz d' Elboeuf.

[2]) Claudius Alexander Graf von Bonneval, dessen vielbewegte Laufbahn bemerkenswerth ist, entstammte einem altadeligen französischen Geschlecht aus dem Limousin. 1675 geboren, trat er anfänglich in Dienste bei der französischen Kriegs-Marine, wurde später Obrist bei der Infanterie und kämpfte in den Reihen der Franzosen bei Chiari und Luzzara, überwarf sich jedoch mit dem französischen Kriegsminister Chamillard und flüchtete, zum Tode verurtheilt, nach Oesterreich, wo er in kaiserliche Dienste trat. Er wusste sich die Gunst des Prinzen Eugen zu erringen und erhielt im Jahre 1706 das Patent als General-Feldwachtmeister, im Jahre 1713 ein Regiment zu Fuss, und wurde 1714 Feldmarschall-Lieutenant und Hofkriegsrath. Als solcher machte er den Türkenkrieg mit, in welchem er sich besonders in der Schlacht von Peterwardein auszeichnete. Nach dem Frieden hielt er sich in Wien auf, von wo er wegen Ausschreitungen 1723 nach den Niederlanden versetzt wurde.

Daun, Baron Browne de Camus, Friedrich Herzog von Württemberg, Herzog von Aremberg.

Als General-Feldwachtmeister waren zur Armee bestimmt [1]):

Bei der Cavallerie:

Conte de Galbes, Conte de Cordova, Graf Hamilton, und neu befördert:

Chevalier de Saint-Amour, Graf von Eckh, Freiherr von Splényi, Graf Jörger von Tollet, Freiherr von Schilling, Acton von Treuenfeld (wurde krank), Prinz Emanuel von Savoyen, Fürst von Hohenzollern, Freiherr von Rotenhan.

Bei der Infanterie:

Freiherr von Diesbach, Marquis Marsigli (Marcillis);
dann neu befördert:

Freiherr von Laimpruch, Graf O'Dwyer, Freiherr von Langlet, Livingstein, Graf von Hoensbroeck und Gehlen, Franz Paul Graf Wallis, Freiherr von Steinlöffel.

Bezüglich weiterer Ernennungen schrieb der Prinz am 3. Mai 1716 an den Kaiser:

„Nachdem aber mit dieser geringen Anzahl der Obrist-Feldwachtmeister (deren einer und anderer, insonderheit bei der Infanterie anderwärts employirt sind), die vorfallenden Dienste (da man auch einige derselben wird in Siebenbürgen schicken und andere zu unter-

---

Auch hier liess er sich verschiedene schwere Unregelmässigkeiten und Disciplinarverbrechen zu Schulden kommen, wurde 1725 sogar zum Tode verurtheilt, jedoch zu einjähriger Festungsstrafe begnadigt und hierauf des Landes verwiesen. Er begab sich nach Venedig, im Jahre 1728 in die Türkei, wurde Muhammedaner und unter dem Namen Achmed Pascha mit zwei Rossschweifen als General des Artillerie- und des Bombardier-Corps angestellt. Gesinnungslos und von Hass gegen sein zweites Vaterland erfüllt, war er unausgesetzt bestrebt, Hader und Zwietracht zwischen dem Kaiser und der Pforte zu erregen und trug er nicht wenig zum Ausbruch der Feindseligkeiten 1737 bei, wurde jedoch während derselben vom Grossvezier nach Kleinasien verbannt. Er starb 1747 zu Constantinopel.

[1]) Von den nicht zur Armee bestimmten General-Feldwachtmeistern blieben übrig: Petrus und Adam Grafen Keglevich, „wurden nicht gebraucht“, Adam Graf Draskovich, Vicegeneral in Raab, Johann Graf Draskovich, Bani Locum-tenens in Croatien, Graf Wolf von Auersperg, Hofkriegsrath, Graf Gundacker von Herberstein, Commandant zu Szegedin, Graf Heinrich Daun, Hofkriegsrath, Fürst Georg Lubomirski, ausser Land und Diensten, Franz Graf Esterházy, diente nicht mehr, Freiherr von Cosa, Commandant zu Arad, Freiherr von Beckers, Commandant zu Essegg, Graf d'Arnault in der Lombardie, Graf Hatzfeld in churpfälzischen Diensten, Herzog von Holstein-Beck in den Niederlanden, Tunderfeld in den Niederlanden, Albertini, ein Graubündtner, Freiherr v. Weidmannsdorf, innerösterreichischer Hofkriegsrath, Don Antonio de Heredia, ausser Stand zu dienen, Graf Arco, Commandant zu Olmütz, ausserdem eine Anzahl spanischer Generale.

schiedlichen a parte Commandos gebrauchen müssen) nicht bestritten werden können, so wäre ich Hofkriegs-Präsident und General-Lieutenant der gehorsamsten und unvorgreiflichen Opinion, E. k. M. könnten mit diesfälliger weiterer Promotion so lange inne halten, bis ich bei obgedachter Armada selbst angelangt sein, solche ordentlich formirt, folgsam gesehen haben werde, wie viel dergleichen Obrist-Feldwacht meister zu Ross und Fuss noch ferners anzustellen E. k. M. Dienst erfordern möchte."

Somit waren derzeit bei der Armee in Ungarn ausser dem General-Lieutenant noch 2 Feldmarschälle, 7 Generale der Cavallerie, 6 Feldzeugmeister, 22 Feldmarschall-Lieutenants und 21 General-Feldwachtmeister anwesend.

Letztere Zahl wurde erst nach der Schlacht von Peterwardein durch Beförderungen vermehrt.

Die Feld-Artillerie commandirte GFWM. Graf Berzetti, unter ihm die Obriste von Steinberg und Faber und der Obristlieutenant von Molkh.

Das Hauptquartier des Prinzen, der kleine Generalstab, war wie folgt zusammengesetzt [1]):

General-Quartiermeister: Obrist (später GFWM.) Freiherr von Elster.

Quartiermeister - Lieutenant: Obristlieutenant Chrestien de Pouchon.

Feld-Superior: P. Josef Stöcklein.

General-Adjutanten: Graf Wurmbrand, Freiherr von Miglio, Chevalier de Figny, Graf Styrum, Graf von Hohenembs, Graf Truchsess-Waldburg-Zeil, von Wittorf, Graf Lamberg, Graf Pálffy.

Auditor-Lieutenant: Romeisen (sammt seinem Gerichtsschreiber und zwei Amts-Trabanten).

Ingenieure: Obrist Gosseau, Obristlieutenant Zoardi, Obrist wachtmeister Stöttner, Hauptmann Gissenbier, Gerardi und Meixner, Lieutenant Meixner, Boussont, Kray, Kimble, Rochet.

Feldmedici: Doctor Pfister, Hakh, Deimbl, Schmidt, Kramer (wovon die zwei Letzteren bei den Spitälern zu dienen haben).

---

[1]) H. K. R. an die H. K., 28. Mai 1716. Hofkammer-A., Beilage zu H. K. R. Exp. 1716; Mai, 592.

Feldapotheke: Apotheker Gümanich oder ein Provisor sammt seinen Leuten.

Chirurgen: de Beaucamps, du Feu, Beckmann, Fume, Rakh (die zwei Letzteren zum Feldspital bestimmt).

Stabs-Quartiermeister: Johann Georg Schumb, Wilhelm Rabl.

General-Wagenmeister: Josef Bruckinger (in Siebenbürgen), Johann Georg Rabl.

Wagenmeister-Lieutenant: Tambach, Dumbsky.

Feldpostamt nebst den zugehörigen Courieren.

Capitain des Guides: Jacob Fuchs.

Türkischer Dolmetsch: Johann Andreas Schmid.

General-Gewaltiger: Jacob de Laine cum suis. Profoss-Lieutenants Messner und Privilla.

Feld-Kriegs-Kanzlei-Secretär Brockhausen (zur Führung der Expedition).

Registrator: Gruber.

Concipisten: Gössinger, Lachewitz, Thiell, Poli.

Kanzlisten: Haan, Hürz, Schrettel, Schram, Marcus (zugleich ungarischer Translator), ein Accessist und ein Kanzleidiener.

Kriegs-Commissariat[1]): General-Kriegs-Commissär Graf Thürheim.

Ober-Commissäre Fritz und Baumgärtner, Hofkammerrath Harrucker zur Leitung des Proviantwesens, dann die Feld-Kriegs-Commissäre: Ackermann, Schwingheim und Wibmer „für Feldspitäler, die vielen Proviantirungs-Visitationen und Extraverrichtungen“.

Ausserdem waren in Ungarn vorhanden:

District Pressburg: 2 Ober-Commissäre, 4 Feld-Kriegs-Commissäre, 5 Amtsofficiere.

District Ofen: 1 Ober-Commissär, 2 Feld-Kriegs-Commissäre, 1 Amtsofficier.

Slavonien, Syrmien und Essegg: 1 Ober-Commissär, 1 Feld-Kriegs-Commissär, 1 Amtsofficier.

Diesseits der Theiss: 1 Ober-Commissär, 4 Feld-Kriegs-Commissäre.

Jenseits der Theiss: 3 Feld-Kriegs-Commissäre.

Im Hauptquartier des Prinzen befanden sich im ersten Kriegsjahre überdies:

---

[1]) H. K. R. an den Kaiser, 5. Mai 1716. G. K. C. an H. K. R., 23. April 1716. H. K. R. Exp. 1716; Mai, 592.

Der Prinz Emanuel von Portugal[1]), der Erbprinz von Sulzbach, die Obriste Graf Khevenhüller und Graf von Hohendorff. Letztere hatten die Erlaubniss erhalten, sich von ihren Regimentern, Plischau und Visconti, zur Armee nach Ungarn begeben zu dürfen.

Uebersicht der kaiserlichen Streitkräfte.

Nach dem allgemeinen Kriegsplane für den Feldzug gegen die Türken war beschlossen, die verfügbare Operations-Armee unter den Befehlen des Prinzen vereint auftreten zu lassen und von Detachirungen, insoweit sie nicht durch die Kriegslage bedingt werden sollten, ganz abzusehen.

Die Sicherung des Besitzes in Italien sowie der Grenzen am Ober-Rhein und in den Niederlanden gegen Frankreich konnte untergeordneten Kräften übertragen werden, die lamit aber doch immerhin dem Hauptkriegszweck entzogen blieben.

Bei der Armee in Ungarn standen:

Infanterie:

Guido Starhemberg .	3	Bataillone,	Bevern	3	Bataillone,
Alt-Württemberg . .	3	„	Lancken	3	„
Bagni	3	„	Gschwind	3	„
Regal	3	„	Friedr. Württemberg	3	„
Alt-Daun	3	„	Hoensbroeck-Gehlen .	3	„
Harrach.	3	„	Trautson	3	„
Bonneval	3	„	Alt-Lothringen . . .	3	„
Heister	3	„	Jung-Lothringen . .	3	„
Wetzel	3	„	Baden-Durlach . . .	3	„
Alex. Württemberg .	3	„	Wallis	3	„
Nicolaus Pálffy . .	3	„	Löffelholz	3	„
Max Starhemberg .	3	„	Jung-Daun	3	„

---

[1]) Der Kaiser an den Prinzen, 5. August 1716. Kriegs-A., „Türkenkrieg 1716"; Fasc. VIII, 74. Prinz Emanuel von Portugal war der jüngste der Brüder des Königs Johann V. und hatte den dortigen Hof in Folge eines Streites verlassen. Von dem lebhaften Wunsche erfüllt, sich vor dem Feinde die Sporen zu verdienen, war er nach Wien geeilt und fand sich bald bei der Armee des Prinzen ein, welcher den jugendlichen Waffengenossen mit warmer Theilnahme und Aufmerksamkeit empfing und behandelte.

Neipperg	3 Bataillone,	Marulli	2 Bataillone,
Guttenstein	1 [1] „	Alcaudete	2 „
Hasslingen	1 „	Faber	2 „
Ahumada	2 „		

Summa . . . . 31 Regimenter mit 85 Bataillonen.

Sollstand in 485 Compagnien: 65.980 Mann.

Von diesen Regimentern gehörten jedoch nur 11 mit allen Bataillonen zur Operations-Armee, 18 Regimenter hatten je 1 Bataillon, also im Ganzen 18 Bataillone mit 12.600 Mann für Besatzungszwecke in Ungarn abzugeben [2]. Somit verblieben für die Operations-Armee 67 Bataillone mit dem Sollstand von 53.380 Mann verfügbar.

Cavallerie.

a) Cürassiere:

Gronsfeld	7 Escadronen,	Hannover	7 Escadronen,
Falkenstein	7 „	Caraffa [3]	7 „
Martigny	7 „	Montecuccoli	7 „
Hautois	7 „	Hohenzollern	7 „
Lobkowitz	7 „	Mercy	7 „
Prinz Emanuel von Savoyen	7 „	Viard	7 „
Darmstadt	7 „	Uhlefeld (später Gondrecourt)	7 „
Johann Pálffy	7 „	Moras	5 „
St. Croix	7 „	Cordova (Vasquez)	5 „
Graven	7 „		

b) Dragoner:

Prinz Eugen von Savoyen	7 Escadronen,	Bayreuth	7 Escadronen,
Württemberg	7 „	Jörger von Tollet	7 „
Rabutin	7 „	Althann	7 „
Battée	7 „	St. Amour	7 „
Schönborn	7 „	Galbes	5 „

[1] Die beiden Regimenter Guttenstein und Hasslingen waren nur mit je einem Bataillon auf den Kriegsschauplatz bestimmt, da sie die Festungsbesatzungen im eigenen Lande zu bestreiten hatten.

[2] Siehe Festungsbesatzungen in Ungarn Seite 112.

[3] Kam im ersten Kriegsjahre nur mit drei Escadronen zur Armee.

c) Husaren:

Nádasdy . . . . . 5 Escadronen,   Splényi . . . . . 5 Escadronen,
Ebergényi 5   „   Esterházy 5   „
Babocsay 5   „

     Summa . . . . 34 Regimenter mit 222 Escadronen.
Sollstand 32.944 Reiter.

Artillerie.

14 zweipfündige Geschwindstücke,
34 dreipfündige Regimentsstücke,
20 sechspfündige Falkaunen,
10 zwölfpfündige Quartierschlangen,
 4 achtpfündige und
 6 zehnpfündige Haubitzen,
88 Geschütze.

Ein Belagerungspark von etwa 100 Geschützen und Mörsern schweren Calibers stand in den Festungen Ofen, Essegg, Peterwardein, Szegedin und Arad bereit.

Die Armee in Ungarn zählte sonach 53.380 Mann Infanterie, 32.944 Mann Reiterei, 88 Geschütze der Feld-Armee und 12.600 Mann Infanterie an Festungsbesatzungen. Zusammen 98.900 Mann.

In Siebenbürgen:

Commandirender General G. d. C. Graf Steinville. Unter ihm befehligten: FML. Graf Tige in Kronstadt, FML. Baron Browne de Camus in Hermannstadt, GFWM. Freiherr von Steinlöffel.

Infanterie.

Virmond . . . . . 3 Bataillone,   Browne . . . . . . 3 Bataillone
Ottokar Starhemberg 3   „

     Summa . . . . 9 Bataillone.

Cavallerie.

Cürassiere:

Steinville . . . . 7 Escadronen,   Pfalz-Neuburg . . 7 Escadronen.

Dragoner:

Breuner . . . . . 7 Escadronen,   Vehlen . . . . . 7 Escadronen, ·

     Summa . . . . 28 Escadronen.

Sollstand:

> 6.900 Mann Infanterie,
> 4.336 „ Cavallerie.

Zusammen . 11.236 Mann.

Feld-Artillerie, 12 Geschütze.

Aus diesen Truppen sollte ein Corps formirt und eventuell zu den Feld-Operationen der Armee herangezogen werden und zwar

> 2 Bataillone von Virmond
> 1 „ „ Ottokar Starhemberg,
> 1 „ „ Browne,
> 4 Bataillone Infanterie,

dann die Cürassier-Regimenter Steinville und Pfalz-Neuburg, im Ganzen 5400 Mann.

Von der Donau-Flottille, welche der Vice-Admiral A n d e r s o n befehligte, trat im Jahre 1716 nur ein geringer Theil auf dem Kriegsschauplatze bei Peterwardein in Verwendung [1]).

G r e n z - M i l i z :

Insoweit dieselbe für Feldoperationen verwendbar war, konnte sie mit 15.000 Mann veranschlagt werden. In Siebenbürgen und an der Maros stand sie unter dem Commando ihrer Hauptleute, an der Save- und Donau-Grenze, in Warasdin und Karlstadt unter den Befehlen der dortigen General-Commanden.

Die gesammte Streitmacht belief sich also einschliesslich der Grenzer auf rund 120—125.000 Mann, wovon zwei Drittheile die Operations-Armee in Ungarn bilden sollten. Es war das ansehnlichste Heer, welches man bisher gegen die Türken aufzubieten vermocht hatte.

Festungen an der Grenze.

Die Grenzverhältnisse, welche durch den Frieden von Karlowitz 1699 in Süd-Ungarn geschaffen worden waren, brachten auch für das System der Festungen, mit welchen das Land der Zahl nach reich versehen war, neue Bedingungen, welchen zu entsprechen umso nöthiger gewesen wäre, als ja mit einem Nachbar gerechnet werden

---

[1]) Siehe II. Rüstungen und IV. Kriegsplan und Aufmarsch.

musste, dem ein dauernder Friedenszustand bisher unbekannt war und der sich ein Anrecht auf den Besitz von ganz Ungarn anmasste.

Mit dem ruhmvollen Karlowitzer Frieden hatte man sich bestrebt, natürliche Grenzen zu erlangen und diese wurden nun zum Theile durch die Maros, Theiss, Donau und Save gebildet.

An der Donau befanden sich noch von früher her die Festungen Peterwardein und Essegg, an der Save Brod und Gradiska, die Maros und Theiss waren nur durch die aus türkischer Botmässigkeit befreiten festen Puncte Szegedin und Arad gedeckt.

Man begann zwar sie einigermassen herzurichten, allein der spanische Successionskrieg und die Unruhen im Innern Ungarns legten die stark in Anspruch genommenen Kräfte des Hofkriegsrathes, hauptsächlich in finanzieller Richtung, für diesen Zweck lahm.

Erst im Jahre 1713 und 1714, als der langjährige Krieg gegen Frankreich beendet war und gleichzeitig von der Pforte neuerliche Gefahr drohte, wurde auch das ungarische Festungswesen wieder einer erhöhten Aufmerksamkeit gewürdigt und der P r i n z ergriff die Initiative, um die im Allgemeinen nicht ungünstigen Vertheidigungslinien gegen die Türken auch in fortificatorischer Hinsicht ausreichend zu verstärken. Mit Geld wäre es nicht schwer gewesen. Allein der P r i n z bemühte sich vergeblich durchzusetzen, dass für den Festungsbau eine jährliche Quote von 120.000 fl., welche eventuell aus dem ungarischen Salzgefälle gezogen werden konnte, bewilligt würde.

Er erreichte zur Noth, dass 50—60.000 fl. flüssig gemacht wurden, die natürlich nicht hinreichten, um Peterwardein, Essegg, Szegedin, Arad, das im Bau begriffene Weissenburg und spätere Karlsburg, endlich Ofen in Vertheidigungsstand zu setzen.

Der Zufall hatte gewollt, dass im Jahre 1715 B a s s a r a b a - B r a n - c o v a n, Hospodar der Walachei und im Jahre 1716 sein Nachfolger, Stephan C a n t a c u z e n o, von der Pforte abgesetzt, nach Constantinopel geführt und hingerichtet worden und dass Beide in Vorahnung ihres Geschickes einen Theil ihrer Gelder nach Siebenbürgen in Sicherheit gebracht hatten. Man entschloss sich nun, das Recht der sich etwa meldenden Erben vorbehalten, diese Gelder im Betrage von etwa 400.000 fl. zu Befestigungszwecken zu verwenden ¹).

Durch solche Mittel war man in die Lage versetzt, die theilweise schon verfallenen Festungswerke wieder aufzubauen; ausserdem wurden

---

¹) Supplement Nr. 1. Der Kaiser an den Ober-Kriegs-Commissär Kaan in Siebenbürgen, 12. April 1715. Hofkammer-A., 1715, Ungarn. — Der Prinz an den G. d. C. Grafen Steinville, 19. Juli 1716. Kriegs-A., „Türkenkrieg" 1716; Fasc. VII, 106.

Soldaten [1]) und Robot-Bauern bei den fortificatorischen Arbeiten verwendet und die Festungen der Grenze durch den „Juden" Oppenheimer verproviantirt, so dass sich dieselben nun in Folge der unausgesetzten Vorsorgen des Prinzen doch allmälig in der Verfassung befanden, im Falle eines Angriffes zum Widerstand befähigt zu sein [2]).

In erster Linie war dies von Belang bezüglich der Plätze Peterwardein, Essegg, Szegedin, Arad, Karlsburg, Déva, Brod und Gradiska.

Peterwardein [3]) war vermöge seiner Lage und fortificatorischen Bedeutung der wichtigste feste Punct auf dem Kriegsschauplatze.

An der Donau und auf dem Wege von Ofen nach Belgrad liegend, erhielt es durch seine Situirung am rechten Donau-Ufer den Charakter eines vorwiegend offensiven Waffenplatzes, dessen strategische Wichtigkeit schon in den letzten Türkenkriegen in den Vordergrund getreten war. An einer Stelle erbaut, wo sich durch eine sehr grosse Krümmung der Donau eine Halbinsel gebildet, bestand die Festung aus drei Haupttheilen, dem Schlosse (*A*), der Wasserstadt (*B*), und dem Horn- und Kronenwerke (*C, D*).

Die Wasserstadt lag gerade in dem Winkel, welchen der vom grossen Strom sich absondernde Donau-Arm bildet, unmittelbar am Wasser. Ihre Befestigungslinie bestand nur in zwei kleinen regulären Polygonen gegen die Ebene und den Donau-Arm, mit vorliegenden niedrigen Ravelins, theilweise unfertig und mehr durch das Wasser als ihre fortificatorische Stärke geschützt. In der Wasserstadt befanden sich die meisten Unterkünfte, dann das Proviant- und Pulvermagazin.

Das sogenannte „Schloss" lag auf einer Anhöhe, welche die Wasserstadt um etwa 50 Meter, das Hornwerk um etwa 20 Meter dominirte und gegen die Stadt und die Donau felsig, gegen das Hornwerk terrassenförmig abfällt. Auf dem kleinen Raume, welcher sich auf dieser Höhe bot, stand ein unregelmässiges polygonales Werk, mit fünf unförmlichen Bastionen, theilweise casemattirt, mit breitem Hauptgraben und

---

[1]) So waren im Jahre 1715 in Ofen 23, in Peterwardein 22, in Essegg 24, in Szegedin 29 Compagnien bei den Fortifications-Arbeiten beschäftigt. — G. K. C. an den H. K. R., 10. April 1715. Hofkammer-Archiv.

[2]) Obgleich der Prinz noch nach der Schlacht von Peterwardein am 8. August 1716 dem Kaiser schrieb, man müsse die Festungen in einen besseren Defensionsstand setzen, „damit ein Feind nicht sogleich hineinlaufe, oder eine Armee zu deren Erhaltung nothwendig sei". Supplement Nr. 66.

[3]) Siehe Plan der Schlacht von Peterwardein.

südwärts zwei den Polygonen vorliegenden Ravelins. Die Befestigungen des Schlosses waren, da sie aus sehr verschiedenen Zeiten stammten, höchst ungleichförmig und ohne rechtes System; im Innern befanden sich die Nehem'sche und Löffelholz'sche Kaserne nebst zahlreichen Magazinen.

Das Horn- und Kronenwerk, als der dritte Haupttheil der Festung, breitete sich südlich des Schlosses auf der längs der Donau ziehenden Höhe aus. Es bestand aus zwei langen, übel dirigirten Flügeln, an welchen verschiedene Absätze vorkamen. Das Ravelin vor dem Hauptgraben war noch unvollendet, wie dieses Aussenwerk überhaupt den schwächsten Theil der Befestigung bildete.

Auf der Spitze der, der Wasserstadt gegenüberliegenden Donau-Insel, befand sich die Donau-Schanze, ein Erdwerk, doch solid gebaut.

Jenseits der Donau war 1694 ein Brückenkopf, die „Türken-schanze" (*G*) aufgeführt worden, eine kleine Flesche, eng gebaut und 1716 ziemlich verfallen, überdies auch der Inundation ausgesetzt.

Ganz aufgelassen waren die gleichfalls im Jahre 1694 vom Feldmarschall Grafen Caprara aus Erde erbauten Retranchements (*E, F*), zwei dem Horn- und Kronenwerk vorliegende Fortificationen, welche einen geräumigen Versammlungsraum einschlossen.

Zwischen den auf den Höhen sich hinziehenden Festungswerken und der Donau erstreckte sich ein etwa 1000 Schritt breites Niederungsgebiet, das ganz von den Wällen aus beherrscht einen grossen und gesicherten Versammlungsraum darbot.

Bei Peterwardein befand sich für gewöhnlich keine Donau-Brücke.

Festungs-Commandant war seit geraumer Zeit FML. Freiherr von Löffelholz, welcher zugleich das Grenz-General-Commando an der unteren Donau und Save führte.

Die Besatzung bestand aus 2—3 Bataillonen, zahlreiche Geschütze des verschiedensten Kalibers standen auf den Wällen.

Essegg, am nördlichen Drau-Ufer liegend, der Hauptort in Slavonien, war zu jener Zeit, was seine fortificatorische Stärke betrifft, die verhältnissmässig am vollständigsten ausgeführte Festung des Kriegsschauplatzes. Ihre frühere strategische Bedeutung hatte sie jedoch durch die im Karlowitzer Frieden erlangten Besitzerweiterungen theilweise eingebüsst.

Die Offensivfähigkeit von Essegg war gering; so wenig es die Türken versuchen konnten, in diesen morastigen Gegenden einen Drau-Uebergang zu unternehmen, so leicht war es ihnen doch durch die

Situation von Essegg, den Vertheidiger auf das Festungsgebiet einzuschränken, um stromaufwärts den Fluss allenthalben ungehindert passiren zu können.

Auf der Landseite bestand die Festung aus Polygonen, mit drei ganzen und zwei halben Bastionen, an der Wasserseite waren zwei Werke angebracht, die auch Bastionen hiessen.

Auf den ersteren Bastionen hatte man zwei runde Cavaliers unnöthigerweise aufgeführt, da die Werke ohnehin von hohem Aufzug und das vorliegende Terrain ganz eben und übersichtlich war.

Vor die Polygone der unteren Wasserseite war zum Ueberfluss ein Hornwerk gestellt.

Durch die vielen Waffenplätze in den eingehenden Winkeln, die mit doppelt crenelirten Caponnièren und mit Lünetten versehenen gedeckten Wege, sowie die allseits angebrachten Casematten und Gallerien, erhielt die fortificatorische Anlage einen unregelmässigen Charakter und machte den Eindruck der Ueberladung, doch fehlte es an Platz zur Aufstellung der Geschütze und die Kasernen und Unterkünfte waren zu klein, um eine etwas grössere Besatzung aufnehmen zu können.

Jenseits der Drau, gegen die ungarische Seite, war als Brückenkopf ein casemattirtes Kronenwerk angelegt. Der grössere Theil dieser Werke war jedoch im Jahre 1716 noch nicht ausgebaut.

Commandant in Essegg war seit dem Jahre 1710 GFWM. Baron Beckers, der sich den Festungsbau sehr angelegen sein liess und dessen unermüdlicher Thätigkeit Essegg den Ruf als stärkste Festung am Kriegsschauplatze verdankte [1]).

Die gewöhnliche Besatzung betrug 1—2 Bataillone, Geschütze waren sehr zahlreich vorhanden, da Essegg auch ein Zeughaus besass.

Szegedin, im Jahre 1716 noch Grenzfestung, lag an einem strategisch wichtigen Puncte des Zusammenflusses der Theiss und

---

[1]) Mit einigem Selbstbewusstsein schrieb GFWM. Baron Beckers am 30. September 1716 an den Prinzen: „Wenn dieses Werk nicht mit einem solchen Eifer und Wirthschaft wäre von mir fortgebracht worden, wie wäre es immer möglich gewesen, dass ein solcher grosser Bau, als schon vollendet, hätte können vollbracht werden? Und es würde eben also damit geschehen sein, wie an allen andern Orten in Ungarn, wo nach und nach viel Geld verflickt, niemals aber eine echte Festung in einen vollkommenen Stand gekommen ist, wie solches Euer Durchlaucht ohnedem gnädigst bekannt. Gleichwie ich es für mich und den Platz ein grosses Unglück zu sein schätze, dass solchen Euer Durchlaucht in der Vorbeipassirung nicht gesehen haben. Kriegs-A., „Türkenkrieg“ 1716; Fasc. X, 210.

Maros und musste insbesonders bei Offensiv-Bewegungen der Türken von Temesvár gegen Ofen Bedeutung erlangen.

Die Befestigungen entsprachen jedoch nicht den Bedingungen, welchen Szegedin als Manövrir- und Repli-Punct genügen sollte. Das noch von den Türken erbaute Castell, ein Viereck mit halb verfallenen, crenelirten Mauern und Eckthürmen, am rechten Theiss-Ufer liegend, hatte geringen fortificatorischen Werth. Im Inneren standen einige kleine Kasernen und sonstige Objecte, dem Ostthor war im Jahre 1713 ein Ravelin vorgelegt, auch die Gräben vertieft und Geschützstände eingerichtet worden. Doch war bei Ausbruch des Krieges die als Reduit angesehene innere Befestigung noch keineswegs in entsprechendem Defensionsstand [1]).

Um das Castell lagen die zwei Stadttheile und die „Palanka“.

Im Jahre 1713 hatte man beschlossen, die Festungswerke zu erweitern und so wurde im Anschlusse an das erwähnte Reduit ein bastionirter Umriss gleichfalls am rechten Theiss-Ufer angelegt, der als einfache Wall-Linie mit vorliegendem Graben entworfen, ein regelmässiges Siebeneck mit dem Gesammtumfang von etwa 2500 Meter bilden sollte.

Aber im Jahre 1716 stand es mit der äusseren Festung noch sehr übel, man konnte höchstens von einem Retranchement sprechen, dessen Vollendung ebenso durch den Mangel an Geld und Arbeitskräften, als durch das verheerende Hochwasser gehemmt wurde [2]).

Einem gewaltsamen Angriffe würde Szegedin sonach kaum haben Widerstand leisten können. Das an der Stelle des heutigen Neu-Szegedin gelegene, als Brückenkopf dienende Werk war 1716 ganz verfallen und unbrauchbar.

GFWM. Graf Herberstein war Commandant der Festung und befehligte zugleich an der Theiss und unteren Maros-Grenze. Als Besatzung hatte die Festung zwei Bataillone.

Der zweite feste Punct an der Maros, Arad, ein regelmässiges Viereck, in eine Flussbiegung hineingebaut, befand sich lange Zeit in

---

[1]) GFWM. Graf Herberstein an den Prinzen, am 9. Juli 1716. — Prinz Alexander von Württemberg an den Prinzen, 4. Juli 1716; Kriegs.-A., „Türkenkrieg 1716“; Fasc. VII, 12 und 36.

[2]) Um den wenigstens nothdürftigen Ausbau der Festung zu beschleunigen, war das Truppenlager bei Szegedin unter Befehl des FZM. Prinzen von Württemberg angeordnet worden und hatten die hier versammelten Regimenter die Arbeitsmannschaft abzugeben. Supplement Nr. 11. — Von den Cantacuzeno'schen Geldern wurden 6000 Ducaten für den Szegediner Festungsbau gewidmet.

demselben primitiven und vernachlässigten Zustande, in welchem der Platz von den Türken übernommen worden war.

Den Thoren an der Nordost- und Südwest-Front waren Ravelins vorgelegt. Im Innern der Befestigung standen nur einige, noch von den Türken herstammende Kasernen und ein Pulverthurm. Ueber die Maros führte eine hölzerne Jochbrücke, zu deren Sicherung am linken Ufer eine Art Brückenschanze errichtet wurde.

Der schlechte Zustand der Festung war umso bedenklicher, als Arad einem Angriffe von Temesvár her in erster Linie ausgesetzt war. GFWM. Freiherr von Cosa, der Festungs-Commandant, schrieb zu Anfang des Jahres 1715, der Platz sei ringsherum völlig offen, die von Erde gebauten Schanzen zusammengefallen, die Pallisaden unbrauchbar. Man konnte aber den dringenden Vorschlägen zur Erweiterung und Ausbesserung der Arader Fortificationen lange Zeit kein Gehör schenken und erst im Frühjahre 1716 wurden einige tausend Gulden aus dem Brancovan'schen Fonde bewilligt, womit der Graben nothdürftig erweitert, der gedeckte Weg hergerichtet und palli·sadirt und um die Magazine ein Retranchement angelegt werden sollte.

Doch war die Festung zu Beginn des Krieges weit mehr durch ihre Lage als ihre Befestigung geschützt. An Besatzung befand sich hier ein Bataillon mit Detachements in Jenö und Gyula.

Zwischen Szegedin und Arad, bei Pécska, Szemlak, Sajtény, Nagy-Lak, Csanád, dann gegen Siebenbürgen bei Glogovácz, Monderlak, Szabadhely und Paulis befanden sich kleine Verschanzungen, welche die raizische Landmiliz besetzt hielt [1]).

In Siebenbürgen war Karlsburg, an der Maros, da wo dieser Fluss schiffbar wird, an der Stelle des römischen Apulum und späteren Weissenburg (Gyula-Fehérvár) gelegen, unter dem Grafen Steinville zu einer Festung ausgebaut worden. Der Grundstein wurde 1715 gelegt.

Einige hundert Meter vom Flusse entfernt, befand sich Karlsburg in einem nicht ganz günstigen Terrain, da es von einigen Bergrücken überhöht wurde und das Maros-Thal eigentlich nicht vollkommen sperrte [2]).

Die Bastionen waren geräumig, die Facen ungemein lang, die Flanken kurz, zurückgezogen und mit Orillons versehen. Der Wall war

---

[1]) GFWM. Freiherr von Cosa an den Hofkriegsrath, 24. Juli 1716. Kriegs-A., „Türkenkrieg 1716"; Fasc. VIII, 25.

[2]) Die Absicht, die Maros an der Festung vorbei zu leiten und eine Brückenschanze daselbst anzulegen, musste aufgegeben werden.

ziemlich niedrig, das Hauptwerk mit gutem Mauerwerk verkleidet, Casematten nur wenige vorhanden.

Zwei Hauptthore, das eine zur Maros, das andere in das Gebirge führten aus der Festung.

An Aussenwerken bestanden vier Contregarden oder Couvre-facen vor den Bastionen und sechs Ravelins vor den Courtinen.

Im Frühjahre 1716 waren die meisten Werke vollendet, aber der beschränkte Innenraum und die grosse Entfernung vom Maros-Flusse verliehen der Festung nicht die Eigenschaft eines Manövrirpunctes, die ihr zugedacht war.

Zum Festungs-Commandanten wurde 1716 der GFWM. Freiherr von Steinlöffel ernannt. Den Festungsbau leitete anfangs Obrist Visconti, später der Obrist Gosseau.

Déva war ein uraltes, auf felsiger Höhe unweit der Maros gelegenes, unregelmässig und eng gebautes Schloss mit doppelter, aber gar nicht bestrichener Mauer.

Im Jahre 1715 wurde am Fusse des Berges und zwischen dem Maros-Flusse eine grosse Schanze oder vielmehr kleine Festung, an den Berg gelehnt und durch zwei Linien mit dem Schlosse verbunden, erbaut, aber schon 1717 wieder aufgelassen.

Andere befestigte Puncte im Lande waren Klausenburg und Csik-Szereda, dann Kronstadt, Fogaras, endlich Szamos-Ujvár, Banffi-Hunyad und Kövár (heute Kölcse).

Sie erhielten kleine Besatzungen und eine entsprechende Geschütz-armirung.

Von den in der westlichen Militär-Grenze gelegenen festen Plätzen war Brod an der Save, gegenüber von Türkisch-Brod gelegen, der bedeutendste.

Die Festung bildete ein reguläres, ziemlich geräumiges Viereck, jede äussere Polygonseite etwa 370 Meter lang.

Die Bastionen waren massiv und mit niedrigen Flanken versehen.

Hier, sowie in den Courtinen befanden sich casemattirte Räume. Drei Courtinen gegen die Landseite waren Ravelins vorgelegt, die vierte gegen die Save zu durch ein Hornwerk gedeckt.

Die hohe Lage von Brod gab diesem Puncte trotz seiner un-vollendeten Werke eine ziemliche Stärke.

Dagegen lag G r a d i s k a, 60 Kilometer aufwärts von Brod, ganz in der Tiefe, dominirt von Türkisch-Gradiska, das sich glücklicherweise in einem sehr elenden Zustande befand.

Die Festung hatte gegen das Land zu drei Polygone mit zwei ganzen und zwei halben Bastionen, die aber kaum im Bau begriffen waren.

Die lange Wasserseite bestand nur aus einer hohen Brustwehr, hinter derselben die sogenannte Sternschanze, die älter als die Festung selbst und mit einem unvollkommenen Erdwall versehen war, der mehr das Wasser als den Feind abzuhalten hatte [1]).

Kleinere befestigte Puncte an der Save waren endlich noch R a č a, eine Schanze, damals fast ganz verfallen; B a b i n a g r e d a, auch nur Schanze und schlecht angelegt; K o b a s und S v i n j a r hatten nur eine nothdürftige Pallisadirung; das an der croatischen Grenze gelegene K r a l j e v a v e l i k a, ein gemauertes Castell, war ohne fortificatorischen Werth.

F e s t u n g s b e s a t z u n g e n i n U n g a r n.

Die in Ungarn liegenden oder dahin gezogenen 31 Infanterie-Regimenter gaben für die Festungsbesatzungen 18 Bataillone ab, welche sich im Frühjahre 1716 zum Theil bereits in den festen Plätzen befanden, oder aus ihren Winterquartieren dahin abrückten.

Nach der vom Hofkriegsrath entworfenen Eintheilung [2]) wurden besetzt:

die Festungen am rechten Donau-Ufer:

Raab durch . . . . 5 Frei-Compagnien,
Gran   „   . . . . 2 Invaliden-Compagnien,

Stuhlweissenburg . .
Veszprim . . . . . .
Sümegh . . . . . . } Faber-Infanterie . . . . . 5 Compagnien,
Simontornya . . . .

---

[1]) FML. Freiherr von Löffelholz, der 1715 die Save-Grenze bereiste, hielt es für das beste, an der verfallenen Festung keine Verstärkungen vorzunehmen, da sie doch nicht zu halten sei. Kriegs-A. „Türkenkrieg 1716"; Fasc. II, 1.

[2]) H. K. R. an das General-Kriegs-Commissariat. H. K. R. Reg. 1716; Februar, 248.

Ofen	{ Friedrich Württemberg-Infanterie . .	5	Compagnien
	{ Ahumada- 〃 . . .	5	〃
Szigeth, Jung-Lothringen-Infanterie		2	〃
Essegg . . .	{ Jung-Lothringen-Infanterie	1	〃
	{ Jung-Daun- 〃	5	〃
	{ Alcaudete- 〃	5	〃
Peterwardein .	{ Löffelholz- 〃	5	〃
	{ Jung-Wallis- 〃	5	〃
Brod	} Commandirte von Peterwardein und Essegg.		
Gradiska . .			

Festungen am linken Donau-Ufer:

Komorn		3	Frei-Compagnien
Neuhäusel . .	} Hoensbroeck-Gehlen-Infanterie . . . {	2	Compagnien
Leopoldstadt .		2	〃
Trencsin . . .		1	〃

Neutra durch einen Lieutenant und Commandirte von den Gehlen-
schen Compagnien besetzt.

Leutschau und	} Alt-Lothringen-Infanterie	3	Compagnien
Zipserhaus . .			
Erlau			

Murány mit 30—40 Mann von Alt-Lothringen unter einem Lieutenant
aus Leutschau besetzt.

Árva desgleichen.

Eperies, Neipperg-Infanterie		2	Compagnien
Kaschau . . .	{ Gschwind-Infanterie	5	〃
	{ Marulli- 〃	5	〃
Tokay und	} waren von Kaschau aus im Falle der Noth zu besetzen.		
Ecséd			
Szolnok, Jung-Lothringen-Infanterie		2	Compagnien
Munkács . . .	} Neipperg-Infanterie	3	〃
Unghvár . .			
Grosswardein .	} Bevern-Infanterie . . . . {	4	〃
Huszt		1	〃
Kövár war aus Siebenbürgen zu besetzen.			
Szegedin . . .	{ Max Starhemberg-Infanterie	5	Compagnien
	{ Baden-Durlach- 〃	5	〃
Arad			
Jenö	} Lancken-Infanterie	5	〃
Gyula	} Trautson- 〃	5	〃

Es standen somit 18 Bataillone, 8 Frei- und 2 Invaliden-Compagnien in den festen Plätzen und zwar:

34 Compagnien im Inneren des Landes,
41 „ gegen die türkische Grenze,
24 „ „ „ polnische „

Dass mehr wie ein Fünftheil der in Ungarn befindlichen Streitkräfte zu Fuss zu Festungsbesatzungen bestimmt wurde, ist dem Anscheine nach etwas viel, theils lag es aber im Geiste der damaligen Kriegführung, möglichst viel sichere Stützpuncte besetzt zu halten — und Ungarn war seit den zweihundert Jahren, während deren es Türken und Aufständische gleichermassen verwüsteten und bedrohten, besäet mit kleinen befestigten Puncten, — anderentheils forderten die unter der Asche des Szathmárer Friedens fortglimmenden Conspirationen der Unzufriedenen im Lande, besonders der Anhänger des Fürsten Rákóczi, eine verlässliche Sicherung im Rücken der operirenden Armee.

Kriegsplan und Aufmarsch der kaiserlichen Armee [1] 1716.

Die strategischen Verhältnisse auf dem ungarisch-türkischen Kriegsschauplatze hatten sich durch den im Frieden von Karlowitz erlangten Länderzuwachs bedeutend günstiger gestaltet; noch immer aber ragte das vom Halbmond beherrschte Gebiet von Temesvár wie ein ausgedehnter Brückenkopf in das Innere des Königreiches Ungarn herein und obzwar die Grenzen durch die Wasserlinien der Donau, Theiss und Maros mit den Festungen Peterwardein, Szegedin und Arad im allgemeinen gesichert erschienen, so musste doch, besonders bei einer Offensive gegen Belgrad, die Flankenstellung von Temesvár stets in nachtheiliger Weise zur Geltung kommen, wie sich dies auch in den letzten Kriegen gegen die Osmanen gezeigt hatte.

Dass der bevorstehende Krieg mit den Türken offensiv geführt werden solle, dafür waren ebenso sehr politische wie rein militärische Gründe und nicht zuletzt die energisch offensive Natur des Feldherrn ausschlaggebend, die sich in dem kühnen, thatfreudigen Geiste widerspiegelte, welcher die kaiserliche Armee beseelte.

Ging nun wohl die allgemeine Kriegsabsicht dahin, das Banat, den letzten Rest der Türkenherrschaft in Ungarn, wieder zu erlangen, die kaiserliche Macht über die Donau, nach Serbien und Bosnien zu erweitern, sowie durch Besitznahme der Walachei auch allgemach Herr der unteren Donau zu werden, so war dem Prinzen doch vollkommen klar, dass man so weitgehende Pläne nicht mit einem Feldzuge durchzuführen, dass man die zähe kriegerische und bisher so furchtbare Osmanenmacht nicht mit einem Schlage aus ihrer dominirenden Donaustellung zu verdrängen vermöge. Er war darauf gefasst, den Krieg mehrere Jahre lang mit allem Nachdruck führen zu müssen,

---

[1] Ein eigentlicher Kriegsplan für das Jahr 1716 findet sich in den Acten nicht vor, scheint auch nicht bestanden zu haben. — Von Interesse werden hier die Gutachten des Prinzen aus dem Jahre 1697 (II. Band, Supplement Nr. 1).

wenn der Friede in der gewünschten Gestalt erreicht werden sollte und er sprach diese Anschauung auch dem K a i s e r gegenüber wiederholt aus.

Der Kriegsschauplatz an der unteren Donau war dem Feldherrn, wie auch der Armee, wohl bekannt.

Auf diesem blutgetränkten Boden hatte das kaiserliche Heer bereits jene glänzenden Siege erfochten, welche der türkischen Weltherrschaft den ersten Stoss versetzten und den Aufgang eines schöneren Zeitalters für das schwer geprüfte Ungarn verkündigten.

Von Norden und Westen fliessen hier grosse, ansehnliche Gewässer zusammen, welche den Zug der Operationen bestimmen, einschränken, hie und da in Folge der zu jener Zeit noch so ausgebreiteten Sumpfgebiete sogar ganz hemmen [1]).

Unter den damals bestehenden Verhältnissen musste der P r i n z in erster Linie die Wahl treffen zwischen den beiden wichtigsten Operations-Zielen Belgrad und Temesvár.

Die directe Operation auf Belgrad schien von grösserer Bedeutung als eine Vorrückung gegen die Hauptstadt des Banates.

Die Eroberung von Belgrad war schon das Ziel der letzten Türkenkriege gewesen. Wie es sich in den Kreuzzügen immer wieder um die Befreiung Jerusalems aus den Händen der Ungläubigen handelte, so war es bei den Feldherren der kaiserlichen Heere zu einem alles beherrschenden, strategischen Grundgesetze geworden, vor allem Belgrad zu gewinnen. Das Interesse der ganzen Christenheit schien daran betheiligt, den Halbmond von der Bergfeste an der Donau zu stürzen und an seiner Stelle das kaiserliche Banner aufzupflanzen.

Die Offensive auf Belgrad versprach aber auch eine raschere Entscheidung, denn es war anzunehmen, dass die Türken die grössten Anstrengungen machen und ihre Hauptkraft in die Wagschale werfen würden, wenn es den Schutz dieses Platzes, der über ihre Stellung an der mittleren Donau entschied, galt.

Bei dem voraussichtlich späten Beginn des Feldzuges und dem Umstande, dass mit Eintritt der kalten Jahreszeit die Feindseligkeiten jedesmal unterbrochen und die Armeen in Winterquartiere verlegt werden mussten, blieben ja ohnehin nur wenige Monate für die Operationen übrig.

Umso berechtigter war daher der Entschluss des P r i n z e n, die Operations-Linie über Peterwardein-Belgrad festzuhalten, ohne sich

[1]) Siehe Mittheilungen über den Kriegsschauplatz in Ungarn I. Bd., S. 156

in weitgehende Manöver einzulassen und vor allem zu trachten, durch einen Schlag gegen die Hauptmacht des Feindes sich zum Herrn der strategischen Situation zu machen. Er wollte die Hauptarmee des Feindes aufsuchen, um sie zu schlagen und den Krieg zu entscheiden und durfte mit Sicherheit erwarten, dass sie durch seinen Marsch auf Belgrad herbeigezogen und vor dieser Festung zur Schlacht gezwungen werden würde.

Gleichwie im Jahre 1697 und 1698[1]) war der Prinz demnach auch diesmal der Eröffnung des Feldzuges durch eine Operation auf Temesvár abgeneigt. Die Erfahrungen früherer Kriege, besonders die verunglückten Versuche des Churfürsten Friedrich August III. von Sachsen im Jahre 1695 und 1696 hatten thatsächlich gezeigt, dass das Schwergewicht der Entscheidung eher, wenn nicht ausschliesslich, bei Belgrad zu suchen sei. So wünschenswerth es auch gewesen wäre, sich der unangenehmen Flankenstellung von Temesvár zu entledigen, — bei dem langsamen Verlaufe der Rüstungen konnte nicht auf entsprechenden Vorsprung in der Zeit gerechnet werden, um die Festung erobern zu können, ehe die türkische Hauptarmee herankam. Der Prinz musste es für gerathen ansehen, die Unternehmung gegen Temesvár auf einen günstigeren Zeitpunct zu verschieben.

Ueber die türkischen Rüstungen waren bisher nur unklare Gerüchte nach Wien gelangt. Es war aber nicht zweifelhaft, dass der Sultan mit keinem geringeren Heere als in den vorigen Kriegen an den Grenzen Ungarns erscheinen würde.

Der Prinz beschloss daher den Aufmarsch der Armee so einzurichten, dass die gesammte Kraft vereint bei dem zu erwartenden Hauptschlage mitzuwirken vermochte.

Bei der Wahrscheinlichkeit, dass der Grossherr seine Armee bei Belgrad versammeln würde, an dessen Schutz ihm am meisten gelegen sein musste, war für die kaiserliche Armee die erste Aufstellung bei Peterwardein für alle Fälle am vortheilhaftesten.

Peterwardein sicherte den Uebergang auf das rechte Donau-Ufer und seine Lage verlieh diesem Puncte für eine Offensive gegen Belgrad hervorragende Bedeutung.

Wenige Märsche von dem alten „Griechisch-Weissenburg" entfernt, hatte man nur noch die Save zu übersetzen, um diesen wichtigen Schlüsselpunct Serbiens zu erreichen.

Auch im Falle eines ungünstigen Verlaufes der Operationen ermöglichte Peterwardein jederzeit den Uebergang in die Defensive

[1]) „Feldzüge des Prinzen Eugen von Savoyen." II. Band. Die Feldzüge gegen die Türken 1697—99.

obwohl sich in diesem Falle das Fehlen der vom **Prinzen** wiederholt beantragten, aber unausgeführt gebliebenen Befestigung Titels in
nachtheiliger Weise hätte geltend machen können.

Die ganze Operationsfront von Croatien bis zu den Grenzen von
Siebenbürgen erreicht die beträchtliche Ausdehnung von über 1000 Kilo-
metern und beiden Gebieten kamen sonach überwiegend selbstständige
Rollen zu.

Diese Länder boten zugleich der Vertheidigung günstige Bedingungen und man konnte mit Sicherheit annehmen, dass die dort
befindlichen, an Zahl geringen Truppen, der an sie gestellten Aufgabe, sich auf die Vertheidigung zu beschränken, bis bei der Hauptarmee die Entscheidung gefallen sei, nachzukommen im Stande sein
würden.

Von Croatien aus sollte allmälig auch mit den Venetianern in
Dalmatien Verbindung gewonnen werden, doch erwartete der **Prinz**
bei dem Mangel an Entschiedenheit der venetianischen Kriegführung
hievon keine wesentlichen Vortheile.

Anders verhielt es sich mit Siebenbürgen. Nicht nur, dass die
daselbst stehenden Kräfte gegen Temesvár demonstriren, eventuell an
einer Operation im Banate mitwirken konnten, so war auch die Möglichkeit vorhanden, von hier aus in die Walachei vorzubrechen und den
Türken damit empfindlichen Schaden zuzufügen.

Es bestand sogar die Idee, mit der Hauptkraft über Siebenbürgen
in die Walachei und weiter an die Donau vorzudringen, oder durch
Bosnien operirend, mit den Venetianern in Verbindung zu treten, aber
der **Prinz** hatte beide Vorschläge, als der thatsächlichen Lage zu wenig
entsprechend und mit Rücksicht auf die Beschaffenheit dieser Opera-
tionsgebiete als für eine so grosse Armee fast unausführbar, verworfen.

Wohl aber hätten hier secundäre Kräfte auftreten können, wenn
der **Prinz** nicht mit vollem Rechte allen grösseren Detachirungen auf
Kosten der Hauptarmee abhold gewesen wäre.

Der unfertige Zustand des kaiserlichen Heeres, von dem einzelne
Regimenter im Frühjahre 1716 vom Kriegsschauplatze weit entfernt, die
neu errichteten noch lange nicht formirt waren, sowie die Nothwendigkeit,
die ausgedehnte Grenze bis zur Eröffnung der Feindseligkeiten ausreichend zu sichern, um den Türken die eigenen operativen Absichten
verbergen, die Truppen dabei aber leicht verpflegen zu können, veranlassten den **Prinzen** die Armee vorerst in ausgedehnten „Interimslagern" an der mittleren Donau und Theiss zu versammeln.

Versammlung der Armee [1].

Für den geplanten Aufmarsch in den „Interimslagern" wurde folgende Eintheilung entworfen, die auch grösstentheils zur Durchführung gelangte [2].

Zu Duna-Vecse, unterhalb Pest, auf dem linken Ufer der Donau, versammelten sich unter Commando des FZM. Grafen Regal und des FML. Freiherrn von der Lancken [3]:

Guttenstein-	Infanterie	. . . .	1 Bataillon
Hasslingen-	„	. . . .	1 „
Guido Starhemberg-	„	. . . .	3 „
Max Starhemberg-	„	. . . .	2 „
Bevern-	„	. . . .	1 „
Lancken-	„	. . . .	2 „
		Summa . .	11 Bataillone
Gronsfeld-Cürassiere	. . . .		7 Escadronen
Savoyen-Dragoner	. . . .		7 „
Württemberg-Dragoner	. . . .		7 „
		Summa . .	21 Escadronen.

Zu Baja unter Commando des G. d. C. Grafen Martigny, dann der FML. Grafen Hautois und Fürsten Lobkowitz [4]:

Gschwind-	Infanterie	. . . .	2 Bataillone
Alt-Württemberg-	„	. . . .	3 „
Friedr. Württemberg-	„	. . . .	2 „
Gehlen-	„	. . . .	2 „
Trautson-	„	. . . .	2 „
		Summa . .	11 Bataillone

[1] Operationskarte zum Feldzuge 1716, Tafel II.

[2] „Unvorgreifliches Project, welchergestalten die kaiserliche Armee in verschiedenen Campamenten im Königreich Ungarn eingetheilt werden könnte." H. K. R. Reg. 1716; März, 79. — H. K. R. an den GFWM. Grafen Hochberg, 4. April 1716. H. K. R. Reg. 1716; April, 74. Die Beilage zu diesem Schreiben enthält die „Campamenten-Commandanten".

[3] Diensttabelle der Infanterie vom 15. Juli 1716 (an welchem Tage die Regimenter schon nach Futak gezogen sind.) Kriegs-A., „Türkenkrieg 1716"; Fasc. VII, 81.

[4] Diensttabelle der Cavallerie vom 21. Juli 1716. Kriegs-A., „Türkenkrieg 1716"; Fasc. VII, 9.

Falkenstein-   Cürassiere . . . . . 7 Escadronen
Martigny-   „ . . . . . 7 „
Hautois-   „ . . . . . 7 „
Lobkowitz-   „ . . . . . 7 „
Prinz Emanuel Savoyen- „ . . . . . 7 „
Battée - Dragoner . . . . 7 „
Schönborn- „ . . . . 7 „

                         Summa . . 49 Escadronen.

Zu Bács [1]) unter dem Commando des FML. (später G. d. C.) Grafen Montecuccoli, der GFWM. (später FML.) Grafen St. Croix, Ahumada und de Galbes:

Bagni-   Infanterie . . . . 3 Bataillone
Regal-   „ . . . . 3 „
Alt-Lothringen- „ . . . . 2 „
Jung-Lothringen- „ . . . . 2 „
Baden-Durlach- „ . . . . 2 „
Wallis-   „ . . . . 2 „
Ahumada-   „ . . . . 1 „
Marulli-   „ . . . . 1 „

                         Summa . . 16 Bataillone
Darmstadt-Cürassiere . . . . 7 Escadronen
Pálffy-   „ . . . . 7 „
St. Croix-   „ . . . . 7 „
Jörger-Dragoner . . . . 7 „
Galbes-   „ . . . . 5 „
Rabutin- „ . . . . 7 „
Bayreuth- „ . . . . 7 „

                         Summa . . 47 Escadronen.

Zu Futak [2]) unter dem FML. (später FZM.) Freiherrn von Löffelholz, den GFWM. (später FML.) von Graven und Bonneval:

Alt-Daun-Infanterie . . . . 3 Bataillone
Löffelholz- „ . . . . 2 „
Harrach-   „ . . . . 3 „
Bonneval- „ . . . . 3 „

                         Summa . . 11 Bataillone
Graven-Cürassiere . . . . 7 Escadronen

                         Summa . . 7 Escadronen.

---

[1]) Diensttabelle der Infanterie und Cavallerie vom Juli 1716. Die Cavallerie stand schon bei Keresztur. Kriegs-A., „Türkenkrieg 1716"; Fasc. VII, 2, 6.

[2]) Diensttabelle vom 15. Juli 1716. Kriegs-A., „Türkenkrieg 1716"; Fasc. VII, 81.

Zu Essegg und Vukovár [1]) unter dem G. d. C. Grafen N á d a s d y und dem GFWM. (später FML.) Grafen D a u n :

Heister - Infanterie	3	Bataillone
Wetzel- „	3	„
Jung-Daun- „	2	„
Alcaudete- „	1	„
Faber- „	1	„
Summa . .	10	Bataillone
Hannover-Cürassiere	7	Escadronen
Caraffa- „	3	„
Summa . .	10	Escadronen.

Zu Grosswardein unter dem GFWM. (später FML.) Freiherrn von S a l z e r :

Montecuccoli-Cürassiere	7	Escadronen
Hohenzollern „	7	„
Summa . .	14	Escadronen.

Zu Csongrád unter dem GFWM. (später FML.) Baron de V i a r d :

Mercy-Cürassiere	7	Escadronen
Viard- „	7	„
Nádasdy-Husaren	5	„
Ebergényi- „	5	„
Babocsay- „	5	„
Summa . .	29	Escadronen.

Zu Ónod unter dem GFWM. (später FML.) Freiherrn von H o c h b e r g :

Uhlefeld- (später Gondrecourt) Cürassiere	7	Escadronen
Cordova- (Vasquez) Cürassiere	5	„
Moras-Cürassiere	5	„
Summa . .	17	Escadronen.

Zu Szegedin [2]) unter dem Commando des FZM. Prinzen Alexander von W ü r t t e m b e r g und des GFWM. (später FML.) Grafen V e t e r a n i :

Neipperg- Infanterie	2	Bataillone
Alexander Württemberg- „	3	„
Niclas Pálffy- „	3	„
Summa . .	8	Bataillone.

[1]) „Rapport" über den Stand vom 17. Juli 1716. Kriegs-A., „Türkenkrieg 1716"; Fasc. VII, 85.

[2]) Diensttabelle vom 6. Juli 1716. Kriegs-A., „Türkenkrieg 1716 "; Fasc. VII, 18.

Althann-Dragoner	7	Escadronen
St. Amour- „	7	„
Splényi-Husaren	5	„
Esterházy- „	5	„
Summa . .	44	Escadronen.

Recapitulation [1]:

	Bataillone	Escadr.
bei Duna-Vecse	11	21
„ Baja	11	49
„ Bács	16	47
„ Futak	11	7
„ Essegg	10	10
„ Grosswardein	—	14
„ Csongrád	—	29
„ Ónod	—	17
„ Szegedin	8	24
Gesammtsumme . .	67	218

Hiezu kamen noch 18 Bataillone, sowie die Frei-Compagnien als
Besatzungen in den Festungen in Ungarn [2]. Die Feld-Artillerie
sammelte sich in Ofen.

Im Februar 1716 wurden vom General-Kriegs-Commissariat die
Ordres an die Regimenter zur Marschbereitschaft für Anfang April
ausgefertigt [3]. Am 1. April ergingen die Marschbefehle an die in den
böhmischen und österreichischen Erblanden, am 4. April an die in
Ungarn stehenden Regimenter.

In Böhmen und Schlesien hatten die commandirenden Generale
Freiherr von Guttenstein und Hasslingen, in Ungarn die
Quartier-Districts-Commandanten und Generale Graf Hochberg,
Freiherr von Salzer, de Graven, Graf Regal und Freiherr von
Löffelholz den Abmarsch anzuordnen und zu überwachen.

----

[1]) Die Regimenter Wetzel und Caraffa hatten nach einem späteren Befehle
des Prinzen an den G. d. C. Grafen Nádasdy vom 13. Juni 1716 (Supplement Nr. 8)
nicht nach Essegg, sondern direct zur Hauptarmee nach Bács einzurücken.
4 Escadronen vom Cürassier-Regiment Caraffa, welche in dem vorliegenden Entwurfe
nicht erscheinen, gingen zur Unterdrückung eines Bauern-Aufstandes nach Böhmen.

[2]) Der Oberbefehl und die Ordre de bataille der Armee in Ungarn. S. 102.

[3]) H. K. R. an das General-Kriegs-Commissariat, 15. Februar 1716. H. K. R.
Reg. 1716; Februar, 218.

Marsch-Uebersicht

für die im Frühjahre 1716 zur Feld-Armee in Ungarn bestimmten Regimenter[1].

Regiment	Winterquartiere 1715/16	Muster- oder Sammelplatz und Aufbruch	Marschroute	Bestimmungsort	Anmerkung
Joh. Pálffy-Cürassiere	Trencsiner, Liptauer, Thuróczer und Árvaer Comitat	bei Trencsin	Durch das Neutraer, Barser, Neográder, Pester und Stuhlweissenburger Comitat	Bács	—
Mercy-Cürassiere	Unghvárer und Beregher Comitat	Szerencs 22. April	Borsoder, Heveser und Exterior-Szolnoker Comitat, längs der Theiss	Csongrád	—
Falkenstein-Cürassiere	Raaber Comitat	Raab 24. April	Veszprimer und Stuhlweissenburger Comitat nach Földvár, durch das Tolnaer und Baranyer Comitat, Vörös-Márton	Baja	—
Viard-Cürassiere	5 Comp. Zips 5 „ Sároser Comitat 2 „ Borsoder „	Borsod 27. April	Heveser, Szolnoker Comitat	Csongrád	—
Graven-Cürassiere	8 Comp. Heveser Comitat 4 „ Barser „	Gyöngyös 28. April	Durch die Kumanos majores in das Bácser Comitat etc.	Futak	—
Battée-Dragoner	Eisenburger Comitat	Eisenburg 26. April	Veszprimer, Stuhlweissenburger, Tolnaer und Baranyer Comitat über Vörös-Márton	Baja	—
Althann-Dragoner	10 Comp. Pest-Pilis- und Solter Comitat 2 Comp. Jazygier und Kumanier District	Kecskemét 7. Mai	—	Szegedin	—

[1]) Nach den Befehlen des Hofkriegsrathes zusammengestellt. H. K. R. Reg. 1716; 26. April, 82, 85, 93, 94, 95, 127, 129, 130, 211.

Regiment	Winterquartiere 1715/16	Muster- oder Sammelplatz und Aufbruch	Marschroute	Bestimmungsort	Anmerkung
Heister-Infanterie	5 Comp. Oedenburger Comitat 5 „ Veszprimer „ 2 „ Simontornya und Sümegh	Oedenburg 20. April	Eisenburger, Veszprimer, Szalader, Sümegher, Tolnaer und Baranyer Comitat	Essegg	Die 2 Comp., welche zu Hoensbroeck-Gehlen abzugeben sind, marschiren von Simontornya und Szigeth über Mohács nach Baja, 5 Comp. bleiben in Syrmien.
Niclas Pálffy-Infanterie	6 Comp. Marmaros 1 „ Kővárer District 1 „ Szathmárer Comitat 1 „ Szabolcser „ 8 „ { Grosswardein Huszt Ecséd Kővár	Debreczin (aus der Marmaros am 21. April)	Csongrád	Szegedin	Die zu Grosswardein, Huszt, Ecséd und Kővár stehenden 8 Comp. werden durch 5 Comp. Lothringen, respective durch siebenbürgische Truppen abgelöst. Die Ablösung in Kővár abzuwarten, daher diese Compagnien eventuell erst später abrücken können.
Gschwind-Infanterie	Sároser, Abaujer und Zipser Comitat, 2 Comp. Kaschau und Eperies (5 bleiben dort)	Abaujer Comitat (am 16. April von Sáros)	Borsoder und Heveser Comitat, Kumanier und Jazygier District, Kecskemét	Baja	2 Comp. für Hoensbroeck-Gehlen daselbst abgeben.
Neipperg-Infanterie	1 Bataillon vom Ober-Rhein 11 Comp. Ober-Ungarn, wovon 5 zurückbleiben, nämlich 3 in Munkács und Unghvár, 2 lösen die Gschwind'schen in Eperies ab	Zempliner Comitat bei Tokaj 16. April	auf der Donau Theiss-abwärts bis	Szegedin	1 Comp. für das Wallis'sche Regiment nach Bács absenden.
Alexander Württemberg-Infanterie	4 Comp. Sohler Comitat 3 „ Honter „ 2 „ Csongráder „ 5 „ Bácser u. Csongráder Comitat	Szegedin	Das Regiment sammelt sich successive vom Sohler Comitat, dann weiter durch das Honter, Neográder, Heveser, Exterior-Szolnoker und Csongráder Comitat		5 Comp. in Szegedin als Garnison, werden dann durch 1 Bataillon Baden-Durlach abgelöst, 2 Comp. für Regiment Friedrich Württemberg nach Baja absenden.

Regiment	Winterquartiere 1715 16	Muster- oder Sammelplatz und Aufbruch	Marschroute	Bestimmungsort	Anmerkung
Regal-Infanterie	7 Comp. Eisenburger Comitat 4 " Oedenburger " 6 " Ofen	bei Körmend am 20. April	Stuhlweissenburger, Sümegher und Tolnaer Comitat (zu Tolna stossen 6 Comp. von Ofen hinzu), Baranyer Comitat, Vörös-Márton	Bács	Die 6 Comp. in Ofen werden durch 5 von Friedrich Württemberg abgelöst, marschiren daher eventuell später nach.
Bevern-Infanterie	10 Comp. Neutraer Comitat, 2 Comp. Trencsiner und Árvaer Comitat, 2 Comp. bleiben in Erlau, 3 Comp. in Leutschau, Murány, Zips und Árvaer Comitat	Neutra am 12. April	Barser, Neográder, Pest-Pilis- und Solter Comitat	Duna-Vecse	2 Comp., die für Trautson bestimmt sind, nach Waitzen absenden. Die Compagnie in Trencsin wird durch eine von Hoensbroeck-Gehlen abgelöst.
Jnug-Daun-Infanterie	9 Comp. Szalader u. Sümegher Comitat, 3 Comp. Essegg, 5 Comp. Szalader Comitat	Uj-Kanizsa 30. April	über Szigeth durch das Tolnaer und Baranyer Comitat	Essegg	2 Comp. für Friedrich Württemberg von Nagy - Szigeth nach Baja.
Bonneval-Infanterie-	9 Comp. Beregher, Biharer Comitat und Debreczin	Debreczin 20. April	Szolnok, Szegedin, Zenta	Futak	2 Comp. für Hoensbroeck-Gehlen von Zenta nach Bács.
	8 Comp. Arad und Boros-Jenő	nach der Ablösung durch 5 Comp. von Trautson	Gyula, Szolnok, Szegedin		—
Hannover-Cürassiere	5 Comp. Szalader Comitat 3 " Sümegher " 1 " Tolnaer " 3 " Baranyer "	Fünfkirchen 26. April	Vörös-Márton	Bács	—
Darmstadt-Cürassiere	Pressburger Comitat	Sellye 20. April	Barser, Neográder, Pest-Pilis-Solter Comitat		—
Uhlefeld-(Gondrecourt) Cürassiere	10 Comp. Gömörer Comitat 2 " Abaujer "	Rosenau 9. Mai	—	Ónod	—

Regiment	Winterquartiere 1715/16	Muster- oder Sammelplatz und Aufbruch	Marschroute	Bestimmungsort	Anmerkung
Montecuccoli-Cürassiere	6 Comp. Szabolcser Comitat 1 „ Debreczin 5 „ Biharer Comitat	Grosswardein 19. April	—	Grosswardein	—
St. Croix-Cürassiere	Neutraer Comitat	Kis-Tapolcsán 19. April	Barser, Neográder, Pest-Pilis-Solter Comitat nach Pest, dann längs der Donau	Bács	—
Hohenzollern-Cürassiere	4 Comp. Marmaros und Kövárer District, 8 Comp. Szathmárer Comitat	Gyarmath 4. Mai	Krasznaer und Biharer Comitat	Grosswardein	—
Jörger-Dragoner	Wieselburg	19. April	Raaber, Komorner, Pest-Pilis-Solter Comitat bis Ofen, Vörös-Márton	Bács	—
Ahumada-Infanterie	4 Comp. Honter und Neográder Comitat, 2 Comp. Graner Comitat, 5 Comp. in Ofen	Pest 22. April	über Pest nach Vörös-Márton		Die Recruten des Regiments kommen aus Mailand und werden eventuell in Ofen zum Regiment stossen; der erforderliche Theil bleibt gleich beim Garnisons-Bataillon in Ofen.
Alcaudete-Infanterie	4 Comp. Trencsiner Comitat 2 „ Neutraer „ 5 „ in Essegg	Neutra 7. April	über Neuhäusel, längs der Donau durch das Komorner, Graner und Pest-Pilis-Solter Comitat nach Pest, dann durch das Tolnaer und Baranyer Comitat	Essegg	400 Recruten kommen aus Mailand via Ofen nach Essegg.
Marulli-Infanterie	Abaujer Comitat	18. April	Borsoder, Heveser Comitat, Jazygien und Kumanien, Kecskemét, Szállás, Halas und Zombor	Bács	Die Recruten kommen mit den Faber'schen von Neapel, die zweite Portion mit dem Regiment Caraffa, welche für das Bataillon in Kaschau bestimmt sind.

Regiment	Winterquartiere 1715/16	Muster- oder Sammelplatz und Aufbruch	Marschroute	Bestimmungsort	Anmerkung
Cordova-Cürassiere	Barser Comitat	Frauenmarkt 6. Mai	Neográder und Borsoder Comitat	Ónod	—
Galbes-Dragoner	4 Comp. Raaber Comitat 6 „ Komorner „	Ofen 26. April	—	Bács	—
Moras-(Vasquez-)Cürassiere	6 Comp. Árvaer und Liptauer Comitat, 4 Comp. Sohler Comitat	bei Neusohl 10. Mai	Rima-Szombath, Tornaer und Borsoder Comitat	Ónod	—
Caraffa-Cürassiere	von Neapel per mare nach Triest und Fiume, erster Staffel Ende Mai, zweiter Staffel 1. August	—	durch Croatien, Légrád, längs der Donau nach Essegg und falls das Lager nicht mehr dort sein sollte, über Vörös-Márton		—
Alt-Württemberg-Infanterie	aus dem Reich	Ulm Ende April	zu Wasser bis	Baja	—
Hoensbroeck-Gehlen-Infanterie	6 neu formirte Comp. bei Neuhäusel, 2 Comp. von Guido Starhemberg 2 „ „ Plischau kommen hinzu. In Baja stossen zum Regiment: 2 Comp. von Gschwind 2 „ „ Bonneval 1 „ „ Löffelholz (aus Futak) 2 „ „ Heister	Neuhäusel 20. April und in Baja	durch das Barser, Neográder und Pester Comitat die Heister'schen Compagnien von Simontornya über Nagy-Szigeth		löst in Neuhäusel mit 2 Comp., in Leopoldstadt mit 2 Comp. die Besatzung von Guido Starhemberg ab, eine Comp. nach Trencsin, löst die dortige Bevernsche ab, nach Neutra kommt 1 Officier und 30 Mann.

Regiment	Winterquartiere 1715/16	Muster- oder Sammelplatz und Aufbruch	Marschroute	Bestimmungsort	Anmerkung
Trautson-Infanterie	6 neu formirte Comp. aus Hall in Tyrol, 2 Comp. von Wellenstein aus Constanz per Schiff nach Waitzen, 2 Comp. von Bevern in Waitzen, 2 Comp. von Lancken in Waitzen. In Baja stossen zum Regiment: 2 Comp. von Alt-Daun / 2 „ „ Niclas Pálffy / 1 „ „ Löffelholz	Waitzen 20. April / und in Baja	die Alt-Daun'sche Compagnie von Essegg über Vörös-Márton / die Niclas Pálffy'schen von Szegedin, Löffelholz von Futak	Baja	schickt von Baja 5 Comp. über Szolnok nach Gyula, Jenő und Arad, welche die von Pálffy ablösen.
Friedrich Württemberg-Infanterie	6 neu formirte Comp. und 2 Comp. von d'Arnaut aus Schwaben. 1 Comp. von Neipperg, 2 Comp. von Harrach am Weg aufnehmen, 2 Comp. von Regal. In Baja: 2 Comp. von Jung-Daun / 2 „ „ Alt-Württemberg	Wien 20. April / und in Baja	von Ofen zu Land; die Jung-Daun'schen Compagnien über Szegedin. die Alexander Württemberg'schen von Szegedin		In Ofen mit 5 Comp. das Regal'sche Bataillon ablösen.
Wetzel-Infanterie	von Neapel per mare nach Fiume (am 28. April von Brindisi abgefahren)	—	Nach zehntägiger Rast bei Légrád durch das Sümegher, Tolnaer und Baranyer Comitat nach Essegg und falls das Lager nicht mehr dort sein sollte, über Vörös-Marton und Bács	Futak	—
Bagni-Infanterie	von Mailand marschirte am 1. Februar von Mantua ab	—	über Tyrol bis Passau weiter auf der Donau	Bács	—

Regiment	Winterquartiere 1715/16	Muster- oder Sammelplatz und Aufbruch	Marschroute	Bestimmungsort	Anmerkung
Max Star-hemberg-Infanterie	5 Comp. Oedenburger Comitat 6 „ Pest 1 „ Szegedin	Kapuvár, Sammelplatz Ofen. 26. April von Kapuvár	über Ofen-Szegedin	Duna-Vecse	—
Löffelholz-Infanterie	7 Comp. Slavonien 5 „ Peterwardein	Peterwardein	—	Futak	die 5 Comp. in Peterwardein warten die Ablösung durch Wallis ab.
Laucken-Infanterie	13 Comp. Pest - Pilis - Solter und Neográd-Borsoder Comitat, 2 Comp. Erlau, 5 Comp. Szolnok	Jászberény 5. Mai	2 Comp. Trautson nach Waitzen	Duna-Vecse	2 in Erlau und 2 in Szolnok stehende Compagnien werden von Bevern und Jung-Lothringen abgelöst, 5 Comp. als Garnison direct nach Boros-Jenő, Gyula und Arad
Faber-Infanterie	2 Comp. Stuhlweissenburger Comitat 5 Comp. Sümegher Comitat 5 „ Stuhlweissenburg	Simontornya 30. April	Tolnaer und Baranyer Comitat	Essegg	5 Comp. als Besatzung für Stuhlweissenburg, Veszprim, Sümegh und Simontornya, lösen die von Heister ab.
Nádasdy-Husaren	Eisenburger Comitat	Kápolna 27. April	Veszprimer, Stuhlweissenburger, Pest-Pilis-Solter, Tolnaer, Baranyer Comitat, Vörös-Márton	Csongrád	—
Ebergényi-Husaren	Hayducken-Städte, dann Kraznaer-inferiori, Szolnoker, Arader und Zárander Comitat	Karczag 6. Mai	längs der Körös, bei Csongrád über die Theiss, oder auf Szolnok und dann nach		—
Splényi-Husaren	2 Comp. Honter Comitat 6 „ Neográder „	Neográd 2. Mai	über Szolnok	Szegedin	—
Esterházy-Husaren	4 Comp. Neutraer Comitat 2 „ Pressburger „ 2 „ Honter „	Honter Comitat 29. April			—

Regiment	Winterquartiere 1715/16	Muster- oder Sammelplatz und Aufbruch	Marschroute	Bestimmungsort	Anmerkung
Babocsay-Husaren	2 Comp. Stuhlweissenburger Comitat 6 Comp. Veszprimer und Komorner Comitat	Stuhlweissenburg 27. April	Vörös-Márton	Csongrád	—
Hasslingen-Infanterie 1 Bataillon	Böhmen, Mähren und Schlesien	nach Empfang der Marschordre am 1. April	durch Mähren über den Jablunka-Pass in's Trencsiner Comitat weiter nach	Duna-Vecse	die 2 Comp. für Wallis marschiren nach Bács.
Guttenstein-(Sickingen) Infanterie 1 Bataillon				Duna-Vecse	
Schönborn-Dragoner				Baja	—
Gronsfeld-Cürassiere				Duna-Vecse	—
Lobkowitz-Cürassiere				Baja	—
Hautois-Cürassiere					
Prinz Emanuel Savoyen-Cürassiere					
St. Amour-Dragoner				Szegedin	—
Martigny-Cürassiere				Baja	—

Regiment	Winterquartiere 1715.16	Muster- oder Sammelplatz und Aufbruch	Marschroute	Bestimmungsort	Anmerkung
Alt-Daun-Infanterie	Inner-Oesterreich	Musterung in Kärnthen und Krain nach Empfang der Marschordre	über Radkersburg	Essegg	—
Harrach-Infanterie	Oesterreich ober und unter der Enns	Ober- und Nieder-Oesterreich, Aufbruch an dem zu bestimmenden Tage	zu Wasser bis Baja, dann nach	Futak	sammt 2 Comp. für Trautson, die über Vörös-Márton nach Baja marschiren.
Bayreuth-Dragoner	Oesterreich unter der Enns	*)	—	Bács	—
Rabutin-Dragoner	Inner-Oesterreich, Pressburger und Neutraer Comitat		—		—
Guido Starhemberg-Infanterie			—	Duna-Vecse	—
Alt-Lothringen-Infanterie	Im Reich	zu Günzburg a. d. Donau	zu Wasser bis Ofen; von dort 5 Comp. durch Jazygien und Kumanien auf Csege und Szabolcs nach Grosswardein 1 Comp. nach Huszt 12 „ zu Wasser bis Baja, dann	Bács	in Grosswardein 4 Comp., in Huszt 1 Comp. von Niclas Pálffy ablösen; 30 Mann nach Ecséd.

9*

*) Für diese Regimenter fehlt die Marschanordnung.

Regiment	Winterquartiere 1715/16	Muster- oder Sammelplatz und Aufbruch	Marschroute	Bestimmungsorte	Anmerkung
Jung-Lothringen-Infanterie	Im Reich	Musterung am 1., 15. März und 1. April	zu Wasser über Ofen bis Mohács und über Vörös-Márton, 2 Comp. von Ofen nach Szolnok, 2 Comp. von Mohács nach Szigeth, 1 Comp. nach Essegg		in Szolnok 2 Lancken'sche, in Szigeth 2 Heister'sche Compagnien ablösen.
Baden-Durlach-Infanterie		zu Ulm Musterung Anfang März	bis Baja per Schiff, von den 5 Comp. über Mélykut nach Szegedin	Bács	in Szegedin 5 Comp. von Alexander Württemberg ablösen.
Jung-Wallis-Infanterie	6 Comp. neu formirt zu Passau in Bács: 2 Comp. Virmond 2 „ Browne 2 „ Ottokar Starhemberg aus Siebenbürgen, 1 Comp. von Neipperg 2 „ „ Guttenstein 2 „ „ Hasslingen	Passau Musterung Ende Februar	bis Baja zu Wasser; die Compagnien aus Siebenbürgen über Jenő, Gyula, Szolnok, längs der Theiss nach Szegedin, Zenta und Verbasz, die Neipperg'sche Compagnie von Szegedin, Hasslingen- und Guttenstein'sche Compagnie von Duna-Vecse		5 Comp. zur Ablösung von Löffelholz nach Peterwardein.
Feld-Artillerie	aus Böhmen	Prag und Budweis	durch Mähren nach Leopoldstadt, Neutraer Comitat, Komorn nach Pest	Baja	—

Die aus den böhmischen Erbländern heranrückenden Truppen (2 Bataillone Infanterie und 7 Cavallerie-Regimenter) zogen somit über den Jablunka-Pass und durch das Trencsiner Comitat, die Regimenter aus Inner-Oesterreich Donau-abwärts; die Infanterie-Regimenter aus Oesterreich unter und ob der Enns, dann aus dem Reiche fuhren auf der Donau bis Ofen-Baja.

Die Regimenter in Ungarn sammelten sich in den Quartiers-bezirken und rückten nach der gegebenen Marschroute auf dem kürzesten Wege in die Interimslager ein.

Um nicht auch die westlich der Donau befindlichen und die aus Inner-Oesterreich kommenden Truppen über Ofen dirigiren zu müssen, wo seit 28. April eine Schiffbrücke stand, war um den 10. Mai bei Vörös-Márton mit dem Feldbrücken-Materiale noch eine Schiffbrücke geschlagen worden, welche nach beendigter Marschbewegung nach Peterwardein geführt wurde.

Auch die zwischen Ofen-Pest befindliche Schiffbrücke wurde Anfangs Juni, die Schiffe mit Proviant beladen, durch FZM. Graf Regal nach Peterwardein abtransportirt, während die Laufbrückenbespannung mit ihrem Material über Vörös-Márton in das Lager nachrückte [1]).

Die aus Neapel kommenden Regimenter Wetzel und Caraffa hatten Befehl, über Légrád nach Essegg zu marschiren und die Bewegung sogleich fortzusetzen, im Falle bei ihrer Ankunft das dortige Interimslager bereits aufgehoben sein sollte.

Alle aus den österreichischen Erbländern heranrückenden Regimenter sollten die zweimonatliche Verpflegung mit sich führen. In Ungarn hatten sich die Truppen beim Abmarsche gleichfalls mit der zweimonatlichen Verpflegung zu versehen, so dass also bis zum voraussichtlichen Beginn der Operationen die Magazine unberührt bleiben konnten [2]).

Gleichzeitig mit den Marschordres an die Regimenter hatte auch die Feld-Artillerie, welche sich unter GFWM. Grafen Berzetti zum grössten Theile in Prag befand, Befehl zum Aufbruch nach Ungarn erhalten. Sie marschirte über Leopoldstadt und Komorn nach Ofen, wohin die Zeugs- und Munitionsvorräthe von Wien aus geschafft

---

[1]) H. K. R. an den FZM. Grafen Regal, 3. Juni 1716. H. K. R. Reg. 1716; Juni, 191.

[2]) In Wirklichkeit ergaben sich in dieser Hinsicht grosse Anstände, die Länder, besonders Steyermark und Ungarn, weigerten sich, die zweimonatliche Verpflegung beizustellen und als einige Regimenter ihren Abmarsch deshalb verzögerten, sah sich der Hofkriegsrath veranlasst ihnen anzubefehlen, aus diesem Grunde keinesfalls später abzurücken, dagegen zur Uebernahme der zweimonatlichen Verpflegsgebühr Commandirte zurückzulassen.

wurden. Nach Beendigung ihrer Mobilmachung sollte die Feld-Artillerie von Ofen in das Lager von Baja abrücken.

Die Truppen waren somit von Ende April ab im Anmarsche gegen die untere Donau begriffen.

Nach den Berechnungen des Hofkriegsrathes hätten die meisten Regimenter zwischen dem 10. und 20. Mai in den Lagern eintreffen sollen.

Dies stimmte also auch mit dem Termine überein, welcher den Türken durch den Minister-Residenten Franz von Fleischmann als letzte Frist für die Annahme der kaiserlichen Vermittlung bekanntgegeben worden [1]).

Den Grenz-Commandanten war zwar aufgetragen, zunächst in den üblichen „nachbarlichen Freundschaftsbezeugungen" fortzufahren, vorausgesetzt, dass die Türken keine Feindseligkeiten unternehmen würden, indessen aber alles, was zum Kriege gehörig, vorzubereiten und namentlich gegen Ueberfälle auf der Hut zu sein.

Besonders wurde FML. Freiherrn von Löffelholz, GFWM. Beckers und Obrist Petrasch die Einrichtung eines regen Kundschaftswesens und die Vorsorge empfohlen, dass wichtige Nachrichten schleunig an den Hofkriegsrath nach Wien gelangten [2]).

Am 15. Mai um 12 Uhr Nachts konnte FML. Freiherr von Löffelholz einen Courier mit der Botschaft nach Wien senden, dass bis nun weder vom Minister-Residenten, noch von den Türken Nachrichten über die Annahme einer diplomatischen Intervention eingelaufen seien. Somit trat jener Zustand ein, der die weitere Entscheidung dem Schwerte überlässt.

In seinem Vortrage vom 20. Mai 1716 an den Kaiser wies der Prinz nach, dass aus diesem Stillschweigen der Pforte nur die Absicht einer Verzögerung der Entscheidung, um Zeit zu gewinnen, zu erkennen und daher nichts Anderes mehr zu thun sei, als die Armee zu formiren und den Feldzug zu eröffnen [3]).

Die Armee im Juni 1716 unter dem Feldmarschall Grafen Johann Pálffy.

Bis zum Eintreffen des Prinzen bei der Armee hatte der Feldmarschall Graf Johann Pálffy das Commando zu führen und sollte längstens am 28. Mai in Futak sein.

---

[1]) Politische Einleitung S. 32.
[2]) Supplement Nr. 4.
[3]) Supplement Nr. 5.

Dieser Ort, an der Donau gelegen, wenige Kilometer westlich von Peterwardein, war vorläufig als Armee-Hauptquartier ausersehen, wozu ihn seine günstige und gesicherte Lage im Aufmarschraume besonders geeignet erscheinen liess. Die übrigen Generale sollten zwischen 24. und 28. Mai in den ihnen zugewiesenen Lagern anlangen, eventuell das Commando übernehmen, oder bleiben wo ihre Regimenter sich befanden. Diejenigen, welche keine Regimenter hatten, begaben sich nach Futak, wo sie inzwischen dem FML. und späteren FZM. Freiherrn von Löffelholz untergeordnet blieben[1].

Feldmarschall Graf Johann Pálffy sollte im Allgemeinen keine Aenderung in der vom Prinzen angeordneten Truppenvertheilung vornehmen und Feindseligkeiten gegen die Türken vermeiden, wenn solche nicht durch offenbare Gewalt von ihrer Seite hervorgerufen würden. Da sich übrigens die Nachrichten bestätigten, dass der Feind, zu Zwecken seiner dalmatinischen Operationen gegen die Venetianer, Schiffe mit Proviant und Munition auf der Save aufwärts führe, erhielten FML. Freiherr von Löffelholz zu Peterwardein und Obrist Freiherr von Petrasch in Brod den Befehl, diesen Schiffen die Weiterfahrt nicht zu gestatten.

Die Berechnungen des Hofkriegsrathes, welchen zufolge die Armee Mitte Mai in den Interimslagern hätte eintreffen sollen, erwiesen sich als nicht ganz zutreffend.

Die Regimenter konnten nicht alle rechtzeitig aus den Friedensquartieren abrücken, weil ihnen zum Theil ihre Recruten und Remonten, die Train-Ausrüstung, ja selbst die erforderliche Bewaffnung und Bekleidung, vor Allem aber das nöthige Geld fehlte, um die Forderungen der Quartierträger zu befriedigen und alle anderen Bedürfnisse zu beschaffen. Die Gemeinden weigerten sich, die von ihnen geforderte zweimonatliche Verpflegung für Mai und Juni beizustellen.

Auch die Ablösung der verschiedenen Garnisonen, die in den festen Städten zu verbleiben hatten, verzögerte sich erheblich.

So kam es, dass die meisten Regimenter erst im halben Juni, also einen vollen Monat nach dem angegebenen Termine, endlich in die Interimslager einrückten.

In Folge dessen begab sich auch Feldmarschall Graf Pálffy erst am 1. Juni 1716 von Ofen über Baja nach Bács und im halben Juni von hier über Anordnung des Hofkriegsrathes weiter nach Futak.

[1] Der H. K. R. an die Lager-Commandanten, 13. Mai 1716. H. K. R. Reg. 1716; Mai, 215.

Anfangs Juni befahl der Prinz die sofortige Verlegung der entferntesten Lager von Duna-Vecse und Ónod nach Bács. Für den Fall der Nothwendigkeit wurde Feldmarschall Graf Pálffy jetzt auch befugt, die „Campamenter" noch weiters zusammenzuziehen und sich bei Futak zu verstärken.

In diesem Falle konnten in erster Linie die Lager von Csongrád, Baja und Bács, in zweiter Linie die von Szegedin zum Aufbruch beordert werden [1].

Die auf Grund dieser Anordnungen vom Feldmarschall Grafen Pálffy bewirkte Concentrirung der kaiserlichen Armee vollzog sich in der Zeit von Ende Juni bis halben Juli 1716 und zwar:

Die Truppen des Lagers zu Ónod unter dem Befehle des GFWM. Freiherrn von Hochberg marschirten Ende Juni von dort ab und langten am 13. Juli zu Baja an,

die Truppen zu Duna-Vecse unter dem GFWM. von der Lancken, rückten über Baja gegen Bács, erhielten aber später Befehl, bei Futak zu campiren,

die Truppen von Csongrád unter dem GFWM. Baron de Viard wurden Ende Juni nach Bács gezogen, standen aber vom halben Juli an bei der Römerschanze nördlich Peterwardein,

die Truppen von Essegg hatte G. d. C. Graf Nádasdy schon im Juni nach Vukovár verlegt, um dem Gros der Armee näher zu sein.

Der Prinz erklärte sich mit der letzten Aenderung nicht ganz einverstanden, weil die Truppen des Lagers bei Essegg hauptsächlich der Fortificationsarbeiten wegen concentrirt worden waren [2]. Dafür schickte G. d. C. Graf Nádasdy einige hundert Commandirte zum Festungsbau nach Essegg.

Mit der beginnenden Versammlung der kaiserlichen Armee traten auch die Uebelstände der Proviantcinrichtung in verstärktem Masse hervor. Grosse Vorräthe befanden sich in den Plätzen an der Donau, ohne dass deren Transportirung durchführbar war. Die nachtheiligen Folgen voraussehend, befahl der Prinz dem FZM. Grafen Regal am 3. Juni die Abfuhr dieser Vorräthe auf Tschaiken bis nach Peterwardein zu betreiben [3].

Am 17. Juni schrieb der Hofkriegsrath an den Feldmarschall Grafen Pálffy [4], man habe „mit Verwunderung" vernommen, dass

[1] Supplement Nr. 6.
[2] Supplement Nr. 8.
[3] H. K. R. Reg. 1716; Juni, 191.
[4] H. K. R. Reg. 1716; Juni, 213.

die von der Proviant-Gesellschaft gelieferten Vorräthe unter freiem Himmel und sogar in der Nässe lägen, verderben und der Soldat ungesundes Brot bekomme.

Nicht nur die Mannschaft, auch die Pferde litten Mangel. Die Pferde hätten vor Beginn der Operation gar keinen Hafer bekommen sollen, da aber das Grünfutter nicht genug ergiebig war, musste man, trotzdem die Proviant-Gesellschaft gerade mit ihren Haferlieferungen stark im Rückstande war, Fourage aus den Magazinen verabreichen [1]).

Die Anwesenheit des Prinzen bei der Armee schien immer nothwendiger zu werden. Ihn hielten aber die Betreibung der Rüstungs-Angelegenheiten und politische Verhandlungen wider Willen in Wien zurück. Ohne die nöthigen Geldmittel wäre übrigens auch seine Thätigkeit beim Heere gehemmt gewesen und diese fehlten noch überall.

Die Regimenter hatten auf die sommerliche Gebühr noch keinen Kreuzer erhalten und zur Dotirung der Kriegscasse waren 600.000 fl. dringend erforderlich.

Der Prinz hatte diese der Eröffnung des Krieges nachtheiligen Verhältnisse wiederholt vorgestellt; am 13. Juni 1716, zwei Monate nach dem Abschlusse der venetianischen Allianz, schrieb er in beweglichen Worten an den Kaiser [2]):

„Ich Kriegspräsident, werde zwar, wie ich jüngsthin mich allerunterthänigst mündlich erkläret, es mag Geld vorhanden sein oder nicht, gleichwohl dieser Tage nach Erheischung Dero Allerhöchsten Dienstes und Befehles zur Armee abgehen und an demjenigen nichts unterlassen, was bei Ermanglung der Mittel möglich und thunlich sein wird; allein ist zu bedauern, dass diese E. k. M. zugehörige so schöne Armee, welche man mit so grosser Mühe und Kosten aus eigenen Truppen, so in vorigen Zeiten niemals zu erreichen und man derenthalben mit den Hilfsvölkern so vielerlei Hindernissen und Verdriesslichkeiten ausgestellet gewesen, zusammen gebracht und welche in ganz Europa so viel An- und Absehen nach sich ziehet und eine wahre Bestärkung E. k. M. Krone und Scepter, anbei nach einmaliger Zerfallung fast nicht mehr, wenigstens so leicht und geschwind nicht zu restauriren ist, nach allen angewendeten Unkosten aus Mangel der auch ausser eines Krieges benöthigten Sommerverpflegung delaboriren und zugrunde gehen und man derenthalben die Operationen mit Vortheil anzufangen ausser Stand gestellet werden sollte, in gnädigster Erwägung, dass solche, wenn damit der Feind, welches bei

---

[1]) Laut Contract hätte die Proviant-Admodiation bis Ende Juli alles einliefern sollen.

[2]) H. K. R. Exp. 1716; Juni, 552.

allen und insonderheit einem Türkenkrieg vorderst in Consideration
fällt, nicht vorkommen wird, sodann nach der feindlichen Bewegung
sich gerichtet werden muss und man also nicht, was man will, sondern
nur, was der Feind veranlasset, unternehmen kann".

Der Prinz, als General-Lieutenant des Kaisers, stellte die Bitte,
ihn unter solchen Umständen für die fast sicher bevorstehenden nachtheiligen Folgen ausser Verantwortung zu erklären [1]. Eine lange Erfahrung hatte den Prinzen belehrt, dass es stets starker Mittel bedurfte, um die unendliche Schwerfälligkeit der kaiserlichen Ministerien
einigermassen zu beleben und dass ohne solche Mittel Monate ver-
gehen konnten, bis die Hofkammer wirklich etwas that.

Die Nothwendigkeit, die Beischaffung der erforderlichen Mittel
immer wieder selbst zu betreiben, war der Grund, dass der Prinz
seine für Anfangs Juni geplante Abreise zur Armee stets noch ver-
schob und obgleich er dem Feldmarschall Grafen Pálffy wiederholt
seine baldige Ankunft in Aussicht stellte, erst am 2. Juli Wien verlassen konnte [2].

Auf 16 Schiffen, begleitet von den Segenswünschen des Monarchen
und der ganzen Bevölkerung, trat der General-Lieutenant des Kaisers
an diesem Tage mit zahlreichem Gefolge, vielen Generalen, worunter
auch der GFWM. Prinz Emanuel von Savoyen, die Donaufahrt an.

Feldmarschall Graf Heister und FZM. Prinz von Braunschweig-Bevern schlossen sich dem Gefolge in Komorn an.

Nachdem der Prinz Pressburg, Komorn, Gran und Ofen unter
Kanonendonner und den üblichen Feierlichkeiten passirte, in letzteren
Orten auch die Garnisonen und die noch unfertigen Artillerie-Vorsorgen
besichtigte, langte derselbe am 7. Juli zu Batina, unweit Vörös-Márton [3]
und am 9. Juli in Futak an.

Die Armee im Juli 1716.

Nach seiner Ankunft im Hauptquartier zu Futak befahl der
Prinz am 14. Juli 1716 dem GFWM. (später FML.) Freiherrn von

---

[1] In der geheimen Conferenz am 6. Juni wurde vorgestellt, dass schon mit
Ende April 300.000 fl., dann 400.000 fl. für Einlösungen, 500.000 fl. ins Feld dringend
nöthig waren. In der Conferenz am 19. Juni, die unter dem Vorsitze des Kaisers
stattfand, sagte der Prinz, es fehle noch das Feldspital, der Krankenstand werde zunehmen, der kleine Generalstab könne ohne Geld nicht abreisen, endlich müsse auch
die Kriegscassa 600.000 fl. haben, weil die Soldaten davon zu verpflegen seien. (Conferenz-Protokoll H. H u. St. A.)

[2] Theatrum europaeum XXI. Band. Kais. Hof- und Erblandsgeschichte 1716.

[3] Der Prinz an den H. K. R., 7. Juli 1716. Kriegs-A., „Türkenkrieg 1716";
Fasc. VII, 21.

Hochberg, mit den drei Cürassier-Regimentern Gondrecourt, Cordova und Moras (Vasquez) von Baja nach Keresztur zu rücken [1]); sie lagerten jedoch in der Folge bei Bács, während bei Keresztur, wo es an Grünfutter mangelte, die ursprünglich nach Bács dirigirten Cavallerie-Regimenter ihr Lager bezogen hatten.

Sonst verblieb die Armee in ihren früheren Versammlungsorten. Es befanden sich also zu dieser Zeit:

bei Futak und Peterwardein	11	Bataillone	50	Escadronen	
„ Bács und Keresztur	36	„	113	„	
„ Vukovár	9	„	—	„	
„ Szegedin	8	„	24	„ [2]).	

Das Infanterie-Regiment Friedrich Prinz Württemberg war nach Vukovár gelangt, Hannover-Cürassiere nach Bács marschirt, das Cürassier-Regiment Darmstadt nach Peterwardein verlegt worden. Württemberg- und Eugen Savoyen-Dragoner, dann das Regiment Wetzel-Infanterie und Caraffa-Cürassiere, sowie einige Bataillone, deren Ablösung sich verspätet hatte, waren noch im Anmarsche zur Armee begriffen.

Die zwei Cürassier-Regimenter Montecuccoli und Hohenzollern beorderte der Prinz am 14. Juli von Grosswardein nach Arad, wo sie bis auf weitere Disposition verbleiben sollten, um die Verbindung zwischen Szegedin und dem Grafen Steinville bei Déva herzustellen [3]).

So standen in der zweiten Hälfte des Monats Juli 45 bis 47 Bataillone und 25 Reiter-Regimenter in der Nähe von Peterwardein, für eine sofortige Offensive bereit, während weitere 17 Bataillone und 4 Reiter-Regimenter in 5—8 Tagen, endlich 3—5 Bataillone mit 3 Regimentern zu Pferd in 2—3 Wochen bei der Armee eintreffen konnten [4]).

Es überrascht nun, dass Prinz Eugen die Initiative nicht durch einen im Sinne des Operationsplanes gelegenen Vormarsch auf Belgrad sofort ergriff; er hebt die Gründe seines defensiven Verhaltens nicht

---

[1]) Supplement Nr. 15.

[2]) Operationskarte zum Feldzug 1716, Tafel II.

[3]) Supplement Nr. 16.

[4]) Nach einer Standestabelle der Reiterei vom 21. Juli 1716, wobei alle Cavallerie-Regimenter bis auf die drei von Ónod aumarschirenden, dann Caraffa, Savoyen und Württemberg inbegriffen sind, betrug der Stand der Cavallerie 184 Escadronen mit 27.111 Mann und 27.170 Pferden. An Kranken sind ausgewiesen 2239 Mann; auf den completen Stand der Abtheilungen fehlten 336 Mann und 1018 Pferde. (Kriegs-A., „Türkenkrieg 1716“; Fasc. VII, 125.)

gerade ausdrücklich hervor, sie können aber aus einzelnen seiner Bemerkungen mit ziemlicher Sicherheit gefolgert werden.

Vor Allem war es der bei der kaiserlichen Armee noch nicht völlig erreichte Grad der nothwendigen Operationsfähigkeit, welcher ihn nothgedrungen zum Abwarten zwang. Selbst abgesehen davon, dass, wie früher erwähnt, einige Regimenter noch nicht an der unteren Donau angelangt waren, dass sich die Ablösung mancher Garnisonen, besonders durch die neuformirten Regimenter verzögerte, war der Umstand schwerwiegend, dass manche Truppen ihre Recruten noch nicht erhalten und dass auch die Feld-Artillerie wegen verspäteter Beendigung ihrer Ausrüstung erst in den letzten Tagen des Monates Juli bei Peterwardein einzutreffen vermochte.

Auch hatte der Prinz bei seiner Ankunft in Futak von dem das Hauptquartier bildenden „kleinen Generalstab" noch niemanden angetroffen, bei der Proviant-Gesellschaft sowohl in den Requisiten als Vorräthen und ihren sonstigen Dispositionen vielerlei Mängel, „mithin die Sache nicht in dem vermeinten guten Stand vorgefunden" [1]).

Dass er jedoch mit dem Aussehen der Truppen zufrieden gewesen, zeigt die Stelle des Berichtes an den Kaiser vom 18. Juli 1716: „und habe ich die anwesenden sowohl von der Infanterie als der Cavallerie in recht schönem dienstbarem Stande gefunden" [2]).

Ein weiterer wesentlicher Theil der Armee, die Donau-Flottille, fehlte noch gänzlich, denn trotz der eifrigsten Bestrebungen, die Schiffe möglichst bald zur Abfahrt bereit zu stellen, war der Bau wegen Mangel an Geld, Material und verständigen Arbeitskräften nur langsam vorgeschritten [3]) und erst am 15. Juli fand „in Gegenwart des ganzen Hofes und des päpstlichen Nuntius" die feierliche Einweihung von 7 Schiffen statt.

Wenige Tage darnach gingen die Kriegsschiffe „Josephus", „Carolus", „Franciscus" unter Capitain Schwendermann ab. „Carolus" und „Franciscus" passirten Komorn nicht früher als am 28. Juli und 1. August, das Schiff „Josephus" blieb gleich bei Regelsbrunn stecken und wurde erst am 3. August wieder in Gang gebracht.

Voll Unmuth schrieb hierüber der Prinz an den Hofkriegsrath am 28. Juli 1716 [4]), „dass er von den abgesegelten drei Schiffen vernehme, dass solche gar langsam fortrücken, bald hier, bald dort an-

---

[1]) Der Prinz an den H. K. R. 11. Juli 1716.

[2]) Supplement Nr. 19.

[3]) H. K. R. an die Hofkammer, 8. und 20. Juni 1716. — H. K. R. Reg. 1716; Prot. Juni, 500.

[4]) Supplement N. 44.

landen und auf die Sandbänke fahren, also dass solche dem Ansehen nach bei so fortgesetzter Fahrt vor Ende des Sommers hart eintreffen dürften, da man solche doch bei nunmehr beiderseits vorgehenden Operationen zur Erhaltung der Donaubrücken und Bedeckung des Proviants etc. höchst vonnöthen hat". Und schliesslich ermangelte eben noch immer der belebende Nerv der Kriegführung, das Geld; die Kriegscasse war leer, der Bau in den zunächst bedrohten Festungen stockte, die Truppen hatten noch keinen Sold empfangen und es ist mit einiger Sicherheit anzunehmen, dass der Prinz auch aus diesem Grunde den Beginn der Operationen hinausschob. Erst am 2. August traf endlich der General-Kriegs-Commissär Graf Thürheim[1]) bei der Armee ein, die Operationscasse von 650.000 fl. auf Schiffen mit sich führend.

Jedenfalls sind die hier angeführten Umstände für das defensive Verhalten des Prinzen vom 9. bis zum 29. Juli von Einfluss gewesen, aber auch Gründe operativer Natur mochten dafür sprechen.

Wenn der Prinz gleich nach seiner Ankunft bei der Armee die Concentrirungs-Anordnungen erlassen haben würde, so konnte dieselbe bis zum 16. Juli im Lager bei Peterwardein vereint und mit der erst theilweise eingelangten Feld-Artillerie etwa in sechs Tagen an der Save, in der Nähe von Belgrad, stehen.

Die grossen Verzögerungen in der Aufstellung der Armee äusserten aber ihre üblen Folgen. Der günstige Augenblick, um vor Belgrad zu erscheinen und in selbstgewählter Weise das heranziehende türkische Heer zur Entscheidungsschlacht zu zwingen, war vorüber. Jetzt standen die Türken mit dem grössten Theil ihres Heeres bereits bei Belgrad.

Einem so bedeutend überlegenen Feinde gegenüber, der im Besitze einer starken Festung, gedeckt durch eine grosse Wasserlinie, welche man im Angesichte des Gegners übersetzen musste, wäre eine Offensive äusserst schwierig und unsicheren Erfolges gewesen. Blieb der Prinz aber an der Save im Angesichte der osmanischen Armee stehen, so würde er diese zu einer Offensive über die Donau veranlasst (die Brücke bei Višnica unweit Belgrad war halb vollendet) und sich möglicherweise zum Rückzuge nach Peterwardein gezwungen gesehen haben.

---

[1]) Der Hofkriegsrath schrieb schon am 11. Juli 1716 (Kriegs-A., „Türkenkrieg 1716"; Fasc. VII, 40), dass General-Kriegs-Commissär FZM. Graf Thürheim mit 500.000 fl. abreise, 300.000 fl. würden von der Bancalität noch folgen. Am 15. Juli berichtete Thürheim, dass 500.000 fl. bereit lägen, mit der bayerischen Million sei es aber nichts, dafür würde der Stadt-Banco mit der Bancalität die nothwendige Million aufbringen, 150.000 fl. gleich, 850.000 fl. in Raten bis October abschicken. — Der Prinz an den Grafen Thürheim, 21. Juli 1716; Fasc. VII, 123.

„Ich werde indessen nach nunmehr eingelangter Feld-Artillerie und nächst erwarteter Einrückung der abgängig gewesenen Regimenter E. k. M. Armee zusammenziehen," hatte der Prinz am 25. Juli an den Kaiser geschrieben [1] „und im Falle der Feind sich jenseits des Save-Stromes in seinem Vortheile halten sollte, meine Gedanken und operationes anderwärtig hinwenden und richten müssen, da ich einmal nicht sehe, wie ein solcher Fluss, welcher mit einer so ansehnlichen türkischen Macht besetzt und vielen andern Vortheilen versehen ist, ohne die grösste Gefahr zu passiren, der Feind zu schlagen und nach diesem zu operiren sei" und am 28. Juli [2]: „Meines Orts werde ich die feindlichen Regungen und Bewegungen, Contenance und andere Umstände beobachten und sodann meine Mouvements und Unternehmungen mit Vortheil und Vorsichtigkeit darnach reguliren, bevörderst aber E. k. M. glorwürdigste Waffen nicht weiters exponiren, als es die raison de guerre und Conjuncturen unumgänglich erheischen werden. Indessen bleibe des unmassgeblichen Erachtens und wird Deroselben zweifelsohne annoch Allergnädigst erinnerlich sein, was ich E. k. M. bei meiner Anwesenheit in Wien allerunterthänigst gesagt, **dass weil man den Save-Strom vor Ankunft des Feindes passiren zu können nicht im Stande gewesen, für E. k. M. Waffen viel fürträglicher sei, den Feind herwärts, als gedachten Fluss im Rücken zu haben"**.

Sicherung des Aufmarsches und der Grenzen.

Während sich die Armee in den Lagern an der Donau und Theiss sammelte und die türkischen Heeresmassen sich gleichzeitig langsam gegen Belgrad heranwälzten, hatte der Prinz seine Vorkehrungen für die Sicherung des Aufmarsches mit aller Umsicht getroffen.

FML. Freiherr von Löffelholz hatte den Sicherungsrayon von Peterwardein bis an die türkische Grenze vorgeschoben und beliess die im Winter 1715/16 in Syrmien bequartierten 7 Heister'schen Compagnien auch im Frühjahre 1716 und in den darauf folgenden Monaten im Verhältnisse einer Postirung südlich der Donau. Obwohl von Seite der Türken noch kein Act der Feindseligkeit geschehen, blieb die Besetzung von Syrmien schon zur Steuerung des hier herrschenden Räuberunwesens nothwendig.

---

[1] Supplement Nr. 31.
[2] Supplement Nr. 43.

Ein grösseres Lager jenseits der Donau zu formiren, hatte der Prinz indessen bisher als unnöthig erachtet [1]), dagegen wurde Anfangs Juni 1716 der Obrist Graf Lanthieri mit dem Cürassier-Regiment Graven, welchem FML. Löffelholz auch die raizischen Husaren von drei Capitanaten der Donau-Grenze beigab, zur Versehung des Beobachtungsdienstes in die Gegend von Szlankamen verlegt [2]).

Die Sicherung an der Theiss und Maros war der dort eingerichteten Grenz-Miliz übertragen. Besonders kam Titel in Betracht, das durch versumpftes Anland von Peterwardein fast ganz abgeschnitten war, weshalb der Prinz die Herrichtung einer Morastbrücke bei Vilova anordnete und später Titel durch 300 Mann besetzen liess [3]).

Der Festungsbau schritt in dieser Zeit fast gar nicht mehr vorwärts, trotzdem der Prinz in allen seinen, am 4., 14., 18., 25., 28. Juli und 1. August 1716, an den Hofkriegsrath gerichteten Schreiben die Nothwendigkeit der Absendung einiger „Fortificationsgelder" immer dringender betonte [4]). Von grosser Wichtigkeit war es, die kleinen Festungen an der Save in einen guten Stand zu setzen, einestheils, weil sie einem Anpralle seitens des Feindes in erster Linie ausgesetzt waren, anderentheils, weil sie die Aufgabe hatten, die türkische Schifffahrt auf diesem Flusse zu verwehren oder doch einzuschränken. Denn die Türken bedurften der Save als Nachschubslinie, um Bosnien für den bevorstehenden Krieg mit Proviant, Munition und Waffen zu versorgen, besonders aber, um die gegen Dalmatien mit erneuter Kraft geplante Offensiv-Operation vorzubereiten.

Die Save bildete zu jener Zeit den Grenzfluss von Mitrovitz aufwärts, aber ihr breiter Lauf und die verschiedenen festen Puncte der

---

[1]) H. K. R. an FML. Freiherrn von Löffelholz, 9. Mai 1716. H. K. R. Reg. 1716; Mai, 137.

[2]) Diesem Regiment oblag, nachdem die Heister'schen Compagnien später bis nach Peterwardein zurückgegangen waren, im weiteren Sinne auch die Sicherung der beiden Donau-Brücken. Diese Schiffbrücken standen wohl unter dem Schutze der Befestigungen von Peterwardein und zwar führte die abwärts liegende in die Wasserstadt, die zweite über das Schwabendörfel in das Hornwerk, aber ganz sicher vor den türkischen Anschlägen waren sie nicht. Auf- und abwärts der Brücken lagen zur Deckung auf dem Donau-Strome 20—30 kaiserliche Tschaiken.

[3]) Supplement Nr. 37 und 41. Die Befestigung Titels hatte der Prinz schon in seiner Denkschrift über die Rüstungen als erforderlich hingestellt, deren Durchführung aber wegen Mangel eines hinreichenden Geldfondes nicht bewirken können.

[4]) Kriegs-A., „Türkenkrieg 1716"; Fasc. VII, 21, dann Supplement Nr. 14, 20, 32, 44 und 56.

Osmanen an diesem Flusse, machten die schon im Juni 1716 angeordnete Absperrung der Schifffahrt, welche dem Obristen Petrasch in Brod aufgetragen war [1]), sehr schwierig.

Dieser Umstand bewog den Prinzen, die Befestigung und Besetzung des alten Postens Rača, welcher für die Absperrung am besten geeignet schien, anzubefehlen [2]).

Rača liegt auf einer durch eine starke Biegung der Save gebildeten Halbinsel, in der Nähe der Drina-Mündung. Da man von der Spitze der Halbinsel die Save nach zwei Seiten und überdies die Drina bestreichen konnte, so war es für die Beherrschung dieser Flüsse vortheilhaft situirt, ungünstig jedoch die niedere Lage in einem versumpften, Ueberschwemmungen ausgesetzten Terrain, daher denn auch die Schanzenwerke bei Rača bei stärkerem Hochwasser der Save immer wieder hinweggeschwemmt zu werden pflegten.

Einige Kilometer unterhalb Rača, wo der Bossut mündet und die Grenze etwas gegen Norden in das slavonische Land vorsprang, am sogenannten Bossut-Eck, wurde gleichfalls eine Schanze angelegt, dann über Antrag des Obristen Petrasch das aufwärts gelegene Morović besetzt und daselbst ein Uebergang sammt Brückenkopf (letzterer auf türkischem Gebiete) errichtet. Dadurch schuf man sich einen gesicherten Raum und hinderte die Isolirung des Postens von Rača. Alle hier angelegten Werke hatten nur passageren Charakter und waren anfangs mit Grenzsoldaten, Rača überdies durch 150 Mann Infanterie von Brod aus besetzt [3]). Einige zur weiteren Bewachung der Save erforderliche Tschaiken waren zwar dahin beordert, kamen aber nicht an.

Als die Meldungen über die türkischen Vorbereitungen an der Save immer ernster lauteten, entsendete Feldmarschall Graf Pálffy im Juni 1716 den Obristen und Commandanten des Jung-Daun'schen Regimentes Freiherrn von Langlet aus dem Lager bei Vukovár zur

---

[1]) Supplement Nr. 13.

[2]) H. K. R. an den FML. Freiherrn von Löffelholz, 30. April 1716. H. K. R. R.-P. Fol. 502. „Betreffend die Verbesserung der Posten am Sau-Strom, besonders von Rača."

[3]) H. K. R. an den Obrist Freiherrn von Petrasch, 16. Mai 1716. H. K. R. Reg. 1716; Mai, 256. H. K. R. R.-P. Fol. 502. Später befanden sich in Rača an Geschützen, die von Essegg dahin dirigirt wurden: 3 metallene Feldstücke, 2 eiserne Falconete, 6 Kammerstücke, 1 Lärmpöller. Beim Bossut-Eck: Ein eisernes „Falconet". In Morović: 1 Lärmpöller und 3 Kammerstücke. Unter dem Obrist Freiherrn von Langlet hatte die Schanze beim Bossut-Eck 1 Officier, 30 Mann, dann 50 Hayducken, die Brücke bei Morović 40 Hayducken als Besatzung. Der Rest, 1000 Mann Infanterie und 600 Grenzer in Rača.

Verstärkung nach Rača. Langlet liess theils durch seine Leute, theils durch Robot die Befestigungen in besseren Stand setzen. Im Juli erhielt er eine weitere Verstärkung von 500 Mann und endlich auch einige Geschütze, die zur Bestreichung der Save unerlässlich waren [1]).

Nebst diesen Veranstaltungen an der Save und am Bossut war auch Obrist Freiherr von Petrasch bei Brod unermüdlich thätig, um diesen Punct, sowie Gradiska, wo Obristlieutenant Gann von Löwengang und Babina-Greda, wo Obristlieutenant Ingard commandirte, in besseren Vertheidigungs-Zustand zu setzen [2]).

Auch die Türken thaten manches zur Verstärkung ihrer Save-Grenze. Sie setzten die Palanka bei Kobas in Stand, errichteten Batterien in Türkisch-Gradiska (Berbir), sammelten Schiffe an und bereiteten Ueberfuhren vor [3]).

Obrist Petrasch befürchtete sogar, dass sie etwas gegen das kaiserliche Gradiska unternehmen würden, welchem Orte sie mit 7000 Mann bei Banjaluka am nächsten standen.

Er schlug daher dem Prinzen vor, das gegenüber liegende Türkisch-Gradiska durch den bei Vukovár stehenden G. d. C. Grafen Nádasdy überrumpeln zu lassen und dann weiter auf Banjaluka vorzugehen, wodurch man ganz Bosnien in Contribution setzen, Bihač isoliren und überhaupt die Eroberung dieses Landes, dessen Bewohner schon jetzt ihre Unterwerfung anzukünden begannen, einleiten könnte.

Der Prinz wies den Gedanken nicht ab, war jedoch der Meinung, dass man zunächst die Hauptoperation im Auge behalten, an den entlegenen Theilen des Kriegsschauplatzes vorläufig von Offensivbewegungen ganz absehen solle und die Truppen daselbst auf ihre eigenen, wenn auch schwachen Kräfte und die geschützte Lage angewiesen bleiben müssten [4]).

---

[1]) Supplement Nr. 12, 24, 54.

[2]) An der Befestigung in Brod arbeiteten jetzt nur 300 Mann, die übrigen wurden wegen Geldmangel und wegen der Feldarbeit entlassen. Indessen hoffte Obrist Petrasch mit dem Hauptwerke noch in diesem Sommer fertig zu werden. Obrist Freiherr von Petrasch an den Prinzen, 17. Juli 1716. Kriegs-A., „Türkenkrieg 1716"; Fasc. VII, 89.

[3]) Obrist Freiherr von Petrasch an den Prinzen, 19. Juli 1716. Kriegs-A., „Türkenkrieg 1716"; Fasc. VII, 111.

[4]) Supplement Nr. 30 und 49. Dagegen schrieb der Prinz an den Obrist Petrasch sowie an FML. Freiherrn von Löffelholz, die türkischen Unterthanen zum Herüberkommen aufzumuntern und sie einer guten Behandlung und des kaiserlichen Schutzes zu versichern, besonders aber die Furcht der eigenen Grenzbewohner zu zerstreuen, die oft bei einem entfernten Gerüchte von Annäherung osmanischer Streitkräfte ihre Wohnsitze in wilder Flucht zu verlassen pflegten. Supplement Nr. 29 und 49.

146

„Nachdem der Grossvezier nunmehr verlässlich zu Belgrad angelangt," schrieb der Prinz am 23. Juli 1716 an Obrist Freiherrn
von Petrasch, „so steht förderst abzuwarten, wie hiesiger Orten
die Hauptoperationen eingeleitet werden, ehe und bevor man zu
einem Nebenunternehmen den Herrn General Nádasdy mit dem
unterhabenden Corpo detachiren könne. Ich werde aber indessen
nach Beschaffenheit der Umstände darauf reflectiren und zu diesem
Ende den gemachten Vorschlag etwas umständlicher projectirt erwarten, damit ich verlässlich ersehen möchte, was etwa zu dessen
Ausführung an Truppen und anderen Nothwendigkeiten erfordert, in
den alldasigen Gegenden zu finden und von der Armee mitzubringen
wäre" [1]).

Ein gleiches defensives Verhalten war auch den westlichen Grenz-
Commandanten in Croatien vorgeschrieben, wobei jedoch kleine Unternehmen und Streifungen nach Bosnien nicht ausgeschlossen sein sollten,
weil die Türken dadurch am besten von ihren gewohnten Raubzügen
in das kaiserliche Gebiet abgehalten werden konnten.

Für grössere Actionen wäre übrigens ein einheitliches Commando
in diesem Grenzgebiete und die gemeinsame Verwendung der hier
verfügbaren Streitkräfte nöthig gewesen. Verschiedene Schwierigkeiten
standen dieser Absicht entgegen und so beliess es der Prinz auch
für den weiteren Verlauf des Krieges bei der schon bestehenden
Dreitheilung, nämlich Croatien mit der Banal-Grenze, dann Warasdiner und endlich Karlstädter Generalat, schrieb jedoch wiederholt und noch am 1. August 1716 an den GFWM. und Vice-Banus
von Croatien, Grafen Draskovich, „dass ein für alle Mal mit
dem Banal- und anliegenden Generalaten sich zu verstehen und
solche gemeinschaftliche Dispositionen zu concentriren und vorzukehren seien, womit man mit zusammengesetzten Kräften die feind-

---

[1]) Supplement Nr. 30. Auch Obrist Freiherr von Langlet in Rača war anfangs
für Unternehmungen nach Bosnien. „Ich kann Euer Durchlaucht nicht genug be-
schreiben," berichtete er am 11. Juli, „was für eine Furcht und Schrecken unter den
Türken auf der anderen Seite, sowohl in Bosnien, als Serbien ist, also dass man
jetzt mit gar sehr leichter Mühe und mit geringem Widerstand hinübersetzen könnte,
indem ganze Familien gegen Brod zu uns herüber zu kommen verlangten." Am 27.
schreibt er, die Bevölkerung sei bereit, für die kaiserliche Sache die Waffen zu
ergreifen, man möge auf Zwornik eine Unternehmung veranstalten. Aber schon am
1. August meldet Langlet, dass seine Hayducken und Husaren vor der Tataren-
annäherung durchgehen, während die Türken ihn selbst in der Befestigung bedrohen.
(Kriegs-A., „Türkenkrieg 1716"; Fasc. VII, 45.)

lichen Unternehmungen so viel möglich abhindern und sich entgegensetzen möge" [1]).

Die Grenzmiliz sollte Mitte Mai kriegsbereit sein. Da jedoch von Seite der innerösterreichischen Kriegsstelle weder für die Ausrüstung, noch für die Verproviantirung genügende Vorsorgen getroffen worden, war es mit der Operationsfähigkeit dieser Mannschaft ziemlich übel bestellt.

GFWM. Graf D r a s k o v i c h, der als Vice-Banus von Croatien auch die Insurrection [2]) daselbst befehligte, hatte seine Mannschaften, circa 3000 Mann, bei Kostajnica gruppirt, woselbst sich unter dem Obrist Grafen E r d ö d y auch die zum Karlstädter Generalate gehörigen Grenzposten befanden [3]).

Im Juli 1716 begab sich D r a s k o v i c h nach Klenovnik, um mit dem Obrist P e t r a s c h und womöglich auch mit den anderen Grenz-Commandanten eine gemeinschaftliche Unternehmung zu vereinbaren. Er beabsichtigte mit seinen Truppen auf Novi und Banjaluka zu operiren, während GFWM. Graf H e i s t e r und P e t r a s c h ebendahin vordringen, GFWM. Graf R a b a t t a dagegen den Angriff auf Bihač unternehmen sollten. Hiezu erbat er sich vom P r i n z e n 5—600 Reiter, besonders aber Munition und Proviant [4]). Der P r i n z musste ihn aber bezüglich der letzteren an den Hofkriegsrath verweisen, welcher seinerseits diese Obsorge wieder dem Königreich Croatien zumuthete.

In Folge der herrschenden Noth lief ein grosser Theil der Grenzmannschaft bald auseinander, den Rest musste GFWM. Graf D r a skovich wegen Brodmangels selbst entlassen.

---

[1]) Supplement Nr. 57. Das geringe Einverständniss zwischen den einzelnen Grenz-Commandanten machte ein gedeihliches Zusammenwirken unmöglich. Der rangsälteste Befehlshaber in der Grenze wäre der kürzlich zum Feldmarschall-Lieutenant ernannte „Amtsverwalter" des Warasdiner Generalates, Graf Hannibal Heister gewesen. Nachdem aber, wie der Hofkriegsrath am 12. August selbst der innerösterreichischen Kriegsstelle in Graz mitheilte, FML. Heister „in Folge der besonderen Privilegien des Königreiches Croatien und der Banal-Grenze nicht auch über selbe das Commando führen könne, so müssten sie nebeneinander in guter Art correspondiren und der Feldmarschall-Lieutenant sich im Reden und Schreiben in bescheidenen und geziemenden terminis verhalten".

[2]) Mit Rescript vom 11. Juli 1716 war die Aufstellung der Insurrection in Croatien angeordnet worden. Laut Beschluss des Landtages, dem auch Draskovich beiwohnte, hatten die Mannschaften sich am 1. August bei Petrinia und Hrastovica einzufinden. GFWM. Graf Draskovich an den Prinzen. Božjakovina, 17. Juli 1716. Kriegs-A., „Türkenkrieg 1716", Fasc. VII, 90.

[3]) Obrist Graf Erdödy an den Hofkriegsrath, 23. Juli 1716. Kriegs-A., „Türkenkrieg 1716"; Fasc. VIII, 13 a/1. Er hatte 6 Grenzposten zu etwa 80 Mann aufgestellt.

[4]) GFWM. Graf Draskovich an den Prinzen, 5. und 12. Juli 1716. Kriegs-A., „Türkenkrieg 1716"; Fasc. VII, 32 und 49. Supplement Nr. 21.

Um die Türken, welche sich bei Banjaluka stark ansammelten, wenigstens von den zunächst gelegenen Puncten Novi und Dubica zu delogiren, hätte man Geschütze bedurft. Einige alte, von den Türken in Jasenovac zurückgelassene Kanonen waren aber alles, über was man hier verfügte. In Folge dessen richtete GFWM. Graf Draskovich am 22., 24. und 29. Juli neuerliche Ansuchen an den Prinzen, welcher seinerseits wieder den Hofkriegsrath beauftragte [1]) und so wurde endlich bestimmt, dass für die Croaten der Proviant aus dem kaiserlichen Magazin zu Agram gefasst werden könne, während Essegg und Brod mit Geschütz und Munition auszuhelfen hätten [2]).

Nach seinen Berichten vom 4. und 6. August 1716, um welche Zeit GFWM. Graf Draskovich übrigens noch keinen Befehl zur Eröffnung der Feindseligkeiten erhalten hatte, obgleich die Türken schon Anfangs Juli von Novi aus Streifungen unternahmen, wollte er nunmehr über die Unna rücken, da man, wie er schrieb, das vereinigte und erhitzte Volk nicht länger im Zaum halten könne. Doch war diesmal weder mit GFWM. Graf Heister, noch mit GFWM. Graf Rabatta eine Verbindung zu bewerkstelligen.

Den erwünschten Succurs aus dem Warasdiner Generalat konnte GFWM. Graf Draskovich nicht erhalten, weil daselbst die Mobilmachung einen überaus langsamen Fortgang nahm. Ende Juli standen von den dortigen Grenztruppen erst 250 Mann bei Sissek, 250 bei Kreutz; der Rest von 2500 Mann war noch zusammenzubringen.

Im Karlstädter Generalat formirte GFWM. Graf Rabatta seine Kräfte, etwa 4000 Mann, veränderlich wegen mangelnder Verpflegung, in vier Lagern, bei Sluin, Močila, Vrhovine und Korenica.

Graf Attems hatte 2000 Likaner bei Korenica vereinigt.

Die Türken standen in geringer Entfernung bei Bihać. In die Lika und Corbavia hatten sie, wie auch der Obrist und Obercapitain von Zengg, Baron von Teuffenbach meldete, seit Anfang Juni continuirliche Streifungen unternommen, viele Leute niedergehauen und offen Raub verübt. Der Prinz legte diesem Geplänkel an der Grenze wenig Bedeutung bei, sondern schrieb an den Hofkriegsrath [3]), dass er der Meinung sei, „dass gedachte Streifereien aus Ursache der gegenwärtigen und anscheinenden Umstände viel mehr von den beider-

---

[1]) Der Prinz an den Hofkriegsrath, 21. Juli und 1. August 1716, welche Schreiben die Ansichten des Prinzen über das Verhalten auf diesem entlegenen Theile des Kriegsschauplatzes enthalten. Supplement Nr. 26 und 56.

[2]) Der Hofkriegsrath an den GFWM. Grafen Draskovich, 1. August 1716. H. K. R. Reg. 1716; August, 7. Supplement Nr. 57 und 58.

[3]) Supplement Nr. 26 und Kriegs-A., „Türkenkrieg 1716“; Fasc. VII, 121.

seits undisciplinirten und raubgierigen Grenzern veranlasst, als aus einem
rechtschaffenen feindlichen Absehen verübt, zumal man weder durch
dortige, noch hiesige Kundschaften von einer türkischen Versammlung
oder Verfassung dort etwas Verlässliches hört und sich leicht zu alarmiren scheint".

Man solle nur die Tschardaken gut besetzt halten, befahl der
Prinz und alle räuberischen Eindringlinge mit Gewalt zurücktreiben [1]).

Siebenbürgen.

Gleich den Truppen in Ungarn hatten auch die Regimenter in Siebenbürgen Befehl, mit Anfang des Monates April marschbereit zu sein.

Schon nach der Anordnung des Hofkriegsrathes vom 15. Februar 1716 sollte aus ihnen ein „Corpo" formirt werden, welches, zur
Deckung des Landes bestimmt, eventuell auch, in Uebereinstimmung
mit der Hauptarmee, zu weitergehenden Operationen verwendet werden
könnte; die Vorbereitungen für dessen Zusammenziehung waren dem
G. d. C. Grafen Steinville übertragen [2]).

Der drohenden Haltung der Tataren von Chotin, denen sich
ungarische Malcontente anschlossen und der feindseligen Stimmung des
Fürsten der Walachei, Nicolaus Maurocordato gegenüber, war
Siebenbürgen ohne Zweifel ernster Gefahr ausgesetzt.

Nicolaus Maurocordato war vom Sultan zum Fürsten der
Walachei ernannt worden, um das bisherige gute Verhältniss zu dem
benachbarten habsburgischen Reiche, wie es unter Brancovan und
Cantacuzeno bestanden, zu lösen und den wachsenden kaiserlichen Einfluss in der Walachei zu bekämpfen.

Man wusste in Wien gar wohl, dass der neue Fürst Maurocordato dem ottomanischen Interesse mehr als ein „offenbarer Türke"
zugethan sei. G. d. C. Graf Steinville erhielt daher auch Auftrag, im
Verkehre mit diesem Satrapen alle Vorsicht anzuwenden und einen
solchen mit ihm überhaupt erst dann einzuleiten, wenn seine Ein-
setzung förmlich und officiell mitgetheilt würde [3]).

---

[1]) Supplement Nr. 22.

[2]) Damit die Truppen möglichst bald zu dem in das Feld bestimmten Corps
zusammentreten könnten, befahl der Hofkriegsrath am 11. April, die Schanzarbeit in
Karlsburg und Déva nicht mehr durch Soldaten, sondern durch freiwillige Bauern gegen
die bisher dem Militär gegebene Bezahlung bewirken zu lassen. G. d. C. Graf Steinville musste dies übrigens bald als undurchführbar erkennen, da ihm die „freiwillig"
herangezogenen Bauern stets wieder davonliefen.

[3]) Der Hofkriegsrath an den G. d. C. Grafen Steinville, 8. Februar 1716.
H. K R. Reg. 1716; Februar, 140.

Indessen versuchte G. d. C. Graf Steinville sich bei den Maurocordato abgeneigten Bojaren eine Partei in den Donaufürstenthümern zu schaffen, was der Prinz billigte.

Die Directiven für das allgemeine Verhalten der Streitkräfte in Siebenbürgen kamen dem G. d. C. Grafen Steinville am 11. April 1716 zu[1]).

„Es sei ihm ohnehin bekannt,“ schrieb der Kaiser, „dass die Türken sich in der Gegend von Siebenbürgen nicht wohl versammeln werden, sondern die grösste Gefahr anfänglich dahin ankomme, dass in dem Marsche der türkischen und tatarischen zu der Armee anrückenden Truppen kein Einfall und Devastation in dem Land geschehe. Zumal aber solche eben deshalb leichter abzuhalten oder wenigstens zurückzutreiben sind, so können Wir umsomehrers vermuthen, dass die in dem Lande anwesenden Regimenter im Stande sein werden, durch Bewirkung des Herrn Generals vernünftigen Anordnungen und vorsichtiger Tapferkeit allen derlei Schädlichkeiten genugsam vorzubeugen.

Worüber Wir die anerinnerte Repartition der Besatzungen zwar an seinen Ort gestellt sein lassen, es wird sich jedoch äussern, ob solche ausser wirklicher Noth und Feindesgefahr von dieser Stärke nöthig sein möchte oder nicht? Und kommt folgbar das ganze Werk auf des Herrn Generals Prudenz hauptsächlich an, ob nicht die Umstände, eine oder die andere Besatzung wenigstens seinerzeit zu vermindern und dadurch eine zahlreichere Infanterie zu dem Corpo zu ziehen, so desto mehrers erforderlich ist, weil selbes für sich selbst gegen einen andringenden Feind sich mit zulänglichen Kräften wenden oder mit der Hauptarmee de concerto offensiv operiren, oder soferne solche in die Nähe käme, sich damit sogar zu conjugiren hätte.“

Graf Steinville wurde im übrigen den Befehlen des Prinzen Eugen unterstellt und ihm bedeutet, dass „wenn sich eine feindliche grössere Macht gegen Siebenbürgen wendete, auch von der diesseitigen Hauptarmee die angemessene Hilfe zu leisten nicht unterbleiben würde, wie denn auch schon die jetzige Truppenvertheilung die Sicherheit Siebenbürgens berücksichtigt“.

Graf Steinville nun hielt nach seinem Berichte[2]) (vom April, ohne Datum) die Ausscheidung eines Corps für offensive Zwecke

---

[1]) Der Kaiser an den G. d. C. Grafen Steinville, 11. April 1716. H. K. R. Reg. 1716; April, 268.

[2]) H. K. R. Exp. 1716; Mai, 269.

nicht für so leicht. Er wollte lieber stärkere Garnisonen bilden, um die aufrührerischen Elemente im Lande niederzuhalten. Er betonte, dass mit der Verstärkung der Armee durch ein paar hundert Mann doch nichts gewonnen sei, während sie in dem von Feindesland umschlossenen, schwer zu vertheidigenden Siebenbürgen, dessen Verbindung mit Ungarn zudem unsicher, mehr Nutzen gewähren könnten.

Der Prinz trug den Bedenken Steinville's einigermassen Rechnung, indem er gleich nach seiner Ankunft bei der Armee die Cürassier-Regimenter Hohenzollern und Mercy von Grosswardein nach Arad schickte, wodurch eine bessere Verbindung mit Siebenbürgen hergestellt wurde.

Als der Einfall der Tataren und der Parteigänger Rákóczi's in die Marmaros oder nach Siebenbürgen an Wahrscheinlichkeit gewann, zögerte Graf Steinville, trotz der indessen erhaltenen Instructionen, seine Truppen, wie es bestimmt gewesen, bei Déva zusammenzuziehen. Er beliess die zwei Dragoner-Regimenter Vehlen und Breuner in der Csik und bei Kronstadt an der Ostgrenze und stellte die Cürassier-Regimenter Steinville und Pfalz-Neuburg zur Deckung gegen Temesvár bei Szászváros auf, während die Infanterie in Karlsburg und bei kleineren Schanzbauten beschäftigt blieb.

Die Feld-Artillerie stand noch in Bereitschaft bei Hermannstadt.

Als Ende Juli die Tataren thatsächlich von Chotin aufbrachen, nahm das Dragoner-Regiment Breuner bei Heldsdorf im Burzenlande, Vehlen-Dragoner bei Zágon in der Háromszék Aufstellung und G. d. C. Graf Steinville gedachte nun auch die übrigen Regimenter nach dem Osten zu ziehen [1].

Der Prinz theilte die Besorgnisse Steinville's nicht. Er schrieb ihm am 30. Juli 1716 [2]: „Nun will ich zwar die gemachte Postirung deren beihabenden Truppen keineswegs abändern, der verlässlichen Zuversicht, solche wird nach Erforderniss der jetzigen oder anscheinenden Umstände eingerichtet und veranstaltet sein, weil aber diese Ursachen nicht beständig also bleiben und die von Chotin durch anwerbendes Gesindel besorgende Gefahr sich bald äussern, auch die bevorstehenden Operationen dem jetzigen Ansehen nach jenseits der Donau wohl dürften vorgenommen werden, also wäre nach Möglichkeit dahin zu trachten,

---

[1] G. d. C. Graf Steinville an den Prinzen. Déva, 2. August 1716. Kriegs-A., „Türkenkrieg 1716"; Fasc. VIII, 34.

[2] Supplement Nr. 48. Die vorausgegangenen Befehle des Prinzen an den G. d. C. Grafen Steinville, welche hauptsächlich Mittheilungen über die Lage der Hauptarmee enthalten, vom 11., 14., 26. Juli, Kriegs-A., „Türkenkrieg 1716"; Fasc. VII, 42, 64, 140.

dass sodann die siebenbürgischen Regimenter zusammengezogen und in solch' fertige Bereitschaft gestellt werden, um sich derselben nach Erheischung der Conjuncturen bedienen zu können; in diesem Absehen auch diejenige Infanterie, welche nach unumgänglicher Besetzung der haltbaren Plätze annoch übrig bleibt, zu gebrauchen und die Fortificationsarbeit in der Mannschaft zu proportioniren wäre, zumalen E. E. von selbsten ganz vernünftig ermessen werden, dass die Operationen und eine dem Feind nahende grosse oder kleine Diversion weit importanter, als etwa eine geringe durch Beibehaltung der völligen Mannschaft gemachte Arbeit, welche auch durch die Bauern bestritten werden kann".

Wirklich ging, wie sich später zeigte, die befürchtete Tatarenfluth für diesmal an Siebenbürgen vorbei.

Concentrirung der Armee bei Peterwardein, 27. Juli bis 2. August 1716.

Am 26. und 27. Juli 1716 hatte die türkische Hauptarmee die Save auf einer Brücke mit doppelter Fahrbahn passirt und ein Lager in den alten Verschanzungen bei Banovce und Belegiš bezogen. Drei Märsche entfernt von Peterwardein und nur noch durch die Donau von der bei Bács, Futak und der Römerschanze versammelten kaiserlichen Armee getrennt [1]), war auch für die Türken der Beginn der Operationen in den nächsten Tagen zu gewärtigen [2]). Die bis Szegedin und Vukovár ausgedehnten Truppen konnten jetzt, wo die türkische Angriffsrichtung deutlich ausgesprochen war, herangezogen werden und die rasche Vereinigung der Armee erschien wünschenswerth und geboten.

Am 27. Juli sandte daher Eugen dem FZM. Prinzen Alexander von Württemberg den Befehl, mit seinem Corps von Szegedin nach Futak abzurücken [3]).

Prinz Alexander von Württemberg berichtete am 29. Juli 1716, dass er gegen Abend aufbrechen werde, um am

----

[1]) Siehe Operationskarte zum Feldzuge 1716.

[2]) Wie dies der Prinz auch den Befehlshabern der nicht bei Peterwardein versammelten Truppen mittheilte. Supplement Nr. 28.

[3]) „Gedachtes Corpo," schreibt der Prinz am 3. August 1716 an den Kaiser, „habe ich nicht eher von der Theiss weg und anher ziehen können, so lang man von dem feindlichen Mouvement keine verlässliche Gewissheit und die Nachricht hatte, dass der Orten sich nicht ein starkes Corpo zusammenziehen thäte." Supplement Nr. 59.

29. Juli Mártonyos,

30. „ Cestovo,

31. „ Plisanica,

1. August Szt. Tamás,

2. „ Mali Kér,

3. „ Futak

zu erreichen.

Noch am 31. Juli antwortete der Prinz, dass er den Marschplan empfangen, aber die Eintheilung der relativ geringen Entfernung in sechs Märsche nicht billigen könne[1]). Prinz Württemberg möge jetzt seinen Weg nicht mehr auf Futak, sondern gerade auf die Römerschanze bei Peterwardein nehmen.

Die Truppen bei Bács, welche G. d. C. Freiherr von Falkenstein, dann FML. Conte d'Ahumada und FML. Freiherr von Hochberg commandirten, wurden durch den Befehl des Prinzen vom 29. Juli 1716[2]) zum Aufbruch nach Futak beordert. Die Regimenter langten in zwei Märschen daselbst an und rückten weiter nach Peterwardein. Hier bezog die Armee ein Lager zwischen Futak und der Raizenstadt, dem heutigen Neusatz, nur ein Theil der Cavallerie-Regimenter verblieb bei der Römerschanze. Der daselbst commandirende FML. Baron de Viard hatte den Auftrag, einen etwaigen Theiss-Uebergang der Türken bei Titel zu hindern, Titel aber auf alle Weise zu behaupten[3]). Der Prinz verlegte sein Hauptquartier in die Raizenstadt und am 2. August nach Peterwardein.

Schwieriger durchführbar war der am 27. Juli angeordnete Marsch des G. d. C. Grafen Nádasdy von Vukovár nach Peterwardein[4]).

Dieser Ort ist von Peterwardein um zwei Märsche weiter entfernt, als Banovce, wo bereits die Türken standen. Es wäre daher in ihrer Macht gewesen, Nádasdy mit seinem Corps von der Armee abzudrängen. Dazu kam noch, dass die Strasse südlich der Donau führte und Nádasdy bei einem Angriffe Gefahr lief, in den Strom geworfen zu werden. Es spricht von dem Gefühl fester Sicherheit und der moralischen Ueberlegenheit, welches den Prinzen beseelte, dass er, trotz dieser misslichen Umstände, Nádasdy dennoch südlich der Donau nach Peterwardein befahl.

---

[1]) Supplement Nr. 39 und 51. FZM. Prinz Alexander von Württemberg an den Prinzen, 28. Juli 1716. Kriegs-A., „Türkenkrieg 1716"; Fasc. VII, 202. (Am 2. August befand sich das Corps in Petrovoszello.)

[2]) Supplement Nr. 46.

[3]) Supplement Nr. 37 und 41.

[4]) Supplement Nr. 40.

Im Besitze der starken Festung fühlte er sich bis zu einer gewissen Grenze bereits als Herr des südlich der Donau gelegenen Bewegungsraumes. Er kannte übrigens die Schwerfälligkeit der türkischen Heere, die ihm mehr zu wagen erlaubte, als es einem aufmerksamen, raschen Feinde gegenüber zulässig gewesen wäre und er rechnete mit dieser Unthätigkeit seiner Gegner. Er liess zudem durch FZM. Freiherr von Löffelholz Vorsorge zur Sicherung und zur Aufnahme des Corps Nádasdy treffen [1]).

G. d. C. Graf Nádasdy wollte nach seinem Berichte vom 28. Juli an diesem Tage Opatovac, am 29. Illok, am 30. Szuszek, am 31. Banostor, am 1. August Kamenitz und am 2. Peterwardein erreichen. Er marschirte in einer Colonne. Die Kranken wurden zu Wasser nach Essegg abgeschoben, wo auch eine Anzahl Commandirter beim Festungsbau zurückgeblieben war.

Von Illok meldete G. d. C. Graf Nádasdy am 30. und 31. Juli, dass er sein Lager, vorne durch spanische Reiter, in den Flanken durch die Wagenburg gedeckt, knapp an der Donau bezogen habe [2]).

Er marschirte der Kühle und Sicherheit wegen bei Nacht und langte am 2. August, als schon das erste Gefecht bei Karlowitz sich vorbereitete, glücklich und unbehindert in den Retranchements von Peterwardein an.

Vukovár, auf das der Prinz Werth legte, wurde von Essegg aus mit 40 Mann besetzt.

Auch die kaiserliche Feld-Artillerie war am 28. Juli endlich vollzählig [3]) bei der Armee und jetzt fehlten nur noch die Dragoner-Regimenter Württemberg und Eugen Savoyen, die aus den Niederlanden, das Cürassier-Regiment Caraffa, welches aus Neapel (via Fiume) heranrückte, dann einige Bataillone, deren Ablösung etwas zu spät vor sich gegangen und die Kriegsschiffe.

„Ich habe," schrieb der Prinz in dem Berichte an den Kaiser vom 28. Juli 1716 [4]), „die entfernten Corps anher beordert und die näheren in solche fertige Bereitschaft gestellt, dass diese mit der nun-

---

[1]) Supplement Nr. 45.

[2]) Marschbefehl vom 27. Juli 1716. Berichte des G. d. C. Grafen Nádasdy vom 28., 29., 30. Juli und 1. August. Cserević. Kriegs-A., „Türkenkrieg 1716"; Fasc. VII, 185, 202½, 217, 232; VIII, 16.

[3]) Tabelle vom Juli 1716 (ohne Datum). Kriegs-A., „Türkenkrieg 1716"; Fasc. VII, 1.

[4]) Supplement Nr. 43. Aber noch am 1. August sagt er, „dass er bis auf die nach Anlangung des von Szegedin im Anmarsche befindlichen Corps innerhalb weuig Tagen erfolgende Passirung der Donau die Operationen zu verschieben, diensam erachtet habe". (Supplement Nr. 55.)

mehr eingerückten Feld-Artillerie in eine Armee formirt und nächster
Tage die Donau zu Peterwardein passiren und sich jenseits lagern,
mithin man den Feind und seine Mouvements in der Nähe besser wird
observiren können."

Die Türken zögerten mit den Feindseligkeiten zuerst zu beginnen[1]);
sie benützten die Zeit zur Concentrirung und Annäherung.

Am 31. Juli traf auch die kaiserliche Entschliessung vom 27. Juli[2])
ein, wonach dem Prinzen die Eröffnung des Krieges ohne weiteres
Abwarten anbefohlen wurde und der Kaiser sprach die Erwartung
aus, dass er schon durch den zurückkehrenden Courier die glückliche
Eröffnung der Campagne vernehmen werde.

---

[1]) Supplement Nr. 19 und 25.
[2]) Kriegs-A. „Türkenkrieg 1716"; Fasc. VII, 189.

Rüstungen und Operationsplan der Türken.

Die grossen Anstrengungen, welche der Kaiser machen musste, um ein so ansehnliches Heer in Ungarn zusammenzuziehen, standen in auffälligem Gegensatze zu der verhältnissmässigen Leichtigkeit, mit der die türkischen Herrscher ihre Schaaren aufstellten.

Die Osmanen hatten dabei stets den Vortheil bedeutender numerischer Ueberlegenheit und selbst in dem jetzigen Kriege konnten sie Streitkräfte aufbringen, gegen welche das kaiserliche Heer besorgnisserregend gering erscheinen musste. Ein solches Massenaufgebot, wie es die Türken zu Stande brachten, war allerdings nur in einem Staate möglich, in dem das Volk den Krieg gegen die Christen als eine durch die Religion gebotene Pflicht ansah und wo das despotische Geheiss des Herrschers rücksichtslos blinden Gehorsam fand. Das militärische Lehenssystem, wie es in der Türkei bestand, hatte überdies den Vortheil, dass es dem Sultan im Frieden fast nichts kostete und selbst im Kriegsfalle musste der türkische Lehensmann, bis zur Vereinigung der Armee, selbst für sich sorgen.

Was bei den Soldaten der christlichen Heere durch methodische Ausbildung erreicht wurde, das ersetzten die Osmanen durch ihr kriegerisch angelegtes Wesen und ihre Vertrautheit mit der Waffenführung. Die misslichen Rüstungsarbeiten, die finanziellen Schwierigkeiten, die Vorsorgen für die Verpflegung und Ergänzung, das Alles machte sich bei den Türken in viel geringerem Masse geltend und dadurch erklärt es sich, dass sie trotz des spät gefassten Entschlusses zum Kriege dennoch rechtzeitig mit voller Macht auf dem Operationsschauplatze einzutreffen und die seit einem Jahre mit ihren Rüstungen beschäftigte kaiserliche Armee sogar noch an der geplanten Operation auf Belgrad zu hindern vermochten.

Der erdrückenden Ueberzahl des türkischen Heeres stand aber nicht mehr jener kriegerische Fanatismus zur Seite, der die Ungläubigen vor dreiunddreissig Jahren bis an die Mauern Wiens geführt hatte.

Diese Erschlaffung ging indessen mehr von der Führung aus, als vom inneren Wesen des Soldaten und schon die Mattheit der Kriegführung in Morea, wo indessen trotzdem ein wohlfeiler Triumph über das gänzlich vernachlässigte Wehrsystem der Venetianer errungen wurde, fiel mehr auf Rechnung des Grossveziers Ali, als auf etwa mangelnden Kriegsmuth des Heeres. Man durfte am kaiserlichen Hofe nicht übersehen, dass der gefährliche Erbfeind mit zwei gewonnenen Feldzügen in den jetzigen Kampf eintrat und sein ohnedies leicht erregbarer, fanatischer Muth dadurch reichliche Nahrung erhalten hatte; dass die unterdrückte Wuth über die vor 17 Jahren durch den Karlowitzer Frieden erlittene Demüthigung sich in tollen Ausbrüchen Luft machte und der Wunsch nach Rache, Vergeltung und Wiedergewinnung des Verlorenen, alle Osmanen erfüllte [1]).

„Beherrscher der Gläubigen" war zu jener Zeit Sultan Achmed III.[2]), der trotz seiner eigenen Unfähigkeit, doch so viel Glück gehabt, durch seine Generale Kriege zu gewinnen und dem Reiche dadurch neues Ansehen zu erwerben.

An der Kriegführung betheiligte er sich nicht persönlich, sondern lebte, wie zuletzt im Feldzuge von Morea, in träger Ruhe den Freuden des Harems und der Jagd. Besonderes Verdienst erwarb er sich indessen um die Vergrösserung der türkischen Flotte und in stolzer Ueber-

---

[1]) Ueber das türkische Wehrsystem, siehe „Einleitung zur Darstellung der Feldzüge des Prinzen Eugen von Savoyen", I. Band, Seite 547. Ueber die Rüstungen der Türkei ist einiges weniges in den Berichten des Minister-Residenten Franz von Fleischmann und in einzelnen unsicheren Kundschafts-Nachrichten enthalten. Im Uebrigen siehe Hammer „Geschichte des Osmanischen Reiches".

[2]) Sultan Achmed III., als Sohn Mohamed IV., am 2. December 1673 geboren, gelangte, nachdem sein Bruder Mustapha II. durch einen von den unzufriedenen Tschebedschi und Janitscharen angestifteten Aufruhr zur Abdankung gezwungen worden war, am 22. August 1703, dreissig Jahre alt, zur Regierung. Mangel an Entschlossenheit, unselbstständiges Wesen und ein weiches unkriegerisches Gemüth charakterisirten den Grossherrn, der ebenso wie er zum Sultan erhoben, wieder durch eine Revolution am 1. October 1730 entthront wurde. Während der ersten 15 Jahre seiner Regierung wurde dreizehnmal der Grossvezier gewechselt, grösstentheils durch die Ränke des Serails und obgleich diese Würdenträger unter Achmed III. mehr denn je eine unumschränkte Macht ausübten, vermochte durch lange Zeit keiner sich dauernd zu behaupten. Dieser Umstand, sowie die mehr dem Harem als den Regierungsgeschäften gewidmete Thätigkeit des Sultans trugen viel dazu bei, dass das ehemals so furchtbare türkische Reich in Lethargie versank und wenngleich unter Achmed III. mehrere Kriege, so gegen Russland, Venedig, den Kaiser, gegen Persien zum Theil mit Erfolg geführt wurden, so sank der kriegerische Geist doch mehr und mehr. Achmed III. stand zur Zeit seiner Entthronung im 57. Lebensjahre und starb 9 Jahre später im April 1739.

hebung schmeichelte er sich angesichts der Zaghaftigkeit der Venetianer mit Hoffnungen auf die Eroberung von Italien, das nach einer
alten Legende den Ungläubigen gehören sollte.

Der Grossvezier Damad Ali[1]) war seit dem Jahre 1713 in
dieser Würde; der Abschluss des Friedens mit Russland und die
Eroberung von Morea hatten ihn in der Gunst des Sultans befestigt
und seinen Hochmuth nicht wenig gesteigert.

Die Armee, welche zunächst 1715 nach Morea bestimmt war,
wurde von dem kaiserlichen Minister-Residenten sehr abfällig beurtheilt.
Am 12. Februar 1715 hatte er geschrieben, „dass jetzt nicht nur
Gelegenheit wäre, die wegen Abgang verständiger und erfahrener Leute
in einem sehr schlechten Zustand und grösster Confusion befindlichen
Türken zu strafen, sondern sie auch, wenn es nur der Allerhöchste
Wille ist, ohne grosse Beschwerniss in wenig Campagnen aus Europa
zu jagen“, und noch am 28. April 1715 gefiel er sich in der Schilderung,
„die ganze Armee beläuft sich auf 70.000 Mann (59.200 zu Fuss,

---

[1]) Damad Ali Pascha wurde im Dorfe Selof am See von Nicäa in Kleinasien
geboren, gelangte frühzeitig in das Serail, wo er es zum Tschokadar oder ersten
Kammerdiener und Günstling des Sultans brachte, im Jahre 1704, etwa dreissig
Jahre alt, zum Silihdar, Waffenträger des Sultans, ernannt und im Jahre 1707
mit der noch nicht vierjährigen Tochter des Grossherrn, Fatime, verlobt wurde.
Nunmehr Eidam des Sultans, verstand er sich in der Gunst des wankelmüthigen
Herrschers zu behaupten und vermied klug und mit den Ränken vertraut, die sich
seit Carl XII. Aufenthalt in der Türkei in noch höherem Grade als sonst beim Divan
abspielten, die Würde des Grossveziers anzunehmen, obgleich er zum Kaimakam von
Adrianopel befördert, bereits eine der höchsten Würden des Reiches bekleidete. Erst
im Jahre 1713 stürzte er seinen Feind, den Grossvezier Ibrahim Chodscha und nahm
jetzt, in sicherer Aussicht des russischen Friedens, das vom Sultan unter besondern
Gnadenbezeugungen angebotene Reichssiegel an. Er bewältigte hierauf durch kluge
Massregeln Soldaten-Aufstände in Syrien und Aegypten und war bemüht, das unter
den Vorgängern vernachlässigte Kriegswesen, besonders die Flotte, in besseren Stand
zu bringen. In der Führung des Krieges sonst ziemlich unerfahren, jedoch voll Eigen-
dünkel und Hochmuth, schleuderte er im December 1714 gegen die Republik Venedig
die geharnischte Kriegserklärung, welcher er im Jahre 1715 die rasche Eroberung von
Morea folgen liess. Bestrebt Mannszucht zu erhalten, dabei geizig und tyrannisch,
war er bei den Soldaten unbeliebt und sein ehrenvoller Tod auf dem Schlachtfelde
von Peterwardein vom 5. August 1716 wurde von den Truppen nicht beklagt. Er
wurde in dem Vorhofe der Moschee Soliman's in Belgrad bestattet. Ohne Feldherrn-
talent, sonst ein beredter, in den türkischen Büchern bewanderter Mann, hatte, wie
der Zeitgenosse und Geschichtsschreiber Raschid in der blumenreichen Ausdrucksweise der Osmanen berichtet, „sein übermächtiger Hochmuth vor dem Auge seiner
Wachsamkeit den Flor der Nachlässigkeit vorgezogen“.

14.794 zu Pferd), mehr einem Lumpengesindel als streitbaren Leuten gleichend, unter denen kein Einziger anzutreffen, welcher eine Attaque zu führen, die Artillerie zu commandiren, oder sonst das, was zur Belagerung nöthig zu thun, tauglich. Mithin sie auf keine Weise im Stande sind, eine regelmässige wohlbesetzte und sonst keinen Abgang leidende Festung mit Force der Waffen zu erobern".

In Wahrheit stand es aber mit dem osmanischen Wehrsystem wesentlich anders. Die Soldaten waren tapfer, gehorsam, fanatisch, ein grausamer Vernichtungstrieb beseelte sie und bald wussten sie wieder wie einst, Schrecken vor sich her zu verbreiten. In regelrechter Schlachtordnung zu kämpfen, verstanden sie nicht, aber eben die ungebundene Kampfesführung, das Wirken auf Flanke und Rücken, hatte ihnen bei ihrer grossen Zahl auch jene gewisse taktische Ueberlegenheit erhalten, welche sie so lange Zeit auf den ungarischen Schlachtfeldern zur Geltung gebracht hatten.

Das türkische Heer, wie es 1716 auf dem Kriegsschauplatze erschien, gliederte sich in:
    die Sold-Truppen,
    die Lehens-Truppen und
    die Hilfs-Contingente.
Der Jenisseri Agassi, oder Aga der Janitscharen, der türkische General der Infanterie, war im Jahre 1716 Hussein, nachdem der Sultan seinen Vorgänger wegen Erpressungen hatte hinrichten lassen. Wie stark 1716 die Janitscharen, noch immer die Elite der türkischen Fusstruppen, in das Feld rückten, kann nur im Allgemeinen geschätzt, nicht mit Bestimmtheit angegeben werden. Nach dem Berichte Fleischmann's vom 26. März 1715 marschirten vom 9. bis 14. März 1715 64 Tschorbaschi (Hauptleute) mit etwa 7000 Janitscharen, 3000 Tschebedschi und 2000 Stückknechten von Constantinopel nach Adrianopel ab. 2000 Janitscharen waren schon 1715 nach Bosnien geschickt worden. Eine ansehnliche Anzahl folgte 1716, um in Dalmatien verwendet zu werden, blieb aber in Belgrad zurück. In den Jahren 1715 und 1716 verfügte der Grossvezier noch Werbungen für die Janitscharen. Unter andern wurden 3600 Mann in Ibrail (Braila) angeworben [1]), um das Tataren-Corps zu verstärken.

Im Jahre 1716 berichtet Fleischmann am 9. April nur von einem Ende März stattgefundenen Ausmarsche von

---

[1]) Hammer, Geschichte des Osmanischen Reiches, VII. Bd. Seite 200.

6000 Janitscharen,
4000 Tschebedschi,
5000 Topdschi und
2000 Spahis.

Ein weit grösserer Theil muss daher bereits in Adrianopel versammelt gewesen sein.

Kundschaftsnachrichten vom Juli 1716 gaben die Stärke der bei der Hauptarmee befindlichen Janitscharen auf 40.000 Mann an.

Diese Zahl scheint etwas zu hoch gegriffen und dürfte eine andere Meldung, dass sie 26.000 Mann stark seien, von denen ein Theil aber bereits in Temesvár und Belgrad stehe, der Wahrheit näher kommen.

Von den Spahis war das Regiment der rothen Fahnen mit 5000 und das der gelben Fahnen mit 1000 Reitern ausmarschirt. Hiezu gehörte noch eine grosse Anzahl Freiwilliger, so dass diese Elite-Reiterei 10—15.000 Mann zählen mochte.

Die türkische Artillerie besass eine beträchtliche Geschützzahl, war aber in ihrer Verwendbarkeit von untergeordnetem Werthe. In der frühern Zeit hatte sie sich einen gewissen Ruf erworben, was das Verdienst einiger waffenkundigen Renegaten gewesen war, die man hier mit Vorliebe anstellte.

Bei Ausbruch des Krieges war die Artillerie verwahrlost und aus vielfältigen Kalibern bestehend; vom 1 bis zum 100-Pfünder war fast jede Grösse vertreten und es setzt in Erstaunen, dass die Verwendung und der Munitions-Nachschub einer so bunten Geschützmenge überhaupt zustande zu bringen war. Eine besondere Scheidung in Feld- und Festungs-Artillerie scheint nicht bestanden zu haben. Die Bespannungen, Pferde, Ochsen und Kameele, waren höchst primitiv und meistentheils vom Lande beigestellt, das schwere Geschütz vermochte daher auch der Armee nicht überall zu folgen.

Bei der Armee für den Krieg in Ungarn bestand, wie überall bei den Türken, die Hauptmasse des türkischen Heeres aus jenen Contingenten, welche zufolge der alten Lehens-Einrichtung die Statthalter und Paschas der Provinzen dem Heere zuführten.

Als allgemeiner Versammlungspunct für diese Heerestheile war Adrianopel, das historische türkische Feldlager, bestimmt.

Nachdem auf die Truppen des Paschas von Bosnien wegen der beabsichtigten Operation nach Dalmatien nicht reflectirt werden konnte, waren es vorzüglich die Streitkräfte des Beglerbegs von Rumili, S a r i A c h m e d, schon vermöge ihrer Tüchtigkeit eine Kerntruppe des türkischen Lehensheeres, 40.000 Mann, grossentheils Berittene, stark. 10.000 Arnauten, ein kräftiger, kampflustiger Volksstamm, auf den die Grossveziere in dem Masse ihr Augenmerk lenkten, als der kriegerische Geist bei den Osmanen selbst im Abnehmen begriffen war, rückten gleichfalls zur Armee ein. Diejenigen Kräfte, über welche der Pascha von Temesvár, A c h m e d und der von Belgrad, C h a l i l B o s t a n d s c h i verfügten, beliefen sich gleichfalls auf 40.000 Mann, welche jedoch grösstentheils als Besatzung in den beiden Hauptfestungen und in kleineren Posten an der Grenze standen, für die Feld-Armee daher nicht in Betracht kamen.

Unter dem Beglerbeg von Anatoli, T ü r k A c h m e d, standen ebenfalls beiläufig 40.000 Mann asiatischer Truppen, die ursprünglich für die Operation auf Corfu bestimmt, übrigens von zweifelhaftem Werthe und ziemlich elend ausgerüstet und bewaffnet waren.

In Niš kamen noch der Beglerbeg von Erzerum, A c h m e d und der Pascha der Sandschake von Kaisarije C h o d s c h a I l i aus Kleinasien zum Heere.

Der Tataren-Khan der Krim, welcher mit dem üblichen Sold von 10.000 Piastern als Köchergeld und 40.000 Piastern als Sold der Mannschaft, zur Theilnahme an der Heeresfolge aufgefordert worden war, konnte nicht die verlangten 40.000, sondern nur 10.000 Mann seiner Horde unter N u r a d i n zum türkischen Heere stossen lassen, da er den Rest zur Sicherung der Grenze gegen Russland nicht entbehren wollte. Die Anwesenheit tatarischer Haufen bei Chotin erhielt indessen doch Siebenbürgen durch lange Zeit in grosser Beunruhigung [1]).

Die gesammte Stärke des türkischen Heeres wird verschieden, von 400—420.000 Mann, angegeben.

Nach den oben gegebenen Zahlen wären die Besatzungen 40.000 Mann stark gewesen.

Sichere Angaben fehlen.

Jedenfalls betrug die Stärke der Streitbaren weit über 100.000 Mann, wozu dann eine Unzahl jener Nichtcombattanten kam, welche die türkischen Heere zu begleiten pflegten und die theils zum Trosse gehörten, theils gleich Aasgeiern nur auf Beute auszogen. Damit erklärt sich auch zum Theil die Verschiedenheit der Angaben über die Stärke der türkischen Armee.

Der P r i n z berichtete darüber am 28. Juli 1716 an den K a i s e r [2]): „Von der Stärke, Composition und Vorhaben der feindlichen Armee

---

[1]) Kriegsplan und Aufmarsch der kaiserlichen Armee. Seite 115.
[2]) Supplement Nr. 43.

ist wegen veränderlich einlaufenden Nachrichten, welche bald zu 200.000 Mann, bald zu 250.000 Mann ausrechnen wollen, dermalen noch keine Verlässlichkeit zu geben, so viel dennoch gewiss, dass diese türkische Macht sehr ansehnlich gross und mit Allem nach ihrer Art wohl versehen ist."

Mit Sorgfalt wurden die Vorkehrungen zur Ausrüstung einer Donau-Flottille getroffen.

Die Türken unterhielten seit langem eine nicht unbedeutende Schiffahrt auf der Donau und seit dem venetianischen Kriege bestand auch ein lebhafter Schiffsverkehr auf der Save.

Die Wichtigkeit der Donau als Nachschubslinie war auch für die Türken nicht zweifelhaft und der Grossvezier bestimmte im März 1716 daher 30 Fregatten, 6 Galleoten und 10 andere Fahrzeuge aus dem Zeughause zu Constantinopel zur Donau-Flottille, es musste aber, nach Ansicht des Minister-Residenten von Fleischmann, noch 2 bis 3 Monate dauern, bevor diese Schiffe am eisernen Thor bei Orsova anlangen konnten.

Von früherher standen jedoch schon eine grosse Anzahl bemannter Tschaiken in Belgrad und Orsova.

Der am eisernen Thor angestellte „Aga des Donauwirbels", Ibrahim, wurde zum Kapudan der Donau ernannt.

Um für den Marsch des Heeres auf Belgrad den nöthigen Mundvorrath herbei zu schaffen, gingen ein Bostandschi Pascha und der Defterdar zu Niš als Commissäre der Armee um einige Monate voraus und die grossen Vorräthe an Munition und Verpflegung wurden zu Wasser vom Schwarzen Meere Donau-aufwärts bis Belgrad geschafft.

Auf der Strasse Constantinopel-Belgrad richtete man Magazine ein, so zu Adrianopel allein 12, weil bei diesem Orte, als dem Ausgangspunct aller türkischen Kriegszüge, stets ein längerer Aufenthalt genommen wurde.

Auch die Paschas von Temesvár und Belgrad erhielten Befehl, Vorräthe anzusammeln, ebenso musste der Fürst der Walachei solche an die Donau liefern. In einfacher Weise vollzog sich der Verpflegsplan für die türkische Operations-Armee; bei ihrem Ankommen an der Donau war auf einige Zeit vorgesorgt und rückte das Heer vorwärts, so trat der alte Brauch der Plünderung und Aussaugung des Kriegsschauplatzes in Kraft.

Wenn die Berichte des Minister-Residenten, dessen Bemühen, stets wahre Nachrichten zu sammeln und zu melden, nicht anzuzweifeln ist, in dieser Beziehung auf guten Informationen beruhen, so hatte der Grossherr sogar hinsichtlich der Aufbringung des Geldes ziemlich leichtes Spiel. Abgesehen davon, dass hauptsächlich nur die Janitscharen einen geringen Sold bezogen und zum Beginn des Krieges höchstens das sogenannte Bostalakciasi, oder Campagnegeld, die eigentliche Bezahlung aber erst nach geschlossener Campagne erfolgte, so bestand eigentlich eine Verpflichtung zu Baarzahlungen an Soldaten nur für die Löhne beim Ueberbringen abgehauener Köpfe und brauchbarer Gefangener.

Bei dem tiefeingewurzelten Raub- und Ausbeutungssystem der türkischen Verwaltung gelang es in der Regel jedem höheren Würdenträger Reichthümer zu erwerben; der Sultan war daher, wie Fleischmann meint, recht leicht in der Lage von den confiscirten Habschaften einiger aus irgend welchem Grunde strangulirter türkischer Grossen allein über ein Jahr die „Kriegsspesen“ bestreiten zu können. Dass auch ein Reichsschatz von 50.000 Beutel Gold, oder 25 Millionen Reichsthaler, den der Sultan für seine Pläne auf Italien und Rom verwenden wollte, bestanden habe, wie Fleischmann am 25. October 1715 berichtet, findet jedoch sonst keine weitere Bestätigung [1]).

Bei der Sorglosigkeit der Türken und in Folge des späten Entschlusses zum Kriege blieben die Vorkehrungen an der Grenze geringfügig. Die Grenzländer Bosnien, das Paschalik von Belgrad und das von Temesvár, besassen keine ausgeprägte militärische Cordons-Einrichtung wie dies auf kaiserlicher Seite der Fall war, nur in Bosnien waren eine Anzahl fester Puncte mit Besatzungen versehen.

Dass sich in dem letzteren Lande überhaupt ein erhöhtes militärisches Treiben entfaltete, welches die kaiserlichen Grenz-Commandanten in Sorge versetzte, war nur durch die geplante Operation der Türken auf Dalmatien hervorgerufen; es unterliegt keinem Zweifel, dass die Pforte die Venetianer von der ganzen Balkan-Halbinsel vollständig zu vertreiben beabsichtigte und daher nach der Eroberung von Morea ihr Augenmerk auf Dalmatien richtete.

Für den Krieg gegen Venedig waren die ersten Ausrüstungen und Mobilmachungen schon 1715 erfolgt. Eine besondere Aufmerksamkeit und auch ein bedeutender Aufwand an Geld wurde hiebei der zur Operation auf Corfu bestimmten Flotte gewidmet, die nach dem Berichte Fleischmann's vom 9. April 1716, obgleich ungenügend bemannt und armirt, doch aus 34 Kriegsschiffen, 20 ausgerüsteten

---

[1]) Eigentliche bedeutende Kriegscassen wurden den Türken seltsamerweise auch bei grossen Siegen keine abgenommen; es kann wohl sein, dass sie solche überhaupt gar nicht hatten.

Kauffahrteischiffen, 5 Brandern, 16 Galeeren und einer namhaften Armada sottile (Landungstruppen) bestand.

Die Flotte commandirte der tüchtige Kapudan Pascha D s c h a i r u m C h o d s c h a M o h a m m e d, welcher die Eroberung von Morea erfolgreich unterstützt hatte.

Dulcignotische Seeräuber mit 30 Schiffen und 20 Schiffe der Barbaresken-Staaten sollten die Flotte noch verstärken.

Zum Commandanten und Seraskier der Landungstruppen auf Corfu war der Beglerbeg von Diarbekir, M u s t a p h a P a s c h a, bestimmt.

Die Paschas von Bosnien und Albanien, verstärkt durch 5000 Arnauten, einige tausend Janitscharen und kleinasiatische Truppen unter dem Pascha D e m i r A l i standen mit etwa 30—40.000 Mann den Venetianern gegenüber.

Im Winter 1715—1716 stand der Pascha von Bosnien J u s s u f mit 4000 Mann bei Travnik, 4000 Mann bei Livno, 2000 Mann bei Dubno, 1000 Mann bei Glamoč, im Frühjahre 1716 concentrirte er jedoch seine regulären Kräfte bei Kupress.

Nebstbei gestattete es das starke bosnische Lehensaufgebot, als der Krieg mit den Kaiserlichen drohte, Bihać, Novi, Türkisch-Gradiska (Berbir), Dervent und Šabac ausgiebig zu besetzen, so dass von Seite der schwachen kaiserlichen Grenztruppen wenig unternommen werden konnte.

Als Replipuncte dienten Banjaluka, wo nach Angabe der Kundschafter im Juli 1716 7000 Mann, und Zwornik, wo 3000 Mann in Reserve gestanden sein sollen.

Im Mai 1716 bekam der Pascha von Bosnien sogar Geld, um neuerlich 12.000 Saimen (lehenspflichtige Mannschaft) zu Fuss und 600 zu Pferd zu werben.

Somit war Bosnien nicht nur Basis für die Unternehmung auf Dalmatien, sondern auch gegen Angriffe von Norden her genügend gesichert.

Das natürliche Hinderniss der Save vermehrte noch die günstigen Verhältnisse und Gradiska, als der gefährdetste Punct, wurde von den Türken in leidlichen Vertheidigungszustand gebracht.

Seit dem Herbste 1715 wurde in den Grenzpaschaliks auch an den Hauptfestungen Temesvár und Belgrad gearbeitet und die Besatzungen beider Puncte erheblich verstärkt.

Im Jahre 1716 hatte Belgrad 14—20.000 Mann Besatzung und 400 Geschütze. Statt M e h e m e d wurde im Frühjahre der Bostandschi

Pascha, Chalil Bostandschi, dem man wenig Kriegserfahrung zuschrieb, zum Pascha von Belgrad ernannt.

In Temesvár commandirte der tüchtige, energische Achmed Pascha. Er hatte im Frühjahre 10.000 Mann zur Verfügung, allerdings hievon nur etwa 6000 brauchbare Leute. Gegen 200 Geschütze standen auf den Wällen. Im Juli kamen 8 Fähnlein Janitscharen, 10 Fähnlein Spahis dazu.

Die Proviantirung der Festungen hatte schon im Winter begonnen [1]).

Orsova wurde gleichfalls verstärkt. Die türkischen Bauern aus der Umgebung waren mit Waffen versehen und eine grosse Anzahl zum Umladen der Transportsschiffe beim eisernen Thor aufgeboten.

Versammlung der türkischen Armee und Vormarsch.

Wie schon der Verlauf der Rüstungen zeigte, war der Sultan entschlossen, den Krieg nach zwei Seiten zu führen [2]). Ueber den zu erwartenden Widerstand des Kaisers hatte sich Achmed III. nach Fleischmann's Bericht vom 25. October 1715 in folgenden Worten ausgelassen: „Was sollte es auch sein, wenn die Deutschen den Frieden brechen, sie haben kein Geld und kaum 40.000 Mann, wohingegen ich 40.000 Türken und 10.000 Tataren wider sie schicken und damit ganz Ungarn und Siebenbürgen überschwemmen und auch von selbiger Seite wieder meine vorigen Lande in Besitz nehmen werde."

Mit der Hauptarmee sollte der Grossvezier auf der vielbeschrittenen Heeresstrasse nach Belgrad marschiren.

Als nach dem Abschlusse des Feldzuges in Morea die Truppen in ihre Heimat entlassen worden, hatten sie zugleich die Einberufung für Anfang April 1716 nach Adrianopel erhalten. Bei der drohenden Lage im Frühjahre 1716 liess der Grossvezier Beschleunigungsordres an die Statthalter ergehen.

---

[1]) Aussage vom 9. Februar 1715. H. K. R. Exp. 1715; Februar, 345. FML. Freiherr von Löffelholz. Berichte an den Prinzen. Meldung eines Ueberläufers vom 22. Juli 1716. (Kriegs-A., „Türkenkrieg 1716"; Fasc. VII, 147 c.)

[2]) Dass es überhaupt möglich war, in Zweifel zu sein, ob der Grossvezier nach Corfu oder an die kaiserliche Grenze zu ziehen habe, wie es in der ersten Berathung zum Kriege zur Sprache kam, spricht wohl von einer grossen Naivetät dieses türkischen Kriegsrathes. Man begriff indessen doch schliesslich, dass der Grossvezier als Seraskier gegen die „Deutschen" ziehen müsse, „indem diese Deutschen nicht wie andere Ungläubige, sondern ein starker Feind seien". Hammer, Geschichte des Osmanischen Reiches; VII. Bd., Seite 194.

Aber auch die Janitscharen rückten erst Anfangs April aus dem Lager bei Constantinopel nach Adrianopel ab, wohin sich Türk Achmed Pascha mit den Anatoliern über Gallipoli direct verfügte. Die Arnauten, sowie der rumelische Pascha Sari Achmed, concentrirten sich bei Sofia und die 10.000 Tataren erhielten Befehl, nicht nach Adrianopel zu marschiren, sondern sich der Armee im Vormarsche anzuschliessen.

Gegen Mitte April 1716 begab sich der Grossvezier selbst nach Adrianopel und ihm folgte einige Tage darauf der Sultan.

Es fand nun ein dritter Kriegsrath statt, in welchem der Krieg endgiltig beschlossen wurde.

Die Gesammtentfernung von Constantinopel bis Belgrad beträgt etwa 700 Kilometer.

Nach der Aussage eines Fuhrmannes aus Pécska[1]) bei Arad, der den Marsch von Constantinopel wahrscheinlich im Hauptquartier des Grossveziers mitgemacht, wurde derselbe folgendermassen durchgeführt:

Am 1. Marschtag nach Küčük-Cekmedže,
„ 2. „ „ Büjük-Cekmedže,
„ 3. „ „ Silivri,
„ 4. „ „ Čorlu,
„ 5. „ „ Karistran,
„ 6. „ „ Lüle Burgas,
„ 7. „ „ Eskibaba,
„ 8. „ „ Havsa,
„ 9. „ „ Adrianopel.

Hier wurde 12 Tage gerastet und der Sultan blieb daselbst zurück. Die Armee mit dem Grossvezier, dem Janitscharen-, Tschebedschi-, Topdschi- und Tscherkassi-Pascha rückte weiter und zwar:

Am 10. Marschtag nach Mustafa Paša, wo die Marica auf einer grossen steinernen Brücke übersetzt wurde,

---

[1]) Vom 5. Juli 1716. Kriegs-A., „Türkenkrieg 1716"; Fasc. VII, 17. Trotzdem diese Angabe einer Quelle entstammt, deren geographische und militärische Kenntnisse nicht sonderlich hoch anzuschlagen wären, so macht sie doch den Eindruck von Richtigkeit und soll umsomehr angeführt werden, als bei den früheren Publicationen über die Türkenkriege eine solche Marschroute nicht zur Verfügung stand. In ähnlicher Weise wie 1716 dürften die Türken wohl auch in früherer Zeit nach Belgrad marschirt sein. Es ist übrigens nicht ausgeschlossen, dass dieser „Fuhrmann", offenbar ein früherer Gefangener, aber doch eine beachtenswerthere und urtheilsfähigere Persönlichkeit war.

am 11. Marschtag nach Hermanli,
„ 12. „ „ Duranli,
„ 13. „ „ Haskiöj,
„ 14. „ „ Enerkiöj,
„ 15. „ „ Papasli,
„ 16. „ „ Philippopel,
wo 10 Tage gehalten wurde.

Am 17. Marschtag nach Tatar-Bazardžik,
„ 18. „ „ Sarembei,
„ 19. „ „ Samokov,
„ 20. „ „ Ichtiman,
durch die Novikova Planina,

am 21. Marschtag nach Novihan (Jenihan),
„ 22. „ „ Sofia,
wo 7 Tage Rast stattfand.

Am 23. Marschtag nach Slivnica,
„ 24. „ „ Caribrod,
„ 25. „ „ Sarkiöj (Pirot),
„ 26. „ „ Bela Palanka,
„ 27. „ „ Niš.

Hier verweilte die Armee wieder einige Zeit.

Dieses Marsch-Schema kann sich allerdings zumeist nur auf jene Streitkräfte beziehen, mit welchen der Grossvezier selbst marschirte, also auf die regulären Truppen, denen die übrigen Theile der Armee, die verschiedenen Aufgebote der Provinzen, successive nachfolgten.

Die Marschbewegung bis Niš hatte somit 60 Tage erfordert und wäre der Grossvezier bereits in der zweiten Hälfte des Monats Juni in Niš angelangt.

Abgesehen von den in den genannten Hauptorten gehaltenen Rasten würde dies die tägliche Durchschnittsleistung von 23 Kilometer ergeben, was mit Rücksicht auf die Dauer des grossen Marsches, auf Wegbeschaffenheit und Tross, ziemlich viel ist.

Von Niš nach Belgrad sind zehn Märsche, der Grossvezier hätte daher, wie Kundschaftsnachrichten vom 5. Juli in Aussicht stellten, allerdings in der ersten Hälfte des Monats Juli in Belgrad eintreffen können [1]).

----

[1]) Am 2. Juli war der Grossvezier noch in Niš. Nach einem von diesem Tage datirten Schreiben des Grossveziers, abgedruckt in Mr. Theils: Mémoires curieux de la guerre dans la Morée et en Hongrie l'An 1715 etc. entre la porte, les Vénétiens et l'Empereur. Seite 274. Noch am 24. Juli befanden sich Theile des Janitscharen-Corps zwischen Niš und der Morava; an diesem Tage wurde der französische Dragoman François Benjamin Bonne durch osmanische Soldaten ermordet.

Zu Anfang des Monats Juli rückte der Pascha von Oltušnica in Belgrad ein, es standen 4000 Mann bei Veliko Selo, 4000 bei Semendria. Nach und nach vermehrten sich die türkischen Kräfte bei Belgrad. Meldungen vom 17. Juli berichteten bereits von 30.000 Mann zu Pferd, in den folgenden Tagen kamen Janitscharen-Corps und der Beglerbeg von Rumili, endlich am 21. Juli 1716 hielt der Grossvezier unter dem Donner der Kanonen seinen Einzug in die Festung.

Seit Anfang des Monats Juli liess der dortige Pascha an einer Donau-Brücke bei Višnica unterhalb Belgrad arbeiten, gleichzeitig erhielt man im kaiserlichen Lager auch Meldungen von dem Bau einer Save-Brücke bei Semlin, an der mit 3000 Arbeitern und 70 Tschaiken unter dem Schutze von 1000 Janitscharen gearbeitet wurde.

Am 14. Juli war die Save-Brücke fertig, dagegen kam der Brückenbau bei Višnica nicht vorwärts.

Die türkische Donau-Flottille befand sich in der Hälfte Juli noch bei Golubac.

Auch die Wege nach Temesvár wurden ausgebessert und am 12. Juli 1716 wollte man wissen, dass die Türken nur mit einem Theile der Armee nach Syrmien, mit dem andern über Temesvár vorbrechen würden.

Täglich langten indessen Proviantschiffe an und am Vračar bei Belgrad errichtete man Feldbacköfen.

Inmitten des bewegten Heerlagers hielt der Grossvezier Kriegsrath, um über die Richtung der Operation schlüssig zu werden. Der Janitscharen-Aga H u s s e i n stimmte für den Marsch nach Temesvár [1]), der Tataren-Anführer wollte sogar nach Siebenbürgen streifen, während der Beglerbeg von Rumili, erinnernd an die Schlacht von Zenta, den Marsch nach Temesvár widerrieth und die Operation auf Peterwardein, welches nur als schwach besetzt galt, vorschlug.

Es scheint, dass der Grossvezier ursprünglich wirklich über Temesvár operiren wollte, dann aber dem Rathe des Beglerbegs von Rumili nachgab.

Es wurde nun auch der Bau der Donau-Brücke bei Višnica, der ohnehin nicht recht vorschreiten wollte, eingestellt und der Uebergang über die Save beschlossen. Die Verbindung mit dem Temeser Banat war damit aufgegeben. Mit diesem Uebergange beginnen türkischerseits die Operationen.

Um dem Befehle des Sultans, sich durch nichts aufhalten zu lassen und den Deutschen eine offene Feldschlacht zu liefern, nachzu-

[1]) Hammer, Geschichte des Osmanischen Reiches.

kommen, beabsichtigte der Grossvezier Peterwardein beschiessen und mit Sturm angreifen zu lassen, wozu auch auf Wagen schon die erforderlichen Leitern mitgeführt wurden.

Er verbot, die Retranchements bei Semlin auszubessern, es war sogar in seiner Absicht gelegen, die Save-Brücke abtragen zu lassen, um seine Leute zu verzweifeltem Fechten zu zwingen[1]).

Drei Tage, den 26., 27. und 28. Juli dauerte der Uebergang der Osmanen über die Save. Der Grossvezier folgte am 28. Juli auf das linke Ufer.

Das erste Lager wurde bei Semlin bezogen. Die Reiterei blieb in der Linie Červenka-Belarica, die Janitscharen lagerten innerhalb der Retranchements, die Tataren bei Szurcsin und Fennek.

Um den Fouragirungsraum zu erweitern und auch Rača lahm zu legen, wurden 2000 Türken und 3000 Tataren durch Syrmien nach Mitrovitz und Rača vorbeordert.

Am 29. Juli 1716 befand sich die türkische Armee bei Banovce an der Donau, oberhalb Belgrad.

Der Grossvezier hatte K u r d P a s c h a von Ilbessan mit etwa 20.000 Mann zum Anführer der Vorhut bestimmt, der Beglerbeg von Anatoli, T ü r k A c h m e d, commandirte den rechten, der Beglerbeg von Rumili, S a r i A c h m e d, den linken Flügel.

Am 31. Juli 1716 erreichte die türkische Vorhut, am 1. August die Hauptarmee Szlankamen, wo vor fünfundzwanzig Jahren Markgraf L u d w i g von B a d e n einen so glänzenden Sieg erfochten hatte.

Das Lager erstreckte sich in einer morastigen Gegend von der Donau bis anscheinend nach Sateivac. Zur Sicherung liess der Grossvezier Gräben ausheben und die Wagenburg aufstellen.

Am 2. August waren die Türken im Vormarsche auf Karlowitz. Hiemit betraten sie kaiserliches Gebiet, angekündigt durch zahlreiche Feuersäulen, welche unter den räuberischen und barbarischen Händen dieser Türkenhorden aufflammten.

---

[1]) Ueber die Absichten des Feindes schrieb der Prinz in seinem Berichte vom 28. Juli 1716 dem Kaiser, „dass sich das bei dieser unvermutheten Passirung führende Absehen bald zeigen und äussern müsse. Dieses dürfte vielleicht gegen den Save-Strom, mithin den daran liegenden, nach Thunlichkeit der Zeit und beigehabten Erfordernissen retranchirten Posten Rača über den Haufen zu werfen, die Passirung ihrer Schiffe andurch frei zu machen oder, nach seinem, des Feindes Ausschreien, zu einer abzielenden Action gerichtet sein". — Supplement Nr. 43.

Schlacht bei Peterwardein, am 5. August 1716[1]).

Reiter-Gefecht bei Karlowitz am 2. August 1716.

Schon am 27. Juli war Obrist Graf Lanthieri, der mit dem Cürassier-Regiment Graven zur Aufklärung bis an die Grenze vorgeschoben stand, gezwungen gewesen, vor der wachsenden Türkenfluth von der Linie Szlankamen-Beška-Krušedol nach Karlowitz zurückzugehen[2]) und zwei Tage später erschienen bereits 4000 Osmanen bei letzterem Orte (*U*) und zerstörten die dortigen Niederlassungen. Auch gegen Rača sah man türkische Truppen im Marsche und am 1. August hatte Lanthieri bereits ein grösseres Lager bei Čortanovci wahrgenommen, welches allem Anscheine nach der feindlichen Vorhut angehörte.

Die Türken plünderten an diesem Tage sogar die sogenannten Löffelholz'schen Maierhöfe (*T*), nur einige tausend Schritte von der Festung entfernt, vollständig aus.

FZM. Freiherr von Löffelholz wünschte daher die fünf Compagnien Heister-Infanterie, welche bisher in den vor der Fortifications-Linie gelegenen alten Retranchements aufgestellt waren, in das Hornwerk zurückzunehmen und bat den Prinzen, etwas Infanterie und Cavallerie über die Donau herüberrücken zu lassen, damit der schon so nahe befindliche Feind nicht etwa durch einen plötzlichen Angriff in den Besitz der Höhen und des Retranchements südlich der Festung gelange.

Diesem Ansuchen war der Prinz indessen durch seine Massnahmen schon zuvorgekommen. G. d. C. Graf Nádasdy traf am 2. August Vormittags bei Peterwardein ein und der Prinz ordnete sofort das Einrücken der Truppen desselben in das Horn- und Kronenwerk der Festung an, so dass diese zunächst bedrohten Aussenwerke

---

[1]) Plan zur Schlacht bei Peterwardein. Tafel 1.
[2]) Supplement Nr. 38.

ausreichend gesichert waren. Die Feld-Artillerie mit einigen Cavallerie-Regimentern wurde aus dem Lager von Futak zur Raizenstadt (dem heutigen Neusatz) herangezogen und zum Uebergange über die Donau bereitgestellt.

Bisher hatte man, obgleich der Prinz noch am 26. Juli dem FZM. von Löffelholz die fleissige Aussendung von Streifparteien anempfohlen [1]), nur unsichere Nachrichten über Stärke und Absichten des Feindes erhalten können.

Ueber die eigentlichen Ziele und Absichten des Grossveziers wusste man so gut wie nichts, die Operationen desselben schienen wohl Peterwardein zum Ziele zu haben, konnten aber ebenso gut einen Uferwechsel bei Szlankamen bezwecken.

Der Prinz beorderte daher auch den an der Römerschanze lagernden FML. Viard, welcher Vilova besetzt hielt und mit Titel in Verbindung stand, zur Beobachtung der Donau und unteren Theiss, sowie zu eifrigem Kundschaftsdienst [2]); er entsendete sogar am 30. Juli 1716 den General-Adjutanten de Figny nach Vilova mit dem Befehle, daselbst die Einleitungen zu treffen [3]), um allenfalls Truppen gegen Titel zu verschieben.

Am 2. August endlich sandte der Prinz, der sich Tags vorher mit dem Feldmarschall Grafen Pálffy und noch einigen Generalen zum Peterwardeiner Hornwerk begeben hatte, zur endlichen Aufklärung ein starkes Streif-Commando über die sogenannte Friedens-Capelle von Karlowitz (*S*) vor.

Feldmarschall Graf Pálffy, überall bereit, wo sich seiner Kühnheit und Bravour ein neues Wagestück zeigte, hatte sich zur Durchführung dieser Recognoscirung erboten. Der Prinz bewilligte ihm das „wiewohl uncharaktermässige" Commando und Pálffy nahm aus dem bei der Römerschanze stehenden Cavallerie-Lager des FML. Viard 900 Mann der Cürassier-Regimenter Mercy, Viard und Pálffy, dann 400 Mann von den Husaren-Regimentern Ebergényi, Nádasdy und Babocsay, welchen sich das, ohnehin noch südlich von Peterwardein auf dem rechten Ufer befindliche Cürassier-Regiment Graven anschloss.

Der Befehl zu dieser Recognoscirung wurde dem Feldmarschall mündlich gegeben. „Nach einigem Anstand habe ich ihm," schreibt

[1]) Supplement Nr. 36.
[2]) Supplement Nr. 47.
[3]) Supplement Nr. 52.

der Prinz in der Relation vom 3. August [1]), „solche mit dem Vorbehalt zugestanden, dass er sich nicht engagiren sollte."

Das war nun, so nahe am Feinde, nicht leicht, vielleicht auch nicht gern befolgt und die Erfahrung bewährte sich auch hier, dass sogenannte scharfe Recognoscirungen in der Regel mit blutigen und verlustreichen Kämpfen enden. Einem so gehassten Feinde gegenüber, der zudem überraschend und gewandt aufzutreten pflegte, musste es der ohnehin kampflustigen kaiserlichen Cavallerie sehr schwer werden, ein Gefecht gänzlich zu vermeiden. Wohl in Erkenntniss eines bevorstehenden Rencontres schickte Graf Pálffy seinen Sohn, den Obristlieutenant Grafen Johann Pálffy, zum Prinzen, um noch zwei Regimenter als Unterstützung zu erbitten, worauf auch der Prinz, seine früheren Befehle dabei wiederholend, „sich mit dem Feind in kein Detaglio einzulassen", die Regimenter Gondrecourt-Cürassiere und Bayreuth-Dragoner nachrücken liess. Pálffy hatte sonach, als er sich noch am 2. August in Bewegung setzte, gegen 3000 Reiter unter seinen Befehlen. Bei dem Detachement waren die FML. Graf Siegfried Breuner und Graf Althann, GFWM. Graf von der Hauben und vielleicht auch andere Generale eingetheilt, deren Namen die Relation nicht erwähnt.

Die Absicht Pálffy's war, vor allem den etwa 5 Kilometer südlich Karlowitz ziehenden Hauptrücken der Fruška gora zu erreichen, da er hoffte, von hier aus eine genügende Aussicht zu gewinnen, um sich über die Stellung und Verhältnisse des türkischen Heeres orientiren zu können.

Er befand sich mit seinem Streifcorps eben auf dem Marsche in der Nähe von Karlowitz (R), etwa bei der Friedens-Capelle (S) von 1699, als unerwartet türkische Reitermassen der Vorhut unter Kurd Pascha, mehr als 10.000 Pferde stark, vor ihm auftauchten.

Pálffy hatte keine Zeit mehr auszuweichen, die Kaiserlichen waren dicht am Feinde, der Kampf war unvermeidlich.

Ihre bedeutende Ueberlegenheit benützend, gingen die Türken sogleich zu einem hitzigen Angriff über und es entspann sich ein ernstes Gefecht (e), während dessen Verlaufes, wie es scheint, Pálffy's Truppen anfangs fast ganz umfasst wurden und in grosse Gefahr geriethen. Die kaiserlichen Reiter hielten aber, trotz aller Anstrengung der Türken, tapfer Stand; vier Stunden dauerte der sich immer wieder erneuernde Kampf, den Feldmarschall Graf Pálffy endlich abbrach, da doch kein entscheidender Erfolg gegen die grosse

---

[1]) Supplement Nr. 59.

Ueberzahl zu erringen war. Bei dem Rückzuge müssen die Türken sehr hart nachgedrängt haben. Wo das Terrain durch Hohlwege und Gräben sehr beengt war, sah sich die Nachhut wiederholt genöthigt Halt zu machen und wieder den Kampf aufzunehmen, bis die Colonne sich aus dem Defilé herausgezogen hatte. Es entstand unter diesen Umständen und weil die Bewegung in dem von Defiléen durchschnittenen Gelände der Ausläufer der Fruška gora sehr erschwert war, endlich Unordnung, die wohl hauptsächlich den Verlust von fast 700 Todten, Verwundeten und Gefangenen, unter letzteren auch FML. Graf B r e u n e r, verschuldet haben mag.

Mit grosser Bravour hatte B r e u n e r stets in der vordersten Reihe gekämpft, durch Wort und Beispiel seine Reiter zu äusserster Tapferkeit entflammt. Da stürzte sein Pferd unter ihm. Ein Cürassier bot ihm das seinige. Aber bevor B r e u n e r das Pferd zu besteigen vermochte, wurde der Cürassier getödtet, er selbst umringt, gefesselt und aus dem Gefechte zum Grossvezier [1]) geschleppt.

Auch dem Feldmarschall Grafen P á l f f y wurden zwei Pferde unter dem Leibe erschossen. GFWM. Graf von der H a u b e n, welcher einen türkischen Pascha zusammenhieb, erhielt eine schwere Verwundung. Die kaiserlichen Reiter zogen sich über das heutige Rochus- und Ludwigsthal zurück und am Abend des 2. August standen die vom Gefechte erschöpften Regimenter wieder bei Peterwardein.

Türkenhaufen waren ihnen auf den Fersen gefolgt, so dass sie fast gleichzeitig mit ihnen vor der Festung eintrafen; einige gut angebrachte Schüsse und die vorwärts detachirte Infanterie hielten sie indessen in respectvoller Entfernung.

Es unterlag nun keinem Zweifel mehr, dass die Türken am rechten Donau-Ufer mit der Hauptmacht in der Vorrückung auf Peterwardein begriffen seien.

Die Gesammtverluste betrugen bei den vier Cürassier-Regimentern und Dragonern an Todten und Vermissten 8 Officiere und 381 Mann, an Verwundeten 15 Officiere und 253 Mann. Bei den Husaren 12 Todte und 1 Officier mit 26 Mann verwundet. An Pferden gingen 392 verloren, 297 waren blessirt [2]).

Der Verlust der Türken ist nicht festzustellen, soll aber bedeutend grösser als jener der Kaiserlichen gewesen sein, wie denn auch fünf türkische Fahnen als Trophäen in den Händen der Kaiserlichen blieben.

[1]) Arneth II.
[2]) Anhang Nr. 5.

Der erste Angriff war sonach trotz ihres abergläubischen Vorurtheils, nun doch durch die Türken geschehen, der künstlich erhaltene Frieden gebrochen. Das erste Gefecht, in welchem sie aufgetreten, hatte ihnen auch sogar Erfolg gebracht.

Aber die glänzende Tapferkeit und heroische Ausdauer der wackeren Reiter in diesem Gefechte machte dasselbe trotz der ungünstigen Erfolge auch für die Armee des P r i n z e n bedeutungsvoll und der Unfall schwächte keineswegs den Muth und die Kampflust dieser braven Truppen.

Auch berichtete der P r i n z am 3. August an den K a i s e r, er dürfe „zur besonderen Freude allerunterthänigst anrühmen, dass alle in diesem Rencontre gewesten Generale, Officiere und Gemeine eine unbeschreibliche, heldenmüthige Tapferkeit erwiesen und umsomehr Lob verdient haben, als sie vor einer so weit überlegenen Macht nicht die allermindeste Kleinmüthigkeit gezeigt und stetshin tapfer gefochten“ [1]).

Der K a i s e r antwortete am 8. August [2]): „Hiebei muss ich Euer Liebden förderst gnädigst bezeugen, dass mir meiner Generale, Officiere und Soldaten bei diesem schweren Rencontre erwiesene unerschrockene Tapfer- und Standhaftigkeit zu besonderem Vergnügen angediehen sei und habe also nächst der Gnade des Allerhöchsten desto mehreres zu hoffen, dass meine gesammte Armee in einem, allem Ansehen nach ehestens sich zu ergeben habenden Haupttreffen einen gleichen Heldenmuth erscheinen lassen, folgbar unter Euer Liebden hochvernünftiger Anführung diesen hochmüthigen und friedbrüchigen Feind zur Sicherheit der ganzen Christenheit in gehörige Schranken stellen werde, worin ich mich dann auf E. L. zu meiner und der gemeinen Sache Dienst hegenden ruhmwürdigen Eifer, auch besitzende vortreffliche Kriegserfahrenheit stets vollständig vertrauen thue.“

Der Schlachttag.

Noch am 2. August begann der Uebergang der kaiserlichen Truppen auf das rechte Donau-Ufer. Einige Bataillone, die am 1. August beim Provianthaus östlich Futak genächtigt hatten, wurden unter FZM. Graf Max S t a r h e m b e r g in das „innere Retranchement“

---

[1]) Supplement Nr. 59. Dagegen schrieb er an den Hofkriegsrath, 3. August 1716, Supplement Nr. 60, „nun hätte ich zwar um so viel lieber gesehen, wenn dieses impegno nicht geschehen und hinterblieben wäre“.

[2]) Kriegs-A., „Türkenkrieg 1716“; Fasc. VIII, 32.

beordert, während die Truppen des G. d. C. Grafen N á d a s d y das „Hornwerk" besetzten.

In der Nacht ging der Rest der Infanterie über die Donau und wurde in das „äussere Retranchement" vorgezogen.

Diese „Retranchements" (*E*, *F*) auf einer Höhenstufe, einige hundert Schritte vor dem Hornwerke gelegen, hatte Feldmarschall Graf C a p r a r a im Jahre 1694 mit Erfolg gegen den Grossvezier A l i P a s c h a, vom 10. September bis 2. October, vertheidigt.

Sie bestanden aus zwei verschanzten, mit der Front gegen Süden gerichteten Linien, deren Flügel durch angehängte Flanken verstärkt und gesichert waren.

Anfänglich mit guten Brustwehren, breiten und tiefen Gräben und einigen Redouten versehen, waren sie 1716 fast verfallen, die Zeit hatte sie allgemach zerstört. Doch besassen die Flügel eine gewisse Stärke, der rechte stützte sich an die Donau, der linke hatte hinter sich das Hornwerk und von dem Plateau, auf dem das Retranchement lag, bis zur Donau feuchten Grund, in einen Morast verlaufend [1]).

Der P r i n z hatte am Nachmittag des 2. August die Verschanzungen besichtigt und deren Ausbesserung anbefohlen.

An der äusseren fast ganz zusammengestürzten Linie arbeitete Infanterie während des 3. August und in der darauffolgenden Nacht; der Graben wurde neu ausgehoben, die Brustwehr erhöht und spanische Reiter vor dem Graben ausgesetzt.

Am 3. August war die Situation bei den Kaiserlichen folgende: Ungefähr 60 Bataillone lagerten zwischen und hinter den verschanzten Linien. Ein Theil der Artillerie war auf der Höhe aufgefahren, der Rest stand in Reserve bei der Raizenstadt.

Das Gros der Cavallerie erwartete noch am linken Donau-Ufer in dem Lager bei Futak und der Römerschanze den Befehl zum Stromübergange.

Gegen Abend langte auch das Corps des FZM. Prinzen A l e - x a n d e r von W ü r t t e m b e r g aus Szegedin an und bezog ein Lager am linken Donau-Ufer; es waren daher sämmtliche Theile der Armee bei Peterwardein beiderseits der Donau versammelt.

Die Türken hatten sich indessen nach dem Gefechte mit den P á l f f y'schen Reitern der Festung genähert und die Stellung der Kaiserlichen am rechten Ufer fast eingeschlossen.

––––––––

[1]) Beschreibung des Schlachtfeldes S. 180. Von den Retranchements ist heute jede Spur verwischt, aber noch nennt man den Raum, wo sie sich befanden, „vor dem Retranchement".

Von den Höhen bei Karlowitz vorgehend, stand der Grossvezier am 3. August nur 3 Kilometer von der Festung, das türkische Heer lagerte auf den Höhen des heutigen Vezirac (*g*, *h*), nordwestlich von Karlowitz [1]), am linken Flügel die Tataren. Einem Angriffe an diesem Tage, den der Beglerbeg von Anatoli vorschlug, widersprach der Pascha von Rumili, S a r i A c h m e d, da die überaus schwerfällige Artillerie erst theilweise zur Stelle war. So wurde nur das Lager nach türkischer Manier befestigt und mit den zahlreichen mitgeführten Fuhrwerken eine Wagenburg gebildet (*i*).

Vom linken Donau-Ufer beobachteten streifende Patrouillen des FML. V i a r d die Vorgänge im feindlichen Lager am 3. und 4. August. Alles schien daselbst in der grössten Unordnung zu sein, Kameele, Rüstwagen, leichte Kanonen, Reiter und Fussvolk wogten durcheinander, wussten sich aber dennoch schnell nach ihrer Art in Schlachtordnung zu bringen, als der Grossvezier einen Angriff der kaiserlichen Armee an diesem Tage voraussetzen zu müssen glaubte.

Als die Kaiserlichen ruhig blieben, sandte D a m a d A l i Pascha Mittags einen Parlamentär an den FZM. L ö f f e l h o l z mit der schriftlichen Aufforderung, Peterwardein zu übergeben.

„Weil nun also," schrieb der Grossvezier unter Anderem, „der grösste Theil von unserem Kriegsheere wider die Venetianer gegangen und wir nur mit einigen bei uns befindlichen Truppen hieher an diesen Ort gekommen, so sollt Ihr, wenn Ihr dem türkischen Kaiser seine Festung nicht streitig machen oder vorenthalten, sondern sogleich einhändigen werdet, für Eure Personen und Güter Pardon haben.

Soferne Ihr Euch aber halsstarrig zeigen werdet, so verlassen wir uns nicht auf unsere Macht oder unzählbares Kriegsheer, sondern auf die Hilfe Gottes, der Alles zu geben vermag" [2]).

Statt vom Festungs-Commandanten kam auf diese Anmassung die Antwort vom Prinzen E u g e n i u s, nicht schriftlich [3]), „weil solche nicht anders als impertinent hätte sein können" [4]), sondern mündlich, der Grossvezier möge thun, was er wolle und könne, an der Entgegnung zur rechten Zeit werde es nicht fehlen.

---

[1]) Plan der Schlacht bei Peterwardein Tafel 1.

[2]) Kriegs-A., „Türkenkrieg 1716"; Fasc. VI, 3.

[3]) Supplement Nr. 67.

[4]) Obristlieutenant Bärnklau „Anmerkung, was in der Campagne bei der Schlacht von Peterwardein als auch Belagerung Temesvárs 1716 vorbeigegangen". (Das Original im National-Museum zu Budapest, 520 Fol. Germ.) Abschrift: Kriegs-A., „Türkenkrieg 1716"; Fasc. XIII, 105.

Statt nun durch einen raschen Vorstoss zu versuchen, in den Besitz der noch schlecht verwahrten und nicht vollständig besetzten Retranchements zu gelangen, fasste der Grossvezier den Entschluss, Festung und Armee durch Tranchéen belagerungsmässig anzugreifen.

Zu diesem Zwecke wurden 30.000 Janitscharen und Tschebedschis gegen die Verschanzungen in Bewegung gesetzt, welche sofort mit der Aushebung von Laufgräben (*w*) begannen, um sich der gegen Süden gewendeten Hauptfront der äusseren Linie zu nähern. Diese Art des Angriffes war bei den Türken besonders beliebt und wurde von ihnen auch hier in einer geschickten, überraschenden Weise ausgeführt, so dass sie bereits am 4. August den Vertheidigungs-Linien der Kaiserlichen auf 100, ja sogar 50 Schritte nahekamen.

Ihre Fähigkeit für den Angriff durch Laufgräben hatten die Osmanen in den letzten Kriegen wiederholt dargethan, sie wendeten ihn dort an, wo ihnen die Aufstellung des Gegners für einen offenen Angriff zu widerstandsfähig schien. Ihre Laufgräben verbanden sie durch eine Art von Parallelen, die nicht nur Schutz gegen Musketen- und Geschützfeuer boten, sondern auch manchmal recht bedeutende Bewegungshindernisse für den Gegner bildeten, wenn sich dieser etwa zu einem Ausfalle entschloss.

Während die Janitscharen zumeist während der Nacht, bei hellem Mondscheine diese Tranchéen vortrieben, wobei es in der Nacht auf den 4. August zu scharfem und ziemlich verlustreichem Geplänkel kam [1]), war der Grossvezier in dem eine Stunde entfernten Hauptlager auch am 4. August einer Schlacht gewärtig. Von seiner nunmehr eingetroffenen schweren Artillerie hatte er einzelne Batterien (*o o*) vorgezogen, und eröffneten diese vom 3. August an eine lebhafte Kanonade, vorzugsweise mit Bomben, gegen die Retranchements.

Auch aus den Laufgräben unterhielten die Janitscharen ein anhaltendes Feuer gegen die kaiserliche Infanterie, welcher sie bereits so nahe standen (*v*).

---

[1]) Welcher Art dasselbe gewesen, ist nicht zu ersehen, es könnte dessen Intensität nur aus den der Bärnklau'schen Relation angehängten Verlustlisten gefolgert werden. An Todten und Verwundeten in den Tranchéen „vor Ausrückung der Action" :

Die Brigade Württemberg (siehe spätere Disposition)		54	Mann
„	„	Starhemberg 205	„
„	„	Bevern 174	„
„	„	Regal 163	„
„	„	Harrach 160	„

Zusammen . . . 756 Mann.

Prinz Eugen hielt sich am 4. August Nachmittags wieder bei der vorderen Infanterie-Linie auf und ordnete nach Besichtigung der Truppenaufstellung an, das Feuer nur durch wenige Kanonenschüsse zu beantworten, dagegen vom Kleingewehr, ausser bei einem Sturme der Türken, keinen Gebrauch zu machen. Er legte nunmehr hohen Werth auf den Besitz der sogenannten Caprara'schen Linien, weil sie einen Bewegungsraum einschlossen, oder mindestens beherrschten, innerhalb welchem sich die Armee versammeln, entwickeln und in den Kampf eintreten konnte.

Von 150.000 Türken halbkreisförmig eingeschlossen und beinahe belagert, war es doch keineswegs seine Absicht den Angriff des Feindes in dem engen Raum vor der Festung abzuwarten.

Ob der Entschluss zur Offensive vom Prinzen allein gefasst, oder ob vorher ein Kriegsrath zusammenberufen worden, wird in den Relationen des Prinzen nicht berichtet. Auch die anderen Quellen gewähren keinen greifbaren Anhaltspunct für die Voraussetzung eines solchen Kriegsrathes, obgleich in einigen Druckwerken minderer Verlässlichkeit, um einen solchen eine ganze Legende gesponnen erscheint. Es wird erzählt, dass die Meinungen hiebei sehr getheilt gewesen seien, indem einige riethen, keine Schlacht mit dem überlegenen Feinde zu wagen, sondern lieber mit der Armee zur Nachtzeit über die Donau zurückzugehen und die Türken sich zuvor an der Festung Peterwardein etwas abschwächen zu lassen, andere aber die Meinung abgaben, es sei der Kampf in den Caprara'schen Linien nur vertheidigungsweise zu führen. Dem Prinzen konnte wohl keiner von diesen Vorschlägen, falls sie überhaupt je gemacht worden sind, zusagen. Einerseits fühlte er sich stark genug mit seinen 60—70.000 Mann frischer, kampflustiger Truppen, die er besser zu verwenden gedachte, andererseits war er ja immer in der Lage, falls die Schlacht sich zu seinen Ungunsten wendete, die Armee unter dem Schutze der Festung über die Donau zurückzuführen [1]).

Der Prinz entschloss sich, über die Verschanzungen hinauszurücken und den Feind, der sich vor der Front eingegraben, in seinen

---

[1]) Es wird von diesem Kriegsrathe Erwähnung gethan in Dumont und Rousset: „Histoire militaire du prince Eugène etc." und in „Eugenii Heldenthaten". Trotzdem wird man die Erzählung vom Kriegsrathe in den Bereich der Erfindung verweisen müssen, da der Prinz sehr selten überhaupt den Kriegsrath berief und daher dem Kaiser darüber berichtet haben würde. Der Prinz hielt sich während des 3. und 4. August theils im Hornwerk, theils im Retranchement auf, wo sich wohl auch die Generale befanden; da mag es vielleicht zu Besprechungen über die Lage gekommen sein, ohne dass ein „Kriegsrath" nöthig geworden wäre. Kriegs-A., „Türkenkrieg 1716"; Fasc. XIII, 7 und 105.

Approchen und Lagern anzugreifen. Unter so schwierigen Umständen, wie sie bei Peterwardein bestanden, konnte dieser Entschluss nur aus dem Vertrauen auf sich selbst, wie auf die Vorzüglichkeit der Truppen entspringen und die Ereignisse des 5. August 1716 haben eine denkwürdige und glorreiche Probe des beiderseitigen Werthes und Vertrauens gegeben.

Noch am 4. August berichtete der P r i n z an den K a i s e r, dass „heute die Disposition gemacht, dass man vielleicht morgen mit einem Theil der Infanterie und der völligen Cavallerie den Feind anfallen und also das Ansehen zu einer baldigen Action sein dürfte" [1]).

Bis zum Abend des 4. standen am linken Donau-Ufer noch die gesammte Cavallerie und die Infanterie des FZM. A l e x a n d e r Prinz von W ü r t t e m b e r g.

Um seine eigenen Angriffspläne nicht vorzeitig zu verrathen, wollte der P r i n z die Cavallerie, welche übrigens in dem engen Bereiche zwischen Festung und Retranchement kaum genügenden und gedeckten Aufstellungsraum gefunden hätte, nicht früher als es sein musste, über den Strom rücken lassen.

Um so schwieriger gestalteten sich in Folge dessen die Angriffsbewegungen, da sie mit dem Uebersetzen einer so bedeutenden Wasserlinie, die des nothwendigen Schutzes durch Kriegsschiffe entbehrte, ihren Anfang nehmen mussten.

Das Debouchiren über die Brücken, die Entwicklung aus den engen Ausgängen der Festung, die Formirung der Treffen, nach welcher man noch die doppelten verschanzten Linien und die feindlichen Laufgräben und Parallelen zu übersetzen hatte, alles dies complicirte und erschwerte den Aufmarsch zur Schlacht in hohem Grade.

Der Genius des P r i n z e n, der Elan, die Begeisterung und Tapferkeit der kaiserlichen Truppen, waren mächtiger als alle diese Schwierigkeiten und Reibungen.

Das Schlachtfeld [2]).

Innerhalb des kleinen Dreieckes, gebildet durch die Puncte Kamenitz (*M*), Karlowitz (*R*), Peterwardein, unmittelbar südlich von dieser Festung liegt der Schauplatz der ruhmvollen Kämpfe des 5. August 1716.

----

[1]) Supplement Nr. 61.
[2]) Operationskarte und Plan der Schlacht bei Peterwardein. Tafel I und II.

Etwa 10 Kilometer südlich der Festung zieht in west-östlicher Richtung der, hier noch etwa 500 Meter hohe Hauptkamm der Fruška gora hin und endet, allmälig abfallend, hügel- und plateauartig sich verflachend, bei Szlankamen.

Gegen Peterwardein entsendet er einige Ausläufer, auf deren letzter Felsenstufe sich die Festung erhebt. In mächtiger Biegung um-fliesst die Donau diesen Felsvorsprung, den ganzen Raum von Kamenitz bis Peterwardein und Karlowitz bespülend und den Vorrückungsraum gegen die Festung, je mehr man sich derselben nähert, einengend. Die Türken konnten daher von Karlowitz her nur die Operationsrichtung von Südost nach Nordwest, mit dem rechten Flügel am Fusse der Höhe und längs der Donau einschlagen, wobei in der Gegend von Kamenitz auch ihr linker Flügel an diesen Strom gelangen musste.

Die türkische Armee war thatsächlich bereits vom 2. bis 5. August in dieser Stellung vertheilt, den rechten Flügel vorwärts Karlowitz, den linken bei Kamenitz an die Donau gelehnt [1]).

Der in Betracht kommende Raum zerfällt seiner verschiedenen Beschaffenheit wegen in zwei Hauptabschnitte. Von Peterwardein bis Karlowitz reicht der Fuss der Berge nicht bis unmittelbar an die Donau heran, ein durchschnittlich 1500 Schritte breiter Thalboden trennt die Abfälle vom Strome. Dieser ebene Thalstreifen beginnt unmittelbar bei der Festung, wo sich heute die Stadt, dann die Vor-stadt Ludwigsthal, der Exercirplatz, die Vororte Maierhöfel und Rochus-thal ausbreiten, damals aber kaum wenige Häuser standen (*H, I*) und zieht bis Karlowitz, bei welchem Orte das Gebirge wieder ganz an die Donau herantritt. Stellenweise feucht, in der Nähe der Ufer versumpft (*W, X, Z, Z*), mit kleinem Gebüsch bestanden, machte die damalige trockene Jahreszeit, wenigstens in der Nähe des Gebirgs-fusses, diesen Raum im Allgemeinen gangbar.

Das Gebirge setzt in steil geböschtem Hange zu diesem Thal-boden ab, so dass die Cavallerie, welcher der ebene Theil des Schlacht-feldes für die Versammlung, den Aufmarsch und die Vorrückung natur-gemäss zufiel, Schwierigkeiten finden musste, aus dem Thale auf die Höhen zu gelangen.

Von grösserer Ausdehnung und Bedeutung war der gebirgige Theil des Schlachtfeldes, also jene Ausläufer der Fruška gora, welche

---

[1]) Die Entfernung Kamenitz-Karlowitz beträgt Luftlinie 7 bis 8 Kilometer, von hier bis in den Festungsbereich etwas über 6000 Schritte.

sich gegen Peterwardein hinziehen. Durch einige kleine Wasserrisse wird dieses Höhenterrain in mehrere Abschnitte geschieden, denen, so geringfügig sie an und für sich waren, eine gewisse taktische Wichtigkeit an diesem Schlachttage zufiel.

Das terrassenartig ansteigende, von steilen Einschnitten durchzogene Gelände war den Türken günstig, es bot ihnen Positionen dar, aus welchen sie nur mit grosser Aufopferung geworfen werden konnten, während weiter rückwärts gelegene, gleich starke Stellungen den Sieger erneuert zu denselben Anstrengungen zwangen.

In Verbindung mit ihrer Ueberzahl kam den Türken der wesentliche Vortheil grösserer Frontentwicklung zustatten, denn während die Entfernung · Kamenitz - Karlowitz noch über 10.000 Schritte beträgt, verengt sich die Linie Kamenitz-Maria Schnee-Kapelle (q), wo sich ungefähr der rechte Flügel der türkischen Hauptstellung befand [1]), schon auf 6000 Schritte und beim Retranchement, bis wohin die Türken ihre Approchen vorgetrieben hatten, misst der Raum kaum noch 2500 Schritte. Für die Kaiserlichen besserte sich dieses Verhältniss nur in dem Masse, als man nach vorwärts Terrain gewann und sich damit aus der eisernen Umklammerung zu befreien vermochte. Allerdings legte man damals, besonders im Kampfe gegen die Türken, einer schmäleren Gefechtsfront keine nachtheilige Bedeutung bei, wenn man nur genügender Tiefe sicher war. Die Armee trat eng geschlossen in das Gefecht und man strebte weit mehr nach einem Massenstoss und Durchbruch, als nach Ueberflügelungen, die, bei den elastisch auseinander- und wieder zusammenfliessenden, sich allen Formen anschmiegenden Massen der türkischen Heere, ohnehin nur für den Umgehenden selbst gefährlich werden konnten.

Durch den vom Dorfe Bukovac (O) kommenden Bukovac-Bach (P), und ein zweites kleineres Gewässer, die beide von den Südhängen der Fruška gora abfliessen, sich bei den damaligen Löffelholz'schen Maierhöfen [2]) (T) vereinigen und, ehe sie sich zur Donau wenden, noch ein kleines Rinnsal ($x\,x$), den sogenannten „kalten Gang", unweit der heutigen Ortschaft Maierhöfel aufnehmen, entstehen vier Rücken-

---

[1]) **Auf der Höhe bei** *e e* **befindet** sich heute ein Kreuz aus Stein, das „Eugen-Kreuz", welches zu Anfang dieses Jahrhunderts zum Andenken an den grossen Sieg errichtet wurde. Noch heute bewegt sich alljährlich am St. Markus-Tage eine Procession zur Frucht- und Felderweihe dahin.

[2]) **Wenige steinerne Säulen** und Trümmer in der Nähe eines kleinen Weingartenhauses deuten heute den Platz an, wo diese Maierhöfe standen

182

linien, von denen damals die erste die Hauptstellung der Kaiserlichen,
die drei anderen die Gegenstellungen der Türken bildeten [1]).

Auf der ersten Höhe, zunächst Peterwardein, 128 Meter, befanden
sich die Retranchements (*E, F*), vor ihnen lag das Thal des kalten
Ganges (*x x*). Jenseits desselben erhebt sich der Rücken Misie lug
(Misieluk) (*o o*), die kaiserlichen Verschanzungen ein wenig überhöhend
und den türkischen Batterien (*o o*) guten Ausschuss auf die Stellung der
Kaiserlichen gewährend. Die Laufgräben waren bereits von der Höhe
herab quer durch das Thal des kalten Ganges geführt und die
Türken hatten sich auch schon auf den diesseitigen Hang hinange-
arbeitet (*w, v*).

Die Höhe bei Kamenitz [2]) war in Verbindung mit dem von der
Aufstellung der Tataren später so benannten Tartarhegy (rechts
von *q q*).

Hinter dem Misie lug befindet sich der Karagac-Berg, 123 Meter,
so benannt von Kara Aga (schwarzer Aga), wo damals die türkischen
Miethstruppen in zerstreuten Lagern ihre Aufstellung bezogen hatten.
In heutigen Karten erscheint der Name des Berges verdorben in
Kalakač. Nach dem Karagac, dessen steile Hänge die Annäherung
ziemlich erschwerten, erhebt sich schliesslich noch der nach dem Lager
des Grossveziers, welches sich hier befand, so genannte Vezirac (*g, h*)
mit der Hauptstellung der Türken, die in dem von einer Wagenburg
umschlossenen Lagerplatz bestand. Der Vezirac, 199 Meter, beherrscht die
ganze Landschaft gegen Peterwardein hin. Mit richtigem Blicke hatte
sich der Grossvezier dieses Punctes bemächtigt und ihn durch Verschanzungen verstärken lassen.

Die Bedeckung dieser Ausläufer der Fruška gora, die heute der
Weincultur gewidmet sind, bestand damals aus Weide, untermengt
mit Buschwerk; von Kamenitz über Bukovac zog dichter Laubwald
und es wurde durch diesen Umstand der Bewegungsraum auf eine
etwa 5000 Schritt breite Zone beschränkt. Der Wald deckte zwar
die linke Flanke der Türken, konnte ihnen aber auch gefährlich
werden, falls sie von der hinter ihrem rechten Flügel führenden
Rückzugslinie abgedrängt wurden.

Der Grossvezier stand sonach in günstiger und starker Stellung
beherrschend gegenüber der Festung, selbst im Falle eines Misserfolges

---

[1]) Die moderne Bezeichnung dieser Höhenzüge reicht in die Zeit der Schlacht
zurück und hat sich durch Ueberlieferung im Volksmunde bis auf den heutigen
Tag erhalten.

[2]) Gegenwärtig markirt durch mehrere Pappeln. Hier steht das ehemalige
Militär-Erziehungshaus.

befähigt, nach einander neue gute Positionen zu gewinnen, während der **Prinz** mit der Cavallerie, der Hauptkraft seines Heeres, erst aus den schmalen Ausfallspforten und aus der beengten und beengenden Niederung des Donau-Thales gegen die wohlbesetzten Höhen herausrücken und sich entwickeln musste.

Einleitung zur Schlacht.

Am Nachmittage des 4. August 1716 erliess Prinz **Eugen** an die Generale die Disposition zum Angriffe [1]).

„Disposition"

„Auf Morgen, als dem 5. August 1716, an welche sowohl Infanterie, als Cavallerie und Artillerie sich zu binden haben:

1. Der Cavallerie werden über die 10 bereits empfangenen annoch 14 Schuss an Munition und Blei sammt den abgängigen Steinen bei der Feld-Artillerie ausgetheilt werden, dass man also zeitlich sich darum anzumelden hat.

2. Der Infanterie werden 30 Schuss auf einen jeden Mann, mitbegriffen diejenigen, so sie bereits haben und die abgängigen Flintensteine ebenfalls bei der Feld-Artillerie ausgetheilt werden.

3. Auf einen jeden Grenadier sollen 4 Granaten, mitbegriffen diejenigen, welche sie bereits haben, ausgegeben werden und hat man sich wie oben darum anzumelden.

4. Die Infanterie lässt ihre Röcke, jedoch nach Gutbefinden der Commandanten zurück, wie denn auch all' dasjenige, was zum Fechten überflüssig.

5. Die Cavallerie gleichfalls ihre Bagage und nimmt nur die Koller mit all' demjenigen, was zum tapferen Streiten vonnöthen ist.

6. All' und jeden Officieren wird bei Verlust ihrer Ehre und Reputation auf das nachdrucksamste eingebunden, keine zum Fechten tauglichen Leute über die höchste Nothdurft zurückzulassen. Die von der Cavallerie nehmen die Leute zu Fuss, um die unumgänglichen Wachen im Lager zu bestreiten.

7. Die Artillerie hält ihre Munitionskarren eingespannt und stellt die zur Bespannung der Stücke erforderlichen Pferde in solche fertige Bereitschaft, damit sie nach geschehener Attaque dahin ausrücken könne, wo es vonnöthen und man es befehlen wird (*n n*).

---

[1]) Kriegs-A., „Türkenkrieg 1716"; Fasc. VIII, 56 b.

8. Die Geschwindstückel sammt nöthigen Patronen sind nicht zu vergessen.

9. Dasjenige Corpo Infanterie, welches mit dem Herrn Prinzen Alexander von Württemberg von Szegedin gekommen und in 6 Bataillonen bestehet, bleibt linker Hand und formirt sich an die rechte Hand von der Cavallerie zwischen den Ziegelöfen (*J*) und der Festung, das Gericht (*r*) rechter Hand lassend (*q*). Es waren dies unter Commando des FZM. Prinzen Alexander von Württemberg, des FML. Freiherrn von der Lancken und GFWM. Baron Diesbach je 2 Bataillone der Regimenter Neipperg (44), Alexander Württemberg (45) und Niclas Pálffy (46) [1]).

10. Gedachte 6 Bataillone müssen die ersten attaquiren, sammt der Cavallerie, welche auf ihrer linken Hand marschirt.

11. Sobald als das Feuer von obgedachten 6 Bataillonen angeht, rückt die zum Attaquiren gewidmete Infanterie aus dem Retranchement, in der Ordnung, welche ihnen besonders wird angezeigt werden.

12. Die Herren Generale, welche obgedachte Infanterie commandiren, werden beim Tag das Terrain recognosciren und sich miteinander verstehen, wie sie herausrücken und sich secundiren wollen.

13. Wenn die Front von der Infanterie im Feuer ist, sodann wird die rechte Flanke, wo Guido Starhemberg (*m*, — 1) steht, ausrücken und den Feind auf dem Berge angreifen. Gedachte Flanke wird von 4 Regimentern Cavallerie, welche sich eben an der rechten Hand befinden werden (*d d*, *e e*), soutenirt.

14. Diese Regimenter müssen sich auf der Höhe in die Plaine nicht extendiren, bis sie sehen, dass unsere Linie ausser dem Retranchement sich formirt hat.

15. So müssen sie auch die feindliche Cavallerie, welche auf der Anhöhe und Plaine sein wird, wohl recognosciren, damit ihnen die Menge oder überlegene Macht nicht zu stark auf den Hals dringe.

16. Obgedachte 4 Regimenter Cavallerie, als Rabutin-Dragoner (8), Gronsfeld-Cürassiere (9), Darmstadt-Cürassiere (20) und Cordova-Cüras-

------

[1]) Prinz Alexander von Württemberg stand im Juli mit 8 Bataillonen bei Szegedin. Nach der Disposition ist er nur mit 6 Bataillonen in die Schlacht gerückt, und es fehlt je ein Bataillon vom Regimente Alexander Württemberg, sowie vom Regimente Niclas Pálffy. Nachdem das 3. Bataillon Württemberg bereits in der Ordre de bataille vom 8. August (Anhang Nr. 4) ausgewiesen ist und Obristlieutenant von Bärnklau in seiner Relation den Prinzen Alexander von Württemberg mit 7 Bataillonen auftreten lässt, so wäre es möglich, dass dieses 3. Bataillon noch rechtzeitig zur Schlacht eingetroffen ist.

siere (*gg*) [1]) werden von dem G. d. C. Freiherrn von Ebergényi commandirt, unter ihm der FML. Graf von der Hauben, dann die beiden GFWM. Conte de Galbes und Graf Hamilton.

17. Die übrigen sämmtlichen Cavallerie-Regimenter [2]) bleiben auf der linken Seite (*l*) unter folgendem Commando, als:

a) G. d. C. Graf Mercy (*hh*) hat unter sich die beiden FML. de Graven und Fürst Lobkowitz, als den GFWM. Grafen von Eckh mit folgenden Regimentern:

> Bayreuth-Dragoner (13),
> Hannover-Cürassiere (12),
> Pálffy-Cürassiere (11),
> Mercy-Cürassiere (10).

b) G. d. C. Baron von Falkenstein (*ii*) mit den beiden FML. Graf Saint-Croix und Baron Viard, dann den GFWM. Saint-Amour und nachgesetzte Regimentern:

> St. Amour-Dragoner (24),
> Falkenstein-Cürassiere (23),
> Martigny-Cürassiere (22),
> Graven-Cürassiere (21).

c) G. d. C. Graf von Martigny (*kk*) mit den beiden FML. Graf Hochberg und Graf Gondrecourt, dann dem GFWM. Graf Jörger mit folgenden Regimentern:

> Althann-Dragoner (35),
> St. Croix-Cürassiere (34),
> Hautois-Cürassiere (33),
> Viard-Cürassiere (32).

d) G. d. C. Baron de Battée (*ll*) mit den beiden FML. Graf Veterani und Graf Hautois, dann dem GFWM. Freiherrn von Schilling mit nachfolgenden Regimentern, als:

> Schönborn-Dragoner (39),
> Lobkowitz-Cürassiere (38),
> Gondrecourt-Cürassiere (37),
> Emanuel Savoyen-Cürassiere (36).

---

[1]) Das Regiment Cordova ist im Plan der Schlacht von Peterwardein nicht ausdrücklich erwähnt, sondern es heisst einfach: „500 Reiter, welche dem linken Flügel der Cavallerie entnommen wurden".

[2]) Nachdem, wie die Disposition später erwähnt, 4 Regimenter zu Pferd im Lager verblieben, so fehlten von den 34 zur Armee in Ungarn bestimmten Cavallerie-Regimentern in der Schlacht bei Peterwardein fünf, und zwar Württemberg und Eugen Savoyen, dann Caraffa, die noch im Anmarsche, Hohenzollern und Montecuccoli, die bei Arad waren.

186

e) G. d. C. Graf **Nádasdy** mit den FML. Grafen **Althann** und Prinz **Friedrich Württemberg** mit nachfolgenden Regimentern:

> Galbes-Dragoner (48),
> Jörger-Cürassiere (47),
> Vasquez-Cürassiere (49),
> Splényi-Husaren (50),
> Esterházy-Husaren (51)."

Die Eintheilung der Infanterie ist in der Disposition nicht enthalten, wahrscheinlich war sie bereits mündlich angeordnet worden.

Nach übereinstimmender Darstellung in den Plänen der Schlacht hatte dieselbe folgende Treffen-Aufstellung, wobei als Versammlungsplatz der Raum zwischen und hinter den Retranchements bestimmt war:

Corps de bataille.

Erstes Treffen.

In den ersten Retranchements auf dem rechten Flügel: (*m*)
Unter Commando des FZM. Grafen **Max Starhemberg**, FML. Graf **Bonneval**, GFWM. Graf von **Hoensbroeck und Gehlen**.

Guido Starhemberg-Infanterie (1)	. . . . .	3 Bataillone
Alt-Daun-	„	(2)	. . . . .	3 „
Gehlen-	„	(3)	. . . . .	2 „
Friedrich Württemberg-	„	(4)	. . . . .	2 „

Summa . . 10 Bataillone.

Hievon war ein Bataillon zur Deckung der rechten Flanke detachirt (*y*).

In dem ersten Retranchement auf dem linken Flügel: (*x*)
Unter Commando des FZM. Grafen **Regal**, FML. Graf **Georg Olivier Wallis**, GFWM. Graf **O'Dwyer**.

Wetzel-	Infanterie	(5)	. . . . . .	3 Bataillone
Alt-Württemberg-	„	(6)	. . . . .	3 „
Harrach-	„	(7)	. . . . . .	1 „

Summa . . 7 Bataillone.

Zweites Treffen.

Am rechten Flügel hinter dem FZM. Grafen Max **Starhemberg** (*o*) unter Commando des FZM. Prinzen von **Braunschweig-Bevern**, FML. Freiherrn von **Wellenstein**, GFWM. **Livingstein**.

Gschwind-Infanterie (14) . . . . 2 Bataillone
Bagni- „ (15) . . . . 3 „
Jung-Daun- „ (16) . . . . 2 „
Summa . . 7 Bataillone.

Am linken Flügel hinter dem FZM. Grafen Regal (*h*) unter Commando des FZM. Grafen Harrach, FML. Graf Daun, GFWM. Graf Franz Paul Wallis.

Jung-Lothringen-Infanterie (17) . . . . . 2 Bataillone
Regal- „ (18) . . . . . 3 „
Harrach- „ (19) . . . . . 2 „
Summa . . 7 Bataillone.

Corps de Reserve:

Unter Commando des FZM. Baron Löffelholz, FML. Conte d'Ahumada, GFWM. Graf Marsigli und Freiherr von Steinlöffel.

Hinter dem zweiten Treffen: (*x*)

Hasslingen- Infanterie (25) . . . . 1 Bataillon
Max Starhemberg- „ (26) . . . . 2 „
Sickingen- „ (27) . . . . 1 „
Bonneval- „ (28) . . . . 1 [1)] „
Lancken- „ (29) . . . . 2 „
Bevern- „ (30) . . . . 2 „
Trautson- „ (31) . . . . 2 „
Summa . . 11 Bataillone.

Im inneren Retranchement: (*z*)

Heister- Infanterie (40) . . . . 3 Bataillone
Baden-Durlach- „ (41) . . . . 2 „
Alt-Lothringen- „ (42) . . . . . . 2 „
Löffelholz- „ (43) . . . . 2 „
Summa . . 9 Bataillone.

In dem Horn- und Kronen-Werk: (*a a*, *b b*)

Wallis- Infanterie (55) . . . . 1 Bataillon
Faber- „ (54) . . . . 1 „
Ahumada- „ (52) . . . . 1 „
Alcaudete- „ (56) . . . . 1 „
Marulli- „ (53) . . . . 1 „
Summa . . 5 Bataillone.

[1]) Im Plan ist das Regiment Bonneval irrthümlich mit 2 Bataillonen ausgewiesen.

In der Hauptfestung: (c c)

Wallis-Infanterie (57) . . . . 1 Bataillon
Löffelholz- „ (58) . . . . 1 „
Summa . . 2 Bataillone.

Ueber die Verwendung der so vertheilten Infanterie [1]) und die sonstigen Bestimmungen verfügt nun die Disposition weiter:

„18. Sobald die Infanterie vom Prinzen Alexander attaquiren wird, sodann hat die erste Linie aus dem Retranchement auszurücken und wie sie kann, gleichfalls zu attaquiren und zwar erstlich der linke Flügel (*n*), welchen FZM. Graf Regal commandiren wird.

Sobald dies geschieht, thut ein Gleiches der FZM. Graf Max Starhemberg mit dem ersten Treffen des rechten Flügels (*m*).

19. Auf den FZM. Grafen Regal folgt FZM. Graf Harrach mit dem linken Flügel des zweiten Treffens von der Infanterie (*n*) und wird so weit zurückbleiben, als es das Terrain und die Umstände zulassen werden, zumalen er gedachten FZM. Grafen Regal zu souteniren hat; FZM. Prinz von Bevern thut ein Gleiches mit dem rechten Flügel des anderen Treffens (*o*).

20. Nach dem andern (zweiten) Treffen des rechten Flügels der Infanterie, marschirt G. d. C. Baron Ebergényi mit den unter seinem Commando stehenden Regimentern (*c c, d d*) und wird trachten, nach Beschaffenheit des Terrains die Flanke des rechten Flügels zu decken und zu souteniren. Mit einem Theil von seinen Regimentern hat er ein anderes (zweites) Treffen oder Flanke zu formiren, wie es das Terrain zugeben wird.

21. G. d. C. Baron Falkenstein folgt dem G. d. C. Grafen Mercy, ein jeder mit seinen Brigaden und bleibet hinter ihnen oder auf der Seite, wie es das Terrain zulässt; die obgedachten beiden Brigaden Mercy und Falkenstein passiren die Brücke rechter Hand.

22. Nach diesem folgt Ebergényi mit seiner Brigade und schlägt sich über die Brücke rechter Hand.

23. Der G. d. C. Graf Martigny marschirt mit der unterhabenden Brigade über die andere Brücke linker Hand.

24. Nach ihm G. d. C. Baron Battée und sodann G. d. C. Graf Nádasdy; obgedachte drei Brigaden formiren die andere Linie und Flanke, wenn es vonnöthen und das Terrain zulässt, wobei zu be-

---

[1]) Es fehlten also von der Infanterie je ein Bataillon Niclas Pálffy und Alexander Württemberg, dann zwei Bataillone Bonneval, die im Anmarsche waren.

merken, dass obgedachter G. d. C. Graf M a r t i g n y bei sich eröffnendem Terrain des ersten Treffens solches occupiren und soviel Regimenter als Platz haben, dahin abschicken soll.

25. Ein jeder General-Feldzeugmeister oder General der Cavallerie mit seinen subordinirten Feldmarschall-Lieutenants und General-Feldwachtmeistern, dann diese den Regiments-Commandanten und so ferners ein jeder Untergebenen, Ober- und Unter-Officieren, auch Gemeinen zu wissen machen, was ein jeglicher zu thun oder zu lassen und wie er sich zu comportiren hat, damit sowohl Infanterie als Cavallerie informirt sei, wie sie zu chargiren und Feuer zu geben habe.

26. Wenn Gott der Allmächtige (wie es zu hoffen steht) die Gnade geben sollte, den Feind zu poussiren, so ist beförderst dahin zu trachten, dass alle Confusion und Unordnung abgehindert, auf die erste Anhöhe, das Thal vor sich lassend, postirt und weiters zugesehen werde, was etwa ferners zu thun sei.

27. Man zweifelt nicht, die Herren Generale werden sich von selbsten verstehen, wie sie zu chargiren und einer den anderen zu souteniren haben.

28. FZM. Baron L ö f f e l h o l z hat das Commando über die specificirten Regimenter sowohl in dem Kronenwerk, als ersten und anderen (zweiten) Retranchement und hat zu observiren, dass die Bataillone, welche in dem letzteren Retranchement verbleiben, allsogleich, wenn die anderen ausmarschiren, formirt werden. So sind auch von ihm, FZM. Baron L ö f f e l h o l z, alle Unordnungen, beförderst in dem letzteren Retranchement, abzuhindern und die Truppen in solcher Bereitschaft zu halten, damit sie nach Beschaffenheit der Umstände den andern folgen können.

29. Die Artillerie observirt, was bereits anbefohlen worden.

30. Das Hauptwesen besteht darin, dass ein jeder beflissen sei, alle Confusion und Unordnung bestmöglichst abzuhindern.

31. FML. von G r a v e n bleibt mit dem Battée'schen Regiment (62) im Lager, um allda alle Confusion einzustellen und werden ihm die drei Husaren-Regimenter, welche im Viard'schen Lager bei der Römerschanze zurückbleiben, Ebergényi (59), Nádasdy (60) und Babocsay (61), im Ganzen also 22 Escadronen, angewiesen, um die Communication gegen Titel und oberhalb der Donau, gegen Futak, dann dem Provianthaus, zu erhalten ¹).“

Datum im Retranchement vor Peterwardein, den 4. August 1716.

----

¹) Plan der Schlacht von Peterwardein (5, 6, 7, und 8).

Die für die Schlacht bereitstehende Armee zählte somit 64 Bataillone Infanterie, 187 Escadronen Reiterei und 80 Geschütze. Der Stand belief sich auf etwa 51.000 Mann zu Fuss und 27.000 Reiter.

In der Aufstellung, nach der Disposition des Prinzen, bildet die Infanterie in den Verschanzungen stehend das Centrum; am linken Flügel sollte sich das Gros der Cavallerie, 21 Regimenter, am rechten Flügel eine besondere Abtheilung Reiterei, 4 Regimenter, entwickeln.

Eine Gruppe für sich, gleichsam als Verbindungsglied zwischen Centrum und dem linken Cavallerie-Flügel, war Prinz Alexander von Württemberg mit 6 Bataillonen bestimmt, ausserhalb des Retranchements und längs des Höhenrandes vorzugehen.

Dieser Gruppirung entsprechend war also der Angriff vom linken Flügel geplant, welcher mit der Offensivbewegung beginnen sollte.

Der Cavallerie war die etwa 1000 Schritte breite Sohle des Thales als Bewegungsraum vorgeschrieben, sie sollte sich hier in dem Masse gegen die rechte Flanke des Feindes entwickeln, als es der schmale Raum zuliess, wogegen die Infanterie im Höhenterrain zu verbleiben und die Türken in der Front anzugreifen hatte, die rechte Flanke deckte G. d. C. Freiherr von Ebergényi.

Von den 58 Bataillonen der Infanterie des Centrums standen 17 im ersten, 14 im zweiten Treffen, 11 Bataillone waren zur unmittelbaren Unterstützung bestimmt, 16 Bataillone endlich, inclusive der Festungsbesatzung von Peterwardein, blieben in den Retranchements und den Aussenwerken.

Diese starke Tiefengliederung trug den Wechselfällen des Kampfes Rechnung, sie war aber zum Theil auch aufgezwungen, weil eben für die erste Entwicklung nur die Breite des Retranchements zur Verfügung stand und endlich mussten die deckenden Linien im Rücken für den Anfang der Schlacht besetzt bleiben, eine Massregel, deren Zweckmässigkeit der Verlauf der Ereignisse am besten bewiesen hat.

Während die Cavallerie auf den Flanken in Action trat, war es die Absicht des Prinzen, mit der Infanterie der beiden vorderen Linien und der des FZM. Prinzen Alexander von Württemberg, zusammen 37 Bataillonen, vorläufig nur so weit vorzurücken, um die Türken aus den Tranchéen verjagen und ihre vordersten Batterien erobern zu können. Dann sollte sich die Infanterie auf der Höhe wieder sammeln und das Thal des „kalten Ganges“ und die Höhen des Karagac und Vezirac vor sich lassend, ordnen, bis die Fortsetzung des Angriffes möglich erscheinen würde.

Den Türken gegenüber war eine solche vorsichtige Kampfesführung nöthig. Durch ruhige, geschlossene Vorrückung unter stetem
Schutz der Flügel, hatte man ihren stürmischen auf Rücken und
Flanke abzielenden Angriffen noch immer am besten widerstanden und
auch Eugen wich nicht von den erprobten Grundsätzen ab.

Die Bataillone des FZM. Prinzen von Württemberg waren
in der Nacht auf den 5. August zur unteren Donau-Brücke marschirt
und eben im Begriffe, auf das südliche Ufer überzugehen, als ein
Unglücksfall eintrat, der geeignet war, das Schicksal des Tages und
der ganzen Armee in Frage zu stellen.

Einige oberhalb Peterwardein befindliche Schiffmühlen, deren
Bergung der Prinz bereits anbefohlen, was aber wegen des starken
Windes bisher nicht möglich gewesen, wurden von der Strömung, viel-
leicht auch durch Türken, vom Ufer gelöst und fuhren mit voller
Gewalt an die Brücken an, noch bevor es den wenigen kaiserlichen
Tschaiken möglich geworden, sie abseits zu lenken oder zu verankern.
Von der ersten Brücke wurden bei diesem heftigen Anpralle 5 Schiffe,
von der zweiten sogar 18 Schiffe von den Ankern losgerissen und
schwammen nun mit den Schiffmühlen stromabwärts.

Der Uebergang in der finsteren, stürmischen Nacht war damit
unterbrochen und fast die gesammte Cavallerie von der in den Retranchements stehenden Infanterie abgeschnitten. Schon am Abend
hatten sich auch türkische Fahrzeuge (*K*) der Donau-Insel genähert,
um auf die Inselschanze einen Ueberfall auszuführen und wahrscheinlich auch von dieser Seite das Zerstörungswerk an den Brücken zu
versuchen.

Die Tschaiken hätten dies nicht hindern können, die Kriegsschiffe aber waren noch weit entfernt von Peterwardein auf der Fahrt.

Gewiss war für einen Moment die Situation des Prinzen, der
selbst die Nacht im Retranchement verbrachte, äusserst kritisch und
seine weitangelegten Pläne drohten an der blinden Gewalt des Zu-
falls zu scheitern. Mit der grössten Anstrengung, wobei insbesondere
FZM. Freiherr von Löffelholz sich verdient machte, gelang es indessen beide Brücken nothdürftig wieder auszubessern, so dass noch vor
dem Morgengrauen der um 10 Uhr Abends unterbrochene Uebergang
fortgesetzt werden und die Cavallerie auf das rechte Ufer debouchiren
konnte. Der Angriff, welcher durch FZM. Prinz Württemberg um
4 Uhr 30 Minuten Früh hätte beginnen sollen, wurde in Folge dessen
bis 7 Uhr verschoben, erst um letztere Stunde defilirte die Cavallerie,

192

welche, direct aus der Wasserstadt herausgerückt in die Ebene vorging, an dem Prinzen vorbei.

Kampfeslust beseelte die Reiterei wie die Infanterie, die im
Begriffe stand, nun aus den Verschanzungen herauszurücken.

Bei den Türken waren die Vorkehrungen, welche der Prinz
getroffen, nicht ganz unbemerkt geblieben.

Die beutelustigen Tataren streiften schon seit einigen Tagen bis
unmittelbar an die Festung heran und in dem ebenen, durch die Befestigungen weniger geschützten Raum drangen wiederholt ganze Abtheilungen vor.

Man war daher über die Verhältnisse bei den Kaiserlichen ziemlich gut orientirt und am Morgen des 5. August setzte sich die türkische Armee, so wie es übrigens bisher täglich der Fall gewesen, in
volle Gefechtsbereitschaft [1]).

Ihre gegenüber des Retranchements in drei grossen Batterien (o o)
aufgefahrene Artillerie verstärkte das Feuer, die Laufgräben füllten
sich mit Janitscharen und aus dem am Vezirac stehenden Hauptlager
wurden Abtheilungen nachgeschoben, die zahllose türkische Cavallerie
begann sich gleichfalls zu sammeln und vorzugehen, als sie die Bewegung der kaiserlichen Reitergeschwader wahrnahm. Welche Disposition
der Grossvezier gegeben, ist nicht zu erkennen. Der grössere Theil
seiner Armee stand beim Beginne der Action noch bei dem Lager,
die Tataren waren gegen Kamenitz dirigirt, wo sie auch während
des ganzen Kampfes unbeweglich stehen blieben.

Es lässt sich überhaupt in der Schlacht ein taktischer Grund-
gedanke seitens der Türken nicht wahrnehmen; bei ihnen waltete nur
der altgewohnte fanatische Trieb zum Angriff, der kein bestimmtes
anderes Ziel, als die Vernichtung des christlichen Gegners im Auge hat.

[1]) Es soll sich zwar, nach den Erzählungen eines Augenzeugen, Namens
Stanislaus Grotovski, welcher sich als Dolmetsch im Hauptquartier des Grossveziers
und zwar bei Johann Maurocordato befand, ein grosser Theil der Reiterei am
5. Morgens auf Fouragirung begeben haben, woraus geschlossen werden könnte,
dass die türkische Armee durch den Angriff völlig überrascht wurde. Allein die erwähnte Schilderung ist sehr unzuverlässig und aus dem Verhalten der Osmanen ist
zu entnehmen, dass sie sich schnell gefasst hatten, als die Kaiserlichen ihre Vorwärtsbewegung begannen. Möglicherweise dass die Abwesenheit der Tataren den
Dolmetsch auf die Vermuthung brachte, dass die türkische Reiterei auf Fouragirung
geschickt worden sei.

Ueber die obige Quelle siehe: Ungarisches Magazin 1783. 19. Die Feldzüge
der Kaiserlichen wider die Türken in den Jahren 1716—1718. Seite 301.

Dem FZM. Prinzen A l e x a n d e r von W ü r t t e m b e r g gebührte nach der Disposition die Ehre, die Schlacht zu eröffnen. Mit seinen 6 Bataillonen [1]), welche er zwischen den Retranchements und der eigenen Cavallerie vorführte, drang er über die Höhe, wo damals das „Gericht" stand, kühn und zugleich überraschend auf den rechten Flügel der Janitscharen (*s*) ein; diese wandten sich zur Flucht, theils nach rückwärts, theils suchten sie sich in den Laufgräben zu decken oder dem energischen Stoss nach links auszuweichen; der Feldzeugmeister liess eine Flanke bilden, drang immer weiter gegen die zunächst befindliche türkische Batterie von 10 Geschützen vor, welche nur wenige hundert Schritte von der eigenen Linie postirt war und nahm dieselbe im Sturme.

Der Angriff hatte somit glücklich begonnen. Prinz E u g e n befand sich hier beim Corps A l e x a n d e r von W ü r t t e m b e r g und ritt nun rasch zum Centrum, wo seine Anwesenheit nothwendig schien.

Kampf und Entscheidung.

Die beiden Flügel des Centrums waren an den Feind gerathen. Dispositionsgemäss, dem energischen Vordringen des Prinzen A l e x a n d e r von W ü r t t e m b e r g folgend, brach die Infanterie aus den Retranchements vor, in deren Wällen acht Oeffnungen (*t*) angebracht worden waren. Das gleichzeitige und geregelte Herausbrechen der Infanterie aus derartigen schmalen Ausfallspforten und die darauf folgende Entwicklung war schwierig und wurde es noch mehr durch die starren Formen jener Zeit und einem gefährlichen Feinde gegenüber, der nur auf den Augenblick lauerte, um seinen Anfall auszuführen. Die Infanterie debouchirte reihenweise; das erste Treffen des linken Flügels unter FZM. Graf R e g a l formirte sich und ging eben so kühn und unerschrocken vor, wie die Truppen des Prinzen von W ü r t t e m b e r g.

Man trachtete vorerst den Hang, der sich zum Thal des „kalten Ganges" hinabsenkt, von den Türken zu säubern und dann die Höhe Misielug zu erreichen, auf welcher sich der Gegner zum Empfange bereit stellte und in Folge des vehementen Angriffes des Prinzen von W ü r t t e m b e r g starke Reserven heranzog.

Zuerst gelangte FZM. Graf R e g a l an die Laufgräben; eine Anzahl der überraschten Janitscharen wurde niedergemacht, manche suchten schon jetzt in der Flucht ihr Heil.

---

[1]) Neipperg, Niclas Pálffy und Alexander Württemberg, den heutigen Regimentern Nr. 7, 8 und 17.

Gleichwohl verursachten die Approchen der Infanterie viel Aufenthalt; wie in einem Irrgarten von Gräben löste sich daselbst die feste Ordnung der Bataillone auf und, in verzweifelter Gegenwehr kämpfende Janitscharentrupps versuchten wiederholt, in die unwillkürlich sich bildenden Lücken der Infanterie einzudringen.

Es war ein harter und erbitterter Kampf, ein zähes Ringen mit einem todesmuthigen Feinde, der sich an seine Stellung anklammerte und die Gräben nicht preisgeben wollte; aber er wendete sich auch hier bald zu Gunsten der Kaiserlichen.

FZM. Graf Max Starhemberg hatte mit dem ersten Treffen des rechten Flügels bald nach dem FZM. Grafen Regal die verschanzte Linie überschritten; an diesem Theile waren die stark besetzten Approchen der eigenen Aufstellung am nächsten und die Infanterie sah sich daher in den Kampf verwickelt, noch ehe sie ganz aus dem Retranchement herausgerückt und formirt war. Hier waren die Janitscharen bereits aufmerksam und hielten sich in ihren Gräben in guter Ordnung zum Widerstande bereit.

Das erste Treffen gelangte noch an den Feind; weil sich aber viele Türken, um dem plötzlichen kräftigen Angriffe des Prinzen Alexander von Württemberg auszuweichen, ganz nach dem linken Flügel gezogen hatten, so bekamen es die kaiserlichen Bataillone hier mit bedeutender Ueberlegenheit zu thun. Die rückwärtigen Truppen vermochten nicht schnell genug herbeizueilen und so ging die Ordnung und Geschlossenheit in der Gefechtslinie einigermassen verloren. Bei dem Kampfe in den Laufgräben entstanden breite Lücken, blitzschnell nützten die Janitscharen diesen Umstand aus, mit rasender Wuth drangen sie in die Reihen der kaiserlichen Truppen ein. Die hier befindlichen Truppen geriethen in Verwirrung und wandten sich zurück, unmittelbar von den Türken verfolgt, die wie im Fluge auch einige Bataillone des zweiten Treffens über den Haufen warfen. Die erkämpften Vortheile ausnützend, gingen die Janitscharen sofort weiter vor, das äussere Retranchement bot nur kurzen Aufenthalt, kühnen Muthes überstiegen es die Türken und in dichten Haufen drängten sie mit dem üblichen Allahgeschrei der zurückweichenden Infanterie bis zur Befestigungslinie nach [1]).

---

[1]) „Es entstand aber,“ berichtet der Prinz „ganz unvermuthet auf unserem Flügel der Infanterie einige Confusion, welche auch auf dem linken ebenfalls einige Unordnung verursachte, wovon der Feind mit besonderer Eilfertigkeit profitirt und mit ungemeiner Gewalt in das erste Retranchement eingedrungen, auch bereits ein Eck des zweiten überstiegen hatte.“ Supplement Nr. 65.

Die Richtung dieses gewaltigen Gegenstosses führte quer über das Thal des „kalten Ganges" auf die Höhe des Retranchements hinauf, daselbst weiter, ungefähr gegen die rechte Ecke der inneren Verschanzung, wo diese sich, einen Haken bildend, zur Donau zurückbog.

Die Infanterie des FZM. Grafen Regal, welche jetzt ihre rechte Flanke entblösst sah und gegen die sich nun auch im wachsenden Fortschreiten der heftige türkische Angriff fühlbar machte, wich gleichfalls zurück.

„Als wir aber etwas zu hitzig darauf losgegangen," heisst es in der Relation des hier, beim ersten Treffen des linken Flügels eingetheilten Infanterie-Regiments Alt-Württemberg [1]), „und deshalb nicht genugsam secundirt worden, so haben wir uns zurückziehen und die Retirade in die äussere Tranchée nehmen müssen; da wir zwar wieder in dem Vortheil gestanden, allein die Türken sind mit unbeschreiblichem Fureur auf uns losgegangen, dass es schon sehr gefährlich ausgesehen." Vergebens versuchten die Generale Hoensbroeck, Bonneval und Wellenstein die Bataillone aufzuhalten und zum Ausharren zu bewegen; Wellenstein und Hoensbroeck fanden mit vielen anderen Officieren den Heldentod, FML. Graf Bonneval, der mit einigen hundert Mann in einem Laufgraben eingeschlossen wurde, gelangte mit Mühe in's Freie und schlug sich schliesslich gegen die Festungsseite durch.

FZM. Prinz Ferdinand Albrecht von Braunschweig-Bevern, der das zweite Treffen des rechten Flügels befehligte, beschreibt in seiner Relation [2]) diesen Kampf wie folgt: „Allein als der Feind auf der zweiten Höhe (Misielug) einen starken Renfort von Janitscharen, auch etwas zu Pferde auf unsere Infanterie avanciren liess, so fiel auf selbige, massen sie auch eben in einer gar zu guten Ordnung nicht herausmarschirt war, eine solche terreur panique und absonderlich auf unserem rechten Flügel, dass sie nicht allein ihre occupirten Posten in grösster Confusion wieder verliess, sondern eilte auch unserem Retranchement zu und ob ich zwar meinesorts durch ein in solchem Retranchement befindliches Regiment einen Versuch that, diese Generalflucht wiederum zu redressiren und den Feind vom Retranchement abzuhalten, so war mir jedoch unmöglich, weder eines, noch das andere zu bewerkstelligen, massen der Feind schon rechter und linker Hand bei dem Bataillone, wo ich mich befand, hincindrang, der Flüchtigen viele niedersäbelte, auch endlich diesem Bataillone so grosse Furcht

[1]) Pfister, Denkwürdigkeiten aus der württembergischen Kriegsgeschichte, Seite 33.

[2]) Kriegs-A., „Türkenkrieg 1716"; Fasc. VIII, 71½.

einjagte, dass selbiges ebenmässig nach dem Exempel so vieler anderer sich auf das Laufen begab, und ich also desgleichen mit ihm zu Fuss bis in das andere Retranchement nicht ohne Gefahr, gleichfalls niedergesäbelt zu werden, thun musste." Durch diesen Vorstoss der Janitscharen wurde das Centrum durchbrochen; nur FZM. Prinz Alexander von Württemberg behauptete sich noch auf der eroberten Anhöhe, wenngleich auch er seine weitere Angriffsbewegung einzustellen gezwungen war. Der überraschende Erfolg der Türken, welcher einen Theil der kaiserlichen Infanterie so sehr erschütterte, war indessen nicht mehr als ein vorübergehendes Aufflackern alttürkischer Bravour, das kühne Vorgehen blieb ohne Unterstützung. Wohl waren die Janitscharen bereits in eine Ecke des zweiten Retranchements eingedrungen, auch hier begann ein wüthendes Handgemenge, in welchem sich aber die daselbst aufgestellten Bataillone energisch hielten.

Jetzt näherten sich kaiserliche Cavallerie-Regimenter vom linken und die vom rechten Flügel, um dem Fussvolk Hilfe zu bringen und den Türken in die völlig preisgegebenen Flanken (*f f*) zu fallen.

G. d. C. Ebergényi, welcher mit seinen vier Regimentern ein so hitziges Nachdrängen der Türken wohl hätte verhindern können, dürfte um diese kritische Zeit noch nicht zur Stelle gewesen sein. Er hatte sich in dem steilen Terrain zwischen der Donau und den Höhen vorzubewegen und gleicherweise wie die Infanterie, das bis hieher reichende Retranchement zu übersteigen. Bald nachdem der Angriff begonnen, scheint Ebergényi das spanische Cürassier-Regiment Cordova mit 500 Reitern zum inneren Retranchement disponirt zu haben, um den bedrängten rechten Flügel zu unterstützen, nachdem er in einzelnen Plänen und älteren Werken in zwei Treffen formirt und drei Regimenter (ohne Cordova) stark angeführt wird, während 500 Reiter zwischen den Retranchements auftreten ¹).

Diese drei Regimenter, Rabutin-Dragoner, dann Darmstadt- und Gronsfeld-Cürassiere waren ohne Zweifel zur Zeit, als die Krise bei der Infanterie eingetreten war, noch nicht auf der Höhe entwickelt und ebensowenig G. d. C. Graf Nádasdy, den der Prinz bald nach dem Beginne der Schlacht zum rechten Flügel geschickt hatte ²), wo er sich nun als zweites Treffen hinter Ebergényi formiren sollte.

---

¹) Plan der Schlacht von Peterwardein, in welchem Regiment Cordova gar nicht angeführt, sondern nur die „500 Reiter" ersichtlich gemacht werden.

²) In der Relation des Prinzen über die Schlacht, Supplement Nr. 65, heisst es von dieser Reiter-Abtheilung: „Dann der G. d. C. Graf Nádasdy mit den FML. Graf Althann und Prinz Friedrich Württemberg, die Regimenter Galbes, Jörger, Vasquez, dann Splényi- und Esterházy-Husaren, welche aber nach ersehener Nothwendigkeit nach rechter Hand geschickt wurden".

Während das Gefecht hier in so nachtheiliger Weise verlief, stand es am linken Flügel der Kaiserlichen folgendermassen:

Feldmarschall Graf Pálffy hatte sich mit der Reiterei, im Ganzen 21 Regimentern, gleichzeitig mit der Infanterie des Prinzen Alexander von Württemberg in Bewegung gesetzt. Er rückte in der Tiefe des Donau-Thales über den heutigen Exercierplatz vor. G. d. C. Graf Mercy führte das erste Treffen. Die Regimenter ritten anfangs in geschlossener Ordnung, allein einzelne Sumpfstellen, dann dichtes Gebüsch hinderten eine rasche Entwicklung der an der Tête befindlichen Abtheilungen. Eine rechts bei dem heutigen Rochusthal postirte türkische Batterie unterhielt ein mörderisches Feuer und fügte der Cavallerie grossen Schaden zu.

Als die Türken die Vorrückung der vorderen Linie, Bayreuth-Dragoner, Hannover-, Pálffy- und Mercy-Cürassiere, bemerkten, brach auch ihre zahlreiche Reiterei hervor und warf sich in dichten Schaaren auf die Kaiserlichen, welche jedoch den mächtigen Anprall aushielten und die stürmischen Spahis in die Flucht trieben, während die G. d. C. Falkenstein und Martigny das zweite und dritte Treffen entwickelten. Allein auch von den Osmanen rückten neue Schaaren in den Kampf, in dichten Schwärmen jagte die Lehensreiterei aus dem Lager des Grossveziers heran.

Escadrons- und truppweise setzten nun die kaiserlichen Regimenter zur Attaque an, da der Raum, sich regelrecht zu formiren, nicht vorhanden war. Die Osmanen vermochten den wuchtigen Anprall der kaiserlichen Cavallerie nicht aufzuhalten, von der Eugen in seiner Relation berichtet, „dass sie sich dabei eine grosse Ehre und Reputation erworben und alles gethan, was immer von einer Reiterei prätendirt werden mag".

Die türkischen Reiterschaaren, an mehreren Stellen durchbrochen, zersplitterten sich, geriethen in Unordnung und begannen endlich zu weichen, wodurch die kaiserliche Cavallerie soviel Terrain gewann, dass sie nach vorwärts die Höhe erreichte, wo sie sich entwickeln und in breiterer Front weiter vorrücken konnte. Einzelne Abtheilungen gewannen nach rechts nun auch die Verbindung mit dem FZM. Prinzen Alexander von Württemberg, der bis nun mit seiner Infanterie isolirt gefochten hatte.

Die türkische Batterie, welche die Vorrückung der Cavallerie durch Flankenfeuer so sehr belästigt hatte, wurde genommen; unwiderstehlich brachen die Pallasche der kaiserlichen Reiter Bahn, was noch Widerstand leistete, wurde niedergehauen, todte und verwundete Türken bedeckten zu Hunderten die Wahlstatt und bezeichneten den blutigen Weg, den

sich die eisenfeste Cavallerie zum türkischen Hauptlager, dem Ziel der
Vorrückung, öffnete, die ersten Abtheilungen erstiegen schon die Hänge
des Vezirac.

Während des siegreichen Vordringens der Cavallerie war auf
dem rechten Flügel bei der Infanterie jener verhängnissvolle Gegen-
angriff der Janitscharen erfolgt.

Der Prinz war mit dem Feldmarschall Grafen Heister zum
ersten Treffen des FZM. Grafen Regal geeilt, wo er die bedenkliche
Situation mit eigenen Augen überblickte. Mit heroischer Ausdauer
behaupteten sich indessen die Bataillone des Prinzen Alexander
von Württemberg, in diesem kritischen Augenblicke das Pivot
der Armee, auf dem Abhang des Misielug bei der eroberten feindlichen Batterie, gegen die unaufhörlichen Anfälle der Türken. Dieses
Standhalten bildet einen der Glanzpuncte der Schlacht und hat viel zum
Erfolge beigetragen. Beruhigt für die Lage am linken Flügel, suchte
der Prinz die weichenden Truppen des Centrums zu ordnen. Er ritt
in Eile nach den so sehr bedrohten Retranchements, keinen Moment
seine imponirende Ruhe verlierend, nicht achtend die eigene Lebensgefahr [1]) griff er selbst in die Action ein, um der Unordnung zu steuern
und die Truppen zu neuem Widerstande zu ermuntern. Rasch ersah der
Prinz die preisgegebene linke Flanke des türkischen Vorstosses, was
von Ebergényi's und Nádasdy's Reitern zur Hand war, warf er auf
diese empfindliche Stelle der Türken und die Cavallerie-Regimenter [2])

[1]) „Prinz Eugenius," schreibt der Prinz von Braunschweig-Bevern, „hat dessen
beiwohnender Tapferkeit gemäss auch in dieser Occasion sich ungemein exponirt
und weil er sich eben bei der Infanterie befand, als sie die Flucht nahm, so war er
in der grössten Gefahr, von den Türken niedergesäbelt oder gefangen zu werden."
Kriegs-A., „Türkenkrieg 1716"; Fasc. VII, 7½.

[2]) Es ist aus den Relationen über die Schlacht nicht zu entnehmen, welchen
Cavallerie-Regimentern in diesem gefahrvollen Moment der Ruhm der gebrachten Entscheidung zunächst gebührt. Der Bericht des Prinzen erwähnt nur im Allgemeinen
das Eingreifen einiger Cavallerie-Regimenter vom rechten und linken Flügel. In
nächster Nähe befand sich wohl der G. d. C. Ebergényi mit den drei Regimentern
Rabutin-Dragoner (heute Nr. 10), Darmstadt- (heute 6. Dragoner-Regiment) und
Gronsfeld-Cürassiere (heute 9. Dragoner-Regiment), es mögen sich aber auch die
unter dem G. d. C. Falkenstein stehenden Regimenter des zweiten Cavallerie-Treffens
St. Amour-Dragoner und Falkenstein-Cürassiere, ferners Althann-Dragoner und Gondrecourt-Cürassiere (heute 4. Dragoner-Regiment) an diesem Kampfe betheiligt haben,
denn es macht sich bemerkbar, dass drei dieser Regimenter allein sechs von den
Türken bereits genommene kaiserliche Fahnen wiedererobert und dazu noch 63 Fahnen
des Halbmondes erbeutet haben, mehr als ein Drittheil aller überhaupt gewonnenen
Fahnen und Standarten.

gelangten einzeln, theils vor, theils zwischen dem zweiten und ersten Retranchement, wie sich gerade der Raum ergab, zum Einhauen.

Nach der Haupt-Relation ist „die zum Souteniren rechts und links gestellte Cavallerie zugeeilt und der Infanterie die Zeit sich zu recolligiren gegeben".

Dieser Angriff war von glänzendem Erfolge; die Janitscharen kamen in Unordnung, ihr Vordringen stockte, die kaiserliche Infanterie fasste und sammelte sich, die beiden getrennten Flügel des Centrums schwenkten gegen den nun in der Mitte eingekeilten Feind [1]).

· Ueber dieses rettende Eingreifen der Reiterei vom rechten Flügel schreibt der FZM. Prinz Braunschweig-Bevern:

„Es poussirte der Feind unsere Leute auch gar bis in das zweite Retranchement, woselbst er aber nicht allein auf das in Ordnung stehende Heister'sche Regiment zu Fuss stürzte, sondern auch, nachdem die am Wasser herauf kommende Cavallerie unter dem General Ebergényi den Feind in der Flanke und im Rücken attaquirte, so war er auch gezwungen, unser Retranchement zu verlassen und sich völlig in die Flucht zu begeben."

Der Bericht des Regimentes Alt-Württemberg [2]) sagt, dass die Sache schon bedenklich stand, „wofern nicht die Cavallerie, so unten an dem Berg von Peterwardein gehalten, succurriret, welches uns aufgemuntert, dass wir mit grösserer Hitze als vorher angegriffen, dass also nächst Gott durch deren Hilfe eine grosse Bataille gewonnen ist".

Auch die im zweiten Retranchement stehende Reserve unter FZM. Löffelholz wurde nun in den Kampf geführt, die Lücken füllten sich. Fast plötzlich begann sich auf der ganzen Linie die Situation zu Gunsten der Kaiserlichen zu wenden. Ebergényi drang mit seinen drei Regimentern ($p\,p$) vom rechten Flügel her immer weiter in Flanke und Rücken der Türken, die kaiserliche Artillerie unterhielt aus ihren Positionen bei den Retranchements ein lebhaftes und wirkungsvolles Granat- und Kartätschfeuer, mit wachsender Energie wurde der Kampf von den Truppen des Centrums aufgenommen.

Mit verzweifeltem Muthe fochten die Janitscharen, aber erschüttert durch die Verluste, unfähig, wieder Ordnung zu finden, ohne Unter-

---

[1]) „Eine wunderliche augenblickliche Veränderung der Sach! Sich auf das Neue wenden, den Feind angreifen, in die Flucht jagen, war Eines." Höchste Welt- und Kriegshäupter, welche den friedbrüchigen türkischen Hochmuth durch zwei Feldzüge in Ungarn also gedemüthigt, dass er in dem dritten den Frieden bittlich suchen und annehmen müssen. Augsburg und Dillingen 1718.

[2]) Pfister, Denkwürdigkeiten aus der württembergischen Kriegsgeschichte.

stützung durch ihre Cavallerie, welche durch Feldmarschall Graf Pálffy bereits abgedrängt war, gerieth das türkische Fussvolk nunmehr völlig in Schwanken und wandte sich endlich in wilder Flucht und grosser Unordnung gegen die Laufgräben zurück, die ihnen nun zum eigenen Verderben gereichten. Viele fanden darin ihr Grab, theils erdrückt im Gedränge, theils durch Feuer und Bajonnett der nachsetzenden kaiserlichen Infanterie. Sie konnten die siegenden Kaiserlichen nicht mehr aufhalten, der fanatische Muth der Osmanen war gebrochen, Verwirrung und Kopflosigkeit gewann die Oberherrschaft, es begann ein allgemeines Flüchten, das besonders verhängnissvoll beim Uebersetzen des „kalten Gang"-Thales wurde.

Vergebens bemühten sich die türkischen Führer die Soldaten zum Halten und Sammeln auf der Höhe des Misielug zu bewegen ($q\,q$). Die Reiter Ebergényi's ($p\,p$) drängten unmittelbar nach und unaufhaltsam flutheten vor ihnen die Janitscharen zurück. Die Tataren, welche zu ihrer Unterstützung beim heutigen „Tatarenberg" aufgestellt waren, hatten, anstatt sich in diesem entscheidenden Augenblicke einzusetzen, auf schnellen Pferden längst das Weite gesucht.

Indessen war am linken Flügel, dessen Erfolg durch keinen Zwischenfall getrübt wurde, die Stunde der völligen Entscheidung genaht. Die Cavallerie, welche geschlossen den Hang des Vezirac hinanritt, hatte noch einen harten Kampf mit der von allen Seiten zum Schutze des Lagers herbeieilenden türkischen Reiterei, etwa da, wo heute das „Eugen-Kreuz" steht, auszufechten. Aber auch diese letzte verzweifelte Gegenwehr wurde überwunden. Je mehr die Kaiserlichen vordrangen, desto wilder und eilfertiger wurde die Flucht des Feindes, er verliess endlich in besinnungsloser Hast die auf den Hängen des Vezirac gelegene Wagenburg, das Hauptquartier selbst auf dem Berge und endlich das ganze Lager mit aller Artillerie, Munition, Fuhrwerken, Kanzleien und Zelten, als er „mit grosser Praccipitance sich in die Flucht begeben müssen" [1]).

„Weil Prinz Eugen ihm darauf von einer Höhe bis zur anderen folgte," schreibt der Prinz von Braunschweig-Bevern, und „immer weiter und weiter in die Flucht brachte, ohne dass sich dessen Cavallerie recht zur Wehre stellte, so erhielten wir endlich durch Gottes Segen einen vollkommenen Sieg."

Das ganze türkische Heer war in Auflösung, Pascha Mehemed, dann der Janitscharen-Aga und viele vornehme Officiere lagen unter

---

[1]) Supplement Nr. 65.

den Gefallenen; auf dem Karagac-Berge hielten die Truppen ebenfalls nicht mehr Stand, der Anführer des linken Flügels, A c h m e d, starb hier, tapfer fechtend. D a m a d A l i Pascha, der Grossvezier, hatte während der ganzen Schlacht unbeweglich vor seinem Zelte bei der heiligen Fahne des Propheten gehalten. Als aber die Spahis und Silihdare (Waffenträger des Sultans) in rasender Flucht das Lager räumten und nur noch ein Häuflein Edelleute der Lehensreiterei bei ihm ausharrte, als alle seine Mühen, die Fliehenden (*v v*, *w w*) zum Stehen zu bringen, erfolglos blieben, da warf sich der türkische Feldherr mit den letzten Getreuen todesmuthig den Kaiserlichen entgegen. Eine Kugel traf ihn in den Kopf, mit Mühe gelang es noch einigen Begleitern den schwerverwundeten Führer aus dem Gedränge zu bringen, aber auf dem Wege nach Belgrad, bei Karlowitz, gab er seinen Geist auf.

„Der Defterdar M o h a m m e d, der Mewkufatdschi I b r a h i m, der Reis Effendi M u s t a p h a, der Reichs-Geschichtsschreiber R a s c h i d, nahmen die heilige Fahne in ihre Mitte und eilten, nur von einigen berittenen Gedikli und dem Aga der Spahis begleitet, nach Belgrad [1].“

Das aufgelöste Heer flüchtete so schleunig als möglich der Save zu [2]. „Seine Cavallerie hat wenig gelitten,“ schreibt der P r i n z [3], „massen sie die erste echappirt, dahingegen die im Stich gebliebenen Janitscharen desto mehreres erlitten haben.“

Mit bewunderungswürdiger Tapferkeit setzten diese preisgegebenen und bald von jeder Hilfe abgeschnittenen Soldaten den hoffnungslosen Kampf fort (*x x*, *y y*, *z z*). Einzelne Haufen derselben drangen, den Säbel in der Faust, auf die Kaiserlichen ein und tödteten noch viele Leute, indem sie sich selbst opferten. Andere suchten endlich Rettung in dem Buschwerk, welches das Terrain stellenweise bedeckte und entkamen dann im Dunkel der Nacht. Auch diejenigen, welche sich in die, das Schlachtfeld südwestlich begrenzenden, Wälder flüchteten, kamen mit dem Leben davon, obgleich zu ihrer Verfolgung einige Bataillone das Gehölz durchstreiften.

In langen Fronten erstieg nun auch die kaiserliche Infanterie die Höhen (*r r*, *s s*).

Sie nahm zuerst eine Aufstellung auf dem Rücken, dem türkischen Lager gegenüber, wurde aber bald noch weiter vorgeführt.

---

[1] Hammer, Geschichte des osmanischen Reiches, S. 207.
[2] Plan der Schlacht von Peterwardein (3—3), (4—4).
[3] Supplement Nr. 65.

Um 12 Uhr Mittags war der Kampf zu Ende. Nur fünf Stunden hatte das wechselvolle Ringen um den Erfolg gewährt. Von beiden Seiten war mit grosser Tapferkeit und Erbitterung gekämpft worden.

Ein ruhmvoller Sieg der höheren Macht des Geistes über das Barbarenthum war erfochten und die Zeitgenossen priesen ihn als den „Sieg des glorreichen gottbegnadeten Christenthums über die dunklen Zeichen des Halbmondes" [1]).

Die Türken waren durch die Eröffnung der Schlacht vollkommen überrascht worden; der Erfolg wäre vielleicht noch bedeutender gewesen, wenn sich der Angriff nicht durch die Zerstörung der Brücken um zwei Morgenstunden verspätet hätte. Ob sich, wie ein Augenzeuge im türkischen Lager schildert [2]), beim Anfange der Schlacht ein grosser Theil der türkischen Reiterei auf Fouragirung befunden, mag dahingestellt bleiben, dass aber der Angriff unvermuthet kam und der Grossvezier nicht Zeit fand, die entsprechenden Anordnungen zu treffen, ist aus dem Verlaufe der Schlacht wohl zu entnehmen.

„Inmittels und kurz zu sagen," schreibt der Prinz in seiner Haupt-Relation [3]), „ist es eine vollkommene Victorie gewesen, womit bei diesem so schweren Angriff der feindlichen Uebermacht und ihres vortheilhaften Lagers die deutsche Bravour und Standhaftigkeit umso mehreres signalirt hat, als der Gefangenen Aussage nach, ihre Armee im türkischen Lager ohne Tataren, welche in's Land ausgelaufen und nicht einmal dabei waren, bis 200.000 Mann gewesen sein soll." In der Schlacht von Peterwardein haben somit etwa 80.000 Mann Kaiserliche, von denen 8000 Mann nicht in der Gefechtslinie standen, den Sieg gegen wenigstens 150.000 Türken davon getragen.

Ergebnisse der Schlacht.

Wie einst bei Zenta, so fiel auch bei Peterwardein das ganze türkische Lager in die Hände des Siegers und als um 12 Uhr Mittags

---

[1]) Die Schlacht wurde am Tage des „Maria Schnee-Festes" geschlagen. Die schöne „Maria Schnee"-Kapelle, errichtet durch die Familie des Grafen Breuner an Stelle einer kleinen Holzkapelle, die ehemals Moschee gewesen, mahnt bis heute an den glorreichen Tag. Geschichtliche Skizze dieser Kapelle von Elias Okrugic, Peterwardeiner Festungspfarrer.

[2]) Ungarisches Magazin 1783. Feldzüge der Türken wider die Kaiserlichen in den Jahren 1716—1718. Aus dem Tagebuche des Johann Stanislaus Grotovski, ungarischen und deutschen Dolmetsches bei der Pforte (starb als Königsrichter zu Broos in Siebenbürgen). In dem bereits früher erwähnten Tagebuche ist allerdings Wahrheit und Dichtung bunt durcheinander gemengt.

[3]) Supplement Nr. 65.

der ruhmbedeckte kaiserliche Feldherr sich dem verlassenen Zelte des Grossveziers näherte, gab es von der furchtbaren Türkenmacht nur noch wirre Trümmer, welche der Feste Belgrad zuflüchteten. Das osmanische Heer hatte aufgehört zu existiren.

Eine weitere Verfolgung nach der Schlacht war der Erschöpfung der Truppen wegen nicht durchzuführen, der Kampf war mit solcher Wuth und Erbitterung geführt worden, dass dieselben der Erholung bedurften.

Auch wollte der Prinz seinen Truppen für ihre redliche Arbeit die reiche Beute des osmanischen Lagers nicht vorenthalten. Die ganze Grösse des Sieges erfuhr der Prinz aber auch erst am 10. August durch einen Ueberläufer, der berichtete, dass von der türkischen Infanterie gar wenig sich gerettet und wenn die Deutschen weiter nachgesetzt, wäre auch von der Cavallerie nicht viel davongekommen. Nur die Tataren hatten sich, unrühmlich genug, mit heiler Haut nach Belgrad geflüchtet.

So blieb denn die Armee am 5. und 6. August auf dem glorreich errungenen Boden des Schlachtfeldes stehen.

Noch am Schlachttage sandte der Prinz aus dem Zelte des Grossveziers, wo er sein Hauptquartier aufgeschlagen, einen kurzen Bericht über den glorreichen Sieg an den Hofkriegsrath [1]), während er dem Kaiser durch den General-Adjutanten und Obristen Grafen Ludwig Andreas Khevenhüller, der sofort nach Wien abging, Meldung erstatten liess.

Eine schmerzliche Trübung der Siegesfreude bot in dem feierlichen Augenblick, da der Prinz das prachtvolle Zelt des Grossveziers betrat, der erschütternde Anblick der grausam verstümmelten Leiche des FML. Grafen Breuner, den die Türken im Gefechte am 2. August gefangen genommen. Ein Denkzeichen wüster, roher Barbarei, lag der tapfere Breuner, „ganz frisch zerhaut mit Eisen an Ha's und Füssen, dann verschiedene unserer Leute herum, von dem ersten Pálffy'schen Rencontre, enthauptet" [2]).

---

[1]) Supplement Nr. 62.

[2]) Haupt-Relation über die Schlacht, Supplement Nr. 65. Nach Bärnklau's Anmerkung über die Campagne (National-Museum Budapest, 520 Fol. Germ.) war Breuner gefunden worden „bei des Grossveziers Zelt massacrirt und noch ganz blutig, er hatte eine grosse Kette um den Hals gehabt, wie auch am Fuss, der Rücken kohlschwarz von den bekommenen Schlägen, weil sie gesehen haben, dass sie ihn nicht konnten mitführen. Auf der anderen Seite des Zeltes wurde eine Quantität Christenköpfe gefunden, welche

Von der reichen Beute behielt der Prinz nur das Zelt des Grossveziers für sich, „wie auch die Sänfte, in welcher seine Favoriten geführt wurden," das Uebrige, unermessliche Vorräthe und zahlreiche Lagergegenstände, wurde den Soldaten überlassen [1]).

In dem allgemeinen Schrecken der Niederlage hatten die Türken fast gar nichts aus dem Lager in Sicherheit zu bringen gesucht. Man sah erst jetzt, wie wohlausgerüstet diese Armee gewesen.

Die glänzenden Pascha-Zelte, viele mit orientalischer Pracht ausgestattete Waffen und Rüstungen, meist reich mit Gold, Silber und Edelsteinen verziert, kostbare Kleider, werthvolle türkische und persische Teppiche und tausenderlei andere Gegenstände kamen in den Besitz der Soldaten [2]). Pferde und Kameele, die letztern von den Soldaten zuerst mit Verwunderung angesehen, waren in Menge erbeutet und wurden im Lager um 1 fl. verkauft, ebenso fielen grosse Vorräthe an Lebensmitteln und Waffen in die Hände der Sieger [3]).

Mit dem Lager hatten die Osmanen auch ihr ganzes Geschütz im Stich gelassen, 149 Stück Kanonen, 3 Haubitzen und 23 Mörser mit Kalibern von 1—60 Pfund, mehrere 100-Pfünder, zum Theil gar nicht zur Verwendung gekommen, wurden erbeutet [4]).

---

sie bei der Pálffy'schen Action bekommen haben". Die Schandthat war den Türken heimbezahlt worden. Bärnklau schreibt: „Wir haben nicht mehr als 20 Gefangene bekommen, indem unsere Leute viel zu blutgierig waren und Alles massacrirt haben".

[1]) „Hingegen aber unsere Truppen Alles und Jedes zur Beute gemacht, folglich eine ziemliche Anzahl an Büffeln, Kameelen und allerhand Lebensmitteln sammt allen Zelten überkommen haben." Supplement Nr. 65.

[2]) „Es ist gewiss," schreiben Dumont und Rousset in ihrer Geschichte des Prinzen Eugen mit einiger Uebertreibung, „dass wenn diese Sachen um den Preis ihres wahren Werthes verkauft worden wären und man den Erlös unter die Soldaten vertheilt hätte, so würden sie für ihr ganzes Leben versorgt gewesen sein. Aber die Kriegsbeute gewährt keinen Nutzen. Sie wird zerstreut, geht zugrunde, bald weiss man nicht, was aus ihr geworden ist."

[3]) Nach „Eugenii Heldenthaten" fand man „bei 50.000 Zelte, über 2000 Kameele, eine sehr grosse Menge Schlachtvieh, 12.000 Säcke Reis, 2500 Fässer Mehl, über 1000 Wagen Hafer, über 500 Wagen Kaffee und Zwieback, nebst vielen anderen Lebensmitteln und Feldgeräthschaften, als Schaufeln, Hacken, Leitern u. s. w."

[4]) Anhang Nr. 7. Eine andere Specification (Kriegs-A., „Türkenkrieg 1716"; Fasc. VIII, 64) gibt an:

Feldtaugliche Geschütze	78
schwere „	52
Mörser	29
Zusammen . .	159 Stück.

Diese dürfte früheren Datums sein, als noch nicht alles eingebracht war. Unter den genannten Geschützen befanden sich auch einige, die seinerzeit von den Türken

Ebenso reich und mannigfaltig war die erbeutete Munition mit zugehörigen Wagen, die der Artillerie-Obrist Graf Berzetti kaum zu bergen vermochte. 1300 Centner Pulver, 700 Centner Blei, etwa 20.000 Stückkugeln und 1500 Bomben, 2700 Haubitz- und 7000 Hand-Granaten, dann Tausende von Werkzeugen, darunter „56 Halsringe, die gefangenen Christen anzufesseln", übernahm der Stuck-Hauptmann in Peterwardein. In der türkischen Kriegskanzlei fand sich auch das Schreiben vor, welches der Prinz am 27. Juni 1716 an den Seras-kier in Belgrad und an den Minister-Residenten Fleischmann erlassen hatte[1].

Die Ehrenzeichen des Sieges, die Trophäen der Schlacht, brachte General-Adjutant, Graf Waldburg-Zeil, der zugleich die schriftliche Relation des Prinzen dem Monarchen zu übergeben hatte, am 13. August nach der Kaiserstadt: 156[2]) Fahnen, 5 Rossschweife und 4 Paar Pauken.

In feierlicher Weise wurden die Fahnen im St. Stephans-Dome ausgestellt.

Die Verluste der Kaiserlichen an Todten und Verwundeten waren bedeutend, aber doch nicht so gross, als es bei der Erbitterung und dem wechselnden Erfolge, mit welchem gekämpft worden, zu erwarten war[3]) und nur die verhältnissmässig grosse Zahl an Todten gab hiefür sprechendes Zeugniss.

---

aus Ungarn mitgenommen worden, meist aus dem 17. und selbst aus dem 16. Jahrhundert stammend. Ueber das erbeutete Zeugswesen berichtet FZM. Freiherr von Löffelholz (Kriegs-A., „Türkenkriege 1716"; Fasc. IX, 51): „Dieser Tage haben wir den Zeugstadel im Hornwerk in Augenschein genommen, wo wir uns dann nicht genugsam verwundern können, eine so prodigieuse Quantität von schönem und gutem Eisen gemachtem Minirzeug, auch gestielten und ungestielten Sturmsensen und anderen vielfältigen Instrumenten, die ich mein Lebelang nicht gesehen und die nicht sowohl zur Attaque als Defension einer Festung dienen können, also dass ich das Erbeutete zusammen auf $2^1/_2$ Millionen gar wohl estimiren kann und mich dabei in meiner Rechnung nicht betrügen werde, wo indessen daraus des Feindes Arroganz und Uebermuth und dass derselbe gleichsam seiner Intention und Vorhabens so gut als gewiss gewesen, ganz klärlich erhellet." Den Werth von $2^1/_2$ Millionen Gulden hat übrigens Löffelholz später selbst sehr in Zweifel gezogen.

[1]) H. K. R. Reg. 1716; Juni, 426.

[2]) Anhang Nr. 6.

[3]) Anhang Nr. 8.

Infanterie:

	Todt	Verwundet
Obriste	4	1
Obristwachtmeister	1	8
Hauptleute.	36	18
Lieutenants	29	16
Fähnriche	21	17
Unterofficiere und Gemeine.	1749	1474
Zusammen . . .	1840	1534

Cavallerie:

	Todt	Verwundet
Obriste	—	3
Obristlieutenants	—	1
Obristwachtmeister	—	2
Hauptleute und Rittmeister	1	10
Lieutenants	5	13
Cornets	2	9
Unterofficiere und Gemeine.	264	767
Zusammen . . .	272	805

Artillerie:

	Todt	Verwundet
Obristlieutenant.	—	1
Zeugs-Lieutenant	1	1
Stuck-Hauptmann	1	—
Alt-Feuerwerker	2	—
Büchsenmeister	5	16
Stuckknechte.	1	1
Zusammen . . .	10	19

Im Ganzen 2122 Todte, 2357 Verwundete, darunter 206 Officiere. An Pferden hatte die Cavallerie 1574, die Artillerie 2 verloren.

Schwer fiel der Verlust einiger verdienstvoller Generale und Obriste.

Vom Stabe des Prinzen blieben todt; Obrist und General-Adjutant Graf Johann Baptist Pálffy und der General-Quartiermeister-Lieutenant Chréstien de Pouchon. Der General-Adjutant Graf Trauttmansdorff wurde verwundet.

Beim Corps des Prinzen von Württemberg fiel der FML. von der Lancken. Beim rechten Flügel des ersten Treffens fanden GFWM. Graf von Hoensbroeck und Gehlen, der Obrist Rovero von Alt-Daun und der Obrist Forstner von Alt-Württemberg den Tod auf dem Schlachtfelde.

Im zweiten Treffen fiel der FML. Freiherr von Wellenstein, Obrist Graf Erps von Jung-Daun und der Obrist Goldacker vom Regimente Gschwind. FML. Graf Bonneval wurde schwer verwundet.

Am linken Flügel wurden der GFWM. Graf O'Dwyer und Obrist Graf Trautson, endlich bei der Cavallerie der GFWM. Baron Schilling, die Obriste Schuhknecht von Althann-Dragoner, Des Pilliers von Mercy-Cürassieren und Schlauerspach von Pálffy-Cürassieren verwundet.

Nach den taktischen Verbänden in der Schlacht vertheilten sich die Verluste wie folgt:

Infanterie:

Unter Commando des FZM. Württemberg: je 2 Bataillone Neipperg-, Alexander Württemberg- und Niclas Pálffy-Infanterie	384 Todte,	271	Verwundete
Unter Commando des FZM. Max Starhemberg: Guido Starhemberg-, Alt-Daun-, Gehlen-, Friedrich Württemberg-Infanterie.	443 „	388	„
Unter Commando des FZM. Bevern: Gschwind-, Bagni-, Jung-Daun-Infanterie	199 „	251	„
Unter Commando des FZM. Regal: Wetzel- und Alt-Württemberg-, dann 1 Bataillon Harrach-Infanterie . . .	629 „	326	„
Unter Commando des FZM. Harrach: Jung-Lothringen-, Regal-, Harrach- (2 Bataillone) Infanterie.	185 „	291	„

Cavallerie:

Unter Commando des G. d. C. Ebergényi: Rabutin-Dragoner, Gronsfeld-, Darmstadt-Cürassiere	33 Todte,	93	Verwundete
Unter Commando des G. d. C. Mercy: Bayreuth-Dragoner, Hannover-, Pálffy-, Mercy-Cürassiere.	80 „	247	„
Unter Commando des G. d. C. Falkenstein: St. Amour-Dragoner, Falkenstein-, Martigny-, Graven-Cürassiere	75 „	198	„

Unter Commando des G. d. C. **M a r -** **t i g n y :** Althann-Dragoner, St. Croix-, Hautois-, Viard-Cürassiere	66 Todte, 169 Verwundete
Unter Commando des G. d. C. **B a t t é e :** Schönborn - Dragoner, Lobkowitz-, Gondrecourt-, Emanuel Savoyen- Cürassiere	15 „ 85 „
Unter Commando des G. d. C. **N á d a s d y :** Galbes- und Jörger-Dragoner, Vas- quez-Cürassiere, Splényi- und Ester- házy-Husaren	3 „ 13 „

Diese Angaben [1]) erweisen, dass bei dem Detachement **W ü r t -**
t e m b e r g, dann den beiden Flügeln des ersten Treffens die Verluste
besonders an Todten beträchtlich sind, was dadurch zu erklären, dass
die Türken beim Vorgehen gewohnheitsgemäss auch die Verwundeten
vollends tödteten, um das Kopfgeld zu erhalten.

Die Verluste der Türken sind schwer zu bestimmen. Sie waren
weitaus grösser, als jene der Sieger. Pardon wurde nahezu gar nicht
gegeben.

Der **P r i n z** berichtet in seiner Relation, dass der Verlust des
Feindes nicht genau zu erheben sei, weil „ob des ungleichen und
embouscirten Terrains die Wahlstatt sich auf ein paar Meilen extendirt“.

Im Wiener Diarium und älteren Werken werden die Verluste der
Osmanen mit 30.000 Todten angegeben, neuere Schriftsteller beziffern
dieselben auf 6000 Mann. Ob hiebei auf die furchtbaren Verluste der
Janitscharen Rücksicht genommen wurde, von denen nur wenige ihr
Leben durch die Flucht zu retten vermochten, ist zweifelhaft.

Ein unbeschreiblicher Jubel erfüllte die Christenheit mit dem
Bekanntwerden der siegreichen Schlacht von Peterwardein. Besonders
die Stadt Wien gab sich freudiger Stimmung hin, lag doch noch hier
die Erinnerung an die schreckliche Belagerung von 1683 nahe.

Obrist Graf **K h e v e n h ü l l e r,** der die erste Nachricht von der
Schlacht überbrachte und die Route von Peterwardein bis Wien in

---

[1]) Die auf Seite 178 Anmerkung, von Bärnklau angegebenen Verluste „in der
Trauchée vor Ausrückung in die Action“ sind in den nebenstehenden Ziffern mit
inbegriffen.

2¹/₂ Tagen zurücklegte, berichtet am 8. August an den Prinzen [1]:
„Ich bin um 2 Uhr Nachmittag (8. August) in der Favorita eingelangt,
während 7 Postillons meine Ankunft ankündigten. Seine Majestät
erfüllt von Freude, hat dies mit seinen „lunettes d'approches" mit
angesehen. Er eilte bei meinem Eintritt auf mich zu und gab lebhafte
Zeichen der Freude, als ich von dem glorreichen Sieg berichtete und
dass Euer Durchlaucht sich wohl befinden. Allen am Hofe musste ich
erzählen; man gibt sich vollem Entzücken hin. Alle Strassen sind mit
Menschen belebt und wohl 1000mal in einer Stunde musste ich von
der schönen Action berichten."

Der Name des Prinzen Eugen, des Türkensiegers, war auf
allen Lippen und obgleich er in seiner Relation in gewohnter be-
scheidener Weise nur der Tapferkeit der Armee, nicht aber seiner
eigenen Thätigkeit gedacht [2]), so erkannte man gar wohl sein Haupt-
verdienst an dem grossen Erfolge.

Die schönste Anerkennung für den Prinzen selbst gab der
Kaiser in seinem eigenhändigen Brief vom 20. August 1716, in dem
er ihm seine „vermehrte (wenn es noch möglich wäre) Liebe, Estime
und Erkenntlichkeit" ausdrückt und sein Bildniss „handliches Gesicht"
überschickte, als Zeichen, „dass er sich von ihm nie trennen werde
und als stete Erinnerung, sein so kostbares Leben in Hinkunft mehr
zu schonen" [3]).

In officieller Weise dankte der Kaiser dem Prinzen mit dem
Handschreiben vom 15. August 1716 [4]) für „seine hocherleuchteten
Veranstaltungen, heldenmüthige Anführung und unermüdlichen Eifer,
auch zur Anmuthung des Kriegsheeres in eigener Person erwiesenen
vortrefflichen Tapferkeit ".

---

[1]) Kriegs-A., „Türkenkrieg 1716"; Fasc. VIII, 101. Das Original französisch.

[2]) In der erwähnten Relation meldete der Prinz, nachdem er die Cavallerie
besonders belobt, „ohne die Ursache zu berühren, wo etwa die auf dem rechten
Flügel anfangs entstandene Unordnung hergerührt haben möchte, gestalten vielmehr
glaube, dass ein jeder seiner Schuldigkeit ein Genügen zu leisten sich beeifert haben
werde." Im weiteren Verlaufe „also muss Deroselben ich die von Dero gesammten
Generalität erzeigte Tapferkeit und ruhmwürdigen Eifer allerdings beloben, insbe-
sondere aber E. k. M. General-Feldmarschallen Grafen von Pálffy und des Prinzen
Alexander von Württemberg bei dieser Gelegenheit erwiesenen Valor und tapfere
Conduite unangerühmt nicht lassen, mithin dieselben zuförderst zu Dero Allerhöchsten
Gnaden, wie billig, anzurecommandiren."

[3]) Anhang Nr. 10.

[4]) Kriegs-A., „Türkenkrieg 1716"; Fasc. VIII, 66.

„Ich werde dieser so vielfältig Mir und Meinem Hause erwiesenen treuen und erspriesslichen Dienste unvergessen sein und die sich noch immer vermehrenden glorwürdigen Verdienste mit unverbrüchlicher Gnade und völligem Vertrauen erwidern."

Auch der braven Armee wurde der Lohn für ihren Heldenmuth durch die hohe Anerkennung ihres Kriegsherrn, der in dem erwähnten „Handbriefe" sagte: „Uebrigens habe Ich auch billig erachtet, dass Ich ebenfalls Meinen unter Ihrem Commando stehenden Generalen und Truppen wegen der bei diesem so glorreich behaupteten Siege, auch vor sich gehabten überlegenen feindlichen Macht, erwiesenen unerschrockenen Muth, Tapfer- und Standhaftigkeit Meiner darob geschöpften Danknehmung gnädigstes Wohlgefallen bezeuge, weswegen E. L. ein solches selber sammt und sonders bekannt machen, auch sowohl Officiers als Gemeine Meiner kaiserlichen Gnade versichern, den Generalen, auch Obristen und Commandanten der Regimenter aber die beikommenden besonderen Schreiben [1]) nach Dero Gutbefinden einhändigen wollen."

Papst Clemens XI. empfand das allgemeine Gefühl der Freude mit, als ein kaiserlicher Courier mit einigen türkischen Fahnen und zwei Rossschweifen aus der Siegesbeute, die Nachricht von der Schlacht bei Peterwardein nach Rom überbrachte.

Der kaiserliche Gesandte, Cardinal Schrattenbach, der diese Trophäen am 31. August 1716 in feierlicher Audienz überreichte, schrieb hierüber dem Prinzen am 7. September 1716 [2]), dass Seine Heiligkeit nicht nur eine ungemeine Freude über diesen Erfolg

---

[1]) Kriegs-A., „Türkenkrieg 1716"; Fasc. VIII, 66 b. Dieselben lauteten folgendermassen: „Es hat Uns Unser (Titl.) Prinz Eugen von Savoyen besonders angerühmt, dass Du (Deine Liebden) in der den 5. dieses Monats bei Peterwardein mit dem Erbfeind christlichen Namens vorgefallenen Feldschlacht einen absonderlichen Muth, Vernunft, Tapfer- und Standhaftigkeit erwiesen, folgbar zu der mit dem Segen des Allerhöchsten gegen eine so vortheilhaft postirte als überlegene, ungemein feindliche Macht erfochtenen so herrlichen Victori Deinen pflichtgemässen Eifer und ritterliche auch fürsichtige Aufführung beigetragen habest (haben). Wie nun Uns solches zur gnädigsten Gefälligkeit, Dir (Deiner Liebden) aber und Deinen (Ihren) Nachfolgern zu immerwährendem Ruhm bei der gesammten ehrbaren Welt und beförderst der unter obigem Sieg mitbegriffenen Christenheit angedeiht, also haben Wir Dir (Deinen Liebden) Unsern Dank und Wohlgefallen bezeigen und Dich (Selbe) anbei gnädigst versichern wollen, dass Wir Dein (Dero) Uns und dem gemeinen Wesen hierunter erwiesenen stattlichen Dienst bei ereignender Gelegenheit mit kaiserlichen und königlichen Gnaden zu erkennen unvergessen sein werden, gleichwie Wir mit solchen Dir (Deiner Liebden) ohnedem allezeit wohl beigethan verbleiben."

[2]) Kriegs-A., „Türkenkrieg 1716"; Fasc. VIII, 67.

seines „Verbündeten“ bezeigt, sondern auch den ausserordentlichen Ruhm und die Glorie des Prinzen anerkannt und in einem, gleich am 2. September versammelten, päpstlichen Consistorium unter der lebhaften Zustimmung der Cardinäle dem Prinzen die nur selten gewährten Ehrenzeichen des geweihten Hutes (Barett) und Degens zuerkannt habe [1]).

Der päpstliche Titular-Obrist und Adjutant Cavaliere Horatio Rasponi wurde vom Papst eigens beauftragt, dem Prinzen diese Insignien mit einem Breve [2]) zu überreichen.

Der Prinz wünschte indessen die feierliche Ceremonie nicht mitten in den dringenden Geschäften des Krieges vorzunehmen, sondern gedachte sie bis zu seiner Rückkehr von der Armee, nach beendeter Campagne zu verschieben und forderte den Bischof Grafen Nádasdy auf, die Feierlichkeit seinerzeit in Raab zu celebriren [3]).

---

[1]) Der Hut (Barett) war von violetter Farbe mit Hermelin ausgeschlagen. Auf der vorderen Seite befand sich die Abbildung des heiligen Geistes in Form einer Taube, aus Perlen kunstvoll zusammengesetzt. Sonst war der Hut mit Perlen und Goldborden geschmückt. Der Degen war über 1·4 Meter lang, mit einem schweren Griffe von Silber, den das päpstliche Wappen schmückte und einer Scheide von rothem Sammt versehen. Das Wehrgehänge bestand aus gleichem Stoffe. Wiener Diarium 1716 Nr. 1387; dann „Relaziono della solenne ceremonia fattasi la domenica degli 8. Nov. nella città di Giavarino ne ricoversi da S. A. S. il Principe Eugenio il dono papale dello stocco e berettone benedetti“, welche eine ausführliche Beschreibung der ganzen Ceremonie geben. Kriegs-A., „Türkenkrieg 1716“; Fasc. VIII, 71.

[2]) Kriegs-A., „Türkenkrieg 1716“; Fasc. VIII, 68.

[3]) Hier geschah auch am 7. November wirklich die feierliche Ueberreichung des Baretts und Degens. Bischof Nádasdy nahm die Ceremonie nicht vor, angeblich, weil Raab nicht zu seiner Diöcese gehöre. Abt Goudor ersetzte ihn im Namen des Cardinals von Sachsen-Zeitz.

Der Prinz hielt es für angemessen, diesen Act mit allem vorgeschriebenen Ceremoniell vor sich gehen zu lassen, um dadurch den Papst zu ehren, der unter allen Umständen auch politisch eine künftige Unterstützung der heiligen Allianz sein konnte.

Er sprach auch dem heiligen Vater in ehrfurchtsvollster Weise seinen Dank für diese Auszeichnung aus, die bis dahin nur gekrönten Häuptern und um das Wohl der Christenheit besonders hochverdienten Personen zu Theil geworden.

Der feierliche Belehnungs-Act vollzog sich in würdevollster Weise.

Der päpstliche Abgesandte, Marquis Rasponi, war mit den genannten Insignien von Temesvár nach Raab gereist. Feldmarschall Graf Heister, welcher bereits von der Armee hieher zurückgekehrt war, traf alle Vorbereitungen zum feierlichen Empfange des Prinzen, der am 7. November von Ofen in Begleitung des Infanten Emanuel von Portugal ankam. In einem sechsspännigen Wagen zog der Feldherr, begleitet von zahlreichen ungarischen Banderien, in die Stadt und Festung Raab ein.

Aus dem Königreich Neapel und dem Mailändischen, aus den Niederlanden, von den meisten Höfen Deutschlands, aus Frankreich, ja selbst aus Spanien kamen Beglückwünschungen, die seine Tapferkeit, wie seine Kriegskunst rühmten. Aber in seinen Dankschreiben blieb Eugen wie immer in engen Grenzen der Bescheidenheit; wie er in der Relation an seinen Kaiser das Verdienst nur auf Seite der braven Armee finden wollte, lehnte er auch den Fremden gegenüber das reichgespendete Lob in schlichter Weise ab.

In politischer, wie militärischer Beziehung waren die Folgen der Schlacht von Peterwardein von grosser Bedeutung.

Das Ansehen des Kaisers und der Armee erfuhr eine neue, stolze Kräftigung, was scheelsüchtigen Nachbarn gegenüber immerhin von Werth war. Man konnte nun auch die Türkenhilfe vom Reiche mit mehr Nachdruck betreiben und thatsächlich erfolgte unter der Einwirkung der Siegesbotschaft von Peterwardein endlich die Bewilligung von 50 Römermonaten [1]).

Wesentlicher waren die Folgen der Schlacht von Peterwardein in militärischer Hinsicht.

Die türkische Armee war der Auflösung nahe, ihre Führer todt; der Sultan, der in Adrianopel weilte, vernahm mit Schrecken die Nachricht der Niederlage. Wie ein Lauffeuer verbreitete sich dieselbe im ganzen osmanischen Reiche. Sie drang bis Corfu, wo der Kapudan Pascha im Vereine mit dem Seraskier Mustapha Pascha die Belagerung der Stadt und Festung begonnen hatte und es ist gewiss, dass der Erfolg bei Peterwardein zu dem überstürzten, fast fluchtartigen Rückzuge der Türken von Corfu hauptsächlich beigetragen hat. Die verwegenen Offensivpläne der Moslims auf Italien

---

Am folgenden Tage, den 8. November 1716, begab er sich in die Domkirche, wurde hier vom infulirten Abte Gondor zu einem erhöhten Sitze geleitet und nach dem Hochamte überreichte Marquis Horatio Rasponi das päpstliche Breve, welches der Feldkriegs-Secretär Brockhausen ablas.

Hierauf übergab der Abt dem Prinzen das geweihte Schwert und setzte ihm das Barett auf.

Ein dreimaliges Abfeuern des Geschützes beschloss die Ceremonie.

Die dem Prinzen Eugen eigenthümliche Scheu vor allen derlei Ehrenbezeigungen, die seiner Person gelten sollten, war freilich so bekannt, dass selbst der Kaiser sich nicht enthalten konnte, ihm am 8. October (Anhang Nr. 17) scherzend zu schreiben: „Au reste möchte ich wohl meinen lieben Prinzen in dieser Function und mit dem schönen Kappl sehen und im Geheimen ein wenig lachen, da ich Euer Durchlaucht Humor in solchen functiones kenne."

[1]) Siehe Einleitung S. 28.

waren jetzt gescheitert. Sie mussten darauf bedacht sein, sich dem Vordringen des kaiserlichen Heeres in das eigene Land entgegen zu werfen [1]).

Am 5. und 6. August lagerte die Armee noch auf dem eroberten Boden des Schlachtfeldes, um sich wieder vollständig in Ordnung zu setzen und die Munitionsvorräthe zu ergänzen.

Die Verwundeten wurden zumeist vorläufig nach Peterwardein und in die nächsten Ortschaften gebracht, das Hauptspital zu Futak vermochte sie nicht alle aufzunehmen. Die Todten wurden auf dem Schlachtfelde bestattet, aber ihre Menge erschwerte die Arbeit und die Augusthitze machte den längeren Aufenthalt auf dem weiten Todtenfelde bald unerträglich. Der Prinz nahm daher am 7. August die Armee, 62 Bataillone und 187 Escadronen [2]) auf das linke Donau-Ufer zurück.

Das Regiment Löffelholz blieb als Besatzung in der Festung Peterwardein. Das 3. Bataillon Alexander Württemberg-Infanterie rückte zur Armee ein. Die Cavallerie befand sich vollständig im Lager, auch der GFWM. Graf Eckh, der mit 1200 Commandirten zu Pferd und 200 Husaren die Verfolgung durchgeführt hatte, passirte schon am 8. August wieder die Donau. Nur die Grenz-Husaren streiften weiter gegen Belgrad.

Nach dem Siegestage von Peterwardein, der die einzige vorhandene türkische Feld-Armee zertrümmert hatte, stand es der Wahl des Prinzen frei, nunmehr seine Operationen auf Temesvár oder sofort auf Belgrad zu richten.

Es scheint, dass der Entschluss ein rasch gefasster war, denn bereits am 7. August 1716 befahl er dem Commandanten in Szegedin, GFWM. Grafen Herberstein, die im Marsche auf Peterwardein begriffenen Bataillone, eines von Pálffy-Infanterie aus Grosswardein und eines von Bonneval-Infanterie aus Arad, in Szegedin halten zu lassen.

---

[1]) In Belgrad herrschte einige Tage hindurch furchtbare Verwirrung. Niemand wollte den Oberbefehl übernehmen, um nicht für das Missgeschick verantwortlich gemacht zu werden, man gewann endlich Sari Achmed, den Pascha von Rumili. Dann langte auch die Entscheidung des Sultans an, welcher den früheren Pascha von Belgrad, Bostandschi Chalil, zum Grossvezier, Sari Achmed und den Defterdar Mohammed zu Vezieren ernannte.

[2]) Anhang Nr. 4. Plan der Schlacht von Peterwardein (13—14—15).

Ebenso wurde am 8. August GFWM. Graf V e h l e n mit den heranrückenden Dragoner-Regimentern Württemberg und Eugen Savoyen nach Szegedin beordert, um sich dem gegen Temesvár in Marsch gesetzten Feldmarschall Grafen P á l f f y anzuschliessen [1]).

Der P r i n z sprach sich in diesen Tagen noch nicht eigentlich über seine Absicht aus, erst am 9. August berichtete er hierüber an den K a i s e r [2]).

„Nachdem der geschlagene Erbfeind sich also entfernt hatte, dass von ihm nichts mehreres zu sehen war, habe ich E. k. M. Armee in dem hiesigen Lager herwärts der Donau zurückgezogen, um sich allda bei der zurückgelassenen Bagage von den starken Strapazen, welche sie einige Zeit wegen des Feindes Gegenwart ausgestanden hatte, in etwas zu erquicken und die Kranken und Blessirten von den Gesunden gelegensamer abzusondern. Wann dieses geschehen und ein so andere zu der bevorstehenden Operation erforderliche Anstalt gemacht ist, sodann bin ich mit E. k. M. Allergnädigster Erlaubniss der gefassten Resolution, gerade nach Temesvár abzumarschiren und solches zu belagern, wohin ich indessen den Feldmarschall Grafen P á l f f y mit einem Theil der Cavallerie vorausschicke, den Ort zu berennen. Die Ursachen, welche mich zu dieser Operation bewegen, sind:

Erstlich, dass der geschlagene Feind mir die Passage der Save, wann ich mein Vorhaben auf Belgrad richten wollte, annoch disputiren und unsicher machen, auch wegen abgehendem Schiffs-Armament die Donau offen und frei, ich hingegen solche zu dem Transport nicht gebrauchen könnte [3]); sodann finde ich, dass die Wegnehmung von Temesvár, welche mit Hilfe Gottes zu hoffen steht, zu den künftigen Winterquartieren, Ziehung der Contributionen aus der Walachei, Bedeckung der Theiss und Ober-Ungarns, auch Communication mit Siebenbürgen zu E. k. M. Allerhöchstem Dienst sehr fürträglich und nützlich, nicht weniger zu dem künftigen Absehen auf Belgrad sehr beförderlich sei.

Die Beschwerlichkeit, welche sich in Vollziehung dieses Desseins ergeben wird, dürfte in dem Transport der Erfordernisse bestehen,

---

[1]) Supplement Nr. 64 und Nr. 68.

[2]) Supplement Nr. 70 und Nr. 76.

[3]) Nach einem Berichte (Kriegs-A., „Türkenkrieg 1716"; Fasc. VIII, 7) sollen sich bei Belgrad unter Ibrahim Pascha 50 Fregatten, jede mit 30 Rudern, mit 6 kleinen Stücken und 80—90 Mann besetzt, ferners 5 Donau-Galeeren mit 60 Rudern, 300 Mann, 4 Stücken befunden haben. Andere Nachrichten sprachen indessen nur von 14—18 grösseren Schiffen. — Von dem eigentlichen Zustande der türkischen Armee hatte man noch keine sicheren Nachrichten, es war nur bekannt, dass sich der grösste Theil der Flüchtlinge wieder bei Belgrad zusammengefunden habe.

man wird aber suchen, solche mit Beihilfe des Landes nach Möglichkeit zu heben und zu diesem Ende das Nöthige einzuleiten. E. k. M.
bitte allerunterthänigst, Dieselben möchten geruhen zu diesem Ende
der kön. ung. Hof-Kanzlei anzubefehlen, dass sie alle von mir hierinfalls machende Disposition nicht allein bestätigen, sondern befördern
und zu diesem Ende das Nöthige intimiren möchte."

Der Entschluss des Prinzen, nicht auf Belgrad, sondern auf
Temesvár vorzugehen, war zum Theil wohl auch durch die Jahreszeit
bedingt. Ueber den Bestand der türkischen Kräfte war nichts Verlässliches bekannt, die Möglichkeit, bei Belgrad unter sehr erschwerten
Bedingungen neuerdings eine Schlacht schlagen zu müssen, schien
nicht ausgeschlossen und dann stand erst eine langwierige Belagerung
der Festung bevor, schwierig besonders darum, weil das Cernirungs-
Corps durch den Strom getrennt war, den man bei dem Mangel an
Kriegsschiffen nicht zu beherrschen vermochte [1]).

Die Belagerung von Belgrad würde sich jedenfalls sehr in die
Länge gezogen haben, für einen Winter-Feldzug war nichts vorbereitet und die Verproviantirung, bei der sich schon jetzt, wo die
Armee noch keine Vorwärtsbewegung gemacht, arge Anstände ergaben,
reichte dazu jedenfalls nicht hin.

Eine genügende Einrichtung der Verpflegsbasis und die Heranziehung des Belagerungs-Parkes würden den Bedarf an Zeit noch
bedeutend vermehrt haben.

Die Wegnahme von Temesvár war zwar auch kein leichtes
Unternehmen, die Festung galt als stark und wohl ausgerüstet, aber
die Aussichten auf Erfolg waren doch ungleich günstiger.

Der Prinz konnte die Festung erreichen und cerniren, noch
bevor an eine Verstärkung derselben von der geschlagenen Armee
bei Belgrad irgend zu denken war; ein Entsatzversuch der Türken,
wenn er doch erfolgte, machte ihrerseits einen Donau-Uebergang noth-

[1]) Eugen theilte am 25. September 1716 auch dem Marschall Villars seine
Gründe mit, welche ihn von einer Operation auf Belgrad abgehalten haben. „Vous
croyez, monsieur, un général comme vous êtes, que la suite de l'événement de la
bataille devait être l'entreprise de Belgrade pour les raisons que vous connaissez,
mais la difficulté du passage de la Save, le défaut de l'armement naval, qui n'était
pas encore en état d'agir et dont j'avais cependant indispensablement besoin, tant
pour couvrir mes ponts du Danube, qu'il aurait fallu pour ôter la communication à
celui des ennemis, qu'établir la mienne avec le pays en deçà pour enfermer la place
et profiter de l'avantage du fleuve avec quelques autres circonstances m'ont fait
résoudre celle de Temesvár, malgré la saison avancée, terrain, transport d'artillerie
et munition, auquel je suis occupé dans l'espérance que Dieu secondra les opérations
de sa cause" Arneth II.

wendig und sie mussten dann unter nachtheiligen Bedingungen, mit dem Strome im Rücken, schlagen.

Die Heranbringung des Belagerungs-Parkes von Ofen auf Temesvár begegnete endlich keinen übergrossen Schwierigkeiten und zudem stand man den Haupt-Magazinen Szegedin und Ofen überhaupt näher.

Durch die Eroberung von Temesvár erwarb der Prinz aber zudem die reiche Landschaft des Banats, den letzten Besitz der Türken nördlich der Donau, ein Theil der Armee konnte gleich hier seine Winterquartiere finden, die Verbindung mit Siebenbürgen war geöffnet und im nächsten Jahre konnte dann die Operation auf Belgrad frühzeitig beginnen.

So wendete denn der Prinz die noch für die Kriegführung geeigneten drei Monate dieses Jahres an die Belagerung von Temesvár.

Kanonendonner gab den Abschiedsgruss des Heeres an der Stätte seines Sieges, am 8. August liess Eugen feierlichen Dank-Gottesdienst halten für den herrlichen Erfolg, ein Dankgebet auch den treuen Soldatenherzen, die den Sieg mit ihrem Blut bezahlt und nun in der erkämpften Erde im ewigen Schlafe ruhten. Der Prinz und das gesammte Heer wohnten dem Requiem bei.

In allen Theilen der Monarchie wurde auf Befehl des Kaisers selbst das Tedeum gesungen. Die Länder der Krone Habsburg nahmen festlichen, freudigen Antheil an den Ruhmesthaten des tapferen Heeres [1]).

[1]) In Ungarn und Siebenbürgen ordnete der Prinz die feierliche Danksagung noch am 5. August selbst an. — Supplement Nr. 63.

Die Eroberung von Temesvár [1]).

Vormarsch der Armee auf Temesvár.

Unter weitaus günstigeren Verhältnissen als während des letzten
Türkenkrieges im Jahre 1698 schritt der Prinz nach der siegreichen
Schlacht von Peterwardein zur Operation auf Temesvár [2]).

Damals hatte der Prinz eine wohlgerüstete, feindliche Armee
von 100.000 Mann in ihrer beobachtenden Stellung bei Belgrad sich
gegenüber, die ihn mit dem kaum halb so starken Heere, ohne Be-
lagerungsmittel, hinderte, etwas Entscheidenderes gegen die Hauptstadt
des Banats auszurichten. Nunmehr aber war das Osmanenheer geschlagen und der neue Grossvezier, ausser Stande innerhalb der
nächsten Zeit einen Entsatzversuch zu unternehmen, konnte den Fall
der Festung nicht mehr hindern.

Um aus dem Lager von Peterwardein nach Temesvár zu gelangen, hatte der Prinz die Theiss zu überschreiten. Die zunächst
befindliche Uebergangsstelle, bei Titel, war dermalen des Morasts von
Vilova wegen, dessen Gangbarmachung zeitraubende Arbeiten erfordert
hätte, ungeeignet; weiter aufwärts, bei Zsablya, breiteten sich ausgedehnte Sümpfe am linken Theiss-Ufer aus, und beabsichtigte der Prinz
daher, mit der Armee den Fluss bei Ó-Becse zu überschreiten, führte
den Uebergang aber später noch nördlicher, bei Zenta aus, weil der
Feldmarschall Graf Pálffy diesen Punct als vortheilhafter betrachtete.

---

[1]) Die Darstellung der Operation auf Temesvár stützt sich auf die Berichte des
Prinzen an den Kaiser und den Hofkriegsrath vom 8. August bis 21. October 1716. Supplement Nr. 66, 70, 76, 81, 83, 90, 95, 98, 99, 107, 116, 120, 124, 130, 133, 139,
140, 142, 146, 150, 155; dann Nr. 67, 75, 77, 79, 84, 91, 100, 108, 109, 117, 125,
126, 127, 134, 135, 136, 141, 143, 144, 148, 151, 153; auf das Operations-Journal
(Fasc. XIII, 21); auf das Journal des Tranchée-Majors Obristlieutenants von Bärnklau;
auf die Tranchée-Dispositionen und sonstigen Befehle des Prinzen, endlich auf die
zeitgenössischen gedruckten Werke. Siehe Plan der Belagerung von Temesvár. Taf. III.

[2]) Siehe Band II, „Die Feldzüge des Prinzen Eugen von Savoyen", Operationen 1698.

Von der Theiss ging die Marschlinie nördlich des heutigen Nagy-Kikinda, der Bega und der sie begleitenden ausgedehnten Moräste auf Temesvár. Die Entfernung betrug von Peterwardein aus etwa 130—150 Kilometer, welche zudem zurückgelegt werden sollten bei voraussichtlich grossem Wassermangel, der durch die ausserordentliche Dürre dieses Jahres hervorgerufen war. Ueber den weiten, ungangbaren Sumpfstrecken lagerte schädliche feuchte Ausdünstung, das Wasser war ungeniessbar, das Haideland dagegen von der Aranka bis Temesvár zur gegenwärtigen Zeit fast ganz ausgetrocknet. Daher blieben die Truppen während der Vorbewegung nur auf die schmutzigen Cisternen in den wenigen Ortschaften angewiesen.

Die grosse Hitze, welche häufig im Banat während des Augusts herrscht, bewog zur Anordnung der Märsche während der Nacht oder am frühen Morgen.

Die Verpflegung musste auf den vorhandenen Proviantwagen mitgeführt werden. Man konnte bis zur Ankunft vor Temesvár auf eine regelmässige Zufuhr nicht rechnen und die mitgenommenen Vorräthe mussten somit während des Marsches ausreichen. Was noch an Proviant bei Futak aufgestapelt war, sollte in die Brückenschiffe verladen werden und auf der Donau und Theiss nachfolgen. Auf demselben Wege konnte die Munition und das Feld-Artillerie-Material fortgebracht werden.

Bevor übrigens die Belagerung von Temesvár unternommen werden konnte, bedurfte es vielfacher Vorbereitungen, an die der P r i n z auch unverzüglich schritt.

Zur Zusammenstellung und Heranziehung eines Belagerungs-Artillerie-Parkes hatte er gleich nach der Schlacht von Peterwardein die erforderlichen Massregeln getroffen. Bereits in dem Rüstungsentwurfe vom 23. März 1715 war vom Hofkriegsrath bestimmt worden, dass der Belagerungspark im ungarischen Feldzuge aus wenigstens 100 Feuerschlünden bestehen müsse [1]).

Nach den 1716 getroffenen Dispositionen wurde dieser Park nun für die Belagerung von Temesvár wie folgt zusammengesetzt:

dreissig	24pfündige	Karthaunen		
zehn	12	„	Quartierschlangen	} mit 800 Schuss
zwei	100	„	Pöller (Mörser)	
zwölf	60	„	„	„
sechs	30	„	„	„
zwanzig	10	„	„	„	} mit 500 Schuss.

---

[1]) Siehe Rüstungen, S. 49.

Im Ganzen 80 Geschütze, dann 30.000 Handgranaten, 7600 Centner Pulver, 3000 Centner Blei, 400.000 Flintensteine, 10.000 Stück Schanzzeug, 40.000 Sandsäcke und andere Requisiten [1]).

Zu Anfang des Monats August befanden sich Geschütze und Munition noch in den verschiedenen Festungen in der Nähe des Kriegsschauplatzes und in dem Haupt-Depôt zu Wien.

Nach dem Transports-Entwurfe sollte jetzt dieses Belagerungs-Material soweit als möglich auf dem Wasserwege herangeführt werden. Für das aus Wien und den nördlich gelegenen ungarischen Festungen kommende Material wurde Ofen, für das Geschütz-Material, welches die Festungen Peterwardein, Essegg und Szigeth abgaben, Szegedin als Sammelplatz bestimmt. Von diesen beiden Puncten ab musste dann der Landweg benützt werden.

Für die Artillerie aus Ofen liess GFWM. Graf Herberstein Brücken bei Szegedin und Makó schlagen [2]).

Bei dem Mangel eines militärischen Fuhrwesens für die schwere Artillerie war man auf die Beistellung der Wagen und Bespannungen vom Lande angewiesen. In seinem Berichte vom 9. August 1716 [3]) hatte der Prinz den Kaiser gebeten, dass die von ihm wegen der Landesleistungen getroffenen Anordnungen von der ungarischen Hofkanzlei bestätigt und unterstützt werden möchten, aber es scheint dies nur in geringem Maasse geschehen zu sein. Nach einer vereinbarten Contributions-Eintheilung vom 11. August [4]) sollten 36 Comitate zusammen 3075 bespannte Fuhrwerke nach Ofen stellen, die aber so langsam oder wohl auch gar nicht erschienen, dass eine andere Vertheilung entworfen wurde, nach der die nächsten 4 Gespanschaften Pest-Pilis-Solt, Stuhlweissenburg, Neográd und Heves, zusammen 1000 Wagen je mit drei Paar Ochsen bespannt, beistellen mussten, von eilf anderen Comitaten verlangte man 1200 Wagen und 13.200 Zugochsen, eine Zahl die ausgereicht hätte, wenn sie gewissenhaft eingeliefert worden wäre [5]),

---

[1]) Anhang Nr. 11.

[2]) Supplement Nr. 71. Bericht des Brücken-Lieutenants Berger vom 28. September 1716. Kriegs-A., „Türkenkrieg 1716"; Fasc. IX, 193.

[3]) Supplement Nr. 70.

[4]) Kriegs-A., „Türkenkrieg 1716"; Fasc. VIII, 135.

[5]) Für eine 24 pf. Karthaune waren 24 Ochsen, die zugehörige Lafette 12 (10) Ochsen, für einen Sattelwagen 12 Ochsen, für einen 60 pf. Püller 12 Ochsen mit „Zitterstangen und Jöchern" erforderlich. 10.000 Stück 24 pf. Stückkugeln wurden auf 250 Wagen mit 1500 Ochsen verladen fortgebracht. Hieraus ergab sich für den Artillerie-Transport von Ofen der Bedarf von 1014 Wagen und 7444 Ochsen. Kriegs-A., „Türkenkrieg 1716"; Fasc. IX, 72.

was abermals nicht der Fall war, obgleich der Prinz das halbe Regiment Caraffa zur Eintreibung der Landesfuhren nach Ofen hatte rücken lassen [1]).

Der Beginn einer neuen Operation machte ebenso eine Regelung des Proviantwesens nothwendig [2]). Bisher hatte die Armee in ihrer Gesammtheit noch keine Ortsveränderung vollführt, sie war während der Monate Juni und Juli bei Peterwardein und in den anderen „Interimslagern" geblieben und doch hatten sich bereits grosse Uebelstände mit der Proviant-Gesellschaft ergeben. Sie war, wie beinahe vorauszusehen gewesen, ihren Verpflichtungen nicht nachgekommen. Statt der 400.000 Hektoliter (550.000 Metzen) Hafer, welche bis Ende Juli 1716 hätten eingeliefert werden sollen, waren nur 100.000 vorhanden und in den Monaten Juli und August etwa 50.000 der Armee zugeführt worden. Der grosse Apparat der Proviant-Gesellschaft functionirte ganz ungenügend und bald war der Prinz genöthigt, die Beschaffung des Hafers und sonstiger Bedürfnisse (Getreide, Victualien, Wein) durch den General-Kriegs-Commissär Grafen Thürheim und den alterprobten Proviant-Obristlieutenant von Harrucker, dann die commandirenden Generale aus den angrenzenden Bezirken besorgen zu lassen, wofür aber manchmal das baare Geld fehlte [3]).

Der Hauptgrund, dass die Versorgung durch die Proviant-Gesellschaft so schlecht verlief, bestand übrigens darin, dass ihr Schiffe und Fuhrwerke ebenso sehr fehlten, wie Geld, um ihre in zahlreichen Orten lagernden Vorräthe [4]) zur Armee bringen zu können.

Als Hauptmagazine für die Zeit der Belagerung hatte der Prinz Arad und Szegedin ausersehen und dementsprechend einrichten lassen. In Arad mussten vom 19. August 1716 an täglich 70—80.000 Brodportionen bereitliegen.

Belagerungspark und Natural-Verpflegung waren nicht die einzigen Sorgen, die den Prinzen, ehe er von Peterwardein abrücken konnte, bedrückten. Geld war nach gewohnter Weise nicht da; von den durch

---

[1]) Supplement Nr. 108.

[2]) Supplement Nr. 66.

[3]) Indessen erklärte der Prinz in seinen diesbezüglichen Befehlen an die Commandanten in Arad und Szegedin, sowie an den Cameral-Präfecten in Szegedin vom 18. August für die sichere Erfolgung des Geldes von Wien selbst gutstehen zu wollen. Supplement Nr. 88 und Nr. 89.

[4]) In Pressburg, Göding, Paulwitz, Neumühl, Neuhäusel, Pest, Essegg, Gran, Neu-Komorn, Ónod, Raab, Tokaj, Barcs, Baja, Szegedin, Futak, Peterwardein. Die Proviant-Gesellschaft an die Hofkammer, 12. September 1716. Hofkammer-A.

den General-Kriegs-Commissär mitgebrachten 650.000 fl. hatte nur ein Monatsold verabreicht werden können. Der Prinz wendete sich am 8. August wieder dringend an den Kaiser [1]), dass er selbst sowohl, als auch der Kriegs-Commissär doch in Wien die feste Versicherung erhalten hätten, man werde der Armee für vier Monate Sold zusenden, es hänge ja Alles ab von der regelmässigen Bezahlung und Verpflegung der Truppen. Er erbat aber auch ausserdem 150.000 fl. für die Plätze Peterwardein, Essegg, Szegedin, Arad und Brod, endlich 200.000 fl. zur Beischaffung der für die Belagerung nothwendigen Bedürfnisse.

Von den, durch die Verluste in der Schlacht bei Peterwardein vacant gewordenen Regimentern schlug der Prinz vor, das Breuner'sche Dragoner-Regiment dem FML. Grafen von der Hauben, die Infanterie-Regimenter von der Lancken, Wellenstein und Gehlen an den Prinzen von Arenberg und die GFWM. Freiherrn von Langlet und Livingstein zu verleihen, was auch durch kaiserliche Resolution geschah. Die Obriste Grafen Orsetti und Lanthieri, Freiherr von Offeln, Arrigoni, Graf La Marche, Graf Locatelli, Graf Eltz und Fürst Windischgrätz wurden zu General-Feldwachtmeistern ernannt. Die Stelle des bei Peterwardein gefallenen Obristen und General-Quartiermeister-Lieutenants Chréstien de Pouchon erhielt der Ingenieur-Obristlieutenant Blödtner.

In der Festung Peterwardein verblieb FZM. Freiherr von Löffelholz mit zwei Bataillonen seines Regiments, einem Bataillon von Wallis und dem ihm vorläufig zugewiesenen Dragoner-Regiment Battée.

Die 5000 Kranken und Verwundeten in Peterwardein sollten nach ihrer Reconvalescenz allmälig in Transporten zur Armee einrücken.

Die Kriegsschiffe „St. Carolus“ und „St. Franciscus“, die erst am 12. August bei Essegg, am 17. August in Peterwardein anlangten und von da an unter des Capitän Storck Commando an der Theiss-Mündung lagen, hatte Löffelholz mit je 50 Mann Commandirten zu bemannen. Das dritte Kriegsschiff „St. Joseph“ erreichte erst am 31. August Peterwardein.

Der Posten bei Titel wurde durch National-Miliz verstärkt; dagegen GFWM. Freiherr von Langlet mit einem Bataillon Jung-Daun aus Rača zur Armee einberufen [2]).

Das Commando in Rača führte weiterhin Obristlieutenant Dillher von Kaisersberg, dem als Besatzung ein Bataillon von Löffelholz-

[1]) Supplement Nr. 66.
[2]) Supplement Nr. 72.

Infanterie und ein Theil der National-Miliz von der Save verblieb. Die meisten der in den ungarischen Festungen angestellten Ingenieure beorderte der Prinz zur Belagerungs - Armee, dessenungeachtet erwies sich später die Zahl derselben als unzureichend und es mussten für den technischen Dienst auch Infanterie - Officiere herangezogen werden [1]).

Feldmarschall Graf Pálffy führte die Vorhut der Armee, be-stehend aus der Cavallerie des linken Flügels des ersten Treffens, Graven-, Falkenstein-, Darmstadt- und Hannover-Cürassiere, Althann- und Bayreuth - Dragoner [2]), dann sämmtlichen Husaren - Regimentern unter Commando des GFWM. Freiherrn von Splényi. Der Vorhut wurde ausserdem der FZM. Prinz Alexander von Württemberg mit 12 Bataillonen Infanterie, ferners 12 Kanonen und 2 Munitions-karren zugetheilt. Diese Truppen führten das Brod für 14 Tage mit sich; einen wichtigen Bestandtheil ihres Trains bildete die auf Wagen verladene Laufbrücke, die als eine Art von Vorhutbrückentrain auf dem ungarischen Kriegsschauplatze zum ersten Male in Wirksamkeit trat. Pálffy erhielt vom Prinzen mündliche Instructionen: er sollte der Armee immer einige Tage voraus sein, bei der Annäherung auf Temesvár sofort mit der Einschliessung beginnen und besonders, wie der Prinz noch später schriftlich verfügte, etwa anlangende Ver-stärkungen der Türken verhindern, in die Festung zu gelangen.

FZM. Prinz Alexander von Württemberg war bestimmt mit der Infanterie den Theiss-Brückenschlag zu decken und hierauf die Uebergangsstelle bis zum Eintreffen der Armee besetzt zu halten.

Aus Arad rückte GFWM. Freiherr von Rotenhan mit den Cürassier-Regimentern Montecuccoli und Hohenzollern, aus Szegedin GFWM. Graf Vehlen mit den Dragoner-Regimentern Eugen Savoyen und Württemberg zum Feldmarschall Grafen Pálffy ein [3]), der am 10. August aus dem Lager von Peterwardein abmarschirte [4]).

---

[1]) Der Prinz an den General-Kriegs-Commissär Grafen Thürheim und an Hof-kammerrath von Harrucker, 25. September 1716. Kriegs-A., „Türkenkriege 1716“; Fasc. IX, 180, 181.

[2]) Ordre de bataille der kaiserlichen Armee bei Peterwardein 18. August 1716. Anhang Nr. 4.

[3]) Supplement Nr. 68.

[4]) Der Prinz gedachte mit der Armee am 13. August zu folgen, allein da wegen des stürmischen Wetters der Aufbruch der Schiffe mit Artillerie-Material und Proviant an diesem Tage nicht vor sich gehen konnte, wurde der Abmarsch auf den Morgen des 14. August verschoben.

Von Titel gingen Husaren-Patrouillen an das linke Theiss-Ufer und begannen Streifungen gegen Temesvár und Pancsova, solchergestalt die Sicherungszone für den Marsch der Armee Theiss-aufwärts zeitig erweiternd.

Am 11. August kam Pálffy in Ó-Becse an; eine Untersuchung der zum Uebergang gewählten Stelle ergab, dass sie sich sehr wenig eigne. Man hätte nicht weniger als sieben Morastbrücken herstellen müssen, um nur endlich zum Flusse gelangen zu können und jenseits, wo sich weithin wieder grosse Moorstrecken ausdehnten, wären ähnliche Brückenbauten nothwendig gewesen, für welche Pálffy gar nicht das erforderliche Material besessen hätte. Der Feldmarschall entschloss sich daher, noch weiter vorwärts bis Zenta zu gehen, um den Uebergang dort oder bei Klein-Kanizsa zu versuchen. Allerdings ging hiedurch für den Marsch nach Temesvár ein weiterer Tag verloren.

GFWM. Graf Herberstein in Szegedin, welcher am 9. August den Befehl erhalten hatte, alles verfügbare Schiffs-Material nach Ó-Becse zu senden[1]), liess nun etwa 20 Schiffe, 500 Balken, Pfosten etc. nach Zenta abgehen, wo sie aber erst am 15. August eintrafen.

Inzwischen dirigirte am 12. August Vormittags Pálffy das Lauf-brücken-Material nach Zenta und folgte mit dem G. d. C. Grafen Mercy um Mitternacht dahin nach.

Auch Zenta war keineswegs ein günstiger Punct für den Brücken-schlag, aber es blieb wenig Wahl und noch weniger Zeit und Pálffy liess die Arbeit unternehmen, obgleich er sich dazu entschliessen musste, drei Tage zu opfern, um den Uebergang herzurichten.

Die 70 mitgebrachten Laufbrückenschiffe reichten eben aus, um das Flussbett zu überbrücken, da sich aber dies- und jenseits des Flusses Sumpfstellen vorfanden, liess Pálffy die Laufbrücken nach und nach durch die von Szegedin anlangenden Schiffe und Plätten ersetzen.

Am 15. August überschritten die Husaren und das Dragoner-Regiment Rabutin, und als in der Nacht auf den 16. August endlich die ganze Brücke vollendet war, auch die Infanterie und der Rest der Cavallerie die Theiss. Die Cavallerie marschirte noch bis an die Aranka etwa bei Cserna Bara, wo sich im Laufe des Tages der grösste Theil der Vorhut, nebst den bei Zenta eingetroffenen Regimentern Württem-berg und Eugen Savoyen, sammelte.

Die Vorhut war jetzt noch vier Märsche von Temesvár entfernt. Feldmarschall Graf Pálffy suchte nun die Verbindung mit Arad

---

[1]) Supplement Nr. 71.

zu gewinnen, zu welchem Zwecke er schon am 10. August an den GFWM. Freiherrn von Cosa das Ansinnen gestellt hatte, ihm den Ober-Capitän der dortigen Grenz-Husaren, Tököly, entgegen zu schicken, der denn auch richtig mit seinen Leuten am 16. August in Pálffy's Lager eintraf.

Am 17. August wurden noch zwei Uebergänge über die Aranka hergestellt und auch zwei weiter östlich gelegene Sümpfe überbrückt, wohin GFWM. Graf Hamilton noch am 17. August mit dem Dragoner-Regiment Althann vorging. Ihm folgte GFWM. Freiherr von Splényi mit 1000 Husaren, der den weiteren Aufklärungsdienst übernahm. Er erschien schon am 19. August mit seinen Husaren vor den Wällen Temesvár's, ohne dass die Türken sich im Aussenfelde zeigten. Man erfuhr hiebei jedoch, dass noch am 17. August 1000 Spahis von Belgrad eingetroffen seien.

Am 17. August überschritt Pálffy die beiden Moräste und kam bis Dokosin. Von hier ab begann der wasserarme Theil des Marschterrains; bis Hettin und Cserne (auch Csenej genannt), auf eine Strecke von 30—45 Kilometer war alles Haideland, nicht einmal Brunnen fanden sich vor. Der Feldmarschall ordnete daher das Mitnehmen von Wasser an, auch die Marketender führten es auf ihren Karren.

Am 19. August gelangte Graf Pálffy über Oroszin nach Petraj und Hettin, und am 20. nach Cserne an der Bega. Temesvár lag ruhig.

Einzelne von Türken bewohnte Ortschaften, welche man passirt hatte, trugen ihre Unterwerfung an und baten um kaiserlichen Schutz. Pálffy konnte an den Prinzen berichten, dass in der Festung alles in Furcht versetzt scheine, die Besatzung übrigens nur 7—8000 Mann betrage und dass die Husaren einen Convoi von einigen hundert Stück Vieh aufgehoben hätten.

Bei Cserne wollte er einen Rasttag machen; da er aber erfuhr, dass am 19. August GFWM. Freiherr von Rotenhan mit den Cürassier-Regimentern Montecuccoli und Hohenzollern und einem Transport von 70—80.000 Brodportionen auf 15 Proviant- und 120 Bauernwagen von Arad aufgebrochen und am 20. August in Monostor eingerückt sei, sah sich der Feldmarschall bewogen, zur Sicherung des Transportes noch am 21. August auf Temesvár vorzugehen, um die Türken an einer etwaigen Unternehmung in jener Richtung zu verhindern.

Am Nachmittag des 21. August bezog er eine Stellung eine halbe Stunde westlich der Festung, vorwärts von Szilás; am Abend dieses Tages rückte Rotenhan mit seiner Cavallerie und den Brodvorräthen wohlbehalten im Lager ein. Vor Temesvár streiften die Grenz-

Husaren und machten einzelne Gefangene; in der Festung verhielt sich noch alles ruhig, die fünf Thore waren verschlossen, das Aussenfeld geräumt[1]).

Das Gros der kaiserlichen Armee war am 14. August, 3 Uhr Früh, von Peterwardein aufgebrochen und rückte an diesem Tage bis zum ersten Morast bei der Römerschanze an der Strasse gegen Ó-Becse.

Der Marschbefehl lautete[2]):

„Morgen, geliebt es Gott, bricht die kaiserliche Armee aus dem hiesigen Lager auf und marschirt längs der Römerschanze auf der Strasse gegen Becse in das neue Lager dies- und jenseits des ersten Morastes. Die neue Wacht, so in einem Obristwachtmeister nebst zwei Rittmeistern und 100 Pferden bestehen soll, versammelt sich um Mitternacht sammt allen Regiments-Quartiermeistern und Fouriers von der Cavallerie vor dem löblich Graf Jörger'schen Dragoner-Regiment auf dem rechten Flügel und die Regiments-Quartiermeister und Fouriere von der Infanterie versammeln sich um gleiche Zeit auf dem rechten Flügel der Infanterie bei dem löblich Jung-Daun'schen Regiment und erwarten allda den General-Quartiermeister.

Morgens um 2 Uhr wird bouteselle geblasen und Vergatterung geschlagen und eine Stunde darauf nach meiner ergehenden Ordre der Marsch angetreten.

Die Infanterie marschirt aus dem Lager an der rechten Hand anfangend, so wie die Regimenter stehen in der grossen Strasse in 2 oder 3 Colonnen den geraden Weg nach der Römerschanze, lässt dieselbe beständig zur rechten und die Cavallerie zur linken Hand und ziehet an derselben beständig fort bis an den grossen Morast, allwo sie in das neue Lager einrückt; diejenigen Regimenter Infanterie, so in ihrem alten Lager weiter zurückstehen, marschiren zeitlich aus ihrem Lager gegen die Infanterie des rechten Flügels und folgen derselben Marsch nach und soll die sämmtliche Generalität der Infanterie jeder hinter seiner Brigade campiren.

Die Cavallerie bricht zu gleicher Zeit in 4 oder mehr Colonnen von der Rechten an, so wie sie in dem Lager steht, auf und gehet gleichfalls der Römerschanze zu, resp. dass sie die Infanterie zu ihrer

---

[1]) Berichte des Feldmarschalls Grafen Pálffy an den Prinzen, 9. bis 22. August 1716. Kriegs-A., „Türkenkrieg 1716"; Fasc. VIII, 131, 139, 149, 157, 163, 164, 168, 176, 177, 188, 189, 197, 206, 223. Supplement Nr. 80, 82, 85, 86, 87.

[2]) Marsch-Zettel auf den 14. August 1716. Kriegs-A., „Türkenkrieg 1716"; Fasc. VIII, 156.

rechten Hand lässt und derselben Feld genug zu ihrem Marsch ein-
räumt, continuirt den Marsch über die Brücke des ersten Morastes und
rückt sodann in das neu ausgesteckte Lager ein. Die Artillerie bricht
zu gleicher Zeit aus dem Lager auf und hält sich rechter Hand in
der grossen Strasse, marschirt dem Marsch der Infanterie nach, in so
viel Colonnen, als sie machen kann, passirt nach der Cavallerie über
die erste Morastbrücke und rückt in das neue Lager ein; auf die
Artillerie folgt meine und der nachgesetzten Generalität, sodann der
Regimenter Bagage in ihrem Rang, den der General-Wagenmeister
nach der neuen Wagenordnung [1]) rangiren wird und zu diesem werden
sich noch diesen Abend alle Wagenmeister bei ihm anzugeben haben.
Zu dem General-Wagenmeister werden commandirt: 1 Lieutenant mit
30 Pferden, die sich bei der neuen Wacht versammeln und ihm helfen,
die Bagage in ihrem Rang marschiren zu machen, allwo meine und
der Cavallerie Bagage über die Brücke in das neue Lager einrückt,
die von der Infanterie aber diesseits desselben in ihrem Lager bleibt.
Das Proviantfuhrwesen folgt auf die Bagage und marschiren die Trag-
pferde und der Tross neben derselben her.

Die alte Wache bleibt so lange in dem Lager stehen, bis alles
in dem Marsch ist, schliesst sodann denselben und treibt alles, was
zurückgeblieben, vor sich in das neue Lager ein. Alle Desordres, das
Auslaufen in die Dörfer und Reiten durch das Getreide, auch Fouragiren desselben wird hiemit sowohl in diesem, als in den folgenden
Märschen verboten."

Freiherr von Elster m. p.
General-Quartiermeister.

Am 15. August wurde gleichzeitig aufgebrochen, die Armee
rückte vollends bis Ó-Becse, wo ein Lager an der Theiss bezogen
wurde und der Prinz erfuhr, dass Feldmarschall Graf Pálffy sich
genöthigt gesehen habe, die Brücke bei Zenta oder Klein-Kanizsa zu
schlagen.

Am 17. August marschirte Eugen daher mit der Cavallerie und
Artillerie weiter nach Zenta (30—40 Kilometer), während die Infan-
terie unter Commando des Feldmarschalls Grafen Heister in zwei
Tagemärschen über Moholy dahin folgte.

Bei Zenta erwartete der Prinz mit der Reiterei die nachziehen-
den Truppen und vereinigte hier am Abend des 18. August wieder
das ganze Gros der Armee. Der General-Quartiermeister Freiherr

---

[1]) Wagenordnung pro 1716. Kriegs-A., „Türkenkrieg 1716"; Fasc. VIII, 37¹₂.

von Elster recognoscirte die jenseits der Theiss befindlichen Morastbrücken und der Uebergang der Armee wurde für die Nacht auf den
19. August anbefohlen [1]).

Es war das ruhm- und blutgetränkte Schlachtfeld von Zenta, der
Schauplatz des ersten grossen Sieges, der den unvergänglichen Lorbeer
um die Stirne des savoyischen Prinzen gewunden, den Eugenius hier
betrat, nun der berühmteste Held seiner Zeit, der Heerführer des
stolzesten und ruhmreichsten Heeres, vom Siege kommend, zum Siege
schreitend.

Um Mitternacht passirte zuerst die Cavallerie den Fluss, die
Dragoner-Regimenter Schönborn und St. Amour hatten die Vorhut, dann
folgte mit Tagesanbruch das eine Stunde von Zenta lagernde Fussvolk, die zur Sicherung der Brücke hier zurückgebliebenen Abtheilungen
des FZM. Prinzen Württemberg an der Spitze. Der Uebergang
ging langsam vor sich, weil besonders die Passirung der Morastbrücken
vorsichtig und mit Abständen bewirkt werden musste; die Infanterie
kam daher erst gegen Abend und ziemlich nahe dem Flusse zum Lagern.
Artillerie und Train blieben noch am rechten Ufer zurück; zu ihrer
Bedeckung wurden 500 Mann Infanterie und 300 Reiter commandirt.

Selbst am 20. August war die Infanterie noch gezwungen, in
ihrem Lager zu verbleiben, da die Sumpf-Uebergänge fortwährende
Arbeit und Reparatur erforderten und Beschwerlichkeiten und Störungen jeder Art verursachten; die Cavallerie ging dagegen unter Befehl
des G. d. C. Grafen Martigny mit Anbruch des Tages bis an den
„ersten Morast", die Aranka westlich Dokosin gelegen, vor [2]).

An diesem Tage befand sich Feldmarschall Graf Pálffy in
Cserne, der Prinz mit der Cavallerie des Gros also nur noch ein
bis zwei Tagmärsche von ihm entfernt; noch einen weitern Tagmarsch
rückwärts an der Theiss, stand die Infanterie.

Am Morgen des 21. August rückte diese in zwei Colonnen über
die Aranka in das frühere Lager der Cavallerie bei Dokosin nach,

---

[1]) „Marsch-Zettel auf den 19. August 1716." Anhang Nr. 9.

[2]) Marsch-Zettel für die Cavallerie den 20. August 1716. Kriegs-A., „Türkenkrieg 1716"; Fasc. VIII, 200. Der Prinz hatte schon am 14. August an den Kaiser
berichtet, dass er, wenn nöthig, mit der Cavallerie vorausgehen werde, um Pálffy zu
unterstützen und zu verhindern, dass noch weitere Verstärkungen nach Temesvár
hineingebracht würden. Supplement Nr. 81.

gefolgt von der Artillerie und der Bagage, welche am 20. August ebenfalls noch über die Theiss gegangen waren.

Am 22. August gelangten die Fusstruppen nach Hettin, wo sie sich wieder mit der Cavallerie vereinigten. Die Artillerie und Bagage benützten zum Marsche den Weg, die Brigaden Württemberg, Regal und Harrach marschirten rechts, die Brigaden Starhemberg und Bevern links derselben, querfeldein über die Haide. Auch dieser Marsch war, wie die vorhergegangenen, der grossen Hitze, besonders aber des gänzlichen Wassermangels wegen, sehr beschwerlich und wurde die Mitnahme des Wassers vom Prinzen eigens befohlen[1]). Die Marschleistung war dabei für eine Armee unter den gegebenen Verhältnissen sehr gross, sie betrug 30 Kilometer.

In Hettin gewährte der Prinz daher der Infanterie am 23. August einen Rasttag und ging nur mit der Reiterei allein bis Cserne vor.

Die Nachrichten von diesem Tage drängten ihn zur Eile. Pálffy meldete, dass feindliche Abtheilungen die Donau bei Belgrad passirt hätten, über deren Stärke sei indessen nichts bekannt geworden; am 22. August in der Nacht aber hatten bei 1000 türkische Reiter eine Streifparthei Pálffy's zersprengt und dann sogar die kaiserlichen Vorposten angegriffen; als aber Pálffy die Bereitschaften aufsitzen und vier Regimenter ausrücken liess, zog sich das türkische Streifcorps mit dem Verluste einiger Todten zurück; ob nach Temesvár oder gegen Belgrad, ist aus den Berichten nicht zu entnehmen[2]).

Man war also hier zum Gefecht gekommen, aber die gehegte Erwartung, auf ernsten Widerstand und eine umfassendere Action der Türken zur Verhinderung der Belagerung zu stossen, bewahrheitete sich nicht.

Der neue Grossvezier schien gar nichts versuchen zu wollen, um die Berennung der Festung zu erschweren.

Am 24. August blieb der Prinz in Cserne, um hier die Infanterie und Artillerie zu erwarten; die Erschöpfung der Truppen nöthigte ihn jedoch, auch am 25. August wieder einen Rasttag einzuschalten,

---

[1]) Marsch-Zettel für den 21. und 22. August 1716. Kriegs-A., „Türkenkrieg 1716"; Fasc. VIII, 213, 224.

[2]) Schon am 17. August 1716 berichtete der Prinz dem Kaiser über eine angeblich stattgefundene Uebersetzung der Donau durch 30.000 Tataren. (Supplement Nr. 83.) Diese Nachricht erwies sich als falsch und der Prinz sprach daher in einem folgenden Berichte vom 24. August nur über das mit grösserer Sicherheit constatirte Vorrücken eines starken Convois auf Temesvár. Es scheint die türkische Truppe, mit der Pálffy's Reiter zusammenstiessen, eben dieser Convoi, wahrscheinlich bei seiner Rückkehr gewesen zu sein und ist selbe wohl identisch mit dem einige Tage früher in Temesvár eingetroffenen Trupp von 1000 Spahis.

wodurch er sich auch verhindert sah, mit der Cavallerie noch am 24. vor Temesvár zu rücken [1]).

Erst am 25. August erreichte Prinz E u g e n mit den Dragoner-Regimentern Savoyen und Württemberg das wenige tausend Schritte westlich der Festung und nördlich der Bega befindliche Lager des Feldmarschalls P á l f f y und traf hier die ersten Anordnungen zur eigentlichen Cernirung [2]), die begonnen wurde, als am 26. August auch der Rest der Reiterei, die Infanterie und Feld-Artillerie im Lager anlangte.

Um die Herstellung der nöthigen Bega - Brücken vorzubereiten, musste die Cavallerie sogleich mit der Anfertigung von Faschinen beginnen.

So stand jetzt einundzwanzig Tage nach dem Siege bei Peterwardein die gesammte Armee vor Temesvár, dessen schlanke Minarete über die Wälle zu den Kaiserlichen hinüberblinkten.

Temesvár [3]) liegt an der Bega, deren Arme, einige Inseln bildend, mehrfach getheilt die Festung durchflossen, während die ihr den Namen gebende Temes etwa 7—8 Kilometer südlich ihre trägen, gelblich-braunen Wasser der Donau zuführt. Schon oberhalb Temesvár durch einige sumpfige Wasseradern miteinander verbunden, vermindert sich bei beiden Flüssen mit dem Eintritte in die Ebene das Gefälle bedeutend und es bilden sich Versumpfungen, welche zu jener Zeit einen grossen Theil des heutigen fruchtbaren Banates, speciell um Temesvár, erfüllten.

Solche Sümpfe befanden sich vorzugsweise an der Süd-, West- und Ostseite der Festung; im Norden, gegen Arad zu, war das Terrain etwas trockener und sanfte Wellen bildend. Nördlich der Stadt dehnten sich zahlreiche Gärten und Wäldchen aus, die den vornehmeren Türken zugehörten, nordwestlich, etwa 1000 Schritte von den Wällen entfernt, lag an der Szegediner Strasse ein Garten und Lusthaus, dem Pascha gehörig, mit einem Brunnen (der heutige „Präsidenten-Garten“, Besitz des griechisch-nichtunirten Bischofs), unweit davon eine Moschee.

Die Festungswerke stammten der Hauptsache nach aus dem 15. und 16. Jahrhundert. Nachdem die Festung in den letzten erfolg-

---

[1]) Supplement Nr. 95.
[2]) Supplement Nr. 98.
[3]) Plan der Stadt und Belagerung von Temesvár. Tafel III.

reichen Kriegen zu wiederholten Malen ein Angriffsobject der Kaiserlichen gebildet hatte, waren die Türken bestrebt gewesen, den Platz
auf alle Weise besser auszurüsten und zu verstärken und man gefiel
sich darin, ihn als uneinnehmbar zu bezeichnen. Während Belgrad
und andere nun türkische Waffenplätze schon mit stürmender Hand
genommen worden waren, hatte die Hauptstadt des Banates allerdings
bisher allen Versuchen einer Eroberung erfolgreich widerstanden.

Temesvár bestand aus vier Theilen: der eigentlichen Stadt (1),
dem Schlosse (2), der grossen Palanka und Vorstadt (3) und der
kleinen Palanka oder Insel (4).

Jeder dieser Theile war für sich selbstständig gemacht, befestigt
und schon von Natur aus durch die Arme der Bega und durch
Sumpfstellen geschützt. Der Haupttheil der Befestigung, die Stadt,
war durch eine, freilich schadhafte Ringmauer mit kleinen Thürmen
verwahrt. Der vorliegende Wall, ziemlich hoch, aber mit geringer
Brustwehrdicke, bestand eigentlich nur aus zwei Pallisadenreihen,
deren Zwischenraum mit Erde ausgefüllt war.

Eine Erdverkleidung kam nur bei den Bastionen, in denen sich
die Geschütze befanden, vor. Diese Hauptumfassung umgab jedoch
eine aus Erde gebildete Faussebraye (Niederwall), zur Vertheidigung
eingerichtet und an der Nordseite mit Mörser-Batterien armirt. Sowohl
der Hauptwall als auch die Faussebraye hatten vor sich breite Gräben
mit Pallisadirungen, der äussere Graben war überdies durch die
Bega bewässert. Hier hatten die Türken eifrig an Verstärkungen
gearbeitet und abgesehen davon, dass die Gräben keine gemauerte Ver-
kleidung hatten, besass dieser Theil der Befestigung unzweifelhaft
eine nicht unbedeutende Stärke [1]).

An der Südseite, getrennt durch die Bega, stand das alte Schloss,
klein und enge, noch der Zeit vor der türkischen Herrschaft entstammend und als Reduit betrachtet.

Dem Schlosse lag die sogenannte „kleine Palanka" oder Insel,
als Schutzwehr gegen Süden vor, die hauptsächlich durch einen Bega-
Arm, dann auch durch die nach zwei Seiten weit ausgedehnten Moräste
versichert war. Schloss und kleine Palanka waren durch drei Waffenplätze verbunden.

Nördlich der Stadt, sie theilweise umschliessend, breitete sich die
„grosse Palanka" [2]) aus, die fast grösser als die Stadt selbst, ganz

---

[1]) Siehe das Profil im Plan der Stadt und Belagerung von Temesvár.

[2]) An dieser Stelle befinden sich jetzt der Exercierplatz, das heutige Glacis
und die Anlagen gegen die Vorstädte Fabrik und Mehala. Man vermag mit
geübtem Auge die Spuren einer Befestigungslinie an einzelnen Stellen noch zu ent-

nach türkischer Manier befestigt war. Der Wall, ebenso wie die Umfassung der Stadt, jedoch viel stärker ausgeführt, nicht so verfallen und mit besseren Einrichtungen für Geschütz-Emplacements und Gewehrvertheidigung versehen, lief in unregelmässigen Linien; der Graben, mit Ziegelwerk, manchmal auch mit Holz verkleidet, war tief und breit und gleichfalls durch einen Abfluss der Bega gespeist. Da die Türken an jenen Stellen, wo kein sumpfiges Terrain die Annäherung erschwerte, Retranchements angelegt hatten, so konnte die Palanka als sehr vertheidigungsfähig gelten, umsomehr als überhaupt ihre angreifbare Front durch die Sümpfe bedeutend eingeengt war.

Die Festung hatte mehrere Thore und zwar vier aus der Palanka, wovon zwei gegen Siebenbürgen, die andern beiden auf Arad und Szegedin führten, das fünfte, neben welchem noch ein kleines Ausfallspförtchen vorhanden war [1]), befand sich an der Südseite, in der Richtung gegen Belgrad.

Der Umfang der ganzen Befestigung betrug allerdings nur 7—8000 Schritte, aber eine vollkommene Einschliessung blieb dennoch kaum möglich, weil man sich den meisten Theilen der Front überhaupt nicht zu nähern vermochte.

Auch der Prinz meinte, es sei „aus der wasserlichen Situation und vielen durch die Temes und Bega formirten Morästen so viel abzunehmen, dass dieser Platz beförderst auf der anderen Seite schwerlich allerorten einzusperren, mithin die Entreprise umsomehr Schwierigkeiten unterworfen sein dürfte" [2]).

Ausserdem theilte die Bega den Raum so, dass der auf der südlichen Seite der Festung stehende Belagerer nur an wenigen Stellen über Sumpf und Wasseradern in Verbindung mit seinen an der Nordseite befindlichen Streitkräften zu treten vermochte. Der Umstand, dass die Kaiserlichen somit durch die Bega in zwei Gruppen getrennt wurden und dass sie gezwungen waren, sich auf verhältnissmässig weite Entfernung von der Festung aufzustellen, wodurch sich der einschliessende Ring schwächte, würde das Ausfallen der Vertheidiger von Temesvár sowohl wie Entsatzversuche von Aussen her begünstigt haben, wenn nicht die Streitkräfte in der Festung verhältnissmässig doch zu

decken. Auch finden die Landleute in der Erde oft Gegenstände, die von den sogenannten armenischen Häusern herrühren. Auf dem Platze, wo das Schloss war, steht gegenwärtig das Zeughaus.

[1]) Nachrichten über den Zustand der Festung, siehe Anhang Nr. 16, ferner Kriegs-A., „Türkenkrieg 1716"; Fasc. VIII, 300; Fasc. IX, 80, 195; Fasc. X, 1, 2, 11½.

[2]) Supplement Nr. 93.

232

schwach gewesen wären, um die bei den Türken beliebten und stets
mit äusserster Bravour unternommenen Ausfälle erfolgreich zu gestalten.

Der neue Grossvezier in Belgrad aber vermochte es nicht, sich
gegenwärtig zu kräftigerem Handeln aufzuraffen und überliess Temesvár
seinem Schicksal.

Der Platz war übrigens wohl ausgerüstet und zu langem Widerstande befähigt; 10—15.000 Mann, die im Juni durch 10 Fähnlein
Infanterie türkischer Kerntruppen und noch im letzten Momente durch
1000 Spahis verstärkt worden waren, 150 Geschütze, reiche Munitionsvorräthe und Verpflegung, zu der im Juni 1000 Wagenladungen angekommen und die ganze Umgebung hatte beitragen müssen, standen zur
Verfügung und alles deutete darauf hin, dass die Osmanen dieses ihr
letztes Bollwerk auf ungarischem Boden mit aller Zähigkeit zu behaupten entschlossen waren.

Ausser den Türken befanden sich auch Ueberreste Rákóczi'scher
Insurgenten und sonstige ungarische Malcontenten, endlich eine
grössere Anzahl von Raizen in der Festung. Von wo erstere kamen
und wie viele es waren, ist nicht festzustellen.

Der Festungs-Commandant bot volle Gewähr für den Ernst der
Vertheidigung. Mustapha Pascha zählte zu jenen Männern von
alttürkischem Schlage, die eine hohe Tapferkeit, gepaart mit dem Gleich-
muth des Orientalen, auszeichnet und die eine passive Energie und
Hartnäckigkeit entwickeln, welche schwer zu überwinden sind.

Bei seiner notorisch reichlichen Approvisionirung war der Platz
schwer auszuhungern, eher würden die Belagerer selbst durch Mangel
zum Abzuge gezwungen worden sein.

Ein gewaltsamer Angriff versprach bei der relativen Stärke der
Festung und gegenüber einem todesmuthigen Vertheidiger auch kaum
sicheren Erfolg, daher der Prinz sich noch vor dem Aufbruche von
Peterwardein zum belagerungsmässigen Angriff entschloss.

Der Angriff.

Innerhalb der Tage vom 27. bis 31. August, während man das
Herankommen des ersten Geschütztransportes von Peterwardein erwartete, wurde die Cernirung von Temesvár durchgeführt.

Am 27. August war der Bau zweier „Communications-Brücken“
über die Bega-Arme begonnen worden; eine östlich und eine westlich der
Festung in der Entfernung von 7—900 Schritten; sie führten mehrere
hundert Meter lang durch das sumpfige Terrain, „damit die belagern-

den Truppen sich sowohl gegen den in- und auswendigen Feind secundiren und helfen können"[1]). Um diese Brücken gegen Ausfälle zu
schützen, wurden später einige fortificatorische Massnahmen zu deren
Schutze getroffen.

Zur Abschliessung der Festung gingen die G d. C. Graf **Mercy**
und Baron von **Battée** mit einigen Reiter-Regimentern näher an die
Stadt und postirten sich westlich derselben. Zur Unterstützung der
Cavallerie rückte am Abend des 27. August FZM. Graf Max **Starhemberg** mit 10 Bataillonen auf 1000 Schritte vor die Palanka und bezog
ein Lager am Wege nach Szegedin.

Einige Grenadier-Compagnien griffen das etwa 500 Schritte ent-
fernte Lusthaus des Pascha an, welches die Türken sogleich verliessen.
Das Vorgehen der kaiserlichen Truppen schien in der Stadt einige
Unruhe zu verursachen, am Abend brannten die Türken die nördlich der
Bega gelegenen Häuser und Gartenanlagen sammt den dortigen Fourage-
Vorräthen nieder, wahrscheinlich vermochten sie die letzteren nicht mehr
rechtzeitig wegzubringen und wollten sie doch nicht den Kaiserlichen
in die Hände fallen lassen.

Am gleichen Tage gaben die Vertheidiger auch einige Schüsse von
den Wällen ab, eine förmliche Kanonade begann erst am 28. August, doch
ohne Wirkung. Indessen beorderte der **Prinz** den G. d. C. Freiherrn
Ebergényi mit vier Reiter-Regimentern, sämmtlichen Husaren und
den Raizen zur oberen Bega an die Ostseite der Befestigung.

Am 30. August wurden die Lager der Infanterie und Cavallerie
bestimmt und ausgesteckt, jedoch bezogen die Truppen, da die Communications-Brücken noch nicht vollendet waren, die anbefohlene Aufstellung erst in der Zeit vom 31. August bis 2. September. Die Regimenter und Bataillone verblieben mit geringen Veränderungen, während
der ganzen Dauer der Belagerung in diesen Positionen[2]).

Der Raum am südlichen Bega-Ufer wurde der Cavallerie zugewiesen, welche jedoch erst am 2. September vollständig dahin einrückte. Hier commandirte Feldmarschall Graf **Pálffy**, unter ihm stand
am linken Flügel G. d. C. Graf **Nádasdy** mit den Regimentern Würt-
temberg-, Althann- und St. Amour-Dragoner, Gronsfeld-, Pálffy-, Mercy-
und Graven-Cürassiere, dann Esterházy-Husaren; im Centrum G. d. C.
Graf **Martigny** und Baron **Battée** mit den Cürassier-Regimentern
Viard, Cordova, Vasquez und Gondrecourt; am rechten Flügel G. d. C.
Freiherr von **Ebergényi** mit den Regimentern Lobkowitz-, Falkenstein-,

[1]) Supplement Nr. 99.
[2]) Siehe Plan der Belagerung von Temesvár.

Darmstadt- und Hannover-Cürassiere, Jörger-, Galbes-, Bayreuth- und Savoyen-Dragoner, endlich Babocsay- und Nádasdy-Husaren. Diese Cavallerie, welche auch etwaigen Entsatzversuchen entgegen treten sollte, schloss in einem Raum von 15—20.000 Schritte Ausdehnung im Halbkreise die Festung ab und fand mit ihrem Flügel Anlehnung an der Bega und den Communications-Brücken.

Am nördlichen Ufer befand sich, 1000 Schritte von den Befestigungen Temesvárs entfernt, am Wege nach Szegedin, das Hauptquartier des Prinzen.

Hier lagerte auch der Rest der Cavallerie, die gesammte Infanterie unter dem Commando des Feldmarschalls Grafen Heister und die Feld-Artillerie, in zwei Treffen.

Erstes Treffen, an der untern Bega: G. d. C. Graf Mercy mit den Regimentern Rabutin-Dragoner und Montecuccoli-Cürassiere, FZM. Prinz von Braunschweig-Bevern mit je zwei Bataillonen von Bevern-, Arenberg- (früher Lancken), Jung-Daun-, Livingstein- (früher Gehlen), Alt-Lothringen- und Jung-Lothringen-Infanterie, dann je einem Bataillon der spanischen Infanterie-Regimenter Marulli und Alcaudete. Im Centrum die Cürassier-Regimenter Hautois und St. Croix, weiter FZM. Graf Harrach mit je drei Bataillonen von Bonneval- und Harrach-, je zwei von Trautson-, Wallis-, Friedrich Württemberg-, je einem Bataillon von Ahumada- und Faber-Infanterie; an der oberen Bega G. d. C. Graf Falkenstein mit den Regimentern Martigny-Cürassiere, Schönborn-Dragoner, Splényi- und Ebergényi-Husaren.

Zweites Treffen, an der untern Bega: FZM. Graf Max Starhemberg, die Regimenter Guido Starhemberg-, Bagni-, Regal-, Wetzel-, je zwei Bataillone Gschwind-, Max Starhemberg-, Baden-Durlach- und ein Bataillon von Sickingen-Infanterie.

Im Centrum unter FZM. Grafen Regal die Feld-Artillerie, das Regiment Alt-Daun, sowie zwei Bataillone von Neipperg-Infanterie.

An der oberen Bega: FZM. Prinz Alexander von Württemberg mit den Cürassier-Regimentern Emanuel Savoyen und Hohenzollern, den Infanterie-Regimentern Alexander Württemberg, Alt-Württemberg, Pálffy, Heister und einem Bataillon Hasslingen.

Es standen somit nördlich Temesvár 65 Bataillone, 8 Regimenter Cavallerie und 2 Husaren-Regimenter; südlich der Festung 19 Regimenter Cavallerie und 3 Husaren-Regimenter.

Diese Gruppirung entsprach dem Vorhaben des Prinzen, den belagerungsmässigen Angriff in dem relativ günstigsten und einem Entsatzangriff von Belgrad aus zudem am wenigsten ausgesetzten Raum, nördlich der Festung, auszuführen.

„Ich halte," schrieb der Prinz an den Kaiser[1]), „die Infanterie mit ermeldeten 8 Cavallerie-Regimentern herwärts, in der Meinung,
die Attaque von dieser Seite zu führen, weil das Terrain hiezu am
vortheilhaftesten, ich meinen Rücken gegen Arad, von daraus meinen
Proviant, Artillerie und die andern Requisiten, auch die Faschinen und
Holz an der Hand, sodann meine rechte und linke Hand an die beiden,
obere und untere Bega sicher habe, da zugleich die völlige übrige
Cavallerie den Feind gegen Semendria, Walachei und der Orten
beobachtet, damit nichts aus- noch eingelassen, oder sonst tentirt werde."

Indessen waren alle Vorbereitungen zum Beziehen der Aufstellung
getroffen.

Am 29. August wurde auch in der, an der untern Bega und
einige hundert Schritte vor der Festung gelegenen Moschee[2]) durch
einen Lieutenant mit 30 Grenadieren Posto gefasst und dieser sodann
durch einen Hauptmann mit einer ganzen Grenadier-Compagnie abgelöst. Die halbverfallene Moschee war unvertheidigt, die Moslims
wollten sie lieber verlieren, als durch Blutvergiessen entheiligen.

Der Prinz war vollständig Herr des Vorfeldes bis zur Festung;
am 31. August, als Theile der Cavallerie über die Communications-
Brücken in das durch die Carabinier- und Grenadier-Compagnien
ausgesteckte Lager einrückten, wurde auch das Terrain für die
Eröffnung der Laufgräben recognoscirt und endgiltig festgestellt.
FZM. Prinz Alexander von Württemberg besichtigte, mit dem
General-Quartiermeister Freiherrn von Elster und einigen Ingenieuren
unter Bedeckung von fünf Grenadier-Compagnien die Gegend an der
untern Bega, während FZM. Graf Harrach das Angriffsterrain an der
oberen Bega, gegenüber der Palanka, in Augenschein nahm. Da hier
der Boden sich etwas erhöht und von fester Beschaffenheit zeigte, wählte
der Prinz die Angriffsrichtung gegen das Arader Thor.

Ein Theil der erforderlichen Belagerungs-Artillerie wurde zwar
inzwischen von Peterwardein herangeführt, die zur Belagerung erforderliche schwere Artillerie aber, dann Munition und andere Zeugsvorräthe

---

[1]) Supplement Nr. 99.

[2]) Diese Moschee befand sich wahrscheinlich da, wo heute noch die Ueberreste einer Erdschanze aus dem Jahre 1849 zu sehen sind. Das Terrain bildet dort
einen kleinen Hügel und fällt gegen die Palanka-Umfassung ab. Es war dies ein
bevorzugter Punct in dem sonst ebenen Terrain, auf den die Kaiserlichen naturgemäss
allsogleich ihr Augenmerk richteten.

konnten von Ofen kaum vor dem 10. September in Szegedin anlangen und die Ankunft eines zweiten Artillerie-Transportes war noch ganz ungewiss. Trotzdem wollte der Prinz keine Zeit mehr verlieren und hatte sich entschlossen, gleichzeitig mit der vollständigen Einschliessung der Festung am südlichen Bega-Ufer auch den Tranchée-Angriff am nördlichen zu beginnen [1]).

Der erste von Obrist Faber commandirte Geschütztransport hatte sich „auf den eilends zusammengerafften Schiffen, die noch disponiblen Proviantvorräthe auf Brückenschiffen“ von Peterwardein Theiss-aufwärts in Bewegung gesetzt. Eine Anzahl Commandirter war zum Ziehen der Schiffe bestimmt, aber die Leute kamen in den sumpfigen Ufern und dem dichten Röhricht, in welchem man sich nur mit Mühe einen Weg zu bahnen vermochte, sehr langsam vorwärts. Am 18. August war der Transport in Zsablja, am 24. in Zenta. Der Prinz beorderte am 21. August den GFWM. St. Amour mit seinem Regimente nach Zenta zurück, um mit den noch an der Theiss-Brücke befindlichen Commandirten der Infanterie, unter Obrist Marulli [2]), den Geschütztransport in Empfang zu nehmen und sicher nach Temesvár zu geleiten. Nach dem Ausbarkiren sollte St. Amour die Brücken abbrechen und nach Szegedin dirigiren [3]), was auch am 26. August unter Mitnahme von 1500 in Zenta zurückgelassenen Kranken erfolgte.

Das Belagerungs-Artillerie-Material, für welches Bespannung und Wagen aus der Umgegend zusammengebracht worden waren, bewegte sich am gleichen Tage von Zenta gegen Temesvár.

Dieser Transport bestand aus:

acht 24pfündigen Karthaunen mit je 24 Ochsen bespannt
acht Laffetten mit Ladzeug „ „ 10 „ „
1 Sattelwagen „ „ 8 „ „
360 Centner Pulver und Kugeln auf 18 vierzehnspännigen Wagen,
5000 Stück 12 pfündigen Kugeln auf 30 vierspännigen Wagen,
268 „ 100 „ Bomben „ 12 „ „
1200 „ Sandsäcke „ 6 „ „
4 zweipfündige Geschwindstücke à 4 Ochsen
300 zweipfündige Patronen in 15 Kasten) auf 1 vierspännigen
40 vierpfündige Kartätschen } Wagen
906 Centner Pulver auf 47 vierspännigen Wagen
schliesslich eine Anzahl gleichfalls vom Lande bespannter Proviant-Fuhrwerke. Dieses Material kam am 30. August vor Temesvár an.

[1]) Supplement Nr. 107.
[2]) Supplement Nr. 93.
[3]) Supplement Nr. 97.

Durch die Operation auf Temesvár gewann der Prinz nun auch die Verbindung mit Siebenbürgen und konnte seine bereits im Operationsplan ausgesprochene Absicht, die in diesem Lande stehenden Streitkräfte mit der Hauptarmee cooperiren zu lassen, zur Durchführung bringen, umsomehr, als die Befürchtungen vor einem Tataren-Einfall allmälig geschwunden waren.

Der Prinz stellte es anfänglich in seinem Schreiben vom 18. August [1]) dem G. d. C. Grafen Steinville anheim, Karansebes, Lugos oder Lippa zu besetzen, aber schon am 30. August [2]) verfügte er in bestimmter Weise, dass Steinville mit den Cürassier-Regimentern Pfalz-Neuburg und Steinville, dann einigen Compagnien National-Miliz und der durch Unterbrechung der Fortifications-Arbeiten entbehrlichen Infanterie, zunächst auf Karansebes vorzurücken habe, von wo die Vereinigung mit der Hauptarmee sowohl, als eine selbstständige Operation eingeleitet werden konnte.

Graf Steinville stand zur Zeit noch bei Karlsburg. Er hatte nur den Obristlieutenant Schramm seines Regimentes mit 300 Reitern in das Hátszeger Thal detachirt, um den Eisernen Thor-Pass, die Pforte in das Banat, sicherzustellen, während er selbst mit seinem Gros sich nach Déva vorschob. Erst hier erhielt er am 5. September den Befehl des Prinzen vom 30. August durch einen bulgarischen Kaufmann, der von Arad kam und dem ein Hayduck in Solymos das Schreiben übergeben hatte.

Die Verbindung scheint somit doch noch eine äusserst lose geknüpfte gewesen zu sein und die Strassen müssen noch als sehr gefährdet gegolten haben.

Steinville beorderte nun den FML. Freiherrn Browne de Camus mit zwei bei Karlsburg lagernden Bataillonen Virmond-, je einem von Browne- und Ottokar Starhemberg-Infanterie (bisher Jörger von Tollet), mit ebensoviel Grenadier-Compagnien und der Feld-Artillerie zum Eisernen Thor-Pass, während die beiden Cürassier-Regimenter Steinville und Pfalz-Neuburg von Déva aus dahin abrückten, um sich bei Szt. Maria in Hátszeg mit der Infanterie zu vereinigen.

In Karlsburg blieb ein Bataillon als Besatzung zurück.

Weitere Befehle des Prinzen wiesen das Corps auf dem kürzesten Weg nach Lugos und beriefen dasselbe endlich in das Lager nach Temesvár zur Armee [3]). Am 14. September traf Graf

---

[1]) Supplement Nr. 88.

[2]) Supplement Nr. 101.

[3]) Supplement Nr. 112 und 121. Den späten Abmarsch entschuldigte G. d. C. Graf Steinville in seinem Berichte vom 14. September aus Facset durch das verspätete

Steinville mit der Cavallerie, am 15. und 16. mit dem Fussvolk und der Feld-Artillerie in Facset, am 21. September vor Temesvár ein, worauf die zwei Cürassier-Regimenter am südlichen, die vier Infanterie-Bataillone am nördlichen Bega-Ufer postirt wurden [1]).

In Siebenbürgen war FML. Graf Tige zur Deckung der Südost-Grenze mit den Dragoner-Regimentern Hauben (Breuner) und Vehlen und einigen National-Milizen verblieben [2]).

Zum technischen Leiter der Belagerung und Tranchée-Commandanten (Tranchée-Major) ernannte der Prinz den Obristen Grafen von Hohenfeld, der sich als Volontär bei der Armee befand.

Am 1. September wurde mit der Eröffnung der Approchen begonnen. Acht Bataillone [3]) und ebensoviel Grenadier-Compagnien unter dem Commando des FZM. Prinzen Alexander von Württemberg. des FML. Conte d'Ahumada und des GFWM. Prinzen von Arenberg deckten an diesem Tage die Arbeiten, für welche 2—3000 Mann commandirt und in Sectionen zu je 100 Mann, unter Commando von Hauptleuten, abgetheilt wurden. Jede Section bekam 30 Krampen und 60 Schaufeln und versah sich auf dem Parkplatze mit Faschinen. Nach Beendigung der Vorbereitungen marschirten zuerst die Grenadiere, dann die Bataillone nahe an die Palanka heran; dahinter, bei der alten Moschee, wurde in der Nacht auf den 2. September unter Leitung des General-Quartiermeisters von Elster mit dem Ausheben der ersten Parallele, 350—400 Schritte von der Palanka entfernt, „zwischen zwei Thoren der Festung", — nach der Situation zwischen dem Szegediner und dem Arader Thor — begonnen, dieselbe in einer Ausdehnung von 1500 Schritten ausgehoben und am linken Flügel durch eine Redoute für 500 Mann gedeckt. Am rechten Flügel wurde die erste Parallele an einen unpassirbaren Sumpf gestützt.

Von den Bedeckungs-Truppen nahmen sodann je 3 Bataillone an den Flügeln und 2 in der Mitte hinter der Parallele, dann ebensoviel Grenadier-Compagnien vor derselben Stellung. Die commandirten 1000 Reiter sicherten die beiden Flanken.

Einlangen des Befehles, das fortwährende Regenwetter, die angewachsenen Gewässer, die grundlosen Wege, die langwierigen Vorsorgen für die Verpflegs- und Artillerie-Ausrüstung.

[1]) Plan der Belagerung von Temesvár.

[2]) G. d. C. Graf Steinville an den Prinzen, 6. September 1716. Kriegs-A , „Türkenkrieg 1716", Fasc. IX, 50.

[3]) Von Heister-, Guido Starhemberg-, Pálffy-, Gschwind-, Alt-Württemberg-, Alt-Daun-, Baden-Durlach- und Bagni-Infanterie

Die Arbeit schritt in dieser ersten Nacht weit vor, bei Anbruch des Tages war bereits so viel Deckung erreicht, dass die Verluste gering blieben, trotzdem die Türken nun unausgesetzt mit grossem und kleinem Geschütz feuerten. Bei dieser Gelegenheit wurde dem Prinzen Emanuel von Portugal, der mit einigen Begleitern herausgeritten war, um der Eröffnung der Tranchéen beizuwohnen, ein Pferd unter dem Leibe getödtet [1]).

Am 2. September commandirte in den Laufgräben FZM. Graf Max Starhemberg, unter ihm FML. Graf Georg Olivier Wallis und GFWM. Marquis de Marsigli (Marcillis); 2000 Arbeiter und 7 Bataillone waren zum Dienste in den Tranchéen befehligt. Die Ablösung der Commandanten, Officiere, der Arbeitsmannschaft und der Bedeckungs-Truppen fand in solcher Weise täglich statt [2]). Nach Graf Max Starhemberg übernahm FZM. Graf Regal, dann FZM. Graf Harrach, FZM. Prinz von Braunschweig-Bevern, dann wieder Prinz Alexander von Württemberg u. s. f. das Commando in den Tranchéen. Als Bedeckungs-Truppen wurden während der ganzen Dauer der Belagerung 7—10 Bataillone und etwas Reiterei, zu den Arbeiten 2—3000 Commandirte bestimmt.

In der Nacht auf den 3. September konnte wegen des starken Regens die Tranchée nicht weiter getrieben werden, man begnügte sich damit, das bereits Angefangene zu erhöhen und zu erweitern und nur über die Moschee hinaus, gegen das kaiserliche Lager zu, wurde die Parallele um 300 Schritte verlängert.

Ebenso wurden Emplacements für 18 Geschütze eingerichtet. In der folgenden Nacht und am 4. September wurde diese Arbeit fort-

---

[1]) „Prinz Emanuel von Portugal hat dieser Eröffnung der Tranchéen zweifels- ohne aus vollem Eifer beigewohnt, mir aber, weil Sie nicht unbillig geglaubt, dass ich es abhindern möchte, ein solches verbergen wollen, hat sich daher in aller Stille, ohne dass ich oder meine Bedienten das Geringste erfahren, auf einem fremden Pferd, ungeachtet alles Missrathens des bei ihm gewesenen Comte Almeida entgegen und nach dem Ort der Arbeit verfügt. Es hat aber das Unglück gewollt, dass ihm das Pferd unterm Leibe erschossen, und Sie mit einer Falconet-Kugel am rechten Knie auswärts gestreift .... Die Wunde ist zwar an sich selbst nicht gefähr- lich, dennoch, wie gemeiniglich, mit einer Alteration und Fieber begleitet. Es stehet aber zu hoffen, dass durch gute Pflege ...... alles beseitigt werde; habe mich sogleich, nachdem ich es erfahren, zum Prinzen verfügt und die Ihrigen scharf verwiesen, demselben aber die Gefahr, welcher Sie sich exponirt, mit diensamen terminis vorgestellt." Supplement Nr. 107.

[2]) Ueber die Einrichtung des inneren Dienstes siehe Anhang Nr. 12. Die Tranchée-Dispositionen. Kriegs-A., „Türkenkrieg 1716"; Fasc. XIII, 22—59.

gesetzt, die Parallele um 320 Schritte auch nach links verlängert und wieder durch eine Redoute verstärkt; zur Deckung der in die Tranchée zur Ablösung vorgehenden Truppen, wurde vom Lusthause (Präsidenten-Garten) ein gedeckter Weg (Boyeau oder Queue de tranchée) angelegt.

Am 5. September wurden zwei Annäherungen 200 Schritte weit vorgetrieben und am 6. die zweite Parallele in einer Länge von 780 Schritt ausgehoben. An einzelnen Stellen war man damit bis auf eine Entfernung von kaum 100 Schritten vom Graben der Palanka angelangt.

Von den Batterien wurde eine mit 5 halben Karthaunen (24-Pfünder) und 5 Quartierschlangen (12-Pfünder), eine zweite mit 3 halben Karthaunen und 5 Quartierschlangen armirt und am selben Tage noch das Feuer mit gutem Erfolge eröffnet[1]). Am 7. September wurde auf der rechten Seite des Angriffes eine Batterie mit 5 Feld-geschützen für den Ricochet-Schuss eingerichtet und als an diesem Tage noch zwei 24-Pfünder, die aus Siebenbürgen eintrafen, dann sechs 60pfündige Mörser in das Feuer gesetzt werden konnten, gewann dieses so trefflichen Erfolg. dass die Scharten zerschossen wurden und das Feuer der Türken abzunehmen begann.

In der Nacht auf den 8. September wurde von der zweiten Parallele aus mit zwei Annäherungen von 125 Schritten Länge gegen den Graben vorgegangen; in der folgenden Nacht hob man noch eine 150 Schritte lange Approche aus, welche aber, weil die Türken sie zu enfiliren vermochten, während des Tages verlassen werden musste.

Am Bau der Batterien wurde inzwischen fleissig gearbeitet. eine Batterie von 10 Geschützen entstand hinter der zweiten Parallele. ebenso zwei andere, mit 6 und 3 Mörsern armirt. deren Würfe in der Palanka zündeten und die Vertheidigung sehr schwächten.

Die kaiserlichen Verluste beliefen sich bisher auf 252 Mann[2])

Am 8. September traf eine Stückkugel den in den Laufgräben befindlichen Obristen von Hohenfeld und tödtete diesen tapferen Officier. Der Prinz ernannte an dessen Stelle den Obristlieutenant von Bärnklau von Regal-Infanterie zum Tranchée-Major.

Die Approchen wurden am 9. September noch weiter vorge-führt, in der Nacht auf den 10. September die zweite Parallele nach links verlängert, so dass man hier nur noch 60 Schritte von der Pa-lanka entfernt war. Eine Recognoscirung, welche sieben verwegene

---

[1]) Supplement Nr. 116.
[2]) Anhang Nr. 18.

Gesellen, begnadigte Deserteure, ausführten, ergab, dass der Graben der Palanka 10 Schritte breit, noch intact und mit Wasser gefüllt war, das an einigen Stellen den Leuten bis unter die Arme, an anderen bis über die Achsel ging.

Am 10. September commandirte FZM. Graf Harrach in den Tranchéen. Eine Stunde vor Tagesanbruch unternahmen die Türken den ersten Ausfall aus dem Arader Thor.

Mit Fackeln versehen, stürzten unter furchtbarem Geheul die Janitscharen, den Säbel in der Faust, gegen die Tranchéen heran, Tataren zu Pferd griffen die in der linken Flanke des Angriffes postirten Bedeckungs-Truppen an. Der ganze Angriff scheiterte an der von den GFWM. Grafen Veterani und de Galbes geleiteten kräftigen Gegenwehr, die Türken wurden zurückgejagt und bis an den Graben verfolgt. Die kaiserliche Cavallerie erlitt hiebei einen Verlust von 50 Mann [1]).

In der Palanka entstand ein neues bedeutendes Feuer, das einen grossen Theil der hölzernen Häuser verzehrte; die Türken unterhielten aber trotzdem wieder ein starkes Geschützfeuer und unter dem Schutze desselben sammelten sich in der Nacht auf den 11. September abermals einige tausend Mann zu einem neuen Ausfall. Sie brachen wieder aus dem Arader Thore aus und zogen sich in der Richtung des heutigen Bahnhofes und der Vorstadt Fabrik, in den damals von Gebüsch und Gärten bedeckten Raum um den linken Flügel der Approchen herum, warfen die hier stehenden Vorposten der kaiserlichen Cavallerie zurück und stiessen auf den an den Bega-Sümpfen lagernden Theil der Reiterei. Der Angriff misslang abermals, die Türken wurden von den Schönborn'schen Dragonern und anderen Truppen mit grossen Verlusten in die Festung zurückgetrieben.

Diese Ausfallsversuche und die artilleristische Gegenwehr der Türken konnten die Fortsetzung der Arbeiten und endlich die Eröffnung der dritten Parallele [2]) nicht aufhalten, mit der man sich rechts auf 50—60 Schritte, links schon auf 30 Schritte der Palanka näherte. Der linke Flügel wurde wieder durch eine hinter demselben angelegte und mit 3 Geschwindstücken armirte Redoute gesichert.

Am 11. September wurden die Linien längs der Palanka theils verstärkt, theils verlängert und von der erwähnten Redoute eine Approche bis zur dritten Parallele vorgetrieben.

---

[1]) und [2]) Supplement Nr. 120.

Die Türken beleuchteten über Nacht das Aussenfeld mit Pech-
pfannen, warfen zahlreiche Granaten in die vorderste Linie, unterhielten
ein lebhaftes Infanterie-Feuer und beschossen die Belagerer sogar mit
Pfeilen; dessenungeachtet schritt die Arbeit erfolgreich vorwärts. Hinter
der dritten Parallele wurde die erste Breschebatterie für 12 Geschütze
erbaut, am 12. September eine zweite für 14 Geschütze, ebenso auch
weiter rückwärts eine Batterie für 15 Mörser[1]).

Der langerwartete erste schwere Artillerie-Transport langte endlich am 14. September aus Ofen vor der Festung an.

Mit dem bei Szegedin vereinigten Brücken-Materiale, dem auch
solches aus Peterwardein angeschlossen wurde, hatte GFWM. Graf
Herberstein Anfangs September über die Theiss, über die Maros
bei ihrer Mündung und über die Maros bei Csanád je einen Uebergang herstellen lassen, um die Artillerie über Szegedin-Csanád heran-
ziehen zu können[2]).

Dieser Artillerie-Transport, welcher am 1. September von Pest
abgegangen war, bestand der Hauptsache nach aus:

fünfzehn 24pfündigen Karthaunen,

sechs 30pfündigen Mörsern,

zwanzig 10pfündigen Mörsern

mit 3—500 Schuss für jedes Geschütz und sonstigem Artillerie-Material.

Ein zweiter Transport von Ofen, aus:

zehn 24pfündigen Karthaunen,

drei 60pfündigen Mörsern

mit 500 Schuss für jedes Geschütz etc. ging, weil die Landesfuhren
nicht eintrafen, erst am 12. September ab, war am 29. in Szegedin
und am 7. October im kaiserlichen Lager. Die Munition folgte aus
denselben Gründen nicht gleichzeitig, sondern in kleinen Transporten
unter Bedeckung nach[3]).

Ein Artillerie-Transport von Essegg, welchen der mit einem Bataillon
Jung-Daun-Infanterie von Rača zur Armee einrückende GFWM. Freiherr von Langlet auf der Theiss bis Makó und dann auf dem Land-
wege escortirte[4]), war am 5. September in Zenta, am 14. in Makó

<hr>

[1]) Supplement Nr. 124.

[2]) Supplement Nr. 102.

[3]) Der Prinz bezeugte seine Unzufriedenheit mit dieser langsamen Absendung
der schweren Artillerie, welche die Einnahme von Temesvár sehr zu verzögern
drohte. Supplement Nr. 110.

[4]) Supplement Nr. 114, 118 und 128.

(wo er mit den von Wien gesandten Geldrimessen zusammentraf) und am 17. September im kaiserlichen Lager. Die Bedeckung der späteren Transporte wurde durch die zur Armee beorderten Regimenter zu Pferd Caraffa-Cürassiere und Battée-Dragoner bewirkt[1].

Am 14. September überschritten eine Anzahl Spahis und Tataren zu Pferd südwärts die Bega, entweder um ihre daselbst befindliche Fourage zu bergen oder um einen Durchbruch der im Halbkreise, etwa hinter der heutigen Vorstadt Maierhöfe, lagernden Cavallerie des Feldmarschalls Grafen Pálffy zu versuchen. Pálffy war jedoch auf der Hut, die kaiserliche Reiterei nahm Stellung und die daselbst befindlichen vier Feldgeschütze eröffneten ein so kräftiges Feuer, dass sich Türken und Tataren unverrichteter Dinge wieder in die Stadt zurückziehen mussten[2].

Am 15. und 16. September waren die Batteriedeckungen so ziemlich vollendet, auch die Communicationen hergestellt; noch am 16. führte man die Geschütze ein und nahm das Feuer am 17. September mit aller Kraft auf. Aus mehr als 60 Feuerschlünden wurde die Festung mit Bomben, Vollkugeln und Granaten überschüttet. Zwei, vom 18. September an, drei Batterien wirkten als Breschbatterien[3]. Aus den Batterien der zweiten Parallele feuerten zehn 12pfündige Quartierschlangen und drei 60pfündige Mörser, bei der Haupt-Approche standen zwanzig kleine 10pfündige und zwölf grosse 60pfündige Mörser in Thätigkeit; bei der dritten Parallele zwölf 24pfündige Karthaunen und eine andere Batterie mit neun 24pfündigen Karthaunen und fünf 12pfündigen Quartierschlangen, dann zwei grossen Mörsern von 150 Pfund, wozu noch eine Batterie mit zehn kleinen Mörsern kommen sollte.

Die Geschütze feuerten durchschnittlich 80 Schuss täglich; am 19. September reichte der Munitions-Vorrath der 24pfündigen Karthaunen noch auf 8—9 Tage, der 10pfündigen Quartierschlangen auf 7—8 Tage, die 100pfündigen Mörser waren noch mit je 1000 Wurf

„	60	„	„	„	„	„	„	500	„
„	30	„	„	„	„	„	„	480	„
„	10	„	„	„	„	„	„	440	„

versehen. Nachschub aus Ofen langte jedoch noch rechtzeitig an.

Die Sape schritt rasch vorwärts, von beiden Haupt-Approchen aus näherte man sich in der Nacht des 17. September auf 30 Schritte,

[1] Supplement Nr. 106 und Nr. 132.
[2] Supplement Nr. 124.
[3] Supplement Nr. 130.

am 18. bis auf drei Schritte dem Graben der Palanka und die Krönung des Glacis begann. Die Türken versuchten mit grossen Anstrengungen ein Festsetzen der Kaiserlichen zu erschweren, sie führten an der bedrohten Front gleichfalls Batterien auf und beschossen die vorderste Geschützaufstellung, konnten aber nicht verhindern, dass die Belagerer immer mehr Terrain gewannen [1]). Auf zwei Seiten der Annäherung wurde die Verbauung am Glacis fortgesetzt und sogleich eingedeckt.

Am 18. September wurde an drei Orten Bresche in den Wall der Palanka gelegt. Aber wiederholt wurden die kaiserlichen Truppen gezwungen, einzelne enfilirte Linien zu verlassen und trotz der Ueberlegenheit der Artillerie verstummte das Feuer von den Wällen der Festung niemals, es fügte den Kaiserlichen, besonders bei den Verbauungsarbeiten am Glacis bedeutende Verluste zu, während andererseits die mit Geschick und grosser Tapferkeit unternommenen Ausfälle den Belagerer stets in Alarm hielten.

Allein trotz der vielen Mühseligkeiten, welchen die Arbeiter in den Tranchéen ausgesetzt waren und trotz des lebhaften Widerstandes erlahmte der Eifer der Kaiserlichen nicht und der Prinz wusste die Soldaten stets anzueifern und zu belohnen.

Am 19. September wurde die Krönung des Glacis noch weiter verstärkt, man drang mit der bedeckten Sape bis an den Graben; am 21. wurden dort die Sturmpfähle abgehauen, auch der Anfang gemacht Faschinen über den Graben zu beiden Galerien zu legen, aber am 22. gelang es den Türken, von dem Parapet der Palanka aus, diese Anstalten wieder zu zerstören und deren Ausbesserung durch ein heftiges Feuer einige Zeit zu verhindern.

Die am 18. September geöffneten Breschen hatte das Artilleriefeuer der folgenden Tage inzwischen bedeutend erweitert und am 22. wurde die Sape- und Minir-Arbeit bis an den Aufstieg zur Bresche geführt.

Der Sturm stand somit unmittelbar bevor, als eine Verzögerung durch Ereignisse südlich der Festung eintrat.

Schon Anfangs September waren dem Prinzen theils durch Kundschafter und Streifpartheien, deren Aussendung gegen Pancsova hin er am 4. September befohlen hatte [2]), theils durch den FZM. Löffelholz Nachrichten über einen von Belgrad geplanten Entsatzversuch zugekommen. Die Mittheilungen lauteten sehr unbestimmt und schienen

---

[1]) Supplement Nr. 133.
[2]) Supplement Nr. 111

nicht sehr verlässlich, schliesslich schwankten sie indessen doch nur noch bezüglich der Stärke des vorrückenden türkischen Corps, die sie auf 15—30.000 Mann angaben [1]).

Am 22. September brachten die ausgesendeten Streifpartheien sicherere Meldungen und die Bestätigung des bewirkten Donau-Ueberganges durch ein Entsatz-Corps, sowie dass die Türken bereits auch die Temes überschritten hätten und in vollem Anmarsche begriffen seien.

Sogleich wurden nun die aus dem Lager des Feldmarschalls Grafen Pálffy ausgeschickten Fouragiertrupps zurückgerufen; aber schon hatte der schnelle Feind „einige saumselige Knechte und Vieh ertappt, von welchen aber nachgehends einige Verlaufene zurückgekommen" [2]).

Am 23. September rückten die Türken dem Lager näher, wobei sie auch eine Husaren-Parthei mit den beim Faschinenmachen beschäftigten Commandirten zurücktrieben. Nun liess der Prinz die zunächst zur Hand befindliche, aus 11 Bataillonen bestehende Brigade des FZM. Max Starhemberg, die Regimenter Guido Starhemberg und Gschwind, je 2 Bataillone von Max Starhemberg und Bagni, endlich eines von Sickingen, nebst 20 Feldstücken auf das südliche Bega-Ufer hinüberrücken, während sich die Cavallerie des Grafen Pálffy in Gefechtsbereitschaft setzte.

Der Prinz hatte schon vor einigen Tagen anbefohlen, dass eine leichte Circumvallations-Linie hergestellt werde, welche auf der Südseite bei der Cavallerie übrigens derart angelegt war, dass das Vorbrechen aus derselben zur Offensive überall möglich blieb.

Am 23. September zwischen 12 und 1 Uhr Mittags erschienen die türkischen Reiterhaufen mit grossem Geschrei vor dem kaiserlichen Lager und versuchten, etwa im Raume zwischen dem heutigen Freidorf und Kissoda, beiläufig in der Mitte der Lagerstellung, beim Hauptquartier des Feldmarschalls Pálffy, durchzudringen. Die kaiserliche Cavallerie wies diesen vehementen Anprall in fester Haltung ab, worauf die Osmanen, welche bedeutende Verluste erlitten [3]), die Flucht ergriffen.

---

[1]) Am 5. September wurde gemeldet: 14 000 Tataren ziehen auf Temesvár; am 10. September: 25.000 Tataren und Türken sind bei Višnica über die Donau gegangen; am 11. September: ebenso mit 30.000 Mann; am 12. September: 18.000 Tataren und 12.000 Türken stehen noch bei Paucsova; am 18. September: 20—30.000 Türken haben nach dem Beiram-Fest am 17. September unter dem Janitscharen-Aga, Višnica passirt; 23. September: stehen noch bei Pancsova.

[2]) Supplement Nr. 140.

[3]) Nach Hammer: Geschichte des osmanischen Reiches, 4000 Mann; doch dürfte diese Zahl wohl zu hoch gegriffen sein.

Die Cavallerie hatte ausser 2 verwundeten Officieren nur 3 Mann eingebüsst.

Die dem Gegner nachgeschickten Streifpartheien fanden in einem von ihm verlassenen Lager die wenigen Reiter und Raizen, welche bei der überraschenden feindlichen Annäherung gefangen genommen worden waren, ermordet, die Köpfe der deutschen Soldaten, von den Raizen und Husaren abgesondert, auf zwei Haufen übereinander geschichtet. In tiefer Entrüstung über diese ebenso feige, als grausame Handlungsweise erklärte Prinz E u g e n den Türken, strenge Repressalien gegen die gemachten Gefangenen gebrauchen zu wollen.

Nach Aussage der Gefangenen hatte das türkische Corps, befehligt von K u r d P a s c h a, aus 20.000 Mann auserlesenen Türken, welche man durch Geld noch besonders zu diesem Unternehmen animirt hatte, 7—8000 Tataren nebst 500 Janitscharen, welche die Besatzung von Temesvár verstärken sollten, bestanden. Nach der Niederlage waren die aufgelösten Reste hinter die Temes und bald sogar hinter die Donau zurückgegangen, es trafen aber Meldungen aus Peterwardein ein, nach welchen nun der Grossvezier selbst im Begriffe stehe, über die Donau zum Entsatze heranzurücken. Auch Kundschafter meldeten, dass der Grossvezier, sobald das Beiram-Fest beendigt, in eigener Person einen Entsatzversuch unternehmen werde. Das Gros der Tataren war aus der Krim im Anzuge, darüber bestand kein Zweifel. Der P r i n z konnte somit die Gefahr noch nicht als beseitigt ansehen. Temesvár musste fallen, darüber war der P r i n z mit sich einig, gegen Unternehmungen von Aussen aber hoffte er, sich durch die Circumvallations-Linie, deren Ausbesserung und Verstärkung er nach dem Kampfe am 23. September anbefahl, genügend schützen zu können. „Zur Verfertigung der gedachten Circumvallation,“ schrieb der P r i n z am 25. September an den K a i s e r [1]), „haben mich die Weite der Circumferenz des Lagers, die verschiedenen Moräste, Vielheiten der Brücken und Communication und Schnelligkeit des Feindes bewogen, welcher bald hier und bald dorten und wo man am wenigsten vermeint, am ersten einfallen kann. Dahero ich denn für gut befunden, ermeldetem Feind nicht entgegenzurücken, um auf alle Fälle das Sicherste zu spielen und sein ferneres Absehen zu erwarten.“

In der Festung Temesvár schien man von dem Entsatzversuche am 23. September wohl Kenntniss zu haben, aber erst am Abend unternahm die Garnison aus dem Belgrader Thor auf der Südseite einen Ausfall, der zudem bald in Stockung gerieth und ohne besondere Mühe von einigen Escadronen ganz zurückgewiesen werden konnte.

[1]) Supplement Nr. 140.

Prinz Eugen drängte jetzt einer Entscheidung entgegen. „Morgen," schrieb er am 25. September an den Kaiser, „wird man den Sturm auf die Palanka vornehmen."

Von den beiden Annäherungswegen aus, die nunmehr gedeckt bis an den Graben führten, wurden am 24. September je drei Brücken über den Graben hergestellt. Die Türken beunruhigten die Arbeiten durch Granaten und Kleingewehr, es gelang ihnen sogar in der Nacht auf den 25. die Brücke rechter Hand durch einige auf Brettern herabgerollte Bomben wieder zu zerstören, während sich die links liegenden als noch nicht brauchbar erwiesen. Das durch die Anschüttungen im Graben gestaute Bega-Wasser ergoss sich zudem in die Sapegräben und selbst in die Approchen, der geplante Sturm musste aufgeschoben werden, bis die nothwendigen Arbeiten zur Ableitung des Wassers durchgeführt waren. Um keine Zeit zu verlieren und eine türkische Batterie, welche sehr günstig postirt war und grossen Schaden anrichtete, zum Schweigen zu bringen, wurden kaiserlicherseits sechs Mörser und zwei Quartierschlangen ganz nahe am Graben in Thätigkeit gesetzt, welche sich auch das Thor der Palanka, das die Türken bisher noch benützt hatten, zum Ziele nahmen.

Während man noch mit der Ableitung des Wassers beschäftigt war und die Grabenbrücken in Stand setzte, versuchte der Pascha von Temesvár am 26. September Abends nochmals die eiserne Umklammerung auf der Südseite zu durchbrechen. Die Cavallerie war eben mit Fouragiren beschäftigt, als eine Masse Reiter und Fuss-Soldaten aus der kleinen Palanka auf die Belgrader Strasse herausdrang; es gelang aber einigen Cavallerie-Abtheilungen rasch auf die Pferde zu kommen und mit Hilfe der herbeieilenden Bereitschaften wurden die Türken wieder mit ziemlichem Verluste in die Festung zurückgetrieben [1].

Am 28. September wurden zum zweiten Male die Anstalten zum Sturm getroffen und 30 Bataillone hiefür bestimmt, welche sich auch schon am frühen Morgen auf dem Alarmplatze sammelten, aber es scheint, dass der Prinz die Vorbereitungen noch nicht für ausreichend angesehen habe, da der Befehl zum Angriff nicht ertheilt und die Ablösung in gewöhnlicher Weise vorgenommen wurde.

Der Fall der Festung war gewiss, aber ein vorzeitiger Sturm musste immerhin bedeutende Opfer kosten, die sich gewiss wesentlich vermindern liessen, wenn der technische und artilleristische Angriff noch einige Zeit hindurch fortgesetzt wurde. Es scheint, dass vorwiegend

---

[1] Supplement Nr. 142.

die Rücksicht auf die Ersparniss an Menschenleben den Prinzen veranlasst habe, sich noch kurze Zeit zu gedulden.

Die zu den Breschen führenden drei Graben-Brücken wurden durch Faschinen und Sandsäcke in breitere Graben-Uebergänge umgestaltet, deren Holzwerk zum Schutze gegen die unaufhörlichen Zerstörungsversuche, welche die Türken anstellten, am 29. September mit nassen Ochsenhäuten bedeckt wurden.

General-Quartiermeister Freiherr von Elster, der die für den Sturm getroffenen Anstalten in den Tranchéen besichtigte, wurde hiebei durch eine Granate verwundet.

Erstürmung der grossen Palanka, am 1. October 1716.

Der Sturm auf die Palanka wurde endlich für den 30. September angeordnet und die schon für den 26. September vorbereitet gewesene Disposition nur mit geringer Aenderung beibehalten [1]). Der Graben-Uebergang war fertig, so gut es eben unter dem heftigen Feuer des Vertheidigers möglich geworden und der Prinz musste ein weiteres Zuwarten nun als unnöthig erkennen. Er liess am Morgen des 30. September die für den Angriff ausersehenen Truppen, die schon für den 26. September bestimmt gewesenen 30 Bataillone und ebenso viele Grenadier-Compagnien, sich in Bewegung setzen. Sieben in den Tranchéen den gewöhnlichen Dienst versehende Bataillone bildeten die erste Reserve, der Rest der Infanterie wurde in Bereitschaft gestellt.

Feldmarschall Pálffy erhielt Befehl, am südlichen Bega-Ufer mit der Cavallerie eine „falsche Attaque" zu unternehmen und hiezu die Grenadier- und Carabinier-Compagnien zu Pferd mit etlichen Geschützen in Bewegung zu setzen, also eine Demonstration zur Täuschung des Gegners zu machen und G. d. C. Graf Mercy hielt sich mit seinen Reiter-Regimentern nördlich der Bega in Bereitschaft.

Was die für den Sturm auf die drei Breschen bestimmten Bataillone anbelangt, so sollten sie drei Gruppen — rechter Flügel, Corps de bataille und linker Flügel — mit je 10 Grenadier-Compagnien und 10 Bataillonen, formiren.

Die Spitze der drei Sturm-Colonnen nahmen Freiwillige, je ein Corporal und 10 Grenadiere; hierauf folgten je 2 Grenadier-Compagnien, mit einem Lieutenant und 30 Grenadieren voraus. Hinter dieser Vorhut

---

[1]) Kriegs-A., „Türkenkrieg 1716" ; Fasc. XIII, 45, 47. (Tranchée-Dispositionen.) Anhang Nr. 15.

folgten unter Commando eines Obristlieutenants die nächsten drei Grenadier-Compagnien, dann die Zimmerleute und endlich ein Obrist mit fünf Grenadier-Compagnien.

Das Gros der Infanterie jeder Colonne gliederte sich in drei Gruppen, 2 Bataillone hinter den Grenadieren, dann 4 Bataillone, endlich als Unterstützung noch 4 Bataillone.

Jeder Colonne folgten 900 Arbeiter, von denen 600 unter Commando je eines Obristen und Obristwachtmeisters standen und mit Faschinen, 200 Krampen und 400 Schaufeln ausgerüstet waren. Die übrigen 300 Mann, die ein Obristlieutenant commandirte, trugen 100 Schanzkörbe und 200 Faschinen mit den nöthigen Pflöcken und Schlägeln zum Versetzen derselben.

Der Angriff sollte am linken Flügel beginnen. Dieser und das Corps de bataille konnten die Graben - Uebergänge benützen, die Truppen der Sturm-Colonne des rechten Flügels mussten aber den Graben direct durchschreiten; es war beabsichtigt, diesen Flügel mehr zur Demonstration zu verwenden.

Jeder Grenadier war mit drei Handgranaten, dann mit seiner Hacke, die mit dem Gewehre folgenden Leute ausser der normalen Munitions-ausrüstung von 24 Schuss noch mit 20 weiteren Patronen versehen.

„Die Grenadiere [1]), sobald sie hineinkommen, postiren sich unver-züglich mit dem Rücken an die Palanka einwärts und erwarten daselbst die Bataillone, so sich auf der Palanka zu postiren haben; sollte aber der Feind weichen, so haben sie sich darnach zu richten und in einer angemessenen Distanz und guter Ordnung, einer auf den andern zu folgen, jedoch sich mit keiner allzuweiten Extension an den Feind unvorsichtig zu engagiren."

Die Versammlung der Grenadiere hatte so nahe als möglich an dem Graben-Uebergange zu erfolgen, während die Bataillone sich in der vordersten Parallele aufstellen und beim Vorgehen nicht den Grena-dieren in den Laufgräben, sondern gerade über die Parallele hinaus folgen sollten.

Die vier Bataillone der Unterstützung sollten so lange in der Parallele bleiben, bis die Sturm-Abtheilungen jenseits festen Fuss gefasst haben würden.

Mit dem Commando über den ganzen Sturm-Angriff hatte der Prinz den bewährten FZM. Alexander Prinzen von Württem-

---

[1]) Anhang Nr. 15. Tranchée-Dispositionen für den 26. und 30. September 1716. Kriegs-A., „Türkenkrieg 1716"; Fasc. XIII, 45, 47.

berg betraut, der zugleich auch das besondere Commando der mittleren Sturm-Colonne führte. Bei allen Colonnen wurde den aus Siebenbürgen gekommenen Bataillonen die Ehre des ersten Angriffes zu Theil.

Die Colonnen waren, wie folgt, gebildet [1]):

Rechte Flügel-Colonne unter Commando des FML. Ahumada, GFWM. Livingstein.

Grenadiere: Obristlieutenant Wieser von Livingstein-Infanterie mit

1 Compagnie von Heister-Infanterie,
1 „ „ Pálffy- „
3 „ „ Alt-Württemberg-, Alt-Daun- und Regal-Infanterie.

Obrist Geyer von Harrach-Infanterie und Obristwachtmeister Tattenbach von Hasslingen mit 5 Grenadier-Compagnien von Harrach, Wetzel, Bonneval, Prinz Friedrich Württemberg und Livingstein.

Infanterie (Füsiliere):

Ottokar Starhemberg } 2 Bataillone,
Heister

Pálffy, Alt-Daun } 4 Bataillone,
Baden-Durlach, Neipperg

Max Starhemberg, Wetzel } 4 Bataillone.
Bonneval, Prinz Friedrich Württemberg

Von der Arbeitsmannschaft commandirten Obrist Kuhn vom Regiment Bagni und Obristwachtmeister Schultz vom Regiment Baden-Durlach 600 Mann, Obristlieutenant Cambre vom Regiment Bonneval 300 Mann.

Corps de bataille: (mittlere Colonne) unter Commando des FZM. Prinzen Alexander von Württemberg und GFWM. Freiherrn von Langlet.

Grenadiere: Obristlieutenant Schmiedinger vom Regiment Arenberg mit

2 Compagnien von Virmond,
3 „ „ Faber, Alcaudete, Alt-Lothringen.

Obrist Rudolphin vom Regiment Prinz Alexander von Württemberg und Obristwachtmeister Stolz vom Regiment Baden-Durlach mit 5 Grenadier-Compagnien von Jung-Lothringen, Trautson, Marulli, Wallis und Arenberg.

------

[1]) Anhang Nr. 15.

Infanterie (Füsiliere):

Virmond, 2 Bataillone,

Livingstein, Faber
Alcaudete, Alt-Lothringen } 4 Bataillone,

Jung-Lothringen, Trautson
Marulli, Wallis } 4 Bataillone.

Von der Arbeitsmannschaft commandirte Obrist O'Gilvy vom Regiment Prinz von Bevern 600 Mann, Obristlieutenant D'Albon vom Regiment Jung-Daun 300 Mann.

Linke Flügel-Colonne unter Commando des FML. Freiherrn Browne de Camus und GFWM. Franz Grafen Wallis.

Grenadiere: Obristlieutenant Villanova vom Regimente Ahumada mit

2 Compagnien von Browne,
3 „ „ Guido Starhemberg, Gschwind, Neipperg.

Obrist D'Orbea vom Regiment Alcaudete und Obristwachtmeister Dietrich vom Regiment Alt-Daun mit 5 Grenadier-Compagnien von Max Starhemberg, Sickingen, Bevern, Ahumada und Jung-Daun.

Infanterie (Füsiliere):

Browne
Guido Starhemberg } 2 Bataillone,

Gschwind, Alt-Württemberg
Bagni, Alexander Württemberg } 4 Bataillone,

Regal, Ahumada
Jung-Daun, Arenberg } 4 Bataillone.

Von der Arbeitsmannschaft commandirten Obrist Alcaudete und Obristwachtmeister Pfeffershofen vom Regiment Neipperg 600 Mann, Obristlieutenant Graf Hatzfeld vom Regiment Prinz Friedrich Württemberg 300 Mann.

Zu den Arbeiter-Colonnen gab das Regiment
Alexander Württemberg . 6 ⎫
Max Starhemberg. . . . 4 ⎪
Regal . . . . 6 ⎬ Hauptleute [1]).
Harrach . . . . 6 ⎪
Bevern . . . . 6 ⎭

---

[1]) Eine Abänderung der Disposition vom 25. war durch die Tranchée-Disposition vom 29. September (Kriegs-A., „Türkenkrieg 1716“; Fasc. XIII, 47) nur insoferne erfolgt, dass statt der Bataillone Browne, Bevern, Sickingen und Harrach, nur je eine Grenadier-Compagnie, dafür statt einer Grenadier-Compagnie je ein Bataillon von Alt-Württemberg, Baden-Durlach, Ottokar Starhemberg und Bagni auszurücken hatten.

Die Rallirung war auf 7 Uhr 30 Minuten Morgens angeordnet, aber eine Reihe von Zufälligkeiten verursachte, dass die Bataillone, Grenadier-Compagnien und Commandirten erst um 10 Uhr Vormittags sich sammeln konnten; die hier vorgenommene Truppen-Eintheilung erforderte abermals einige Stunden, so dass sich erst um 1 Uhr Mittags die Colonnen in den Approchen in Bewegung setzten. Um 4 Uhr Nach-mittags hätte der Sturm beginnen sollen, aber erst am Abend trafen alle Abtheilungen an den ihnen zugewiesenen Plätzen ein. Der Prinz, welcher die schwierige Angriffsbewegung nicht bei Nacht vornehmen wollte, sah sich daher bestimmt, dieselbe auf den 1. October, den Ge-burtstag des Kaisers, zu verschieben.

Die Truppen verblieben in den Approchen. Es war eine stürmische, regnerische Nacht. Die Mannschaft, welche, um die Wälle leichter übersteigen zu können, ihre Röcke zurückgelassen, wurde ganz durch-nässt. Dabei unterhielten die Türken ohne Unterlass ein heftiges Feuer, welchem unter anderen auch der FML. Hochberg, durch eine Kanonen-kugel getroffen, zum Opfer fiel.

Prinz Eugen hatte sich am frühen Morgen des 1. October mit dem Feldmarschall Grafen Heister und mehreren anderen Generalen in die Approchen begeben, um die zum Sturme getroffenen Anstalten nochmals zu besichtigen und demselben beizuwohnen.

Den Soldaten war Brod und Branntwein verabreicht worden, um sich einigermassen von der Unbill der vergangenen Nacht zu erholen; der Prinz ritt zwischen die Abtheilungen und hielt an Officiere und Mannschaft eine kurze, zündende Anrede, er forderte sie auf, sich tapfer zu halten, ihre Pflicht zu thun und für das Wohl der Christen-heit ihr Blut einzusetzen [1]).

Voll Begeisterung blickten die Truppen auf ihren glorreichen Führer und ungeduldig harrten sie des Zeichens zum Angriffe. Es war 7 Uhr 30 Minuten Früh des 1. October, als der Prinz, bei der grossen Batterie an der ersten Parallele haltend, durch eine Geschütz-Salve dieses Zeichen geben liess.

Die Türken schienen es erwartet zu haben; sie begannen ein äusserst heftiges Feuer, auf dem Walle wurde es lebendig, die Zahl der Vertheidiger mehrte sich und alles schien in Bereitschaft zu sein, um die Stürmenden tapfer zu empfangen.

[1]) Theatrum europaeum, XXI. Bd.; Eugenii Heldenthaten; „Eigentliche und umständliche Beschreibung der Festung Temesvár“.

Mit Todesverachtung schritten die Grenadiere aus der Deckung, eilten abtheilungsweise über die vom Feuer bestrichenen Brücken und neben denselben quer durch den Graben, die Gewehre in die Höhe haltend, vor, erreichten die Breschen ohne einen Schuss zu thun und waren nun von denselben nicht mehr zu vertreiben. Bei der mittleren Colonne gelang dies mit Schwierigkeit, aber der FZM. Prinz Alexander von Württemberg leuchtete hier den Soldaten durch seinen persönlichen Muth voran. Die linke Colonne unter dem FML. Freiherrn von Browne gelangte zuerst an den Feind. Es kam bei derselben zu hartnäckigem, blutigem Kampf, die Türken waren auf den Wall geeilt, mit dem Säbel oder Handschar in der Faust wehrten sie den Angreifer ab, ein Kugelregen überschüttete ihn, die kaiserlichen Soldaten aber, denen Generale und Officiere mit heldenmüthigem Beispiele vorangingen, drangen unaufhaltsam vor und nachdem der Kampf eine halbe Stunde gewährt, wurde auf der linken und besser gangbaren Bresche zuerst fester Fuss gefasst. Weil aber hinter derselben noch der stark besetzte Hauptwall zu überwinden war, so hielten die Grenadiere einige Zeit an der Bresche aus, die Verstärkungen zu erwarten.

Das weitere Vorkommen war keineswegs leicht, überall stiessen die Stürmenden auf türkische Verschanzungen, auf mannshohe Pallisadenreihen. Die Grenadiere liessen aber dem Gegner keine Zeit mehr, sich wieder festzusetzen, sie folgten ihm auf dem Fusse über die verschiedenen Vertheidigungs-Abschnitte durch die einem Trümmerhaufen gleichende Palanka.

Verlustreicher und hartnäckiger gestaltete sich das Gefecht bei dem Angriffspuncte der mittleren Colonne, welche der Prinz von Württemberg selbst führte, weil der Uebergang nicht fest genug und die Bresche besonders schwer zu ersteigen war. Prinz Alexander drang aber mit seinen braven Grenadieren unwiderstehlich vor und machte dadurch auch dem rechten Flügel Luft, dessen Scheinangriff durch die ungestüme Kampflust und Tapferkeit der Soldaten sich rasch in einen wirklichen verwandelt hatte, die Grenadiere sprangen, da hier kein Graben-Uebergang vorhanden war, in den Graben hinunter und es kam zu ganz besonders hartem Kampfe, man büsste viele Leute ein und wurde erst spät Meister der Bresche und des Walles.

Um 10 Uhr Vormittags waren die Türken überall zurückgeworfen, die Infanterie rückte tambour battant und mit fliegenden Fahnen querfeldein den Grenadieren nach. Diese waren dem fliehenden Feind gefolgt, brachten ihm noch bedeutende Verluste bei und erst vor dem Graben und den Thoren der Hauptumfassung kam das Gefecht zum

254

Stehen. Um 11 Uhr waren die kaiserlichen Truppen Herren der Palanka.

Die Infanterie-Bataillone waren herangekommen und wurden, der Oertlichkeit entsprechend, gedeckt aufgestellt. Die Ingenieure begannen mit den Arbeitern sofort die errungene Stellung zu verschanzen und etwa 50 Schritte vor dem Hauptwalle richteten sich die Kaiserlichen, indem sie die Häuser und alles, was den Ausschuss verhinderte, niederrissen, eine Vertheidigungslinie ein.

Diese Vorsicht war nicht unnöthig. Mustapha Pascha, welcher ein mörderisches Kartätschen- und Bombenfeuer unterhalten liess, machte mit frischen Truppen an drei Orten Versuche, die Kaiserlichen wieder aus den eroberten Positionen zu delogiren. Bis auf 30 Schritte kamen die Türken der schnell besetzten Stellung der Kaiserlichen nahe, allein die Infanterie warf sie mit einem wohlgezielten Feuer in grösster Verwirrung in die Stadt zurück. Bei dieser Gelegenheit ging noch der übrige Theil der Palanka in Flammen auf, die fanatischen Vertheidiger wollten ihre Ansiedelungen nicht anders, denn als rauchende Schutthaufen den Kaiserlichen überlassen.

Der Prinz befand sich während des Angriffes beim linken Flügel im Kanonen- und Gewehrfeuer.

Der Angriff vollzog sich in schöner Ordnung und Präcision. Es war ein edler Wetteifer, den kaiserlichen Geburtstag zum Ruhmestag des Heeres zu machen.

Nur wenige Stunden hatte der Kampf gedauert, welcher einer der blutigsten des ganzen Feldzuges ist. Er gereicht dem standhaften Vertheidiger zur Ehre, der den Boden, wo er seine Moscheen gebaut, nicht verlassen wollte, wie der kaiserlichen Infanterie, welche hier mit einem Muthe sondergleichen kämpfte und dem Fanatismus des Feindes eine begeisterte, zähe und unwiderstehliche Tapferkeit entgegensetzte. Die Verluste sind daher beiderseits verhältnissmässig bedeutende gewesen.

Es waren fast sämmtliche beim Angriffe eingetheilte kaiserliche Generale verwundet, Prinz Alexander von Württemberg erhielt eine Blessur im Gesicht und eine neben ihm platzende Bombe raubte ihm auf einige Zeit das Gehör. Der junge Fürst war während des Kampfes immer in den ersten Reihen; gleich beim ersten Vorrücken rief er seinen Grenadieren zu: „Wer einen redlichen deutschen Blutstropfen im Leibe hat, der folge mir getrost nach, hier wollen wir entweder überwinden oder todt bleiben!“ und als sich bei der Bresche eine kleine Störung ergab, feuerte er seine Krieger mit den Worten an: „Brüder, hier wollen wir weisen, was ein deutscher Soldat ist, Gott wird unser Mitfechter sein, nur brav drauf!" [1]).

Die Commandanten des rechten und linken Flügels, FML. A h u m a d a und B r o w n e, dann GFWM. L i v i n g s t e i n wurden gleichfalls verwundet.

Todt blieben Obristlieutenant S c h m i e d i n g e r von Arenberg, Obristwachtmeister Graf K a t z i a n e r von Heister, Graf T a t t e n b a c h von Hasslingen, Freiherr von B e c k von Browne, dann 9 Hauptleute, 14 Lieutenants, 2 Fähnriche und 426 Mann.

Verwundet waren ausser den oben erwähnten Generalen noch die Obriste R u d o l p h i n von Alexander Württemberg, Baron G e y e r von Harrach, F a b e r von der Artillerie und der Mineur-Obrist M a r t i g n y; die Obristlieutenants Graf K a t z i a n e r von Niclas Pálffy, F a l c k von Virmond, W i e s e r von Livingstein, Baron D e g a n o von Ottokar Starhemberg, Don Nicola C o r d a von Faber und D i e t r i c h von Alt-Daun; die Obristwachtmeister Baron P f e f f e r s h o f e n von Neipperg, Baron von H u g e n p o t von Virmond, Graf H a m i l t o n von Livingstein, S o m m a r i v a von Faber, dann 24 Hauptleute, 37 Lieutenants, 10 Fähnriche und 1403 Mann. Im Ganzen somit 455 Todte und 1492 Verwundete [2]).

Der Verlust der Türken dürfte sich auf 2000 Mann belaufen haben [3]); 500 Mann, welche sich nicht mehr in die Stadt retten konnten, wurden gefangen genommen.

Die Trophäen waren gering; man erbeutete nur zwei ehemals kaiserliche, dann neun kleine türkische Geschütze. In der Palanka fand man jedoch noch viele Pferde, dann Vieh und einige Getreidevorräthe.

Ein eigener Courier brachte die Nachricht des Sieges am 5. October 1716 nach Wien.

Fortsetzung des Angriffes gegen die Stadt.

Die ganze Nacht dauerte das Feuer von den Wällen der inneren Stadt fort und erschwerte den kaiserlichen Truppen das Ausharren

---

[1]) Eugenii Heldenthaten, III. Theil. „Eigentliche und umständliche Beschreibung der Festung Temesvár."

[2]) Anhang Nr. 18.

[3]) Unter den Verwundeten befand sich auch der älteste Sohn des Pascha; der Vater bat den Prinzen, ihm einen Chirurgen aus dem kaiserlichen Lager zu senden, was auch sofort bewilligt wurde. Dagegen schickte der Pascha sechs herrliche Pferde als Geschenk und den jüngeren Bruder des Blessirten als Geisel in das Lager.

umsomehr, als man das Geschütz noch nicht hatte heranbringen
können, um das Feuer aus der Stadt zu erwidern.

Wohl war gleich nach dem gelungenen Angriffe Obrist O'Gilvy
vom Regimente Bevevn beordert worden, für die schwere Artillerie
eine Brücke über den Graben und eine Einfahrt durch die Bresche
herzurichten. Allein was die Grenadiere so kühn erstiegen, vermochte
nicht rasch genug auch für schweres Fuhrwerk gangbar gemacht zu
werden. Es dauerte mehrere Tage, ehe der Artilleriekampf von dem
Boden der Palanka aus fortgesetzt werden konnte[1]).

Die Widerstandsfähigkeit der Vertheidiger schien keineswegs gebrochen. Mit der den Türken eigenthümlichen Zähigkeit bereiteten
sie sich vor, an der Hauptumfassung den Kampf mit frischem Muthe
aufzunehmen.

Der Prinz musste daher den schwierigen Angriff gegen die
eigentliche Stadt beginnen.

Man stand bereits in einer Jahreszeit, welche der Kriegführung
in diesen Gegenden nicht immer vortheilhaft ist. Bisher waren wohl
die Witterungsverhältnisse im hohen Maasse günstig gewesen, die ausserordentliche Dürre dieses Jahres hatte die Sumpfgebiete, welche Temesvár rings umgaben, theilweise ausgetrocknet und so auch das Eintreten
der hier häufigen Miasmenkrankheiten, welche allen bisherigen Unternehmungen auf die Hauptstadt des Banats so gefährlich geworden
waren, verhindert. Aber die bevorstehenden Herbstregen drohten die
Gegend nur zu bald wieder in eine Sumpflandschaft zu verwandeln
und es musste dem Prinzen gewiss sehr daran liegen, den Kampf
um Temesvár, welcher bereits fünf Wochen erfordert hatte, möglichst
rasch zu beendigen.

Bei der Standhaftigkeit des Vertheidigers blieb indessen doch
nichts anderes übrig, als die Fortsetzung des langwierigen, belagerungsmässigen Angriffes. Der Prinz entschloss sich, bei Festhaltung der
bisherigen Angriffsrichtung, sein Hauptaugenmerk auf die Bastion zu
werfen, durch welche das Arader Thor führte.

Noch am 1. October hatte an Stelle des verwundeten Prinzen
Alexander von Württemberg der FZM. Graf Max Starhemberg das Commando über 30 Bataillone in der Palanka übernommen,
während die FML. d'Ahumada und Freiherr von Browne durch
den FML. Grafen Wallis ersetzt wurden.

Am 2. October löste FZM. Graf Regal wieder in der gewöhnlichen Weise mit 10 Bataillonen und 10 Grenadier-Compagnien die

---

[1]) Der Plan der Stadt und Belagerung von Temesvár zeigt eine Ansicht der
kaiserlichen Aufstellung gegenüber der Umfassung der eigentlichen Stadt.

bisherige Palanka-Besatzung ab und es begann unter Anleitung der Ingenieure die Erdarbeit, welche jetzt besonders den Zweck hatte, die bereits gewonnenen Positionen zu befestigen, sowie Emplacements für die Artillerie einzurichten [1]). Die am 1. October begonnene, etwa 50 Schritte von den Aussenwerken der Stadt entfernte Parallele wurde ausgebessert und verlängert, so dass man in grosser Ausdehnung der türkischen Hauptbastion gegenüberstand. Am rechten Flügel, da, wo FML. d'Ahumada den Graben forcirt hatte, wurde ein Waffenplatz eingerichtet und eine Approche, verstärkt durch ein kleines Flügelwerk ausgehoben. Unweit davon fing man an, einen „Kessel" für 6 Mörser einzurichten. Während dessen unterhielt die grosse Batterie an der dritten Parallele ein langsames Feuer. Die Türken waren eifrig damit beschäftigt, sich in dem Waffenplatz der Bastion zu verbauen und daselbst zu hartnäckigem Widerstande vorzubereiten.

Am 3. October wurde auch der Waffenplatz am linken Flügel durch eine gedeckte Annäherung mit der vorderen Parallele verbunden und eine kleine Redoute, dann zwei Batterien zu 4 und 11 Geschützen angelegt, um die Annäherung an eine Flesche der Hauptumfassung fortzusetzen.

Am 4. October wurde die Parallele bis zu einem Moraste verlängert, es kamen 7 Mörser in die für sie bestimmte Aufstellung und eröffneten das Feuer.

Am 5. und 6. October wurde hauptsächlich an den Batteriedeckungen gearbeitet, 2 Kessel für 10 und 7 Mörser, Batterien für 10 und 4 Geschütze, endlich eine Batterie für 24 Geschütze erbaut, welche bestimmt war, die angegriffene Bastion in der Flanke zu beschiessen. Diese Batterien wurden durch vorgelegte Linien gedeckt. Von der Moschee wurde jetzt auch bis zu den Parallelen jenseits der Palanka ein gedeckter Weg ausgehoben, so dass nunmehr von dem Infanterielager aus, zwei Annäherungslinien bestanden. Das Feuer verstärkten 7 Mörser und am 7. October wurde die grosse Batterie von 24 Stücken armirt.

An diesem Tage langte endlich auch der zweite grosse Artillerie-Transport von Ofen an.

Man hatte jetzt zur Verfügung:

42—24pfündige	Karthaunen	. . . . à	600	Schuss
9—12 „	Quartierschlangen	. . . . à	550	„
6—6 „	Falkaunen	. . . . à	400	„

---

[1]) Supplement Nr. 146.

<pre>
34—3 pfündige Regimentsstücke)   (à   220 Schuss,
 4—2   „   Geschwindstücke } im Lager { à   450   „
 2—100   „   Mörser . . . .   à 1600   „
12—60   „   „   . . . .   à   300   „
 7—30   „   „   . . . .   à   300   „
20—10   „   „   . . . .   à   300   „
</pre>

im Ganzen bei 100 schwere Geschütze, dann 50.000 adjustirte Granaten[1].

Die Sapearbeit rückte bis zum Glacis vor und sperrte das an der nördlichen Seite befindliche Stadtthor. Am rechten Flügel sicherte eine Redoute die Batteriestellung, am linken war nur 50 Schritte vom Hauptgraben entfernt ein Logement hergerichtet worden, während die auf 40 Stück vermehrten Mörser ein überaus heftiges Feuer auf die Stadt zu richten begannen. Allmälig wurden auch die 24pfündigen Karthaunen herangebracht. Der 8., 9. und 10. October war hauptsächlich dem Einführen dieser Geschütze in die Batterien gewidmet, so dass man an letzterem Tage aus 43 Feuerschlünden — eine Batterie zu 24, eine zu 12, eine zu 7 Geschützen — und 40 Mörsern die Stadt mit Geschossen überschütten konnte.

Die Vereinigung einer so bedeutenden Artilleriekraft gegen einen Punct der Befestigung zeigte sich auch von der besten Wirkung. Die Verluste des hartnäckigen Vertheidigers steigerten sich stündlich und seine Gegenwehr begann nachzulassen. Schon am 9. October war man am linken Flügel dem Graben auf 30 Schritte nahegerückt, am rechten Flügel über den Glacisrand vorgedrungen und die Arbeiter schickten sich an, die Sape an zwei Orten in den Vorgraben zu treiben. Auch am linken Flügel wurde immer näher an den Graben und an das dortige Stadtthor herangerückt.

Am 11. October räumte in Folge der furchtbaren Wirkung der schweren Artillerie das türkische Festungsgeschütz die Wälle der Bastion.

Das Bewusstsein der nahen Entscheidung erfüllte nunmehr die Kaiserlichen; eine fieberhafte Hast beschleunigte alle Arbeiten; am 11. October stand der Angreifer überall nur noch zehn Schritte von dem Graben entfernt, eine lange Deckung schützte denselben vor dem übrigens immer mehr verstummenden Feuer der Türken. Am 12. wurde die Verbauung des Glacis vollendet, die Sape drang auf beiden Flügeln in den Graben ein, die Geschütze feuerten Tag und Nacht.

[1] Specification der sämmtlichen Stücke, Pöller, Kugeln etc. vom 7. October 1716. Kriegs-A., „Türkenkrieg 1716“: Fasc. X, 43½.

An mehreren Stellen brach in der Stadt Feuer aus, die Bastion war bereits in einen Schutthaufen verwandelt und was wichtiger, auch der Muth, die Ausdauer des Vertheidigers endlich gebrochen. Am 12. October, eben an dem Tage, als der FZM. Prinz Alexander von Württemberg trotz seiner Verwundung wieder in den Tranchéen zu befehligen vermochte und gerade die Ablösung der Truppen stattfand, sah man um 11 Uhr 30 Minuten Mittags eine weisse Fahne auf dem Festungswalle. Prinz Eugen, welcher sich an diesem Tage bis 11 Uhr Vormittags in den Laufgräben aufgehalten und die Wirkung der Artillerie verfolgt hatte, war eben in das Hauptquartier zurückgekehrt, als der vom FZM. Prinzen Württemberg abgeschickte Obristlieutenant und Tranchée-Major von Bärnklau die wichtige Meldung überbrachte, dass die Feinde zu capituliren beabsichtigten und um die Erlaubniss bäten, Unterhändler in das Lager senden zu dürfen.

Der kaiserliche Feldherr zögerte nicht, diesem Anerbieten zuzustimmen. Schon am Nachmittage kam der türkische Platz-Commandant Achmed Aga in Begleitung eines zweiten Bevollmächtigten Ali Effendi aus der Festung und verfügte sich in das Zelt des Prinzen, das zwischen den beiden Infanterietreffen aufgeschlagen war. Die hier begonnenen Unterhandlungen führten schon nach wenigen Tagen zur Uebergabe der Festung.

Es wurde von den Zeitgenossen als eine besondere Merkwürdigkeit und Fügung des Schicksals angesehen, dass die Türken an demselben Tage zu capituliren verlangten, an dem vor fünf Jahren (1711) der eben in Genua eingetroffene König Carl III. zum römisch-deutschen Kaiser erwählt worden war.

Capitulation der Festung Temesvár.

Der Wunsch, die Belagerung von Temesvár möglichst bald zu beenden, um die Truppen in die Winterquartiere verlegen zu können, hatte den Prinzen bewogen, milde Bedingungen zuzugestehen.

Der Pascha verlangte freien Abzug der Besatzung mit allen militärischen Ehren, wogegen die Festung an die Kaiserlichen übergeben werden sollte.

Nach dem Brauche der Zeit, wurden gegenseitig Geiseln gegeben; im Lager des Prinzen blieben Achmed Aga und Ali Effendi zurück, während sich FML. Graf Olivier Wallis und Obrist Graf Philippi von St. Croix-Cürassieren in die Festung begaben.

Graf Wallis war zugleich beauftragt, die Uebergabs-Verhand-
lungen mit dem Festungs-Commandanten Mustapha Pascha rasch
zu Ende zu bringen. Er gab bei seiner Ankunft in der Stadt dem
Pascha drei Stunden Bedenkzeit zur Abgabe einer bindenden Erklärung.

Mustapha Pascha berieth sich längere Zeit mit seinen Ver-
trauten und legte endlich seine Capitulations-Anträge vor [1]).

„Ob man schon keine sonderliche Ursache hätte," schrieb der
Prinz als Resolution auf diesen Antrag noch am 12. October [2]), „bei
so weit gekommenen Sachen den Belagerten das Begehrte einzugehen,
so hat man doch zur Verhinderung des menschlichen Blutvergiessens dasjenige, was in gegenwärtigem obigem Schreiben des Festungs-Commandanten enthalten, eingehen wollen. Verspricht auch Alles aufrichtig zu
halten, dergestalt jedoch, dass man sich über die Zahl der erforderlichen
Wagen vergleichen und sich im Uebrigen auf den mündlichen Bericht
des Herrn Tranchée-Major beziehen will. Zur Urkund der unwider-
brechlichen Haltung gegenwärtige eigenhändige Fertigung."

Der Tranchée-Major, Obristlieutenant Bärnklau, welcher bereits
am 12. October einige Male in die Stadt geschickt worden war, begab
sich nunmehr wieder dahin, um diese Erklärung des Prinzen zu
überbringen und zu verlangen, dass noch am 12. October die Aussenwerke geräumt und die Stadtthore an die kaiserlichen Truppen übergeben würden. Mustapha Pascha sträubte sich dagegen, er sandte
zu neuem Verhandeln nebst dem Grafen Wallis und seiner Begleitung, einen angesehenen Türken, Ibrahim Seim, zum Prinzen in
das Lager.

Wallis brachte bereits eine Skizze der Festung mit, die ein
mit Bärnklau gekommener Ingenieur gezeichnet hatte. Er kehrte
am 13. October Morgens in die Festung zurück ohne weitere Zuge-
ständnisse für Mustapha Pascha, der endlich sich dem Gebote des
Siegers fügte. Um 10 Uhr Vormittags kam Wallis mit dem Aga der
Spahis und anderen Bevollmächtigten aus der Festung, worauf die
Capitulations-Puncte formulirt wurden.

Principielle Schwierigkeiten ergaben sich nur durch das Verlangen
des Vertheidigers, ihm zur Fortführung seiner Bagage siebentausend
Wagen beizustellen. Der Prinz wollte nur von 200 Wagen wissen,
schliesslich bewilligte er, um auch die türkischen Kranken fortbringen

---

[1]) FML. Wallis an den Prinzen und dessen Antwort vom 12. October 1716.
Kriegs-A., „Türkenkrieg 1716"; Fasc. X, 79.

[2]) Kriegs-A., „Türkenkrieg 1716"; Fasc. X, 79.

zu können, 1000 Wagen für die Abziehenden[1]) und genehmigte auch sonst im Allgemeinen die von den Türken erbetenen „Accords-Puncte".

Der Capitulations-Entwurf, in italienischer Sprache verfasst und mit einer deutschen Uebersetzung versehen, lautete [2]):

(Bemerkungen des Prinzen Eugen zu den einzelnen Puncten)

1. Ist bewilligt, ausgenommen die Deserteurs.

1. Wir mit allen unsern Weibern, sammt Kindern und alles, was in unsern Häusern an Effecten sich befindet, wie auch mit Wagen, Pferden und anderem Vieh zur Fortbringung unserer andern Habe und Güter sollen uns verbleiben und uns freier Abzug verstattet werden und dass weder von was Nation, als auch 72 deren sein mögen, uns kein Ueberlast noch einiger Schaden oder Beleidigung widerfahren zu lassen gestattet werden möge.

2. Ist bewilligt, es müssen aber, so lange bis der Convoi wieder zurückkommt, Geiseln zurückgelassen werden.

2. Und dass sowohl zu Ross- als Fuss-Miliz, wie Inwohner mit ihrem Ober- und Untergewehr, sammt Fahnen und klingendem Spiel auszuziehen nicht verwehrt werde, sondern von dem Tag des Ausmarsches solle der Marsch aus Temesvár gerade nach Belgrad in acht Marschstationen gegeben werden und den geradesten Weg gehen; die erste Station nach Temes über die Brücke; die zweite über die andere Brücke bei Zsebel, so ein Dorf am Morast ist; dritte bei Denta über die

---

[1]) Kriegs-A., „Türkenkrieg 1716"; Fasc. X, 81. Supplement Nr. 154. Der Pascha verehrte bei dieser Gelegenheit dem Prinzen ein prächtiges arabisches Pferd, welches Geschenk dieser mit einer goldenen Repetiruhr erwiderte.

[2]) Kriegs-A., „Türkenkrieg 1716"; Fasc. X, 80.

3. Es ist bekannt, dass eine solche Quantität von Wagen nicht zu haben sei, man wird ihnen aber tausend Wagen geben und zugleich gestatten, dass sie Einige zurücklassen und durch selbe nach und nach ihre Effecten nachbringen und abführen lassen können, wie ingleichen unverwehrt sein solle, wenn sie einige Wagen haben können, selbe zu erkaufen und hat es der verlangten Sicherheit halber auch keinen Anstand, jedoch soll auch ihrerseits die Sicherheit von Unterbleibung aller Hostilität und Feindseligkeit gegeben werden.

4. Ist verwilligt.

Brücke Berzava; vierte auf Margita genannten Morast; fünfte auf Alibunár bei einer grossen Palanka; die sechste auf Pancsova; siebente auf Borcsa, wo die Ueberfuhr ist; und gleichwie zur Fortsetzung des Marsches dahin genügend sicherer Convoi zu geben gebeten wird; also wird auch von Seite des Pascha von Belgrad ein Revers alsdann gegeben werden, dass die Belagerten sicher bis nach Borcsa convoyirt werden.

3. Zur Fortbringung nun unserer Weiber und Kinder sammt Effecten, Hab und Gütern, damit niemand zurückbleibe, noch zu Fuss gehen möge, sollen 7000 Wagen bespannt gegeben werden und im Fall ein Wagen breche oder das Vieh zugrunde ginge, so sollen andere statt deren herbeigeschafft und nicht gestattet werden, dass etwas ausgeplündert werde. Ingleichen, wenn einer oder anderer um sein Geld einen Wagen zu kaufen bekommen könnte, dass solches nicht gehindert werde.

4. In währendem Marsche, was zur Unterhaltung der ausziehenden Belagerten an Victualien und Subsistenz nöthig, soll durch die Bauern zuführen zu lassen nicht allein die hilfliche Hand gegeben werden, solche um bare Bezahlung und billigen Preis zu überkommen, damit keine Noth bis Borcsa gelitten werde, sondern auch die Veranstaltung hiemit zu machen ist.

5. Ebenfalls bewilligt.

5. Der Convoi soll während des Marsches von Temesvár bis Belgrad sich nicht unter der Belagerten Zug meliren, sondern mit guter Ordre selbe bedecken, damit keine Ueberlast von andern Nationen geschehe.

6. Weil in allen Festungen die Munition dem Herrn zugehörig, auch sonst nicht bekannt ist, was deren particulare für eine Munition sei, also kann hierinfalls nichts abzuführen gestattet werden, ausser dass jeder Mann etwa ein paar Schuss mit sich nehmen möge. Was aber der particulare eigenen Proviant anbelanget, kann selber mitgenommen werden. Wegen Einräumung des Thores und Aussenwerke hat der FZM. Prinz Alexander von Württemberg die Commission und Vollmacht, das Behörige zu tractiren, dessen Handlungen in Allem gutgeheissen und ratificirt sein sollen.

6. Nach geschlossener Capitulation und Unterzeichnung der Puncte sollen sowohl Munition, Artillerie, Proviant und andere Kriegsgeräthschaften Denen, so dazu deputirt sein werden, zu übernehmen, getreulich extradirt werden, jedoch ist nicht mit verstanden, was den Particular-Familien gehörig, so ohne Hinderniss, was sie abführen wollen und können, verstattet werden solle, auch nach Willkür zu disponiren. Wegen Abtretung der Aussenwerke aber und eines Thores soll Derjenige, so mit der Capitulation hinausgeschickt wird, genugsame Vollmacht zu tractiren haben, auf welche Weise und wann es geschehen solle.

7. Die Deserteurs sollen zurückgegeben werden. Den Uebrigen aber, so von der raizischen, jüdischen und anderen angeführten Nationen darin verbleiben, jenen, auch so hinweggehen wollen, hinwegzugehen gestattet sein mit ihrem Hab und Gut.

7. Diejenigen Sclaven und andere Christen, so den mohammedanischen Glauben vor vieler Zeit freiwillig angenommen und freiwillig mit abziehen wollen, sollen nicht aufgehalten sein, jedoch sind Diejenigen nicht mit begriffen, die während der Belagerung übergegangen sind, sondern, wenn sie gefunden werden, ergriffen werden können. Die Raizen, Griechen, Juden, Armenier, Zigeuner und was sonsten Nationen sind, die in Temesvár wohn- und sesshaft und

ihr Handwerk getrieben, sollen gleichfalls nicht aufgehalten werden, wenn sie freiwillig mitziehen wollen.

8. Die Canaglia kann hingehen, wohin sie will.

8. Den ungarischen Rebellen, die sich hier befinden, soll auch mit nach Belgrad zu ziehen verstattet werden.

9. Ist bewilligt.

9. Alle Effecten sollen frei zu verkaufen gestattet werden.

10. Hat sein Verbleiben und ist bewilligt.

10. Solle keineswegs unter einigem Prätext einer von vorigen Zeiten herfürgesuchten Ursache der Abmarsch gehindert und diè Capitulation violirt werden.

Sollen gleich, sobald die 1000 Wagen beisammen ausziehen und solches auf's späteste und längstens übermorgen geschehen, das Thor und äussere Werke aber heute noch abgetreten und eingeräumt werden.

Schliesslich nach geschlossener Capitulation und Unterzeichnung sollen zehn Tage bis zu dem Abzug verstattet werden, oder sobald die benöthigten Wagen herbeigeschafft und beladen sein werden.

N. B.

Alle Gefangenen ohne Unterschied müssen zurückgegeben werden.

Sig. Feldlager vor Temesvár, den 13. October 1716.

Actum Temesvár, den 13. October 1716.

Eugenio von Savoye L. S.
Mehemed Aga Azebani L. S.
Hadži Ewel Mehemed L. S.

Die Capitulation wurde noch am 13. October unterfertigt und am 14. October ausgewechselt. Man drängte die Türken, die Aussenwerke und zwei Stadtthore zu übergeben, zu welchem Zwecke FZM. Prinz Württemberg mit 12 Grenadier-Compagnien und ebensoviel Bataillonen von Friedrich Württemberg-, Arenberg-, Livingstein-, Wallis-, Trautson-, Alt- und Jung-Lothringen-, Heister-, Guido

Starhemberg-, Pálffy-, Gschwind- und Alt-Daun-Infanterie beim Arader Thor einrückte.

Die andern Thore wurden ebenfalls bald geöffnet und 2000 Arbeiter dazu verwendet, die Wege herzustellen, die Geschütze aus den Belagerungs-Batterien abzuführen und die Tranchéen vor der Palanka wieder einzuwerfen.

Die Türken schleppten indessen ihre Habseligkeiten aus der Festung in die südlich gelegene Raizenstadt und lagerten endlich am 14. October auf einer durch Moräste geschützten Bega-Insel, westlich des Schlosses.

Am 15. October hätte der Abzug der Türken nach Belgrad geschehen sollen, aber es war erst ein Theil der versprochenen Fuhrwerke zusammengebracht worden und zudem die Gassen und Brücken in der Stadt durch das Bombardement so aufgewühlt und ruinirt, dass der Transport in denselben nur äusserst langsam bewirkt werden konnte.

Der Prinz bestand nicht auf der buchstäblichen Ausführung der Convention, er begnügte sich damit, dass Mustapha Pascha noch an diesem Tage alle Thore, die Stadt und das Schloss übergab, welche von kaiserlichen Bataillonen besetzt wurden [1]). Während dieser Tage hatte sich übrigens zwischen den beiden Gegnern ein ganz friedlicher Verkehr herausgebildet, der in seltsamem Contrast stand zu der Erbitterung, mit welcher der Kampf geführt worden war.

Der Prinz unterliess auch nicht, dem Kaiser die lobenswerthe gute Ordnung in der Armee zu rühmen, die er. noch nicht oft bei ähnlichen Capitulationen gesehen zu haben, versicherte. Die Leute bemühten sich, jeden Uebergriff zu vermeiden, keinerlei Unbilden oder Bedrückungen fielen vor und gleichwie die kaiserlichen Soldaten mit den Türken in der Stadt verkehrten, kamen auch letztere unbehindert in das Lager der Sieger, ohne die leiseste Beleidigung, das geringste Unrecht zu erfahren.

Zur Sicherung der Escorte, welche aus 500 Reitern unter Commando des General-Adjutanten de Figny bestand, mussten die Abziehenden Geiseln zurücklassen, die der Prinz nachzuschicken versprach, wenn Escorte und Fuhrwerke wieder wohlbehalten im Lager angelangt sein würden.

Am 17. October gelang es endlich, den Abzug in Gang zu bringen. Am Morgen dieses Tages bezogen 24 kaiserliche Bataillone, 24 Grenadier-Compagnien, alle Carabinier- und Grenadier-Compagnien zu Pferd, dann je eine Compagnie der Cavallerie-Regimenter süd-

[1]) Supplement Nr. 155.

lich der kleinen Palanka eine Aufstellung, vor der die Türken um
11 Uhr Vormittags ohne Ordnung und trotz des ihnen zugestandenen
Rechtes, ohne klingendem Spiel defilirten. Es waren dem Ansehen
nach 12.000 Wehrfähige, darunter 2000 bis 3000 Spahis und Tataren.
Vor dem Pascha wurde in einer Umhüllung ein Rossschweif getragen,
ihm folgten noch einige Trupps Tataren und Spahis, das Uebrige lief
in willkürlicher Weise daher und die Janitscharen hatten sogar ihre
Fahnen auf die Wagen verladen. In der Stadt waren nur die Raizen
und Juden zurückgeblieben.

Auf den Festungswällen von Temesvár flatterte das kaiserliche
Banner. Der eherne Mund von 120 Kanonen donnerte die Freuden-
botschaft in die Weite. Nach 164 Jahren der Knechtschaft war Temesvár nun wieder in christlicher Hand, wiedergegeben dem Vaterlande.

An Geschützen wurden mit der Festung an brauchbarem Material
43, an unbrauchbarem 80, an eisernen 13, im Ganzen 136 Kanonen,
dann 10 Haubitzen und 10 Mörser, worunter ein eiserner erobert [1]).
Unter diesen 156 Geschützen befanden sich 40 ehemalig kaiserliche,
die verschiedenen Zeitperioden entstammend, von den Türken einst
mit den ungarischen Festungen genommen worden waren.

An Munition fanden sich 1700 Bomben und 10.000 Stückkugeln,
dann 2800 Centner Pulver und 2000 Centner Blei; einige tausend
Centner Hirse und Zwieback bildeten den Verpflegsvorrath.

Die eigentliche Belagerung hatte 42 Tage gedauert und die
Verluste an Todten und Verwundeten waren beträchtlich. Die kaiserliche Armee zählte 1066 Todte und 3322 Verwundete. Von den bei
der Erstürmung der Palanka gehabten Verlusten abgesehen, betrug
der tägliche Durchschnittsverlust sonach 15 Todte und 45 Verwundete.
Selbst nach der blutigen Erstürmung der Palanka erlitten die Kaiserlichen noch eine Einbusse von 506 Mann [2]). An Officieren waren
todt geblieben: ein Obrist, ein Obristlieutenant, 3 Obristwachtmeister,
20 Hauptleute, 25 Lieutenants und 5 Fähnriche; verwundet: ein Feldzeugmeister, zwei Feldmarschall-Lieutenants, zwei General-Feldwachtmeister, 4 Obriste, 4 Obristlieutenants, 6 Obristwachtmeister, 44 Hauptleute, 55 Lieutenants, 13 Fähnriche.

[1]) Kriegs-A., „Türkenkrieg 1716"; Fasc. X, 76 b.
[2]) Anhang Nr. 18.

Aber auch der Verlust durch Krankheiten war ein sehr empfindlicher. Wohl war die Trockenheit dieses Jahres sehr zu Statten gekommen; wo sich das Lager der Infanterie befand, war noch im Jahre
vorher tiefer Morast gewesen und ohne diese Dürre hätten die Sumpf-
ausdünstungen bei Temesvár dem kaiserlichen Heere verderblicher
werden können, als es die Türken je zu sein vermochten.

Dessenungeachtet fehlten am 5. October von der Effectivstärke
von 44.897 Mann Infanterie an Commandirten, Kranken und Absenten
6874 Mann, im Lager waren undienstbar 10.728, der ganze Abgang
betrug sonach 17.542 Mann, beinahe 40 Percent des Gesammtstandes.
Bei der Cavallerie des Feldmarschalls Grafen Pálffy fehlten schon am
14. September vom Effectivstande mit 18.302 Mann und 17.538 Pferden
an Undienstbaren, Kranken, Absenten und Commandirten, 5044 Mann
und 4752 Pferde, also beinahe 28 Percent des gesammten Standes [1]).

Der Artillerie, die sich bei der Belagerung vortrefflich gehalten
und durch ihre Thätigkeit zum Falle der Festung so viel beigetragen
hatte, wurden drei 60pfündige und ein 30pfündiger Mörser demontirt.

Der Munitionsverbrauch der Artillerie während der Belagerung,
der glücklicherweise rechtzeitigen und ausreichenden Ersatz in den
Munitionsnachschüben aus Ofen fand, obgleich als Transportmittel für
denselben nur die hiezu wenig geeigneten Landesfuhren dienen mussten,
betrug 2952 Centner Pulver und 578 Centner Blei; ferner

Schüsse der		3pf.	Regimentsgeschütze	752,	sonach	per	Geschütz	22
„	„	6 „	Falkaunen	90,	„	„	„	15
„	„	12 „	Quartierschlangen .	8406,	„	„	„	84
„	„	24 „	Karthaunen. . . .	9005,	„	„	„	215
„	„	10 „	Mörser	5504,	„	„	„	275
„	„	30 „		2105,	„	„	„	263
„	„	60 „		2432,	„	„	„	162
„	„	100 „		346,	„	„	„	173

zusammen 9248 Schuss aus den 50 Feldgeschützen und 19.372 Schuss
aus den 87 Belagerungs-Geschützen [2]).

---

[1]) Anhang Nr. 13 und Nr. 14. Die Kranken und Verwundeten wurden in die
Feldspitäler nach Szegedin und Arad geschafft, deren Krankenstand sich im Monat
October auf 3000 Mann belief. Auch im Hauptspital zu Futak befanden sich in
diesem Monate noch 2660 Kranke und Verwundete (20 Percent starben in den Spitälern).
Berichte des FZM. Freiherrn von Löffelholz an den Prinzen, August—October 1716.
Kriegs-A., „Türkenkrieg 1716“; Fasc. X, 716.

[2]) Kriegs-A., „Türkenkrieg 1716“; Fasc. X, 89½.

Der Munitionsverbrauch der Infanterie und Cavallerie lässt sich nur beiläufig aus den Fassungen in Peterwardein und vor Temesvár ermessen, bei welchen 300 Centner Pulver, 500 Centner Blei, 9 Centner Lunten, 220.000 Flintensteine und über 7000 Stück Hand-Granaten an die Truppen ausgegeben wurden, eine Quantität, die indessen nur theilweise wirklich verschossen wurde.

Die Ergänzung des Schanzzeuges erfolgte aus Ofen, Szegedin [1]) und Peterwardein.

Artillerie- und Munitions-Transporte, die sich noch auf dem Anmarsche befanden, wurden durch eine Ordre vom 13. October nach Szegedin und Ofen zurückbeordert.

Noch am 12. October, Abends 10 Uhr, war Obrist und General-Adjutant Graf Wurmbrand mit der Siegesbotschaft aus dem Lager nach Wien abgeritten, wo er am 18. October ankam. Ihm folgte am 21. October der Obristlieutenant Graf Lamberg mit den Capitulations-Bedingnissen.

Wie der Kaiser in seinem Handschreiben vom 8. October dem Prinzen und der Armee für ihre tapfere Haltung bei Erstürmung der Palanka warm gedankt hatte, so sprach er auch jetzt am 21. October [2]) wieder der Armee seine Anerkennung aus und gab in edler, herzlicher Weise der Freude über den glorreichen Fortgang des Krieges Ausdruck.

Die rasche Uebergabe der Festung erweckte Erstaunen, man war auf eine weit langwierigere Belagerung gefasst gewesen, war es doch ein seltener Fall, dass die Türken überhaupt einen Platz mit Capitulation übergaben.

Die rasche Berennung des Platzes, die Cernirung und richtige Vertheilung der Truppen innerhalb des morastigen Festungsgebietes, die zweckmässige Wahl der Angriffsrichtung, das systematische Vorgehen, dem Ausfälle und Entsatzversuche keine Unterbrechung aufzuzwingen vermochten, der Artilleriekampf, welcher sich durch eine zu jener Zeit ganz ungewöhnliche, überwältigende Massenwirkung kennzeichnet, die Disposition zum Sturm der Palanka und dessen Durchführung, die Annäherung an die „Stadt" und endlich die rasche Entwicklung der Belagerungsbatterien vor derselben, sind Momente, welche diese an und für sich denkwürdige Belagerung auch zu einer militärisch besonders interessanten Action machen.

---

[1]) Supplement Nr. 105 und Nr. 113.
[2]) Anhang Nr. 17 und Nr. 20.

Weithin leuchtete nun wieder der Ruf des Siegers von Peterwardein, der mit der Eroberung von Temesvár einen Erfolg in wenig Wochen errungen, um welchen bereits mehrere Feldzüge vergeblich geführt worden waren.

„Die Ursache," berichtet der Prinz am 21. October[1]), „welche diese so zahlreiche und mannbare Garnison zur Uebergabe bewogen hat, kann dermalen, so viel man weiss, keine andere sein, als das stete Kanoniren und Bombeneinwerfen, weil andurch eine unbeschreibliche Furcht eingejagt, weder Tag noch Nacht in den von lauter Holz zusammengesetzten Häuslein und Gassen keine Ruhe gewesen[2]), viele Leute getödtet und verwundet worden, sonst aber kein Abgang zu finden ist."

Die energische Beschiessung, welche auch den Pascha zwang, sich in das steinerne Gewölbe einer Bastion zu flüchten und die Aussichtslosigkeit eines nahen Entsatzes, waren gewiss die Hauptursachen der Uebergabe. Der matte Versuch des Janitscharen-Aga's Kurd Pascha, am 26. September, hatte keine Wiederholung mehr erfahren.

Unthätig stand der Grossvezier, nachdem er den Janitscharen-Aga als Sühnopfer hatte hinrichten lassen, mit seinen 40—50.000 Mann bei Belgrad, ein Theil davon nördlich der Donau und liess die dringenden Aufforderungen des Paschas von Temesvár unberücksichtigt. Es scheint, dass er auf das Eintreffen der Tataren-Zuzüge rechnete, welche wirklich in der Annäherung begriffen waren.

Der Tataren-Khan, welcher den Befehlen des Sultans gemäss schon zu Beginn des Krieges mit 50—60.000 Mann zur Hauparmee nach Adrianopel oder Belgrad hätte einrücken sollen, suchte sich mit der Nothwendigkeit zu entschuldigen, sein eigenes Gebiet gegen die Russen decken zu müssen. Er schickte nur 10—15.000 seiner wilden Reiter, von denen auch 7000 an der Schlacht von Peterwardein theilnahmen; 5000 kamen unter Musa später nach und nahmen am Entsatzversuch gegen Temesvár theil, 3000 waren rechtzeitig in diese Festung geworfen worden. Als der Krieg eine für die Türken so nachtheilige Wendung nahm, liess der Sultan den Tataren-Khan, welchem nun die ganze Schuld an dem schlechten Erfolge beigemessen

---

[1]) Supplement Nr. 158.

[2]) „Die Stadt Temesvár besteht aus lauter hölzernen Häusern, wie denn auch des commandirenden Paschas eigene Wohnung kaum so gut als des schlechtesten Bürgershaus in einer Stadt von Deutschland befunden worden." Diarium der Belagerung Temesvárs — Kriegs-A., „Türkenkrieg 1716"; Fasc. XIII, 103.

wurde, wieder auffordern, zu Hilfe zu kommen und den Entsatz der Festung Temesvár zu unternehmen. Im September zog der Khan mit etwa 30.000 Mann indessen vorerst doch nur in die Walachei, wo er für einige Wochen blieb, um zu sengen und zu brennen.

Zur Zeit, da Temesvár bereits übergegangen, erhielt der Prinz die Nachricht, dass 20.000 Tataren bei Orsova eingetroffen seien und sich gegen Karansebes zu wenden drohten. Diese Nachricht erwies sich jedoch bald als belanglos, weil der Khan, als er die Capitulation von Temesvár vernahm, schon bei Mehadia eilends umkehrte und auf derselben Route in seine Länder im heutigen Süd-Russland zurückkehrte.

Die Folgen der Eroberung von Temesvár waren sehr bedeutende. Das ganze Banat mit 650 Quadratmeilen, in dem freilich nur noch 560 Ortschaften bestanden, nunmehr einer der fruchtbarsten Theile Ungarns, fiel damit in die Hand des Kaisers, während die Türken endgiltig ihre Stellung nördlich der Donau verloren hatten.

Die Nachricht von der Uebergabe dieser wichtigen Festung wirkte daher auch wie ein Donnerschlag in Constantinopel. Trauer und Entmuthigung bemächtigte sich der Osmanen. Vierzehn Tage lang wurde die Hiobspost dem Sultan verheimlicht. Es bedurfte einiger Zeit, ehe Muth und Rachelust wiederkehrte und die Pforte sich wieder aufraffte, um das Verlorene durch Waffengewalt zurückzugewinnen.

Winterquartiere 1716—17.

Bereits im September 1716, als die Belagerung von Temesvár noch kein nahes Ende voraussehen liess, hatte der Prinz den General-Kriegs-Commissär Grafen Thürheim nach Wien gesendet, um die Vorschläge für die Winterquartiere zu vertreten [1]) und das Detailproject der Bequartierung auszuarbeiten. Graf Thürheim sollte nebstbei trachten, dass der herrschenden Geldnoth bei der Armee endlich Abhilfe geschaffen werde und wenigstens ein Theil der grossen Sold-Rückstände den Truppen zukomme [2]). Ausserdem gedachte der Prinz für den nächstjährigen Feldzug ein anderes Verflegssystem einzurichten, worüber der General-Kriegs-Commissär gleichfalls die Vorberathungen einleiten sollte.

Mit diesen mehrfachen Aufträgen versehen, langte Thürheim am 1. October in Wien an, wurde am 2. vom Kaiser in Audienz empfangen und am 7. October war die erste Conferenz beim Hofkriegsraths-Vice-Präsidenten Feldmarschall Grafen Herberstein über die Frage der Winterquartiere.

Die Berathungen zogen sich in die Länge, weil man in Wien die westlichen Erbländer von jedem Truppenbelage verschont wissen wollte, während andererseits der Prinz in erster Linie die vollständige Erholung und daher möglichst beste Unterbringung und Verpflegung seiner Truppen im Auge hatte.

Um in dieser Hinsicht möglichst freie Hand zu behalten, beauftragte er am 13. October 1716 den Hofkriegsrath und den General-

----

[1]) Supplement Nr. 139.

[2]) Für Mai und Juni hätten die Regimenter ihre Gebühr vom Lande erhalten sollen, was fast nirgends der Fall war, so dass sich eine Forderung von 1,100.000 fl. ergab. Der weitere Bedarf bis Ende August 1716 bezifferte sich auf 2,420.000 fl. und da erst 1,250.000 fl. zur Armee gelangt waren, betrug schon Ende August der gesammte Abgang 2,270.000 fl. „Summarischer Aufsatz der in Ungarn und Siebenbürgen stehenden kaiserlichen Kriegsstaats-Verpflegsgebühr vom 1. Mai bis Ende August 1716.“ Kriegs-A., „Türkenkrieg 1716“; Fasc. VIII, 208 b 2 ad.

Kriegs Commissär [1]), das Project ohne Benennung der Regimenter möglichst bald vorzulegen; die specielle Eintheilung behielt er sich selbst vor, nachdem jene Truppen, welche während der Campagne am meisten gelitten, in die den Erbländern zunächst befindlichen besseren Quartiersbezirke verlegt werden sollten, um Gelegenheit zu finden, sich zu erholen und wieder „aufzurichten".

Da nicht die gesammte Armee in Ungarn untergebracht werden konnte, so wünschte man in Wien einen Theil derselben in die Walachei zu verlegen, wodurch man die Winterquartiere zu erweitern und ein Land zu besetzen hoffte, welches ergiebige Contributionen zu leisten vermöge. Gegen diese Massregel wendete sich der Prinz mit aller Entschiedenheit, weil er seine Truppen nicht den halbbarbarischen Zuständen in der Walachei und einer fortwährenden Bedrohung durch die Tataren aussetzen wollte. „Die Einquartierung E. k. M. Truppen in gedachte Walachei ist ein unmögliches Project," schrieb er am 21. October 1716 an den Kaiser [2]), „sie wären der grossen Gefahr ausgesetzt, mitten im Winter durch einen Tataren-Ueberfall delogirt zu werden, oder würden durch stetes Alarmiren so herabkommen, dass sie im Frühjahr keine Dienste mehr leisten könnten. Auch herrscht angeblich in Bukarest die Pestkrankheit."

Der Prinz berief sich dabei auf die Erfahrungen des letzten Krieges, wo jene Truppen, welche in der Walachei überwintert hatten, vor der Zeit ausziehen und ihre Stationen verlassen mussten, obgleich man damals dies- und jenseits der Donau alle Posten von Orsova bis Widdin im Besitze hatte.

Bevor jedoch die definitive Eintheilung der Winterquartiere durchgeführt werden konnte, musste die Postirung an der Grenze geregelt und mit hinreichender Truppenstärke bezogen sein. Man stand einem Feinde gegenüber, der, obzwar geschlagen, in der Führung des kleinen Krieges noch immer beachtenswerth war, umsomehr, als die Tatarenhaufen an der walachischen Grenze nur des Winkes gewärtig schienen, um ihre Raubzüge wieder zu beginnen.

Hatte man auch durch die Festung Temesvár einen Stützpunct im Banat erhalten und bot das angrenzende Siebenbürgen schon vermöge der Beschaffenheit seiner Grenzen gegen das Hereinfluthen räuberischer Nomaden einige Sicherheit, so hielt der Prinz diese Vortheile doch nicht für ausreichend. Er formirte ein eigenes Corps unter den Befehlen des G. d. C. Grafen Mercy, welchem er die Sorge

[1]) Supplement Nr. 153.
[2]) Supplement Nr. 158.

für die Sicherheit des der Türkei abgerungenen Grenzgebietes übertrug. Diese Postirung sei um so schwieriger einzurichten, schrieb der Prinz am 21. October 1716 an den Kaiser[1]), weil sie, wenn man sie schwach halte, leicht über den Haufen geworfen werden könne, verwende man jedoch zahlreiche Truppen dafür, so seien für selbe in einem Lande, in dem die eigenen Truppen so lange gestanden, Türken und Tataren gestreift und verwüstet, die Einwohner sich geflüchtet hätten, keine Subsistenzmittel zu finden.

Das Corps Mercy's sollte noch einige kleinere Unternehmungen ausführen, auf deren Gelingen der Prinz hohen Werth legte. Er wünschte, sich bis an die Donau zwischen Belgrad und die Walachei auszudehnen, die festen Puncte der Türken nördlich des Stromes, also Uj-Palánka, Pancsova, Mehadia und besonders Alt-Orsova wegzunehmen, die Schifffahrt auf der Donau vollständig zu unterbrechen und die Türken für den nächsten Feldzug der Benützung dieser wichtigen Verkehrslinie zu berauben. Für solche Unternehmungen, die bis in den Winter hinein währen konnten, musste das Corps eigens ausgerüstet und namentlich ein genügender Verpflegsbedarf sichergestellt werden.

Auch die Truppen in Siebenbürgen sollten diesen Winter mehr Thätigkeit entfalten und obgleich der Prinz einer grössern Unternehmung in die Walachei nicht sehr geneigt war, wollte er doch, dass sich Graf Steinville einiger Puncte in diesem Lande bemächtige, um sich einigen Einfluss und vielleicht die Möglichkeit, Contributionen zu erheben, zu sichern.

Was den übrigen Theil der Grenze gegen Serbien und Bosnien anbetraf, schien es dem Prinzen zweckmässig, hier im Allgemeinen in der Defensive zu verharren und die Postirung, gestützt auf die Save und die dortigen Festungen, hauptsächlich durch die Grenzer selbst besetzen zu lassen. Nur nach Syrmien gedachte er zwei Bataillone und drei Escadronen zu verlegen.

Nachdem die Besatzung in Siebenbürgen, welche bisher vier Reiter-Regimenter und drei Infanterie-Regimenter betragen hatte, während des Winters um fünf Reiter-Regimenter und ein Infanterie-Regiment verstärkt werden, das Postirungs-Corps im Banat aus 13 Reiter-Regimentern, dann einschliesslich der Besatzung von Temesvár aus 19 Bataillonen bestehen sollte, so blieben noch etwa zwei Drittheile der Armee übrig, welche in rückwärts gelegene Winterquartiere zu bestimmen waren.

---

[1]) Supplement Nr. 158.

274

Die österreichischen Erblande, denen schon bei der Forderung des Extra-Ordinariums pro 1716 versprochen worden war, sie während des Winters 1716—17 mit Truppenlast zu verschonen, sollten dennoch für einen Theil des Stabes, für die Feld-Artillerie, dann für sechs Regimenter die Einquartierung und Verpflegung vom 1. November 1716 bis Ende April 1717 übernehmen.

Die Verlegung der Truppen in die Erblande wurde indessen in Wien gänzlich abgelehnt [1]), nur die Feld-Artillerie rückte nach Böhmen ab, hauptsächlich aus dem Grunde, weil sich diese Waffe in den dortigen Depôts zu ergänzen hatte. In Böhmen blieb auch vorläufig das halbe Cürassier-Regiment Caraffa, welches im August 1716 zur Unterdrückung eines Bauern-Aufstandes dahin beordert worden war.

Vom General-Kriegs-Commissariat langte am 20. oder 21. October ein Courier mit dem Entwurf der Winter-Einquartierung bei dem Hofkammerrath Harrucker in Temesvár an. Der Prinz gab darüber ein Gutachten ab [2]), wobei er dem Hofkriegsrath abermals bemerkte, er müsse unabänderlich verlangen, dass auf die Quartiere in der Walachei nicht reflectirt und darauf angetragen werde, dass die Truppen anderwärtig unterkommen. „Mir ist gleich, ob sie in die deutschen Erb- oder andere Länder verlegt werden, wenn sie nur wohl untergebracht und zu I. k. M. Dienst erhalten werden [3])."

Die Postirung und Quartiers-Einrichtung für den Winter 1716—17 wurde nunmehr folgendermassen festgestellt [4]):

In Siebenbürgen.

Daselbst waren von früher her: Hauben-(Breuner)-Dragoner, Vehlen-Dragoner, Steinville- und Sulzbach-(Pfalz-Neuburg)-Cürassiere.

---

[1]) FZM. Graf Thürheim an den Prinzen, 10. October 1716. H. K. R. an den Prinzen, 4. November 1716. Kriegs-A., „Türkenkrieg 1716"; Fasc. X, 65, XI, 12. Nur eine Anzahl von Generalen und zwar G. d. C. Freiherr von Falkenstein und Graf Martigny, FML. Graf Wallis, General-Adjutant von Wittorf wurden mit ihrer Verpflegung an Oesterreich ober und unter der Enns gewiesen.

[2]) Kriegs-A., „Türkenkrieg 1716"; Fasc. X, 131 und 131 a.

[3]) Supplement Nr. 159.

[4]) Beilage zum Berichte des Prinzen vom 27. October 1716. (Supplement Nr. 162.) Von den Generalen blieb der grösste Theil in Ungarn, einige begaben sich nach Wien oder auf ihre Güter. Der kleine Generalstab, oder das Hauptquartier des Prinzen blieb in Ungarn, um bei Beginn des nächsten Feldzuges gleich in Wirksamkeit treten zu können.

Hiezu kamen nunmehr Savoyen- und St. Amour-Dragoner, Martigny-, Lobkowitz- und Hohenzollern-Cürassiere, so dass im Ganzen 9 Cavallerie-Regimenter hier überwinterten.

An Infanterie standen in Siebenbürgen die Regimenter Virmond, Browne und Ottokar Starhemberg, zu denen noch das Regiment Harrach kam.

Mit diesen Regimentern wurden die Generale: FML. Prinz Lobkowitz, dann GFWM. Saint-Amour, Prinz Hohenzollern, Graf Locatelli, Baron Offeln und Arrigoni in Siebenbürgen eingetheilt.

Die Postirung im Banat.

Zwischen der Theiss, Donau und der siebenbürgischen Grenze:

Commandirende: G. d. C. Graf Claudius Florimund de Mercy, FML. Graf Saint-Croix[1]), Graf Hautois, Baron de Viard, GFWM. Graf O'Dwyer, Graf Eckh, Freiherr von Rotenhan, Freiherr von Splényi, Graf Orsetti, Graf Lanthieri, Graf La Marche.

Württemberg- und Schönborn-Dragoner, Gronsfeld-, Darmstadt-, Montecuccoli-, St. Croix-, Hautois- und Emanuel Savoyen-Cürassiere, Ebergényi-, Nádasdy-, Splényi-, Babocsay- und Esterházy-Husaren. Niclas Pálffy-Infanterie 2 Bataillone, Gschwind-Infanterie 2 Bataillone, Bagni-Infanterie 2 Bataillone, Neipperg-Infanterie 2 Bataillone, Wetzel-Infanterie 2 Bataillone, Bonneval-Infanterie 2 Bataillone, zusammen 12 Bataillone.

Garnison in Temesvár.

GFWM. Graf Franz Paul Wallis. Niclas Pálffy-Infanterie 1 Bataillon, Hasslingen-Infanterie 1 Bataillon, Bagni-Infanterie 1 Bataillon, Regal-Infanterie 1 Bataillon, Wetzel-Infanterie 1 Bataillon, Sickingen-Infanterie 1 Bataillon, Bonneval-Infanterie 1 Bataillon, zusammen 7 Bataillone.

Für diese Garnison wurden die nöthigen Einrichtungsgegenstände beschafft und zur Armirung der Festung die brauchbaren türkischen Geschütze verwendet, ausserdem erhielt der Platz vierzehn 3pfündige Regimentsstücke, sechs 6pfündige Falkaunen, sechs 12pfündige Quartierschlangen, vier 24pfündige Karthaunen, 1000 Centner Pulver, Blei, für jedes Geschütz 500—1000 Stückkugeln und endlich 8000 Stück

---

[1]) Supplement Nr. 164.

Schanzzeug und andere Requisiten, an Artillerie-Personal einen Stuck-Hauptmann und 65 Mann. Nebstdem war eine Feld-Artillerie-Abtheilung mit den nöthigen Officieren, Mannschaften und Bespannungen im Banat verblieben, um für Feld-Operationen verwendet zu werden. Sie führte sechs 3pfündige Regimentsstücke, zwei 30pfündige und zwei 60pfündige Mörser.

Diese Artillerie erhielt nur die Natural-Fourage-Verpflegung im Banat, die Mund-Portionen und Geldbezahlung der Officiere und Mannschaft war durch das „Artillerie-Corpo" in Böhmen zu beschaffen.

Sonst verblieben noch in Temesvár: ein Feld-Medicus, ein Chirurgus, ¼ Apotheke [1]), ein Post-Officier, eventuell ein Geistlicher, dann für den Justiz-Dienst ein Auditor und ein Profoss sammt seinen Leuten. Ein Platz-Major und ein Stadt-Lieutenant waren bald nach der Einnahme dort angestellt worden. Hiezu kamen noch Krieg-Commissariats-, Proviant- und Zahlamts-Beamte, endlich von der kaiserlichen Kriegskanzlei ein Concipist und ein Kanzlist.

Was die früheren Grenz-Generalate in Arad und Szegedin anbetraf, welche durch die Besitzergreifung des Banats aufgehört hatten, Grenzdistricts-Commanden zu bilden, so wies sie der Prinz an, mit dem G. d. C. Grafen Mercy in gute Verbindung zu treten und die Rückkehr der vielen geflüchteten Einwohner nach Möglichkeit zu befördern [2]).

An der Save und Donau.

Garnison in Peterwardein: Löffelholz- und Wallis-Infanterie je 1 Bataillon.

Auf der Postirung in Syrmien und Slavonien:
Löffelholz-Infanterie 2 Bataillone, Jung-Lothringen-Infanterie 2 Bataillone und 3 Escadronen Caraffa-Cürassiere.

---

[1]) Sämmtlichen im Banat und in Temesvár überwinternden Truppen waren zufolge Anordnung des General-Kriegs-Commissariats die Medicamenten-Kasten von der Feldapotheke gefüllt worden und wurde den Commandanten von Amtswegen bedeutet, „dass sie darauf fleissig Obacht tragen sollen, damit von den Feldscherern nichts distrahirt und zu ihrem Eigennutz verwendet werde". Kriegs-A., „Türkenkrieg 1716"; Fasc. X, 102.

[2]) Der Prinz an die Generale Herberstein und Freiherr von Cosa, 29. October 1716. Kriegs-A., „Türkenkrieg 1716"; Fasc. X, 186.

Winterquartiere im Königreich Ungarn [1]).

Infanterie:

Regimenter	Comitat	Comp.
Heister	Pressburg	17
Guido Starhemberg	Oedenburg	17
Alt-Daun	Neutra	17
Gschwind (2 Bataillone auf Postirung)	Sáros und Abauj — Besatzung in Kaschau	5
Alt-Württemberg	Hont	17
Baden-Durlach	Kövár . . . 3 ⎱ als Besatzung / Csongrád . . . 2 ⎰ in Szegedin	5
	Sáros und Abauj	12
Neipperg (2 Bataillone auf Postirung)	Zips — als Besatzung in Munkács und Eperies	5
Alexander Württemberg	Oedenburg . . . 6 / Eisenburg . . . 3 / Zala . . . 8	17
Bevern	Zemplin . . . 9 / Abauj . . . 8 / wovon 2 Compagnien zu Leutschau und Zipser-Haus, 2 zu Erlau als Besatzung	17
Max Starhemberg	Bars . . . 9 / Sohl (Zólyom) . . . 8 / wovon 5 Compagnien als Besatzung in Szegedin	17
Regal (1 Bataillon auf Postirung)	Veszprim und Wieselburg	11
Friedrich Württemberg	Eisenburg . . . 14 / wovon 5 zu Ofen als Besatzung / Veszprim . . . 3	17
Jung-Daun	Trencsin . . . 8 / Árva . . . 5 / Turócz . . . 4 / wovon zu Essegg 2 Compagnien	17

---

[1]) Kriegs-A., „Türkenkrieg 1716"; Fasc. X, 130.

Regimenter	Comitat	Comp.
Livingstein	Trencsin . . . . 5 Eisenburg . . . . 12 } 17 davon 5 Compagnien als Besatzung in Neuhäusel, Leopoldstadt und Trencsin	
Wallis	Sümegh . . . . 5 in Peterwardein als Besatzung Stuhlweissenburg . . . . 2 Bács-Bodrog . . . . 4 Tolna . . . . 1 Baranya 5	17
Arenberg	Bihar. . . . . 2 Stadt Debreczin . . . . 4 Hayducken-Städte . . . . 9 Szathmár . . . . 2 wovon 5 als Besatzung in Arad	17
Trautson	Pest-Pilis-Solt . . . . 5 als Besatzung in Arad, Gyula und Jenö Borsod . . . . Heves . . . . Bars	12
Alt-Lothringen	Szabolcs, wovon . 2 Comp. in 6 Ungvár, „ . 1 Grosswardein 3 Bereg, „ . 1 und Huszt als 3 Marmaros, „ . 1 Besatzung 5	17
Jung-Lothringen	Bars . . . . 5 welche als Besatzung in Essegg, Szolnok und Sziget (2 Bataillone in Syrmien)	
Ahumada	Sümegh . . . . 3 Jazygien und Gross- zu Ofen als Kumanien . . 2 Besatzung Sohl 6	11
Alcaudete	Zala . . . . 9 5 zu Essegg Baranya. . . . . 1 Gross-Kumanien 1	11
Marulli	Liptau, wovon . 2 4 Torna, „ . . 2 in Kaschau 3 Gömör, „ . . 1 4	11

Regimenter	Comitat	Comp.
Faber	Stuhlweissenburg	11

wovon 5 zu Stuhlweissenburg, Veszprim,
Sümegh und Simontornya als Besatzung.

Frei-Compagnien:

Regimenter	Comitat	Comp.
Zu Raab	Raaber Comitat	5 Comp.
„ Gran	Graner „	2 „
„ Komorn	Pressburger „	3 „

Cavallerie:

Regimenter	Comitat	Comp.
Pálffy-Cürassiere	Oedenburg	13
Falkenstein-Cürassiere	Raab ... 4 Komorn ... 9	13
Hannover-Cürassiere	Szathmár ... 8 Ugocsa ... 1 Marmaros ... 4	13
Mercy-Cürassiere	Borsod ... 3 Sáros ... 6 Abauj ... 3 Ungvár ... 1	13
Viard-Cürassiere	Gömör ... 9 Zips ... 4	13
Althann-Dragoner	Pest - Pilis und Solt ... 10 Jazygien und Gross-Kumanien ... 2 Klein-Kumanien ... 1	13
Graven-Cürassiere	Bihar ... 6 Bereg ... 1 Stadt Debreczin ... 2 Mittel-Szolnok ... 2 Kraszna und Békés ... 2	13
Gondrecourt-Cürassiere	Neográd	13
Jörger-Dragoner	Zala ... 3 Sümegh ... 3 Baranya ... 5 Tolna ... 2	13
Vasquez-Cürassiere	Szabolcs ... 8 Hayducken-Städte ... 2	10

Regimenter	Comitat	Comp.
Rabutin-Dragoner	Trencsin . . . . 8 ⎫ Árva . . . . 2 ⎬ 13 Liptau . . . . 3 ⎭	
Bayreuth-Dragoner	Neutra	13
Battée-Dragoner	Pressburg	13
Galbes-Dragoner	Heves	10
Cordova-Cürassiere	Zemplin	10

Das Artillerie- und Laufbrücken-Ochsen-Fuhrwesen kam nach Arad und in das Zaránder Comitat, mit Ausnahme von 30 Fuhrwerken, welche beim Postirungs-Corps verblieben; das noch übrige Fuhrwesen der Proviant-Gesellschaft wurde gleichwie im vorigen Türkenkrieg im Tolnaer, Baranyaer und Sümegher Comitat untergebracht [1]).

In den letzten Tagen des Monates October begann die Armee in ihre Winterquartiere abzurücken [2]). Für die Herrichtung der Wege und Brücken hatte der Prinz gleich nach der Uebergabe von Temesvár die nöthigen Anordnungen an die Commandanten zu Szegedin, Arad und Grosswardein erlassen [3]).

Der Abmarsch der Regimenter erfolgte aus der Gegend von Temesvár, wo die Armee im Lager verblieben war, staffelweise und zwar marschirten am 28. October 1716 Graf Steinville mit den nach Siebenbürgen bestimmten Truppen, in den folgenden Tagen die in Ungarn bequartierten Regimenter ab. Jene, welche in die westlichen Comitate verlegt wurden, passirten die Theiss bei Szegedin, diejenigen Truppen, welchen Quartiere in den nördlichen und östlichen Comitaten zugewiesen waren, bei Csongrád.

Der Prinz selbst bestimmte die Zusammensetzung der einzelnen Marsch-Transporte und die Reihenfolge des Abmarsches.

Die noch in Peterwardein und besonders in Essegg sich sammelnden Mannschafts-Transporte marschirten direct in die Winterstationen ihrer Regimenter.

---

[1]) Die Vorsorge hiefür hatte der Prinz noch vor Beginn der Campagne getroffen. Supplement Nr. 18.

[2]) Die Kranken, Verwundeten und Reconvalescenten blieben theils in den Spitälern zurück, theils wurden sie von den Truppen auf Vorspannswagen mitgenommen.

[3]) Der Prinz an die GFWM. Herberstein, Salzer und Cosa, 16. October 1716. Kriegs-A., „Türkenkrieg 1716"; Fasc. X, 105.

Nachdem am 28. und 29. October die Befehle an die Generale und Truppen erlassen worden waren[1]), trat noch am 29. October 1716 FML. de Graven den Marsch an, ihm folgte FML. Graf Veterani am 30., FML. Graf Daun und GFWM. Freiherr von Laimpruch, GFWM. Graf Jörger, endlich FML. Graf Wallis.und GFWM. Graf Marsigli.

Am 31. October und am 1. November 1716 rückte auch der Generalstab mit der Kriegskanzlei, dann die Feld-Artillerie, jedoch ohne Geschütze, über Ofen in ihre Quartiere ab[2]). Jener Theil der Feld-Artillerie, welcher in Peterwardein zurückgeblieben war, marschirte direct nach Ofen. Der Abtransport der Festungs-Artillerie über Szegedin hatte gleich nach der Eroberung von Temesvár begonnen; die Munition war grösstentheils auf den leer nach Arad fahrenden Verpflegs-Fuhrwerken an die Maros geschafft worden, was bis in den Monat November hinein währte[3]).

Die Ingenieure kehrten in jene ungarischen Festungen zurück, in welchen sie vor dem Kriege beschäftigt gewesen.

Bezüglich der Kriegsschiffe, von welchen im October vier bei Peterwardein standen, während das fünfte in Moháes anhielt und drei noch in Wien waren, hatte man geschwankt, ob sie bei Peterwardein, bei Essegg oder in Izsép bei Moháes, überwintern sollten. Schliesslich entschied der Prinz, dass sie nach Essegg fahren, in letzterer Festung abrüsten und in gesicherter Lage bei Bjeloberdo in der Nähe der Einmündung der Drau in die Donau zu verbleiben hätten. Nachdem die Kriegsschiffe bei Peterwardein noch den Salztransport, der nach Croatien abging, gedeckt hatten, fuhren sie im November nach dem oben genannten Winterhafen ab.

Die Tschaiken wurden wieder in ihre Ausrüstungs-Stationen Raab, Gran und Komorn geführt.

Sobald alle nöthigen Vorkehrungen getroffen und besonders vorgesorgt sein würde, dass die Truppen im Banat ihren Unterhalt

---

[1]) Supplement Nr. 163. Analoge Befehle an die Generale Veterani, Wallis, Marsigli, Jörger, Langlet, Daun, Laimpruch, Berzetti, an Obristlieutenant Brinken von Jung-Lothringen, L'Huillier von Caraffa-Cürassieren, Obrist Geyer von Harrach und sämmtliche Regimenter. Kriegs-A., „Türkenkrieg 1716"; Fasc. X, 158, 160, 169, 172, 181, 182.

[2]) Supplement Nr. 165.

[3]) Hofkammerrath Harrucker an den Prinzen, 13. November 1716. Kriegs-A., „Türkenkrieg 1716"; Fasc. X, 27.

aus dem Hauptmagazin in Arad zu ziehen vermöchten, wollte auch der **Prinz** seine Abreise antreten, um sich Seiner kaiserlichen Majestät „zu Füssen zu legen und von Allem allerunterthänigsten Bericht abzustatten" [1]).

Die Verpflegung machte indessen, wie gewöhnlich, wieder erhebliche Schwierigkeiten und verursachte Verzögerungen überall.

Die auf der Postirung verbleibenden Truppen vermochten ihr Brod, dann das Hartfutter für die Pferde aus den angewiesenen Quartiersbezirken nicht zu bekommen und es war nothwendig, in einigen Postirungs-Orten Magazine provisorisch einzurichten, aus denen die Truppen diese Subsistenz-Mittel vorläufig zu erhalten hatten. Zu solchem Zwecke wurden 2—300 Proviantwagen der Proviant-Gesellschaft beibehalten. Mit diesen bewirkte man die Zufuhr des Mehles von Ofen und Baja nach Arad und Temesvár, während der Hofkammerrath **Harrucker** für die Verbackung und Zulieferung sorgte [2]). Auch die Landesbewohner wurden zu Transportsleistungen herangezogen. Die in die Quartiere rückenden Truppen sollten während des Marsches zur Schonung des Landes keine Etapen geniessen.

Der **Prinz** suchte weiter dadurch zu helfen, dass er der Proviant-Gesellschaft anbefahl, den Truppen auf dem Durchmarsche in Szegedin und Csongrád für 5—6 Tage Brod zu verabreichen; die Gesellschaft wusste diesem grossen Bedarfe wieder nicht zu entsprechen und so erhielten viele Regimenter solches nur für drei Tage.

Für die ungarischen Garnisonen lieferte **Oppenheimer** das Brod, wozu ihm Magazine eingeräumt und auch das ungarische Zehent-Getreide überlassen wurde [3]).

Mit dem Eintreffen in den Quartieren trat für die Truppen das mit der ungarischen Hofkanzlei vereinbarte „Verpflegs-Regulament" in Kraft.

Zur Ueberwachung der einquartierten Truppen und Commando-Führung wurde Ungarn in fünf Districte getheilt.

[1]) Supplement Nr. 162.

[2]) Dass es lange dauerte, bis sie etwas empfingen, zeigt die Beschwerde des General-Kriegs-Commissariats über den Cameral-Inspector von Kalleneck an die Hofkammer, wonach im December 1716 „noch gar keine Zuweisung getroffen, infolge dessen die Truppen grosse Noth leiden, da sie nicht wissen, in welchen Dörfern sie Unterhalt und Quartier bekommen". — Hofkammer an den Cameral-Inspector in Essegg, 27. December 1716. Hofkammer-A.

[3]) Hofkammer an Jud Oppenheimer, 16. November 1716. Hofkammer-A.

GFWM. Freiherr von Laimpruch befehligte im District der Comitate: Zemplin, Ungvár, Bereg, Abauj, Sáros, Zips, Borsod und Torna;

FML. de Graven in den Comitaten von Marmaros, Kövár, Szathmár, Ugocsa, Szabolcs, Bihar, Kraszna, Békés, Mittel-Szolnok, Arad, Zaránd, Csanád, Csongrád, den Hayducken-Städten und im District von Gross-Kumanien;

GFWM. Freiherr von Schilling in den Comitaten von Pressburg, Neutra, Trencsin, Bars, Gömör, Turócz, Árva, Liptau, Sohl, Hont;

GFWM. Graf Jörger in den Comitaten von Eisenburg, Oedenburg, Wieselburg, Raab;

FZM. Graf Regal in den Comitaten von Zala, Sümegh, Veszprim, Komorn, Gran, Pest - Pilis - Solt, Heves, Neográd, Stuhlweissenburg, Tolna, Baranya und dem District von Klein-Kumanien ¹).

Prinz Eugen reiste nun am 2. November von Temesvár nach Wien ab, in Raab am 7. November rastend, wo er die Belehnung mit den päpstlichen Ehrenzeichen entgegennahm.

Am 9. November 1 Uhr Mittags langte er, freudig begrüsst von der Bevölkerung, in Wien an und wurde sogleich vom Kaiser in Audienz empfangen.

¹) Der H. K. R. an die Generale Laimpruch, Graven, Schilling, Jörger, Regal, 18. November 1716. H. K. R. Reg. 1716.

Ereignisse im Banate während des Winters 1716—17.

Die unter dem Commando des G. d. C. Grafen M e r c y während der Winterquartiere in das Banat bestimmten 13 Reiter-Regimenter und 19 Bataillone Infanterie hatten zur militärischen Besetzung des Banates sowie als Besatzung für Temesvár zu dienen.

Man war festen Willens, sich auf dem eroberten ungarischen Boden dauernd zu behaupten. Jedoch gestatteten es die Umstände noch nicht, eine geregelte Verwaltung im Banate einzurichten [1]), weil noch manche militärische Aufgabe zu erfüllen war und weil vor Allem der grösste Theil der flüchtig gewordenen Bewohner noch fehlte, der erst wieder zur Rückkehr veranlasst werden musste. Das Land war verwüstet, viele Orte verlassen, zerstört, der fruchtbare Boden unbebaut; im ganzen Banat bestanden am Ende der verhängnissvollen Türkenherrschaft überhaupt nur noch wenige Ortschaften [2]).

[1]) „Uebrigens veranlasst mich meine zu E. k. M. tragende pflichtmässige Schuldigkeit,“ schrieb der Prinz am 21. October an den Kaiser, „Deroselben in allgeziemender Submission vorzustellen, dass der hiesige Banat, welcher durch die Eroberung von Temesvár unter E. k. M. Devotion gefallen, sowohl wegen der vortheilhaften Situation, grossen Cameralgefällen als andern Ursachen von so nachdenklicher Wichtigkeit sei, dass billig die darin vorzukehren kommende Einrichtung in politicis, oeconomicis et ecclesiasticis nicht zu übereilen, eine vorläufige Interims-Einrichtung zu machen, bis das Land vollständig erkannt und sodann nach dessen Beschaffenheit eine wohlüberlegte Norma zu nehmen wäre, damit alles tempori et circumstantiis zu E. k. M. Dienst accommodirt werde.“ Supplement Nr. 58. — „Das Politicum geht dermalen nicht weiter, als dass man auf alle Art und Weise sich bemühe, durch gute Einleitung der Justiz zu administriren, durch Haltung guter Disciplin die Einwohner zu gewinnen, dann in keinem, sowohl militari, oeconomico, ecclesiastico et civili die allermindeste beständige Anstellung vorzukehren, massen derlei Sachen I. k. M. nach eingenommener guter Kenntniss des Landes allein vorbehalten bleiben.“ Instruction für den G. d. C. Grafen Mercy vom 1. November 1716. Supplement Nr 66.

[2]) Eine ausführlichere Beschreibung des Landes zur Zeit, da es wieder in den rechtmässigen Besitz des Hauses Habsburg kam, enthält Griselini's „Versuch einer politischen und natürlichen Geschichte des Temesvárer Banates“, fünfter Brief.

Dem G. d. C. Grafen Mercy, welchem der Prinz „in Ansehung seiner bekannten guten Aufführung, erwiesenen Valeur und erworbenen langen Erfahrung, auch besonderem Désinteressement“ das Commando im Banate anvertraut hatte, fiel die Aufgabe zu, für die Entwicklung abendländischer Gesittung und Cultur in der völlig devastirten Provinz Sorge zu tragen.

Zunächst aber mussten im Sinne einer vom Prinzen gegebenen Instruction [1]) die Türken noch aus den letzten ihrer Posten, nördlich der Donau vertrieben werden.

Besonders wünschenswerth schien die Besitzergreifung von Orsova, wodurch die für die Türken so wichtige Donau-Verbindung nach Belgrad ganz unterbrochen und sie hinsichtlich der Ausrüstung und Verproviantirung ihrer nunmehr bedrohten Hauptfestung Belgrad auf den langen, beschwerlichen Landweg beschränkt werden konnten.

„Der Pass von Orsova ist von grösster Wichtigkeit,“ hatte einst der kriegserfahrene Feldmarschall Graf Veterani geschrieben [2]), „denn er ist der Schlüssel zu Siebenbürgen, Ungarn, der Walachei, Serbien und Bulgarien. An sich ist der Ort nichts weniger als fest, auch nicht gut gelegen; weil er von den Höhen beherrscht wird; aber die Kriegsraison will, dass er besetzt sei, um der Wichtigkeit halber, Meister der Donau zu sein.“

Denselben hohen Werth legte auch Prinz Eugen auf die Besetzung von Orsova, aber gegenwärtig hatten hier die Türken starke Befestigungen geschaffen, welche besonders mit Rücksicht auf ihre am Eisernen Thore postirte starke Donau-Flottille nicht leicht einzunehmen und zu behaupten waren.

Nachdem sich G. d. C. Graf Mercy mit 20tägigen Verpflegs-Vorräthen versehen [3]), brach er am 4. November 1716 mit den 12 Ba-

---

[1]) Supplement Nr. 166.

[2]) „Des Grafen Veterani kaiserl. Feldmarschalls Feldzüge in Ungarn und den angrenzenden Provinzen vom Jahre 1683—1694.“ Dresden 1788.

[3]) Insolange die Operationen währten, sollten die Truppen ihren Unterhalt aus den Vorrathsstationen an der Donau, Theiss und Maros, sowie aus den in Karansebes und Mehadia anzulegenden Magazinen beziehen, jedoch wünschte der Prinz, dass Mercy bedacht sei, die Lebensmittel weiterhin im Lande selbst und in der Walachei aufzubringen, in welchem Fürstenthum er auch, „so weit es die raison de guerre zulässt“, Posto zu fassen hätte. Von der Proviant-Gesellschaft wurde für die Truppen Mercy's ein Mehlvorrath von 10.000 Centnern nach Temesvár geschafft, womit der tägliche Brodvorrath von 15.000 Portionen vom ersten bis letzten December 1716 oder 775.000 Portionen zu bestreiten waren. Die Gesellschaft sollte, obwohl der Contract mit October zu Ende ging, überhaupt noch so lange functioniren, bis die eigenen Anstalten eingerichtet waren.

taillonen und 13 Reiter-Regimentern [1]) des Postirungs-Corps aus dem Lager von Temesvár auf und zog vorerst gegen Pancsova.

Am 5. Abends erreichte er Denta, wo einen Tag gerastet wurde und am 9. traf er über Alibunár vor Pancsova ein.

Dieser Platz war mit einer starken Umwallung versehen. Er liegt etwa 2000 Schritte oberhalb der Einmündung der Temes in die Donau, war vermöge der ihn umgebenden Moräste ziemlich unnahbar und hatte eine Besatzung von einigen hundert Mann.

Die Türken zeigten anfänglich die Absicht, sich hier zu vertheidigen, sie unterhielten ein lebhaftes Geschützfeuer gegen die dem Bereiche der Festung sich nähernden Husaren-Abtheilungen. Als jedoch die Avantgarde, bestehend aus den Dragoner-Regimentern Württemberg und Schönborn, ersteres am rechten, letzteres am linken Flügel vorrückte und sich auch die Infanterie zum Angriffe bereitstellte, liess der feindliche Commandant die weisse Fahne aufhissen und bat um die Capitulations-Bedingnisse.

G. d. C. Graf M e r c y forderte die Uebergabe des Platzes auf Gnade und Ungnade, gestattete jedoch schliesslich, um sich hier nicht länger aufzuhalten, den freien Abzug der Garnison, welche, nur aus 350 Dienstbaren bestehend (ohne Gewehr und nur mit dem, was sie unter dem Arm tragen konnten), nach Belgrad escortirt wurde. Sämmtliche Waffen, 4 Geschütze (darunter 3 ehemals kaiserliche) und zahlreiche Munitions- und Mundvorräthe mussten von den Türken zurückgelassen werden.

Die im nahen Bereiche von Belgrad liegende Festung, in deren Besitz M e r c y sonach auf ziemlich wohlfeile Art gekommen, war schon nach wenigen Tagen in besseren Vertheidigungszustand gebracht und im Stande, sich im Falle eines plötzlichen Angriffes wenigstens 8 bis 10 Tage halten zu können. Der Obristwachtmeister Baron T h ü n g e n mit 400 Commandirten zu Fuss wurde vorläufig mit dem Commando in Pancsova betraut.

G. d. C. Graf M e r c y verweilte hier vier Tage. Zur Deckung des Banates bis Becskerek liess er den GFWM. Freiherrn von S p l é n y i mit 2 Husaren-Regimentern an der Temes und 3 bei Becskerek die vorderste Postirungslinie beziehen [2]).

Mit dem Reste seiner Truppen rückte er am 14. November gegen Uj-Palánka, das er, nachdem in der Nacht die Karaš übersetzt worden, am 16. November Früh erreichte.

[1]) Siehe Winterquartiere 1716—17. Seite 275.

[2]) G. d. C. Graf Mercy an den H. K. R., 11. November 1716. H. K. R. Exp. 1716; November, 135.

Uj-Palánka war ein gut erhaltenes Fort, der aussen liegende Ort zwar abgebrannt, aber die Befestigungen in vertheidigungsfähigem Zustande, nur von der Nordseite anzugreifen und auch hier durch einen todten Arm der Donau geschützt. Kaum hatten sich übrigens 200 Grenadiere und eben so viel Arbeitsmannschaft mit Werkzeugen in einer unweit des Platzes gelegenen Moschee festgesetzt, als auch schon die weisse Fahne ausgesteckt wurde und die 200 Mann starke Besatzung zu capituliren verlangte, was ihr unter den gleichen Bedingungen wie der zu Pancsova mit dem Abzuge nach dem gegenüberliegenden Bergschlosse Rama bewilligt wurde.

Dass sich diese beiden Orte, welche in den letzten Türkenkriegen wiederholt Belagerungen ausgehalten hatten, so schnell ergaben, war durch ihre dermalige ganz ungenügende Ausrüstung, vorzüglich aber durch den Verlust der Hauptstadt des Banates zu erklären. G. d. C. Graf Mercy vermuthete sogar, dass die Commandanten Befehl gehabt hätten, keinen nachhaltigen Widerstand zu leisten, nachdem ihnen ja doch keine ausreichende Unterstützung von Belgrad aus zukommen konnte.

Uj-Palánka erhielt vorläufig 2 Bataillone Neipperg als Besatzung.

Nun blieb noch das wichtigste Stück Arbeit, die Wegnahme von Orsova, zu thun übrig.

Zu diesem Zwecke detachirte G. d. C. Graf Mercy gleich nach der Uebergabe von Uj-Palánka den FML. Baron Viard mit 3 Cavallerie-Regimentern und 6 Bataillonen nach Karansebes; der Rest der verfügbaren Postirungstruppen, 4 Regimenter zu Pferd und 4 Bataillone verblieb noch einige Tage in einem Lager bei Uj-Palánka [1]).

Den Weg von Karansebes über Mehadia auf Orsova hatte Mercy schon mit Antritt der Bewegung nach Pancsova durch das Cürassier-Regiment St. Croix unter Obrist Graf Philippi besetzen lassen; das Gros des Regiments hatte wegen der Zerstörung von Mehadia bei Karansebes Aufstellung genommen, dagegen waren die Sicherungstruppen bis Ruska und Teregova vorgeschoben.

Ende November traf auch G. d. C. Graf Mercy bei Karansebes ein; von dort setzte er sich am 28. November 1716 mit 500 Commandirten von Württemberg-Dragonern, Gronsfeld- und St. Croix-Cürassieren nebst 100 Husaren, dann je 2 Bataillonen von Pálffy-, Gschwind- und Wetzel-Infanterie, endlich 6 Feldgeschützen und

---

[1]) G. d. C. Graf Mercy an den Prinzen, 18. November 1716. Kriegs-A., „Türkenkrieg 1716"; Fasc. XI, 40. Prinz Eugen war sehr zufrieden mit den bisherigen Erfolgen Mercy's und mit allen seinen Anordnungen vollkommen einverstanden. Supplement Nr. 172 und Nr. 174.

2 Mörsern in Marsch und erreichte über Teregova, durch das Cserna-Thal vorrückend, am 1. December die Gegend von Orsova.

Diese türkische Festung, etwas oberhalb des sogenannten Eisernen Thores (Demir Kapu) gelegen, deckte die durch Stromschnellen erschwerte Passage auf der Donau.

Orsova war als Umschlagplatz für alle Transporte, die auf dem Wasser auf- oder abwärts gingen, von grosser Bedeutung und sozusagen der zweite Kriegshafen für die türkischen Donauschiffe.

Die Befestigung bestand aus dem an der Einmündung der Cserna in die Donau liegenden Alt-Orsova, einem mit Wall und Mauern wohlverwahrten Fort, mit Pallisadirungen umgeben und durch das jenseits gelegene Tekia (damals noch Neu-Orsova genannt) unterstützt. Einerseits durch fast ungangbares Gebirge, andererseits durch die Donau gedeckt, war Alt-Orsova ziemlich fest und nicht leicht anzugreifen.

Der Schwerpunct der ganzen Vertheidigung wurde aber von den Türken auf die etwas abwärts liegende Donau-Insel Ada Kaleh (das spätere Neu-Orsova) verlegt, die schon vermöge ihrer Lage im Donaubett geschützt war, ausserdem durch eine die ganze Insel beherrschende Schanze und eine zahlreiche Besatzung mit Tschaiken behütet wurde.

Als sich die Kaiserlichen der Festung bis auf einen Kanonenschuss genähert hatten, versuchten 2—300 Spahis einen Ausfall zu machen, wurden aber binnen kürzester Frist bis an die Thore von Alt-Orsova zurückgejagt. Hier musste aber auch G. d. C. Mercy seine Truppen halten lassen; die Infanterie nahm Stellung auf den Höhen, wo auch eine Batterie von drei Feldgeschützen etablirt wurde, während die Generale unter dem lebhaften Feuer der Vertheidiger eine Recognoscirung der Befestigungen vornahmen [1]).

Die Osmanen schienen zur hartnäckigen Vertheidigung des Platzes bereit; auf der Donau war alles in Bewegung, man führte Verstärkungen herüber und am rechten Ufer, beim heutigen Tekia, hatte der Vertheidiger von Orsova, Ibrahim Pascha seine schweren Geschütze postirt. Hier waren auch mehrere feindliche Lager sichtbar, auf der Donau trieben sich 50—60 Tschaiken herum, so dass Alt-Orsova, selbst im Falle seiner Eroberung durch die Kaiserlichen, in steter Gefahr einer Gegenunternehmung gehalten werden konnte.

Ohne schweres Geschütz, — denn die beiden Mörser hatte man schlechter Wege halber nicht fortbringen können, — ohne ein Schiff

---

[1]) Wobei dem FML. Freiherrn von Viard und dem GFWM. Grafen Ottokar Starhemberg die Pferde unter dem Leibe erschossen wurden. Eugenii Heldenthaten, III. Theil.

auf der Donau, nur noch für wenige Tage mit Proviant versehen und die kalte Jahreszeit unmittelbar bevorstehend, sah sich Mercy ausser Stande, seine Unternehmung auf Orsova, die er sich leichter vorgestellt, jetzt durchzuführen, er musste sie bis zum Frühjahr, nach sorgfältiger Vorbereitung, vertagen [1]).

Am 1. December bezog er ein Lager an der Cserna, eine halbe Stunde von Orsova entfernt und verliess dasselbe am 2. December 8 Uhr Früh mit klingendem Spiele, um auf Mehadia zurückzugehen.

Diesen von den Tataren fast ganz zerstörten Ort in einen entsprechenden Vertheidigungszustand zu setzen, war jetzt die nächste

---

[1]) Graf Mercy hat in seinem Berichte an den H. K. R. am 4. December 1716 aus Mehadia (H. K. R. Exp. 1716; December 421), die Gründe des Misserfolges vor Orsova ausführlich dargelegt.

„Wenn ich auch Alt-Orsova erobert oder der Feind es mir eingehändigt, es doch allezeit hätte abandonniren müssen, falls auch alle 6 Bataillons hineingeworfen worden wären, zumal durch obbesagte Inseln der Weg aus der Walachei offen gehalten, der Feind seine Truppen von Rama über Gradiste und so weiter bis Widdin postirt hat, mithin ohne mein Wissen sich allezeit versammeln, vor den Ort rücken und solchen wegnehmen kann. Und wäre die Proviantirung fast unmöglich gewesen, ausser mit Zusammenziehung aller mir anvertrauten Miliz, indem der Platz von hier (Mehadia) 8 und von Karansebes 20 Stunden oder 10 starke Meilen entfernt, zu geschweigen, dass kein anderer Weg als durch dieses ruinirte Thal und weil gar enge Passage neben dem Wasser Bela Reka (an dem Mehadia gelegen ist) zu nehmen, deren der Feind, wovon die erste nur eine halbe Stunde herwärts Alt-Orsova sich befindet, eine besetzen darf, so ist selber von dorten so leichter Dinge nicht zu delogiren und die Succurirung verhindert; wäre demnach die Garnison allezeit blokirt, coupirt und gar verloren, daher und aus obangeregten motivis mit Einstimmung der beiden Herren Generale Viard und O'Dwyer fürträglich zu sein erachtet worden, bevorab, da nur ein rauhes Land und 7 Dörfer quittire, keine Zeit bei dem schon einfallenden üblen Winter zu verlieren und sich bis anhero zurückzuziehen.

Woferne nun aber ein hochlöblicher Hofkriegsrath expresse decidirt, mehr berührtes Alt-Orsova sammt beiden Inseln zu zwingen, so wäre mein ganz unmassgeblicher Vorschlag: erstens allhier ein förmliches Magazin nebst Backofen aufzurichten; andertens die Wege, um die schwere Artillerie und Schiffbrücken beizuführen, zu repariren; drittens 18—20 Bataillons sammt den Grenadier-Compagnien, worunter in gegenwärtiger oberer Postirung schon verstanden, aus Siebenbürgen, der Gegend Arad und Szegedin zusammenzubeordern, sofort bei gefrorener Donau, oder im Frühjahr sothane Operation vorzunehmen, wozu doch wenigstens 12—14 Tage nöthig. Inzwischen aber bitte darauf zu reflectiren, dass nach Beschaffenheit des Landes die untere, diese (sogenannte obere) Postirung niemals ohne einen Umweg von 12 Meilen secundiren kann, also die erstere, ratione Pancsova und Uj-Palánka auch in solcher selbsten eine feindliche Invasion zu vermeiden, gar nicht zu entblössen ist."

Aehnlich spricht sich G. d. C. Graf Mercy auch in seinen Schreiben an den Prinzen ddo. Mehadia, 10. December und ddo. Temesvár, 28. December 1716 aus. (Kriegs-A., „Türkenkrieg 1716"; Fasc. XII, 21 und 50.) Die Antworten des Prinzen vom 19. und 30. December 1716. Supplement Nr. 177.

Obsorge des Grafen Mercy, denn dadurch hoffte er nicht nur die Passage nach Karansebes, sondern auch die Almás (das Nera-Thal) zu decken und sich gegen die Gebirgswege aus der Walachei zu sichern. Als Besatzung erhielt Mehadia 500 Commandirte, 200 Hayducken und vier 3pfündige Geschütze.

Die Truppen der Postirung wurden nun, so gut es ging, in Quartiere verlegt.

In Pancsova blieben unter dem Obristwachtweister von Thüngen 400 Commandirte nebst 60 Husaren. Zur Unterstützung stand GFWM. Freiherr von Splényi mit den fünf Husaren-Regimentern in der Gegend von Pancsova und Becskerek bis zum Csanáder District an der Theiss. Speciell die Strecke von Pancsova nach Uj-Palánka sicherte Obrist Dessewffy mit 800 Husaren. Uj-Palánka hatte zwei Bataillone unter Obrist Freiherrn von Neipperg zur Besatzung.

Dahinter waren längs des Karaš-Flusses zu Jasenova das Dragoner-Regiment Schönborn, dann weiter hinauf 2 Bataillone Bonneval und das Cürassier-Regiment Prinz Emanuel Savoyen bis Varadia im Werschetzer District dem Commando des GFWM. La Marche unterstellt.

Zu Werschetz aber, wo damals der grosse Morast von Alibunár anfing, befand sich das Hauptquartier des G. d. C. Grafen Mercy, mit einer Anzahl Commandirter und der Feld-Artillerie.

Hierauf folgten im Csakovaer und Temesvárer Districte, unter dem GFWM. Grafen Eckh die Cürassier-Regimenter Darmstadt, Montecuccoli, das halbe Regiment Hautois und das Infanterie-Regiment Bagni längs der Berzava bis an die Temes bei Modos, wo zur Verbindung mit Becskerek eine Brücke geschlagen werden sollte. Diese ganze, rückwärtige, Postirungslinie, welche sich zur Noth in den wenigen vorhandenen Ortschaften einquartierte, theilweise sich auch selbst Erdhütten als Unterkünfte erbaute, war an den FML. Grafen Saint-Croix gewiesen.

Unter dem FML. Freiherrn Viard wurden die Cürassier-Regimenter Gronsfeld und St. Croix, das Dragoner-Regiment Württemberg und je 2 Bataillone von den Infanterie-Regimentern Pálffy, Gschwind und Wetzel in die Districte von Karansebes, Facset, Lippa, Orsova und der Almás derart verlegt, dass die Reiterei unter den GFWM. Freiherrn von Rotenhan und Grafen Orsetti zwei Meilen nördlich Karansebes bis an die Maros Quartiere bezog, während die Infanterie unter dem GFWM. Grafen O'Dwyer im Gebirge verblieb und die

Posten von Teregova und Ruska bis Mehadia besetzte, um letzteren Ort jederzeit unterstützen zu können.

Obwohl sich alle Regimenter durch vorhandene Abgänge und die Abgabe von Commandirten und Abholungs-Commanden für die Recruten auf einem verminderten Stand befanden, war die Schwierigkeit der Verpflegung vom Lande gross, namentlich für die in das Gebirge verlegten Truppen; an Heu und Fleisch zeigte sich zwar kein Mangel, wohl aber an Brod und Hafer [1]).

Um die Contributionen ordentlich und ohne ungerechte Bedrückung der Einwohner zu betreiben, hatte G. d. C. Graf M e r c y bereits angefangen, in einigen Districten Behörden nach Art der ungarischen Comitats-Verwaltung anzustellen.

In der Festung Temesvár befehligte GFWM. Franz Paul Graf W a l l i s [2]).

„Aus besonderem Vertrauen zu des Herrn General-Feldwachtmeisters in allen Begebenheiten bezeugten löblichen Aufführung bin ich billig veranlasst worden, Deroselben das dermalige Commando in der glücklich eroberten Festung Temesvár bis auf weitere Allergnädigste Disposition aufzutragen,“ schrieb der P r i n z in der Instruction für den GFWM. Grafen W a l l i s, am 1. November 1716 [3]).

Nach dem Inhalte dieser Instruction hatte W a l l i s für den Wiederaufbau und die weitere Entwicklung der nach der Belagerung völlig verödeten Stadt, die mehr einem Trümmerhaufen als einer Ansiedlung glich, nach jeder Richtung Sorge zu tragen. Freilich war es im Winter 1716—17 noch nicht möglich, irgend jemandem Wohnstätten zur Besiedlung anzuweisen, nachdem man einerseits den zurückge-

---

[1]) „Il faut donc un peu de patience,“ schrieb G. d. C. Graf Mercy, 4. December 1716, an den Prinzen (Kriegs-A., „Türkenkrieg 1716“; Fasc. XII, 6) „et pour cela être aidé des magasins, à moins de vouloir abîmer le pays, la question étant de le conserver, sans quoi il ne serait pas absolument difficile d'y subsister quand même on aurait plus de troupes, mais cela ne durera que l'hiver au lieu que ce pays étant remis, je l'aimerais autant que la Bavière s'il ne valoit mieux.“ H. K. R. an den G. d. C. Mercy, 12. December 1716. H. K. R. Reg. 1716; December, 160.

[2]) Franz Paul Graf Wallis, geboren 1677, kam als Page an den kaiserlichen Hof, wo er Gelegenheit hatte, den damaligen römischen König Joseph I. aus einer Lebensgefahr zu retten. Er wurde 1697 Hauptmann bei Lothringen-Infanterie, machte den spanischen Successionskrieg mit, focht tapfer bei Chiari, Luzzara, wurde 1708 Obrist im Regimente Hasslingen-Infanterie und kam mit demselben an den Rhein und in die Niederlande. Gelegentlich der Rüstungen zum Türkenkriege stellte er ein Regiment auf, wurde General-Feldwachtmeister und 1716 nach der Eroberung von Temesvár Commandant dieser Festung.

[3]) Supplement Nr. 167.

bliebenen Raizen und Juden wenig Vertrauen zu schenken vermochte [1]) und im übrigen die wenigen Häuser, welche nicht gänzlich zerstört waren, kaum ausreichten, um die in der Festung liegenden drei und in der kleinen Palanka befindlichen zwei Bataillone der Besatzung unterzubringen, umsomehr als die meisten Regimenter noch von der Belagerung her ihre Kranken zurückgelassen hatten [2]). Es mussten vorerst Casernen und Magazine hergestellt werden, ehe an einen Wieder-aufbau der Stadt gedacht werden konnte.

[1]) Nachdem das Gerücht entstanden war und durch G. d. C. Grafen Steinville aus Siebenbürgen seine Bekräftigung erhielt, dass die Türken versucht hätten, sich durch Gold einiger Personen zu versichern, um den Platz seinerzeit durch Verrath wieder zurückzugewinnen, liess GFWM. Graf Wallis alle Juden und Raizen aus der Stadt schaffen. GFWM. Graf Wallis an den Prinzen, 16. April und 20. Mai 1717. Kriegs-A., „Türkenkrieg 1717"; Fasc. IV, 11. H. K. R. Exp. 1717; Juni, 112. Auch sonst soll im Banat allerlei verrätherisches Unwesen vorgekommen sein. In „Eugenii Heldenthaten" III. Bd. wird darüber erzählt: „Die Türken trachteten hingegen der christlichen Armee die Subsistenz zu benehmen oder wenigstens schwer zu machen und schickten desswegen einige Spions und Mordbrenner aus, welche in allerhand Habit, als Mönche, gefangene Christensclaven gekleidet waren. Diese hatten ihren eigenen Commissär, der sie besoldete und waren befehligt, die Provianthäuser der Kaiserlichen in Brand zu stecken. Es gerieth auch ein Pulvermagazin in Brand und zu Denta verbrannten 4000 Portionen Brod. Zu Temesvár aber wollte es den Spionen nicht glücken und wurden nachgehends zu Essegg, Szegedin und andern Orten viele ertappt, denen man den verdienten Lohn gab."

[2]) GFWM. Graf Wallis an den Prinzen, 17. November 1716. H. K. R. Exp. 1716; December, 3. „Es sind zwar sehr viele deutsche Leute hineingezogen," schreibt Wallis, „denen nur die Kaufläden interim haben können assignirt werden, so aber lauter Marketender aus dem Hauptquartier sind und nach auseinandergegangener Armee in Ermanglung der Fuhren, das Ihrige fortzubringen, so sie nicht verschleissen können, hereingezogen, welche aber alle nach angebrachter Waare entweder gleich von hier oder auf das Frühjahr wiederum zur Armee sich werden begeben wollen. Von Handwerkern aber hat sich bis dato niemand gemeldet. Solchemnach, wenn eine nach E. D. gnädigster Intention angesetzte Bürgerschaft solle in der Festung eingerichtet werden, so werden zuvor die benöthigten Casernen der beständig liegenden Garnison ausser den Gassen an dem Walle aufgesteckt und erbaut werden müssen, damit die Häuser von der jetzt drinnen liegenden Miliz evacuirt, folgsam den sich possessionirenden Parteien nicht nur angewiesen, sondern auch wie solche zu bauen, die Gassen und Häuser in angemessener Ordnung regulirt werden könnt n, denn ausserdem sich niemand beständig zu setzen finden und die Unkosten etwas . . erbauen hazardiren wird. Der Admodiation ist allein ein ziemliches Terrain ein. . räumt worden, um die Bäckerei zu erbauen, wie auch das Mehl zu depositirer . doch nur pro nunc zu consideriren und zur Anlegung eines beständigen Mag. . . anders kann disponirt werden. Ein Bauhof wird auch viel Platz einnehme. . . gleichen das Arsenal zu erweitern nöthig sein. Und gleichwie auch für die Ka. . Regierung, Commissariat und andere Aemter die Häuser bevor zu assigniren . . wo? und wie? sie zu bauen, so wird ein weniges für eine sich ansetzende . . schaft übrig verbleiben.

Die Festungswerke betreffend schlug GFWM. Graf Wallis vor,
den bisherigen irregulären Umriss zwar beizubehalten, den Wall jedoch
zu erweitern, die Bastionen zu vergrössern und Casernen hinein zu
verlegen, endlich Contregarden, ein Glacis und eine vertheidigungsfähige
Contreescarpe anzubringen.

Bei der „grossen Palanka“ sollte nur die Brustwehr ausgebessert,
vor den drei Thoren überall ein Redan, vor der Bega-Brücke aber
eine Redoute angelegt werden. Die „kleine Palanka“ konnte ein Hornwerk erhalten und im übrigen ein Schleusenwerk zur Inundirung
eingerichtet werden. „So würde die Festung endlich mit ihren Schleusen
in genugsame Defension zu einer tapfern Gegenwehr meines wenigen
Erachtens ohne allzugrosse Unkosten gesetzt werden können“ [1]).

Gleichwie Temesvár wurden im Verlaufe des Winters 1716—17
auch andere für die Behauptung des Banates wichtige Puncte in ver-
theidigungsfähigen Zustand gebracht.

G. d. C. Graf Mercy wendete sein Augenmerk hauptsächlich
auf Pancsova und Mehadia.

Die grosse Bedeutung von Pancsova für den Fall, dass man 1717
einen Donau-Uebergang ausführen und Belgrad belagern sollte, bewog

In der kleinen Palanka gegen der Cavallerie gewestem Lager aber könnten
meiner unvorgreiflichen Meinung nach lauter deutsche Bürger angesetzt werden,
wann, wie gemeldet, die Casernen einstens erbaut und die Häuser evacuirt sind. In
der grossen Palanka, wo die Attaque war, habe die Raizen nach E. D. gnädigstem
Befehl sich zu setzen angewiesen, jedoch mit dem Vorbehalt, dass das Dominium
I. k. M. allein verbleibe, um bei künftighin der Orten etwa anzulegender Fortification
zu keiner Vergütung verbunden zu sein, dass also alle ausser der Festung in der
Palanka sind, als wo sie vormals auch gewohnt und ihnen nur ihre Läden beim Tag
hierinnen zu handeln gelassen worden, ausgenommen sechs, so wirklich katholisch sind
und ihre eigenthümlichen Häuser vormals gehabt. Diesen habe ich bis auf das Frühjahr permittirt, herinnen zu verbleiben, weil selbige wegen Späte der Zeit sich nicht
ausserhalb verbauen, weder Hab und Gut anders wohin bringen können.

Von der Judenschaft sind gleichfalls diejenigen hier in der Festung verblieben,
in ihrigen vorigen drei Häusern, welche bei der Uebergabe zurückgeblieben sind,
la.. e aber keine Fremden mehr herein sich zu stabilisiren, als einen einzigen Juden,
w lcher den Contract wegen der Kerzen, Strohsäcke und Kotzen mit dem Commissariat
K.. , dem ein Häuslein mit einem Laden, absque jure possessionis, nur seine Lieferung
z praestiren, gegeben habe, die Judenschaft aber auf das Frühjahr gleichfalls in die
nka sich zu ziehen verwiesen worden. Von Armeniern sind auch theils hier ver-
.... n, so auch ihre Läden haben und mit ihren Waaren in der späten Jahreszeit
.. ds anders hin wissen. Diese drei Nationen befinden sich wirklich an Männern,
u.. ..rn und Kindern und zwar Raizen 466, Armenier 35 und Juden 144 Seelen stark.“
k. .. [1]) Plan der neuen Befestigung, als Beilage des Berichtes des GFWM. Grafen
Te. .. an den I.. K. R., 22. April 1717. H. K. R. Exp. 1717; Juni, 329.

ihn vornehmlich zur Verstärkung und Sicherung dieses Platzes, der übrigens von den Türken wiederholt bedroht wurde [1]).

Ebenso setzte man Kubin und Belobreszka in besseren Vertheidigungszustand [2]), dagegen blieben die für einen Donau-Uebergang sonst vortheilhaften Puncte Homolič, Visel und Dubovac wegen Mangel an Leuten unbesetzt [3]).

Der zwar kurze, aber ungewöhnlich strenge Winter des Jahres 1717 war Ursache, dass alle Gewässer im Banate und sogar die Donau zuzufrieren begannen. In Folge dessen sah sich G. d. C. Graf Mercy veranlasst, die Truppen der sogenannten „untern Postirung" in engen Cantonnements zu versammeln und volle Kampfbereitschaft annehmen zu lassen. Thatsächlich versuchten die Türken am 10. März 1717 einen Angriff auf Opova, wohl wissend, dass dieser Punct die Verbindung zwischen der Temes und Donau decke, wurden jedoch aus einer daselbst erbauten Schanze abgewiesen [4]).

---

[1]) „Les ennemis étant forts de l'autre côté, ils pouvaient me faire quelque affront, Pancsova leur y est fort au coeur." G. d. C. Graf Mercy an den Prinzen, 27. Januar 1717. Kriegs-A., „Türkenkrieg 1717"; Fasc. I, 41.

[2]) Nach Kubin, welches wegen des in der Nähe befindlichen Semendria wichtig war, kamen 100 Commandirte und 150 Husaren, nach Belobreszka 30 Husaren und nach Moldava Hayducken von der Maros-Grenze.

[3]) Um dem Mangel an waffenfähiger Mannschaft und besonders an Arbeitern für die Befestigungs- und Wegbauten abzuhelfen, wollte G. d. C. Graf Mercy die unter militärischer Botmässigkeit stehenden Bewohner der Maros-Grenze nunmehr an die Donau herabziehen und stabil hier und an der oberen Postirung bei Mehadia einrichten. Der Prinz erklärte sich damit einverstanden und erliess die nöthigen Befehle. Allein diese Verschiebung war keine so einfache Massregel und konnte den davon betheiligten Grenzern, wie der Prinz sich ausdrückte, kein Vergnügen machen. Es war bestimmt anzunehmen, dass sie nur ungern ihre Wohnungen, Weinberge und Gärten und alle übrigen Einrichtungen verlassen würden, um sich neue zu gründen und vielleicht gleich vertheidigen zu müssen. Indessen entsprach dies ihrer Institution, dafür genossen sie Privilegien, vermöge welcher sie nicht leibeigene Bauern wurden, wie diejenigen, die nach ihnen ihre Wohnsitze einnahmen. G. d. C. Graf Mercy an den Prinzen, 14. Februar, 8. März und 2. April 1717. Kriegs-A., „Türkenkrieg 1717"; Fasc. II, 14; Fasc. III, 7; Fasc. IV, 1/4. Antworten des Prinzen vom 24. Februar und 17. März 1717. Supplement Nr. 11 und 12, XVII. Bd.

[4]) G. d. C. Graf Mercy an den Prinzen, 12. März 1717. Kriegs-A., „Türkenkrieg 1717"; Fasc. III, 14. Hätte er vorgestern Tschaiken gehabt, schreibt Mercy, so würde er den Feind, welcher Opova anzugreifen versuchte, aber mit Verlust von Todten weggetrieben wurde, abgeschnitten haben. Es waren 1000 Mann, die ohne sich auszuschiffen, sich wieder durch die Hervenjza (Dunavica) nach Belgrad zurückzogen. Wegen des Sumpfes konnte man ihnen auch nicht folgen.

Antwort des Prinzen vom 20. März 1717. Supplement Nr. 16, XVII. Bd.

In den zahlreichen Briefen des G. d. C. Grafen Mercy an den Prinzen und dessen Antworten findet sich keine Erwähnung des Unternehmens, welches Obrist Baron

Ebenso misslang ein Ueberfall der Türken auf Pancsova [1]). Als das Eis abging, befahl der **Prinz**, die Truppen wieder in ihre früheren Quartiere zu verlegen [2]).

Neipperg von Uj-Palánka aus gegen Gradište versucht haben soll. Dasselbe wird indessen in „Eugenii Heldenthaten" III., einem zeitgenössischen Werke, das sich im Allgemeinen auf gute Quellen stützt und in Arneth „Prinz Eugen von Savoyen" II., erzählt.

Demzufolge ging der zu Uj-Palánka commandirende Obrist Freiherr von Neipperg, nachdem er vorher feindliche mit Lebensmitteln nach Belgrad gehende Schiffe weggenommen und andere in den Grund geschossen hatte, mit 200 Musketieren, 300 Hayducken und einem Commando von Dragonern über das Eis, warf die türkische Postirung (bei Rama?) über den Haufen, plünderte viel und kehrte mit 90 Pferden, 100 Stück Hornvieh etc. zurück. Die Türken suchten ihm zwar in einem Engpass den Rückweg zu verlegen, er brach sich jedoch Bahn, wobei er aber 210 Mann und einen Capitain vom Schönborn'schen Regiment, Freiherrn von Stein, verloren haben soll.

Actenmässig lässt sich von diesem Streifzuge nur die Gefangennahme des Hauptmanns Stein erweisen. Nach der Darstellung des Freiherrn von Stein waren die Commandirten zu Pferd an dem Unglücke Schuld; er hatte die von Hauben-Dragoner und von seinem Regiment instruirt, wie sie sich verhalten sollten, allein der Feind kam in die Flanke und nach seiner Art in den Rücken, worauf die Leute flohen. Stein berichtet weiters, er sei von Belgrad nach Adrianopel geführt worden, „und da er in der Examination nicht nach der Türken Phantasie geredet, auch nicht unter dem Bercsényi, welcher im Namen des Rákóczi deutsche Regimenter von Deserteurs, Gefangenen und allerhand Gesindel aufrichtet, dienen will, auf's grausamste tractirt, in Eisen und Banden nebst einem Cürassier vom Prinz Emanuel-Regimente in grausames Gefängniss geworfen worden, wo er sich noch befindet". Bittet „ihn daselbst nicht elend crepiren zu lassen, sondern auf seine Auswechslung zu dringen". Hauptmann Freiherr von Stein an den Prinzen, Adrianopel, 30. April 1717. Kriegs-A., „Türkenkrieg 1717"; Fasc. IV, 26.

[1]) Diese Unternehmung der Türken auf Pancsova, deren gleichfalls in den Kriegsacten keine Erwähnung geschieht, wird in „Eugenii Heldenthaten" in folgender Art beschrieben:

„Da aber die Kaiserlichen durch Fortificirung der Vorposten in diesem Banat vor dem Einfall der Türken sich am sichersten wähnten, suchte der Pascha von Belgrad sich der Festung Pancsova durch eine Kriegslist zu bemeistern, welche jedoch glücklicher ausgesonnen als zur Execution gebracht worden. Es wurden Einige in raizischer Kleidung mit vielem Wein nach Pancsova geschickt, welche selbigen an die Garnison sehr wohlfeil verkauften, in der Meinung, dass sie sich dadurch berauschen und zu einer Gegenwehr unfähig machen sollten.

Allein die Deutschen, welche den Trunk in ziemlichem Mass zu vertragen wussten, wurden dadurch mehr erhitzt und als die Türken des Nachts darauf ankamen, trieb die Garnison selbige mit grossem Verlust weg und schickte sie für ihren wohlfeilen Wein mit einem schlechten Gratial nach Hause."

Wie weit diese Erzählung den Thatsachen entspricht, mag dahingestellt bleiben, gewiss ist, dass die Türken mancherlei Versuche machten, die kaiserliche Postirung im Banat zu beunruhigen.

[2]) Der Prinz an G. d. C. Grafen Mercy, 6. Februar 1717. G. d. C. Graf Mercy an den Prinzen am 28. Februar 1717. Kriegs-A., „Türkenkrieg 1717"; Fasc. II, 8. H. K. R. Reg. 1717; März, 245.

In der „obern Postirung", jenem Theile des Banates, welcher an Siebenbürgen und die Walachei grenzt, galt Mehadia, am linken Ufer des Bela-Baches, 27 Kilometer von Orsova entfernt, als wichtigster Punct, von wo aus man unter Umständen feindliche Versuche aus der Walachei mit wenig Truppen abweisen konnte [1]).

Da es nicht gelungen war, Orsova einzunehmen, musste Mehadia zu einem Stützpuncte umgeschaffen werden. Die Leitung der dortigen Arbeiten war dem GFWM. Grafen O'Dwyer übertragen, welcher sich um dieselbe grosse Verdienste erwarb, was auch Eugen anerkannte.

Eine in der Thalsohle der Bela réka angelegte, grössere Redoute, durch welche der Weg von Orsova nach Karansebes führte, bildete hier die wesentlichste Befestigung. Ein ziemlich tiefer Graben, innen mit Pallisaden besetzt, umgab den Wall. Gegen Westen war die Verschanzung durch die Anlehnung an das Wasser einigermassen gedeckt. Da aber die umliegenden Berge die Befestigung so sehr beherrschten, dass die Besatzung kaum unmittelbar an der Brustwehr Deckung gefunden hätte, wurden auf den nächsten Höhen noch einige Blockhäuser angelegt. Mehadia wurde auf zwei Monate, hauptsächlich mit Mehl und Salzfleich, verproviantirt und konnte im April 1717 bereits gegen einen gewaltsamen Angriff für gesichert angesehen werden. Das Commando des Platzes führte anfangs ein Hauptmann von Gschwind-Infanterie, vom 13. April 1717 an der Obristwachtmeister Herlenval vom Regimente Wilczek-Infanterie (früher Hasslingen). Die Besatzung bestand aus 400 Commandirten der Infanterie, 600 Hayducken und 100 Husaren, sie verfügte über 8 Kanonen, 12 Doppelhaken und 20.000 Centner Pulver u. s. w.

Zur weiteren Deckung von Mehadia waren unter dem GFWM. Grafen Orsetti vorwärts Karansebes, das halbe Cürassier-Regiment Montecuccoli bei diesem Orte selbst bequartiert und das Cürassier-Regiment Sulzbach aus Siebenbürgen zur Unterstützung bereit.

Sobald es die Witterung erlaubte, arbeiteten die Truppen auch hier an der Herrichtung der Wege, wodurch man die „obere Postirung" mit Temesvár und andererseits mit Siebenbürgen in Verbindung brachte.

G. d. C. Graf Mercy blieb den Winter über grösstentheils in Werschetz, bereiste aber auch häufig den unteren Theil der Postirung

---

[1]) „Le poste de Mehadia doit par la situation faire la téte de Postirung," schrieb der Prinz an den G. d. C. Grafen Mercy, 9. Januar 1717. Supplement Nr. 1, XVII. Bd.

und konnte sich hiebei durch Augenschein überzeugen, wie eifrig die Türken, unbekümmert um die Kaiserlichen, die Schifffahrt und Verfrachtung von Vorräthen für Belgrad auf der Donau betrieben. Sie waren vollständig Herren der Donau.

Graf Mercy bestürmte den Prinzen, ihn mit Tschaiken zu versehen und als er sie nicht bekommen konnte, da sich die meisten derselben in Raab, Komorn und Gran befanden, um dort bis zum Eintritt der besseren Jahreszeit der nöthigen Reparatur unterzogen zu werden, liess er einige alte türkische Schiffe, die man in Pancsova aufgefunden hatte, nothdürftig herrichten und mit Maros-Grenzern bemannen. Von FZM. Baron Löffelholz forderte er die in Peterwardein befindlichen Tschaiken und der Prinz beauftragte jetzt auch den FML. Freiherrn von Beckers, was er an derlei Schiffen in Essegg habe, gleichfalls nach Peterwardein zu schaffen [1]).

Es war inzwischen dem G. d. C. Grafen Mercy gelungen, eine Durchfahrt von Peterwardein nach Pancsova und weiter nach Uj-Palánka aufzufinden, ohne dass man nöthig hatte, Belgrad zu passiren. Auf diesem Wasserwege konnte es möglich werden, Tschaiken in die untere Donau zu schaffen und auch die Verproviantirung der Feldmagazine, besonders von Pancsova, zu bewirken.

In dem Obristlieutenant Ernst Freiherrn von Petrasch[2]) vom Dragoner-Regimente Schönborn, dem Bruder des General-Feldwachtmeisters und Commandanten von Brod, Maximilian von Petrasch, fand G. d. C. Graf Mercy den richtigen Mann für solche Unternehmungen. Obristlieutenant Petrasch war zwar Cavallerie-Officier und im Wasserdienste unerfahren, aber eine kühne Natur, überall dabei, wo es etwas zu wagen gab. Ein abenteuerlustiger Officier, wie sie die damalige Kriegszeit gebar, ergriff er mit Freuden die Aufgabe, ein Unternehmen zu organisiren, welches gefährlich, aber ehrenvoll und erfolgreich

---

[1]) FZM. Freiherr von Löffelholz an den H. K. R., 16. Januar 1717. H. K. R. Exp. 1717; Januar, 493. Der Prinz an FML. Freiherrn von Beckers, 10. Februar 1717. Supplement Nr. 10, XVII. Bd. FML. Beckers an den Prinzen, 10. März 1717. G. d. C. Graf Mercy an FML. Beckers, 7. März 1717. Kriegs-A., „Türkenkrieg 1717"; Fasc. III, 12, 12 a.

[2]) Ernst Anton Freiherr von Petrasch, geboren 1670 (?) widmete sich gleich seinem Bruder Maximilian aus Neigung dem Kriegshandwerke, trat in die serbische Miliz des Obristen Grafen Zichy, wurde aber erst nach 11 Jahren Officier. Er focht heldenmüthig bei Lugos, kam später nach Abschluss des Karlowitzer Friedens mit der Grossbotschaft des Grafen Oëttingen nach Constantinopel, lebte einige Jahre auf Reisen, kehrte aber, als der Successionskrieg entbrannte, nach seinem Vaterlande zurück. Er diente zuerst bei den Cürassieren und war bei Ausbruch des Türkenkrieges Obristlieutenant bei Schönborn-Dragoner.

werden konnte, wenn es vielleicht gelang, schon jetzt die türkische Donauzufuhr zu hemmen. Vorläufig sollte Petrasch die Tschaiken sammeln, seine kleine Flotte in Stand setzen und einige Transporte nach Pancsova bringen. Er begab sich im Januar 1717 nach Peterwardein und hatte bis zum März 18 Tschaiken, mit Hayducken besetzt, ausgerüstet.

Nun führte er seinen ersten Transport glücklich nach Pancsova [1]).

Indessen hatte Mercy auch das sogenannte Borcsa-Wasser, welches unterhalb Belgrad mündet, passirbar gefunden. Er gedachte nun 6 Tschaiken und 12 andere Fahrzeuge auf diesem Wege nach Uj-Palánka zu schicken und legte besonders Werth darauf, die Kriegsschiffe, welche bei Essegg überwinterten, zur Verfügung zu bekommen. Er bat den Prinzen mehrmals um selbe, die Benützbarkeit des genannten Wasserweges betonend. Die fünf Kriegsschiffe bei Bjeloberdo erhielten auch wirklich im März 1717 Bereitschaftsauftrag, doch wollte sie der Prinz vorerst nur an der Theiss-Mündung postiren, um jene Transporte zu decken, welche für das Feldmagazin in Becse bestimmt waren und sie erst dann vielleicht durch die Dunavica vor Belgrad segeln lassen [2]).

Das ganze Unternehmen fand indessen ein rasches und trauriges Ende. Die Türken waren, aufmerksam geworden, von Belgrad mit 60 bemannten Schiffen Donau-aufwärts gegangen, um weitere Transporte der Kaiserlichen zu verhindern und womöglich die Theiss abzusperren. Sie nahmen mit der ganzen Flottille zunächst bei Szlankamen Stellung.

---

[1]) G. d. C. Graf Mercy an den Prinzen, 23. März 1717. Kriegs-A., „Türkenkrieg 1717"; Fasc. III, 11. H. K. R. an den FZM. Löffelholz, 23. Januar 1717. H. K. R. Reg. 1717; Januar, 479. Bericht des Obristlieutenants Petrasch an den G. d. C. Grafen Mercy vom 22. März aus Pancsova. H. K. R. Exp. 1717; April 56. Er transportirte auf 36 Schiffen Proviant nach Pancsova, Pfosten und Bretter nach Titel. Zu Szige (bei Titel) gab er an den Husaren-Obrist Dessewffy 60 Stück Schanzzeug, 20 Schubkarren und eine grössere Quantität Hafer ab und brachte dann die übrigen Vorräthe auf 34 Schiffen nach Pancsova. „Ich erwarte ferneren Befehl," schreibt Obristlieutenant von Petrasch, „ob auch diese 34 Schiffe wieder zurück in die Theiss zu bringen, oder auf diesen Wässern zu employiren sein werden. 6 Katzenköpfe und 3 eiserne Stücke, so 6 Centner schwer und nur 1 Pfund schiessen, sind mir zur Zertrümmerung meiner Tschaiken aufgebürdet worden, welche gleichwohl zur Versehung einer Schanze und E. E. gnädigster Disposition mitgebracht habe." Schliesslich erwähnt Petrasch, dass die Dunavica für die grossen Kriegsschiffe praktikabel sei, nur auf die Brücke von Pancsova müsse Rücksicht genommen werden.

[2]) Supplement Nr. 2, 7, 12, 18 und 26, XVII. Bd.

Am 16. April befand sich Obristlieutenant Petrasch mit 23 Tschaiken von Peterwardein auf der Naufahrt, um entweder wieder Belgrad ausweichend, nach Pancsova oder aber Theiss-aufwärts nach Titel zu gelangen. Er deckte einen grösseren Transport von etwa 1500 Centner Mehl und 13.000 Scheffel Hafer, der auf grossen Plätten verladen war.

Das Erscheinen der kaiserlichen Schiffe brachte einen starken Eindruck auf die Türken hervor, schon verliessen ihre Schiffe die Theiss-Mündung, um sich auf der Donau stromabwärts zu flüchten, als unglücklicherweise auf dem Schiffe des Obristlieutenants Petrasch eine Pulverexplosion durch einen ungeschickt abgegebenen Kanonenschuss hervorgerufen ward. Es gelang Petrasch, sich auf eine andere Tschaike zu retten, allein während der augenblicklichen Verwirrung wendeten sich alle Schiffe dem Ufer zu und in voller Panik ergriff die Mannschaft, welche ihren Commandanten für todt halten mochte, die Flucht.

Der Obristlieutenant musste sich nun auch an das Land begeben, wurde aber von den Türken, die rasch wieder stromaufwärts gewendet hatten, erreicht und sammt seiner Begleitung, die nur aus fünf Personen bestand, gefangen [1]).

Einem Officier gelang es noch, wenigstens den Transport wieder unversehrt nach Peterwardein zurückzubringen [2]).

Hier war inzwischen Capitain Schwendermann mit den Essegger Kriegsschiffen und einigen Tschaiken eingetroffen und dieser führte jetzt die mit Proviant beladenen Fahrzeuge abermals zur Theiss-Mündung herab, wo er sich am 28. April 1717 postirte, während G. d. C. Graf Mercy die Transportschiffe durch den Obristen Neipperg nach Pancsova bringen liess.

Der Erfolg bei Szlankamen wurde von den Türken als ein grosser Sieg ausgeschrieen, jedenfalls war es zu bedauern, dass ein so tüchtiger Officier, wie Petrasch, der Armee für den Verlauf dieses Krieges verloren ging [3]).

---

[1]) Obristlieutenant Freiherr von Petrasch an den G. d. C. Grafen Mercy. Belgrad, 19. April 1717. Kriegs-A., „Türkenkrieg 1717“; Fasc. IV, 20¹/₃ a.

[2]) G. d. C. Graf Mercy in seinem Berichte an den Prinzen vom 20. April 1717 (Kriegs-A., „Türkenkrieg 1717“; Fasc. IV, 13¹/₄) sagt, ein Schönborn'scher Fähnrich hätte den Transport zurückgebracht. In „des Prinzen Eugenii Heldenthaten“ wird erwähnt, dass ein Löffelholz'scher Capitain, der von Peterwardein abgeschickt worden, die Rückgeleitung bewirkt habe.

[3]) Er wurde nach Belgrad geschafft und anfangs einer anständigen Behandlung theilhaftig, später kam er mit dem Hauptmann Freiherrn von Stein nach Adrianopel, wo sie, wie es scheint, nicht mehr dieselbe Rücksicht erfuhren. „Ich bedauere,“

Am 3. Mai sammelten die Türken ihre ganze Tschaiken-Flottille und unternahmen auf die kaiserlichen Fahrzeuge bei Szlankamen einen Angriff, den jedoch Capitain Schwendermann kräftig abwies, trotzdem sich die Bemannung der türkischen Tschaiken auf 4000 Mann (?) belief und ihren Angriff noch 3000 Reiter vom Ufer aus unterstützten [1].

Eilf türkische Schiffe wurden bei diesem Rencontre in den Grund geschossen und eilig ruderten die Osmanen wieder nach Belgrad zurück.

Am 13. Mai wurde der Anmarsch einer grösseren türkischen Streitkraft mit schwerem Geschütz gemeldet, welche beabsichtige, einen grossen Proviant-Transport, der von Futak über Titel nach Becskerek gelangen sollte, aufzuheben. Der eben im Lager von Futak angelangte Prinz Alexander von Württemberg rückte sofort den Türken mit 12 Bataillonen und 18 Escadronen auf dem rechten Ufer entgegen, war aber erst bei Karlowitz eingetroffen, als er erfuhr, dass sich der Feind eilends wieder nach Belgrad zurückgezogen habe [2].

G. d. C. Graf Mercy behauptete von nun an unbehelligt seine Stellung bis zum Beginne der grossen Operationen dieses Jahres, für welche er eifrig Vorbereitungen traf.

schrieb der Prinz am 28. April 1717 an G. d. C. Grafen Mercy, „das Unglück des Obristlieutenants Petrasch, ebensosehr ist der Verlust eines so guten und fähigen Officiers zu beklagen. Ich glaube aber, dass E. E. es hätten vermeiden können, wenn sie die Abfahrt der Tschaiken und des Transportes bis zur Ankunft der Kriegsschiffe verschoben hätten, welche sie gedeckt haben würden. Diese letzteren haben schon Peterwardein passirt, die Tschaiken von Komorn und Raab sind auch schon abgefahren. Der jetzige Verlust soll Sie bestimmen, sie nicht zu sehr der Gefahr auszusetzen, denn der Ersatz wird sehr schwer aufzufinden sein. Mr. de la Roche (Ingenieur-Hauptmann) kann indessen das Commando übernehmen." Nach „Eugenii Heldenthaten" soll übrigens ein Obristwachtmeister Cosenz an Stelle des Obristlieutenants Petrasch den Befehl über die Tschaiken im Banat übernommen haben.

[1] Eugenii Heldenthaten, III. Bd.

[2] Eugenii Heldenthaten, III. Bd. Relation des Prinzen von Braunschweig-Bevern vom 22. Mai 1717. Königl. Staats-Archiv Hannover, Fasc. Nr. 392 a.

Ereignisse in Siebenbürgen und der Walachei während des Feldzuges und im Winter 1716—17.

Nachdem das Gros der in Siebenbürgen stehenden Truppen zur Belagerungs-Armee vor Temesvár herangezogen wurde, konnten sich die im Lande zurückbleibenden schwachen Kräfte nur noch auf die strengste Defensive beschränken. Es war, wie aus den Befehlen des Prinzen an den G. d. C. Grafen Steinville hervorgeht, auch gar nicht in seiner Absicht gelegen, die Truppen von hier aus zu besonderen Operationen in excentrischer Richtung zu verwenden.

Die Richtigkeit der Anschauungen des Prinzen bewährte sich auch hier. Während der Zeit der Belagerung von Temesvár geschah thatsächlich von Seite des Feindes so gut wie nichts an den siebenbürgischen Grenzen. Die stets wieder auftauchenden Gerüchte über bevorstehende Tataren-Einfälle bewahrheiteten sich nicht. Der Prinz beachtete auch derlei alarmirende Meldungen gar nicht und hielt es für hinreichend, die Grenzpässe besetzt zu halten und die Beobachtungszone in das walachische Gebiet auszudehnen.

War der kriegerische Werth der Tataren überhaupt ein geringer, so hätten sie in dem gebirgigen Lande wohl auch nicht besonders viel ausrichten können und der einzige Versuch, den sie im October 1716 über Orsova in der Richtung auf Mehadia unternahmen, war rasch vereitelt, als Temesvár gefallen war.

Es ist gewiss, dass die innere Lage der Walachei, wie sie sich zu Beginn des Krieges gestaltete, den Kaiserlichen gute Gelegenheit zu sehr erfolgreichem Eingreifen geboten haben würde, wenn nicht das wichtigere Ziel, die türkische Hauptkraft, vor Allem die grössere Aufmerksamkeit anzusprechen gehabt hätte. Vielleicht trugen auch die Erfahrungen des letzten russischen Krieges 1710—11, in welchem Czar Peter I. durch die vielfältigen Versprechungen des walachischen Fürsten Kantemir und seiner Partei verleitet, den Operationsschauplatz in die Walachei verlegt hatte, um dort verrathen und getäuscht, einer vollständigen Katastrophe nur mit Mühe zu entkommen, dazu bei, den **Prinzen** dem ganzen walachischen Unternehmen und allen Verbindungen mit den unzufriedenen Bojaren, die auch ihm nur unzuverlässige, zweifelhafte Bundesgenossen schienen, abgeneigt zu machen.

Die Zurückhaltung und Vorsicht gegen alle diese Ergebenheitsversicherungen, die aus der Walachei nach Siebenbürgen gelangten, beherrschten auch den Gang der politischen Verhandlungen, welche endlich später, im Winter 1716—17 mit den Walachen doch geführt werden mussten. Der **Prinz** blieb seiner Ueberzeugung getreu, dass die Besiegung der türkischen Hauptmacht eine Besitznahme der Walachei besser vorbereite, als eine directe Action in diesem Lande mit unberechenbaren Partei-Elementen.

In der Walachei regierte zur Zeit Nicolaus **Maurocordato**[1]), welchen der Sultan im Frühjahre 1716, als einen der Pforte ergebenen Mann, zum Fürsten des Landes ernannt hatte.

Nicolaus **Maurocordato**, von dem die Zeitgenossen sagten, „dass er ärger sei als ein Türke“, war nicht die Persönlichkeit, um in bewegter Zeit im Lande Ordnung zu halten. Unkriegerisch, dabei tyrannisch und selbstsüchtig, gelang es ihm, trotz aller möglichen angewendeten Mittel der Bedrückung und Erpressung nicht, auch nur den Schein der Autorität zu wahren. Durch den Beistand der Tataren und Türken konnte er nur eben ermöglichen, in Bukarest, wo er sich bemühte eine Schreckensherrschaft einzurichten, in einiger Sicherheit zu leben. Die Bojaren hielten sich seinem Hofhalte ferne, correspondirten heimlich nach Siebenbürgen, woher man Erlösung und Befreiung von dem unerträglichen Joche des verhassten Fürsten hoffte und unter dem Volke herrschte in der Walachei, wie in der Moldau, wo Michael **Rakovica** ein türkisches Regime führte, grosse Unzufriedenheit, nur die Furcht vor den Tataren im Osten verhinderte noch den Ausbruch grösserer Unruhen.

---

[1]) Johann Nicolaus Maurocordato, Sohn des angesehenen Pforten-Dolmetsches Alexander Maurocordato, den Kaiser Leopold zum Reichsgrafen ernannt hatte, wurde etwa 1670 geboren und nach dem Tode seines Vaters 1709 erster Pforten-Dolmetsch, in demselben Jahre Hospodar der Moldau, jedoch schon 1710, über Klagen des Tataren-Khans, zurückberufen und erst 1716, nach dem Falle der Cantacuzene auf den walachischen Fürstenstuhl erhoben. Ein sehr eifriger Vollstrecker der Befehle der Pforte, war er stets bereit, neue Steuern aufzuerlegen und einzutreiben, oder Bojaren und Geistlichkeit niederzudrücken, wie es nur möglich war. Dadurch machte er sich so verhasst, dass das ganze Land seine am 9. December 1716 erfolgte Gefangennahme als förmliche Erlösung betrachtete.

Unter solchen Verhältnissen wurde es dem FML. Grafen T i g e, welcher seit dem Frühjahre 1716 mit den beiden Regimentern Pfalz-Neuburg-Cürassiere und Breuner-Dragoner, während der Belagerung von Temesvár sogar nur mit letzterem, im Burzenland und Háromszék stand, nicht schwer, sich der walachischen Grenzpässe zu bemächtigen, die dortigen Posten zurückzudrängen [1]), durch kleine Streifpartheien Fühlung mit den unzufriedenen Bewohnern zu gewinnen und auch die vom Hofkriegsrath so sehr gewünschten Requisitionen einzuleiten.

FML. Graf T i g e hatte sein Hauptquartier in Kronstadt. Von hier aus besetzte er durch eine stärkere Abtheilung Sinaia, um sich die Passage durch den Tömöser Pass freizuhalten. Auch über den Vulkan-Pass und gegen Černetz liess er Streifpartheien vorgehen, welche wiederholt bis an die Donau vordrangen.

Ende August nahmen 500 Mann der siebenbürgischen Grenzmiliz das feste Schloss und Kloster Tismana ein. Graf S t e i n v i l l e sendete den Rittmeister L a C r o i x seines Cürassier-Regiments mit 50 Reitern, denen später noch 50 folgten, zur Verstärkung des dortigen Postens ab.

Am 1. September 1716 kam L a C r o i x in Tismana an, freudig begrüsst von der Bevölkerung, welche in diesem kaiserlichen Detachement die ersten Anzeichen der Befreiung von der Türkenherrschaft wahrzunehmen glaubte [2]).

Von hier aus unternahmen die siebenbürgischen Grenz-Husaren weite Streifungen bis nach Rimnik, Slatina, Krajova und Černetz, so dass Nicolaus M a u r o c o r d a t o in Angst versetzt, sogar Bukarest

---

[1]) Bei einer solchen Gelegenheit wurden 2 Pauken und 5 Standarten der walachischen National-Truppen erbeutet. — G. d. C. Graf Steinville an den Prinzen, 25. August 1716. Kriegs-A., „Türkenkrieg 1716"; Fasc. VIII, 275. — Nach „Eugenii Heldenthaten" war es ein Hauptmann Eckh mit 100 Dragonern vom Regimente Breuner, welcher gegen zwei, je 100 Mann starke walachische Reiterabtheilungen ausgesendet, sie unvermuthet überfiel und gefangen nahm. Die Mannschaften wurden entlassen, die Officiere nach Kronstadt gebracht.

[2]) Rittmeister La Croix berichtet am 2. September 1716 an Graf Steinville (Kriegs-A., „Türkenkrieg 1716"; Fasc. IX, 50 b): „Ich kann nicht sagen, was die Leute für eine Liebe gegen uns erzeigen, sie haben sogar mit allen Glocken geläutet, wie ich herein marschirt bin; ob es aber von aufrichtigem Herzen gewesen ist, glaube ich nicht, nichtsdestoweniger weiss ich, dass der völlige Adel auf unserer Seite ist. Das Allererste, was mich der Adel gefragt, war dieses, ob ich keinen Befehl hätte von ihnen Gold zu begehren, worauf ich ihnen aber geantwortet, dass ich nicht hereinkomme, sie zu exequiren, sondern in der kaiserlichen Protection zu erhalten.

Alles was allhier ist, ist gänzlich wider ihren Fürsten und verfluchen ihn in die Hölle; ich habe wohl einigen Gedanken gehabt, dahin zu schicken oder selbst zu gehen, allein ist solches fünf ganze, starke Tagemärsche von hier, ich hoffe aber, es werden sich andere schon finden, die ihn beim Kopf bekommen werden."

verliess und nach Jassy flüchtete. Er kehrte jedoch, als der erste Schrecken vorüber war, zurück, um Massregeln zur Vertreibung der kaiserlichen Soldaten zu treffen. Es standen 1100 Türken und 4—500 Tataren zu seiner Verfügung. Die Husaren streiften indessen trotzdem unbekümmert bis zur Donau und nahmen sogar mehrere ansehnliche Personen, die als Anhänger des Fürsten galten, in Krajova gefangen. Leider hatte die Grenzmiliz nicht ebensoviel Disciplin, als Muth und Unternehmungsgeist und so hausten sie manchmal wenig besser, als die Tataren selbst. Dennoch vermehrte sich die Anzahl der Ortschaften, welche die kaiserliche Protection ansuchten.

Am 11. October 1716 gelang es einer von Tismana ausgesendeten Streifparthei einen etwa 800 Mann starken Trupp walachischer Milizen, der im Anmarsche auf Tismana war, zu zerstreuen, den feindlichen Commandanten gefangen zu nehmen und einige Fahnen zu erbeuten. Die Walachen, welche nur ungern dem Befehle des Fürsten gefolgt waren, liess Rittmeister La Croix wieder frei.

Als im October die Tataren über Orsova und Mehadia vordrangen, zog sich Rittmeister La Croix zurück, um aber bald seine Position abermals zu besetzen.

Das Gros der siebenbürgischen Grenzmiliz unter dem Ober-Capitain Dettina war im August nach Facset gekommen, um die vom Grafen Steinville angeordnete Requisition von Getreide durchzuführen[1]) und zugleich im Verein mit 300 Mann von Steinville-Cürassieren unter Obristlieutenant Schramm in Karansebes, die Verbindung zwischen der Armee vor Temesvár und dem eigenen Lande zu erhalten. Nach dem Falle von Temesvár ging diese National-Miliz an die Südgrenze von Siebenbürgen ab.

Zu Anfang des Monats November 1716 traf auch G. d. C. Graf Steinville, mit einer Instruction vom Prinzen über sein Verhalten bei und nach Beziehung der Winterquartiere[2]) versehen, wieder in Siebenbürgen ein.

Nebst dem Schutze des Landes durch das nunmehr wieder bedeutend verstärkte Truppen-Corps sollte er nun trachten, dem Feinde Abbruch zu thun, in der Walachei Contributionen ausschreiben, besonders aber den G. d. C. Grafen Mercy im Banate in seinen Unternehmungen unterstützen und auch dessen Requisitionen ermöglichen.

---

[1]) Dettina an den Feldkriegs-Secretär Brockhausen, 29. August 1716. „Türkenkrieg 1716"; Fasc. VIII, 278.

[2]) Supplement Nr. 161.

Dabei wünschte der **Prinz**, dass in beiden Fürstenthümern längs der Grenze haltbare Klöster, Schlösser und sonst günstig beschaffene Gebäude, dann ebenso vorwärts im Lande einzelne Puncte zur besseren Sicherung der Grenzen und Durchführung der Contributionen besetzt würden.

In Folge dessen liess Graf **Steinville** die festen Orte Kimpulung [1]), Rimnik und Margineni Ende November durch FML. Graf **Tige** in Besitz nehmen, der auch in der Moldau auf besondere Bitte der Bojaren das feste Schloss Nyamtz (Neamtu) mit 60 Dragonern und siebenbürgischer Grenzmiliz besetzte, desgleichen den Capitain **Erno** in das Kloster Kasan, am Ausgange des Ojtos-Passes, detachirte.

Vom Rothenthurm-Pass und Sinaia, wo 60 Mann regulärer Truppen und Miliz-Abtheilungen standen, streifte eine Parthei von nur 50 Mann bereits bis gegen Bukarest und sprengte dort 200 Tataren auseinander. Auf dem Rückwege wurde sie jedoch von einer grösseren Reiterschaar bedrängt und vermochte sich nur mit Mühe in das Gebirge zu flüchten.

Nicolaus **Maurocordato** erhob in einem Schreiben an den **Prinzen**, vom 7. November 1716, gegen das Eindringen kaiserlicher Truppen in sein Land Protest. Graf **Steinville** übernahm die Beschwerdeschrift und hatte sie kaum nach Wien weitergesendet, als die überraschende Nachricht einlief, dass der Hospodar in seiner Hauptstadt selbst durch den Grenz-Ober-Capitain **Dettina** gefangen genommen und nach Siebenbürgen abgeführt worden sei.

Dettina, ein Partheigänger von ganz besonderer Thatkraft, war auf Befehl des Grafen **Steinville** aus Déva Anfangs November 1716 mit etwa 1000—1200 Reitern seiner Grenzmiliz, wahrscheinlich durch den Rothenthurm-Pass, bis Rimnik im Aluta-Thale vorgegangen. Hier schlossen sich ihm unzufriedene Bojaren an. Einer derselben, Serdar **Barbul**, der schon lange mit Siebenbürgen in Verbindung gestanden und Nachrichten über die walachischen Zustände geliefert hatte, diente als Führer der Expedition [2]).

Ob nun deren Weiterführung im Plane **Steinville**'s gelegen gewesen, oder nur ein kühner Handstreich des Partheigängers war, lässt sich nicht völlig feststellen, jedenfalls fand **Dettina** willige Unterstützung und Zuzug von Seite der walachischen Bauern, als er von Rimnik aufbrach, um auf Bukarest selbst zu marschiren. Sogar

---

[1]) Kimpulung in der Walachei, zum Unterschiede von Kimpolung in der Bukowina.

[2]) Engel, Geschichte der Moldau und der Walachei.

walachische Truppen befanden sich bei der Reiter - Abtheilung Dettina's. Bei Fierreresto, in der unmittelbaren Nähe von Bukarest, wurden 400 Tataren überfallen und grösstentheils zusammengehauen, worauf sich Dettina gegen die Stadt selbst wandte. Er theilte seine Grenzer in drei Abtheilungen; die eine unter Capitain Isak drang in der Stadt auf die hier befindlichen Türken und Tataren ein, Capitain Dragoj wurde gegen ein ausserhalb Bukarest liegendes Tataren-Lager dirigirt und Dettina selbst führte die dritte Abtheilung zur Residenz des Fürsten, die umstellt wurde; es entspann sich ein kurzer Kampf, in welchem 200 Türken auf dem Platze blieben.

Maurocordato, verlassen von den Seinigen, fiel in die Hände der Kaiserlichen. Der Hass und die Erbitterung der Bojaren gegen den Hospodar brachte das Leben desselben in höchste Gefahr, doch gelang es Dettina, ihn aus den Händen seiner Todfeinde zu retten und seinen Gefangenen zu sichern, den er nach Siebenbürgen zu bringen gedachte.

Vergebens bot Maurocordato dem Ober-Capitain 1000 Beutel Gold oder 500.000 fl. als Lösegeld an; er musste sich noch an demselben Tage zur Abfahrt bequemen, wobei er einen grossen Tross und seinen Harem mit sich führte [1]).

Der kühne Partheigänger verliess Bukarest noch am 25. November, allerdings nicht, ohne dass seine Grenzer die türkischen Kaufläden geplündert hätten. Eine Anzahl Geschütze, welche die Armirung der Stadt ausmachten, vermochte er wegen Mangel an Bespannungen nicht mitzunehmen.

Wenn auch dieser tapfere Streich nur unter der Voraussetzung gelingen konnte, dass das walachische Volk sich ruhig verhalten und der Wegführung seines Hospodars keinen Widerstand entgegensetzen werde, so war es doch immer eine schöne Reiterthat, der auch die verdiente Anerkennung nicht versagt wurde. Der Prinz beantragte [2]), den Ober-Capitain „sowohl seiner hierin bezeigten tapfern und vorsichtigen Aufführung, als der mit Ausschlagung eines so grossen offerti erwiesenen Treue, besonders zu rühmen und zu seiner selbsteigenen Animirung und Belohnung, als um Andere zur Nachfolge desto mehr anzueifern, die Obristlieutenants-Charge und Gage Aller-

---

[1]) Berichte des Ober-Capitains Dettina aus Cimbul, den 27. November 1716. H. K. R. Exp. 1716; December, 94.

[2]) H. K. R. an den Kaiser, 9. December 1716. H. K. R. Exp. 1716; December, 511.

gnädigst zu verleihen“. Der Kaiser willfahrte und es wurde der nunmehrige Obristlieutenant überdies durch eine goldene Gnadenkette mit dem Bildniss des Kaisers ausgezeichnet und ihm später auch der Adel mit dem Prädicat „von Pivoda“ verliehen.

Während Dettina eine Abtheilung mit den eroberten Fahnen und Pauken nach Hermannstadt schickte, führte er selbst den Hospodar über Tergovist nach Kronstadt, weil der Weg durch den Rothenthurm-Pass damals nicht fahrbar war.

Gegen 800 Bojaren, welche die Rache der Türken fürchteten, folgten mit ihren Familien bis Tergovist, in welchem Orte sich allmälig die angesehensten Personen des Landes sammelten.

Am 7. December traf der Hospodar über Kronstadt, begleitet und bewacht durch einen Rittmeister mit Escorte, in Hermannstadt ein, wo der Befehl des Hofkriegsraths einlangte, ihn entweder in dieser Stadt oder in Karlsburg zu interniren und gut zu bewachen [1]). Es wurde ihm nun in Hermannstadt ein geräumiges Haus und die erforderlichen Mittel zu seinem Unterhalt zugewiesen.

In der Walachei stieg die Unordnung. Während von der einen Seite die Türken drohten, Rache zu nehmen und die Tataren in das Land zu rufen, war von der andern Seite, vom Grafen Steinville,

---

[1]) H. K. R. an Graf Steinville, 9. December 1716. H. K. R. Reg. 1716; December, 183. Graf Steinville schrieb am 8. December 1716 an den Hofkriegsrath (H. K. R. Exp.; December, 128): „Ich bleibe bei meiner gefassten Impression und unänderlichen Meinung, dass er in der Walachei ein gefährlicher Feind gewesen, zumal es ex relatio nicht unbekannt ist, welchergestalten die ottomanische Pforte denselben zum Seraskier declarirt und jene sogar dem Tataren-Khan anbefohlen haben sollte, ihm Gehör zu geben und sich beinebens mit demselben zu ein- und andern gutgedünkten Vorhaben einzuverstehen. Massen denn, wie die weiteren particularen Nachrichten lauten, seine Intention gewesen ist, in diese kaiserlichen Lande eine Invasion zu machen und habe der bei Peterwardein gebliebene Grossvezier, wenn dieses über heurige Campagne verfasstes Project in effectu zu Stande gekommen wäre, denselben nicht nur in rectore zum Fürsten in Siebenbürgen schon declarirt, sondern auch darauf ihm allbereits die wirkliche Assecuration gegeben gehabt, worauf dieses Hospodars von Natur angeborener Hochmuth so gross verstiegen ist, dass er sich nicht mehr zu überwinden vermochte, in Anwesenheit seiner Bojaren öffentlich zu sagen: Dass er verhoffe, mich als seinen Sclaven bald unter seinen Füssen zu sehen. Um im kurzen zu sagen, er ist ein bekannter Tyrann, welchen ich jedoch darum nicht übel dahier werde halten lassen, weil uns derselbe nicht mehr schaden kann.“

kein Schutz zu hoffen, da er viel zu wenig Truppen besass, um ein so ausgedehntes Territorium zu decken und zudem die Winterszeit jede weitergreifende Operation hier unmöglich gemacht hätte.

Steinville konnte die Zeit nur benützen, um die Verbindung mit den angesehenen Bojaren möglichst zu festigen und denselben in Siebenbürgen wenigstens einen sicheren Rückhalt zu bieten.,

In Tergovist an der Jalomitza beriethen die Bischöfe, Archimandriten und vornehmsten Bojaren über die nun nothwendigen Schritte und man war darin einig, sich dem Schutze des Kaisers ohne Rückhalt hinzugeben [1]). Die Möglichkeit der endlichen Befreiung aus dem Türkenjoch schien auch für diese Lande gekommen [2]).

Die Anerbietungen der Tergovister Versammlung wurden am 29. November, unterfertigt vom Erzbischof Mitrophanes und den ersten Beamten, durch eine feierliche Deputation an den Grafen Steinville abgesendet, bei dem inzwischen auch Nicolaus de Porta, einer der einflussreichsten Bojaren mit zwei Genossen eingetroffen war, um die Verhandlungen persönlich zu führen und zu beschleunigen. Steinville rieth, bis zum Eintreffen einer Antwort aus Wien die Regierung des Landes vier gewählten Männern anzuvertrauen und ermahnte auch in einem Schreiben vom 30. November 1716, den wieder als Prätendenten auftretenden Fürsten Georg Cantacuzeno sich ruhig zu verhalten. Von einer Besetzung Bukarest's durch kaiserliche Truppen, welche die Walachen wünschten, wollte Steinville nichts

---

[1]) Graf Steinville an den H. K. R., 8. December 1716. Beilage. Das Schreiben der walachischen Stände an den Grafen Steiuville am 29. November. Auch baten sie, dass man Bukarest durch kaiserliche Truppen besetze. (Schreiben Georg Cantacuzeno's an den Grafen Steinville am 29. November 1716.) H. K. R. 1716; December.

[2]) Auch die Moldau hatte die kaiserliche Schutzherrschaft angesucht, viele Bojaren kamen nach Siebenbürgen, man war auch hier gewillt, das ottomanische Joch abzuschütteln. Der Anfang wurde damit gemacht, dass moldauische Insurgenten die Tataren bei Braila angriffen, schlugen und zerstreuten.

Steinville designirte zur Leitung und Erhaltung der Ordnung vorläufig den Bojaren Basil Stollnick zum kaiserlichen obersten Capitain in der Moldau. Wie die Moldau, so forderte auch die Bukowina Hilfe, der Kreis von Kimpolung bat um Schutz und Besetzung. GFWM. St. Amour, der mit seinem Regiment in Bistritz lag, ertheilte den Bittstellern die bezüglichen „Interims-Decrete" und schickte den siebenbürgischen Hayducken-Capitain Johann Páp mit 40 Mann ab, um Suczawa zu besetzen. Páp überfiel bei diesem Orte eine türkische Abtheilung von 120 Pferden und sprengte sie auseinander, ging aber, weil er von der Annäherung tatarischer Haufen aus Chotin hörte, über Kimpolung bis auf die Karpathen-Passhöhe zurück. St. Amour beorderte ihn wieder vor und verstärkte ihn durch 50 Mann zu Fuss seines Regiments. St. Amour an den Prinzen, 22. December 1716. Kriegs-A., „Türkenkrieg 1716"; Fasc. XII, 44.

wissen, da die Stadt zu weit von der siebenbürgischen Grenze abgelegen und wirklich schwer zu behaupten gewesen wäre.

Die Deputirten erklärten ihre Einwilligung zu dem vorläufigen „Quatuorvirat“, dessen Mitglieder von der Versammlung in Tergovist gewählt werden sollten. Zur Sicherung der Wahl und der Stände selbst war Steinville erbötig, diesen Ort, welcher einmal die Residenz der walachischen Könige gewesen war, durch eine Befestigung zu verstärken. Im Uebrigen versprach er ihnen die kaiserliche Gnade und baldige Hilfe. Er erliess ein eigenes Manifest an die Walachen, in dem er die bisherigen furchtbaren Zustände und die Nothwendigkeit der Intervention des Kaisers betonte. Dieses Manifest, welches man in verschiedenen Sprachen in der Walachei und in Siebenbürgen kundmachte, wurde auch vom Prinzen Eugen gutgeheissen, er rieth nur [1]), bei einer anderen Gelegenheit auch einfliessen zu lassen, dass der Kaiser die beiden Fürstenthümer als alte, zu der Krone von Ungarn gehörige Länder betrachte, deren Botmässigkeit unter kaiserlicher Herrschaft wohl unterbrochen worden, aber rechtlicher und vernünftiger Weise nicht aufgehoben werden könne und es hätten sich daher auch die Fürstenthümer des kräftigen kaiserlichen Schutzes und alle getreuen Unterthanen der Milde und Gnade des Kaisers versichert zu halten. Dass die Türkei ihr vermeintliches Recht auf die Walachei und die Ernennung ihrer Hospodare gleichfalls geltend zu machen sich bemühen werde, war vorauszusehen und auch Prinz Eugen erwartete es. Seine Anschauung, die ganz in dem Grundgedanken wurzelte, dass dem Türkenthum überhaupt kein Anspruch auf legitimen Besitz in früher oder noch christlichen Ländern zukomme, musste zu der weiteren Folgerung führen, die der Prinz auch aussprach, dass jeder Regierungs-Candidat, den die Türken für die Walachei aufstellen würden, als Rebell und Aufwiegler und nur das von der kaiserlichen Autorität bestätigte Vierherren-Amt als legitim anzusehen sei. Wenn aber mit solcher Entschiedenheit aufgetreten werden sollte, musste den Walachen wirklicher Schutz geboten werden und Eugen rieth daher zur Vermehrung der Truppen in der Walachei, um nicht, wenn Türken und Tataren wieder in das Land einbrechen sollten, eine allgemeine Verwirrung eintreten und das ganze Vertrauen in den kaiserlichen Schutz erschüttert zu sehen. Steinville sollte daher, wenn möglich in Verbindung mit dem Grafen Mercy, trachten, den eventuell in das Land einrückenden Tataren so energisch entgegenzutreten, dass selben die Lust zu weiteren Beunruhigungen gründlich benommen werde.

---

[1]) Kriegs-A., „Türkenkrieg 1716“; Fasc. XII, 54.

Die Besetzung von Tergovist, das vorläufig den Centralpunct für die ganze Aufstellung in der Walachei bildete, wurde dem FML. Tige aufgetragen, der selbst 200 Commandirte der Regimenter Lobkowitz-Cürassiere, dann Vehlen- und Hauben-Dragoner nach Tergovist führen sollte, während 200 Reiter vom Regimente Steinville-Cürassiere durch den Rothenthurm-Pass vorgingen.

Bald darauf kam der Kriegs-Commissär Hahn in die Walachei, um die ökonomischen Anstalten zu treffen und endlich die gewünschten Requisitionen einzuleiten. Auch Ingenieure recognoscirten die besetzten Orte und man begann, besonders in Rimnik, mit fortificatorischen Verstärkungen.

Um die von Dettina in Bukarest zurückgelassenen 13 Geschütze in Besitz zu nehmen, wurde Obristwachtmeister Sautter von Degenschild des Dragoner-Regiments Hauben aus Margineni Anfangs December nach Bukarest geschickt. Dettina hatte sich ihm angeschlossen und beide brachten die Geschütze wirklich unversehrt an die siebenbürgische Grenze [1]).

Die kleine Expedition bekam bereits Fühlung mit den Tataren, welche nunmehr als neue Gefahr die Donau bei Giurgevo übersetzt hatten und bald in der ganzen Walachei herumstreiften. Der Eindruck, den das Erscheinen dieser gefürchteten Raubbanden machte, war nicht unerheblich, so dass jetzt Dettina in einiger Uebereilung Bukarest, wo auch eine Compagnie der Grenzmiliz zurückgelassen war und später sogar Tergovist räumte und sich nach Rimnik zurückzog.

Prinz Eugen war damit nicht einverstanden und liess Tergovist sogleich wieder besetzen [2]).

Mit dem Eintritte des Jahres 1717 änderte sich die Lage in den Fürstenthümern in sehr empfindlicher Weise. Während die Deputirten in Tergovist ihre Berathungen hielten, ohne schlüssig werden zu können, rückte Johann Maurocordato, der Bruder des gefangenen Hospodars, bis dahin Dragoman in Constantinopel und nun von der Pforte „ohne viel Ceremonien, indem man ihm nur einen Kaftan um die Schulter warf", zum Hospodar der Walachei ernannt, mit einer starken Schaar von Türken und Tataren aus Giurgevo kommend, in Bukarest ein.

---

[1]) Obristwachtmeister Sautter an FML. Graf Tige, 9. December 1716, aus Margineni. Dettina an Graf Steinville, 2. und 8. September 1716. H. K. R. Exp. 1716; December, 148, Beilage F. Ein Theil der Geschütze blieb zur Armirung in Kimpulung (Campolung).

[2]) H. K. R. an Graf Steinville, 30. December 1716. Kriegs-A., „Türkenkrieg 1716"; Fasc. XII, 54.

Die Bestürzung im ganzen Lande war eine mächtige und allgemeine.

Die Versammlung der Notablen in Tergovist sandte wiederholt Abgeordnete an den Grafen Steinville, damit dieser ihnen zu Hilfe komme.

Steinville frug in Wien an, ob man nicht statt des Vierer-Collegiums eine Fürstenwahl vornehmen lassen solle, um dem von der Pforte ernannten Hospodar ein Gegengewicht im Lande selbst zu geben. Das wäre indessen auch kaum ein wirksames Mittel gewesen, das Wesentlichste, dessen die Walachen bedurften, reellen militärischen Schutz, vermochte man ihnen aus Mangel an Truppen nicht zu geben.

Der Prinz hatte Steinville sogar bereits kundgegeben, dass die für das nächste Jahr geplanten Operationen es erfordern würden, auch noch den grössten Theil der jetzt in Siebenbürgen liegenden Truppen zur Armee heranzuziehen und dass er sich daher mehr auf hinhaltende Unterhandlungen beschränken müsse [1]). Die Walachei werde, schrieb Eugen am 20. Januar 1717, durch die zurückbleibenden und im Banat befindlichen Kräfte noch immer gedeckt werden können.

Die Walachen selbst befanden sich in grosser Bedrängniss. Den nach Hermannstadt geflüchteten Bojaren waren noch einige Bischöfe und Prälaten (Diakone und Archimandriten) gefolgt und es wurde dort der Entschluss gefasst, eine Deputation an den Kaiser zu

---

[1]) H. K. R. an Graf Steinville, 20. Januar 1717. Kriegs-A., „Türkenkrieg 1717"; Fasc. I, 25½. „Und weil die ottomanische Pforte durch die ausgestreuten Notificationes von Benennung des Joannis Maurocordato pro Successore auch Improbirung des Vorfahrers doch anbefohlenen Unternehmung und versprochenen Nachlassung eines jährlichen Tributes das Land von der kaiserlichen Devotion nur abzuwenden suchet, so wäre solchem natürlicher Weise zu erkennen zu geben, wie den gesammten Insassen der Türken Treulosigkeit genugsam bekannt, solche nur sie einzuschläfern, ihre vorige Rache bei Herbeibringung der Bojaren fortzusetzen, auch selbe von dem Nicolao Maurocordato angefangenermassen durch seinen eben deswegen substituirten Bruder Joannem gänzlich auszutilgen trachten würde. Dass sie sich also wohl in Obacht zu nehmen, unter dem Allerhöchsten kaiserlichen Schutz beständig zu verbleiben und um selben kräftig unterstützen zu können, durch beizuschaffende Subsistenz und andere Verpflegsmittel für die Truppen die Gelegenheit zu geben hätten. Und zumal man diesseits die Oberhand gegen den Feind erlangt und solcher nicht wohl anders als über die Donau mit Nachdruck in die Walachei eindringen kann, so wird diese Provinz wenigstens zum guten Theil durch die in Siebenbürgen und im Banat befindlichen Truppen conservirt als von den Türken devastirt werden mögen."

Diese Anschauungen wurden durch die Ereignisse nicht bestätigt. Die Walachen waren weder im Stande, die gewünschten Lieferungen zu machen, noch die Donau-Linie zu vertheidigen, welche Johann Maurocordato ohne Schwierigkeit überschritten hatte, um nach Bukarest zu kommen, wo nun die altgewohnte türkische Misswirthschaft auf das Neue begann.

schicken, um die Bitte um materielle Hilfe für ihr Vaterland zu wiederholen [1]).

Von walachischer Seite war freilich bis jetzt auch gar nichts geschehen, nicht einmal die Wahl der provisorischen Regierung, des Quatuorvirats, war gelungen, da wie sie selbst meinten, „quot homines tot sententiae". Eher waren die Emigranten in Hermannstadt im Stande, sich über die Wahl eines Fürsten zu einigen, den sie in der Person des in Kronstadt lebenden Georg Cantacuzeno dem Kaiser vorzuschlagen gedachten.

Inzwischen hatte Johann Maurocordato es verstanden, das unzuverlässige walachische Element klug benützend und in seinen 4000 Türken eine hinreichende Stütze findend, rasch überall seine Autorität herzustellen. Er erliess bei seiner Ankunft eine Art Amnestie; manche der flüchtigen Bojaren wagten es wirklich, in ihr Heimatland zurückzukehren.

Der neue Hospodar begriff wohl, dass er sich dem Kaiser nicht mit offener Gewalt widersetzen könne, das Beispiel seines Bruders warnte ihn vor solch' gefährlicher Gegnerschaft. Die Niederlage der Türken und die allgemeine Verwirrung im Osmanen-Reiche, von welcher er in Constantinopel selbst Zeuge gewesen, mochte ihn über die Schwäche seines Lehensherrn hinreichend aufgeklärt haben. Er trachtete daher, mit den Kaiserlichen zu einem Vergleiche zu kommen, um sich vor weitern Hostilitäten zu schützen und eine geordnete Verwaltung im Lande zu sichern. Er wagte es sogar, als Vasall des Sultans, trotz des Kriegszustandes zwischen dem Kaiser und der Türkei und ohne den Vorwurf der Hinneigung zur kaiserlichen Sache, die schon zweien seiner Vorgänger den Hals gekostet hatte, zu fürchten, einen förmlichen Vertrag abzuschliessen, der eigentlich eine Art Neutralität der Walachei schuf.

Schon am 29. December 1716 von Giurgevo aus, als er im Begriffe stand, in die Walachei einzudringen, hatte er an G. d. C. Graf Steinville und an FML. Graf Tige Schreiben abgesendet, in denen er eine friedliche Gesinnung kundgab. Diese Briefe brachte der Schwager des verstorbenen Fürsten Brancovan, Servan Grecianul, den er kluger Weise für sich zu gewinnen suchte, als Unterhändler nach Siebenbürgen, um dem Grafen Steinville die Versicherung auszusprechen, dass das Bestreben Johann Maurocordato's lediglich dahin gerichtet sei, die Walachei vor Raub und Plünderung der Türken und Tataren zu retten. Er wolle sich verpflichten, nichts

---

[1]) Graf Steinville an den H. K. R., 29. Januar 1717. H. K. R. Exp. 1717; Februar, 445

zum Nachtheile des kaiserlichen Interesses zu unternehmen und sich einer guten Nachbarschaft zu befleissen, bitte aber um die kaiserliche Einwilligung, sich nach Bukarest begeben und im Lande frei und ungefährdet bewegen zu dürfen, gegen das Versprechen, seine Türken- und Tataren-Begleitung zu entfernen.

Diese Anerbietungen waren mehr, als man von einem Manne erwarten durfte, der mit 4000 Bewaffneten hinter sich, vom Einmarsch in die Walachei überhaupt gar nicht hätte abgehalten werden können. Graf Steinville täuschte sich darüber auch keineswegs, aber er vermied es doch, eine förmliche Bewilligung zu geben und erklärte nur, seinerseits zuzustimmen, wenn Johann Maurocordato eine besondere „salva guardia" zu seiner Sicherheit halten wolle. So wenig wie Steinville, so wenig traute auch der Hofkriegsrath der grossen Willfährigkeit des neuen Hospodars, die ohne eine friedfertige Gesinnung der Pforte selbst, für die kein Anhaltspunct gegeben war, doch kaum vorausgesetzt werden konnte. Man wollte der Türkei die Oberherrschaft in der Walachei nicht mehr gestatten [1]), oder wenigstens sich nicht den Anschein dazu geben; es wurde daher in Wien beschlossen, dem Johann Maurocordato trotz seiner Anerbietung die Anerkennung zu versagen.

Der Kaiser selbst, schrieb der Prinz an den Grafen Steinville, werde den Hospodar ernennen, unter türkische Botmässigkeit aber dürfe die Walachei nicht mehr kommen.

Wie die Lage aber einmal war und bei der Unmöglichkeit, sofort mit Waffengewalt sich der Walachei zu bemächtigen, konnte auch die von Tergovist in Aussicht stehende Deputation [2]) der walachischen Bojaren und Prälaten in Wien nicht wünschenswerth sein.

Steinville erhielt Befehl, ihre Reise zu verhindern und höchstens dem Georg Cantacuzeno einige Hoffnung auf seine Ernennung zum Hospodar zu machen.

Während der Verhandlungen in Hermannstadt hatte Obristlieutenant Dettina auf Befehl Steinville's von Rimnik einen Streif-

---

[1]) H. K. R. an den Grafen Steinville, 10. Februar 1717. Kriegs-A., „Türkenkrieg 1717"; Fasc. II, 12½.

[2]) Die Deputation, bestehend aus dem Bischof von Rimnik, dem Servan Busuranus, Vornik oder Landrichter, dem Drogiz Strimbean, Serdar oder General, dann dem Matthäus Creculescul, Satrarius oder Custos Tentoriorum und den beiden Provinzial-Secretären Grigorius Serdar und Nicolaus de Porta, war indessen schon in Wien eingetroffen und bemühte sich hier, theils beim Prinzen, theils bei den Ministern, den kaiserlichen Schutz für ihr Land in einer bestimmteren Form zu erlangen.

zug in die kleine Walachei westlich der Aluta ausgeführt, auf deren Besitznahme, besonders mit Rücksicht auf die Verbindung mit dem G. d. C. Grafen **M e r c y** und eine gemeinsame Operation auf Orsova, in erster Linie reflectirt wurde.

D e t t i n a ging, behindert durch Schnee und grosse Kälte, mit etwa 12 Compagnien seiner Grenzer und walachischen Freiwilligen, im Ganzen 2500 Mann, in der Richtung auf Černetz vor, machte in Turn-Severin die feindliche Besatzung von über 100 Mann nieder, verbrannte vier türkische Magazine und zog sich mit geringem Verlust und einiger Beute an Vieh auf Brancovan, südlich Slatina. Hier beliess er den Capitain **D r a g o j** mit 6 Compagnien, ein Theil der walachischen Freiwilligen unter **B e n s e s k o** blieb in Krajova, der Rest derselben, nebst zwei siebenbürgischen Compagnien, in Segarcea südlich Krajova, eine Compagnie wurde nach Tismana geschickt, **D e t t i n a** selbst war mit den übrigen Grenzern Ende Januar 1717 wieder in Rimnik.

Ausserdem standen in dem walachischen Kimpulung der Obristlieutenant **C h a m b l e y** von Vehlen-Dragoner mit 2—300 Mann, in Margineni Obristlieutenant **S a u t t e r** von Hauben-Dragoner, ebenfalls mit einigen hundert Mann, in Tergovist eine Cavallerie-Abtheilung und eine Compagnie der Grenzmiliz.

Nicht so glücklich und erfolgreich wie in der Walachei waren die Unternehmungen, welche man nach der Seite der Moldau hin versucht hatte. Sie lagen nicht eigentlich in der Intention des G. d. C. Grafen **S t e i n v i l l e**, der sich damit begnügt hatte, durch den GFWM. **S a i n t-A m o u r** Kimpolung mit einem Lieutenant und 50 Dragonern, dann die festen Puncte Nyamtz und Kasan durch National-Milizen besetzen zu lassen [1]).

Auch in der Moldau standen sich die kaiserliche Partei, deren Führer der Ober-Capitain Basil **S t o l l n i c k** war und der von der Türkei eingesetzte Hospodar Michael **R a k o v i c a**, der sich in Jassy stille hielt und als dessen Stütze eigentlich nur die an der Grenze befindlichen Tataren betrachtet werden konnten, gegenüber. So lange indessen nicht kaiserliche Truppen im Lande erschienen, um der Parthei des Ober-Capitains **S t o l l n i k** eine wirkliche Hilfe zu bieten, war in der Moldau auf ein Uebergewicht des kaiserlichen Einflusses nicht zu rechnen.

---

[1]) GFWM. Saint-Amour an den Prinzen, 22. December 1716. Kriegs-A., „Türkenkrieg 1716"; Fasc. XII, 44.

Die verschneiten Pässe mit den schlechten, kaum für Fussgänger oder Saumthiere geeigneten Communicationen machten aber während des Winters Operationen in die Moldau beinahe unmöglich, wenn auch Truppen dafür vorhanden gewesen wären; Steinville konnte daher höchstens hoffen, seine Beobachtungsposten vielleicht bis zum Seret vorschieben zu können. Ehe es aber zu diesem Versuche kam, waren durch eine verunglückte Expedition die bisherigen günstigeren Vorbedingungen fast völlig verloren und man sogar vorübergehend auf die Vertheidigung der eigenen Grenzen beschränkt.

Capitain Erno, der mit 50 St. Amour-Dragonern und einigen Compagnien der National-Miliz anfangs in Kasan, später in Nyamtz stand, fasste gegen Ende Januar 1717 den Entschluss, die Abwesenheit der Tataren von Jassy, von der Kundschafter meldeten, zu benützen und gleich Dettina einen kühnen Streich auf die Hauptstadt Jassy zu wagen, um womöglich den Fürsten Michael daselbst gefangen zu nehmen.

Erno liess die Dragoner und eine Hayducken-Compagnie unter Capitain Johann Páp bei Allmossin an der Moldawa sich sammeln, während er selbst mit 2 Miliz-Compagnien von Nyamtz dahin rückte. Die Vereinigung dieser Abtheilungen erfolgte beim Kloster Bobrata, nahe des Szeret und Erno erreichte wirklich in wenigen Tagen mit seinem kleinen Detachement Jassy, in das er nach dem Berichte des GFWM. Saint-Amour, „mit klingendem Spiele marschirt und des Voda (Vojvoda) Schloss umrungen; Capitain Erno mit seinen Leuten bei dem Thor" schreibt Saint-Amour, „meine Dragoner aber an einem Ort, wo eine gute Schanze angelegt, die Attaque genommen, sogleich abgesessen und den Berg hinauf bis hart an die Tschardake angelaufen, da man mit kleinem Gewehr keinen, mit Stücken aber 2 Schuss gegen sie und einen gegen den Wald gethan, worauf sie einen grossen Schwarm zu Pferde aus dem Walde jagen und ehe sie den Ort recht angreifen und überwältigen können, sich mit mehr als 3000 Tataren umrungen gesehen. Worauf sie sich wieder zurück zu ihren Bauernpferden gezogen, in möglichster Eile formirt, auch die stark angedrungenen Tataren attaquirt und zu verschiedenen Malen repoussirt, doch aber nicht verwehren können, dass sie mehrer und mehrers eingeschlossen worden, gestalten ihnen die Besatzung aus dem Schlosse auf den Rücken gekommen und indem sich alle Einwohner von Jassy auch zu den Tataren geschlagen, gar zu sehr in die Enge getrieben worden. Worauf sie sich in Ordnung zu retiriren gesucht, welches auch unter einem steten Pfeilregen bis 9 Uhr glücklich vonstatten gegangen, bis sie an einen haushoch tiefen und breiten Graben gekommen, wo die Ordnung zertrennt und alle Hoffnung zu fernerer Retirade abgeschnitten worden" [1]).

Der grösste Theil der Dragoner und der National-Miliz wurde niedergemacht und nur einige Flüchtlinge brachten Kunde von der misslungenen Expedition. Der in Nyamtz zurückgebliebene Capitän Bocskor räumte nun mit seiner Grenz-Compagnie eilends auch diesen Ort in der Furcht, von den Tataren überfallen zu werden. Das Kloster Kasan, auf moldauischem Boden, wurde durch die unter einem Lieutenant von St. Amour-Dragoner stehende schwache Besatzung gegen einen Anprall von mehreren tausend Moldauern und Tataren tapfer vertheidigt und erst geräumt, als auch die andern Puncte jenseits der Grenze von den Kaiserlichen verlassen worden waren. Nyamtz wurde von den Tataren zerstört und GFWM. Saint-Amour musste, um weitere Verwüstungen zu verhindern, 150 Commandirte, welche mit 14tägiger Verpflegung versehen wurden, nach Kimpolung werfen.

Die Tataren kehrten bald an den Pruth zurück und im März 1717 hatten die Kaiserlichen in Siebenbürgen theilweise wieder ihre früheren Positionen inne.

Diese ungünstigen Verhältnisse in der Moldau übten aber eine Rückwirkung auf die Lage in der Walachei insoferne, als G. d. C. Graf Steinville trotz alles Misstrauens und aller Abneigung doch jetzt thatsächlich die friedlichen Anerbietungen Maurocordato's annahm. Wenn dann der Krieg an der Donau wieder begann und die meisten Truppen Siebenbürgen verlassen mussten, hoffte er wenigstens von der walachischen Seite her auf diese Weise vor Angriffen sicher zu sein. Die Vorschläge des Hospodars wurden durch seine Unterhändler am 6. Februar 1717 dem Grafen Steinville übergeben und am 24. Februar 1717 einigte man sich über den Vertrag.

Johann Maurocordato, welcher jedoch vom Kaiser nicht als Fürst anerkannt wurde, bat, dass die Walachei von weiteren Streifzügen der kaiserlichen Truppen verschont und besonders die bisher besetzten Puncte Margineni und Tergovist geräumt werden möchten. Er gab abermals die Zusage, die osmanischen und tatarischen Streitkräfte, die mit ihm nach Bukarest gekommen, an die Donau zurückzuschicken, Frieden und Ruhe im Lande zu erhalten und sich bei der Pforte zu verwenden, dass für die Walachei eine Art Neutra-

---

[1]) Bericht des GFWM. Saint-Amour an den Grafen Steinville aus Bistritz, 30. Januar 1717. H. K. R. Exp. 1717; Februar, 306.

lität während des weiteren Verlaufes des Krieges, etwa bis Ende
October 1717, ausbedungen werde. Dafür sollten die Kaiserlichen in
ungestörtem Besitze von Rimnik und den fünf Districten, welche
westlich der Aluta liegen, bleiben.

Johann Maurocordato verpflichtete sich ausserdem, 100 Beutel
Gold oder 150.000 fl., die Hälfte gleich, die Hälfte mit Ende April
zu bezahlen, für die Verpflegung der Garnison in Kimpulung, so lange
sie noch dort verbleiben würde, Sorge zu tragen und für die sonstigen
in der Walachei befindlichen kaiserlichen Truppen 10.000 Kübel
Weizen, 10.500 Kübel Hafer und 5560 Fuhren Heu liefern zu lassen [1]).
Von der letzteren Contribution wurde später Umgang genommen.

Dieser Vertrag, welcher schliesslich auch vom Kaiser sanctionirt
wurde [2]), trug den gegenwärtigen Verhältnissen Rechnung und gewährte

---

[1]) Ueber diese ganze Verhandlung, berichtete Graf Steinville am 24. Februar 1717 (H. K. R. Exp. 1717; März, 274) „der Abgeordnete von dem Joanne
Maurocordato, wovon ich in meinem jüngsten Bericht unter dem 21. hujus gemeldet,
ist nebst dem Brancovanischen Eidam Servano Grecianul, dem ehemaligen Kanzler
Gregorio Ballano, Schatzmeister Elia Stirbay und zwei anderen walachischen Bojaren
gestern dahier erschienen. Man hat bis jetzt späten Abend mit ihnen zu conferiren
zugebracht und ist endlich mit denselben in dem schlüssig geworden, was Copie
sub A enthält. Meine vorgelaufenen gehorsamsten Berichte haben erwiesen, was mich
bewogen, einen dergleichen Accord zu treffen, denn ohne eine solche Art finde ich
annoch nicht aus der Walachei in Contribution anher etwas beizuziehen. Den gedachten Prätendenten von Bukarest fortzujagen, wäre eben keine so grosse Beschwerlichkeit, wenn von unseren innehabenden Posten bis dahin die Subsistenz für Mann
und Fourage auf die Pferde zu finden sein thäte, doch könnte man sich sodann
aus den vorhin gnädigst bekannten Ursachen, welche das gegenwärtige Kriegs-System
mit sich bringt, nicht in einem Weiteren engagiren. Wenn die einhundert Beutel
Gold gezahlt werden, wie ich nicht anders hoffen will, so ist doch ad interim gleichwohl etwas profitirt, wozu man, ohne dass was per Stipulation geschehen, niemals
gelangt wäre. Von Administrirung des Getreides und Hartfutters, weil nach der
glaubwürdigen Relation solche species in quantitate nicht zu finden, hat man diesorts
abstrahirt, statt dessen aber sich den diesseitigen völligen Tractum des Altflusses
nicht nur pro collocatione militiae, sondern auch pro absolute directione vorbehalten; aus den in sich begreifenden fünf Districten man wohl soviel Früchte, wodurch
die völlige raizische National-Miliz den Winter über unterhalten werden kann und
überdies auch noch etwas von barem Geld ohne sonderliche Beschwerniss des Land-
manns aufzubringen vermeint, so dass der unterthänigsten getrösten Hoffnung lebe,
ein hochlöbl. kais. Hofkriegsrath werde diese meine Einrichtung gnädigst für genehm
halten, indem ich sie nach Zeit und Gelegenheit für Ihrer kaiserlichen Majestät
unseres Allergnädigsten Herren Dienst also vorträglich gefunden habe.“

[2]) Der Prinz an den Kaiser, 6. März 1717. H. K. R. Exp. 1717; März, 615.
Der Vertrags-Entwurf im Anhang Nr. 21.

alle jene Vortheile, deren Erreichung der Prinz in seinen verschiedenen Befehlen dem Grafen Steinville aufgetragen hatte.

Man sicherte Siebenbürgen, hatte mit verhältnissmässig geringen
Kräften ein gutes und durch die Aluta wohl begrenztes Stück der
Walachei inne, stand in entsprechender Verbindung mit dem Banat,
war, insoferne Johann Maurocordato seinen Verpflichtungen nach-
kam, vor feindlichen Invasionen geschützt und schliesslich blieb dem
Kaiser vollständig freie Hand, sobald die Operation gegen Belgrad
gelungen war, seinen Machtbereich auf das ganze Fürstenthum auszudehnen.

Den walachischen Emigranten, deren Deputation nach Wien gekommen war, um die kaiserliche Unterstützung der Wahl Georg
Cantacuzeno's zum Hospodar zu erlangen, konnten freilich unter
den jetzigen Umständen nichts anderes als Vertröstungen gegeben
werden. Der Prinz wollte überhaupt sich nicht mehr als nothwendig
in die walachischen Verhältnisse einlassen; er hatte die Bittschrift der
Deputirten angenommen, fand es aber, „seinesorts das anständigste zu
sein, bei dermaligen Läufen und bis man mit dem Segen des Allerhöchsten in Stand gerathet, das Fürstenthum Walachei besser und
unbedenklicher beschützen und behaupten zu können, unter dem
Namen des mehrgenannten G. d. C. Comte de Steinville auf die
obberührte angefangene Art eine Neutralität für solche Provinz mit
Verlässlichkeit zu errichten" [1]).

So lange man der Walachei nicht wirklich Herr war, konnte
man nach der Anschauung des Prinzen auch über deren künftige
Regierungsform und Verwaltung keine Beschlüsse fassen, besonders,
da die Verhältnisse des Landes mehr oder weniger unbekannt waren
und auch die Gesinnung der Bewohner nicht als eine zuverlässige
angesehen werden konnte.

---

[1]) Der Prinz an den Kaiser, 6. März 1717. H. K. R. Exp. 1717; März, 615.
Auch die Wittwe des in Constantinopel hingerichteten Fürsten und Hospodars der
Walachei, Stefan Cantacuzeno, wendete sich wiederholt an den Kaiser und an den
Prinzen, sowohl um eine Unterstützung zu erhalten, als auch um die Zustimmung
und Mithilfe des Kaisers zur Wahl ihres Sohnes Rudolf zum Hospodar zu erlangen.
Der Prinz referirte hierüber am 25. April (H. K. R. Exp 1717; Mai, 337) und sagte,
trotzdem der Papst diesen jungen Cantacuzeno anempfohlen: „Belangend aber das
punctum specificum der für ihren obernenuten ältern Sohn Rudolf ansinnenden Admi-
nistration des Fürstenthums Walachei ist solches derzeit aus allen Umständen un-
thunliche Sache, indem E. k. M. nach mehrerom Enthalt eines, untereinstens über der
walachischen Deputirten gestelltes Gesuch allerunterthänigst abgestatteten anderwärtigen Referats, voraussichtlich die künftige Vertheilung der Stelle eines walachischen
Hospodars dem Georgio Cantacuzeno Allergnädigst versichern werden."

Der Prinz war unsicheren Plänen abhold. Der erfahrene Feldherr wusste zu gut, dass für deren Verwirklichung vor allem der militärische Erfolg nothwendig sei.

Nach dem Vortrage des Prinzen vom 25. April 1717 [1]) entschied daher auch der Kaiser, dass gegenwärtig bei den starken Rüstungen der Pforte, welche eine grössere Detachirung nach der Walachei nicht rathsam erscheinen liessen, dann mit Rücksicht auf den zwischen Steinville und Maurocordato abgeschlossenen Vertrag, weitere förmliche Unterhandlungen mit der Emigranten-Deputation vermieden werden sollten. Sie wurden der kaiserlichen Huld versichert, mit Gnadenzeichen geehrt, bestimmte Zusicherungen zu geben aber abgelehnt.

Anfangs März 1717 sandte Johann Maurocordato, der also jetzt nur noch die Districte östlich der Aluta beherrschte, 25 Beutel Gold als erste Rate des Tributes nach Hermannstadt [2]). Aus der kleinen Walachei westlich der Aluta, wo Dettina mit seiner National-Miliz stand, vermochte man auch die Natural-Lieferungen mit ziemlichem Erfolge einzutreiben.

Rimnik, dessen fortificatorische Herrichtung der Hofkriegsrath anbefohlen, wurde, sobald die Witterungsverhältnisse es ermöglichten, durch Robot-Arbeiter in einen befestigten Platz umgewandelt und mit einem Magazin versehen. Dieser Punct und Kimpulung, welches den Weg von Kronstadt deckte, dessen Besatzung aber auf eine Compagnie vermindert worden war, bildeten jetzt die wichtigsten Stützpuncte, nachdem Tergovist und Margineni geräumt worden. Um eine bessere Verbindung mit Rimnik und den fünf Districten westlich der Aluta herzustellen, liess G. d. C. Graf Steinville den Weg durch den Rothenthurm-Pass, der bisher nur Saumpfad gewesen, durch den Hauptmann

---

[1]) H. K. R. Exp. 1717; Mai, 610, 641. Diesen Vorträgen liegen das Memorandum der walachischen Deputation und die darauf erfolgte kaiserliche Entscheidung bei.

[2]) Man wusste nicht, welchen Titel man Johann Maurocordato geben sollte; Graf Steinville schrieb ihm: Illustrissime Domine Principatus Valachiae Administrator. Domine colendissime (hochzuverehrender). Dem Hofkriegsrath war dies zu höflich. Graf Steinville sollte dem „Prätendenten" nur bisweilen antworten, hiebei das colendissime weglassen und ihm nur den Titel als Administrator eines Theiles der Walachei zugestehen. (H. K. R. an den Grafen Steinville, 3. August 1717.) Er sei zwar einigermassen zu cultiviren, jedoch ohne ihm gar zu grosse Höflichkeit zu erweisen, noch weniger sich „von solchen amusiren zu lassen". (H. K. R. Reg. 1717; April.)

Schwarz von Heister-Infanterie, bis zum Kloster Kozia zu einer fahrbaren Strasse umgestalten, was auch, allerdings mit grossen Schwierigkeiten, gelang. Zu Ehren des Kaisers wurde die Strasse Via Carolina benannt [1]).

[1]) Eine halbe Stunde vom jetzigen Rothenthurm-Pass, jenseits der Contumaz, war der Weg durch einen Felsen gebrochen, an dessen Seite man, etliche Meter hoch eine Marmor-Tafel mit der Inschrift:

Via Carolina

In Daciis assertis

Apperta

A. MDCCXVII.

angebracht hatte. (Ungarisches Magazin III. Bd. 1783.) Die Erbauung dieser Strasse und der Durchbruch der Felsen, die einst selbst den Römern Halt geboten, erregten hohe Bewunderung. G. d. C. Graf Steinville erwarb sich dadurch ein grosses Verdienst. Als jedoch im Jahre 1739 die Walachei wieder verloren ging, trat auch hier wieder der Zustand der Vernachlässigung ein und die wackeren Culturthaten jener Zeit fielen unter türkischen Händen wieder dem raschen Zerfalle anheim

Ereignisse an der Save-Grenze, in Croatien und Bosnien.

Während der entscheidenden Vorgänge bei Peterwardein und im Banate spielten sich an der türkisch-bosnischen Grenze eine Reihe kleinerer Streifzüge, Gefechte und Scharmützel ab, ohne Einfluss auf den Gang des Krieges selbst.

Die hier zur Verfügung stehenden kaiserlichen Kräfte waren zu unbedeutend und zunächst nur für die Vertheidigung der Grenzen bestimmt. Die Türken hielten ihre wichtigsten Posten gut besetzt und besassen dazu noch Truppen im freien Felde, die zwar unthätig blieben, aber doch die Kaiserlichen schon durch ihr Vorhandensein, verhinderten, tiefer in das bosnische Land einzudringen.

Die Grenzer waren übrigens nicht für eine Offensive ausgerüstet, die ganze Institution selbst mehr auf die Abwehr, als auf aggressives Handeln berechnet. Erst als der Sieg bei Peterwardein erfochten war, rief auch hier Eugen's Befehl frischere Bewegung hervor. Am 9. August befahl er dem Obristen Freiherrn von Petrasch[1]) in Brod und durch den Hofkriegsrath auch den übrigen Grenz-Com-

---

[1]) **Maximilian Freiherr von Petrasch** wurde 1668 als Sohn wohlhabender Bürgersleute geboren, trat frühzeitig als Gemeiner in das Cürassier-Regiment Gondola und focht, gleichwie sein jüngerer Bruder Ernst Anton, in der unglücklichen Schlacht bei Lugos 1695, wo er eine schwere Wunde davontrug. Nach fünfjähriger Dienstzeit wurde er Officier. Von ungarischen Aufständischen gefangen, musste er eine lange und schwere Haft erdulden, weil er sich weigerte, in die Dienste der Rebellen zu treten. Nach seiner endlichen Befreiung wurde er zum Obristen befördert und 1716 in den Freiherrnstand erhoben. Seine Thätigkeit als Commandant in Brod während des Krieges mit den Türken (1716—18) erwarben ihm die Werthschätzung des Prinzen, der ihn auch 1717 zum General-Feldwachtmeister vorschlug. 1718 wurde er zum kaiserlichen Grenzscheidungs-Commissär an der bosnischen Grenze bestimmt, später Commandant in Essegg und Feldmarschall-Lieutenant.

Petrasch war ein ausgezeichneter Grenz-Officier, den die Soldaten liebten, der Land, Sitten und Bräuche der Bewohner kannte, ihre Sprache verstand und bei der Bevölkerung in bedeutendem Ansehen stand.

mandanten „das türkische Territorium mit den unterhabenden Leuten zu betreten, auch Posto zu fassen und das jenseitige Land so viel als thunlich in Contribution zu setzen, welches so fort continuiren und dem Feind allen möglichen Abbruch mit behöriger Vorsichtigkeit und soviel ohne Gefahr geschehen kann, zu thun wäre" [1]).

Es handelte sich hier also nicht um grössere Actionen oder um die bleibende Besetzung bestimmter Räume oder Oertlichkeiten, sondern nur darum, den Türken Schaden zuzufügen und sie zu beunruhigen.

Der thätige Petrasch in Brod war auch der Erste, welcher mit Streifzügen in das bosnische Gebiet begann. Noch vor der Schlacht war von der türkischen Hauptarmee ein Streifcorps von 2—3000 Mann gegen Rača detachirt worden [2]), die starken türkischen Grenzposten an der Save kamen in Bewegung und ganz Syrmien war in Furcht und Sorge vor einem Einbruche des Feindes. Obrist Petrasch kam dem gefürchteten Angriffe zuvor. Er übersetzte am 7. August 1716 mit seinen Grenzern an mehreren Puncten die Save, — als Signal donnerten die Kanonen in Brod — und drang gleichzeitig auf Türkisch-Brod, gegen Dervent, Dubočac und Kobas vor. Die Bosnier wurden zerstreut, Türkisch-Brod besetzt, der Commandant von Dervent, welcher als Beg der Saimen [3]) 14 Fähnlein befehligte, flüchtete mit Rücklassung von zwei Fahnen, vielem Vieh und einem Verluste von 80 Todten nach der Schanze Dervent [4]).

Als mit dem Siege bei Peterwardein auch Rača ausser Gefahr war, begab sich Petrasch am 9. August 1716 nach Gradiska, um den lang geplanten Ueberfall auf Türkisch-Gradiska (Berbir) zu unternehmen [5]).

Er fand keine Voranstalten getroffen und den Commandanten, Obristlieutenant Gann, krank, dagegen die Nachricht auf ihn wartend, dass drei Paschas mit 5000 Mann von Banjaluka im Anmarsch seien; bald darauf aber kam Botschaft, dass diese Kräfte noch bei Banjaluka

[1]) Supplement Nr. 73.

[2]) Rüstungen und Operations-Plan der Türken 1716. Seite 164.

[3]) Saim wurde ein Lehensgut von bestimmter Grösse genannt, dessen Besitzer verpflichtet war, eine gewisse Anzahl Leute in das Feld zu stellen. — Hayne. Abhandlung über die Kriegskunst der Türken.

[4]) Obrist Freiherr von Petrasch an den Prinzen, 8. und 9. August 1716. Kriegs-A., „Türkenkrieg 1716"; Fasc. VIII, 105, 117.

[5]) Obrist Freiherr von Petrasch an den Prinzen aus Gradiska, 12. und 16. August 1716. Kriegs-A., „Türkenkrieg 1716"; Fasc. VIII, 142, 172.

stünden. Obrist Petrasch gab nun zwar den Ueberfall von Türkisch-
Gradiska zunächst auf, aber er beschloss den Versuch zu machen, „ob
nicht die Gradiskaner Besatzung, so gegen 1000 Mann stark, aus
ihrer Festung unter meine Stücke und kleines Gewehr herauszulocken
wäre, damit man sie, wo nicht abschneiden, dennoch wohl geputzter
zurückschicken kann" [1]).

Er ging mit 200 Mann über die Save und liess einen Theil der
Palanka von Türkisch-Gradiska anzünden.

Die Besatzung mit ihrem Anführer Hassan Beg fiel aus, „in der
Meinung", sagt Petrasch, „mich sogleich in die Save zu sprengen; allein
sie sind verblendet unter das ihnen zubereitete Feuer gerathen, wobei
sogleich der Commandant, zwei andere Begs, drei Agas, zwei Fähnriche
und viele Andere auf dem Platz geblieben, die Uebrigen aber haben sich
retirirt. Dieses ist gegen Abend angestellt, also dass die Türken nach
Verlust der vornehmsten Officiere in Schrecken gerathen und die gegen
Tag angestellte Attaque nicht erwarten wollten, sondern sie haben
Abends um 10 Uhr ihre Festung an etlichen Orten angesteckt und
bis auf wenige Häuser abgebrannt, sich in der Finster retirirt. Ich
habe hiebei nur zwei Todte und vier Blessirte bekommen. In der
Festung ist fast nichts gefunden worden, weil sich schon ein halbes
Jahr her nacheinander alles geflüchtet; ihre zwei schlechten Stücke
haben sie hinterlassen, welche herübergebracht sind".

Der Pascha von Banjaluka, der mit 5000 Mann und 10 Geschützen
zum Entsatze im Anzuge war, kehrte nun um, ohne weiteres versucht
zu haben. Er gerieth sogar mit der flüchtigen Besatzung aus Gradiska,
die man in der Nacht irrthümlich für Feinde angesehen, in ein förmliches Gefecht.

Zur Sicherung des eroberten Bodens liess Obrist Petrasch vor
seiner Rückkehr nach Brod noch auf dem türkischen Ufer eine
Pallisadirung anbringen und sie mit 50 Mann besetzen [2]).

Um dieselbe Zeit erfolgten auch Zusammenstösse an der croatischen
Grenze, im Karlstädter Generalat.

Der türkische Beg Bessirevich erschien mit 200 Reitern und
ebensoviel Fussvolk am 7. August bei Brnjavac, an der Strasse

----

[1]) Obrist Freiherr von Petrasch an den Prinzen, 16. August 1716. Kriegs-A.,
„Türkenkrieg 1716"; Fasc. VIII, 172.

[2]) Der Prinz belobte den Obristen in seinem Schreiben vom 21. August 1716,
„wie hieraus des Herrn Obristen höchst ruhmwürdiger Eifer gegen I. k. M. Allerhöchsten Dienst zu erkennen und bestens auzurühmen". Supplement Nr. 94.

Glina-Karlstadt und säbelte die Vorposten sowie die Besatzung nieder, wurde aber von Banal-Grenzern von der Glina und Grenzern von Karlstadt, welche bei Vojnič unweit Karlstadt, gestanden, ereilt, geschlagen und, was von den bosnischen Eindringlingen nicht floh, zusammengehauen und ihnen die geraubte Beute wieder abgenommen. Der Verlust der Grenzer bezifferte sich auf 80 Mann[1]).

Den Verfügungen der innerösterreichischen Kriegsstelle in Graz vom 10. August und des Prinzen vom 11. August 1716[2]) entsprechend, rückte nun FML. Graf Rabatta am 17. August selbst zu einem Repressalienzug in das türkische Gebiet gegen Bihać vor. Er sollte trachten, mit dem venetianischen Proveditore General S. Emo in Verbindung zu treten. Nach einem Nachtmarsche erreichte er am 18. August Ostročac und Brekovica an der Unna, unweit Bihać, die Türken wurden verjagt, die beiden Orte Ostročac und Brekovica eingeäschert, die Heerden weggetrieben und die Gegend ringsum verwüstet. Die Festung Bihać zu belagern, war jedoch FML. Graf Rabatta nicht stark genug, er ging daher schon am 19. August 1716 wieder gegen Karlstadt zurück.

Der Grenz-Hauptmann der Lika und Corbavia, Graf Attems, verblieb mit seinen Leuten auf der Pliševica-Planina, der Oberhauptmann von Zengg, Freiherr von Teuffenbach, mit Grenzern aus Zengg und Ottočac, bei Vrhovine.

Bei Bihać stand ein Pascha mit macedonischen Lehenstruppen, bei Banjaluka der Befehlshaber von Bosnien mit seinen Streitkräften, aber keiner rührte sich.

Anfangs September, als die Grenzer die Ernte eingebracht hatten, setzte sich Rabatta wieder in Bewegung. Der Versuch, sich über die Kapella mit dem Proveditore S. Emo in Verbindung zu setzen, musste zwar sofort aufgegeben werden, da dieser sich von Dernis, wo er einige Zeit gestanden, wieder an die Meeresküste gezogen hatte. Dagegen liess FML. Rabatta von Sluin aus, wo er das Gros seiner Grenzer concentrirte, gegen Sturlić und weiter auf Drežnik und Izačić Streifungen vornehmen. Am 5. September 1716 ging er nach Rakovica, wo er bei 3000 Mann um sich sammelte.

---

[1]) FML. Graf Rabatta an die innerösterreichische Kriegsstelle aus Karlstadt, 7. August 1716. H. K. R. Exp. 1716; August, 271, und an den Prinzen, 5. August 1716. Kriegs-A., „Türkenkrieg 1716"; Fasc. VIII, 165 c.

[2]) Supplement Nr. 78.

Mit diesen Truppen, dann den Grenzern des Grafen Attems und jenen Teuffenbach's hoffte er wieder auf Bihać operiren zu können, konnte aber auf den schlechten Pfaden sein Geschütz nicht weiterbringen und als auch die Sprengung eines Pulvermagazins in Bihać, welche ein Ueberläufer hätte bewerkstelligen sollen, misslang, zog sich Rabatta auf Karlstadt zurück und entliess die Mannschaft [1]).

GFWM. Graf Draskovich, welcher bald mit FML. Graf Rabatta, bald mit FML. Graf Hannibal Heister gemeinschaftlich operiren sollte, dem es aber an Munition und Verpflegung für weitere Unternehmungen gebrach, zog am 18. oder 19. August 1716 mit 300 Mann zu Pferd, ebensoviel zu Fuss und einigen kleinen Kanonen gegen Dubica an der Unna. Die Türken verliessen in der Nacht den Ort, der nun ohne Schwertstreich von den Kaiserlichen besetzt werden konnte. Auch die festen Thürme Slabinja [2]), Drenovac und Kostajnica fielen in die Hände der Banal-Grenzer.

Gegen Ende des Monats August hatten Heister und Draskovich neuerdings eine gemeinschaftliche Operation vereinbart, wie sie der Prinz bereits wiederholt anbefohlen [3]). Heister hatte 1500 Mann reguläre Truppen und einige hundert Insurgenten, dann 2 Geschütze, Draskovich 4000 Croaten und 2 Geschütze bereit, mit denen sie, obwohl wenig vorgesorgt war [4]), die Festung Novi an der Unna durch einen gewaltsamen Angriff zu nehmen beabsichtigten. Man wollte wissen, dass die Türken daselbst ohnehin zur Flucht geneigt und bereit seien.

---

[1]) FML. Graf Rabatta an den H. K. R., 21. August und 4. September 1716, an den Prinzen, 21. August und an die innerösterreichische Kriegsstelle, 11. September 1716. H. K. R. Exp. 1716; September, 477, und Kriegs-A., „Türkenkrieg 1716"; Fasc. VIII, 218 und Fasc. IX, 32 a und ad 87.

[2]) Diese Thürme sind steinerne Rundbauten, oft bis zu vier Stockwerken hoch, unten mit Schiessscharten für Kanonen oder für Gewehrvertheidigung eingerichtet. Manchmal sind sie mit einem Graben umschlossen. Für die damalige Zeit müssen solche Thürme als sehr sturmfest angesehen werden, namentlich, wenn es an Geschützen, sie zu beschiessen, mangelte. In der Bihaćer Gegend befanden sich 20 derartige feste Puncte.

[3]) Am 24. und 28. August 1716. Kriegs-A., „Türkenkrieg 1716"; Fasc. VIII, 237, 238, 266, 267, 268.

[4]) FML. Heister bat am 16. August 1716 den Prinzen um Proviant, „da er sonst seine Leute nicht acht Tage zusammenhalten könne". Er hatte an Munition nur acht Schuss für den Mann. Berichte über die Affaire bei Novi von GFWM. Draskovich am 26. August, von FML. Graf Heister am 29. August und 5. September 1716. Kriegs-A., „Türkenkrieg 1716"; Fasc. VIII, 170, 255 und 274; Fasc. IX, 39.

Der Grenz-Hauptmann P a t a c h i c h rückte am 21. August 1716 aus dem Lager von Zrin mit 4000 Mann zur Berennung von Novi ab. GFWM. D r a s k o v i c h folgte von Kostajnica mit 2 Geschützen und bald darauf auch FML. Graf H e i s t e r mit seinen Warasdinern und gleichfalls 2 Geschützen. Flüchtlinge, auf die man traf, wurden niedergemacht oder gefangen genommen, die Festung erwies sich aber als stark, widerstandsfähig und wohlausgerüstet, die festen Wälle aber dem kleinen Geschütze der zu beiden Seiten der Unna postirten Belagerer ausreichend gewachsen. Nur die aus 150 Häusern bestehende Palanka konnte zerstört werden. Von einer Neigung der Türken, Novi freiwillig zu räumen, war gleichfalls nichts zu bemerken und so traten denn, als die kargen Verpflegsmittel aufgezehrt waren, die Kaiserlichen am 25. August wieder den Rückmarsch nach Kostajnica an. Eine geringe Beute und etliche türkische Gefangene waren das ganze Resultat dieser Unternehmung.

„Meines Behalts," schrieb der P r i n z hierüber an den GFWM. Grafen D r a s k o v i c h am 9. September und 5. October 1716 [1]), „wäre es das Beste gewesen, wenn man dem fliehenden Feind eine goldene Brücke gebaut, mithin durch allzu frühzeitige Anrückung nicht wieder zurückgelockt, folgbar von der Occasion, wie sie sich angezeigt, profitirt und nachdem der Feind selbst gewichen, den Posto ordentlich, ohne viel Leute-Verlierung occupirt und besetzt hätte."

GFWM. Graf D r a s k o v i c h dachte zwar noch an einen weiteren Versuch, entliess aber doch schliesslich die Grenzer in ihre Dörfer.

Als Antwort auf den Zug gegen Novi unternahmen am 28. August die Türken in der Stärke von 6—7000 Mann von Novi her einen Streifzug in das Zriner Feld, kehrten indessen, nachdem sie einige Ortschaften verwüstet, wieder nach Novi zurück. Von nun an fiel in diesem Jahre und diesem Theile der Grenze nichts mehr von Bedeutung vor.

Der P r i n z befahl, sich weiterhin damit zu begnügen, etwaige türkische Angriffe abzuwehren, dafür aber die nöthigen Vorkehrungen zu treffen, um im nächsten Feldzugsjahre desto kräftiger zu wirken [2]).

---

[1]) Supplement Nr. 119.

[2]) Am 12. November unternahm noch Freiherr von Teuffenbach mit 1000 Mann einen Zug nach Podzvizd; es entspann sich ein Gefecht, wobei 11 Mann niedergemacht, 9 blessirt und 12 Pferde erbeutet wurden. 4000 Türken waren in der Nähe gestanden, ohne sich dem Einfalle der Kaiserlichen widersetzt zu haben.

Mit der Grenz-Einrichtung war man während dieses Feldzuges gar nicht zufrieden gewesen. Die Leute zeigten wenig Standhaftigkeit vor dem Feinde, gaben sich nur mit Raub und Plünderung ab und kehrten, wenn man sie am dringendsten brauchte,

Erfolgreicher gestalteten sich die Unternehmungen an der unteren Save.

Hier liess der Commandant von Rača, Obristlieutenant Dillher, ein starkes Detachement zum Angriffe auf die an der Drina gelegene, mit einem Graben und Pallisaden wohl verwahrte Schanze Lešnica, welche mit drei Fähnlein Bosniaken und ebensoviel Arnauten besetzt war, vorgehen. Das Detachement bestand aus 50 Grenadieren und 80 Füsilieren von Löffelholz-Infanterie unter dem Grenadier-Hauptmann De Vins, einer Compagnie ungarischer Grenz-Husaren (Tolpatschen) von 120 Mann und etwa 400 Mann raizischer Miliz unter dem Capitain Träger. Diese letzteren hielten allerdings keinen Augenblick Stand, als sie der Türken ansichtig wurden, aber die kaiserlichen Soldaten nahmen den harten Kampf entschlossen auf. Hauptmann De Vins wurde verwundet und der Commandant der Husaren blieb todt, aber die Schanze wurde trotz der heftigsten Gegenwehr erobert und als sich die Türken in die einem Reduit gleichende, mit hoher Mauer umgebene, Moschee zurückzogen, warf ein Grenadier eine Granate mit so viel Erfolg hinein, dass eine Explosion der türkischen Munitionsvorräthe erfolgte, ein Theil der Moschee einstürzte, der andere abbrannte und die Besatzung umkam. Die Kaiserlichen hatten 9 Todte und 16 Verwundete, die Husaren 21 Todte und 8 Verwundete, die Grenzmiliz, mit deren Haltung man an diesem Tage nicht zufrieden sein konnte, 7 Todte und 10 Verwundete verloren. Am 23. August kehrte das Detachement, nach völliger Zerstörung des türkischen Postens, mit ansehnlicher Beute wieder nach Rača zurück [1]).

Einen Monat später, am 27. September, nahm der Grenz-Ober-Capitain Monasterli auch die türkische „Kula" in Bjelina ein und liess sie sprengen.

Obrist Petrasch plante seit längerer Zeit die Zerstörung der Schanze Dervent, wo die Türken bei 5000 Mann angesammelt hatten. Dervent liegt in einer Thalweiterung der Ukrina, 15—20 Kilometer von Brod entfernt, an der Hauptstrasse nach Sarajewo und bildet gewissermassen die türkische Gegenstellung zur Festung Brod. Der Pascha von Bosnien legte grossen Werth auf Dervent, das die Com-

in ihre Häuser zurück. GFWM. Graf Draskovich schlug vor, statt der jetzigen irregulären Miliz lieber eigene stehende Banal-Compagnien aufzustellen, welche man gut bezahlen sollte. Kriegs-A., „Türkenkrieg 1716"; Fasc. XII, 2.

[1]) Obristlieutenant Dillher von Kaisersberg an FZM. Freiherrn von Löffelholz, 23. August 1716. Kriegs-A., „Türkenkrieg 1716"; Fasc. VIII, 242.

munication in das Bosna-Thal decken sollte und von wo aus er im kommenden Winter Streifungen in das kaiserliche Gebiet vorzunehmen gedachte.

Eine günstige Gelegenheit, zu einem Versuch auf die Schanze schien sich Petrasch zu bieten, als sich 3000 Türken auf die, einen Tagmarsch südlich von Dervent entfernte Kernin-Planina gezogen hatten und die Schanze nur mit 2000 Mann Infanterie und 200 Reitern, allerdings den vornehmsten und besten Soldaten aus Ober-Bosnien, besetzt blieb. Mit anderen Truppen stand Ali Beg vier Tagmärsche entfernt im Bosna-Thale bei Žepče.

„Da mir," meldet Petrasch am 11. September 1716 an den Prinzen[1]), „eben zur unrechten Zeit meine von der Lugoser Schlacht herrührenden Wunden aufgebrochen, dass ich nicht habe reiten können, das tempo aber nicht zu versäumen, die höchste Nothdurft, die Execution vorzunehmen, also habe den Marsch auf einem Tragsessel mit Pferd zu thun für nothwendig befunden. Weil die Grenzer mich auch kranker bei sich zu haben, vom Herzen gerne mitzutragen verlangt, so hat es keine Pferde nöthig gehabt."

Mit 300 Mann „auf alle Art zusammengeklaubte Cavallerie", die er dem alten Obristlieutenant von Ingard, Commandanten in Babina greda anvertraute, mit der Infanterie unter seinem eigenen Commando, dann 6 Kammerstücken, endlich drei Wagen mit Schanzzeug, Handgranaten, Pechkränzen und andern Requisiten, setzte er am 7. September über die Save und nachdem die Cavallerie zur Berennung vorausgeeilt, kam die Infanterie um 5 Uhr Nachmittags in der Nähe der Schanze an. Die Türken wollten die Vorrückung an der Ukrina hindern, kamen aber zu spät. Die Kaiserlichen griffen sofort an, jagten den Feind in die Flucht und es gelang den Türken nicht einmal mehr die Schanze zu erreichen. Nun liess sich auch die Besatzung in Dervent selbst nicht mehr halten und der Platz kam ohne Kampf in die Gewalt Petrasch's. Vierzig Türken waren niedergehauen worden und nur drei Gefangene gemacht, da die Cavallerie wegen der vielen Zäune dem fliehenden Feinde nicht rasch genug folgen konnte und die Dunkelheit der Verfolgung ohnehin bald ein Ende machte. Am nächsten Tage liess Obrist Petrasch die Schanze von Grund aus demoliren, „damit sich in dieses harte Nest Niemand wieder setzen kann, massen es von uns dato als ein zu entlegener Posto zu besetzen nicht für gut befunden".

Als weitere Frucht dieses Erfolges konnte Petrasch einige Streifpartheien weit in das bosnische Land hinein entsenden, theils um

---

[1]) Kriegs-A., „Türkenkrieg 1716"; Fasc. IX, 100.

das Volk in Respect zu setzen, theils um Contributionen einzutreiben. Mit dem Rest des Detachements, eine kleine Nachhut ausgenommen, langte er am Abend des 10. September wieder in Brod an. Der Pascha von Bosnien liess bald darauf die Strasse im Bosna-Thale bei Vranduk zerstören, weil er befürchtete, dass die Kaiserlichen auch noch bis Sarajewo vordringen würden [1]).

Durch diese Streifungen und Gefechte beunruhigt, beorderte der Pascha von Belgrad schon im September 1716 einige Truppen an die Save, von denen 1000 Mann Šabac besetzten, wo auch einige Tschaiken vor Anker gingen. Von hier aus begannen nun die Türken Streifungen auf das syrmische Gebiet.

Auch Rača galt als bedroht. Um einem Angriff auf diesen Ort zuvorzukommen, liess Obrist Dillher, nach einem misslungenen Versuche auf Kupinova, die Grenzer nebst einem Bataillon Löffelholz-Infanterie am 3. October über die Save setzen. Das aus einigen hundert Mann zu Fuss und zu Pferd nebst einem Geschütz bestehende Detachement, bei dem sich auch wieder Obristlieutenant Ingard aus Babina greda, dann die Ober-Capitaine Träger und Monasterli befanden, marschirte nun in der Nacht auf Šabac. Man fand die Türken gefechtsbereit. Die Grenzer gingen anfangs sehr tapfer zum Angriff vor und trieben die im freien Felde stehenden Spahis in die Verschanzungen zurück.

„Es hätte dennoch Alles gut sein können," berichtet Obrist Petrasch [2]), „wenn man nur mit der geringsten Ordnung oder Commando angerückt und Befehl gegeben worden wäre, was einer oder der andere zu thun hätte. Es wäre aber das ganze Commando in dem bestanden, man solle drei Mann hoch marschiren. Die Husaren waren allemal so weit voraus, bis sie die Hayducken aus dem Gesichte bekommen, sodann hätten sie abermal bis zu deren Ankunft angehalten, hiemit dem Feinde Muth und Zeit gegeben. Ein jeder hätte dann dahin avancirt, wo es ihm gedünkt, einige sind zerstreuter gegen das türkische Lager, einige gegen die Palanka, theils über eine Brücke, theils durch einen Morast, dem mit Fleiss unter die Stücke zurückweichenden Feind gefolgt und wie ohne Ordnung avancirt, also wäre die Retirade in grösster Confusion geschehen". Die Berittenen machten den Anfang damit, verhängnissvoller wurde sie für die Grenzer zu

---

[1]) Bericht des Obristen Petrasch vom 12. und 29. September. Kriegs-A., „Türkenkrieg 1716"; Fasc. IX, 100, 203.

[2]) Am 10. October 1716. Kriegs-A., „Türkenkrieg 1716"; Fasc. X, 63.

Fuss, denen 150 Spahis nachsetzten und viele niedermachten. Auch das Geschütz fiel, im Morast stecken bleibend, den Türken in die Hände.

In voller Unordnung flüchteten die Grenzer mit einem Verlust von 125 Mann nach Rača zurück [1]).

Dieser Ort, dessen Befestigung ohnehin im schlechtesten Zustande sich befand, war nun nur in noch grössere Gefahr gerathen, von den Türken überfallen zu werden. FZM. Löffelholz rief daher auch den Obrist Petrasch mit seinen Grenzern zur Unterstützung heran [2]), ebenso wie die Donau-Miliz unter dem Capitain Monasterli. Bei Syd (Despott-Schanze) sammelte sich das Aufgebot der oberen Grenze. Petrasch kehrte indessen schon am 21. October wieder nach Brod zurück, nachdem er 222 Grenzer zu Fuss und 112 zu Pferd in Rača belassen hatte.

Die Türken zeigten wenig Lust, den errungenen Vortheil auszunützen. Sie beschränkten sich darauf, in Syrmien ihre Plünderungen fortzusetzen.

Mit etwas mehr Erfolg unternahm Petrasch noch vor Ablauf des Jahres einen Zug in das Bosna-Thal, der unter den Türken wenigstens nicht unbedeutenden Schrecken verbreitete. Petrasch versammelte 1000 Grenzer zu Fuss und 250 zu Pferd; 800 der ersteren und die Reiter liess er unter Commando des alten Ober-Capitains Johann Udvarhély an die Fähre bei Klakar abgehen, 100 Mann rückten bis Svilaj, während der Obrist selbst mit 100 Mann auf der Save und Bosna bis zur Schanze Mirolam-Chodschak [3]) fuhr, um von da landeinwärts zu rücken. Die Unternehmung galt der Wegnahme der ziemlich festen Puncte Dobor, Kotorsko und Doboj, die Petrasch zerstören wollte, um die Türken ihrer Stütz- und Approvisionirungs-Puncte im Bosna-Thale, wenigstens für den Winter, zu berauben.

Am 17. November passirte Udvarhély mit dem Gros die Save und erreichte den Fuss des Vučia-Gebirges, das er am 18. überschritt; am 19. kam er, durch die Enge der sogenannten Kruska vor Doboj

---

[1]) Obrist Dillher an FZM. Löffelholz, 4. October 1716. Obrist Petrasch an den Prinzen, 10. October 1716. FZM. Löffelholz an den Prinzen, 9. October 1716. Kriegs-A., „Türkenkrieg 1716“; Fasc. X, 55, 55 d, e, f, 63; Befehle des Prinzen an FZM. Löffelholz vom 16., Obrist Dillher vom 2. und an Obrist Petrasch vom 9. October 1716. Supplement Nr. 145, 152, 157.

[2]) Supplement Nr. 152.

[3]) Das Territorium an der unteren Bosna wurde Mirolam genannt.

an. Er hatte vom Obristen Petrasch Befehl, „die hier befindliche hölzerne Palanka mit Hacken zu eröffnen, anzuzünden und Alles, was vor den Säbel komme, niederzumachen, besonders aber beflissen zu sein, die Getreide-Vorräthe zu vernichten".

Die Türken hatten Kundschaft von dem Anmarsche der Grenzer erhalten, verstärkten sich bis gegen tausend Mann und erwarteten an den Pallisaden den Angriff. Es entspann sich hier ein blutiges Gefecht, in dessen Verlaufe sich die Kaiserlichen der Palanka bemächtigten. Viele von den Vertheidigern, denen es nicht mehr gelang, das Castell von Doboj zu erreichen, kamen in den Flammen oder durch das Schwert der Grenzer um, im Schlosse aber hielt sich die Besatzung vollkommen still und unternahm selbst dann nichts, als Udvarhély, nach einigen Stunden der Plünderung und Zerstörung, wieder in das Gebirge zurückging.

Die Expeditionen auf Dobor und Kotorsko liefen nicht minder erfolgreich ab. Am 20. November langte Petrasch selbst mit 200 Grenzern auf der Bosna bei der Schanze Mirolam an, wo die anderen 100 Mann ihn erwarteten. Die Türken verliessen sofort, als sie der Grenzer ansichtig wurden, fliehend die Schanze, welche nun mit 40 Mann besetzt wurde.

Petrasch liess ausstreuen, dass er auf drei Wegen mit einigen tausend Mann, 10 Stücken und 4 Mörsern im Anmarsche sei und Alles, was nicht weiche, mit Feuer und Schwert zu vertilgen gedenke. Am 21. November kam er vor Dobor an und forderte den türkischen Commandanten zur Uebergabe auf; „sofern er ihm die Mühe erspare, mit Stücken und Mörsern dahin zu kommen", liess er ihm sagen, könne er einen „reputirlichen Accord" erhalten, sonst aber „müsste er gewärtig sein, mit der ganzen Besatzung über die Klinge zu springen". Thatsächlich liess sich der hier commandirende Beg so sehr einschüchtern, dass er eine Capitulation abschloss und den wohl befestigten Ort mit drei Kanonen, 16 Centnern Pulver, 300 Stückkugeln, 10.000 Metzen Getreide-Vorräthen u. s. w. gegen freien Abzug der über 200 Mann starken, wohlbewehrten Besatzung nach Gračanica übergab. Der Platz war bereits in Petrasch's Händen, als noch 300 Grenzer, welche Udvarhély von Doboj die Bosna abwärts zur Unterstützung der Unternehmung auf Dobor geschickt hatte, eintrafen. Sie hatten auf dem Wege dahin Kotorsko, von wo gleichfalls die Türken entflohen, mit ansehnlichen Getreide-Vorräthen verbrannt. Auch Dobor und die Schanze Mirolam-Chodschak wurden fast ganz zerstört, man wollte diese exponirten Puncte, die man selbst nicht festhalten konnte, wenigstens für den Feind unbrauchbar machen.

Am 24. November war Petrasch bereits wieder in Brod eingetroffen.

Für diese Waffenthaten beantragte der Prinz am 17. December den Obristen Petrasch, „einen lang und wohlverdienten Officier, welcher neben den vorigen Zeiten von Anfang des gegenwärtigen Türkenkrieges verschiedene so nützliche als rühmlich und vernünftige Dienste geleistet" zur Beförderung, die auch bald erfolgte.

Nach Beendigung dieser Expedition in das Bosna-Thal beschäftigte sich der nunmehrige GFWM. Petrasch mit neuen Plänen, an deren Ausführung diesmal auch GFWM. Freiherr von Beckers in Essegg sich zu betheiligen gedachte [1]. Man beabsichtigte, sich des von den Türken besetzten und befestigten Punctes Kupinova an der Save zu bemächtigen, um dadurch die Verbindung zwischen Šabac und Belgrad zu unterbrechen und die Wegnahme des ersteren, die bereits einmal misslungen, nochmals und besser vorzubereiten. Der Plan musste aber aufgegeben werden, als die Türken selbst unerwartet und sehr bedrohlich in Syrmien einbrachen [2].

Während die für die Postirung in Syrmien und Slavonien bestimmten Bataillone [3] in ihren gedrängten Quartieren bei Essegg und im Vukovárer District lagen, überfielen im Anfange des Monates Januar 1717 2000 Türken Syrmien und tödteten in Ireg den Ober-Capitain Monasterli, bevor die Grenzer alarmirt werden konnten; Mitrovitz wurde vom Grenz-Capitain Thodor geräumt und die räuberischen Osmanen schalteten nun nach ihrer Weise und trieben Contributionen für die Verproviantirung von Belgrad ein.

FZM. Freiherr von Löffelholz besorgte sogar einen Ueberfall auf Peterwardein, mit dessen schwacher Besatzung kaum die Wachen

---

[1] GFWM. Beckers an den Prinzen, 10. December 1716. Der Prinz an GFWM. Beckers, 9. December 1716 und 16. Januar 1717. Supplement Nr. 176.

GFWM. Beckers nahm auch früher insoferne Antheil an allen Unternehmungen gegen Bosnien, dass er die Grenzer und die Commandirten in den Festungen an der Save mit Munition und Lebensmitteln versorgte. Essegg bildete daher den Haupt-Basispunct für die Save-Grenze.

[2] GFWM. Beckers an den Prinzen, 16. Januar 1717. Kriegs-A., „Türkenkrieg 1717"; Fasc. I, 16. Der Prinz an GFWM. Beckers und GFWM. Petrasch, 20. Januar 1717. Supplement Nr. 3, XVII. Bd.

[3] Winterquartiere 1716—17, Seite 276. Nach dem Berichte des FZM. Löffelholz vom 1 November 1716 (Kriegs-A., „Türkenkrieg 1716"; Fasc. XI, 3) wurden vier Compagnien von Caraffa nach Syrmien, zwei in den Vukovárer District, zwei Drittheile der Infanterie nach Syrmien, ein Drittheil nach Slavonien verlegt. Später kamen die Truppen mehr in die Gegend von Essegg.

bestritten werden konnten; er berief daher noch zwei Compagnien seines Regiments aus Vukovár eilends heran. Zwei andere Compagnien des Regiments wurden von GFWM. Beckers bei Syd in der Despott-Schanze und drei Escadronen Caraffa-Cürassiere bei Vukovár aufgestellt. Auch GFWM. Petrasch alarmirte die ganze Grenze und eilte mit einigen tausend Mann an den Bošut, um den Angriff der Türken zu erwarten und Rača, wo seit December Obristlieutenant Ingard commandirte, zu decken.

Der Einbruch der Türken, dessen Bedeutung und Dauer durch, von der Furcht und zum Theile wohl auch von Verrath geschaffene Gerüchte, sehr übertrieben geschildert wurden, hatte indessen jedenfalls den zweifellosen Erfolg, dass die Winterquartiere der kaiserlichen Truppen weithin in Alarm kamen und mitten im Winter neue Postirungen bezogen wurden, in denen die Truppen durch Kälte und mangelnde Verpflegung sehr litten.

Im weiteren Verlaufe des Winters kam es nur noch zu unbedeutenden Scharmützeln mit den Türken, theils in Bosnien [1]), theils in Syrmien und es gelang den Türken, bald Ireg, bald Mitrovitz zu besetzen.

Am 9. April 1717 unternahm Petrasch auf Anordnung des GFWM. Beckers, welcher an Stelle des erkrankten FZM. Freiherrn von Löffelholz das Grenz-Generalat befehligte, mit 200 Cürassieren von Caraffa und 500 Hayducken eine Recognoscirung gegen Belgrad, mit der zugleich auch die wenig zuverlässigen Bewohner Syrmiens eingeschüchtert werden sollten. Von Mitrovitz längs der Save vorgehend, kam Petrasch in drei Märschen vor Semlin an, belegte einige Dörfer mit ausgiebigen Requisitionen und traf in der Mitte April 1717 wieder in Mitrovitz ein [2]). Später bezog er eine mehr rückwärts gelegene Aufstellung bei Gibarac, unweit Syd. Seine Par-

---

[1]) Petrasch schrieb Contributionen im Livczer (Livno) und Tešanjer Feld aus seine Partheien vertrieben die Türken von Velika- und Mirolam-Dvor und verbrannten den Ort, 40 Hayducken nahmen einen von 150 Reitern bedeckten Getreide-Transport auf dem Marsch nach Banjaluka u. s. w. Kriegs-A., „Türkenkrieg 1716"; Fasc. XI, 9. Im April nahm eine Abtheilung von 150 Mann, die Petrasch an die Save gesendet, den Türken das Baumaterial zum Schiffbau weg. Kriegs-A., „Türkenkrieg 1717"; Fasc. IV. 2. Dagegen gerieth eine andere Parthei, die Ober-Capitain Träger über die Save schickte, fast ganz in türkische Gefangenschaft.

[2]) GFWM. Freiherr von Petrasch an den Prinzen, 18. April aus Essegg, am 24. und 30. April aus Bošut-Eck. Kriegs-A., „Türkenkrieg 1717"; Fasc. IV, 13, 17, 18, 25. Der Prinz an GFWM. Petrasch, 24. April 1717. Supplement Nr. 23, XVII. Bd.

theien hielten die Streifungen der Türken aus Šabac ausreichend in Schranken.

Auch an der oberen Save wurden die Türken, welche bei Rajevoselo, Türkisch-Gradiska (Berbir) und Kobas versuchten, über den Fluss zu dringen, überall mit Verlust abgewiesen.

Die Störungen durch Türken-Einfälle dauerten übrigens im April und Mai 1717 fort. So nöthigte ein Raubzug, den die Türken im April 1717 mit einigen tausend Mann unternahmen, den FZM. Löffel-holz, die in der Nähe von Peterwardein einquartierten kaiserlichen Truppen zum Schutze der Festung an die südlichen Ausläufer der Fruska gora bei Ireg-Krušedol vorrücken zu lassen und die Truppen hatten kaum wieder ihre Winterquartiere an der Donau bezogen, als Anfang Mai abermals ein Osmanenschwarm verheerend vorbrach, die kaum aufgebauten Orte Karlowitz und Krušedol zerstörte und wie zum Hohn die 1699 errichtete Friedens-Capelle niederbrannte[1].

GFWM. Petrasch eilte daher auch rasch wieder bis nach Bošut, um das Drina-Thal zu beobachten, in welchem sich bei Zwornik angeblich tausend Türken sammelten und Schiffe vorbereiteten, um aus der Drina in die Save und nach Belgrad zu fahren. Er legte zwei Redouten an der Drina an und sperrte damit diesen Fluss voll-ständig. Zu Zusammenstössen kam es vorläufig nicht. „Meine kleinen Partheien bringen zwar," berichtete er am 13. Mai 1717 dem Prinzen[2], „immer einen Arnautenkopf um den andern über die Save, doch haben sie schon lange nichts Lebendiges fangen können, daher vom Feinde nichts Positives zu berichten weiss, ausser, dass er sich gegen Belgrad zieht."

Petrasch wollte nun zunächst weiter hinauf an der Drina festen Fuss fassen und zu diesem Zwecke die schon im Vorjahre von Obrist Dillher eroberte Schanze von Lešnica, welche den Türken in die Hände gefallen war, ihnen erneuert abnehmen. Der Punct bot

---

[1] „Des Prinzen Eugenii Heldenthaten III." Der Prinz vernahm diese steten Plünderungen osmanischer Streifhorden mit grosser Unlust und erwartete von GFWM. Petrasch, dass er sie endgiltig vom syrmischen Boden vertreibe. Auf eine Unterstützung durch reguläre Truppen konnte dieser aber nicht rechnen, weil, wie der Prinz am 28. Mai 1717 an Petrasch schrieb, „man noch nicht weiss, wohin die Operationen sowohl einer- als anderseits abzielen möchten und daran gelegen ist, dass man solche mit zusammengesetzten Kräften abwarte, mithin sich durch Detachements keineswegs schwäche." Kriegs-A., „Türkenkrieg 1717"; Fasc. V, 26.

[2] Kriegs-A., „Türkenkrieg 1717"; Fasc. V, 10.

den Türken für die Verbindung mit Šabac und Belgrad viele Vortheile und der Pascha von Bosnien hatte einen tüchtigen Beg mit 7 Agas und einigen hundert Mann dahin postirt. Petrasch versammelte 1200 Grenzer aus Bošut, Morović, Syd, Brkasovo und Rača, nahm zwei Kanonen und 500 Granaten mit und ging am 25. Mai 1717 Nachts über die Save. Gegen Zwornik und Šabac sicherte er sich durch zwei an geeigneten Stellen postirte Wachen von je 150 Mann. In der folgenden Nacht rückte er gegen die Schanze vor, die er am 26. vor Anbruch des Tages erreichte.

Nach einem harten Gefechte [1]), in welchem die tapfer kämpfenden Türken aus ihrem letzten Zufluchtsort durch Feuer vertrieben, sich noch mit einem Theil, den Säbel in der Faust, einen Ausweg in das Freie zu bahnen suchten, war Petrasch Herr von Lešnica. Den wenigen, welchen es gelang, aus dem Thor heraus zu dringen, bereitete Obristlieutenant Ingard, welcher mit 300 Husaren am Waldrande, 200 Schritte entfernt stand, den Untergang, ein ganz geringer Rest fiel den Hayducken, die bei den abgelegten Tornistern und Mänteln zurückgeblieben, in die Hände. Von den Türken waren bei 200 todt geblieben, nur etwa 50, meist verwundet, geriethen in Gefangenschaft, darunter der Beg mit drei Agas. Sieben Fahnen und ein Mörser wurden erbeutet. Von den Grenzern waren 13 todt, 30 verwundet, darunter auch ein Ober-Capitain.

------

[1]) GFWM. Freiherr von Petrasch an den Prinzen, von Bošut, 27. Mai 1717. Kriegs-A., „Türkenkrieg 1717"; Fasc. V, 39. „ . . . dass vor anbrechendem Tag angelangt, mich ganz still an zwei Thore geschlichen und beide zugleich, das eine durch einen Ober-Capitain, das andere aber selbst mit Hacken attaquirt und während der Zeit die Türken, welche durch die Hunde alarmirt worden, mit Handgranaten abgetrieben, endlich nach einstündigem hartem Gefechte Meister geworden. Allein ich fand wider alles Vermuthen bei anbrechendem Tage inwendig eine zweite Palanka und sieben sehr starke Tschardaken, fast besser zu sagen, Blockhäuser, in welchen sich die meisten Türken retirirt hatten. Also fing das Gefecht erst von Neuem an; von sechs Blockhäusern, welche zu allem Glücke noch nicht gedeckt waren, trieb ich die Türken durch die raizischen Grenadiere in das siebente, allwo sie eine sehr desperate Gegenwehr anfingen; da ich nun so weit gegangen, liess ich abermalen meine Hacken anrücken, die Pallisaden um das Blockhaus eröffnen, mit der Intention, auch selbes umzuhauen. Ich sah aber so viele Leute fallen, dass meine Intention zu ändern und den Türken sich zu ergeben zurufen lassen. Diese gaben keine andere Antwort, als mit Pulver und Blei, hiemit liess ich Alles, was nur brennen wollte, unter sie werfen und anzünden. Die verzweifelten und muthmasslich dazu bereiteten Türken hatten so viel Wasser an Vorrath, dass sie den Brand zum zweiten Male auslöschten, allein das dritte Mal erreichte ich meinen Zweck und da die Flammen überhandgenommen, sprangen die Bösewichter heraus, deren viele, gleichsam im Flug, todtgeschossen worden."

Die Einnahme von Lešnica sicherte Petrasch für einige Zeit gegen Unternehmungen aus dem Drina-Thale und der Prinz säumte nicht, den GFWM. Baron Petrasch für diese tapfere Waffenthat in warmen Worten zu beloben [1].

Der kleine Krieg an der bosnischen Grenze änderte indessen nichts an der allgemeinen Lage. Die Kaiserlichen behaupteten sich in Syrmien und an der obern Save überall in ihren Quartieren bis zur Eröffnung des neuen Feldzuges 1717, der die Entscheidung dieses Krieges bringen sollte.

[1] Supplement Nr. 34, XVII. Bd.

Anhang.

1.

Memorandum des Hofkriegsrathes an die Hofkammer wegen der für einen Türkenkrieg nothwendigen Vorsorgen [1]).
Wien, 12. März 1715.

Nachdem die Verlässlichkeit der zwischen der ottomanischen Pforte gegen die Republik Venedig beschehenen Kriegserklärung eingelaufen und sich leicht ergeben dürfte, dass solche Empörung in mehrere Weitschichtigkeit ausbrechen, folgbar auch Ihre kaiserliche Majestät auf ein oder andere Weise miteingeflochten werden könnte, so hat Deroselben der Hofkriegsrath durch ein ausführliches Referat in Unterthänigkeit vorgetragen, was, um sich zu einem die Oberhand versichernden Feldzug in Bereitschaft zu stellen, an Volk und den dazu gehörigen Kriegsgeräthschaften nöthig sein würde, welches dann I. k. M. in allen Stücken mittels Ihrer darüber ertheilten eigenhändigen Resolution für genehm gehalten und anbei Allergnädigst anbefohlen haben, dass darzu Hand angelegt, mithin sothane Nothwendigkeiten nach und nach veranstaltet, von dem nöthigsten aber der Anfang gemacht und beförderst auf die Recrutirung und Remontirung der gesammten Regimenter gedacht werden solle.

Wie nun die Bewirkung all dessen hauptsächlich auf die Beischaffung der dazu erforderlichen Mittel ankommt, also hat man der löbl. kais. Hofkammer nebst Communicirung der erstbemeldten Allergnädigsten kaiserlichen Resolution von sothanen Erfordernissen die ausführliche Nachricht, um auch ihresorts das behörige darnach disponiren zu können, zu ertheilen ermessen, und zwar ist nach Dero ausdrücklichem Enthalt:

Primo zur Recrutirung und Remontirung vor allem zu schreiten, und obschon die kaiserlich deutschen Erbländer heuer fünftausend Recruten zu Fuss, auch eintausend Cürassier- und fünfhundert Dragonerpferde in natura stellen, so thun dennoch für die deutschen Regimenter zu Fuss allein 7315 Mann, und bei den spanischen und wälschen sammt Einbegreifung der Gyulai'schen Hayducken 3825 Mann, bei der deutschen Cavallerie aber 1066 Mann nebst 2015 Cürassier- und 1689 Dragonerpferden ermangeln, ohne dem, dass den in Ungarn, Neapel und Mailand befindlichen spanischen Regimentern zu Pferd 932 Mann, dann 820 Cürassier- und 1780 Dragonerpferde anzuschaffen kommen, dem man noch dieses beizurücken ermisst, dass I. k. M. ferners Allergnädigst verordnet, dass den spanischen und wälschen Infanterie-Regimentern die Recruten aus Neapel und Mailand in natura abgereicht, den

<hr>

[1]) Hofkammer-A. 1715.

22*

Cavallerie-Regimentern aber die abgängige Mannschaft von allerhand Nationen anzunehmen bewilligt, auch ihnen das behörige Recruten- und Remontengeld (welches man respectu der gesammten Truppen und insonderheit der Cavallerie auf den vorjährigen Fuss auszusetzen für billig ansieht) abgefolgt werden soll. Die ganze auf den Fall einer Ruptur in Ungarn zusammenzuführen destinirte Armee aber

Secundo wird ausser den Besatzungen und den in Siebenbürgen dermalen anwesenden Regimentern, auch der raizischen National-Miliz auf 70 Bataillone und 185 Escadronen angetragen, wozu 19 Bataillone entweder von neuem anzuwerben oder von einigen Fürsten des Reiches zu erhandeln sein werden. Weil mithin eine Armee von 80.000 Mann in das Feld geführt wird, so ist eine darauf proportionirte Proviantirung von ungefähr 200.000 Centner Mehl, auch 4—500.000 Metzen Hafer sicher zu stellen und über etwelchen Backöfen, auf den Schiffen ein zulängliches Fuhrwesen ohne die den Regimentern schon lang abgeschafften, mithin nunmehr von neuem zu erzeugen benöthigten Proviant-, Zelter- und Balkenwagen aufzurichten. Nicht minder sind neben Bestellung der Officianten, auch Anwerbung der Bäcken, die im vorigen Türkenkriege gehabten Provianthäuser hinwiederum zu repariren und andere neue nach Erforderniss der Kriegsraison und vorzunehmenden Operationen anzulegen; und dieweil

Tertio die stete Erfahrung gibt, auch es sogar die vorjährigen Campamenter gezeigt, dass die Truppen, absonderlich in den ersten Jahren, in den ungarischen Lagerungen, worin die Mannschaft neben der schädlichen Luft und kalten Nächte den ganzen Sommer ohne Stroh, so sie doch in allen andern Ländern bekommt, auf blosser Erde liegen muss, sehr erkranken, und viele Leute in Ermanglung des nöthigen Unterkommens und Wartung zugrunde gehen, so wären über das Hauptspital · einige Nebenspitäler aufzurichten, um den kranken Soldaten, wovon soviel crepiren, nicht aller Orten mitschleppen zu dürfen.

Und zumal Quarto jeder Zeit dahin angetragen worden, dass man sich der Ströme und insonderheit der Donau in den gegen die Türken zu führenden Kriegen soviel als möglich bediene, um dadurch sowohl den Transport als die Subsistenz zu erleichtern, so ist sich auch mit genugsamen Schiffbrücken zu versehen, deren drei über die Donau, zwei über die Theiss und eine andere über die Drau zu schlagen, auch eine auf den Wagen, wie es an dem oberen Rhein den ganzen Krieg beschehen, mitzuführen ist. Dieweil aber nach dem vom obersten Schiff-Amte eingeholten Berichte ausser einhundert daselbst tüchtigen Schiffen und einigen Ankern, Seilen, Pfosten und anderen Requisiten, so allererst verfertigt werden müssen, nichts vorräthig, so wäre auch hierin allsogleich die Nothdurft vorzukehren, damit mehrere Schiffe beigebracht und die bemeldten Requisiten bestellt werden; woneben auch

Quinto bekannt, dass das vorige Schiff-Armament nach geschlossenem Karlowitzer Frieden zur Ersparung der Unkosten aufgehoben worden. Es wäre aber bei erfolgendem Kriege, um der Türken jederzeit sehr zahlreiche und wohlarmirte aus dem Meer hereingeführten Schiffe von allen auf die Brücken, Proviantzufuhr und in anderweg auf dem Wasser zu unternehmenden schädlichen Auslaufungen desto verlässlicher abhindern zu können, ein neues aufzurichten, wozu man um tüchtige Leute umsehen und zugleich zu untersuchen besorgt sein wird, ob nicht das vorige Schiff-Armament in etwas verbessert und etwa auch die darauf fallenden Unkosten erleichtert werden möchten.

S e x t o eine namhafte Feld-Artillerie zwischen 80 und 100 Regimentsstücken und Falkaunen von drei- und sechspfündigem Caliber nebst allem Zubehör an Leuten und Bespannung, ingleichen zu einer Belagerung gegen 100 Batteriestücke, worunter die meisten halbe Karthaunen von 24pfündigem Caliber und nur etliche 12pfündige Quartierschlangen, sammt 40—50 Pöllern, so 160 und 30 Pfund schiessen, auch darnach auf beide Artillerien proportionirte Munition, Schanzzeug und anderen Zugehörungen erfordert werden, um nach Erheischung der Umstände eine Haupt-Belagerung führen zu können. Mit den Stücken würde man endlich dies Jahr nach Nothdurft zulangen können, wenn zur Fortsetzung der Stückgiesserei die benöthigten Mittel abgefolgt würden.

Es ereignet sich anbei, dass die Lafetten, Protzwagen und andere Requisiten, wie auch die Kugeln, Pulver und sonstige Erfordernisse, endlich die Bomben (deren gar eine geringe Anzahl vorhanden) ermangeln, mithin für die Bestellung und Erzeugung des Abgangs, auch bei der Feld-Artillerie an Zeugsbedienten, Stückknechten, Pferden und anderen Dingen die erforderlichen Mittel anzuweisen sind, wie man mit der löbl. Hofkammer bereits eine Eventual-Unterredung darin gepflogen und sich also darauf beziehen will; übrigens ist

S e p t i m o ohnedem bekannt, wasmassen die Truppen durchaus unrichtig bezahlt, in dem Königreich Ungarn auch solche derzeit nur zwei Gulden und zwar theils in Naturalien, theils an Geld empfangen, wesswegen ein desto grösserer Geld- und Kassenverlag auszufinden und sicherzustellen wäre, weil daraus nicht allein die absonderlich bei einer Belagerung sich merklich vergrössernden Extra-Auslagen zu bestreiten, sondern auch neben dem Nachtrag auf das Winterquartier dem Soldaten die Sommer-Stipendien, wo man anders selben nützlich gebrauchen will, umsomehr richtig abzuführen und wenigstens das praeteritum et currens vor der Ausrückung in die Campagne baar auszufolgen sein würde, damit sich der Officier und Soldat — indem selbe in ein Land kommen, in welchem ausser dem, was mit- und zugeführt wird, nichts zu überkommen, folgbar entweder ein Vorrath vorläufig beigeschafft oder im Lager alles mit baarem Geld sehr theuer erkauft werden muss — nothdürftiglich equipiren und versehen werden können. Schliesslich und

O c t a v o hat man Deroselben schon öfters angezeigt, wie fast alle Festungen in dem Königreiche Ungarn ausser gehörigen Defensionsstand gerathen und derenthalben nöthig sei, dass in verschiedenen Orten gearbeitet und dieselben dadurch in die Fähigkeit gebracht werden können, sowohl alle feindliche Zumuthungen von sich abzuhalten, als auch das Land selbst, soferne die kaiserlichen Waffen durch den Segen des Allerhöchsten in das feindliche durchdringen, sich nachher zurück in Ruhe stellen und erhalten können, worin der Hofkriegsrath auf dasjenige, was von selbem immer dependirt, zwar geflissentlich beitragen wird, wobei man wegen Regulirung zulänglicher labores gratuitorum mit den zu Pressburg versammelten königlich ungarischen Ständen in wirklicher Verhandlung begriffen.

Um andurch diesem angelegentlichen Werke allen möglichen Vorschub zu geben, ist vor allem ein behender Fundus von einigen hunderttausend

Gulden dazu nöthig, damit nach und nach die Erfordernisse an Geld abgereicht, mithin die bereits angeordnete Arbeit mit gutem Success und Eifer könne fortgesetzt werden.

Welches alles dann nach dem Enthalt der Allerhöchsten Entschliessung und Befehls der löblichen Hofkammer der Hofkriegsrath in Freundschaft anzeigen und anbei nicht anstehen will, Selbe werde, damit man sich bei gegenwärtigen eben so misslichen als zweifelhaften Läuften in behörige Verfassung fördersam setzen und dadurch nach Erheischung der Umstände gegen alle unvermutheten Aenderungen gefasst sein möge, es Ihresorts an nichts ermangeln lassen, auch nicht ungeneigt sein, wessen man sich in quanto modo et tempore eigentlich zu versehen, diesem Hofmittel demnächst mit Verlässlichkeit bekannt zu machen.

<h2 style="text-align:center">2.</h2>

Entwurf des General-Kriegs-Commissariats bezüglich der Rüstungen [1]). Wien, 23. März 1715.

Zur Completirung aller unter der Obsicht des General-Kriegs-Commissariats stehenden deutschen, spanischen, ungarischen und wälschen Regimenter, auch neuer Aufrichtung oder Erhandlung von 19 Bataillonen mit ihrem Zugehör.

Ueber die von den deutschen Erb-Königreichen und Landen pro 1715 bewilligten 5000 Recruten zu Fuss sind zur Completirung aller deutschen, spanischen und wälschen Infanterie-Regimenter noch vonnöthen:

	fl.	kr.
10.190 Recruten, betragen in Geld à 30 fl.	305.700.	—
427 Hayducken à 22 fl.	9.394.	—
Für 10.190 Flinten, weil die Hayducken zu Mantua mit altem Gewehr bewaffnet werden können, ist à 4 fl. erforderlich	40.760.	—
1871 Cürassier- und Dragoner-Recruten aufzubringen, kosten zu 52 fl. 30 kr.	98.227.	30
2834 Cürassier-Pferde über die von den Ländern zu stellenden 1000 Stücke zu 81 fl. erfordern	229.554.	—
2761 Dragoner-Pferde nach Abzug der von verschiedenen Landen in natura zu empfangenden 500 Pferde, kosten à 66 fl.	192.622.	—
19 Bataillone neu aufzurichten oder zu erhandeln, welche man für 6 Regimenter à 2300 Köpfe rechnet, bedürfen zum Werbgeld für 13.008 Unterofficiere und Gemeine ohne der prima plana à 30 fl.	390.240.	—
Hiezu gehören 12.096 Flinten à 4 fl., beträgt	48.384.	—
90 Fahnen à 40 fl. macht	3.600.	—
Zur Erzeugung der spanischen Reiter in simili	3.600.	—
desgleichen 18 Balkenkarren à 100 fl.	1.800.	—
Fürtrag	1,323.881.	30

---

[1]) Hofkammer-A. 1715.

fl.   kr.

Uebertrag . . 1,323.881.30

90 Proviantwagen à 200 fl. betragen . . . . 18.000.—
18 Zeltwagen à 200 fl. . . . . 3.600.—

Erfordert demnach die Completirung der gesammten Regimenter zu Fuss und Pferd, jedoch mit Ausnahme der Regimenter Vaubonne und Roma, welche im Königreiche Neapel completirt werden sollen, wie auch die neue Aufrichtung oder Erhandlung von 19 Bataillonen, und zwar nach Abzug der von den Ländern zu stellenden 5000 Recruten zu Fuss, wie auch 1500 Remontenpferden noch 1,345.481.30

Zur Aufrichtung der Schiff-Armatur, auch Verschaffung des Feld-Schiff- und Brückenwesens:

12 neue Kriegsschiffe zu erbauen, weil von den alten nichts mehr vorhanden, wird à 6000 fl. erfordern . . . . 72.000.—

Inmassen auch das grosse Seilwerk gänzlich verfault und verdorben ist, die Anker hingegen sind zum Gebrauch vorräthig.

480 Matrosen dazu aufzuwerben kann ungefähr à 45 fl. gerechnet, ausmachen . . . . 21.600.—

Die dafür und deren Verpflegung halber einzulegen nothwendige Caution mag betragen . . . . 30.000.—

Alldieweilen aber die Zeit zum Holzschlag, so zur Erbauung derlei neuer Schiffe erfordersam, bereits verstrichen und zu spät ist; also werden selbe dieses Jahr nicht mehr mit Nutzen erbaut werden können; sondern es dürfte die Aushülfe mit Batterie- und Block-Schiffen zu veranstalten sein.

Zu den Schiffbrücken über die Donau, Drau, Save und Theiss, dann für das Feld-Proviant-Amt sind vonnöthen wenigstens

allerhand grosse Schiffe 400
verschiedene Sorten von Plätten 50

Und zumal im Obrist-Schiffamt nicht über 100 taugliche Schiffe vorhanden sein sollen, so wäre zu verfügen, dass lauter neue Schiffe mit den Salzfuhren aus dem Land ob der Enns anher geschicket werden, so sonst meistentheils mit alten zu beschehen pflegt. Diesemnach wäre das Brückenholzwerk, wo nicht aus Liptau, Árva und Trencsin, wenigstens von Oesterreich ob der Enns und hier zu verschaffen, welches kosten würde . . . . 6.625.—

Ferners obige Schiffe sammt dem Geschütz, wodurch zugleich von hinnen die schwere Artillerie, Bomben, und andere Zeugssorten abgeführt werden mögen, bis Ofen und Peterwardein zu bringen erfordert . . . . 11.750.—

Für allerhand Seilwerk zum Feld-Schiff- und Brückenwesen . 5.025.—
Zum Schiffahrtsgezeug gehen auf . . . . 194.—
Zur Reparation der noch vorhandenen Schiffsverschaffung allerhand Requisiten und Amtsverlag wird angesetzt . . . . . 5.540.—

Fürtrag . . . 152.734.—

	fl.	kr.

Uebertrag . . 152.734.—

Zu einer auf Wagen zu führenden Schiffbrücke sind erfordersam

50 Salzburger Plätten bis hieher geliefert à 20 fl. beträgt . 1.000.—

50 Wagen dazu, neu verfertigt, kosten mit aller Zugehör à 50 fl. 2.500.—

Zur Verschaffung des nöthigen Seil- und Holzwerks, auch anderer Requisiten 1.001.30

50 ganze Tschaiken könnten in Oesterreich ob der Enns, auch aus dem Salzkammergut um ein geringes verschafft, auch mit den ohnedies herabkommenden Salzschiffen angehängt, bis hieher befördert werden, denn die im Arsenal-Amt vorhandenen alten Tschaiken sind nicht viel mehr nutz.

Der Transport sothaner Tschaiken macht von hier bis Pest . 180.—

Beträgt also die Aufrichtung eines Schiff-Armaments sammt dem nothwendigen Schiff- und Brücken-Wesen 157.415.30

Zu Artillerie-, Munitions- und Zeugs-Nothdurften, auch der erstern Feldbespannung:

Zur Allestirung der schweren Artillerie für allerhand Eisenwerk 7.740.—

Für verschiedenes Schanzzeug in die Festungen 5.771.40

Für 3000 Scheibtruhen, 1000 Centner Lunten, 300.000 Flintensteiner, 6000 Schmelzziegel, auch Zimmer- und Wagnerholz . 12.200.—

Zur Verschaffung von 15.000 30pfündigen Bomben, 25.000 10pfündigen Granaten, 20.000 3pfündigen Stückkugeln, auch 200 Centner rundem Schrott sind erforderlich ungefähr, weil man den Betrag des Gewichtes nicht so genau wissen kann . . . . 71.930.—

Zur Reparation der schweren Stücke, Sattel- und Protzwagen, auch Requisiten und Verlag in verschiedene Zeughäuser . . 16.000.—

Das Giesswerk fortzusetzen auf 1 Jahr . . . . 13.000.—

3000 Centner Musketen- und 1500 Centner Reutter-Pulver, jenes à 25 fl. und dieses zu 35 fl. beträgt . . . . 127.500.—

Zum Transport des Pulvers von hier nach Krems in den dortigen Pulverthurm . . . . 800.—

Zur Salitereinlösung in die Kriegs-Zeughäuser . . . . . . 15.000.—

Für 6000 Flinten dahin . . . . 24.000.—

Für Zinn- und Plattenkupfer . . . . 11.600.—

3000 Centner Blei von Villach à 10 fl. . . . . 30.000.—

Zum Transport der bei dem Grafen Wratislaw in Böhmen noch erliegenden Bomben, auch Stückkugeln, wird wenigstens bis daher erforderlich sein . . . . 15.000.—

Desgleichen verschiedene Zeugs-Nothdurften aus einem in's andere Zeughaus zu bringen, dürfte gleichmässig aufgehen . 14.000.—

Zur Reparation der Feld-Artillerie mit deren Zugehör, weil das meiste schon vorhanden, kann nebst neuer Aufnahme der Handwerksleute nöthig fallen . . . . 8.000.—

Fürtrag . . 372.541.40

fl.   kr.

	fl.	kr.
Uebertrag . .	372.541	40

Nicht weniger zur Verschaffung der Feldrequisiten . . . . . .   6.000.—

Wenn die Feld-Artillerie aus 76 Regimentsstücken und 6 Falkaunen bestehen sollte, so würden nebst 30 Munitionskarren
auch Bespannungen erfordert, nebst zwei paar Pferden für die
Stangen der Feld-Schmieden, 560 Fuhrpferde, jedes à 75 fl.
gerechnet, beträgt . . . .   42.000.—

Hiezu sind 280 Fuhrknechte aufzuwerben, so à 19 fl. für den
Mann zusammen auswirft . . . .   5.320.—

Die obig bemerkter Feld-Artillerie nothwendigen 98 Munitions-
wagen, 6 Feuerwerkskasten und 14 Kugelwagen können wie
im vorigen Kriege sammt den zwei Feldschmieden mit Ochsen
bespannt werden, wozu 400 Paar erklecklich, jedes Paar
zu 54 fl. angeschlagen, macht . . . .   21.600.—

270 Ochsenknechte anzunehmen kostet 3 fl. auf einen gerechnet   810.—

Man verhofft die übrigen Unterbedienten beizubringen, wird
wie ehemals ohne Entgeld geschehen mögen und ist alles
obige, was die Feld-Artillerie angeht, eventualiter bis zu
einlangendem eigentlichen Aufsatz angeschlagen.

Summa des Erfordernisses zu Allestirung der schweren Artillerie
für eine Haupt-Operation, Verschaffung der Ammunition und
Zeugssorten, auch Einrichtung und Bespannung der Feld-
Artillerie 448.271.40

Zur Feld- Proviantirung sammt dazu bedürftigen
und der Regimenter Fuhrwesen, auch was weiter
dahin gehört:

Nachdem die Armee ohne den Besatzungen, welche durch die
Proviant-Admodiation versehen werden, aus 70 Bataillonen
und 185 Escadronen bestehen soll, täglich mit Generalstab,
Artillerie und Fuhrwesen 104.000 Brodportionen vonnöthen
hat, so sind monatlich 39.000 Centner Mehl und sothanes
Quantum nur auf 5 Monat complet gerechnet, 195.000 Centner
Mehl erforderlich. Wozu vom angetragenen Jahresvorrath
aus der Donau- auch theils andern Posten 39.000 Centner
bis zur neuen Ernte und Einfechsung etwa zu Hilfe genommen
werden könnten, zu welchem noch zu beschaffen blieben
156.000 Centner Mehl; eines in das andere mit allem Zubehör und Transport bis in die Legstätte gerechnet, würde
zusammen ausmachen . . . .   468.000.—

Für 39.744 tägliche Pferdportionen werden des Monats 158.976
niederösterreichische Metzen Hafer erfordert, so nur auf
2$\frac{1}{2}$ Monat genommen 397.440 Metzen beträgt, wovon
300.000 Metzen à 45 kr. und die übrigen 97.440 nach der

Fürtrag . .   468.000.—

	fl.	kr.
Uebertrag . .	468.000.—	
neuen Ernte zu verschaffen à 30 kr. calculirt in Summa entwerfen	273.720.—	
Die unteren Donau-Magazine zu erweitern, theils dieselben zu repariren und soferne die Operation nach Belgrad angesehen sein sollte, zur Ersparung der kostbaren auch unerklecklichen Schiff-Bäckerei zwei neue Backhäuser zu Kollut und Semlin, auch vier an der Theiss aufzurichten, wird ungefähr bedürfen	30.000.—	
Zu Verschaffung der Feldbäckerei-Requisiten, auch Säcke und dergleichen, nebst Bezahlung der Handlanger, Holzhauer und Mehlstossen werden ausgesetzt	36.000.—	
Desgleichen zur Bestreitung des Wasser-Transportes mit dem Gegentrieb und Bezahlung der Schiffleute	25.000.—	
15.000 Klafter Holz an der Donau und Drau zu schlagen, soferne wie ehedem für jede nur 12 kr. und das Brod gegeben würde, macht ohne dieses letztere in Geld	3.000.—	
An der Theiss 4000 Klafter Brennholz zu verschaffen, kostet beiläufig 3 fl. oder nach Beschaffenheit der Umstände und dermaliger Zeit etwas weniger, jenes macht	12.000.—	
Zu allerhand bei dem Feld-Proviant-Amt vorkommen mögenden Extra-Ausgaben, Verschickungen und dergleichen	4.000.—	
Für 2000 Centner Salz wird hier nichts ausgesetzt, anerwogen dasselbe aus dem ungarischen Salzamt unentgeltlich zu erfolgen ist.		
Ein Feld-Proviant-Fuhrwesen von 600 Ochsenwagen aufzustellen, beträgt im supposito einen Theil des Zugviehs aus Siebenbürgen zu erkaufen und zwar:		
1800 Paar Ochsen à 54 fl.	97.200.—	
600 Wagen à 43 fl.	25.800.—	
Für Feldrequisiten	20.000.—	
1200 Knechte zu werben à 3 fl.	3.600.—	
Hieher gehört auch, den ins Feld gehenden Regimentern, die Proviantwagen wieder haben zu machen, nämlich der Infanterie für 260 Wagen à 200 fl.	52.000.—	
und der Reiterei 185 ebenfalls à 200 fl. macht	37.000.—	
Ferner diejenigen 46.000 Centner Mehl, so der Jud Oppenheimer als Proviant-Admodiator zur Ergänzung des jährlichen unangreiflichen Vorraths in die gesammten ungarischen Magazine einzuliefern hat, beträgt à 2 fl. 25 kr.	111.166.40	
In Siebenbürgen sind über die zum sommerlichen Gebrauch bereits angetragenen 50.000 Kübel Mehl, wovon bis 36.000 für die alldortige Miliz erfordersam, noch zum Vorrath zu verschaffen wenigstens 36.000 Kübel Getreide, macht à 2 fl. 30 kr.	90.000.—	
desgleichen 100.000 Kübel Hafer à 50 kr.	50.000.—	
Fürtrag . .	1,338.486.40	

fl.   kr.

Uebertrag . . 1,338.486.40

für Magazins-Verlag, Vermahlung, Transport und dergleichen extra ordinaria setzt man über Sommerszeit für Siebenbürgen . . . . 15.000.—

Summa des Proviant- und Hafer-Erzeugungsbetrages nebst dem dazu gehörigen Fuhrwerk, auch andern dahin nöthigen Erfordernissen und Verlag 1,353.486.40

Zur Aufrichtung der Zelterwagen und Balkenkarren für die alten Regimenter.

Für die zur Armee, folglich ins Feld ziehenden Bataillone von den schon stehenden Regimentern sind über die oben bei 19 neu zu erhandeln kommenden Bataillonen angesetzte Zahl der Zelterwagen annoch 52 erforderlich, deren Verschaffung à 200 fl. beträgt . . . . 10.400.—

Also auch 52 Balkenkarren à 100 fl. . . . . 5.200.—

Hieher ist zu setzen: den Regimentern Guido Starhemberg, Alt-Daun, Gschwind, Württemberg und Regal die verordnete Bonification zu neuer Erzeugung der Schweinsfedern, so selbe ausser ihrer Schuld vor dem Feind verloren, für jedes 600 fl. macht . . . . 3.000.—

beträgt zusammen . . . 18.600.—

Auf Verpflegung der neu aufzurichtenden oder zu erhandelnden 19 Bataillone, Recruten der alten Regimenter, des neu zu bestellenden Proviant-Stabs, aller Fuhrwesen und was dem anhängig:

19 neu aufzustellende Bataillone oder 6 neue Regimenter zu Fuss erfordern nur auf 5 Sommermonate im completen Stand und nach Abzug des Brodes sammt deren Fuhrwesen . . . 328.575.—

15.190 deutsche Recruten zu Fuss haben nach Abzug des Brodes in 5 Sommermonaten zur Bezahlung nöthig . . . . 227.850.—

427 Hayducken in simili . . . . 6.405.—

also auch 1871 Cavallerie-Recruten für solche Zeit ohne das Brod . . . . 37.420.—

Die Besoldungen des neu aufzunehmenden Feld-Proviant-Stabes erfordern auf 6 Sommermonate . . . . 13.548.—

Gleichmässig die Bäcken-Compagnie mit 600 Köpfen. . . . 37.380.—

Die Verpflegung des mit 600 Wagen angetragenen Feld-Proviant-Ochsen-Fuhrwesens entwirft ebenfalls in 6 Monaten . 41.856.—

Nicht weniger die für die alten Regimenter aufzurichten kommenden Proviant- und Zelterwagen, auch Balkenkarren ohne Brod . . . . 58.704.—

Fürtrag . . 751.738.—

fl.　　kr.

		fl.	kr.
	Uebertrag . .	751.738.—	

Zu Verpflegung der ins Feld ziehenden ungarischen und rascianischen (raizischen) Miliz werden in Betrachtung, dass deren Anzahl noch nicht determinirt ist, inzwischen ausgesetzt . . 120.000.—

Wenn das Schiff-Armament mit 12 Kriegsschiffen und 50 Tschaiken aufgerichtet wird, so würde die Verpflegung des Schiff-Armament-Stabes in 6 Monaten erfordern bis . . . . 4.000.—

Der Unterhalt für die oben ausgesetzten Matrosen auf die gleiche Zeit ungefähr . . . . 60.000.—

Die Bezahlung der auf denen Kriegsschiffen nöthigen Rascianer chedessen . . . . 10.000.—

Die Verpflegung der auf 50 Tschaiken dienenden Nasadisten erfordert in 6 Sommermonaten . . . . 30.900.—

— so nach dem Anschlag des letzten Kriegs gerechnet ist.

Die Gebühr des neu aufzurichtenden Feld-Schiff- und Brückenstandes macht auf gleiche Zeit . . . . 9.822.—

Aus Ermanglung des neuen Feld-Artillerie-Aufsatzes weiss man die Anzahl so genau nicht, welche an Unterbedienten, Handwerksleuten und zur Ross-Partei aufgenommen werden möchten, daher werden hier nur eventualiter zu der 6 monatlichen Sommerverpflegung ausgeworfen . . . . 12.000.—

Das zur Feld-Artillerie aufzurichten nothwendige Ochsenfuhrwerk hingegen erfordert zur 6 sommermonatlichen Verpflegsgebühr . . . . 9.186.—

Die Bespannung der Schiffbrücke aber, so zu Land geführt werden soll, trägt man an von den Gespanschaften zu bewirken, damit hiezu kein sonderliches Fuhrwesen zu bestellen sei.

Vorstehende Verpflegungen der neu aufzustellenden Völker, Stäbe und Fuhrwesen betragen . . . . 1,007.646.—

Zu den übrigen Bedürftigkeiten:

Zum Fortificationsbau nach Ofen, Szegedin, Arad und am Save-Strom auch Reparation anderer Posten, zumal Essegg und Peterwardein werden hinausgesetzt, wovon auch die Holz- und Eisen- oder andere dahingehörige Requisiten zu bestreiten, für dieses Jahr . . . . 200.000.—

Auf Feldspitals-Unkosten und Verlag . . . . 61.016.—

Zur Verschaffung mehrerer Strohsäcke und Decken in die zu verstärkenden ungarischen Grenzorte . . . . 10.000.—

Sollte eine Haupt-Belagerung vorgenommen werden, so würde zum Feld-Kriegscassen-Verlag erforderlich sein wenigstens . 100.000.—

ausser dem aber dürften 30.000 fl. erklecken.

Zur Etapen-Bezahlung für die durch den Reichsboden marschirende eigene oder zu verhandelnde Miliz, auch was aus

Fürtrag . . 371.016.—

fl.   kr.

	fl.	kr.
Uebertrag . .	371.016.	—

fernen Landen nach Ungarn gezogen werden möchte, kann
aufgehen über dasjenige, so der Miliz wieder in Abzug
kommt . . . . **60.000.—**

Zum Holzschlag in Ungarn für die Vor- auch Grenzposten im
Sommer und darauf erfolgenden Winter dürfte erforderlich sein **5.850.—**

diese Extra-Ordinaria betragen . . . **436.866.—**

Extract.

Ueber vorstehende Sommer-Erfordernisse, wenn der Krieg anno 1715
wider die Ottomanische Pforte geführt werden sollte und eine
Haupt-Belagerung vorginge, jedoch ohne der alten Miliz-
Verpflegung gerechnet:

Zur Completirung aller deutschen, spanischen, ungarischen und
wälschen Regimenter, jedoch ohne die Regimenter Vaubonne
und Roma, auch Werbung oder Erhandlung von 19 Bataillonen mit ihrem Zugehör, so man für 6 complete Regimenter calculiret 1,345.481.30

Zur Aufrichtung der Schiff-Armatur, auch Verschaffung des Feld-
Schiff- und Brückenwesens 157.415.30

Auf Artillerie-, Munition- und Zeugssorten, auch der Feld-
Artillerie-Bespannung 448.271.40

Zur Feld-Proviantirung sammt dazu bedürftigen und der Regimenter Fuhrwesen nebst der Haferverschaffung, auch was
sonst dazu gehörig 1,353.486.40

Zur Aufrichtung der für die alten Regimenter nothwendigen
Zeltwagen und Balkenkarren . . . . 18.600.—

Zur Verpflegung der neu aufzurichtenden oder zu erhandelnden
19 Bataillone, Recruten der alten Regimenter, des neu zu
bestellenden Proviant-Stabs, aller Fuhrwesen, Schiff- und
Armaments-Bedienten und was dem anhängig . . . . . . 1,007.646.—

Zu den übrigen Bedürftigkeiten . . . . 436.866.—

Summe aller vorstehenden Gelderfordernisse . . . 4,767.767.20

Wozu noch das Holz, das die Zipser Kammer und das ungarische
Salzamt hergeben können, nach Szolnok und Szegedin zu
liefern wäre.

Ueber all' obiges aber ist zu reflectiren, dass die Verpflegung
der alten stehenden sämmtlichen Miliz und was dazu gehörig,
noch besonders zu besorgen sei; gestalten soviel die in Ungarn
betrifft, wenn das Königreich die projectirten 2,400.000 fl.
völlig bezahlt, dennoch zur vollständigen Befriedigung der
darauf angewiesenen Regimenter und Partcien vom 1. November 1714 bis Ende October 1715 beiläufig ermangeln
werden 2,316.537.40

In Siebenbürgen aber ungefähr . . . . 235.928.—

Beide Posten betragen . 2,552.465.40

3.

Allianz-Vertrag zwischen dem Kaiser und der Republik Venedig. Wien, 13. April 1716 [1]).

Im Namen der Allerheiligsten Dreieinigkeit.

Nachdem die Türken, der gemeinsame Feind der Christenheit, die von allen Völkern zu verehrende Heiligkeit der Verträge bei Seite gesetzt und gegen den Inhalt des Karlowitzer Friedens, ohne irgend eine lautere, wahre und gegründete Ursache vorzubringen, der Durchlauchtigsten Venetianischen Republik den Krieg angekündigt, ihren Gesandten gegen jedes Völkerrecht misshandelt und in den Kerker geschleppt, die Länder und Gebiete mit ihren Waffen beunruhigt und schliesslich Ihr, wenn sie es vermöchten, mit Vernichtung angedroht, so hat die vorgenannte Durchlauchtigste Republik durch ihre Gesandten Sr. Majestät dem Römischen Kaiser C a r l VI. alles, was geschehen, mitgetheilt; weil aber Se. Geheiligte Kaiserliche und Königliche Katholische Majestät alle, selbst die reiflichst erwogenen Vorstellungen bei der Pforte angewendet und ihr das, was in den Karlowitzer Artikeln enthalten und kraft des geheiligten Bündnisses Sr. Majestät obliegt, ernstlich und offen bekannt gegeben; die Pforte aber trotz alledem ohne irgend einen Grund von ihrem Beginnen nicht ablassen wollte, sondern den beschlossenen Krieg mit aller Gewalt fortzuführen bestimmte, so wandte sich die Durchlauchtigste Venetianische Republik an die Geheiligte Kaiserliche und Königliche Katholische Majestät als den hervorragendsten Theilhaber an dem geheiligten Bündnisse und diese, eingedenk der Verträge und der Religion der Voreltern, weigert sich nicht, ihr mit Waffengewalt und Rathschlägen beizustehen.

Damit aber der vorgenannten Durchlauchtigsten Republik, den Theilhabern des geheiligten Bundes und endlich der gemeinsamen Christenheit besser geholfen werde, so wurden neuerdings die Commissäre und der Legat mit ausgedehnten Vollmachten versehen; und zwar von Seite Sr. Geheiligten Kaiserlichen und Königlichen Katholischen Majestät der Durchlauchtigste und die Hochgeborenen Kämmerer, Ritter vom goldenen Vliesse, Prinz E u g e n von S a v o y e n und P i e m o n t, Präsident des Hofkriegsrathes, General-Lieutenant und des Herzogthums Mailand Statthalter; Johann Leopold Donatus des heiligen Römischen Reiches Fürst von T r a u t s o n, Graf von F a l k e n-s t e i n; Philipp Ludwig Graf von S i n z e n d o r f f und T h a n h a u s e n des heiligen Römischen Reiches Oberstschatzmeister und Hofkanzler; Thomas Gundacker Graf von S t a r h e m b e r g, Sr. Majestät geheime Räthe; von Seite aber der Durchlauchtigsten Republik der am Kaiserlichen Hofe beglaubigte Gesandte, der edle Ritter Petrus von G r i m a n i.

Nachdem vorerst allda am Kaiserlichen Hofe die hier zum Schlusse angefügten Vollmachten ausgetauscht worden, beschlossen sie zum Ruhme des Göttlichen Namens und zum Heile und Schutze der Christlichen Republik unter der Aegide des Stellvertreters Christi auf Erden, des in Christo Allerheiligsten Vaters C l e m e n s, welcher durch göttliche Vorsehung der eilfte Papst dieses Namens ist, nachfolgende Satzungen eines Freundschaftsbündnisses aufzustellen.

---

[1]) H. K. R. Exp. 1717; September, 266 Lateinische Abschrift.

Artikel I.

Zwischen der Geheiligten Kaiserlich Königlichen Katholischen Majestät
Carl VI., sowohl als König von Spanien, Ungarn und Böhmen, Erzherzog
von Oesterreich, als auch als Herren und Erben der übrigen Erblande und
den Nachfolgern Sr. Majestät in den erblichen Königreichen und Ländern
einerseits und der Durchlauchtigsten Venetianischen Republik andererseits, sei
und bleibe für das abzuschliessende Bündniss als Grundlage jener geheiligte
Bund, welcher einst unter der Aegide des Papstes Innocenz XI. frommen
Andenkens, am 5. März des Jahres 1684 zu Linz mit besonderen Artikeln
vom 20. desselben Monats und Jahres zwischen der Geheiligten Kaiserlichen
Majestät Leopold I. sowohl als König von Ungarn und Böhmen und als
Erzherzog von Oesterreich, als auch als Herren und Erben der übrigen Erblande; zwischen König Johann III. und dem Königreiche Polen und dem
Herzogthume Lithauen; und zwischen der Durchlauchtigsten Republik Venedig
geschlossen und mit heiligem Eide in die Hände Sr. Heiligkeit bekräftigt
wurde; mit Ausnahme von dem, was nach Massgabe der gegenwärtigen Lage
der Dinge in den nachfolgenden Artikeln durch gegenseitigen Beschluss und
Uebereinkommen entweder geändert, oder etwas vermehrt oder erweitert
wurde; so dass alles, was über die Einigung der Beschlüsse und Streitkräfte,
über die Verwendung der Truppen, über die Kriegs-Expeditionen, über den
keinesfalls gesondert zu schliessenden oder anzunehmenden Frieden, endlich
über das immer zu währende Bündniss darin beschlossen worden, unverletzlich
fest und bestimmt eingehalten werde.

Artikel II.

Da aber das durch den früheren Vertrag geschlossene Bündniss nur
auf den Türkenkrieg beschränkt ist, den nun auch Se. Kaiserlich Königliche
Katholische Majestät mit allen Kräften zu führen beabsichtigt, aber zu
befürchten steht, dass nach Abberufung des Heeres aus Italien, das Neapolitanische Königreich und die übrigen Staaten, welche daselbst gegenwärtig im
Besitze des Kaisers sind, von irgend jemanden beunruhigt, oder auch zu
Wasser oder zu Lande mit Waffengewalt angegriffen werden, so versprechen
und geloben hier wechselseitig feierlich, einerseits Se. Geheiligte Kaiserliche
Königliche Katholische Majestät für sich und ihre Nachfolger in den genannten Königreichen und Ländern und andererseits die Durchlauchtigste
Venetianische Republik, um für die Sicherheit Italiens und der genannten
Königreiche und Länder zu sorgen und auch vom Wunsche beseelt, den für
sich nützlichen Kaiserlichen Vorschlag zu fördern, dass sie im Falle eines
feindlichen Angriffes während der Dauer dieses Türkenkrieges gegen irgend
einen anderen Angreifer sich wechselseitig Hilfe leisten und mit vereinten
Waffen die feindliche Macht vertreiben wollen, was jedoch im gegebenen Falle
zu bestimmen sein wird. Im Uebrigen soll das, was der gegenwärtige Vertrag
speciell für diesen Türkenkrieg und seine Dauer feststellt, unabänderlich und
fest bestehen.

Für die Gegenwart wurde im Einvernehmen beschlossen, dass gegebenen
Falles die Durchlauchtigste Republik aus eigenen Mitteln acht Kriegsschiffe,
sowie sechs Tausend Fuss-Soldaten bereit halte, um sie Sr. Kaiserlich König-

lichen Katholischen Majestät zu Hilfe zu senden, wohingegen Se. Allerhöchste
Majestät der Durchlauchtigsten Republik ebenso auf eigene Kosten zwölf
Tausend Fuss-Soldaten zu Hilfe zu senden gelobt, falls ihre Italischen Provinzen während dieses Türkenkrieges von irgend einem Fremden angegriffen
werden sollten. Wenn aber die oftgenannte Durchlauchtigste Republik im
gegebenen Falle die oben versprochenen acht Kriegsschiffe nicht beistellen
könnte, weil etwa ihre Flotte anderswo gegen die Türken in Anspruch
genommen ist, so verspricht sie hiemit diese durch andere zu Kriegszwecken
adaptirte Schiffe in gleicher Anzahl zu ersetzen.

Artikel III.

Die Hilfeleistung, welche laut vorstehendem Artikel die Durchlauchtigste
Republik durch Beistellung von sechs Tausend Fuss-Soldaten und acht Kriegsschiffen versprochen, wurde derart zu erläutern beschlossen, dass im Falle als
von irgend einem Feinde zu ein und derselben Zeit zugleich das Königreich
Neapel und das Herzogthum Mailand, oder die anderen Staaten, welche
Se. Kaiserlich Königliche Katholische Majestät gegenwärtig in Italien besitzt,
angegriffen werden sollten, die Durchlauchtigste Republik aus eigenen Mitteln
sechs Tausend Fuss-Soldaten und acht Kriegsschiffe Sr. Allerhöchsten Majestät
zu Hilfe zu senden gehalten ist; so zwar, dass die sechs Tausend Fuss-
Soldaten in den Herzogthümern Mailand und Mantua, sowie in den gegenwärtig im Besitze Sr. Kaiserlichen Majestät befindlichen Festungen und Ortschaften in Etrurien Kriegsdienste zu leisten verpflichtet sind und die acht
Kriegsschiffe lediglich zum Schutze des Königreiches Neapel dienen sollen.
Im Falle aber wenn nur das Herzogthum Mailand oder die anderen oben
angeführten Kaiserlich Oesterreichischen Provinzen feindlich angegriffen werden
sollten, so sei die Durchlauchtigste Republik verhalten nur sechs Tausend
Fuss-Soldaten ohne Kriegsschiffe beizustellen. Wenn aber nur das Königreich
Neapel angegriffen werde, ohne dass dabei zugleich die vorgenannten Kaiserlich Oesterreichischen Herzogthümer und Staaten verwickelt wären, so
müsse in diesem Falle die Durchlauchtigste Republik acht Kriegsschiffe und
ausserdem drei Tausend Fuss-Soldaten und diese zwar mit der grösstmöglichsten
Beschleunigung dem genannten Königreiche zu Hilfe senden; dagegen sei
Se. Geheiligte Kaiserlich Königliche Katholische Majestät hiewiederum verpflichtet, eine gleiche Anzahl Soldaten nach Dalmatien abzusenden, oder das
im Königreiche Neapel liegende Venetianische Kriegsvolk durch eigene
Kaiserliche Truppen abzulösen und ersteres der Republik dann rückzuschicken.
Wenn aber Se. Allerhöchste Kaiserlich Königliche Katholische Majestät die
genannten drei Tausend Fuss-Soldaten innerhalb zweier Monate der Durchlauchtigsten Republik nicht ersetze, noch das im Königreiche befindliche
Venetianische Kriegsvolk nach Ersetzung durch eigene Truppen nicht rück-
sende, oder aus dringenden Ursachen nicht ersetzen oder rücksenden könne,
so übernimmt Se. Majestät die Erhaltung des Venetianischen Kriegsvolkes
durch eigenen Sold auf solange, bis der Ersatz in Dalmatien oder die Rück-
sendung der Truppen aus dem Königreiche erfolge. Im Uebrigen bleibt unabänderlich und fest bestehen, dass die Truppen, beziehungsweise Schiffe,
welche wechselseitig zu Hilfe geschickt werden, auf je eigene Kosten und
Sold Kriegsdienste leisten. In Bezug auf den Proviant müsse ein Theil den

anderen unterstützen, damit man ihn nicht für die Hilfstruppen um theureren Preis als für die eigenen Truppen beschaffen müsse; wenn es nicht etwa beiderseits zum Vortheile gereiche, dass Se. Majestät die drei Tausend von der Republik ins Königreich Neapel zu sendenden Fuss-Soldaten auf eigene, die Republik hingegen die Kaiserlichen Hilfstruppen in Dalmatien auf ihre Kosten erhalte.

Artikel IV.

Hingegen verspricht und gelobt Se. Kaiserlich Königliche Katholische Majestät sofort thatsächlich den Türken den Krieg zu erklären und ihn mit aller Macht zu führen, so wie man im geheiligten Bündnisse vom Jahre 1684 (welches nach Beendigung dieses Krieges für immer aufrecht bleibt) übereingekommen ist und wie es kraft des gegenwärtigen Vertrages bestätiget ist.

Artikel V.

Damit aber fernerhin die wechselseitige Freundschaft und das nothwendige Bündniss desto gefestigter werde, so stehe beiden Theilen der Durchzug durch die Gebiete des anderen zu Wasser und zu Lande, ohne Schaden zuzufügen und ohne Beschwerlichkeit für einen Theil oder seine Unterthanen frei; ebenso die Ueberfuhr der Militärtransporte und endlich aller zum Kriegshandwerke gehörigen Dinge; so zwar, dass aus diesem Grunde nicht nur niemals von einem Theile dem anderen auf die Dauer dieses Bündnisses ein Hinderniss oder Hemmniss aus irgend einer Ursache oder unter irgend einem Vorwande hinfort bereitet werde, sondern dass auch die Republik bei Ausbruch dieses Krieges den schadlosen Durchzug und die sichere Schifffahrt, in wie weit sie es vermag, auf alle Weise fördere. Damit aber der Durchzug durch die beiderseitigen Länder und Provinzen für die Unterthanen schadlos sei und ihnen weder Beschwerde noch Nachtheil verursache, so wurde beschlossen, vorkommenden Falles beiderseits noch früher Requisitionen zu machen.

Artikel VI.

Wenn auch kraft des zwischen Sr. Geheiligten Majestät Leopold I., dem Könige von Polen, Johann III., dem Königreiche Polen und dem Herzogthume Lithauen zu Warschau am 31. März 1683 abgeschlossenen und zu Linz im Jahre 1684 am 20. März auf die Durchlauchtigste Venetianische Republik ausgedehnten Vertrages, der gegenwärtige König von Polen, August, auf jede Weise gegen die Türken gebunden ist, so wird er nichtsdestoweniger zugleich mit dem Königreiche Polen und dem Grossherzogthume Lithauen aufgefordert, dieses geheiligte Bündniss zu erneuern, welches gleichfalls unter der Aegide Sr. Heiligkeit durch einen feierlichen Eid in die Hände desselben zu bekräftigen ist.

Artikel VII.

Es wurde als nützlich und ersprisslich erachtet, den Czar von Moskau, worüber später entschieden werden wird, zu dem gegenwärtigen Bündnisse, falls er es wünschen sollte, zuzulassen, sowie auch alle Christlichen Fürsten und die sich ausserdem Antragenden; so jedoch, dass eine einhellige Uebereinstimmung der befreundeten und verbündeten Fürsten erzielt werde, so oft einer der Vorgenannten neuerdings zuzulassen sein wird.

Artikel VIII.

Die Ratifications-Instrumente dieses erneuerten Bündnisses werden die Herren bevollmächtigten Commissäre und Gesandten am Kaiserlichen Hofe innerhalb Monatsfrist oder, wenn möglich, früher austauschen. Zur Bekräftigung dessen haben wir als bevollmächtigte Kaiserliche Commissäre und ich als bevollmächtigter Venetianischer Gesandter im Namen Sr. Allerhöchsten Kaiserlich Königlichen Katholischen Majestät und der Durchlauchtigsten Venetianischen Republik auf Grundlage der Vollmachtsbriefe diesen Vertrag eigenhändig unterfertigt und mit den Siegeln versehen.

Gegeben etc.

L. S. Eugen von Savoyen.

L. S. Johann Leopold Fürst Trautson.

L. S. Philipp Ludwig Graf von Sinzendorff.

L. S. Gundacker Graf von Starhemberg.

L. S. Petrus Grimani, Ritter.

t.

t die Infanterie.

Rechter Flügel

G. Württemberg, G. d. C. Freiherr von Falkenstein,
humada, Graf Veterani, Hochberg, Hauben

GF   Eckh   Cordova

Heister 3	
Martigny 7	
Mercy 7	
Pálffy 7	
Gronsfeld 7	
Battée 7	
Rabutin 7	

42 Esc.

G. C. Graf Nádasdy, Graf Martigny,
FM emberg, Graf Althann, Hautois,
GF reiherr von Schilling, Chevalier de Saint-Amour

Harrach 3	
Cordova 5	
Gondrecourt 7	
Hautois 7	
St. Croix 7	
St. Amour 7	
Schönborn 7	

40 Esc.

Totale:

r . . . . 56 ⎫
re . . . . 106 ⎬ 187 Escadronen
 . . . . 25 ⎭

ie sammt den Grenadieren . . . . 62 Bataillone.

| | Todt oder verloren | | | | | Summe der Todten und Verlorenen | |
	Cornet	Wachtmeister	Troupeter oder Tambour	Corporal	Gemeine	Mann	Dienst-pferde
Re	—	—	—	2	70	73	60
	—	—	—	—	19	19	21
	—	—	—	1	69	73	102
	—	1	1	3	64	70	59
	—	—	—	3	55	58	62
	2	—	—	3	83	88	74
	2	1	1	12	360	381	378
Re	—	—	—	—	2	2	3
	—	—	—	—	5	5	1
	—	—	—	—	5	5	10
	—	—	—	—	12	12	14

Graf Althann,
Feldmarschall-Lieutenant.

6.

Specification [1])

was nachbenannte löbliche Regimenter sowohl an kaiserlichen als türkischen
Fahnen anher auf die Generalwache geliefert haben:

Regimenter	kaiserl. Fahnen	türk. Fahnen	Ross-schweife	Pauken
Johann Pálffy	1	3	—	—
St. Amour	2	27	—	—
Bayreuth	—	—	2	—
Althann	2	2	—	—
Falkenstein	3	22	—	1
Gondrecourt	1	14	—	—
Martigny	—	4	—	—
Splényi	—	1	—	—
Esterházy	1	—	—	—
dann sind vor dem Befehl, unwissend von wem, gebracht worden	2	16	—	—
vor der Ablösung waren allhier	—	2	—	—
von Neipperg	—	1	—	—
Harrach	—	2	—	—
Hannover	—	4	—	—
Gronsfeld	1	—	—	—
Württemberg [2])	—	5	—	—
Hautois	—	—	1	—
Raaber	—	2	—	—
Darmstadt	—	5	—	—
Graven	—	3	—	—
Schönborn	1	4	—	—
Mercy	1	6	—	—
Viard	—	8	2	—
Friedrich Württemberg	1	—	—	—
Splényi	—	3	—	—
Johann Pálffy-Volontäre	—	3	—	—
Alt-Württemberg	—	6	—	—
Hasslingen	—	1	—	—
Jung-Lothringen	—	2	—	—
Prinz Alexander von Württemberg	—	2	—	—
Regal	—	4	—	—
St. Amour (nebst einer Artillerie-Trommel)	—	—	—	3
Summe . . .	16	152	5	4

(Als Beilage zum Schlachtberichte des Prinzen an den Kaiser vom
8. August 1716.)

---

[1]) Kriegs-A., „Türkenkrieg 1716"; Fasc. VIII, 56 c.
[2]) Welches der drei Regimenter Württemberg gemeint ist, kann nicht festgestellt werden.

7.

Specification [1])

der am 5. August 1716 eroberten Stücke, Haubitzen und Pöller.

Stücke

1 30pfündige Schlange, 29 Caliber lang, hinten und vorne mit türkischer Schrift;

2 halbe Karthaunen, 27 Caliber lang, eine mit 2 türkischen Schriften, die andere mit 8 türkischen Zeichen hinten und vorne;

4 20pfündige Schlangen, 26 Caliber lang, hinten und vorne mit türkischer Schrift;

4 20pfündige Schlangen, 27 Caliber lang, hinten und vorne mit türkischer Schrift;

4 20pfündige Schlangen, 28 Caliber lang, hinten und vorne mit türkischer Schrift;

4 20pfündige Schlangen, 30 Caliber lang, hinten und vorne mit türkischer Schrift;

8 16pfündige Schlangen, 29 Caliber lang, hinten und vorne mit türkischer Schrift;

5 12pfündige Schlangen, 32 Caliber lang, hinten mit türkischer Schrift, worunter eine vernagelt (ist);

1 8pfündige Schlange, 30 Caliber lang, mit Delphinen, ohne Zeichen, ist vernagelt;

1 6pfündige Schlange, 34 Caliber lang, mit lauter Blumen und Delphinen;

2 5pfündige Schlangen, 31 Caliber lang, ohne Zeichen;

2 5pfündige Schlangen, 34 Caliber lang, hinten und vorne mit türkischen Schriften und Delphinen;

7 5pfündige Schlangen, 32 Caliber lang, ohne Zeichen;

4 5pfündige Schlangen, 26, 27, 28 und 29 Caliber lang, hinten und vorne mit türkischer Schrift;

24 4pfündige Schlangen, 31, 32 und 33 Caliber lang, etliche mit türkischer Schrift und etliche ohne Schrift, darunter 2 kaiserliche mit der Inscription: Psal. 58, V. 1⁰ Exurgat deus et confundantur inimici nostri;

1 3pfündige Schlange, 27 Caliber lang, hinten mit einem doppelten Adler und vorne Hofkirchlichen Wappen;

3 3pfündige Schlangen, 35 Caliber lang, mit türkischen Schriften, alle 3 vernagelt und 1 unbrauchbar;

1 3pfündige Schlange, 28 Caliber lang, oben das Hofkirchliche Wappen, ein Auge in der Wolke, zwei Hände; in einer das Schwert, in der andern das Scepter und unten die Weltkugel mit einer Krone, das Bodenstück mit einem doppelten Adler und dieser Inscription: L. R. J. S. A. A° 1683;

----

[1]) Kriegs-A., „Türkenkrieg 1716"; Fasc. VIII, 56 a.

Stücke

1 3pfündige Schlange, 27 Caliber lang, mit diesem Wappen und (der) Inscription: Ernst Graf von Abensberg und Traun, General- Land- und Haus-Zeugmeister; unten: Ferdinandus 2^{dus} D. G. R. J. S. A. G. H. B. R. Archidux Austriae, 1655 goss mich Hermann Littich in Kaschau 1655;

1 3pfündige Schlange, 30 Caliber lang, worauf das Hofkirchliche Wappen mit dieser Inscription: E. L. Graf von Hofkirch, röm. kais. Maj. Hofkriegsrath, General-Oberst-Land- und Feld-Haus-Zeugmeister, B. E. O. B. General-Oberster der Grafschaft Gross-Komorn, unten mit einem doppelten Adler und dieser Ueberschrift: L. R. J. S. A. A° 1681 goss mich Baltasar Herold in Wien;

10 3pfündige Schlangen, 32, 33 und 34 Caliber, theils mit und theils ohne türkischer Schrift;

1 2pfündige Schlange, 36 Caliber lang, mit Delphinen und dieser Ueberschrift: Durch das Feuer bin ich geflossen, Martinus Blasi Rupensis hat mich gegossen; (ferner) mit einer Nachtigall, worunter geschrieben: Assidue et cause und weiters: will niemand singen; sing' aber ich über Berg und Thal, hört man mich. Unter den Delphinen: Martinus Emerich Richter 1681;

1 2pfündige Schlange, 41 Caliber lang, unten mit doppeltem Adler und dieser Inscription: Rudolphus 2^{dus} R. J. H. B. R. mit Delphinen;

1 2pfündige Schlange, 42 Caliber lang, oben auf der Mündung geschrieben: Wer will denn wider uns, so Gott ist mit uns? Unten: Zur Zeit Lukas Hirscher 1583, gegossen durch Paul Neydel, mit Delphinen;

1 2pfündige Schlange, 40 Caliber lang mit einem Wappen, worin ein einfacher Adler, das Kreuz im Schnabel haltend, zur rechten die Sonne und zur linken der Mond und beiderseits ein Löwe mit einem Schwert;

1 2pfündige Schlange, 38 Caliber lang, mit dieser Inscription: Haec maschina fusa est judice domino Joanne Fux A° 1541;

1 2pfündige Schlange, 41 Caliber lang, mit 2 über einander geschrenkten Schwertern, 1567;

58 1½pfündige Schlangen, 34, 35 und 36 Caliber lang, worunter etwelche mit türkischen Schriften, die übrigen aber ohne Schrift, auch 1 unbrauchbar und 1 vernagelt;

6 1pfündige Schlangen, 34, 36 und 38 Caliber lang, ohne Zeichen.

149 Summa.

Haubitzen:

Stücke

1 60pfündige, mit 2 Crucifix-Bildern links und rechts, mit dieser Inscription: Ferdinandus rex Z. C. me fecit 1529. Hans Düring goss mich 1529; mit einem kaiserlichen Wappen;

1 24pfündige mit türkischer Schrift;

1 13pfündige: Rudolf Binger goss mich 1595; mit einem doppelten Adler.

3 Summa.

Pöller:

Stücke

4 100pfündige Pöller mit türkischen Zeichen;

5 60pfündige, worunter 2 ohne Zeichen;

1 40pfündiger ohne Zeichen;

2 30pfündige mit türkischen Zeichen;

1 24pfündiger ohne Zeichen;

7 16pfündige mit türkischer Schrift.

Item den 11. August sind in Peterwardein in's Schloss geliefert worden:

1 100pfündiger Pöller mit türkischer Schrift;

1 80pfündiger ohne Zeichen;

1 15pfündiger ohne Zeichen.

23 Summa.

Dass vorspecificirte 149 Stück, 3 Haubitzen und 23 Pöller, welche in dem am 5. August dieses instehenden Jahres 1716 mit dem Erbfeind in hiesiger Gegend vorgehabten Treffen erobert worden, von der löblichen kaiserlichen Feld-Artillerie zusammengebracht und zu meiner Verwahrung übergeben worden sind, bezeugt meine Fertigung, so geschehen den 13. August 1716.

L. S. Johann Carl Strassberger, kais. Stück-Hauptmann.

n der S

A. Infa

	Tranché/Action							
	Lieutenant	Fähnrich	Fähnrich	Unterofficiere und Gemeine	Summe	Todte	Blessirte	Summe der Todten und Blessirten
P	·	2	4	215	223	384	271	655
G	1	4	3	210	220	443	388	831
P	5	—	1	111	112	199	257	456
G	—	11	1	190	197	629	326	955
G	1	2	1	141	148	185	291	476
	7	9	10	867	900	1840	1533	3373

Siegbert Graf von Heister.

B. Cav

	Gemeine meine			Summe der Todten		Summe der Todten und Blessirten	
	Mann		Pferde	Mann	Pferde	Mann	Pferde
Eb	—	·	—	33	86	126	204
Me	213	3?	247	80	247	327	576
Fa	180	2(	134	75	135	273	398
Nä	10		17	3	17	16	25
Ma	152	1(	111	66	111	235	220
Ba	77	?	73	15	73	100	151
	632	7?	582	272	669	1077	1574

Johann Graf Pálffy.

...lich	Mann		Pferde
	erwundete	Zusammen	
	1533	3373	fehlt die Angabe
	805	1077	1574
	19	29	6
	2357	4479	1580

9.

„Marsoh-Zettel“ auf den 19. August 1716 (Theiss-Uebergang) [1]).

1. Morgen geliebt es Gott, bricht die kaiserliche Armada von hier auf, marschirt über die geschlagene Schiffbrücke über die Theiss und so ferner dem Pálffy'schen Marsch nach, über die Heide in das neue Lager.

2. Die neue Wache sammt den Quartiermeistern und Fourieren versammelt sich diesen Abend um 6 Uhr bei der Artillerie bei Zenta, allwo sie der General-Quartiermeister erwartet.

3. Vor Mitternacht um 11 Uhr wird à selle geblasen und präcise um Mitternacht der Marsch angetreten.

4. Die Cavallerie vom rechten Flügel fangt den Marsch an und auf solche der linke Flügel, welcher nicht eher zu Pferd sitzen soll, bis das letzte Regiment von der Rechten über die Brücke anfangt zu passiren und an solches anschliessen kann.

5. Sobald die Cavallerie die Brücke passirt, marschirt solche linker Hand die Theiss hinauf, dem Pálffy'schen Marsch nach, auf die Heide bis an den ersten Morast in das neue Lager.

6. Die Prinz Alexander'sche Brigade folget dem Marsch der Cavallerie und auf diese die übrige eine Stunde von hier campirende Infanterie von dem rechten Flügel anfangend, welche in solcher Zeit aufbrechen soll, dass sie sich an die obige Brigade anschliessen und dem Marsche in das neue Lager folgen könne; wornach sie sich auch mit Schlagung der Vergatterung zurichten soll.

7. Wenn die Armee auf der Heide, jenseits des Morastes angelangt, kann solche etliche Colonnen formiren, wobei in Acht zu nehmen, dass sie nicht der Strasse nach, sondern gerad über die Heide, dem Pálffy'schen Marsch nach, fortziehe.

8. Die Artillerie und Bagage bleibt morgen in dem alten Lager stehen und wird nichts als die tragende Bagage, Küchenkaleschen und einige Marketender passirt.

9. Zur Bedeckung des alten Lagers und des Marsches werden commandirt:

Ein Obrist mit zugehörigen Officiers und 500 Mann zu Fuss nebst einem Obristlieutenant mit 300 Pferden, welche daher an den Obristen angewiesen. Dieser postirt sich gegen das Dorf Zenta, setzt eine Wache von Infanterie dies- und jenseits der Brücken und in das Dorf die desordres zu verhüten. Von den 300 Pferden werden 1 Rittmeister mit 100 Pferden commandirt, welche über die Theiss gehen und sich jenseits des Morastes an dem Ort, wo die Heide anfangt, neben dem Marsch der Armee gegenüber dem verbrannten Dorf zur Bedeckung des Marsches postiren. Diese Commandirten bleiben bis auf weitere Ordre stehen und setzen hin und wieder zur Verhütung der

---

[1]) Kriegs-A., „Türkenkrieg 1716“; Fasc. VIII, 196.

desordres Posten aus. Die alte Feldwache rückt wieder bei den Regimentern ein.

10. Dem General-Wagenmeister werden 1 Lieutenant mit 30 Pferden, dem General-Gewaltigen 1 Wachtmeister mit 20 Pferden, welche sich vor Mitternacht bei der Artillerie versammeln, zugegeben.

11. Alle desordres, insonderheit aber in den Dörfern das Sengen und Brennen werden bei Leib- und Lebensstrafe verboten, zu welchem Ende dem General-Gewaltigen 2 Geistliche und Henker zugegeben werden, welcher alle diejenigen, so wider mein Verbot thun, auf der Stelle abstrafen soll.

Feldlager bei Zenta, den 18. August 1716.

10.

Der Kaiser an den Prinzen Eugen von Savoyen (eigenhändig). Wien, 20. August 1716 [1]).

Nachdem der General (Hamilton) vergangenen Donnerstag mit den Fahnen und Relationen von der gewesten so glücklichen und grossen Action angekommen, auch darob den Samstag das Te Deum gehalten wurde, so habe ich auf sein inständiges Anhalten den erst geschickten nicht länger aufhalten wollen, sondern schicke ihn, Khevenhüller mit diesem wiederum zu Euer Durchlaucht zurück.

Es wird E. D. etwa das eingeschlossene Paket befremden, allein weil ich schon vorhin weiss, was particolare Liebe Sie für meine Person hegen, welche E. D. abermals mir allzuviel bei letzter Action bezeugt und selber allein ich die grosse Victoire zuzuschreiben habe, also dadurch auch meine Liebe, Estime und Erkenntniss (wann es noch möglich wäre) wachsen musste; so habe ich keinen andern Weg gefunden, um Dero liebster Person hier als ein amant allezeit inséparable zu sein, als ihm mein handliches Gesicht wenigstens gemalter zu schicken, weil leider ich selbst nicht bei ihm sein kann, um dadurch allezeit bei E. D. zu sein und damit so oft E. D. solches ansehen, Sie sich erinnern, dass wie mein Bild, also ich, mein Herz und meine Erkenntlichkeit alle Zeit bei Ihnen und nie im geringsten sich recht separiren noch ändern werden. Auch damit das Bild E. D. erinnere, so mich E. D. lieben, Sie sich nicht mehr so in Gefahr setzen, sondern sich mir zu Liebe mehr schonen sollen, sonst ich mein Bild zurückrufe und meine amitié aufsagen werde.

Dies ist alles, was mich bewegt hat, dieses handliche Gesicht E. D. zu schicken, damit wir allezeit auch entfernt inséparable bleiben. Also hoffe ich, dass E. D. selbes bei sich haben und dann und wann anschauen werden, um sich in Ihren vielen Occupationen auf einen, der Sie so liebt, zu erinnern. Eine Ursache, warum ich auch den Khevenhüller aufgehalten, ist, um E. D. in gleichen zu schreiben und zeigen zu können, dass ich vor allem auf eine so tapfere und wohl meritirte Armee denke: dass eben mit dem Khevenhüller sogleich auf dem Wasser (um mehr Gelegenheit) 200.000 fl.

---

[1]) H. H. u. St. A., Grosse Correspondenz des Prinzen Eugen von Savoyen. Fasc. 123

abgehen und andere 200.000 fl. in 4 oder 5 Tagen folgen werden. Auch hoffentlich so viel mich angelegen sein lassen werde, dass zu Ende diesen Monats andere 400.000 oder 500.000 fl. hoffentlich folgen werden. Und wo mehr sein kann, werde ich es gewiss auch thun.

Aus E. D. eingeschickten Haupt-Relation habe ich den völligen Verlauf dieser grossen Action wohl ersehen und förderst mit sonderlicher Zufriedenheit, wie sämmtliche Cavallerie sich so zum gemeinen Wohl und tapfer aufgeführt, welcher Sie denn auch in meinem Namen mein darob gnädigst gefasstes Wohlgefallen und Gnade, sammt und sonders versichern wollen. Absonderlich gegen die Generale, Officiere und gegen den von E. D. sonders angerühmten Feldmarschall Pálffy.

So erfreulich mir denn dieses war, kann ich nicht läugnen, dass mir auch einigermassen befremdend und empfindlich gewesen, dass die Infanterie auf dem rechten Flügel und durch selbe auch einigermassen die auf dem linken Flügel in eine ziemliche Confusion gerathen, welche Confusion auch meines Erachtens allein Ursache gewesen, dass sich E. D. (an Dero Person mir so viel gelegen) mehreres noch haben in Gefahr begeben müssen. Und hat mir dieses umsomehr missfallen, als diese sonst allezeit ihre Schuldigkeit wohl und tapfer vollzogen hat. Und glaube ich, dass es nöthig sein wird, zu wissen, wo der Fehler, ob in der Truppe oder in den Officieren, die sie commandirten, gewesen, um es ins künftige desto besser zu hindern und in der Ungewissheit nicht die Unschuldigen mit den Schuldigen leiden zu lassen.

Ich lasse es E. D. über, wann sie doch etwa mit all diesem glauben, dass man dissimuliren und die Sache mit Stillschweigen vorbeigehen lassen sollte.

Ich habe auch E. D. Relation und Meinung über die vacirenden Regimenter empfangen, welcher auch völlig beifalle und befohlen habe, allsogleich die Patente auszufertigen. Es hat zwar mich gleich der Khevenhüller um das Breuner'sche gebeten, weil ihn das Glück getroffen, diese so grosse Zeitung zu überbringen und ist nicht ohne, dass selber dieses und noch mehr meritirte, allein ich habe mich davon abgehalten, weil ich glaube, dass E. D. selbst mir was über ihn würden geschrieben haben und auch betrachtet habe, dass viele alte und wohl meritirte Generale sind, welche alle vorzuziehen; er auch noch in solchem Rang und Jahren, dass er wohl noch mit schönen guten Diensten sich um uns meritirt machen kann, auch in dieser Vergebung förderst E. D. Meinung habe abwarten wollen, welcher am besten die merites und Dienste eines jeden Generals und Officiers bekannt sein müssen.

E. D. werden auch sämmtliche Briefe an die Generale und Regimenter empfangen und selbe nach Wohlbedenken austheilen oder zurückhalten.

E. D. Relation, die fernere Operation betreffend, falle ich Dero Meinung um destomehr bei, als E. D. am besten selbst Land und Avantagen bekannt, auch augenscheinlich mehr Nutzen durch Temesvár förderst aber für die Winterquartiere, als durch Belgrad uns zukommen kann, wie dann auch das letztere dadurch gesperrt werden kann. Gott gebe E. D. Eifer und vernünftigen Conduite ferners Segen und dass wir auch noch die gute Zeitung von Temesvár vernehmen können. An Assistenz wird hoffentlich nichts ermangeln und werde ich mein Aeusserstes auch in Fleiss und Sorgen anwenden, um E. D. und eine so gute Armee in nichts stocken zu lassen.

Wie ich das rechte schon anbefohlen, sich um die mehreren 200.000 Metzen Hafer zu bewerben, dass auch selber nicht abgehen mag.

Das Fuhrwesen, Artillerie und Munition betreffend, wird man sich wohl auch womöglich des vom Feinde eroberten wider ihn selbst bedienen können.

Die Mittel (welche das Principal) betreffend, werden E. D. schon wissen, dass aus dem Englischen (Anleihen) nichts geworden, weil sie unter andern hohen Conditionen auch das Tücherwesen in den Niederlanden einmauscheln wollen, welches nicht sein kann, also man dem Volkra schreibt, davon abzustehen und ihn zu verweisen, dass er es nicht eher geschrieben. Derweil ist aber schon der Tinti nach Holland geschickt worden, um dort die Anticipation zu bekommen, welche zwar zu fürchten, etwas spät uns zu Nutzen kommen wird, welchem aber auch vorzubauen, ich ernstlich anbefohlen dahin anzutragen, dass sie in tempore darauf einen Vorschuss bekommen, um E. D. in nichts stocken zu lassen und können E. D. versichert sein, dass E. D. die destinirten 2 Millionen 700.000 fl. nebst den 200.000 für die Extraspesen auf eine oder andere Art gewiss bekommen werden. Die publica und Cameral-Einrichtung betreffend werde ich der neuen Finanz-Conferenz in zwei oder drei Tagen publiciren, wie ich E. D. geschrieben, weil Sie selbst es in Dero Brief gut finden, weil aber bei diesem, um in toto ein System zu machen die Kammer nach dem erfolgten Tod des Mollart zu versehen, so werde ich dazu den Walsegg (weil ich keinen bessern finde) und zu der verbleibenden Bancalität den Dietrichstein (welchen man mir allenthalben sehr lobt) benennen und wird alsdann die Conferenz selbst das weitere zu besorgen haben und von allem Rede und Antwort geben müssen. Ich hätte wohl gewünscht, dass E. D. selbst sich mit dieser Mühe hätten beladen wollen, allein weil es zu mühsam fiele, so wird es denn der Trautson versehen müssen. Der Hohendorff hat unlängst eine Relation eingeschickt, von welcher E. D. der Starhemberg schon wird berichtet haben und scheint, dass die Negotiationen einige Zeit haben stocken wollen, weil der Penterriedter im Discurs soll ein und andere Proposition gemacht haben, welches ihm aber von hier nicht ist anbefohlen worden.

Weil aber nun der Penterriedter zurückgerufen, wie man es auch dem Hohendorff schreibt, wird die Negotiation wohl wieder vorgehen, umdestomehr, als der Tractat mit England und Holland noch grosse Schwierigkeiten hat, als der Orléans wenigstens suchen wird, destoeher mit mir zu schliessen.

Wie es auch nöthig ist, dass der Prié endlich in Niederlande gehen wird. Der Königsegg hat Befehl, in Frankreich seine Botschaft anzutreten, zu welcher ich ihm endlich die verlangten 20.000 fl. zulegen werde; zum Principal commissari auf Regensburg meine ich, werde ich auf den Cardinal von Sachsen fallen, weil ich hier keinen andern finde. Der Constanz freilich der tauglichste wäre, allhier es noch nicht angebracht, auch wegen meines Hauses Interessen in Schwaben mit ihm Streitigkeiten waren und es einige Bedenken hat.

Das meiste wird ankommen, einen guten Concommissarii mitzugeben, welchen noch nicht determinirt habe.

Wegen der Türkensteuer im Reich hat man allenthalben wieder stark geschrieben und glaube ich, wird es nach dieser Victorie geschwind und leichter als zuvor gehen, denn wie mir der L o e w e n s t e i n sagt (welcher vor wenigen Tagen gekommen ist), dass die meisten im Reich noch des festen Glaubens waren, dass es zu keinem wirklichen Krieg mit den Türken kommen wird.

Im Nordischen glaube ich auch, ist die beste Zeit ein rechtes System zu fassen und aus der Sache zu kommen, über welches auch befohlen, in der kleinen Conferenz zu deliberiren und zu sehen, förderst was und durch was für Wege deswegen dem König in England vorzutragen sein wird.

Derweil scheint wieder andererseits, dass wider alle Versicherung doch die französische Allianz ihren Fortgang (welche uns nie anders als höchst schädlich sein kann) haben wird. Mit des Czaren Allianz ist es auch noch im weiten Feld, indem er nicht die Türkei exceptuirt, gegen welche wir sie am meisten nöthig haben. Er, Czar, derweil solchen Angriff auf dem Reichs-boden im Mecklenburgischen thut, welches man unmöglich leiden kann, weder vermöge der Constitution, weder aus Politik, da nicht rathsam, dass förderst eine solche Potenz auch im Reich Fuss fasse und sich so mächtig macht, dann (wie E. D. erkennen werden) er auf solche Weise uns noch gefährlicher werden könnte als Schweden oder ein anderer.

Ich werde also gezwungen sein, der Reichs-Constitution gemäss einige Officia wider ihn zu thun, welche etwa ihm nicht gefallen und also wohl auch die Allianz härter machen könnten, welche ich soviel als möglich zu Effect zu bringen suchen werde.

Es will auch verlauten, dass der Czar im Sinne habe, Curland und Liefland dem Herzog von Mecklenburg zu geben, entgegen für sich Mecklen-burg zu behalten, um einen Fuss in Deutschland zu haben und auch ein Reichsstand zu sein, welches wie gefährlich es wäre, leicht zu erachten. Ich kann zwar noch diese Nachricht nicht glauben, doch wird es gut sein, auf der Hut zu stehen. Das ist das meiste, was jetzt in publicis passirt, welches E. D. zur Nachricht habe schreiben wollen und zweifle nicht, dass mehreres der S t a r h e m b e r g und andere Minister E. D. berichten werden, und muss ich sagen, obwohl die Effecte mehr als zu viel zeigen, was E. D. Person mir bei der Armee nöthig und dienlich, doch auch wünschte, Sie bei mir zu haben, denn diese wenige Zeit schon grossen Unterschied und Lang-samkeit spüre und mit allen meinen Antrieben doch nicht genug die Sache befördern kann.

Auch jetzt keinen habe, auf welchen so par histrie auch .par genie sum patrie eine völlige Confidenz machen kann, so wie ich in E. D. habe und allezeit haben werde.

Es also mir auch die negotia viel härter fallen. Im übrigen habe ich auf den Landtagen mit ersten schon befohlen, dass man auf künftige Recru-tirung die Hand anlege, auch wegen künftigem Landtag bald darzuthue und die Mittel für die künftige Campagne stabilire, damit allezeit alles frühzeitig und in Stand sei. Was heuer betrifft (wie E. D. schon oben geschrieben habe) werden 400.000 fl. E. D. in Unterschied weniger Tage geschickt und noch, wie ich gewiss hoffe, eine solche, wo nicht höhere Summe noch vor Ende dieses Monats übermacht werden. Gestern sind auch Briefe von heraus kommen, welche bringen, dass sobald der V o l k r a vermeint, dass aus der Anticipation aus England nichts werden möchte, er gleich gesucht, zu Amsterdam, ob dort sie nicht die Anticipation machen wollen, welches ihm auch gelungen, also hoffentlich, sobald der T i n t i wird in Holland ankommen sein, diese Sache seine Richtigkeit haben und also das Geld für die Campagne uns zur rechten Zeit nicht mangeln wird, welches mir auch beständig eifrigst angelegen sein lasse und mir selbst die Sorge nehme, wie auch der Agent von E. D. das seinige fleissig thut und darob bei mir sollicitirt.

Au reste mon cher prince, hoffe ich, dass Sie mein handliches Gesicht als hier Ihrer maitresse wenigstens dann und wann anschauen werden, und alsdann es vor eine Anmahnung nehmen, dass Sie zum Zeichen Ihrer Liebe für mich Ihre Person mehr in Obacht nehmen und nicht exponiren sollen, auch für ein Zeichen, dass ich in der Liebe, estime und confidence nie im geringsten von ihm separirt bin, noch niemals sein werde, sondern persuadirt sein, dass ich mit dem Herzen und Gedanken wie das Bild in der Figur allezeit bei ihm und ihres Eifer und Treue gegen mich und meinen Dienst beständig erkenntlich sein werde, avec quoi mon cher prince je vous embrasse de tout mon coeur étant toujours tout votre

C a r l.

… svár [1]).

| | Essegg | | Aus Ofen | |
| | Hievon | | | |
Artikel	geht ab mit dem anderen nach Peterwardein (… em Wasser)	Bei der Feld-Artillerie wird mitgeführt	soll abgegeben werden	Summe
Halbe K…	—	—	22	30
Quartier…	—	—	—	10
Halbe F…	—	—	22	30
100pfün…	—	—	—	2
60	6	—	—	12
30	—	—	6	6
10	—	—	20	20
Leere H…	—	—	30.000	30.000
Pulver .	2.000	254	2.400	Centner 7.600
Blei-Ku…	600	—	1.400	„ 3.000
Lunten	—	—	100	„ 100
24 pfün…	—	—	12.500	24.000
12	—	—	—	8.000
12	—	—	200	200
100	—	—	—	1.000
60	2.000	—	2.000	6.200
30	—	—	3.000	3.100
10	—	—	100.000	100.000
Flintens…	—	—	400.000	400.000
Ungesti…	—	—	10.000	10.000
Sandsäc…	—	—	28.000	40.000
Batterie…	—	—	5.000	5.000
Ganze u…	—	—	4.000	4.000
Eichene…	—	—	1.000	1.000
Bretter…	—	—	1.000	1.000
Kupfern…	—	—	10	10
„	—	—	2.000	2.000
Windlic…	—	—	100	100
Gelbwa…	—	—	2	2
Minier-l…	—	—	80	80
Stücksc…	—	—	30	30
Grosse…	—	—	12	12
Baumse…	—	—	120	120
Gewichs…	—	—	30	30

[1])

12.

Dienstvorschrift für den General vom Tage während der Belagerung von Temesvár. August 1716 [1]).

1. Muss der Feldzeugmeister, der den Tag hat, mit einer General-Diensttabelle von der völligen Armee versehen sein, denn durch solchen werden alle Commando, Wachen und Ordonnanzen commandirt, daher auch die anderen Herrn Generale, die den Tag nicht haben, ihre Brigaden zwar wie gewöhnlich abfertigen, auch ihnen den Befehl geben, sich aber zur selben Zeit in die Commando, Wachen etc. nicht meliren. Ist desswegen eine solche Haupt-Tabelle zur Verfertigung des Details höchst nothwendig.

2. Unter ihm hat den Tag ein Feldmarschall-Lieutenant, ein General-Feldwachtmeister und ein Brigade-Major.

Diese müssen selbigen Tag bei ihm verbleiben, oder wenigstens im Hauptquartier anzutreffen sein.

Ein jeder Obristwachtmeister hat ebenfalls eine Tabelle über seine Brigade, und macht alles aus, was selbige an Wachen, Commandos und Ordonnanzen etc. betrifft.

Es wird zwar gut sein, wenn der Feldmarschall-Lieutenant und General-Feldwachtmeister allezeit von einem Flügel mit dem Feldzeugmeister sein kann; allein hat sich solches der Ursachen nicht thun lassen, weil nicht ein jeder mit einem Feldmarschall-Lieutenant versehen und es nur Disputen und Confusion verursachen würde, wenn ein General-Feldwachtmeister, der jünger als andere ist, Feldmarschall-Lieutenant-Dienste thun müsste. Anbei folgt hierauf und ist zu merken, dass die Feldmarschall-Lieutenants und General-Feldwachtmeister so den Tag haben, sich demnach müssen von ihrem gewöhnlichen Feldzeugmeister abfertigen und den Befehl an die Brigaden ertheilen lassen, ob sie gleich ohne dieses von dem Feldzeugmeister de jour ebenmässig den Befehl nehmen, denn dieser letztere (wie schon erwähnt) nur einzig und allein die Commando und Wachen etc. concernirt.

Die Brigaden bleiben im übrigen wie sonst eingerichtet.

3. Der tägliche Rapport von allen Brigaden nach aufgegebenem Formulare, wird auch durch den General-Feldwachtmeister zur gewöhnlichen Zeit, also um 8 Uhr in der Früh von den Brigade-Majors empfangen, durch den Feldmarschall-Lieutenant dem Feldzeugmeister de jour und durch diesen dem Feldmarschall überreicht.

4. Die Parole, nachdem er sie vom Feldmarschall empfangen, gibt er dem Feldmarschall-Lieutenant, dieser dem General-Feldwachtmeister und der allen Brigade-Majors.

5. Wird bei der Parolezeit, oder auch sonst etwas extra befohlen, so geschieht erwähntermassen die Vollziehung durch obige Generals und Brigade-Majors, denn die anderen Generale, die den Tag nicht haben, empfangen zwar zu gleicher Zeit die Parole mit ihnen, haben sich aber alsdann nicht in das Detail zu mischen.

---

[1]) Kriegs-A., „Türkenkrieg 1716"; Fasc. VIII, 14.

6. Auf Ordonnanz hat der Feldzeugmeister über seine gewöhnlichen von jeder Brigade noch einen Fähnrich, der Feldmarschall-Lieutenant per Brigade einen Fourier, der General-Feldwachtmeister nebst einem Musterschreiber, per Brigade zwei Fourierschützen und die Obristwachtmeister ein jeder per Regiment von ihrer Brigade zwei ausrichtsame Gefreite.

7. Wenn der Tag einem anderen hinwiederum übergeben wird, so jedesmal bei der Parole geschehen muss, dann überreicht man zu gleicher Zeit alle in Handen habenden Tabellen, Wachzetteln und was sonst vonnöthen ist, es habe Namen wie es wolle; mit diesem Unterschied, dass die Brigade-Majors nicht täglich rouliren und sich ablösen, sondern allezeit bestehen bleiben, wesshalb von jeder Brigade ein taugliches Subject von Hauptleuten dazu zu gebrauchen.

Damit auch die schleunige Exequirung der gegebenen Befehle nicht verabsäumt werde, so wird nicht undienlich sein, wenn man einem jeden Brigade-Major nebst seiner Repartition auf die Brigade, auch die General-Repartition gibt.

ferd in dienstbarem Stand heute, dato de...

	Undienstbare in loco						Corporale		...der Commandirten und Absenten	Summe Effective	
Obristwachtmeister	Rittmeister	Lieutenante	Cornets	Wachtmeister	Trompeter	berittene	zu Fuss	Pferd	Mann	Pferd
	1		1			1	—	137	1086	1069
		2	5					258	1080	1047
					1			292	1038	915
	1	2	3	2	3	9		387	993	892
			1			1	1	341	1084	1039
	1			1			3	175	1085	1056
		7	4	2	5	9		236	905	843
1	1				1			374	1024	965
		1				2		256	1074	1011
	1		1			2		213	998	956
	1		1	1	1	3	4	190	1060	1002
	6	3	2	1	3			192	1013	940
	1			1		2		242	1043	1014
	1	1	1	3		2		316	980	957
	1			1		3		173	593	577
	1	1				2		273	1059	1040
						3		261	1078	1046
								46	588	586
								390	584	583
1	16	17	19	12	14	39	8	4752	18.365	17.588

lffy.

...Regimenter, endlich die aus Siebenbürger

Corporale		Spielleute	Gefreite	Gemeine	Summe der Dienstbaren	Summe der Commandirten, Kranken und Absenten	Summe der Undienstbaren	Summa summarum
7		172	661	4.362	5.741	1.054	1.919	8.714
24		154	524	2.810	3.915	762	1.456	6.133
9		180	692	3.816	5.273	1.268	2.091	8.632
24		188	635	3.694	5.052	1.616	1.778	8.446
30		163	586	3.017	4.224	1.644	2.115	7.983
94	1	857	3.098	17.699	24.205	6.344	9.359	39.908
—		20	—	538	612	56	244	912
4		16	—	459	525	54	198	777
—		19	—	548	623	104	286	1.013
2		21	—	547	632	111	324	1.067
3		26	—	647	758	145	317	1.220
9		102	—	2.739	3.150	470	1.369	4.989
03	1.	959	3.098	20.438	27.355	6.814	10.728	44.897

G r a f   H e i s t e r,
Feldmarschall.

commandi...ndertolgen und wer selbe commandirt. — Als:

Füsiliere	Bataillone	Commandirte Arbeitsleute
hat die WM. Livingstein mit 2 Bataillonen, Heister	2	—
und Neipperg je ein Bataillon mit ihren Compagn	4	—
...emberg-, Wetzel-, Bonneval- und Prinz taillone mit ihren Stabsofficieren, id est.	4	—
und Obristwachtmeister Schultz von	—	600
von Bonneval mit	—	300
1 Lieutenant mit 50 Mann abgetheilt, eben mit 6 Zimmerleuten, im Fall der rden, folgt dieser dem ersten nach.		
	10	900
hat die ...emberg und GFWM. Langlet mit	2	—
...dete- und Alt-Lothringen-Bataillone mit	4	—
...gen-, Trautson-, Marulli- und Wallis- ren	4	—
...n und Obristwachtmeister Bourg von ...rg mit	—	600
von Jung-Daun mit	—	300
1 Lieutenant mit 50 Mann abgetheilt, Zimmerleuten zugegeben, im Fall der erden, folgt dieser auf den ersten.		
	10	900
hat die WM. Wallis mit 2 Bataillonen, als	2	—
...agni- und Alexander Württemberg'sche ren	4	—
...a-, Jung-Daun- und Arenberg-Bataillone em	4	—
...ristwachtmeister Pfeffershofen von	—	600
...feld von Friedrich Württemberg mit ..	—	300
1 Lieutenant mit 50 Mann abgetheilt, Zimmerleuten zugegeben, im Fall der werden, folgt dieser dem ersten.		
	10	900
	30	2700

und po...als auf dem rechten Flügel: Hauptmann Gissenbier, Hauptmann Beretti, Hauptmann Ventlo und Ache; diese it anweis...

Berenglau (Bärnklau),
Obristlieutenant und Tranchée-Major.

16.

Berichte über die Festung Temesvár.

A) Vom September 1716 [1]).

Temesvár hat vier grosse und ein kleines Thor; aus vieren kann man mit Wagen aus- und einfahren, (sie) heissen auf türkisch:

Szegediner-Choroskapu, worauf ein Hahn (ist), Arader-Asapkapu, worauf die Uhr (ist), Wasser-Thor-Sukapu, Citadellen-Thor, welches aber nicht weiter geht als in die Citadelle. Das kleine (Thor) ist, wo der spitzige Thurm ist; item ist noch ein Auslass rechter Hand der Citadelle, wo man das Wasser holt.

Das Szegediner Thor ist in dem Rondell Nr. 1 gerade durch und hat einen Halbmond zur Bedeckung. Dieses Thor ist völlig und dick gemauert und mit einem alten noch von den Christen gemachten Gewölb versehen, hat keine terre plaine, nur blos die Mauer. Der Thurm ist gedeckt, das Dach ist gleich auf den Thurm gelegt, derowegen keine Stücke gepflanzt werden können. Der davor liegende Halbmond sei nicht über einen Mann hoch von dem Horizont. Auf dieser Seite, nämlich von dem Arader Thor Nr. 2 bis zum Szegediner Thor oder Nr. 1 vorbei sei ein doppelter Graben, der äussere gegen uns sei etwas schmäler als der vor der Palanka, der letztere aber breiter; gedachter erstere habe eine Casematte und sei gar tief und voll Wasser. Der erste Graben habe Pallisaden und einen verdeckten Weg, der andere aber nicht.

Zwischen dem Arader und Szegediner Thor sei sonst kein anderes Werk.

Vor dem Arader Thor, welches gerade durch den Thurm geht, liegt gleichfalls ein (Halbmond) in der Höhe wie voriger, ungefähr von zwei Klafter Dicke, mitinbegriffen das Mauerwerk und (die) Erde. Gedachtes Mauerwerk ist inwendig gegen die Stadt.

Die Halbmonde sind nicht spitzig, sondern machen die Form des Rondells; man könne darin keine grossen Stücke halten.

Auf gedachtes Thor können gleichfalls keine Stücke gepflanzt werden. Der Graben vor diesem Halbmond habe kein Wasser, (sei) ungefähr zwei Mann tief und sechs Klafter breit, bald mit Holz, bald mit Mauer ausgefüttert. Dieser Halbmond habe keine Pallisaden noch Frisen.

Der Hauptgraben von dem Arader bis an das Wasser-Thor, auch weiter, habe ungefähr eine Manneshöhe Wasser und gehe dieses fast bis an den Horizont; der Boden sei unten hart.

Dieser Graben ist beiderseits mit Holz ausgefüttert. Es sei von Nr. 2 bis an das Wasserthor kein verdeckter Weg noch Pallisaden; es ist also keine andere Defension als das des corps de la place.

Die Wälle haben von dem Horizont wenigstens zwei Mann (Höhe) mit einem kleinen talu, seien von lauter Rasenwerk und starken Bäumen fournirt und so dick, dass man gar gelegen mit zwei Wagen nebeneinander fahren kann.

Auf dem Wall etwas weniges zurück per modum einer Berme sei das Parapet gleichfalls von Holzwerk und nach des Herrn Stadtrichters von Szegedin Aussage nicht, nach des anderen aber (doch) mit Erde angefüllt.

----

[1]) Kriegs-A., „Türkenkrieg 1716"; Fasc. X, 1.

Rechter Hand bei der Anfahrt des Arader Thores sei das Arsenal, es sei aber bereits alles vergraben.

Das Terrain von dem Arader Thor bis zum Wasserthor sei ein gar gutes und zum Eingraben taugliches Terrain, auch etwas elevirt.

Das Schloss sei ungefähr halb so gross, wie die Citadelle von Szegedin. Die Thürme sind gemauert und gewölbt, die Courtine aber von Erde und Holz. Der Graben zwischen der Stadt und dem Schloss sei sehr schmal und durch diesen fliesst die Bega.

Er vermeint, dass die ordinäre Garnison und die Bürger etwa 10.000 Mann ausmachen können.

B) Vom October 1716 [1]).

Aufsatz

der sich in der bereits gestürmten Palanka befindlichen Thore, wo selbige aufhören, hernach aber der wirklichen Stadt-Thore (weil die Palanka alldort der Bega halber ein Ende nimmt), (welche) sich hervorthun, wie folgt:

Das erste Thor ganz auf der linken Hand von unserer jetzigen Arbeit, ist mit einem morastigen Boden von uns geschieden, geht auf Lugos gegen Orient in Siebenbürgen. Dieses Thor nennen die Türken Vámkapu oder auf deutsch Dreissigst-Thor.

Das zweite Thor unterhalb, wo die Stücke noch (bis) dato stehen, geht gegen Facset, also auch gegen Siebenbürgen, von den Türken genannt Martalóczkapu oder auf deutsch Rauberthor.

Das dritte Thor geht nach Arad, versteht sich abwärts gegen die Bega, genannt Farfaros, auf deutsch schwarzes Thor.

Das vierte Thor weist auf Szegedin, genannt auf türkisch Uzumszékmet, in deutscher Sprache Langezug genannt.

Obige vier Thore stehen in der Palanka, welche bereits gestürmt worden (ist), auch oben an den Ausguss des Flusses Bega anstösst und an dem Fluss Bega unter der Stadt endigt.

Nun weil in dem übrigen Vacuum keine Palanka mehr ist, sondern die Stadt selbst hervor schaut, so folgen aufwärts des Bega-Flusses:

das fünfte Thor, welches doch auf keine grosse Strasse führt, sondern nur als ein Bequemlichkeitsthor gehalten wird, auf türkisch genannt Canlicula, in deutscher Sprache Blutthor.

Das sechste Thor geht gleicherweise schnurstraks aus der Stadt zwischen dem Schloss und der Stadt linker Hand vorbei über die Bega auf Belgrad, nennt sich auch Belgrader Thor.

Ungefähr anderthalb hundert Schritte herwärts des Dreissigst-Thores fängt der erste äussere Graben mit Pallisaden dies- sowohl als jenseits an, nur auf solche Weise, wie der gestürmte Palanka-Graben mit grossen Hölzern gefüttert ist, doch mit dem Unterschiede, dass der Palanka-Graben, nur diesseits, jener aber dies- und jenseits mit Pallisaden, besetzt ist. In der Tiefe und Breite (ist er) dem Palanka-Graben wenig nachgebend, worauf folgt ein sehr erhobenes, auch fast höheres Parapet, als (das) der Palanka gewesen

---

[1]) Kriegs-A., „Türkenkrieg 1716"; Fasc. X, 1½.

(ist). Darauf folgt der chemin couvert, dann der sehr breite Wassergraben,
jen- und diesseits als wie der Palanka-Graben mit grossen Hölzern oder
Pallisaden versehen und ist gleich hernach zwischen der hölzernen hohen
Ringmauer und diesem gefütterten Wassergraben so viel Terrain, dass die
Türken ihre Pferde längs dem Stadtwall binden können.

17.

Der Kaiser an den Prinzen Eugen von Savoyen (eigenhändig).
Wien, 8. October 1716 [1]).

Weil der vom Papst geschickte, auch von ihm so (wie Euer Durchlaucht ohnehin bekannt ist) recommandirte Cavaliere Rasponi verlangt, zu
E. D. noch heute abzureisen und dem noch übrigen Feldzuge beizuwohnen,
als die von dem Papst an E. D. aufgetragene Commission zu vollziehen, so
kann ich nicht unterlassen, mich dieser Gelegenheit zu brauchen, um E. D.
mit dieser Zeile zu embrassiren, als auch Dero Brief zu accusiren, welcher
mich sehr getröstet, da ich ersehen, dass so glücklich und tapfer die Palanka
erobert worden und also mit Gottes Hilfe zu hoffen, dass auch das übrige
bald und ebenso glücklich nachfolgen wird. Was mich dabei am meisten
erfreut, ist, aus E. D. Brief zu ersehen, dass die Infanterie sich so tapfer
gehalten und also wohl und rühmlich vergangenes reparirt hat, welches um-
sobesser, als nun zu hoffen, dass auch die Infanterie ihre alte Tapferkeit
und Standhaftigkeit erzeigen wird, wessentwegen auch E. D. in meinem Namen
ihnen sämmtlichen sowohl Generalen, Officieren und Gemeinen danken, und
sie mit Versicherung meiner Gnade und Schutzes zur Vermehrung schöner
Actionen animiren werden.

Anbei erfreue ich mich mit E. D., dass auch der Papst so löblich als
billig E. D. gegen die ganze Christenheit erworbene Meriten zu distinguiren
weiss, wo ich umsomehr Antheil habe, als ich das Glück habe, dass ein
meiniger und von mir so geliebter General diese Meriten hat und ich mich
um Alles interessire, was E. D. betreffen kann. Au reste möchte ich wohl
meinen lieben Prinzen in dieser Function? und mit dem schönen Kappl sehen
und im geheimen ein wenig lachen, da ich E. D. Humor in solchen Func-
tionen kenne. E. D. hat mir wohl nichts angenehmeres als diese Zeitung an
„meinem Tag“ schicken können und ist diese Finesse um desto grösser, als
es alles E. D. Eifer und Dispositionen zu danken und E. D. Wunsch mir
zu meinem Tage um desto schätzbarer ist, als ich weiss und mich flattire,
dass er von einem Gemüth herkommt qu'est tout à moi und von welchem
ich par estime und inclination auch ganz bin. Zu bedauern ist, dass alle
Officiere, Generale, die die Attaque geführt, blessirt worden, will aber hoffen,
dass keiner gefährlich sein wird und erwarte mit nächstem die mehrere
Particularität darüber zu vernehmen.

Jetzt habe ich mich mit E. D. abzurechnen und ich mich en ami et
en personne qui vous aime et estime über E. D. zu beklagen, dass Sie

---

[1]) H. H. u. St. A., Grosse Correspondenz des Prinzen Eugen von Savoyen.
Fasc. 123. Eigenhändige Schreiben des Kaisers an den Prinzen auch vom 26. August
und 4. September 1716.

meiner Affection so wenig correspondiren, und da E. D. wissen, was mir an ihm liegt, Sie sich doch Tag und Nacht in Gefahr setzen und hazardiren, ein Unglück zu haben, das nicht meiner Freundschaft correspondirt und ihr alleweil neue Sorge und Furcht gibt. Also bitte ich E. D. nochmals par l'estime, attachement que vous êtes dans votre être inviolable envers moi sich mehr zu schonen, förderst in tranchées, wo es einmal nicht nöthig, sich nicht so zu exponiren, und wo dies nicht hilft, nehme ich mir die Freiheit, es zu befehlen, besser auf sich Acht zu haben. E. D. weiss am besten, wie die ordres im Feld genau müssen vollzogen werden, also hoffe ich, werden E. D. auch diesem nachkommen und wird E. D. dazu mein Portrait und die Liebe, die sie gegen mich haben, stündlich erinnern. Sonst thut man alles, um der Armee Hilfe zu schicken, wie E. D. der Commissari mehr, auch wegen des künftigen mehrerers schreiben wird. Da ich aber heute nicht mehr Zeit habe, da der Rasponi so pressirt, et avec cela je vous embrasse, de tout mon coeur espérant mes prières et ordres auront dorénavant meilleur éffet et restant par affection avec perpetuelle estime et confiance tout votre

Carl.

(...fanterie)

Fortsetzung einer Verlusttabelle. Die linke Tabellenkante ist angeschnitten (die Spalte "17. todt" liegt außerhalb des Blattes); die Monatsüberschriften sind nur teilweise lesbar ("…mber" bzw. "…ober am:").

…mber — 17. bl.	18. todt	18. bl.	19. todt	…ober am: — 19. bl.	8. todt	8. bl.	9. todt	9. bl.	10. todt	10. bl.	11. todt	11. bl.	12. todt	12. bl.	Summe todt	Summe blessirt	Summe aller Todten und Blessirten
—	1	1	—	2	1	1	1	—	—	1	—	—	—	—	47	166	213
6	—	—	—	2	—	3	—	2	—	1	—	—	—	—	43	174	217
5	—	1	—	1	1	3	—	—	—	—	—	2	—	—	62	239	301
1	4	4	—	—	—	1	1	1	—	1	—	—	—	—	36	134	170
4	2	3	—	6	3	9	1	—	—	2	—	4	—	—	47	132	179
11	2	3	1	5	4	4	—	—	1	—	—	—	—	—	54	148	202
1	2	6	—	—	1	—	—	1	1	—	1	1	—	2	22	107	129
4	—	1	—	—	—	1	—	—	—	—	—	—	—	—	5	24	29
2	2	9	—	—	—	—	—	—	—	3	—	—	—	—	34	106	140
—	—	—	—	—	—	—	—	3	—	1	—	—	—	—	23	100	128
1	—	—	—	—	—	3	1	4	1	3	1	6	—	1	29	103	132
—	—	—	—	—	—	1	—	—	—	1	2	—	—	—	51	190	241
3	—	1	—	—	—	1	—	3	—	3	—	1	—	—	36	91	127
3	—	1	1	2	1	—	2	4	—	—	1	2	—	—	38	131	169
—	1	—	—	—	1	—	1	—	—	—	1	1	—	—	16	40	56
—	—	5	1	1	—	1	—	2	—	—	—	—	—	—	44	120	164
2	2	4	—	1	1	6	1	1	—	1	—	2	—	—	25	72	97
—	1	4	—	4	1	—	1	2	1	1	2	2	—	—	34	109	143
—	—	1	—	—	—	—	—	—	—	—	—	—	—	—	15	43	58
—	—	3	—	2	2	—	2	2	—	3	—	4	—	—	47	131	178
—	—	1	1	—	—	—	2	—	1	—	—	—	—	—	21	53	74
—	—	—	—	—	—	—	—	—	—	—	1	—	—	—	28	73	101
—	—	—	—	—	—	—	1	5	—	—	—	—	—	—	23	79	102
2	1	—	—	2	—	1	2	5	2	1	—	1	2	—	46	111	157
—	—	1	—	1	1	—	—	—	1	—	—	—	—	—	33	121	154
2	1	4	—	1	—	—	—	—	—	—	1	—	—	—	29	84	113
—	—	—	—	—	—	—	—	—	—	—	—	2	—	—	28	93	121
—	—	1	—	—	—	—	—	—	—	—	—	—	—	—	17	55	72
1	2	—	—	1	1	—	—	—	—	1	—	2	—	—	20	26	46
2	1	1	—	—	—	—	—	—	—	—	2	—	—	—	13	29	42
1	—	2	—	1	—	2	—	—	—	—	—	1	—	—	36	112	148
—	—	2	—	2	—	—	—	—	—	—	—	—	—	—	28	47	75
1	—	1	—	2	—	—	—	—	—	—	1	—	2	—	20	52	72
8	55	22	58	36	18	39	14	36	8	27	7	33	3	3	1050	3295	4345
1	4	—	2	1	1	—	—	4	—	1	—	3	—	—	14	27	41
—	—	—	—	—	—	—	—	—	—	—	—	—	—	—	2	—	2
9	59	22	60	37	19	39	14	40	8	28	7	36	3	3	1066	3322	4388

		Corporale	Spielleute	Gefreite	Gemeine	Summe deren	Summe der Absenten	Summe der Undienstbaren	Summa summarum
	5	24	15	20	369	471	76	84	631
	5	29	19	57	393	515	111	102	728
	3	24	13	47	158	256	84	102	442
	5	28	8	50	287	388	152	68	608
	2	24	14	49	366	466	104	100	670
	5	27	16	53	351	463	63	85	611
	5	156	85	276	1924	2559	590	541	3690
		4	2	—	74	84	4	8	96
		3	3	—	49	59	14	3	76
		3	2	—	56	64	4	14	82
		3	—	—	66	72	—	10	82
		4	2	—	55	62	13	12	87
		3	—	—	47	52	11	26	89
		20	9	—	347	393	46	73	512

(L. S.) Franz Graf Wallis m. p.

20.

Der Kaiser an den Prinzen Eugen von Savoyen (eigenhändig). Wien, 21. October 1716 [1]).

Je weniger man hier so bald vermuthet und verhofft, um so erfreulicher ist mir die Ankunft des Wurmbrand mit Euer Durchlaucht Brief vom 13. dieses gewesen, mit der Nachricht, dass uns Gott mit der Uebergabe dieser so importanten Festung Temesvár gesegnet hat, welches abermalen nach Gott ich allein E. D. Conduite und beständigem Eifer für meinen Dienst zuzuschreiben habe und wo möglich, meine Liebe, Erkenntlichkeit und Estime für Dero Person billig vergrösserte. Mit diesem hoffe ich E. D. selbst wieder hier embrassiren zu können, welches ich umdestomehr verlange, um E. D. mündlich besser meine Estime und Confidenz zu bezeigen, als auch über ein und anderes besser mündlich reden zu können.

Bei dieser glücklichen Eroberung ist meinem Denken nach am meisten zu consideriren der Umstand, dass es die Feinde selbst durch Capitulation übergeben, was bei ihnen ungewöhnlich und nicht mit ihrem Hochmuth correspondirt, welches denn ihre grosse Furcht zeigt und unseren Truppen alleweil mehr Ansehen und Reputation gibt, auch bei den Feinden grosse Furcht und Impression machen wird.

Ich erwarte stündlich den Courier mit den mehreren Particularitäten und bin förderst curios zu wissen, was sie eigentlich zu dieser Uebergabe bewogen hat.

Diese glückliche Eroberung ist von sehr grosser Consequenz, sowohl wegen des grossen Landes das uns zuliegt, als auch weil dadurch der Pass in Ungarn und Siebenbürgen gesperrt ist. Dass das Land anjetzo ruinirt, ist natürlich, da unsere Armee darin so lang gestanden, aber doch destomehr zu bedauern, als wohl zu wünschen gewesen wäre, dass es als ein neu acquirirtes Land hätte können mehr menagirt werden und dadurch den Unterthanen mehrers Luft zu machen. E. D. wird am besten bekannt, wo einige Unordnung gewesen, welches doch endlich meinem Denken nach, wird mit Ernst müssen geahndet und gestraft werden, damit es ins künftige nicht wieder geschehe.

Wie E. D. gar vernünftig schreiben, wird es freilich höchst nöthig sein, ein gutes Corpo im selben Land über Winter zu lassen, welches sowohl als des Platzes zu commandiren ich erwarte und E. D. überlasse, die tauglichsten zu benennen, wo Sie förderst ohne Zweifel beobachten werden, solche hinzusetzen, die nicht zu viel auf sich denken und auch im Winter etwas Partheien ausschicken.

Sonst können E. D. versichert sein, dass ich keine andere beständige und grosse Sorge und Anliegenheit habe, als die Subsistenz dieser Armee, weil sie es mit ihrer Tapferkeit wohl verdient, und ich gar zu gut erkenne, dass mir alles an Erhaltung einer solchen Armee gelegen ist. Man arbeitet doch daran ohne Unterlass und würde nichts verwinden lassen, was nur die

---

[1]) H. H. u. St. A., Grosse Correspondenz des Prinzen Eugen von Savoyen. Fasc. 123.

Möglichkeit zulässt, wie ich doch glaube in wenig Tagen wieder einige Rimessa hinabgehen werden, von welchen E. D. der Thürheim mehrers berichten wird. Was uns am meisten Schaden und Confusion in Geldwesen gemacht, ist gewesen der Aufschub des englischen negotii, welches nachher erst hat müssen in Holland tractirt werden und also uns so lang zurückgehalten hat. Die Repartition (wie mir der Commissär gesagt) werden E. D. schon bekommen haben.

Wegen Recruten und Remonten sind schon alle Anstalten gemacht worden und hat man geglaubt (wie E. D. so werden durch des Kriegsraths Bericht wissen), dass gut sei, mit einigen Fürsten und Kreisen zu tractiren und nicht zwar corpi, sondern nur Mannschaft und endlich Compagnien von Recruten in billigen Preisen Mann für Mann erhandeln zu können, womit die Leute in den Landen (welche ohnedies sehr abgehetzt) erspart würden und man anstatt Bauern und neuen Leuten alte Mannschaft bekommen würde.

An den übrigen Requisiten, zuvörderst Proviant und Munition für die künftige Campagne wird man nicht unterlassen, mit allem Ernst zu arbeiten, um so viel als möglich in der Hand zu haben, um eine frühere und glückliche Campagne anfangen zu können.

Die kleine noch übrige Operation von Pancsova und Palánka wird uns hoffentlich nicht lange aufhalten, um nachher noch zu guter Zeit die Truppen in die Quartiere einrücken lassen zu können und wird den Feind am meisten incommodiren, so wir ihm die Donau werden unten sperren und also ihm dieselbe unbrauchbar machen können.

Wegen negotiis will ich E. D. nicht aufhalten, da ich weiss, E. D. ohnedies nur zu viel zu thun haben und sich das nähere besser mündlich wird reden lassen. Wie alles werden E. D. so wissen, dass die Allianz mit Frankreich und England soviel als geschlossen, und sieht man daraus gar wohl, warum sich die Negotiation mit dem Hohendorff trainirt und glaube ich, dass diese Allianz mit England nie anders als schädlich wird sein können, sieht man auch, wie weit man der Freunde sich getrauen kann.

Weil auch doch nun die Campagne sozusagen geendet und also auch der Infant (von Portugal) anhero kommen wird und ich höre, dass er unwillig, ferners hier zu bleiben, auch wohl (welcher E. D. am besten werden erforschen können) unwillens, gar hier in Dienst zu kommen und sich ein gewisser Pater Fonseca hat verlauten lassen, dass der Infant verlangen werde, bei Hofe logirt zu sein (welches aber ich nicht wohl thunlich finde), es sei, dass er wirklich in Dienst wäre, in welchem Fall er nichts prätendiren würde. Also habe E. D. fragen wollen, ob Sie nicht meinten, dass, um alles zu heben, man ihm etwa ein Regiment gäbe, oder sonst in Dienst nähme, ehe er noch her kommt. E. D. werden am besten dort sehen, ob er inclinirt, in Dienst zu kommen und wie es also dann sein könnte, also es E. D. überlasse zu machen, wie Sie es am besten finden und Dero Antwort erwarte, wie ich denn auch E. D. den Brief an ihn, Infanten, einschliesse.

Sonst hoffe ich werden E. D. meine beiden Briefe durch Zeil und Rasponi empfangen und vorderst gesehen haben, was meine Person und die künftige Campagne betrifft und hoffe ich wohl, dass mein einziges Verlangen würde erfüllt werden können, von E. D. auch noch das übrige lernen zu können.

Au reste mon chère prince, j'espère de vous pouvoir embrasser bientôt et de vous temoigner mieux en personne mon estime, confiance et reconnaissance que j'ai et aurai toujours pour votre personne de quoi je crois, vous soyez persuadé. Conservez-moi une personne pour laquelle j'ai tant d'estime et d'affection et croyez moi toujours tout votre

Carl.

21.

Vertrag zwischen dem commandirenden General in Siebenbürgen G. d. C. Grafen Steinville und dem Hospodar der Walachei Johann Maurocordato. Hermannstadt, 24. Februar 1717 [1]).

Da die kaiserlichen in der Walachei haltenden unbezahlten Soldaten ihres Soldes ferner nicht mehr entbehren können und es ganz unmöglich ist, die Gewaltthätigkeiten und Ausschreitungen früher zu beheben und das Landvolk ohne Einhaltung guter Ordnung zu beschützen, so fordert die unumgängliche Nothwendigkeit, dass auf Abschlag von der angebotenen und am 8. Februar 1717 angenommenen Geldsumme von 100 Beuteln (50.000 Löwenthaler) unter 12 Tagen (in welchem Zeitraume nämlich der Expressbote von Bukarest anher wird zurückkehren können) 25 Beutel, ebensoviel gegen Ende des folgenden Monates März und die noch übrigen 50 Beutel zur Gänze gegen Ende des künftigen Monates April im Baaren hinterlegt werden.

2. Ausser der Räumung des Ortes Margineni wird auch die Räumung des Klosters und der Stadt Campolongo (Kimpulung) zugesagt und vollzogen, sobald die ersten 25 Beutel Geldes hier erlegt sein werden; und sollten in Kimpulung einige für die kaiserlichen Truppen bestimmte Naturalien zurückbleiben, so werden diese mittelst Landwagen nach Rimnik überführt.

3. Der Bezirk von Rimnik diesseits des Aluta-Flusses, fünf Districte in sich begreifend, soll ohne Widerrede unter kaiserlicher Besatzung und Leitung bleiben und man kann in der That nicht versprechen, dass die Truppen daraus nach Siebenbürgen zurückgeführt werden; will jedoch die Hoffnung nicht benehmen, dass in der Folge, sobald die Begleichung der hiesigen Angelegenheiten vollzogen wäre, gegen Erlag der weiter angebotenen 60 Beutel Geldes, die Zurückziehung derselben geschehen könnte. Doch wird hiemit auch auf christliche Treue und Glauben versichert, dass durch die strengsten Massnahmen verhütet werden soll, dass nicht irgend welche Feindseligkeiten oder Schädigungen in die Provinz und über den genannten Fluss, welcher nämlich die Scheidelinie bilden soll, hinübergetragen, sondern in den vorgenannten fünf Districten wegen der Lebensmittel in natura, von jetzt an, die geeignete Veranlassung getroffen werden wird, da

4. die ganze jenseits der Aluta gelegene, zwölf Districte enthaltende Provinz in ruhiger Verwaltung des contrahirenden andern Theiles verbleiben wird.

Zum sicheren und wirklichen Beweise der richtigen Auffassung sollen also im Sinne des 1. Artikels binnen der Frist von 12 Tagen, vom heutigen

---

[1]) Beilage zum Vortrage des Prinzen an den Kaiser vom 6 März 1717. H. K. R. Exp. 1717; März, 532 (lateinisch).

an gerechnet, hier unfehlbar die ersten 25 Beutel hinterlegt und zugleich, ebenfalls nach dem Sinne desselben Artikels, die Verpflichtung erwachsen, die auf die ganze Summe von 100 Beuteln lautende, schriftlich ausgefertigte, von der durchlauchtigsten Frau Fürstin Witwe **Brancovan** und den übrigen Herrn Bojaren, welche für diese Vereinbarung Bürgschaft leisten, unterfertigte Verschreibung mitzubringen.

Hinzugefügt wird

5., dass es den Herren Bojaren, soviel sich deren hier in Siebenbürgen befinden, freisteht, nach der Walachei zu gehen, wofern sie es wollen; dass aber auch diejenigen, welche hier bleiben sollten, ihre Güter ohne jedwedes Hinderniss und vollständig geniessen können wie jene, welche dort sein werden. Ueberdies sollen die jetzt hier Verbleibenden zu jeder Zeit nach ihrer Bequemlichkeit und in Sicherheit in die Walachei gehen und andere, welche darin sein werden, nach ihrem Belieben herausgehen dürfen.

Gegeben zu Hermannstadt den 24. Februar im Jahre 1717.

L. S.   Steinville m. p.

Die oben ausgeführten uns Unterfertigten entgegengehaltenen, mit uns vereinbarten fünf Puncte billigen, nehmen an und bekräftigen wir auf Grund der Vollmacht, welche wir dafür haben.

Gegeben, wie oben.

L. S.   Gregorio Belanul (oder Ballano) Logothet.
L. S.   Servan Grecianul Logothet.   L. S.   Pana Stoi.
L. S.   Elias Stirbey, Schatzmeister.   L. S.   Demetrius.

MILITÄRISCHE

CORRESPONDENZ

DES

PRINZEN EUGEN von SAVOYEN

1716—1718.

Supplement-Heft

zum **VII.** Bande, **II.** Serie:

(XVI. Band)

Feldzüge des Prinzen Eugen von Savoyen.

1716—1718.

1*

1.

An den Kaiser. (Denkschrift über die Rüstungen.)
Wien, 3. Februar 1715 [1]).

Euer kaiserlichen Majestät ist zwar bereits durch zwei ausführliche
Referate in Unterthänigkeit vorgetragen worden, was die in den türkischen Sachen verordnete Conferenz bei gegenwärtigen Läufen der
an die Republik Venedig von der ottomanischen Pforte geschehenen
Kriegserklärung politice zu beobachten, mithin was sowohl dem allhier
anwesenden venetianischen Botschafter auf seine schrift- und mündlich
gemachte Vorstellung zu antworten, auch bei einigen anderen auswärtigen Höfen vorzukehren sein, als wie sich der zu Constantinopel
befindliche Resident Fleischmann in seiner Verrichtung ferners zu
verhalten haben möchte, treugehorsamst angerathen hat.

Nachdem aber die Umstände also beschaffen (sind), dass E. k. M.,
soferne die Türken von ihrer gegen Venedig gefassten Entschliessung
durch die fortgesetzten freundlichen Officia und anerbotene gütige
Vermittlung nicht abzuhalten wären, sich in den ausbrechenden Krieg
werden zu mischen haben, so findet der gehorsamste Hofkriegsrath
seiner Schuldigkeit zu sein, Denselben dasjenige gleichfalls in Unterthänigkeit beizubringen, was ex parte militari an Kriegsnothdurften
dermalen vorhanden und, um den Krieg mit Nachdruck offensiv führen
zu können, noch erfordert werde, allermassen vorhin ausführlich vorgestellt worden (ist), wie es vorderst nöthig sei, auch alles davon
abhänge, (dass) das erste Jahr sich der Oberhand in allweg zu versichern und dadurch die von vorigen Zeiten auf Dero siegreiche
Waffen habende sehr zuträgliche Consideration nicht gleich anfänglich
bei den Türken verlieren zu machen sei. Ehe aber der gehorsamste
Hofkriegsrath auf die zu veranstalten kommende Kriegsverfassung
selbst schreitet, findet selber pflichtmässig anzumerken, dass nach einem

---

[1]) H. K. R. Exp. 1715; März, 456. Dieses Schreiben ist vom Prinzen in
seiner Eigenschaft als Hofkriegsraths-Präsident in Form eines allerunterthänigsten
Vortrages vorgelegt worden.

so langen und kostbaren Krieg, wie der letzte französische durch
14 Jahre an verschiedenen Orten gedauert (hat), die Länder umsomehr
an Geld, Volk und anderen Nothwendigkeiten entkräftet worden, als
E. k. M. glorwürdigste Vorfahren zwischen 40 und 50 Jahren schon
vorher in schweren Kriegen stets verfangen gewesen (sind), mithin
Dero besagte, zum Theil der feindlichen Verwüstung unterlegenen Erb-
Königreiche und Lande ausser den, nach dem Karlowitzer Frieden
gefolgten zwei Jahren, sich erholen und respiriren zu können keine
Zeit gehabt haben, weswegen man denn auch in Ansehung der zu
machen habenden Militär-Dispositionen sich mit dem vorgemeldeten
mehrerntheils ex principiis politicis abgefasste Conferenzschluss dahin
zu vergleichen hat, dass die Ruptur mit der otomanischen Pforte einestheils, so lange es immer möglich (ist), verschoben, anderntheils jedoch
gegen das foedus sacrum nichts verhandelt werden sollte und also der
gehorsamste Hofkriegsrath wünschen thäte, dass der Krieg, wo nicht
noch etliche Jahre, doch wenigstens die bevorstehende Campagne vermieden werden könnte, indem E. k. M. neben der obangeführten Ent-
kräftung der Länder am besten bekannt ist, in was für einer
Verwirrung und Verlassenheit sich das Aerar dermalen befindet und
wie nicht minder die Truppen in vielen Orten aus Mangel der Verpflegung in einen schlechten Stand verfallen und die mehrsten Regimenter
mit Geschweigung der älteren Ausstände nur von dem letzten französischen Krieg her 2—300.000 fl. und etliche gegen 400.000 fl.
an rückständiger Verpflegung zu fordern, hingegen für solche, absonderlich aber diejenigen, welche in dem Reich und in (der) Lombardie
befindlich, auch für (die) Niederlande gewidmet sind, noch keine zulängliche Hilfe ausgemacht worden (ist), die in Ungarn aber nur die
Naturalien und diese mit grosser Beschwerde des in der Zeit, wo
andere Erbländer sublevirt sind, allein aggravirten und deshalb des
daraus entstandenen Unwillens halber bei einer Ruptur durch hin und
wieder anzustellende kleine Corps zu beobachten kommenden Königreichs geniessen, und wenn auch woher der von Seite des Aerars versicherte Nachtrag an Geld, ohne welchem die Regimenter sich mit
Montirung und anderer Nothwendigkeit zum Feldzug nicht versehen
können, sondern endlich völlig zugrunde gehen müssen, zu erfolgen
habe, noch unbewusst; nebst diesem aber E. k. M. Allergnädigst
erinnerlich ist, dass in der Meinung des noch länger dauernden Friedens, um den Ländern sowohl als dem Aerar eine Erleichterung
zuzuziehen, die wenigsten ungarischen und siebenbürgischen Regimenter
das abgewichene Jahr recrutirt und remontirt, für heuer auch dem
Allergnädigsten Deputations-Schluss gemäss ex eodem principio nur

5000 Recruten zu Fuss und 1500 Pferde an die Länder anbegehrt
worden (sind), welches aber, wenn die ganze Armee, wie es bei mit
den Türken erfolgender Ruptur eine unvermeidliche Nothdurft ist,
recrutirt und remontirt werden müsste, nicht auf den vierten Theil
erklecklich wäre.

Hierneben wird E. k. M. ebenmässig Allergnädigst unentfallen
sein, wie man dieses und voriges Jahr den schlechten Zustand der
Plätze, Magazine, Artillerie und Zeughäuser öfters vorgestellt und um
anzuordnende Aushilfe eifrigst angelangt, folgbar der Hofkriegsrath
alles, was nur von ihm dependirt und darum oft ein mehreres gethan
(hat), weil selber einige Mittel, wie mit den Bassaraba'schen
Geldern und Effecten geschehen (ist), zur Bestreitung derlei Nothwendigkeiten proportionirt und ausgefunden (hat), auch deshalb mit solchen
zu mehrerer Befestigung etwelcher Plätze, wie es den abgewichenen
Sommer in specie zu Weissenburg und Déva in Siebenbürgen, auch
theils zu Essegg in Slavonien mit gutem Fortgang geschehen (ist),
wirklich Hand angelegt worden (ist) und bei herzunahendem Frühjahr
der resolvirte Festungsbau zu Szegedin und Ofen ebenfalls angefangen,
auch mit (der) Giessung (von) Stücken und Pöllern fortgefahren werden
solle. Dieses alles aber zur Vollkommenheit und in gehörigen Stand zu
bringen, erfordert viel Zeit und grosse Kosten, welche, wenn sie auf
einmal geschehen und beigeschafft werden müssten, fast unmöglich
aufzubringen sind, weswegen man denn auf die unmassgebliche allerunterthänigste Meinung verfallen (ist), dass, soferne der Friede, wozu
zwar wenig Apparenz ist, noch einige Zeit anhalten thäte, jährlich
eine ergiebige Summe Geldes, um sowohl die Festungen als Artillerie,
Magazine und Zeughäuser in gehörigen Stand zu stellen, verlässlich
anzuweisen und abzureichen, dermalen aber alle möglichen Mittel
anzuwenden und zu ergreifen wären, um ein und anderes ungesäumt
zu verbessern, weil die Türken bei der gegenwärtigen Beschaffenheit
der ungarischen Festungen, im Falle selbe eine Oberhand (so doch
Gott gnädig verhüten wolle) überkommen möchten, in ein oder höchstens
zwei Jahren wiederum vor Wien, mithin E. k. M. in Ihrer eigenen
Residenz nicht sicher sein würden. Dem allem kommt hiezu die
gleiche und fast noch misslichere Beschaffenheit der Proviantirung,
indem man heuer wegen des durchaus sich geäusserten Misswachses
mit grosser Mühe die tägliche Erforderniss für den Soldaten erzwingen
können (hat) und gleichsam nirgends einiger Vorrath an Körnern
vorhanden (ist), mithin die schon in vorigen Referaten angezeigter-
massen auf 200.000 Centner Mehl ohne des wenigstens mit 4—500.000
österreichischer Landmetzen bedürftigen Hafers erforderliche Quote

mit schweren und baren Unkosten von weitem herbeigebracht und neben dem auf eine hierunten geschehen Anmerkung gemäss zu erhandeln kommende mehrere Infanterie reflectirt und also zu einer so namhaften Bestellung auch grosse Zeit angewendet werden müsste.

Dieses sind nun, Allergnädigster Kaiser und Herr, die Ursachen, warum Denselben der gehorsamste Hofkriegsrath auch seines Orts ex puris considerationibus militaribus anzurathen findet, dass die Ruptur mit der Pforte, so lange, als es immer möglich (ist), zu verschieben getrachtet, dabei auch in dem Fall, wenn dieses Absehen per negotia zu bewirken sein dürfte, gleichwohl kein Augenblick zu verlieren wäre, die praeparatoria anzufangen und sich dadurch nach und nach in einen solchen Stand zu setzen, dass man auf das künftige und bei erster Erforderniss gleich und ohne grosse Unkosten in den Krieg eintreten, auch solchen nach Erheischung Dero Allerhöchsten Decors und Interesse mit Ehre, Nutzen und Vortheil ausführen könne. Dieweil aber die täglich ex oriente einlaufenden Nachrichten, auch andere in dieses Geschäft einfliessenden Umstände also beschaffen (sind), dass gar ungewiss ist, ob die Türken durch Anerbietung gütlicher Vermittlung auch nur diese Campagne von einer wirklichen und bedenklichen Thätigkeit gegen Venedig abzuhalten seien und also sich gar leicht ergeben möchte, dass E. k. M. tam ex religione foederis quam ratione status früher, als man wohl glaubt, zu den Hostilitäten zu schreiten bemüssigt würden, so hat der gehorsamste Hofkriegsrath auch dasjenige ohne Verschub mit aller Ausführlichkeit anzumerken ermessen, was zur Formirung einer Armee und (zu) den zu machen habenden Operationen vorhanden und was noch darüber zu einer rechtschaffenen Kriegsrüstung, um nicht allein Dero Erbkönigreiche und Länder sicherstellen, sondern auch, wie es positiv nöthig, mit Superiorität offensiv agiren zu können, beizuschaffen sei, worin

1mo vor allem auf die schleunige Recrutir- und Remontirung der gesammten Regimenter zu gedenken und zwar jedes der deutschen zu Pferd nach dem dermaligen Fuss auf 1000 Köpfe zu ergänzen, jedes der in Ungarn befindlichen spanischen Regimenter zu Pferd aber auf den resolvirten Fuss von wenigstens 500 Mann zu setzen und solchen letzteren Recruten von allerhand Nationen, um leichter aufkommen zu können, anzuwerben gestattet (sei), die fünf Husaren-Regimenter hingegen bei dem gegenwärtigen bereits completen Fuss von 600 Pferden dermalen zu lassen, in das künftige jedoch hinwiederum auf die vorhin gehabten 1000 Mann zu vermehren wären.

Was aber

2do die Infanterie betrifft, erachtet man, bei solcher durchaus jedes deutsche Regiment auf 2300 Köpfe, wie sie jetzt sein sollten, zu recrutiren, deren zwei in Ungarn anwesenden spanischen und zwei italienischen Regimenter aber jedes der ausgefallenen Allergnädigsten Resolution gemäss auf 1500 Mann zu completiren, auch zu diesem Ende die abmangelnde Mannschaft in dem Königreich Neapel und Staat von Mailand anwerben zu lassen und nicht minder bei den Frei-Compagnien zu Raab und Komorn, wie auch den aus Bayern nach Gran im Anzug begriffenen zwei Invaliden-Compagnien den Abgang anzuschaffen, um dadurch die erstgemeldeten drei Plätze, ohne die Regimenter zu schwächen, nach Nothdurft versehen zu können. Und gleichwie

3^{tio} schon hier oben angemerkt worden (ist), dass es vorderst dahin ankomme, damit der Krieg mit Macht geführt, folgbar die Oberhand behauptet und dadurch die Feinde, so in jedem Krieg, in Sonderheit aber bei den Türken das vornehmste ist, in steter Furcht erhalten werden und nicht minder die Stärke der Truppen die Schwäche der Festungen in Ungarn dermalen ersetzen muss; also ist auf die Zusammensetzung einer solchen Armee anzutragen, welche solches Vorhaben mit Verlässlichkeit auszuführen und zu unterstützen genugsam gewachsen ist, wobei der Hofkriegsrath der Meinung wäre, dass dieses Jahr mit E. k. M. schon beihabender Cavallerie, wenn sie obstehendermassen völlig completirt wird und die entlegensten Regimenter in rechter Zeit zu Handen zu bringen sind, auszulangen, auf das künftige aber auf eine Augmentation von etlichen Regimentern zu gedenken sei, und vermeinte man also, dass davon 185 Escadronen ohne (dem), was in Siebenbürgen befindlich (ist) und wovon hiernach besonders gemeldet werden wird, in das Feld zu führen und dass solche mit nachfolgenden Regimentern nach mehrerem Inhalt der hier anliegenden Tabelle auszumachen wären, als den bereits in dem Königreich Ungarn anwesenden 12 Regimentern zu Pferd, nämlich Neipperg, Uhlefeld, Hannover, Johann Pálffy, Darmstadt, Cusani, Montecuccoli, Mercy, Falkenstein, Croix, Viard und Hohenzollern, auch den zwei Dragoner-Regimentern Althann und Jörger, deren jedes 6 Escadronen und zusammen 84 Escadronen betragen. Denen kommen hiezu die zwei spanischen Regimenter zu Pferd Moras und Cordova nebst den Dragonern von Galbes, so bei eines jeden auf 500 Mann geschehener Completirung in neun Escadronen bestehen.

Neben diesen befinden sich fünf Regimenter zu Pferd in den deutschen Erblanden, als Gronsfeld, Martigny, Hautois, Lobkowitz und

Emanuel Savoyen, wie auch die vier Dragoner-Regimenter Rabutin, Bayreuth, Schönborn und St. Amour, welche 54 Escadronen ausmachen und nach Ungarn zur Armee gezogen werden könnten. Und weil auch in (den) Niederlanden, Neapel und der Lombardie, wenn anders derorten nichts Feindliches zu besorgen, drei Regimenter, nämlich aus jedem Ort eines: als Savoyen- und Battée-Dragoner und Caraffa zu Pferd zu entübrigen wären, so kämen von dannen mehrmalen 18 Escadronen zugute und thäte hiedurch die deutsche und spanische zusammengeführte Cavallerie auf 165 Escadronen mit Hinzunehmung aber der fünf Husaren-Regimenter Nádasdy, Ebergényi, Splényi, Esterházy und Babocsay die gesammte Reiterei auf die obangesetzten 185 Escadronen ausser der raizischen National-Miliz anwachsen.

Von der Infanterie erachtet man 70 Bataillone ohne den Besatzungen und Grenadier-Compagnien bei der Armee nöthig zu sein, wozu in dem Königreich Ungarn selbst mit Einbegreifung der zu Philippsburg in Garnison liegenden und auf den Fall des Krieges zurück zu ziehen kommenden Neippergischen Bataillone bereits 12 deutsche Regimenter, als Heister, Guido Starhemberg, Niclas Pálffy, Gschwind, Neipperg, Alexander Württemberg, Löffelholz, Regal, Bevern, Lancken, Bonneval und Jung-Daun anwesend sind und 36 Bataillone formiren. Und weil deren zwei spanischen, Ahumada und Alcaudete und deren beiden italienischen, Faber und Marulli, bei erlangenden Recruten jedes zwei Bataillone ausmacht, so kämen dadurch 8 Bataillone und durch die Alt-Daun- und Harrach'schen in den Erblanden einquartirten Regimenter 6 Bataillone hinzu und könnte ebenfalls der in dem abgewichenen Krieg geschehenen Observanz gemäss ein Bataillon von dem Hasslingen'schen und ein anderes von dem Guttenstein'schen Regiment in das Feld beordert werden. Hiernächst glaubt man, dass bei Recrutirung der gesammten Infanterie wenigstens ein Regiment zu Fuss aus dem Königreich Neapel und zwei aus der Lombardie, auch andere zwei aus (den) Niederlanden jedoch in diesen letzteren mit dem Anhang in das Feld zur ungarischen Armee zu nehmen wären, dass, wenn allda neben den National-Regimentern über die gleichwohl verbleibenden 3 deutschen Regimenter zu Fuss oder 9 Bataillonen und ein Regiment Dragoner, noch ein mehreres an Truppen erheischt würde, gar füglich und ohne besondere Beschwerde noch andere National-Regimenter angeworben werden könnten, weil bei Schliessung des Barrière-Tractats mit den Holländern wie es E. k. M. schon bekannt ist, eine gewisse Anzahl Truppen, welche ein jeder Theil allda halten sollte, waren benannt und determinirt worden. Diese in das Feld gewidmete Infanterie thut zwar

67 Bataillone betragen; dieweil aber zur Besetzung der ungarischen Plätze ohne den hier obangemerkten Raaber, Komorner und Graner Frei-Compagnien wenigstens 16 Bataillone erfordert werden, so ergibt sich von selbst, dass nur 51 Bataillone, auch die spanischen und welschen jedes auf 2 Bataillone gerechnet, für das Feld übrig verbleiben und also die auf das System von 70 Bataillonen abmangelnden 19 Bataillone von einigen Fürsten des Reichs, als Württemberg, Münster, Würzburg und dergleichen zu erhandeln oder mit Particularien, welche Regimenter anwerbten, zu capituliren wären. Damit aber E. k. M. desto gründlicher Allergnädigst entnehmen können, dass in der Lombardie und Neapel die gemeldeten Regimenter zu Pferd und Fuss bei in solchen Landschaften anhaltendem Frieden unschädlich entrathen werden mögen, so hat man beizurücken für nöthig befunden, dass in dem ersten Ort gleichwohl zwei Regimenter zu Pferd, als ein deutsches und das National-Hamilton'sche, dann 4 deutsche Regimenter und das National-Luccinische zu Fuss sammt den Gyulai'schen Hayducken und in dem letzteren auch ein deutsches Regiment zu Pferd und das National-Regiment Roma nebst 4 Regimentern zu Fuss verbleiben thäten und dadurch solche Länder in Friedenszeiten und, wenn obgemeldetermassen nichts feindliches zu besorgen, genugsam versehen wären. Was aber das Fürstenthum Siebenbürgen betrifft, darin sind 3 Regimenter zu Pferd oder 18 Escadronen, nämlich Steinville, Breuner und Vehlen nebst des D e t t i n e National-Miliz von 600 Köpfen, wie auch 9 Bataillonen zu Fuss durch die Regimenter Virmond, Tollet und Wellenstein vorhanden, welche man zwar nach den sich ergebenden Umständen vermindern oder vermehren, jedoch anders nicht bei der Hauptarmee gebrauchen könnte, als wenn die Operation in dasige Gegend sich wenden thäte.

Hieraus ersehen E. k. M. Allergnädigst, auf was (für) Weise der gehorsamste Hofkriegsrath eine zulängliche Armee, wovon jedoch einige kleine Corps, um alle in- und auswendigen feindlichen Einfälle und Bewegungen abhalten zu können, zu detachiren sind, auf die bevorstehende Campagne gegen die Türken formiren wollte, man solche auch auf das künftige jederzeit vermehren könnte. Es kommt aber noch diese Schwierigkeit hinzu, dass wegen Ungewissheit, in welcher man noch circa quaestionem an (?) derzeit verfangen (ist), nichts Positives wegen Herbeiziehung der entlegensten oder Negotirung fremder Truppen anzuordnen, hingegen die ersteren aus Niederlande, Neapel und Lombardie sehr weit anzumarschiren und mit den letzteren es ebenfalls nicht so geschwind richtig werden dürfte.

Ueber dieses alles ist

4to E. k. M. Allergnädigst bekannt, was für andere Nothdürfte an Geschütz, Munition, Proviant, Schiffsarmament und Brücken zur Offensiv-Operation erfordert werden, allwo der gehorsamste Hofkriegsrath zwischen 80 und 100 Regimentsstücken und Falkaunen von 3- und 6pfündigem Caliber nebst 12pfündigen Haubitzen, auch aller Zugehör an Leuten, Bespannung und sowohl für solche als (für) Infanterie bedürftigen Munition zur Feld-Artillerie, zu einer Belagerung aber ebenfalls zwischen 80 und 100 Batterie-Stücken, worunter die mehrsten halbe Carthaunen von 24 Pfund Caliber und nur etliche 12pfündige Quartierschlangen zu sein hätten, sammt 40—50 Pöllern, so 100, 60 und 30 Pfund Steine werfen, ohne den kleinen von 10 Pfund, auch darnach proportionirten Munition, Schanzzeug und anderen Zugehörungen in Bereitschaft zu stellen findet, um nach Erheischung der Umstände eine Hauptbelagerung führen zu können. Mit der ersteren dürfte darum leichter aufzukommen sein, weil die an dem oberen Rhein gestandene Feld-Artillerie ausser den Pferden und entlassenen Stückknechten mehrerntheils beisammen (ist) und der Abgang noch bei Zeiten wird beigeschafft, die mehr erforderten Stücke aber aus den Zeughäusern genommen werden können; dahingegen es mit den Batterie-Stücken grössere Schwierigkeit haben wird, weil solche endlich in den gesammten Festungen wohl aufzubringen, jedoch diese dadurch sehr bedenklich entblösst (wären), anbei auch mehrerntheils die Lafetten, Protzwägen und anderen Nothwendigkeiten, wie auch die Kugeln, (das) Pulver und bevorderst die Bomben — deren gar eine geringe Anzahl vorhanden (ist) — ermangeln, mithin eine gute Summe Geldes ganz fördersam nöthig wäre, um die Stückgiesserei mit allem Eifer pressiren, auch andere abmangelnde Nothdürfte ungesäumt erzeugen zu können, allermassen die nächstens E. k. M. allerunterthänigst hinaufzugebende Haupttabelle zwar eine ziemliche Quantität an Geschütz und anderen Zeugsrequisiten zeigen, jedoch, weil solches in so vielen Festungen aufgetheilt ist, gar wenig zur Feldoperation vorräthig verbleiben wird, worneben die fernere Meinung ist, dass von der erstgemeldeten schweren Artillerie das meiste von Wien bis Peterwardein an der Donau eingetheilt und nur etwas Weniges an die Theiss gebracht werden sollte, um im Fall der Noth ebenfalls allda damit versehen zu sein. Und zumal

5to jederzeit dahin angetragen worden (ist), dass man sich der Ströme und insonderheit der Donau in den gegen die Türken führenden Kriegen so viel (als) möglich bediene, um dadurch sowohl den Transport als die Subsistenz zu erleichtern, so ist sich auch mit genugsamen

Schiffbrücken zu versehen, deren drei über die Donau, zwei über die Theiss und eine andere über die Drau zu schlagen (sind), auch eine auf den Wägen, wie es an dem ·oberen Rhein den ganzen Krieg geschehen, mitzuführen ist.

Weil aber nach des Obrist-Schiffamts eingeholtem Bericht ausser 100 dazu tüchtigen Schiffen und einigen Ankern an Seilen, Pfosten und anderen Requisiten, die erst verfertigt werden müssen, mithin viel Zeit erforden, nichts vorräthig (ist), so ist auch hierin allsogleich Hand anzulegen, damit mehr Schiffe beigebracht und die gemeldeten Requisiten bestellt werden.

Ueber dieses ist

6to E. k. M. ohnedem gnädigst erinnerlich, dass in dem letzten Türkenkriege auf der Donau ohne den Tschaiken ein besonderes Schiffsarmament gehalten worden, so man zwar wegen der grossen Unkosten nicht zu conserviren, jedoch darum ein dergleichen hinwiederum aufzurichten nöthig befunden, um der Türken jederzeit sehr zahlreiche und wohlarmirte, aus dem Meer hereinführende Schiffe von allen auf die Brücken, Proviantzufuhr und in anderen Wegen auf dem Wasser unternehmenden schädlichen Auslaufungen desto verlässlicher abhindern zu können, wozu man um tüchtige Leute (sich) umsehen und zugleich zu untersuchen besorgt sein wird, ob nicht das vorige Schiffsarmament in etwas verbessert und·etwa auch die darauf fallenden Unkosten erleichtert werden möchten.

7mo Wird man zwar die vorhandenen wenigen Ingenieure, soviel (als) thunlich, gebrauchen, dabei (wird es) aber gleichwohl erforderlich sein, zu desto besserer und sicherer Beförderung der (zu) unternehmenden Operationen andere gute und wohlerfahrene kommen zu lassen. Aus diesem allem ersehen

8vo E. k. M. Allergnädigst, wasmassen ohne Siebenbürgen und den Besatzungen bei sich mit den Türken ergebender Ruptur eine Armee von 80.000 Mann zusammenzukommen habe und derenthalben nicht allein der Proviant für Mann und Pferd darauf in Vorrath beigebracht, sondern auch neben etwelchen Backöfen auf den Schiffen ein proportionirtes Fuhrwesen ohne den bei den Regimentern schon lange abgeschafften, mithin nunmehr von neuem zu erzeugen benöthigten Proviant-, Zelt- und Balkenwagen aufzurichten und neben Bestellung der Officianten, auch Anwerbung der Bäcker, die im vorigen Türkenkrieg gehabten Provianthäuser hinwiederum zu repariren und andere neue nach Erforderniss der Kriegs-Raison und vorzunehmenden Operation anzulegen sind, bei welcher Magazinirung die Unkosten wegen des obbedeuteten heurigen Misswuchses ein sehr namhaftes betragen wird.

Und dieweil

9no die stete Erfahrniss gibt, auch es sogar die vorjährige Campagne gezeigt (hat), dass die Truppen absonderlich in den ersten Jahren in den ungarischen Lagerungen, worin die Mannschaft neben der schädlichen Luft und (den) kalten Nächten den ganzen Sommer ohne Stroh, so sie doch in allen anderen Ländern bekommt, auf blosser Erde liegen muss, sehr erkranken und viele Leute in Ermanglung des nöthigen Unterkommens und (der) Wartung zugrundegehen, so ist für Dero Allerhöchsten Dienst zu sein angesehen worden, dass über das Hauptspital einige Nebenspitäler angelegt werden, um den kranken Soldaten, wovon so viele crepiren, nicht allerorten mitschleppen zu dürfen.

Solches ist nun

10mo dasjenige, was hauptsächlich zu einer Offensiv-Operation angetragen wird, wobei aber auch die Defensiv-Veranstaltungen nicht minder erforderlich sind und also ein richtiger und prompter fundus von 5—600.000 fl. zu stabiliren wäre, um den Fortifications-Bau allerorten mit allem Eifer dergestalt pressiren zu können, auf dass solche sobald als möglich in besseren Stand gerathen, folglich nicht allein der Feind kräftig dadurch abgehalten, sondern auch das Land selbst, soferne E. k. M. Waffen weiter in das feindliche mit dem Segen des Allerhöchsten durchdringen möchten, zurück in Ruhe und Sicherheit gestellt und erhalten werde, wobei der sehr wichtige und aus Veranlassung des Karlowitzer Friedens rasirte, mithin so lange, als solcher dauert, nicht zu erheben zustehende Posten Titel eine besondere Reflexion verdient, indem man ausser dessen Befestigung in dem angrenzenden Land niemals sicher wäre, mithin dafürgehalten wird, dass, sobald es zu der mindesten Feindseligkeit anzukommen hat, allsogleich an dem Ort, wo die Theiss in die Donau einfliesst, unter einer starken Bedeckung Posto gefasst und dem vormaligen schon ratificirten Project gemäss der Bau angefangen werden sollte.

Was sodann die Erzeugung der Particular-Requisiten anbetrifft, da wird der gehorsamste Hofkriegsrath mit den anderen dabei zu concurriren habenden Stellen und Aemtern die Nothdurft schon zu concertiren suchen. Da selber jedoch über alles obige Dero Allergnädigste Entschliessung sich vorläufig in Unterthänigkeit ausbittet und gleichwie das Hauptwerk bei schon sehr weit avancirter Zeit auf die schleunige Ausfindigmachung der Mittel, ohne welche nicht das geringste dermal vorzukehren ist, ankommt; solchemnach werden E. k. M. Ihres Allerhöchstenorts umsomehr die Nothdurft mit aller Verlässlichkeit fürdersamst anzuordnen belieben, als Denenselben Allergnädigst wissend ist, wie nicht minder ein zulänglicher Cassa-Verlag zu den Extra-Ausgaben, die sich absonderlich bei einer Belagerung merklich vergrössern, beizubringen und die Truppen, wenn man selbe anders nützlich gebrauchen will, desto richtiger zu bezahlen sind, als solche in einem Land befindlich, in welchem ausser dem, was mit· und zugeführt wird, nichts zu überkommen (ist), folgbar entweder ein Vorrath vorläufig beigeschafft, oder in dem Lager alles mit barem Geld sehr theuer erkauft werden muss und deshalb im vorigen Türkenkrieg die Truppen allezeit aus den Winterquartieren zugleich für den Sommer bezahlt worden (sind), folglich solche sich sowohl mit aller Erforderniss zur Campagne in der Zeit (haben) versehen können, als man keine so grosse Feld-Cassa nöthig gehabt (hat).

Womit also E. k. M. der gehorsamste Hofkriegsrath von allen zu dem anscheinenden Türkenkrieg erforderlichen Requisiten und anderen dabei auch ex parte militari unterlaufenden Considerationen die pflichtmässige Vorstellung und Anzeige thun und sich dabei zu beharrlichen kais. Hulden und Gnaden in Unterthänigkeit empfehlen wollen.

2.
An den Grossvezier Damad Ali. Wien, 2. April 1716 [1]).

Unseren Gruss auch Versicherung aller guten Freundschaft zuvor! Es sind schon einige Monate verlaufen, seither wir im September vorigen Jahres geschrieben haben, dass der wider Venedig, mit I. k. M. im Bündniss stehenden Republik, angefangene Krieg gar leicht Funken der Unruhe anders wohin zu bringen und dergleichen in den Reichen und Ländern hochgedachter I. k. M. entzünden möchte, und dass wir daher E. E. ersuchten, ihr mögliches zu thun, damit die Zwistigkeiten gütlich beigelegt, der Friede mit I. k. M. in vollkommenen Stand erhalten, dem Schwert allenthalben Einhalt gethan werde, auch der allgemeine Karlowitzische Friede bestehen bleiben könnte.

Allein E. E. haben hierauf nicht nur nicht geantwortet, sondern die Rüstungen und Beschädigungen zu Wasser und zu Land sind von Tag zu Tag grösser, desgleichen für I. k. M. und Dero Lande der Nähe halber gefährlicher geworden, weshalb wir nicht länger unterlassen können, E. E. nochmals zu erinnern, dem anwachsenden Uebel

---

[1]) Original lateinisch im sogenannten türkischen Manifest. Kriegs-A., Fasc. VII, 77 a/1; „Türkenkrieg 1716“. Deutsche Uebersetzung im Theatrum europaeum, XXI. Band. Seite 494. Eine lateinische Copie dieses Schreibens auch im H. H. u. St. A., Acta turcica, 1716.

vorzubeugen und selbes zu bessern. Denn dieses bringt der Karlowitzer Friede mit sich, den wir unserseits heilig beobachten wollen, und welcher nicht anders auf seinen Fuss gestellt werden kann, es sei denn dass die Pforte alle Feindseligkeiten gegen Venedig einstelle und diesem den zugefügten Schaden ersetze.

Deshalb haben wir nicht nur das ehemals gethane Ansuchen wiederholen, sondern auch Verhaltungsbefehle an den Residenten Fleischmann zufertigen wollen, dass dieser erforderlichen Dingen nach an Herstellung des Karlowitzer Friedens arbeiten könne, an dem so vielen Nationen ein gar grosses gelegen ist, und welcher so viel Geld und Blut gekostet; wie er denn auch völlig und aufrichtig E. E. meine, noch mehr aber I. k. M. Gedanken und Meinung zu eröffnen befehligt und im Stande ist. Weil aber doch allem aus den Anstalten der Pforte erscheinenden Ansehen nach, diese zur Herstellung des Friedens gar nicht so geneigt ist, als man wohl wünschte, folglich dessen Aufenthalt bei selbiger so wenig nöthig als nützlich erachtet wird, überdies auch I. k. M. aus verschiedenen Ursachen je eher desto lieber haben wollen, so versichert man sich der Geneigtheit E. E. ganz gewiss, man werde ihn mit ehestem sammt allem seinem Gefolge zurücksenden, auch ihm eine geziemende Antwort auf seinen Antrag mitgeben, wie dies alles der Inhalt des bisher unverbrüchlich gehaltenen Völkerrechtes erfordert, desgleichen die Würde desjenigen, dessen Person er zu vertreten und darzustellen hat.

Wie auch unsererseits gegen otomanische Minister geschehen ist und fortan geschehen soll.

Gott übrigens, den Schöpfer aller Dinge, bittend, dass er E. E. in guter Gesundheit und allem Vergnügen erhalten möge.

3.

An den Minister-Residenten Franz Fleischmann in Constantinopel. Wien, 6. April 1716 [1]).

.... Nach diesen nun auf die dermalen im Oriente zu bewirken habenden Geschäfte und wiederholt angesuchte endliche Instruction zu gelangen, so haben I. k. M. diejenigen Anfragen, welche der Grossvezier den 6. Feber jüngsthin dem Herrn Residenten wegen der allhiesigen stärkeren Kriegsverfassung neben verschiedenen Freundschafts-Contestationen gemacht und worüber er eine verlässliche Antwort, wessen sich die otomanische Pforte dabei zu versehen einzu-

---

[1]) H. K. R. Reg. 1716; April, 139.

holen verlangt, wir in Unterthänigkeit vorgetragen, welche auch darüber
Allergnädigst verordnet, dass Derselbe nach Anlangung des hiemit ab-
sendenden Couriers Isaak L u c c a, sobald als immer thunlich, bei dem
Grossvezier eine Audienz begehren und ihm darin in bescheident-
lichen jedoch deutlichen terminis vorstellen solle, dass der Herr Resident seine erstbemelte neulich von den kaiserlichen Kriegs-Rüstungen
an ihn gebrachten Anfragen verlangtermassen an den Hof überschrieben
und darüber durch einen eigenen Courier die Antwort dahin erhalten
hätte, dass I. k. M. zwar mit der Pforte keinen Krieg, sondern vielmehr die Aufrechthaltung, Herstellung und Fortsetzung des Karlowitzer Friedens verlangen thäten, allermassen Selbe auch bisher alles
was dazu immer diensam sein könne, angewendet und zu diesem Ende
zur gütigen Beilegung der zwischen der Pforte und der Republik
Venedig obschwebenden Missverständnisse ihre Vermittlung wiederholt
anerboten und zugleich ihr zur Festhaltung des gemeinsamen Karlowitzischen Friedens mit der Krone Polen und der mehrerwähnten
Republik habendes und bei den damaligen Tractaten ordentlich bekannt
gemachtes ewige Bündniss, und dass ein Theil ohne dem anderen nicht
feindlich angegriffen werden möge, durch ihn, Herrn Residenten, unterm
10. November 1714 und 1. März 1715 von neuem erinnert, auch ihn,
Grossvezier, durch mich, Kriegs-Präsidenten, vermittelst des dem allhier in ablegatione, obschon ohne mindeste Commission einer einleitenden
freundlichen Handlung, gewesenen I b r a h i m A g a ertheilten Antwortschreiben ferners deutlich zu erkennen geben, und dass der unterbrochene Frieden mit allen Compaciscenten fürdersam hinwiederum
hergestellt werden möchte, so freundlich als nachdrücklich ermahnen
lassen.

Zumal aber die anverhoffte Wirkung nicht im mindesten erfolgte,
sondern die Pforte vielmehr in der Bekriegung der vielgenannten in
dem Karlowitzischen Frieden mit inbegriffenen Republik Venedig fortgefahren, ihre Macht zu Wasser und Land darüber noch vermehrt
und sich damit in verschiedenen Orten I. k. M. Erbkönigreichen und
Landen sehr bedenklich nähert, so hätten sie anders nichts thun können,
als zu den von der Hand des Allerhöchsten ihnen verliehenen Waffen
zu schreiten und sich in Stand zu setzen, um auf den Fall, wo alle
guten und freundlichen Abmahnungen nicht fruchten werden, gegen
ihren Willen durch solche vermittelst göttlichen Beistandes, sowohl ihre
Bundesgenossen von aller weiteren ungeziemenden Gewalt und Unterdrückung zu schützen, als ihre eigenen Lande und Leute vor allem
feindlichen Einfall kräftiglich zu retten und bleibe also ihm, Grossvezier, keineswegs verhalten, dass solche Verfassung zu dem erst-

berührten Ende angesehen sei. Weil aber bei allen diesem der Hauptzweck lediglich auf die Verschaffung des allseitigen Ruhestandes und der Sicherheit abzielt, so wäre I. k. M. noch von Fortsetzung beständiger guter Freundschaft und Nachbarschaft nicht abgewendet, wollten jedoch eine ungesäumte und kategorische Erklärung erwarten, ob sie, Pforte, von aller Feindseligkeit gegen die Republik Venedig allsogleich abstehen und selber über den bisherigen zugefügten Schaden eine zulängliche Indemnisation und Genugthuung leisten, mithin den Karlowitzischen Frieden in allen Stücken und mit allen darin vermengten und verbundenen Mächten reintegriren wollte, zu geschweigen, dass auch I. k. M. der aufzuwendenden verursachten Kriegsunkosten halber von ihr, Pforte, eine billige Ersetzung begehren könnten und dieweil wir uns schon bei so weit avancirter Zeit und von allen Orten stark anmarschirenden otomanischen Truppen nicht vergeblich aufhalten noch amusiren lassen können, so hat der Herr Resident ferners ausdrücklich zu erklären, dass die kaiserliche Armee an die Grenzen anrücken, allda sich mittlerweile in verschiedene Lager abtheilen und die endliche Resolution hierüber dergestalt erwarten würde, dass im Falle solche entweder durch Ihm, Herrn Residenten, selbst oder wenigstens einen Courier zwischen dem 10. und 15. Mai nicht vergnüglich und verlässlich in Peterwardein anlange, I. k. M. allübrigens für eine offenbare Ruptur achten und darnach das weitere vorkehren, folgbar den Ausschlag Ihrer und Ihrer Alliirten gerechten Sache Gott und ihren Waffen überlassen müssten.

Was aber seine, Herrn Residenten Person, auch das beihabende Gefolge an Dolmetschen, Sprachknaben und Bedienten anbelangt, finden wir selbe, es mag die Antwort der Pforte auf obigen Vortrag erfolgen, wie sie wolle, ausser es wäre zu einem allseitigen Frieden eine gar nahe und sichere Hoffnung zu machen, darin dermalen weder nöthig noch nützlich zu sein. Derenthalben haben I. k. M. bewilligt, dass Derselbe hieher zurückkehren und auf die eine oder andere Weise seine Abfertigung loszuwirken suchen, mithin, dass er ihre, der Pforte, ihm zu gebende Erklärung selbst überbringen und zur Beibehaltung guten Einverständnisses alles mögliche anwenden wolle, vorschlagen, bei dessen Nichtverfangung aber, das nebenliegende von mir, Kriegs-Präsidenten, an den vielbesagten Grossvezier dem Gebrauche nach zu erlassendes Abrüstungs-Schreiben endlich überreichen und darauf auf seine förmliche Abfertigung und Entlassung dringen sollte.

Des Herrn Residenten diesfalls obhabende Verrichtung wird anfänglich dahin einzuleiten sein, dass die Pforte, wie I. k. M. hauptsächlich auf die Friedensunterhaltung abzielen und den Krieg anders nicht, als wenn zur Reintegrirung des Karlowitzischen Tractates keine sichere Hoffnung übrig, zu den Waffen zu schreiten gedenke, klar begreifen möge.

In dem Anfang des Vortrages wäre von den diesorts unmittelbar habenden Beschwerden zu praescindiren und solche allein dazumal, wenn die Pforte oder der Grossvezier die gütige Beilegung und darauf gegründete gehörige Satisfactionsertheilung abschlagen oder zur Gewinnung der Zeit weit hinaus verschieben wollte, auf die diesseitige particular gravamina zu gelangen und zu melden, wie ungehindert der vor kurzen Monaten geschehenen Abstellungs-Versicherung, die türkischen Fahrzeuge mit Aufbringung von kaiserlichen Schiffen (worüber er aus den schon vorhin eingesandten und hiemit ferners folgenden Acten die Speciales anzumerken hätte) fortfahren gegen den Karlowitzischen Friedensschluss, sowohl diese neuen als viele alte Gefangene ungebührlich zurückhalten, den kaiserlichen Rebellen Schutz geben, auch wirklich einige treulose Ungarn zu Temesvár, in der Wallachei und anderen Grenzplätzen aufhielten und durch selbe neue Unruhen anzustellen trachteten, Chotin gegen den Frieden befestigten und vor ungefähr 2 Jahren, um das Königreich Polen zu Dissimulirung dieses Baues und noch anderen ungebührenden Dingen zu vermögen, ein starkes Corps der Orten zusammengeführt, auch geschweige der wegen jüngsthin angemasster Plünderung seines, Herrn Residenten Quartiers, nicht erfolgter Bestrafung der Thäter, andere unfreundliche Bezeugungen mehr gethan hätte.

Der Grossvezier wird also daraus leicht abnehmen, dass I. k. M. derlei Ungebühr und Friedens-Contraventionen nicht länger zusehen könnten, und soferne sie nicht so viel Begierde zur Beibehaltung der Ruhe, auch abhindernder Vergiessung soviel unschuldigen Menschenblutes hegten, daraus schon lange Ursache gehabt hätten die Waffen zu ergreifen, um andurch von Ihren Bundesgenossen so viel erfolgten Schaden und vorerst die türkische Macht von Ihren nunmehr fast völlig umzingelten Grenzen abzuhalten.

Alle obigen Unternehmungen sind gegen das Karlowitzische Tractat laufende und sie, Pforte, aus der von dem damaligen regierenden Leopoldo I. glorwürdigsten Angedenkens unterm 16. Feber 1699 ertheilten und ordentlich ausgehändigten Ratification nur so lange zu den convenirten Conditiones quamdiu ab altera parte paci adversantes actiones et motus non promanaverint, secundum haec ipsa inserta formalia verbunden und also sie, Pforte, sowohl durch die angefangene Bekriegung der Republik Venedig, als alle anderen obberührten und derlei mehreren Transgressionen und motus den Frieden öfters ge-

brochen und andurch alle wider die Friedensbrecher angedrohte schädliche Folgerung, nebst der Verantwortung so viel vergiessenden Menschenblutes auf sich geladen und I. k. M. davon entbunden hätte.

Uebrigens bleibt es zwar noch bei dem, dass der Herr Resident
den in Constantinopel befindlichen Herren Botschaftern von England
und Holland alles Vertrauen zeigen und selbe sowohl in guter Meinung
zu dem Allerhöchsten kaiserlichen Interesse als seiner eigenen Person
erhalten thue, es haben jedoch Allerhöchst gedacht I. k. M. aus für-
dringenden Ursachen und unter anderem, damit man keine Furcht
oder Apprehension vor den Türken zu haben scheine, für Ihren Allerhöchsten Dienst zu sein erachtet, dass selber von der ihm diesfalls
zu machen aufgetragenen Declaration niemandem was, mithin auch
gedachten Botschaftern vor der bei dem Grossvezier gehabten Audienz
nicht das mindeste davon eröffne, sodann aber es ihnen auf gleiche
Weise in freundlichem Vertrauen beibringe und selbe zugleich ersuche,
dass sie ex communi representationis et gentium ratione die Sicherheit
seiner Rückkehr unterstützen, in der Abwesenheit aber eines kaiserlichen Repräsentanten von den alldasigen Vorfallenheiten den hiesigen
Hof durch geheime Wege Nachricht ertheilen und bei ersehender
Gelegenheit eines sicheren und reputirlichen Friedens ihre officia beitragen möchten, um durch selbe auf solche Weise alle Zeit den Weg
zur Negotiation offen zu halten.

Nebstdem haben wir durch die kaiserlichen Grenz-Commandanten
in Erfahrenheit gebracht, dass die Türken an dem Savestrom die Wege
sehr aushauen und durch Gegentrieb eine ziemliche Anzahl an Artillerie
auch Kriegsprovision und Mundprovision beiführen und in dasiger
Gegend ein Magazin errichten wollen; wie nun aber dieses nicht wohl
mehr zugegeben werden kann, mithin der Befehl an den Commandanten
zu Brod Herrn Obrist von Petrasch ergangen, solche Kriegsgeräthschaften nicht mehr passiren zu lassen, auch allenfalls Gewalt mit
Gewalt abzutreiben, also haben wir es dem Herrn Residenten zu diesem
Ende unverhalten wollen, dass er zwar von dieser Anstalt nicht das
geringste zu melden, bei etwa geschehender Anhaltung der berührten
Schiffe und darüber an ihn bringenden Ahndung aber zu antworten
hätte, dass Demselben davon nichts bekannt wäre, er jedoch gar leicht
begreife, dass I. k. M. bis zur von der Pforte auf seine Proposition
eingelangten Entschliessung an den Grenzen keine Aenderung gestatten,
noch die zu dem Krieg gewidmeten Requisiten, es möge gleich gegen
sie, oder ihre Bundesgenossen angesehen sein, passiren lassen könnten.

Schliesslich habe ich dem vorigen nichts anderes beizurücken,
als dass ich dem Herrn Residenten sammt seiner Suite bald und ohne

bei diesen Barbaren üblichen, gegen die kaiserlichen Repräsentanten gleichwohl vorher nicht angemassten harten Tractament in die kaiserlichen Länder zurückreisen zu können wünsche, wie er sich denn, dass ich alles dasjenige, was zu seiner ungekränkten Ausfolgung dienlich sein kann, gern beitragen werde, gänzlich zu versichern hat. Weil aber dem Allerhöchsten kaiserlichen Dienst sehr vorträglich sein würde, sofern eine oder andere Person, durch welche nach seiner Abreise die türkischen Neuigkeiten an den Hofkriegsrath directe oder vermittelst des Herrn FZM. Grafen S t e i n v i l l e, oder des Herrn FML. Freiherrn von L ö f f e l h o l z überschrieben würden, gegen Versprechung eines proportionirten Recompens erhandeln könnte, so hat Derselbe darnach das weitere vorsichtig und geheim zu veranstalten, auch mir sobald als möglich, davon die Nachricht zu ertheilen.

4.

An den FML. Freiherrn von Löffelholz. Wien, 18. April 1716 ').

Nachdem dessen anvertrauten Regiments Obristlieutenant D i l l h e r dieser Tage von hier ohnedem zurück abgeht, also werde ich ihm die Resolution seiner hier eingelaufenen, bisher unbeantwortet gebliebenen Schreiben mitgeben, auch unter einem zu der Sachen deutlicheren Begriff mündlich belehren, was sowohl in dem slavonischen Fortificationswesen als sonst anderen Vorfallenheiten bei gegenwärtigen Läufen der orten zu beobachten sei, mithin ich mittlerweile allein anzuzeigen ermesse, wasmassen I. k. M. in den orientalischen Begebenheiten Ihre endliche Entschliessung abgefasst, auch solche durch den neulich nach Constantinopel abgegangenen Courier Isaak L u c c a dem Herrn Residenten F l e i s c h m a n n bekannt machen und vermittelst solchen der otomanischen Pforte declariren lassen, dass im Fall auf sothanen Vortrag, dass sie, Pforte, den Karlowitzischen Frieden mit allen Bundesgenossen nicht ungesäumt und gänzlich restabiliren, mithin sowohl allsogleich von fernerer Bekriegung der Republik Venedig absehen, als solcher wegen des bisher erlittenen Schadens eine behende und zulängliche Satisfaction geben wolle, zwischen dem 10. und 15. Mai keine vergnügliche und sichere Antwort in Peterwardein einlangen wird, Selbe allwidrigens für eine Ruptur achten, folgbar Ihre und Ihrer Alliirten gerechte Sache Gott und Ihren Waffen überlassen würden.

Wie nun nicht wohl zu vermuthen ist, dass die Türken sich zu sothaner Billigkeit bequemen, sondern vielmehr es darüber mit I. k. M.

') H. K. R. Reg. 1716; April 392. Aehnliche Schreiben an den GFWM Freiherrn von Beckers und den Obristen von Petrasch. April, 390, 393.

zu einen Krieg ausbrechen und die Thätlichkeiten ehestens anfangen werden, so habe ich wie für eine Nothwendigkeit zu sein erachtet, dem Herrn Feldmarschall-Lieutenant von diesem Schluss nebst dem Anhang die Eröffnung zu thun, dass selber sobald eine Nachricht von Constantinopel einlangt, sie möge bestehen, worin sie wolle, solche allsogleich durch eigene Estafette oder nach Befund einen Express weiters hieher befördern, auch im Falle den 15. Mai inclusive gar nichts von dem Herrn Residenten Fleischmann oder der Pforte einkommen sollte, der Herr Feldmarschall-Lieutenant auch dieses, dass nämlich nichts eingelaufen, den 16. früh durch eine auf der Post abzuschickende eigene Person und seinem beigebenden Schreiben dem Hofkriegsrath ungesäumt berichte, mithin den 15. die dazu erkiesende Person sammt den Postpferden und seiner Expedition dergestalt in Bereitschaft halte, dass solche nach Mitternacht ohne ferneres Verweilen hieher abreisen und den eigentlichen Verhalt ganz eilfertig überbringen könne, wo hingegen Derselbe in den nachbarlichen Bezeigungen gegen die Türken bis auf den letzten Tag, wenn sie anders nicht vorher zur Thätigkeit schreiten oder die Anhaltung der Schiffe auf dem Savestrom, der neulichen Instruction gemäss, ein widriges erheischte, fortzufahren, auch von nichts anderem als friedlicher und guter Freundschaft zwar zu reden, unter der Hand aber alles, was zum Krieg gehörig zu veranstalten und sich dermassen gefasst zu halten hat, damit er von den Türken nicht unvermuthet angefallen oder in dem District seines Commandos andere Schädlichkeiten zugefügt werden können, zu welchem Ende der Herr Feldmarschall-Lieutenant forderst sich um gute Kundschaften zu bewerben mit den benachbarten Commandanten, an welche ich auch von dem obigen im geheimen die Nachricht ertheile, in genauer Correpondenz zu stehen, auch der Türken Thun und Lassen bestens zu erforschen und zu beobachten, alles posttäglich zu berichten, dieses ganze Geschäft aber in grösster Verschwiegenheit zu halten hat.

Allermassen auch denselben ferners unverborgen bleibt, dass die gesammten kaiserlichen Regimenter in wirklicher Bewegung begriffen, auch zwischen den 10. und 20. des besagten Monats Mai in die ausgezeichneten Interims-Lager bis zur Formirung der Hauptarmee einrücken werden, dass also die Frontierplätze anmit gegen alle Gefahr genug gesichert sind, auch mit der in den erwähnten Campamentern commandirenden Generalität der zu Herrndienst nöthige concerto genommen werden kann, wo mittlerweile auch zwischen dem 28. und 30. d. eine Schiffbrücke zu Ofen und gegen den 10. Mai eine andere zu Vörös-Márton geschlagen, die erste aber, sobald die Truppen völlig darüber passirt, allsogleich wiederum aufgehoben und nach Peterwardein, wohin mit dem Herrn Obristlieutenant D i l l h e r zur Auszeichnung der Gelegenheit ein wohlverständiger Brückenmeister mitgeht, zur dortigen Schlagung weiters abgeführt, auch mit nächstem eine Laufbrücke mit der dazu gehörigen Bespannung, Wagen und Requisiten nachgesendet werden soll, da anbei auch den 23. currentis tausend Centner aus Tirol gekommenes Pulver ferners auf dem Wasser abgehen und unterdessen in Essegg niedergelegt wird und was derlei nöthige Dispositionen mehr sind.

Uebrigens habe ich dem Herrn Feldmarschall-Lieutenant ebenmässig anzuzeigen erachtet, wasmassen I. M. die regierende römische Kaiserin den 13. d. abends nach 7 Uhr glücklich entbunden und einen wohlgestalteten Prinzen zur Welt geboren habe, welchem in der heiligen Taufe die Namen Leopold, Johannes, Josefus, Antonius, Franciscus de Paula, Hermenegildus, Rudolphus, Ignatius und Balthasar gegeben und anbei Erzherzog von Oesterreich und Prinz von Asturien benannt worden, wie nun sich allweg geziemen will, auch es I. k. M. allergnädigst anbefohlen, dass Gott dem Allmächtigen wegen so gütiger Verleihung dieses so sehnlich erwarteten und gewünschten österreichischen Kron-Erben und dadurch dem durchlauchtigsten Erzhause angediehenen besonderen göttlichen Gnade in allen Erbkönigreichen und Landen ein feierliches Dankfest begangen, beforderist aber in den präsidirten Plätzen der Ambrosianische Hymnus te Deum laudamus unter dreimaliger Abfeuerung des grossen und kleinen Geschützes abgesungen, auch dabei ein förmlicher Gottesdienst gehalten werde, also wird der Herr Feldmarschall-Lieutenant auch in dem ihm anvertrauten Posten Peterwardein darnach das weitere ungesäumt zu veranstalten und zu beobachten haben.

<h3 style="text-align:center">5.</h3>

<h3 style="text-align:center">An den Kaiser. Wien, 20. Mai 1716 [1]).</h3>

Es ist auf Euer kaiserlichen Majestät Allerhöchsten Befehl dem an der otomanischen Pforte anwesenden Residenten F l e i s c h m a n n bei dem unterm 6. passato abgefertigten Courier unter anderem aufgetragen worden, deroselben deutlich zu erklären, dass, im Falle zwischen dem 10. und 15. d. M. über die in der Hauptsache gethanene Declaration keine vergnügliche oder gar keine Antwort in Peterwardein einlangte, weder er, Resident F l e i s c h m a n n, noch der obberührte

---

[1]) H. K. R. Exp. 1716; Mai, 593. Dieses Schreiben ist vom Prinzen in seiner Eigenschaft als Hofkriegsraths-Präsident in Form eines allerunterthänigsten Vortrages vorgelegt worden.

Courier in solcher Zeit allda zurück einträfe, E. k. M. alles widrige
für eine Ruptur erachten, folgbar darnach Ihre und Ihrer Bundesgenossen gerechte Sache Gott und Ihren Waffen überlassen würden,
weswegen man dem im genannten Peterwardein bestellten Commandanten, dem FML. Freiherrn von Löffelholz aufgegeben (hat),
dass derselbe, um die rechte Mass in dieser so wichtigen Sache nehmen
zu können, alles dasjenige, was sich bis nach Verfliessung sothanen
Termins hierinfalls ergeben, durch einen Expressen ungesäumt hieher
berichten solle, dem selber denn auch mittels der bei Anbrechung des
16. hujus in der Nacht erfolgten Absendung des Lieutenants Ross-
mann geziemend nachgekommen und vermöge der copeilichen Nebenlage erinnert hat, dass in dem angesetzten Termin weder die geringste Nachricht oder (ein) Schreiben von Constantinopel eingelaufen
und ebensowenig von seiner, (des) Residenten Person und Zurückkunft
des Couriers vernommen worden sei.

Welches alles also E. k. M. der gehorsamste Hofkriegsrath in
Unterthänigkeit anzuzeigen und pflichtmässig beizurücken ermessen, dass,
gleichwie hieraus klar genug abzunehmen (sei), dass die otomanische
Pforte die Antwort verschieben und dadurch zu ihrer mehreren Verfassung Zeit gewinnen, mithin solche diesesorts verlieren, auch die Operationen selbst einzulänglicher und schwerer machen wolle, hingegen
wegen nicht ertheilter Antwort noch Zurückentlassung (des) Residenten
und Couriers zur Ruptur wirklich geschritten, also wohl anderes nichts
zu thun sein wird, als dass die Armee sobald (als) möglich formirt
und in dem Namen des Allerhöchsten der Feldzug eröffnet werde.
Zumal aber noch einige Nothdürfte dazu gebrechen, die gesammten
Truppen auch ausser den 11 in den deutschen Erblanden gestandenen
und daraus mit 2 Anticipat-Monaten versehenen Regimentern auf den
gegenwärtigen Sommer keinen Kreuzer empfangen, ohne dem Sommer-
Stipendio aber weder subsistiren, minder zu einer rechtschaffenen Operation gebraucht werden können, sondern, wenn nicht bald mit einem
und anderem Monat ausgeholfen wird, Gesundheit und Muth zugleich
verlieren dürften: also werden E. k. M. unbezweifelt Allergnädigst
verordnen, dass neben Richtigstellung dessen, was noch quoad dispositiones praeliminares, worunter die Verpflegsgebühr der neuen Regimenter bis Ende April, Completirung der Remonten bei den Husaren-
Regimentern und des pro anno 1715 zu bezahlen angefangenen anderten
Quartals, die Anticipat-Monate für den kleinen Generalstab, Proviantirung des Schiffsarmaments und was dem anhängig, begriffen, anbei
das anderte Quartal für das Römische Reich nebst der Recrutirung
der allda, auch in der Lombardie und den Niederlanden stehenden

Regimenter. Nicht weniger nöthig ist, in die Kriegs-Cassa zu obberührtem
Ende und was zur Bestreitung der bei der Armee sich stets ereignenden
ausserordentlichen Ausgaben eine Summe von 1,000.000 bis 1,200.000 fl.
bares Geld, ganz fürdersam eingeliefert und dadurch die Armee in
dienstfähigen Stand noch in rechter Zeit, wie es nämlich der Allerhöchste Dienst, auch die gemeine Wohlfahrt und Sicherheit erheischt,
gestellt, die übrige Sommererforderniss aber ebenfalls ausfindig gemacht
und von Zeit zu Zeit verlässlich nachgeschickt werde etc.

6.

An den Feldmarschall Grafen Johann Pálffy.
Wien, 6. Juni 1716 [1]).

Ich habe dessen Schreiben aus Ofen vom 1. wohl erhalten und
daraus sehr gern vernommen, dass Derselbe weiters über Baja nach
Bács abzureisen in procinctu gestanden und will also hoffen, er werde
allda nunmehr wirklich angelangt sein.

Wie nun der Herr Feldmarschall ohnedem schon erfahren haben
wird, dass weder die Kriegsraison noch andere an den Grenzen
obwaltende Umstände die Versammlung der Armee mehr wohl lange
werden verschieben lassen, so erfordert auch, dass sich Selber gar
nach Futak begebe und allda mehr in der Nähe die sich täglich nunmehr ereignenden Aenderungen und Vorfallenheiten besorge, woneben
ihm unverhalten bleibt, wie ich heute die beiden am weitesten entlegenen Lager zu Vecse und Ónod unter einem beordere, dass sie
ungesäumt aufbrechen und über Baja nach Bács marschiren.

Sonst sind die gesammten Campamenter ohnedem dermalen auf
Denselben angewiesen, mithin der Herr Feldmarschall nach Erheischung
des Herrndienstes damit das weitere beobachten kann.

Ich habe ihm jedoch hiemit ferners anfügen wollen, wie solche,
wenn es die Nothwendigkeit erheischt, näher zusammengezogen und
insbesonders das Lager zu Futak nothdürftig verstärkt werden könne,
wobei aber die Massnahmen dergestalt zu nehmen, dass anfänglich die
Lager zu Csongrád, Baja und Bács aufzubrechen beordert, mithin die
zu Szegedin, Vukovár und Grosswardein auf die letzt reservirt, bei
dem Vukovárischen Campament auch besonders Sorge getragen werden
soll, dass solches in genügsamer Sicherheit vor allen feindlichen An-
fällen sei, allermassen im widrigen Falle auch dieses an sich zu ziehen

----

[1]) H. K. R. Reg. 1716; Juni, 84.

bei obwaltender Securität aber in gegenwärtiger Station noch länger zu continuiren wäre.

Uebrigens hat es der Operationen halber noch sein Bewenden, dass also zu keiner Thätlichkeit ohne Noth und Ursachen zu schreiten, mithin so lange die Türken dazu nicht Anlass geben, auch solche nicht anzufangen seien; wenn solche aber einen Transport auf der Save oder auch zu Land mit Munition, Artillerie, Proviant oder anderen Kriegsgeräthschaften versuchen wollten, wäre solcher mit aller Macht zu hindern und derenthalben der Obrist Petrasch mit genügenden Truppen zu untersützen, worauf der Herr Feldmarschall besondere Vigilanz und Aufmerksamkeit tragen wolle, soferne aber nur etwa ein Commando von 300 Pferden an den Savestrom erfordert würde und das Schönborn'sche Regiment in dem daruntigen Lager schon angelangt wäre, so würde der dabei befindliche Herr Obristlieutenant Petrasch tali casu exigentiae damit dahin abzusenden sein.

Schliesslich ist in allewege erforderlich, dass zu Peterwardein ungesäumt eine Schiffbrücke über die Donau geschlagen werde, um die Communication desto freier zu haben, auch allen Orten füglicher zukommen zu können und zumalen fernerhin oben angemerktermassen täglich sich Aenderungen ergeben dürften, so thut sich I. k. M. gnädigst versehen, Selber werde seiner bekannten stattlichen Vernunft, Vorsichtigkeit und Kriegserfahrenheit nach, es an nichts erwinden lassen, damit Ihr Allerhöchster Dienst möglichst besorgt werde, allermassen ich, Kriegs-Präsident, ebenfalls ehestens hienach komme und den 15. d. von hier aufzubrechen gedenke.

7.

An den Kaiser. Wien, 13. Juni 1716 [1]).

Euer kaiserliche Majestät werden aus den Anlagen des mehreren Allergnädigst zu entnehmen belieben, was mit letzter Post aus Siebenbürgen und durch eine eigene, von dem Obristen Petrasch abgeschickte Estafette vom 5. dieses Monates aus Brod am Savestrom in orientalischen Neuigkeiten eingelaufen, welche hauptsächlich darin bestehen, wie einestheils der Resident Fleischmann sammt seiner ganzen Suite über die neulich der otomanischen Pforte zu thun angeordnete Erklärung arrestirt wäre, anderentheils die gesammte türkische Macht

---

von allen Orten gegen Belgrad zusammengezogen und auf eine sehr grosse Anzahl, so sich jedoch zu seiner Zeit zeigen wird, angerechnet, auch über die in kurzem zu vermuthende Anlangung des Grossveziers zu gedachtem Belgrad, dem der Sultan selbst dahin oder, wie andere wollen, wenigstens nach Sophia folgen werde, dass also, nachdem die Pforte am mindesten von einiger Genugthuung an die Republik Venedig hören, sondern vielmehr ihre angefangene Conquêten vermehren will, an einem Türkenkriege nicht mehr zu zweifeln ist. Nun habe E. k. M. ich, Kriegs-Präsident, den abgewichenen Montag (8. Juni), zwar bereits mündlich a. u. vorgestellt, wie die zur Formirung der Armee in Ungarn gewidmeten Truppen fast meistentheils angelangt und es mithin an dem sei, dass solche zusammengeführt und der Feldzug demnächst eröffnet, folgbar dasjenige vorgekehrt werde, was die Kriegsraison zur Sicherheit Dero Erb-Königreiche und Landen, auch Ihres Allerhöchsten Decors und Convenienz erheischen thut. Ich habe aber nicht minder allergehorsamst beigebracht, dass ausser den wenigen, in den deutschen Erblanden einquartiert gestandenen Regimentern, die gesammten übrigen Truppen bei schon auf die Hälfte anlaufenden Juni keinen Kreuzer an Verpflegung, die ersteren auch nicht alle die angewiesenen zwei Sommermonate empfangen haben, und dass mithin erforderlich sei, E. k. M. jüngsthin ertheilten Allergnädigsten Resolution gemäss in die Kriegs-Cassa eine Summe von ungefähr 1,200.000 fl. ungesäumt einzuliefern und solche dadurch in den Stand zu stellen, der Armee ein und anderes Sommermonat, deren jedes auch nach Abzug der von den obberührten Regimentern in den deutschen Erblanden erhaltenen zwei Anticipat-Monaten gegen 600.000 fl. anläuft, bezahlen, mithin die Mannschaft bei erforderlichem Muth, Gesundheit und Kräften erhalten zu können, welches auch der Hofkriegsrath bei seiner Behörde eifrigst urgirt, jedoch bis hieher nicht einmal eine verlässliche Vertröstung, minder den geringsten Effect darin erhalten können, zu geschweigen, dass bei einer Campagne, absonderlich wo es zu einer Operation ankommen sollte, in vielen an deren Dingen verschiedene tägliche unvermeidliche und das ganze Werk hemmende, vorläufig aber nicht wohl specificirbare Auslagen vorkommen, welche anders nicht als mit baren Geldern zu bestreiten, mithin auch solche in rechter Zeit einzuschaffen sind; wie denn niemals erhört worden, dass eine so grosse Armee, ohne unter der Disposition des commandirenden Generals stehenden Kriegs-Cassa in das Feld ausgerückt, wo hingegen derzeit nicht so viel vorhanden, um einen Courier bei erheischender Nothdurft an E. k. M. absenden zu können. Wie weit sodann die dermaligen Fundi zu diesen Bestreitungen zulänglich oder gebrechen, auch, was für neue in Vorschlag gebracht worden und ob solche thunlich seien? werden E. k. M. von denjenigen, welche zu derlei Geschäften geordnet, vermuthlich die gehörige Information erlangt haben; der Hofkriegsrath aber hat dabei nur so viel in Unterthänigkeit zu erinnern, dass dermalen auf das momentum temporis fast alles ankomme und der Verlust eines Tages bedenklicher und schädlicher, als anderer Zeit etliche Wochen seien, mithin E. k. M. von selbst höchst erleucht erkennen werden, dass darin unverschieblich zu einer endlichen Resolution zu schreiten und entweder die vorgeschlagenen Fundi oder andere sofern einige vorhanden, auszumachen und sicherzustellen seien. Ich, Kriegs-Präsident werde zwar, wie ich ebenfalls jüngsthin mich a. u. mündlich erklärt, es mag Geld vorhanden sein oder nicht, gleichwohl dieser Tage nach Erheischung Dero Allerhöchsten Dienste und Befehle zur Armee abgehen und an demjenigen nichts unterlassen, was bei Ermanglung der Mittel möglich und thunlich sein wird, allein es ist zu bedauern, dass diese E. k. M. zugehörige so schöne Armee, welche man mit so grosser Mühe und Kosten aus eigenen Truppen, so in vorigen Zeiten niemals zu erreichen und man derenthalben mit den Hilfs-Völkern so vielerlei Irrungen, Hindernisse und Verdriesslichkeiten ausgestellt gewesen, zusammengebracht, und welche in ganz Europa so viel Ansehen und Absehen nach sich zieht, und eine wahre Bestärkung E. k. M. Krone und Scepter, anbei nach einmaliger Zerfallung fast nicht mehr, wenigstens so leicht und geschwind nicht zu restauriren ist, nach allen angewendeten Unkosten aus Mangel der auch ausser eines Krieges benöthigten Sommerverpflegung delaboriren und zu Grunde gehen und man derenthalben die Operationen mit Vortheil anzufangen ausser Stand gestellt werden sollte, in gnädigster Erwägung, dass solche, wenn damit dem Feinde, welches bei allen, insbesonders bei einem Türkenkriege forderst in Consideration fällt, nicht zuvorgekommen wird, sodann nach den feindlichen Regungen und Bewegungen sich gerichtet werden muss und man also nicht was man will, sondern nur was der Feind veranlasst, unternehmen kann.

Welches alles diesemnach E. k. M. der gehorsamste Hofkriegsrath aus seiner obliegenden Pflicht, treuester und aufrichtigser Devotion nochmals a. u. beibringen und zwar der tröstlichen Hoffnung sein wollen, dass die obberührten Gelderfordernisse auf das schleunigste beigeschafft und in den dazu erheischenden fundis der nöthige Schluss unverschieblich gefasst werden wird, wo hingegen selber von E. k. M. Allerhöchsten Gerechtigkeit sich getröstet, dass sowohl ihm, Hofkriegsrath in corpore, als in specie mich, Kriegs-Präsidenten qua General-Lieutenant und commandirenden Generalen, wenn widrigenfalls in den

Kriegsoperationen nicht fortzukommen oder sich gar, welches Gott gnädiglich abwenden wolle, ein Schaden oder Unglück ereignen möchte, ausser aller Schuld und Verantwortung Allergnädigst halten werden.

8.

An den G. d. C. Grafen Nádasdy. Wien, 13. Juni 1716 ').

Es sind mir dessen unterm 23., 26. und 30. pass. nacheinander erlassene Schreiben recht eingelaufen und habe daraus gerne ersehen, dass Selber sowohl in dem ihm unweit Essegg assignirten Interims-Lager glücklich angelangt, als auch mit dem GFWM. Beckers wegen dasiger Schanzarbeit den gehörigen concerto genommen habe, wie denn diesem, so lange solches Lager allda stehen zu bleiben hat, alle mögliche Assistenz von daraus zu leisten ist.

Belangend sodann die benöthigte Hilfeleistung an dem Savestrom, so versteht sich ohnedem, dass solche wegen unmittelbar darunter waltenden Herrndienstes auf erfordernden Fall durch die nächst angelegenen Truppen zu geschehen habe, wonach also der Herr General der Cavallerie das weitere ohne geringste Difficultät zu beobachten und sowohl darin als in allem übrigen bis zu meiner, Kriegs-Präsidenten, ehesten Hinabkunft des Feldmarschalls Johann Pálffy erlassende Ordres forderst einzuholen und zu befolgen haben wird.

Sonst kann ich demselben nicht verhalten, dass die beiden Regimenter Wetzel und Caraffa nicht mehr in das ihm anvertraute Lager kommen, sondern geraden Weges zur Hauptarmee dirigirt werden, daher sich denn ihrethalben bei mir ferners nicht anzufragen und ebensowenig künftighin dasjenige so der FZM. Löffelholz an ihn schreibt, mir in copia anzuschliessen, allermassen selber alle solche mir ohnedem durch Courier und Estafetten oder mit der Ordinari-Post benachrichtigt; soferne jedoch dem Herrn General der Cavallerie etwas besonderes an Neuigkeiten einlaufen würde, so kann es nicht allein mir jedesmal überschrieben werden, sondern ist auch oben angemerktermassen dem über die gesammte Lager inmittelst commandirenden Herrn Feldmarschall Grafen Pálffy von Zeit zu Zeit zu communiciren.

Uebrigens hat es bei dem, dass das Lager zu Vukovár geschlagen worden, als einer schon geschehenen Sache sein Bewenden, weil aber solches hauptsächlich um die Essegger Fortifications-Arbeiten zu unterstützen angetragen worden, so wäre besser gewesen, wenn die Truppen nicht so weit davon entfernt stünden.

') H. K. R. Reg. 1716; Juni, 212.

9.

An den Hofkriegsrath. Feldlager bei Futak, 11. Juli 1716 [1]).

Vorgestern, als den 9. des Monats, bin ich bei der hiesigen Armee glücklich eingelangt, habe aber von den zugewidmeten Stabspersonen fast keine gegenwärtig gefunden, daher ein solches hiemit und zu dem Ende beibringe, damit ein löbliches Mittel ihnen und beförderst dem Ingenieur Hauptmann Plöttner den gemessenen Befehl, sich an den Ort ihrer Schuldigkeit ungesäumt einzufinden, zustellen lasse etc.

10.

**An den FZM. Prinzen Alexander von Württemberg.
Feldlager bei Futak, 11. Juli 1716 [2]).**

Auf Euer Liebden unterm 8. erlassenes sage ich Deroselben freund-vetterlichen Dank für den wohlmeinenden Glückwunsch zur angehenden Campagne und wird es mir jederzeit zur besonderen Freude gereichen, E. L. in allen Vorfallenheiten, viele Annehmlichkeiten erweisen zu können.

Inmittels bin ich Deroselben für die communicirten Neuigkeiten sehr obligiret mit dem Ersuchen mir ferner zu berichten, was dortigen Enden von Zeit zur anderen merkwürdiges einlaufen möchte.

Dass sich E. L. eines gewissen Türken zur Einholung der Kundschaften bisher bedient, ist schon wohl geschehen und soferne Sie ihn weiterhin dazu employiren wollen, zweifelt mir nicht, E. L. werden solchen Falles alle erforderliche Praecaution umsomehr nehmen, als es sein könnte, dass gedachter Türke sich vielleicht beiderseits gebrauchen lassen und spioniren möchte.

Im übrigen thun E. L. gar recht, auf den bekannten Ungarn ein wachsames Auge zu tragen, nachdem sowohl an die in den ungarischen als siebenbürgischen Grenzen commandirende Herren Generale die wiederholte Ordre ergangen, dass nicht nur respectu dieses, sondern auch alle anderen derlei verdächtigen Leuten zur Ueberkommung derselben aller möglicher Fleiss und Sorgfalt angewendet werde, womit E. L. auch Ihresorts ein gleiches zu thun ohnedies bedacht sein werden.

---

[1]) Kriegs-A., „Türkenkrieg 1716"; Fasc. VII, 40.
[2]) Kriegs-A., „Türkenkrieg 1716"; Fasc. VII, 41.

11.

An den GFWM. Grafen Herberstein. Feldlager bei Futak, 11. Juli 1716 [1]).

Durch den anher abgeschickten Max Starhembergischen Hauptmann von Kosmarini erhalte ich des Herrn General-Feldwachtmeisters Schreiben vom 9., worüber den innen enthaltenen Glückwunsch zur gegenwärtigen Campagne mit dienstfreundlichem Dank erkenne und war mir hiernächst besonders lieb zu vernehmen, dass der Herr Prinz Alexander dem Herrn General-Feldwachtmeister mit Mannschaft und sonst erforderlicher Beihilfe dergestalt an die Hand geht, womit der dortige Festungsbau einen allerdings guten Fortgang gewinnt. Diesemnach zweifelt mir nicht, der Herr General-Feldwachtmeister werde sich nun, da es an der Zeit, die Beförderung der Arbeit dahin bestens angelegen sein lassen, um, dass das nothwendigste zuvorderst reparirt und verfertigt werde, allermassen wann einst das Corpo von dannen abziehen sollte, die Arbeit ohnedies mit solcher Wirkung nicht mehr würde vor sich gehen können, gestalten auch bei angehenden Feldoperationen die dermaligen 800 Mann nicht mehr zum Festungsbau werden employirt werden können.

12.

An den Obrist Freiherrn von Langlet. Feldlager bei Futak, 12. Juli 1716 [2]).

Durch den Feldmarschall Grafen von Pálffy sind mir die beiden Schreiben, welche der Herr Obrist den 10. d. an ihn abgelassen hat, nach meiner den 9. ejusdem erfolgten Ankunft zugestellt worden und thun mir besonders die darin ertheilten Neuigkeiten zu besonderem Wohlgefallen gereichen in der gänzlichen Zuversicht, derselbe werde sich stetshin beeifern, mich so viel als es immer wird sein können, von allen dortigen Vorfallenheiten verlässlich zu benachrichtigen, den anvertrauten Posten in guten Defensionsstand stellen und in allem solche Anstalten vorkehren, als es die anscheinenden Conjuncturen und I. k. M. Dienst erfordern, zu welchem Ende nicht allein das vorgestreckte Geld nach Anlangung der Kriegs-Cassa richtig ersetzt, sondern auch dasjenige nicht entgehen soll, was die Nothdurft zum Herrndienste unumgänglich

---

[1]) Kriegs-A., „Türkenkrieg 1716"; Fasc. VII, 43.
[2]) Kriegs-A., „Türkenkrieg 1716"; Fasc. VII, 47.

erheischen wird. Sonst sind die angeordneten Backöfen auf alle Weise
zu beschleunigen und die Brücken über den Bošut entweder aus den
türkischen Brettern und Holzwerken oder, wenn dies gar zu viel Zeit erforderte, auf ein oder andere Art — massen unmöglich ist, die Schiffe
auf der Donau dahin zu bringen — zu verfertigen. Damit nun aber
dieses desto füglicher geschehen und bewerkstelligt werden möge, wird
der kais. Cammeral-Administrator zu Essegg, Herr von Kalleneck
unter einem erinnert, bei so beschaffenen Umständen nicht allein in
diesen, sondern auch allen anderen derlei kais. Dienstsachen in dem
Bezirk seiner Amtirung allem dienlichen und befördersamen Vorschub
und Assistenz zu leisten, dass also der Herr Obrist mit dieser Beihilfe in loco sich zu helfen und ein oder anderes Expedienz auszu-
sinnen wissen wird. Der zur Anlegung gedachter Brücken und des
tête-de-pont aus Peterwardein dahin abzugehen beorderte Ingenieur-
Lieutenant dürfte in der Beschleunigung seiner Reise durch die Vor-
spanne aufgehalten, dennoch vor Einlangung dieses eingetroffen sein.

Die Wegnehmung der türkischen, auf der Drina stehenden Schiffen
ist bei den angemerkten Umständen hart zu bewerkstelligen, daher der
Herr Obrist vorher fleissig recognosciren, die Beschaffenheit berichten
und vor allem nichts unternehmen wolle, wodurch er sich einer Gefahr, Affront oder Misslingung exponiren könnte. Uebrigens werde ich
dem Herrn Obristen nach Veränderung der Umstände das weitere schon
zu wissen machen und bei etwa angehenden Operationen dasjenige anzeigen, was die Nothdurft und seine Direction erfordern möchten. Indessen muss er zu allem gefasst sein und ich werde nicht ermangeln
auf denselben nach Thunlichkeit zu reflectiren.

13.

An den Obrist Freiherrn von Petrasch. Feldlager bei Futak, 12. Juli 1716 [1]).

Nachdem ich vorgestern bei der hiesigen Armee angelangt bin
und das von I. k. M. mir anvertraute Commando angetreten, habe ich
heute vom Feldmarschall Grafen von Pálffy dasjenige Schreiben communicirt überkommen, welches der Herr Obrist den 7. d. an ihn erlassen hat.

Gleichwie ich die gemachten Anstalten der Tschardaken bei der
angemerkten Beschaffenheit allewegs genehm halte, also will ich nicht
anstehen, Derselbe werde auf alle türkischen Regungen und Bewegungen

------

[1]) Kriegs-A., „Türkenkrieg 1716"; Fasc VII, 48.

derorts mit gewöhnlicher Obsicht invigiliren, den anvertrauten Posten
in bestmöglichst guten Stand setzen und alles so besorgen, wie es die
gegenwärtigen Umstände und I. k. M. Dienst erfordern; mich aber
von allen und jeden in dem hiesigen Bezirke vorkommenden Begebenheiten von Zeit zur anderen stetshin und soviel immer thunlich, verlässlich benachrichtigen, wogegen der Herr Obrist zu seiner Nachricht
und in tempore dasjenige empfangen wird, was die Nothdurft und anscheinende Operationen etwa erheischen dürften.

<h3 style="text-align:center">14.</h3>

An den Hofkriegsrath. Feldlager bei Futak, 14. Juli 1716 [1]).

Gleichwie zu Ofen, also vernehme auch dahier, dass ungeachtet
der öffentlich publicirten freien Passirung von den, der hiesigen kaiserlichen Armee Victualien zuführenden Marketendern, die sonst gewöhnlichen Dreissigst- und Mauth-Auslagen allerorten gefordert werden,
daher ein solches hiemit nochmals und zu dem Ende wiederhole, damit
ein löbliches Mittel diese Beschwerden mit der löblichen kaiserlichen
Hofkammer und denen, so es angeht, einverständlich heben, mithin der
Miliz die Subsistenz erleichtern möge.

.... Diesemnach könnte man bei dieser Gelegenheit mit der Hofkammer des G. d. C. Grafen von Steinville oft wiederholtes Project,
nämlich, dass er mit Gestattung eines limitirten, dem Cameral-Trans-
port in allem unnachtheiligen Salz-Commerz einen proportionirten Forti-
fications-Fundum beischaffen wolle, examiniren, den etwa befindenden
Anstand gedachten Generalen zur anerbotenen Erläuterung zuschicken
und so viel immer thunlich befördern, damit wenn er zustande kommen
sollte, das so höchst nützliche Fortifications-Werk, welches das Camerale
selbst versichert, andurch beschleunigt oder nach befindender Unthun-
lichkeit bei Zeiten ein anderer Fundus ersinnt und beigeschafft werde.

In der Hoffnung, es werde indessen auch mein voriges wohl
überkommen, und meine glückliche Ankunft bei der hiesigen Armee
daraus verstanden sein, bei welcher ich noch den meisten Theil der
Feld-Artillerie und einige Regimenter abgängig, dann bei der Proviant-
Admodiation, sowohl in den Requisiten, als Vorrath und anderen Dispositionen einen grossen Abgang, mithin die Sachen nicht in den vermeinten guten Stand gefunden habe.

Von Neuigkeiten ist dermalen noch nichts verlässliches zu erfahren. Indessen finde ich, dass es wohl geschehen, dass die von den

---

Türken zu Jasenovac hinterlassenen Stücke unter dem angemerkten Praetext sind weggeführt, dieses allein noch beifügend, dass man sich dem Ansehen nach derorten gar oft und leicht alarmirt, ohne gründliche Kundschaft, ob und wie stark die Türken sich befinden, massen man auch auf den hiesigen Grenzen von ihrem Dahinmarsche wohl etwas erfahren wird etc.

15.

An den GFWM. Freiherrn von Hochberg.
Feldlager bei Futak, 14. Juli 1716 [1]).

Des Herrn General-Feldwachtmeister unterm gestrigen Datum an mich erlassenes habe zu recht erhalten und kann Derselbe mit den beihabenden Regimentern seinen Marsch über Bács, allwo das nöthige Brot zu nehmen wäre, nach Keresztur fortsetzen und allda oder in der Nähe, wo die Fourage und Subsistenz am leichtesten ist, sich lagern, mich aber von seiner Ankunft und Eintreffen benachrichtigen.

16.

An den GFWM. Freiherrn von Rotenhan.
Feldlager bei Futak, 14. Juli 1716 [2]).

Demnach die gegenwärtigen Umstände, mithin I. k. M. Dienst erfordern, dass der Herr General-Feldwachtmeister mit den beiden Montecuccoli- und Hohenzollern'schen Regimentern von Grosswardein in die Gegend von Arad abmarschire und allda bis auf weitere Disposition in fertiger Bereitschaft bleibe; also wird ein solches dem Herrn General-Feldwachtmeister hiemit zu seiner Direction und zu dem Ende angezeigt, damit er gedachten Marsch mit guter Ordnung und Manneszucht nach Anleitung commissariatischer Marsch-Routen ungesäumt antrete, ein vortheilhaftes und solches Lager in der Nähe von Arad aussuche, in welchem er nicht allein sicher stehen, sondern auch an Fourage und Subsistenz die Nothdurft habe, wie nicht weniger den Feldfrüchten und Ernten so wenig Schaden, als immer möglich, zufügen thue. Des Brotes halber ist die Disposition gemacht, dass solches zu Arad von dem kaiserlichen Admodiations-Fundus oder, wenn dieser

---

[1]) Kriegs-A., „Türkenkrieg 1716"; Fasc. VII, 59.

[2]) Kriegs-A., „Türkenkrieg 1716"; Fasc. VII, 62. Aehnliche Schreiben ergingen an den FZM. Alexander Prinz von Württemberg in Szegedin, an die Festungs-Commandanten in Grosswardein und Arad, GFWM. Freiherrn von Salzer und Cosa und an den G. d. C. Grafen Steinville. (Fasc. VII, 58, 61, 63, 64.)

abgehen sollte, von dem ordinären Juden-Garnisonsvorrath abgereicht, auch die Nothdurft des Marsches aus Grosswardein mitgenommen werden solle. Und zumal I. k. M. Dienst erfordert, dass der Herr General-Feldwachtmeister zu seiner Sicherheit von den benachbarten Reg- und Bewegungen genau informirt sei, also hat er mit dem commandirenden Generalen in Siebenbürgen Herrn Grafen von Steinville, dann den beiden GFWM. Freiherrn von Cosa und Salzer, wie nicht weniger mit dem Herrn Prinzen Alexander von Württemberg gute und fleissige Correspondenz zu pflegen, sich um gute Kundschaften zu bewerben und den Herrndienst in allem nach Möglichkeit zu befördern mich aber von allem und jedem beständig zu benachrichtigen.

17.

An den FML. Grafen Regal. Feldlager bei Futak, 14. Juli 1716 [1]).

Es ist mir von Wien ein Bericht eingelaufen, was gestalten unterm 4. eine Anzahl Schiffe mit halben Carthaunen, Pöllern, Pulver, Kugeln, Schanzzeug und anderen Kriegsgeräthschaften auf dem Wasser von dannen abgefahren, worunter das Pulver nach Essegg gewidmet, der Rest aber in Ofen die weitere Ordre erwarten thut.

Wie ich nun nicht zweifle, dass gedachter Artillerie-Transport daselbst bereits angelangt sei, also wolle mein Herr Feldmarschall-Lieutenant dasjenige, was davon nach Essegg gehörig, unverweilt dahin befördern, den Rest aber und was etwa noch von Wien nachfolgen möchte, dergestalten in Bereitschaft halten, damit es auf die erste zu ertheilende Ordre von dannen abgeführt, mithin an Ort und Ende transportirt werden möge.

18.

An den Feldmarschall Grafen Huyn. Feldlager bei Futak, 17. Juli 1716 [2]).

Es habe I. k. M. im vorigen Türkenkrieg zum Behuf des Proviant- und Artillerie-Fuhrwesens in ein und anderen Comitaten verschiedene öde Dörfer, vulgo Puszten genannt, um das zur weiteren Subsistenz des Viehes erforderliche Heu vorzumachen, anweisen lassen, wozu in specie der in dem Tolnenser Comitat zwischen Simonytorna und Tolna

---

[1]) Kriegs-A., „Türkenkrieg 1716"; Fasc. VII, 65.
[2]) Kriegs-A., „Türkenkrieg 1716"; Fasc. VII, 66.

gelegene öde Ort Tengelicz genommen, von dem Comitat einen zulänglichen Heuvorrath gemacht, die zur Conservirung des Viehes benöthigten Szálláse aber in dem Spätherbst von dem kaiserlichen Fuhrwesen selbst auferbaut werden.

Wann es nun auch an der Zeit sein will, dass zur Besorgung und Unterbringung des dermaligen kaiserlichen Artillerie- und Laufbrücken-Fuhrwesens, so in 1200 Stück Ochsenvieh besteht, gleichmässig reflectirt werde, hiezu aber sowohl, als respectu des Holzschlages per 150 bis 200 Klafter Brennholz, so zu den bei Mohács aufzurichtenden Feld-Hospital unumgänglich erfordert wird, bei den löblichen Tolnenser- und Baranyvárer Comitaten die Nothdurft loszuwirken, folglich Euer Excellenz beförderliche Assistenz allerdings vonnöthen ist, also wollen Dieselbe auf des dortigen Enden stehenden Ober-Kriegscommissär P a l e a t i beschehenes Ansuchen Ihres Orts, so viel mit guter Art und ohne Geschrei thunlich sein mag, zu obigem Ende alle hilflichen Hände dergestalten bieten, damit der Effect in einem und anderem nothdurftiglich erreicht werde etc.

19.

An den Kaiser. Feldlager bei Futak, 18. Juli 1716 [1]).

Gleichwie die letzte Allergnädigst resolvirte Promotion bei Euer kaiserlichen Majestät darin begriffener Generalität eine besondere grosse Freude erweckt, also empfinden hierunter die Unbegnadeten, beforderist die FML. Baron B a t t é e, Z u m J u n g e n, W e t z e l und Graf H a r r a c h ihre merkbare Disconsolation und leben der ganz getrösteten Hoffnung, dass, weil sie den ersteren in Capacität und Verdiensten nicht nachgehen, auch E. k. M. allerhöchste Gnade gleichmässig geniessen werden. In diesem unmassgeblichen Absehen unterstehe mich, obberührte vier Generale zu E. k. M., respective General der Cavallerie und Feldzeugmeister in allerunterthänigsten Vorschlag zu bringen und umsomehr anzurecommandiren, als sie nebst Aufrechthaltung der anvertrauten Regimenter, sich in allen anderen Begebenheiten wohl verdient gemacht, dem Aerar dermalen nicht beschwerlich fallen, und sonst bei muthmasslich sobald nicht erfolgender grosser Promotion gar lange warten würden.

Diesem nach ermangle ich nicht, demnächst zu E. k. M. Allerhöchsten Resolution über die bereits gemeldeten, diejenigen Oberste

---

[1]) Kriegs-A., „Türkeukrieg 1716"; Fasc. VII, 93.

zu benennen, welche zu Dero Dienst als noch promovirende General-Feldwachtmeister am tauglichsten zu sein befinde.

Sonst wird zwar durch die nebenkommenden letzten Kundschaften berichtet, dass der Grossvezier mit nächstem von Niš zu Belgrad erwartet werde, da aber die Nachrichten sehr veränderlich einlaufen, ist nichts verlässliches zu sagen und scheint aus allen Umständen, dass die barbarische Nation, bei welcher die Formalität ein Aberglauben und zu den glücklichen oder unglücklichen Successen ihrer Vorhaben vornehmlich beitragt, den Anfang der Hostilitäten oder öffentlichen Kriegsdeclaration von Seite E. k. M. abwarten zu wollen, daher geruhen Dieselbe mir Allergnädigst anzubefehlen, ob und wie ich diese (wozu eben aus Ursache gedachten Aberglaubens unmassgeblich einrathe) vorzunehmen habe, anbei aber sich der triftigen Bewegursachen zu erinnern, welche E. k. M. bereits vor einiger Zeit zur Brechung des Karlowitzischen fünfundzwanzigjährigen Stillstandes billig hätten bewegen und veranlassen können und zumalen auf gedachter dem Residenten Fleischmann zugeschickten Ursachen und den sowohl durch Dero eigenen Courier als englischen Botschafter und Kammerdiener mitgenommenen Briefen bis anhero keine Antwort eingelaufen, ist obgedachte von den Abergläubigen gefasste Resolution umsomehr darob abzunehmen.

Ich habe unter einem dem FZM. Baron von Löffelholz aufgetragen, sich bemeldeter Briefe halber durch ein Schreiben bei dem Seraskier anzufragen. Ob und wann er hierauf antworten wird, steht demnächst zu erwarten.

Indessen sind nebst den meisten Theil der Feld-Artillerie, so doch hoffentlich nächstens eintreffen wird, noch einige Regimenter abgängig, und habe ich die Anwesenden, sowohl von der Infanterie als Cavallerie, in recht schönem dienstbaren Stand gefunden, werde auch die übrigen demnächst besichtigen und sodann über all und jedes berichten.

20.

An den Hofkriegsrath. Feldlager bei Futak, 18. Juli 1716[1]).

. . . . . Es hat der Herr Fürst von Lobkowitz dem ihm in der Promotion vorgesetzten Herrn Grafen von Hautois, den Rang disputirt und scheint, dass bei erfolgter Publication und Zusammenkommung der neu Promovirten derlei Differenzen mehr entstehen, mithin aller-

---

[1]) Kriegs-A., „Türkenkrieg 1716"; Fasc. VII, 94.

hand Verdriesslichkeiten machen werden; daher gedachten beiden streitenden „Parteien" ihr Rang vom Obristlieutenant und Obrist inclusive bis auf den dermaligen Charakter, mit allen ihren vermeinten Ursachen schriftlich aufzusetzen und mir einzuschicken, indessen aber bis auf weitere Decision in suspenso zu bleiben, anbefohlen.

Ich werde mit den übrigen ein gleiches vorkehren und sodann bis zur gründlichen Ausmachung obgedachtermassen menagiren.

Ueberdies ist der Eifer der nach der letzten ungarischen Rebellion reducirten raizischen Officiere vom Jeneyischen Regiment zu loben, dass sie sich zu neuen Dienstleistungen antragen.

Ein löbliches Mittel wird aber vorhin ermessen, dass die Aufrichtung dieses Regiments bei so weit avancirtem Sommer nicht mehr thunlich oder convenient sei, es dürfte sich demnach die Gelegenheit auf künftiges Jahr erreichen, diese Leute vielleicht gebrauchen zu können, so man dann auch sehen wird, ob sie in ein Regiment zu setzen oder wie dermalen zu employiren sind.

Es gereicht mir des Herrn FML. Grafen Károlyi eingeschickte Aussage zweier ungarischer Edelleute zur guten Nachricht, wie nicht weniger alles dasjenige, was ein löbliches Mittel wegen, respective Abseglung und Anlangung des Caraffa'schen Regiments den Recruten für Faber und Marulli angemerkt hat, dem ich aber dieses beizurücken finde, dass, wenn gedachte neapolitanische Recruten nicht besser, als die vorigen und eben so schlecht mit Montur und anderen gewöhnlichen Nothwendigkeiten versehen, wenig Dienste von ihnen zu hoffen sind.

Neben dem vernehme ich gar gerne, dass dem Herrn General-Kriegs-Commissär Grafen von Thürheim endlich 500.000 fl. bezahlt und er innerhalb weniger Tage noch andere 300.000 fl. empfangen, mithin hoffentlich bald zur Armee abreisen, allwo ich sodann über die anderen noch aushaftenden fundi mit ihm des mehreren zu reden Gelegenheit haben werde.

Sonst wäre zu wünschen und erfordert I. k. M. Dienst, dass zu den Grenzfestungen, als Peterwardein, Essegg, Brod und Szegedin nach und nach einige Gelder abgeschickt und in die Fortifications-Cassen geliefert würden; ein löbliches Mittel wolle sich diese Geschäfte mit allem Nachdrucke angelegen sein lassen, damit die angefangene Arbeit nicht stecken bleibe.

Wenn die verfertigten neuen Donau-Kriegsschiffe vor Einlangung dieses noch nicht abgesegelt sind, wären solche bei so weit avancirter Zeit schleunig zu befördern.

21.

An den GFWM. Grafen Draskovich. Feldlager bei Futak, 18. Juli 1716[1]).

Seit meiner Abwesenheit von Wien habe ich die alldasigen Begebenheiten aus den an einem löbl. kais. Hofkriegsrath abgestatteten Berichten des Mehrern vernommen, und nach meiner allhiesigen Ankunft bei der Armee ersehe (ich) solche aus einem unterm 6. currentis an mich erlassenen Schreiben, worin mir die Anstalt der auf der Grenze angelegten Tschardaken und des fleissigen Patrullirens nebst der ausgestellten Bereitschafts-Ordre an alle Grenzer und gute einverständliche Disposition mit dem Carlstädter Commando besonders wohlgefallen, um dadurch das dortige Land von allem feindlichen Einfall desto besser zu versichern, auch das stete, oft unbegründete Alarmiren in etwas abzuhindern. Ratione der Artillerie-Munition, Proviant- und anderen Erfordernisse wolle der Herr General-Feldwachtmeister sich bei einem löbl. Hofkriegsrath anmelden, welcher die Nothdurft nach Thunlichkeit beizuschaffen, und ich auf erfordernden Fall in Beschaffenheit der Umsände auf Zugebung einiger deutscher Mannschaft schon reflectiren werde. Sonst wird Derselbe von selbst in loco am besten wissen, ob und wie die Croaten und Grenzer zur beordern und zusammenzuziehen sind.

22.

An den Obrist Freiherrn von Teuffenbach. Feldlager bei Futak, 18. Juli 1716[2]).

Betreffend den neulichen türkischen Einfall, soll man dem Vernehmen nach unsererseits Ursache und Anlass dazu gegeben haben.

Diesem sei nun wie es wolle, so erfordert dermalen I. k. M. Dienst, dass man sich derorten wohl gefasst mache und gegen alles feindliche Beginnen auf bestmöglichst guter Hut stehe. In diesem Absehen hätten die beiden Generalate und das croatische Banat sich in einverständlicher Verfassung zu stellen und nach Beschaffenheit der Umstände dem Feinde gesammter Hand zu widerstehen, auch wäre mit dem Commandanten zu Brod, an welchem unter einem die Nothdurft intimirt wird, und anderen Benachbarten eine gute Correspondenz

---

[1]) Kriegs-A., „Türkenkrieg 1716"; Fasc. VII, 96. Ein ähnliches Schreiben am 21. Juli 1716. Fasc. VII, 121.

[2]) Kriegs-A., „Türkenkrieg 1716"; Fasc. VII, 95.

einzurichten, um sowohl verlässliche Kundschaften zu haben, als sich unter einander die Hand bieten zu können.

Mit der angemerkten türkischen Kriegs-Declaration hat es sein gutes Bewenden und steht zu erwarten, ob und wie weit die Kundschaft über die in der dortigen Gegend angelangte türkische Verstärkung bestätigt wird, zumal da man von ihrem Dahinmarsche hier nicht die geringste Nachricht erhalten.

Ueber die Brot-Nothdurft hat man vor meiner Abreise zu Wien veranlasst, dass eine Quantität Mehl aus Inner-Oesterreich nach Agram abgeschickt und die Nothdurft davon bestritten werden soll; wenn aber wider Verhoffen dieses noch nicht geschehen oder sonst in anderem ein Abgang wäre, müsste man sich diesfalls bei einem löblichen Hofkriegsrath anmelden, welcher sodann nach Dienlichkeit an die Hand stehen wird.

Uebrigens ist an Verfertigung der Tschardaken und Verhacken gar wohl geschehen, mit welchen dann noch fleissig fortzufahren und alles Uebrige also zu veranstalten wäre, wie es I. k. M. Dienst und die Beschaffenheit der gegenwärtigen Umstände erfordern.

23.
An den GFWM. Grafen Herberstein. Feldlager bei Futak, 19. Juli 1716 [1]).

Mir sind des Herrn General-Feldwachtmeisters beide Schreiben vom 14. und 18. dieses recht behändigt worden, worüber zuvorderst auf das erstere, so eine Antwort auf meines vom 11. detto gewesen, hiemit unverhalte, wasmassen schon recht geschehen, dass die Beförderung des Steinville'schen Schreibens nach Siebenbürgen sogleich bewirkt worden.

Und was der Herr General-Feldwachtmeister hiernächst des dortigen Fortifications-Wesens halber weiters angeregt, darüber beziehe mich einestheils auf mein voriges, andererseits aber wiederhole Demselben, dass sich auf alle Weise nach dem einmal resolvirten und durch den Hofkriegsrath an den Herrn General-Feldwachtmeister remittirten Plan, mithin was diesseits von Zeit zur andern verordnet wird, zu halten und nachzuleben sei.

---

[1]) Kriegs-A., „Türkenkrieg 1716"; Fasc. VII, 107. Ein ähnliches Schreiben, worin der Prinz überdies Mittheilung von der bevorstehenden Eröffnung der Operationen und des Abmarsches des Corps macht, erging am 26. Juli 1716 an den Prinzen Alexander von Württemberg. Kriegs-A., 1716. Fasc. VII, 173.

Ich zweifle inzwischen nicht, dass der Herr General-Feldwacht-meister zur Beförderung sothanen Fortifications-Baues bisher keinen Fleiss gespart und alles dienliche vorgekehrt haben, auch so forthin continuiren werde, obwohl (ich) allerdings geglaubt hätte, dass das Reduit bereits viel mehr avancirt wäre und solchemnach demnächst den vertrösteten ausführlichen Riss über all' dasjenige was bisher zustandgebracht ist und der Herr General-Feldwachtmeister weiters daselbst verfertigen zu lassen gedenkt gewärtige. Zuvorderst aber hätte Derselbe zu den angetragenen Kasernen und Pulverthurm den Anfang zu machen und folglich die Arbeit ohne Unterbruch so fortsetzen zu lassen, wie die Gelder successive folgen und auslangen mögen, ange-sehen der Herr General-Feldwachtmeister von selbst vernünftig ermessen wird, dass bei gegenwärtig obschwebender Geldbeklemmung die an-gesonnene Summe von 60—70.000 fl. auf einmal dahin anzuschaffen nicht möglich sei, da (ich) doch unterdessen unermangle, wegen der aus Siebenbürgen noch nicht überkommenen 6000 Ducaten an den Herrn Generalen Grafen von Steinville von hier aus zu rescribiren [1]).

Sonst hat der Herr General-Feldwachtmeister den im türkischen Territorium gelegenen Unterthanen auf die erinnerte Conformität gar wohl geantwortet und hätte Derselbe, die Leute bei gutem Willen stetshin zu erhalten, quocumque modo sich angelegen sein zu lassen.

Was demnächst den wegen Errichtung zweier Raizischer Regi-menter zu Pferd in Vorschlag gebrachten Antrag betrifft, lässt sich derselbe nicht wohl projectirtermassen bewirken, weil man sich dieser Nation vielleicht ohnedies mit Anfang der Operationen bei der Armee zu gebrauchen bedacht sein wird etc.

24.

An den Obrist Freiherrn von Langlet. Feldlager bei Futak, 19. Juli 1716 [2]).

Es wäre zwar besser gewesen, wenn die Bošutbrücke völlig auf dem kaiserlichen Gebiet hätte können gebaut werden; da es aber wegen der vorhin angeführten Ursachen nicht thunlich gewesen, hat es sein gutes Bewenden und approbire ich diejenigen Anstalten, welche der Herr Obrist zur Sicherheit dieser Brücke und Besetzung des dies- und jenseitigen Werks, wie nicht weniger des Eckschanzels am Bošut

---

[1]) Kriegs-A., „Türkenkrieg 1716“; Fasc. VII, 106.

[2]) Kriegs-A., „Türkenkrieg 1716“; Fasc. VII, 108. Aehnliche Schreiben auch am 15., 23. und 26. Juli 1716; Fasc. VII, 93, 143, 175.

vorgekehrt hat, der gänzlichen Zuversicht, Derselbe werde in loco alles wohl überlegen. Daher ich auch wohl leiden kann, dass er 200 Pferde der alldasigen Raizischen Miliz — wenn sich der Orten so viele befinden, sonst man auf erfordernden Fall und Noth anderwärtig damit aushelfen müsste — herwärts des Flusses neben der Brücke campiren lasse. Diesemnach ist gar natürlich, dass auf der türkischen Seite auch einige Mannschaft und Wachen sind, daher man sich vielmehr um ihre Stärke zu informiren und hauptsächlich gegen Syrmien, herwärts des Saveflusses, auf die feindlichen Bewegungen ein wachsames Auge zu tragen hätte, massen von dieser Seite viel leichter zuzukommen als anderwärtig, da der Fluss erst zu passiren ist.

25.

An den Kaiser. Feldlager bei Futak, 21. Juli 1716 [1]).

Euer kaiserlichen Majestät habe (ich) hiemit zur ferneren Nachricht a. u. beibringen sollen, dass der Janitscharen-Aga vor wenigen Tagen wirklich zu Belgrad angelangt und man des Grossveziers demnächst gewärtig sei. Es hat demnach immerfort das beständige Ansehen, dass die abergläubige Pforte die Feindseligkeiten oder eine förmliche Kriegsdeclaration von Seiten E. k. M. abzuwarten entschlossen ist, in der übel gegründeten Meinung, andurch die Schuld des gebrochenen Karlowitzischen Friedens von sich ablehnen zu können.

Nach eingelangter Feld-Artillerie, welche sich nunmehr in der Nähe befindet und eingerückten einigen noch zurück seienden Regimentern, werde (ich) E. k. M. Armee zusammenziehen und in Erwartung Dero Allergnädigste Befehle zu diesem Ende das nöthige vorbereiten.

26.

An den Hofkriegsrath. Feldlager bei Futak, 21. Juli 1716 [2]).

Gleichwie die innerösterreichische Kriegsstelle die von dem Herrn Obristen und Obercapitain zu Zengg, Baron von Teuffenbach, bekommene Nachricht, dass die Türken in die Likka und Corbavia, auch in dem Zengg'schen District, continuirliche Streifereien unternehmen, bald dort, bald da Leute niederhauen und offenbare Räubereien in dem dortigen Lande verüben, einem Hofkriegsrath meldete, also

---

[1]) Kriegs-A., „Türkenkrieg 1716“; Fasc. VII, 117.
[2]) Kriegs-A., „Türkenkrieg 1716“; Fasc. VII, 118.

hat gedachter Obrist und der GFWM. Herr Graf von Draskovich fast ein gleiches anher überschrieben und also den diesfalls obhabenden Befehl bis dahin vollzogen. Nun bin ich zwar der Meinung, dass gedachte Streifereien aus Ursach der gegenwärtigen und anscheinenden Umstände vielmehr von den beiderseits undisciplinirten und raubgierigen Grenzern veranlasst, als aus einem rechtschaffenen feindlichen Absehen verübt und vorgenommen worden, zumal da man weder durch dortige noch hiesige Kundschaften von einer türkischen Versammlung oder Verfassung der Enden etwas verlässliches hört, sich leicht zu alarmiren scheint und bevorderst die Türken aus ihrem abergläubigen Einbilden die Hostilitäten von Seiten I. k. M. dem Ansehen und (der) Kundschaft nach abwarten wollen. Indessen ist an den vorgekehrten Dispositionen gar wohl geschehen und von mir eingangs benannten Generalats-Commandanten in dieser Conformität rescribirt worden, dass man sich um gut verlässliche Kundschaften bewerben, alle türkischen Regungen und Bewegungen auf das genaueste beobachten und stets gefasst sein und bleiben solle, allen einschleichenden oder eindringenden Feinden begegnen zu können [1]), zu welchem Ende das Banat und die beiden Generalate sich wohl einzuverstehen und gemeinschaftliche Dispositionen zu machen hätten, welche man nach Beschaffenheit der Erfordernisse oder andringenden Gefahr mit einiger deutscher Mannschaft unterstützen würde. Weil aber gedachte beide Commandanten, Herr Graf von Draskovich und Obrist von Teuffenbach, laut Anlage einen Abgang an verschiedenen Nothdurften leiden, auch um solche schon einigemale angehalten, ich (sie) aber an ein löbliches Mittel verwiesen habe, also ist die unumgängliche Nothdurft, dass ihnen vorderst mit Brot und Munition — als ohne welchen nichts zu thun ist, — ausgeholfen und sie in allen übrigen Erfordernissen nach Thunlichkeit secundirt werden, wobei auch dem mehrgedachten Grafen von Draskovich das in der Nebenlage für sich ansuchende Brot nach der vormaligen Observanz eingestanden oder abgeweigert werden könnte.

Ueber alles obige hat man oftbenannten beiden Generalats-Commandanten den Befehl wiederholt, dass sie mit dem Commandanten zu Brod und anderen benachbarten in guter Correspondenz stehen und alle Vorfallenheiten anher berichten sollen. Sonst will ich mich zwar bei Ankunft des Caraffa'schen Regiments erkundigen, ob und wie bei geschehener Transportirung desselben von einem venetianischen Kriegsschiffe in der Gegend (von) Istria auf unsere Schiffe mit scharf ge-

---

[1]) Aehnliche Bemerkungen auch in dem Schreiben an den Hofkriegsrath vom 25. Juli 1716; Fasc. VII, 153.

ladenen Kanonen gefeuert worden, damit man sodann nach befundener Wahrheit und Beschaffenheit der Umstände bei dem in Wien anwesenden venetianischen Herrn Botschafter eine zulängliche Ahndung thun möge. Ich glaubte dennoch, dass ein löbliches Mittel gedachtem. Regiment dermalen näher wäre und also die Beschaffenheit viel eher erfahren könnte, bevorderst da man sich dessen und um den Meergebrauch bei dem Schiffscapitain vor anderem zu informiren hätte etc.

27.

An den Hofkriegsrath. Feldlager bei Futak, 21. Juli 1716 [1]).

In der Zuversicht, es werden meine aus dem hiesigen Lager nach und nach an I. k. M. und ein löbliches Mittel abgelassenen Berichte und Schreiben zur rechten Zeit eingelangt sein, accusire ich den guten Empfang des unter dem 15. currentis an mich erlassenen und dessen Anlagen; wogegen in Antwort diejenigen Neuigkeiten, welche der von Constantinopel über Marseille zurückgekommene Kammerdiener des holländischen Gesandten, Herrn Du Bruyninx Hamel mitgebracht, dann der venetianische Botschafter Cavaliere Grimani communicirt und kund gemacht haben, mir zu guter Nachricht dienen.

Ich nehme aus ihrem Inhalt so viel, dass der kaiserliche Resident bei der otomanischen Pforte, in seinen bei dem Grossvezier gethanenen Reden zweifelsohne aus einer überfallenen Furcht sich nicht allerdings an den obgehabten Befehl gehalten, und scheint als ob gedachtes türkisches Manifest mit besonderem Absehen verfasst und hinaus geschickt sei; es dürfte sich aber demnächst das mehrere, sowohl gedachten Residenten als türkischen Vorhabens zeigen, zumalen da den Kundschaften nach der Janitscharen-Aga zu Belgrad angelangt und die Brücke über den Savefluss verfertigt ist, auch der Grossvezier innerhalb wenigen Tagen nachfolgen, zweifelsohne die Armee formiren und agiren, oder, welches mehr zu vermuthen ist, unsere Declaration oder Hostilitäten aus einem den Türken gewöhnlichen Aberglauben abwarten wird, worüber ich mich auf mein voriges an I. k. M. a. u. erlassenen Berichtschreiben beziehe, annebens im Originale den von dem französischen Marschall Duc de Villars an mich erlassenen Brief zu dem Ende beilegend, damit I. k. M. von dem Inhalt desselben benachrichtigt werden möchten.

Sonst zweifelt mir zwar nicht, Hochgedacht I. k. M. werden über die mehrmals von dem Obrist Grumbach angemerkten polnischen

---

[1]) Kriegs-A., „Türkenkrieg 1716"; Fasc. VII, 119.

Grenz-Ungelegenheiten eine zulängliche Resolution fassen, bleibe daher der unmassgeblichen Meinung, es sei diesem Unheil mit Nachdruck abzuhelfen.

Diesemnach ersehe ich gerne, dass endlich der Capitain Schwendemann mit drei der solenniter getauften Schiffe den 16. abgefahren und nach vermuthlich bald eintreffenden Matrosen, der Vice-Admiral mit zwei oder drei anderen folgen wird.

Schliesslich zeigt sich von Seite der kaiserlichen Ober- und Kriegs-Commissarien bei dem Marsche der Truppen eine schlechte Anstalt, weil eine die andere solchen nicht berichtet, ein jeder die Vorspann nach seinem Belieben nimmt und behält, auch nach Gutbefinden excedirt, ohne dass hierin ihrer Schuldigkeit nach inquirirt werde. Ein löbliches Mittel wolle diesfalls das nöthige mit dem General-Kriegs-Commissariat-Amt veranlassen, damit das Land mit der Miliz erhalten werde, massen ich ein Gleiches auch allhier vorzunehmen gedenke.

28.

An den G. d. C. Grafen Steinville. Feldlager bei Futak, 23. Juli 1716 [1]).

Demnach die sicheren Kundschaften geben, dass der Grossvezier selbst in Belgrad angelangt sei und mithin die Operationen demnächst anfangen und vor sich gehen werden, also habe ich für nöthig erachtet, Euer Excellenz gegenwärtige Notification dahin zu thun, um dass Sie die sämmtlichen unter ihrem Commando stehenden Truppen in solcher Bereitschaft halten, damit nach Erforderniss (des) Herrndienstes man sich der Orten hin, wo und wie es die raison de guerre und die Umstände mit sich bringen, vollkommen bedienen und ohne geringsten Anstand jederzeit gefasst sein möge, ausser allem Zweifel stellend, dass E. E. in particulari respectu Siebenbürgen und was Dero Commando angeht, auf eine besorgende tatarische oder sonstige Invasion auf beständig guter Hut und dergestalt besorgt sein werden, dass man von allen feindlichen Regungen und Bewegungen so zeitlich als verlässlich benachrichtigt, folgsam sich in eine proportionirte und zulängliche Gegenverfassung nach erheischender Nothdurft ein für allemal setzen könne, zu welchem Ende E. E. die etwa Ihnen einkommenden sicheren Nachrichten von Zeit zur andern, wie (ich) es

---

[1]) Kriegs-A., „Türkenkrieg 1716"; Fasc. VII, 140. Gleichlautende Schreiben ergingen an FZM. Prinz Alexander von Württemberg und an die GFWM. Graf Herberstein, Cosa und von Rotenhan.

Ihnen bereits anerinnert habe, nach befindender Wichtigkeit auch per expressum so (bei) Tag als Nachts berichtlich einzuschicken und bei unsicheren Strassen sich des mit dem Hofkriegsrath brauchenden Chiffreschlüssels zu bedienen hätten, mich ein für allemal auf Dero bekannte Kriegs-Experienz und gewöhnliche vigilance verlassend.

29.

An den FZM. Freiherrn von Löffelholz.
Feldlager bei Futak, 23. Juli 1716[1]).

Die beiden Obriste und Commandanten zu Brod und Rača berichten, dass viele türkische Unterthanen in das Kaiserliche herüber kommen und sich niederlassen wollen, worauf ich ihnen, wenn in loco kein Bedenken und diese Leute sich wie es gebührt verhalten, sie anzunehmen und die jenseitigen des kaiserlichen Schutzes zu versichern anbefohlen, welches ich Euer Excellenz zur Nachricht und dem Ende beibringen will, damit Sie im Falle eines etwa hierunter habenden Bedenkens solches mir zu eröffnen belieben möchten.

Sonst hätte man zu einem gewissen Absehen drei Fahnen, wie die von der Infanterie, mit einem gemalten kaiserlichen Adler vonnöthen und vermeine solche in Peterwardein machen zu lassen. Ich erwarte die Nachricht ob und wie es am füglichsten geschehen und diese Arbeit verfertigt werden könnte.

30.

An den Obrist Freiherrn von Petrasch.
Feldlager bei Futak, 23. Juli 1716[2]).

.... Betreffend das Project auf Gradiska lasse ich mir des Herrn Obristen Eifer gar wohl gefallen; weil aber der Grossvezier nunmehr verlässlich zu Belgrad angelangt, so steht bevorderst abzuwarten, wie hiesiger Orten die Hauptoperationen eingeleitet werden, ehe und bevor man zu einem Nebenunternehmen den Herrn G. d. C. Grafen Nádasdy mit dem unterhabenden Corpo detachiren könne. Ich werde aber indessen nach Beschaffenheit der Umstände darauf reflectiren und zu diesem Ende den gemachten Vorschlag etwas umständlicher projectirt erwarten, damit ich verlässlich ersehen möge, was

---

[1]) Kriegs-A., „Türkenkrieg 1716"; Fasc. VII, 141.
[2]) Kriegs-A., „Türkenkrieg 1716"; Fasc. VII, 142.

etwa zu dessen Ausführung an Truppen und andern Nothwendigkeiten erfordert, in der alldasigen Gegend zu finden und von der Armee mit zubringen wäre. (Der folgende Absatz behandelt Personalien.)

Schliesslich wolle Derselbe sich immerfort um verlässliche Kundschaften bewerben, in guten Defensionsstand setzen und auf alle feindliche mouvements ein wachsames Auge tragen.

31.

An den Kaiser. Feldlager bei Futak, 25. Juli 1716 [1]).

Seit meinem letzten allerunterthänigsten Berichte ist der Grossvezier mit der türkischen Armee und einer Anzahl Tataren zu und in der Gegend Belgrad angelangt und sind die beiden Donau- und Savebrücken nunmehr auch zustande gebracht, also dass in kurzem sich zeigen dürfte, ob er diesen letzteren Fluss passiren und mir herwärts zu einer Action die Gelegenheit geben wird. Obschon immerfort das beständige Ansehen bleibt, die Ungläubigen werden die Feindseligkeit oder eine ordentliche Kriegsdeclaration von Seite Euer kaiserlichen Majestät abwarten, so halten sie dennoch den Krieg für unvermeidlich, massen sie ein solches durch die Nebenlage und derlei mit aller Beflissenheit ausstreuende Schriften genugsam zu erkennen geben.

Ich werde indessen nach nunmehr angelangter Feld-Artillerie und nächstens erwarteter Einrückung der abgängig gewesenen Regimenter E. k. M. Armee zusammenziehen und im Falle der Feind sich jenseits des Savestromes in seinem Vortheil halten sollte, meine Gedanken und Operationen anderweitighin wenden und richten müssen, da ich einmal nicht sehe, wie ein solcher Fluss, welcher mit einer so ansehnlichen türkischen Macht besetzt und vielen anderen Vortheilen versehen ist, ohne die grösste Gefahr zu passiren, der Feind zu schlagen und nach diesem zu operiren sei.

Ich werde zu obgedachten Absehen in eventum die Nothdurft vorbereiten und E. k. M. von allem und jedem umständlich zu benachrichtigen nicht ermangeln.

32.

An den Hofkriegsrath. Feldlager bei Futak, 25. Juli 1716 [2]).

. . . . An Beibringung eines erklecklichen Fortifications-Fundus zur Beförderung des angefangenen Peterwardeiner- und Essegger-Baues

---

[1]) Kriegs-A., „Türkenkrieg 1716“; Fasc. VII, 152.
[2]) Kriegs-A., „Türkenkrieg 1716“; Fasc. VII, 154.

geschieht gar recht und hat ein löbliches Mittel dieses Geschäft sich umso eifriger angelegen sein zu lassen, als bei den gegenwärtigen und anscheinenden Umständen es I. k. M. Dienst unumgänglich erfordert, dass diese Grenz- und importanten Plätze wenigstens in einen Defensionsstand gesetzt werden, wovon ich also demnächst den Erfolg der 30.000 fl. erwarten und annebens erinnern will, dass wegen Abgang anderer Mittel die zur Montirung der Kriegsschiffe zu Essegg vornehmende Lafettirung aus den Fortificationsgeldern bestritten wird und mithin die Ersetzung als eine dahin nicht gehörige Ausgabe zu bewirken ist.

Die abgängig gewesenen Personen des kleinen Stabes stellen sich nach und nach ein; die Ingenieure aber dürften wegen Abgang der Mittel hiezu nicht imstande sein und ist ihnen also die befördersame Hand zu bieten.

Sonst gibt die nebenkommende Aussage des bewussten macedonischen Griechen, welcher vor einiger Zeit durch den Herrn GFWM. Cosa ein in substantialibus übereinstimmendes Schreiben an den Hof abgeschickt hat, wasmassen er einen ansehnlichen Theil der Seinigen zum Vortheil der glücklichen kaiserlichen Waffen anerbiete.

Nun steht zwar dahin, ob und wie er dieses Vorhaben zu bewirken imstande sei; weil aber sein Begehren blos in drei Fahnen und drei unnachtheiligen copialiter hier nebenliegenden gleichlautenden Patenten bestanden [1]), habe ich solche in omnem eventum verfertigen und den Griechen damit abfertigen lassen, in der Zuversicht, gedachte Patente werden umsoweniger Bedenken finden, als die kaiserliche Protection keinem dahin recurrirenden zu versagen und die Bestätigung der Privilegien eine entfernte Sache, auch diesen armen Christen sub Caesare et rege catholico dasjenige nicht zu versagen ist, was sie unter dem türkischen Joch frei geniessen.

Ueberdies hat sich auch noch ein anderer Montenegriner angemeldet und laut Anlage anerboten.

Ich wäre der unmassgeblichen Meinung, man könnte die Bewerkstelligung seines Vortrages zu Neapel incaminiren und zu diesem Ende den Herrn Feldmarschall Grafen von Daun instruiren, damit er die verlangten Officiere in Bereitschaft stelle um auf alle Fälle nach Anleitung gedachten Montenegriners eine Diversion machen zu können, massen man derorten à portée und das Mare Adriaticum, auch die Schiffe und die andere Nothwendigkeiten mit meerkundigen Leuten bei der Hand hat. Ich werde wiederholtem Montenegriner hierüber

---

[1]) Supplement Nr. 33.

das nöthige aufgeben und dahin zu vermögen trachten, dass er seine Patrioten von diesen gemachten Anstalten benachrichtige und sich selbst über Wien nach gedachtem Neapel begebe, der Expedition beizuwohnen.

Meinesorts will ich zwar auf diese weit entfernten und verschiedenen Bedenken unterworfenen Entreprisen kein grosses Vertrauen setzen, dennoch keine anscheinende Gelegenheit abschlagen, dem Erbfeinde eine Diversion zu machen, zumal da diese Leute vor kurzer Zeit bereits gezeigt, was sie vermögen und obzwar dazumal in Friedenszeiten durch überlegene türkische Macht, ihnen die Kräfte ihr Vorhaben auszuführen benommen worden, so bleibt doch der gute Wille und die gegenwärtigen Umstände zu ihrem dermaligen Vortheil noch übrig und wird umso viel mehr animirt, als die otomanische Pforte ihre griechischen Unterthanen sehr tyrannisch tractirt und diese daher sich davon zu entziehen keine Gelegenheit entgehen lassen.

Ein löbliches Mittel beliebe I. k. M. hievon geziemend zu informiren und sodann nach Befinden an den Grafen von Daun nach Neapel zu rescribiren.

Uebrigens ist der raizische, sogenannte Bischof von Bács mehrmals bei mir eingekommen und hat auch laut Anlage inständigst gebeten, man möchte doch den Herrn Bischof von Erlau dahin vermögen, damit der bewusstermassen in Eisen haftende Protopope dermalen befreit und sie in ihrem Culte nicht gehindert werden. Ein löblicher Hofkriegsrath wolle sich diesfalls mit der ungarischen Canzlei vernehmen und dieses bei gegenwärtigen Umständen sehr delicate Geschäft also einleiten, damit diesem einmal ein Ende und die raizische Nation, von welcher rebus sic stantibus gar gute Dienste zu hoffen, nicht ohne Ursache disgoustirt werde.

Weiters finde ich, dass sich einige Cürassier-Regimenter und alle Carabiniers-Compagnien ohne Cürass dahier bei der Armee befinden. Ein löbliches Mittel beliebe dahin zu veranstalten, damit wann es möglich gedachte Cürasse nachgeschickt oder wenigstens zur nächstfolgenden Campagne nach und nach beigeschafft werden.

Und zumal dahier verlauten will, als ob die kaiserliche Admodiation und Judengesellschaft, welche die Garnisonen zu versehen übernommen hat, bereits anfangen thäte, von dem neuen Getreide und Hafer die Kaufmonopolia aufzurichten, also wäre hauptsächlich mit der königlichen ungarischen Hofcanzlei dahin zu veranstalten, damit solches in tempore abgehindert werde, weil gedachte Entrepreneurs ihren Vorrath laut Contract mit Ende Juli hätten machen sollen und durch einen solchen frühzeitigen Vorkauf den künftigen kaiserlichen Wirthschafts-Dispositionen ein grosser Nachtheil verursacht, auch den Truppen die winterliche Substistenz benommen wird, weil der ungarische Bauer, wann er das seinige versilbert, das Geld mit sich nimmt und seinen Stand verlässt, zu geschweigen vieler anderer Ursachen, welche derlei Unzulässigkeiten nicht gestatten.

33.

An das macedonische Volk. Feldlager bei Futak, 15. Juli 1716 [1]).

Wir Eugen etc.

Allen und jedem Einzelnen, welche zu Gott und dem Kaiser stehen, aus der Machtvollkommenheit, auf die Wir Uns stützen und im Auftrage die kaiserliche königliche Gnade und alles Gute!

Nachdem von den Macedoniern, einem durch das unerträgliche Joch der Ungläubigen unterdrücktem christlichem Volke, griechischen Ritus, von christlichem Eifer beseelt und durch die Verhältnisse der gegenwärtigen Zeiten angeregt, der Herr Johann Gigropole, Kaufmann in Chetistan (?), zweimal an Uns abgeordnet und sowohl durch mündliche Vorstellungen, als auch durch Briefe, welche vom Patriarchen von Okri und andern Bischöfen, wie auch von den Districtsamtleuten gefertigt waren, ihre Streitkräfte gegen den gemeinschaftlichen Feind freiwillig angetragen haben, so zwar, dass es der Gesammtheit dieser Nation Absicht und Wille ist, mit den unter Gottes Beistand glücklich beginnenden kaiserlichen Waffen die Tyrannei der Ungläubigen einhellig und mit vereinten Kräften anzugreifen, auf alle mögliche Weise zu schädigen und davon nicht abzulassen, haben Wir, angeeifert von der Liebe der gegenseitigen Menschenfreundlichkeit und der christlichen Religion von diesem Eueren Vorhaben bestens und wohlwollend Kenntniss genommen und versprechen Euch, wann Ihr so handeln werdet, durch die Machtvollkommenheit die Uns zukommt, im Namen Seiner Majestät des durchlauchtigsten grossmächtigsten und unüberwindlichen römischen Kaisers und katholischen Königs Carl VI. Unseres huldreichsten Herrn, die kaiserliche Gnade, seinen Schutz und Beistand. Auch sollt ihr daraus für Euere Religion Freiheit oder Privilegien nichts böses argwöhnen; da Ihre kaiser-

---

[1]) H. K. R. Exp. 1716; August, 11 (lateinisch).

liche und königliche Majestät keine andere Absicht hat, als mit vereinten Kräften den gemeinsamen Feind zu schwächen und niederzuwerfen.

Lasset Uns also diesem alleinigen Ziele zustreben, Uns von einer des christlichen Namens würdigen Begeisterung erfüllen und es unternehmen, mit der vereinten Kraft der Waffen und des Muthes, die wilde Grausamkeit der Barbaren, dem Uebermuthe und Ungestüm derselben Einhalt thun und sie kraftlos machen.

Diejenigen, welche in dieser reinen Absicht thätig sein werden, wird der göttliche Beistand begleiten und diejenigen, welche dem kaiserlichen Banner folgen, die Stärke und der Schutz des Oberherrn der Christenheit.

34.

An den GFWM. Freiherrn von Beckers.
Feldlager bei Futak, 25. Juli 1716 [1]).

In fernerer Beantwortung des Herrn General-Feldwachtmeisters jüngsten Schreibens vom 22. dieses wiederhole ich hiemit, wasmassen die Arbeit der Lafettirung für die von Wien nächstens anlangenden Kriegsschiffe sowohl Tags als Nachts unausgesetzt praestirt werden müsse, damit bei Eintreffung derselben alles und jedes, was dazu erforderlich, gefasst und fertig sei, folgsam sothane Schiffe, sobald sie montirt, allsogleich weiters an Ort und Ende befördert werden mögen, zu welchem Ende der Herr General-Feldwachtmeister indessen und zu desto mehrerer Beschleunigung die nöthigen Mittel vorzuschiessen hätte, gestalten ich unter einem wegen ungesäumter Ersetzung derselben das gehörige nach Wien zu rescribiren unermangle.

Inzwischen geschieht gar wohl, dass der Herr General-Feldwachtmeister sich die Beförderung der dortiger Enden eintreffenden Truppen und der Remonten-Pferde de meliori angelegen sein lässt und wird aber zuvorderst dahin anzutragen sein, dass nach Batina einige Plätten veranstaltet werden, welche zur Ueberschiffung der von Zeit zur andern nachfolgenden Truppen und andere Kriegsnothwendigkeiten daselbst dienen und zu verbleiben haben.

Der Herr General-Feldwachtmeister wolle seinesorts das weitere hierunter veranlassen, gestalten auch an die kaiserliche Commissariats-Amts-Substitution das gehörige unter einem ergeht.

---

[1]) Kriegs-A., „Türkenkrieg 1716"; Fasc. VII, 155.

35.

An den Minister-Residenten Freiherrn von Martels in Warschau. Feldlager bei Futak, 25. Juli 1716 [1]).

Auf Deroselben vom 8. sage (ich) freundlichsten Dank für die von dortigen Begebenheiten ertheilten Avisen und nebst dem, dass mir die ferner weitere Continuation angenehm sein lasse, wiederhole (ich) in Antwort, wasmassen und obzwar man bei den dermaligen verwirrten Umständen des Königreichs niemals grosse Hoffnung sich machen mögen, viel gutes und fürträgliches zum Behufe der hiesigen Kriegsverfassung loswirken zu können, nichtsdestoweniger eine unwidersprechliche Sache sei, dass die Republik vigore sacri foederis wider den allgemeinen Erbfeind mit hülflicher Hand beizutreten sich verbunden erkennen müsse. Wie zumal auch gewiss ist, dass derselben nimmermehr eine favorablere Gelegenheit zugehen könnte, absonderlich respectu des ihr immediate dem Karlowitzischen Frieden entgegen auf die Nase hingesetzten Chotin, zu einer zulänglichen Satisfaction zu gelangen.

36.

An den FZM. Freiherrn von Löffelholz. Feldlager bei Futak, 26. Juli 1716 [2]).

In der Meinung Euer Excellenz dahier zu sehen, lasse ich die Beantwortung Dero heutigen Schreibens bis dahin ausgestellt sein und erinnere hiermit, dass, weil der Feind nunmehr mit seiner völligen Armee den Savestrom passirt und zu Banovce unweit Szlankamen gelagert steht, mithin die Feindseligkeiten angehen, man sich vor allem um verlässliche Kundschaften zu bewerben hat.

E. E. belieben also durch auszuschickende Parteien von Raizen oder Grenzhusaren einige Gefangene oder sonst sichere Nachrichten von den feindlichen Regungen und Bewegungen zu überkommen trachten; unter anderem aber, ob er nicht etwa die Donau passirt und ein Absehen auf den Posten Titel gerichtet habe, von welchem und allem anderen ich allsogleich zu benachrichtigen und beforderst Herr General von Viard von dem ersteren alles Fleisses zu informiren wäre, zumalen, da man die Communication mit wiederholten Posten wegen noch nicht gemachter Brücken noch nicht eingerichtet hat.

---

[1]) Kriegs-A., „Türkenkrieg 1716"; Fasc. VII, 158.
[2]) Kriegs-A., „Türkenkrieg 1716"; Fasc. VII, 171.

P. S.

E. E. belieben in dem unterstehenden Generalat publiciren zu lassen, dass alle Leute, Pferde und was sonst ausser der Armee ohne einen Passe-port weggeht, zur Armee wieder zurückgeführt werde.

37.

An den FML. Baron de Viard. Feldlager bei Futak, 26. Juli 1716 [1]).

Demnach nunmehr verlässlicher Bericht eingelaufen von dem bei Čortanovce stehenden kaiserlichen Obristen, Herrn Grafen von Lanthieri, dass der Feind mit der völligen Armee den Savefluss passirt und bei Banovce, drei Meilen unter Szlankamen, gelagert sei.

Diesemnach erfordert Herrndienst, dass der Herr Feldmarschall-Lieutenant mit dem unterhabenden Corpo vigilant und dahin bedacht sei, dass die Communication mit dem Posten Titel, bis solche durch anzulegende Brücken über die Moräste eingerichtet, erhalten und auf alle Weise abgehindert werde, damit die Feinde nicht etwa derorts passiren und sich gedachten Titels zu bemeistern trachten.

Ich zweifle nicht, der Herr Feldmarschall-Lieutenant wird auf alles und jedes fleissig invigiliren und mich umständlich davon benachrichtigen, damit ich sodann nach Beschaffenheit der Umstände das weitere anbefehlen kann.

38.

An den Obrist Grafen Lanthieri. Feldlager bei Futak, 26. Juli 1716 [2]).

.... Wenn nun gewiss ist, dass die Feindseligkeiten beiderseits angehen werden, diesemnach hat der Herr Obrist nicht allein gar gut gethan, dass er sich mit dem beihabenden Commando in Sicherheit zurückgezogen, sondern kann auch bei ersehender Gefahr sich weiters gegen Peterwardein oder auch gar bis dahin zurückziehen, obwohl besser wäre, zur Animirung der Landes-Inwohner, sich vorwärts zu halten und mit Sicherheit postiren zu können.

Daher der Obrist sich um verlässliche Kundschaft zu bewerben, alle feindlichen Regungen und Bewegungen fleissig zu beobachten und vor allem auf guter Hut zu stehen, mich aber von allem fleissig zu benachrichtigen hat.

---

[1]) Kriegs-A., „Türkenkrieg 1716"; Fasc. VII, 174.
[2]) Kriegs-A., „Türkenkrieg 1716"; Fasc. VII, 176.

39.

**An den FZM. Prinzen Alexander von Württemberg.
Feldlager bei Futak, 27. Juli 1716 [1]).**

Demnach der Grossvezier mit der völligen türkischen Armee
den Savestrom passirt und zu Banovce, 3 Meilen unter Szlankamen
gelagert, mithin vonnöthen ist, dass man auch die kaiserliche Armee
formire und zusammenziehe.

Diesemnach belieben Euer Liebden sich mit dem unterhabenden
Corpo zu moviren und anher ins Lager nach Futak abzumarschiren,
massen die Hostilitäten nunmehr ihren wirklichen Anfang nehmen.

P. S.

Auch wollen E. L. mir eilsam wissen lassen, wann Sie glauben,
mit den unterhabenden Corpo hier an der Donau eintreffen zu können.
Mit dem Vorrath an Brot werden Dieselben sich selbst zu helfen wissen.

40.

**An den G. d. C. Grafen Nádasdy. Feldlager bei Futak,
27. Juli 1716 [2]).**

Allsogleich nach Empfang dieses, welches dem Herrn Freiherrn
von Falkenstein durch eigenen Courier zur schleunigen Beförderung zuschicke, wollen Euer Excellenz mit dem unterhabenden
völligen Corpo aus dem jetzigen Lager aufbrechen und den sichersten
Weg längs oder unweit der Donau auf Peterwardein nehmen, sich aber
vorher bis dahin mit Brot versehen. Und zumal die ganze feindliche
Armee bereits herwärts des Saveflusses steht und ein bedenkliches
Mouvement machen könnte, also werde ich zu guter Vorsorge und
Sicherheit des (zu) nehmenden Marsches einige Parteien ausschicken,
damit sie alles wohl recognosciren und von allen Bewegungen E. E.
entgegen berichten.

Ich erwarte von Deroselben in Antwort zu vernehmen sowohl
die Route, welche Sie nehmen, als auch den Tag, an welchem Sie
nach gedachtem Peterwardein einzutreffen vermeinen.

P. S.

Weil es jetzt gar warm (ist), also könnten E. E. Ihren Marsch
in der Kühle verrichten, um die Mannschaft desto weniger zu fatiguiren.

---

[1]) Kriegs-A., „Türkenkrieg 1716"; Fasc. VII, 184.
[2]) Kriegs-A., „Türkenkrieg 1716"; Fasc. VII, 185.

41.

An den FML. Baron de Viard. Feldlager bei Futak, 27. Juli 1716 [1]).

Des Herrn Feldmarschall-Lieutenant gestriges Schreiben erhielt ich diese Nacht und ist gar recht geschehen, dass die 300 Pferde gegen Titel commandirt, um derorts fleissige Obsicht zu haben, dass der Feind, welcher zu Banovce steht, nicht etwa mit kleinen Schiffen passire oder sonst etwas tentire.

Von Brücken weiss man bis dato nichts, kann also der Herr Feldmarschall-Lieutenant mit dem unterhabenden Corpo zwar in fertiger Bereitschaft stehen, dennoch ohne weitere Ordre nicht aufbrechen.

42.

An den GFWM. Freiherrn von Beckers. Feldlager bei Futak, 27. Juli 1716 [2]).

Der zu Rača commandirende Obrist von L a n g l e t verlangt noch zur Sicherheit und stärkeren Besetzung des Bošuter-Ecks, des tête-de-pont und der Račaer Schanze, acht Stücke nebst aller Zugehör, Munition und Kartätschen.

Der Herr General-Feldwachtmeister wolle mir allsogleich berichten, ob dergleichen Stücke, beförderst eiserne und wie viel in Essegg vorhanden sein möchten, dann auf welche Art und Weise selbe nach gedachter Račaer Schanze könnten gebracht werden.

43.

An den Kaiser. Feldlager bei Futak, 28. Juli 1716 [3]).

Euer kaiserlichen Majestät solle (ich) ferners allerunterthänigst berichten, dass von der türkischen Armee die Cavallerie den 26. und die Janitscharen gestern über eine Brücke von doppelter Breite den Savestrom passirt und in ein Lager bei Banovce an der Donau, wo die sogenannte alte Kiuperli-Schanze liegt, eingerückt sind, auch der Grossvezier heute von Belgrad dahin nachfolgen und einlangen wird.

Von Stärke, Composition und Vorhaben derselben ist wegen Veränderung der einlaufenden Nachrichten, welche solche bald zu

[1]) Kriegs-A., „Türkenkrieg 1716“; Fasc. VII, 187.
[2]) Kriegs-A., „Türkenkrieg 1716“; Fasc. VII, 186.
[3]) Kriegs-A., „Türkenkrieg 1716“; Fasc. VII, 200.

200.000 und bald zu 250.000 Mann ausrechnen wollen, dermalen noch keine Verlässlichkeit zu geben, soviel dennoch gleichstimmig und gewiss, dass diese türkische Macht so ansehnlich gross und mit allem nach ihrer Art wohl versehen, auch das bei dieser unvermutheten Passirung führende Absehen sich bald zeigen und äussern müsse.

Dieses dürfte vielleicht gegen den Savestrom, mithin den daran liegenden, nach Thunlichkeit der Zeit und beigehabten Erfordernissen retranchirten Posten Rača über den Haufen zu werfen, die Passirung ihrer Schiffe andurch frei zu machen oder nach seinem, des Feindes Ausschreien, zu einer abzielenden Action gerichtet sein.

Der in gedachtem Posten commandirende Obrist ist zur Vorbereitung seiner Mesuren zu guter Hut, vorsichtiger Wachsamkeit und fleissiger Arbeit ermahnt und beordert worden.

Meinesorts werde ich die feindlichen Regungen und Bewegungen, Contenance und anderen Umstände absehen und sodann meine Mouvements und Unternehmungen mit Vortheil und Vorsichtigkeit darnach reguliren, beförderst aber E. k. M. glorwürdigste Waffen nicht weiters exponiren, als es die raison de guerre und Conjuncturen unumgänglich erheischen werden.

Indessen bleibe (ich) des unmassgeblichen Erachtens und wird Deroselben zweifelsohne noch A. g. erinnerlich sein, was ich E. k. M. bei meiner Anwesenheit in Wien a. u. gesagt, dass, weil man den Savestrom vor Ankunft des Feindes passiren zu können, nicht imstande gewesen, für E. k. M. Waffen viel fürträglicher sei, den Feind herwärts, als gedachten Fluss im Rücken zu haben.

Bei so beschaffenen Sachen, da nebst den beiden in der Gegend von Arad zu und in äusserliche Sicherheit des alldasigen und Siebenbürger Landes, das Montecuccoli'sche und Hohenzollern'sche Regiment postirt verbleiben und von den zur Formirung der Armee gewidmeten Regimentern noch das Württemberg'sche Dragoner- und mein unterhabendes, dann das Caraffa'sche, auch wegen spät angelangter Recruten und vorgenommener Abwechslung der Garnisonen noch einige Bataillone abgängig sind, habe ich die entfernten Corps anher beordert und die näheren in solch fertige Bereitschaft gestellt, dass diese mit der nunmehr eingerückten Feld-Artillerie in eine Armee formirt, nächster Tage die Donau zu Peterwardein passiren und sich jenseits lagern, mithin man den Feind und seine Mouvements in der Nähe besser wird observiren können.

Gedachten noch abgängigen Regimentern ist der Befehl, ihren Marsch nach Thunlichkeit zu beschleunigen, entgegen geschickt worden.

44.

An den Hofkriegsrath. Feldlager bei Futak, 28. Juli 1716 [1]).

Die Fleischmann'schen Relationen dienen mir zur guten Nachricht und entnehme (ich) unter anderem daraus, dass derselbe den Hauptpunct des mit Wissen der türkischen zu Karlowitz bei dem Friedensschluss anwesenden Plenipotentiarien gemachten foederis sacri, entweder aus Furcht oder Vergessenheit nicht berührt oder wenigstens mit keinem Nachdruck vorgestellt hat und obschon dazumal die gegen die ungarischen Grenzen zusammenführende Armee, bei weitem nicht von der ausgeschrienen Stärke und Fertigkeit gewesen, so ist sie doch bei ersehenem unvermeidlichen Krieg in eine sehr ansehnliche Macht erwachsen und in 3 Monaten sehr vermehrt worden.

Nebstdem bin ich auf den von Seite des löblichen Banal-Gubernii die Assignations-Arrha betreffend gemachten Vortrag mit einem löblichen Mittel einstimmig, dass der Abzug ad $1\frac{1}{2}$ pro cento von allen durch die Bancalität laufenden Geldbezahlungen, sie mögen anstatt des naturalis gerechnet werden oder nicht, respectu des Staates einzugehen, weniger als des gemeinen Mannes halber, bedenklich fallen dürfte.

Ich bin demnach der Meinung, dass man sich im Falle es nicht anders sein könnte, deshalb noch herab zu bringen und auf 1 procento exceptis naturalibus quatalibus, welche absolute frei bleiben, schliessen sollte, worüber ein löbliches Mittel in loco am besten zu erkennen wissen wird.

Die unweit Vukovár durch den Herrn General Grafen Nádasdy auf Veranlassung der Schell- und Mohr'schen Associations-Beamten verursachte Oppenheimische Proviant-Vermischung ist dem Commissariat zur Erläuterung und Verfügung der Gebühr zugestellt, auch der künftigen Beeinträchtigung vorzukommen erinnert worden, also dass der Erfolg demnächst zu erwarten steht.

Sonst habe ich aus der beigelegt gewesenen copeilichen Anlage ersehen, was der locum tenens Bannalis Herr Graf von Draskovich berichtet und des Brotes halber ansucht. Nun bin ich zwar der Meinung, dass man in diesem Fall hauptsächlich die priorum temporum observantiam beobachten und ansehen, jetzt aber aus besonderen Ursachen des Misswachses der in expeditione campestri wirklich begriffenen Miliz von einer Zeit zur anderen dennoch ohne künftige Consequenz tempore exceptionis den Proviant in limitirter Quantität abreichen lassen könnte.

---

[1]) Kriegs-A., „Türkenkrieg 1716"; Fasc. VII, 201.

58

Bei dieser Gelegenheit muss (ich) hiemit wiederholen, dass auf
alle Weise dahin zu trachten sei, damit den beiden Generalaten und
dem Banat mit den so oft angesuchten abgängigen Nothdurften doch
ausgeholfen werden möchte. Gedachte beide Generalate müssen nach
Anleitung der vorigen Befehle sich miteinander verstehen, eine
gemeinsame Verfassung machen und den gleichfalls in derlei Leuten
bestehenden Feind standhaft zu begegnen oder Abbruch zu thun
beflissen sein, massen man bei anwachsenden rechtschaffenen Feindseligkeiten und daher entstehender Gefahr, durch Leistung propor-
tionirter Hilfe oder zu machender Diversion solche abzutreiben und
zu verhindern unvergessen sein wird.

Die Feld-Artillerie ist nunmehr angelangt, von den Regimentern
aber gehen noch einige ab, welchen die Beschleunigung des Marsches
unter einem nachdrucksam erinnert wird.

Von den abgesegelten 3 Schiffen vernehme ich, dass solche gar
langsam fortrücken, bald hier, bald dort landen und auf die Sandbänke
fahren, also, dass solche dem Ansehen nach bei so fortsetzender Fahrt
vor Ende des Sommers hart eintreffen dürften, da man solche doch
bei nunmehr beiderseits vorgehenden Operationen, zur Erhaltung der
Donaubrücken und Bedeckung des Proviants und anderen Nothwendigkeiten höchst vonnöthen hat. Ich bin der Hoffnung, diese werden
nicht allein zur Beschleunigung ihrer Reise erinnert, sondern auch die
anderen 4 befördert und versehen werden. Zu welch' letzterem Ende
die Lafettirung zu Essegg nach Möglichkeit zwar pressirt, auch das
auf obgedachten drei ersteren Schiffen abgehende Pulver und Kugeln
unbedenklich abfolgen zu lassen, anbefohlen wird.

Die Schell- und Mohr'sche Admodiation betreffende Untersuchung dient mir zur Nachricht; gedachter Mohr ist gestern dahier
angelangt und hat versprochen das Haferquantum zu vermehren.

Ich will die Nachsehung dem Commissariate auftragen und mit
Nachdruck darob halten, ein löbliches Mittel wolle seinesortes ein
gleiches thun, da man sonst mit dem Hafer, welcher der Cavallerie bald
zu geben ist, nicht lange reichen und einen merklichen Abgang haben
würde.

Weil das Armistitium in Polen zwischen den beiden streitenden
Parteien verglichen, so dürfte auch auf den Grenzen der Zipserstädte
bis dahin Friede und Ruhe bleiben, dennoch in eventum die Abstellung pro futuro mit Nachdruck urgirt werden.

Uebrigens überschicke ich hiebei den vorhin angemerkten beständigen und nach wohl visitirtem Terrain und überlegter Aptirung der
Werke approbirten Riss der Peterwardeiner Fortification und innerlichen

Disposition sammt den Anmerkungen, wie oder was am ersten zu arbeiten sei, um solchen I. k. M. zur Allergnädigsten Genehmhaltung zu übergeben und weil hieran eine zeitlang zu arbeiten, wird man die neu projectirte Vergrösserung oder neue Enceinte der Wasserstadt demnächst entwerfen.

Ich habe ferner für nöthig angesehen, nebengebogenes Patent neu Abhinderung der Desertion und Stehlen des Viehes an die ungarischen Comitate abzuschicken.

Ein löbliches Mittel beliebe solches der ungarischen Canzlei zur Nachricht und gleichmässigen Verfügung, annebens auch das im Original nebengebogene Memorial der Futaker Gemeinde beizulegen, damit diese in lauter Raizen bestehenden Einwohner von dem ungarischen Comitats-Officianten nicht über die Billigkeit beschwert werden.

Ich habe vergessen oben anzuerinnern, dass bei Zusammenziehung der beiden Generalate und croatischen Banates man besonders dahin bedacht sein möchte, dass taugliche Officiere zum Commando dabei angestellt werden, wie ich dann auch die Auswirkung eines Fortifications-Fundus für die hiesige Grenzfestung mit allem ersinnlichen Nachdruck recommandire, massen man in Ansehung der Umstände die Maurer-Arbeit dahier um ein merkliches vermehrt hat.

45.

An den FZM. Freiherrn von Löffelholz.
Feldlager bei Futak, 29. Juli 1716 [1]).

Mir zweifelt zwar nicht, Euer Excellenz werden die in Copie überkommenen Nachrichten von dem Herrn Obrist Grafen Lanthieri directe empfangen haben, nichtsdestoweniger habe ich solche in omnem eventum und zu dem Ende anschliessen wollen, auf dass Sie diejenigen Landes-Inwohner und Leute, welche etwa bei fortgehendem feindlichen Mouvement in die Gefahr der Dienstbarkeit und Verlust ihres Viehes oder anderer Habschaften gerathen könnten, zeitlich avisiren, wie nicht weniger laut meines unter einem an Dieselbe erlassenen mit dem von Vukovár im Anmarsche nach Peterwardein begriffenen Herrn General Grafen Nádasdy fleissig correspondiren und ihm von allen feindlichen Bewegungen zu seiner Direction ungesäumt benachrichtigen, auch einige raizische Parteien zur Bedeckung des Marsches und zu Kundschaften aus- und entgegenschicken mögen, damit er nicht etwa vom Feinde überfallen oder sonst einigen Anstoss leide.

----

[1]) Kriegs-A., „Türkenkrieg 1716"; Fasc. VII, 211.

46.

An den G. d. C. Freiherrn von Falkenstein.
Feldlager bei Futak, 29. Juli 1716 [1]).

Demnach die dermaligen Umstände erfordern, dass die Armee ohne weiteren Zeitverlust sich wirklich zusammensetze, also belieben Euer Excellenz allsogleich nach Empfang dieses mit dem beihabenden Corpo das dermalige Lager zu verlassen und directe anher, jedoch so viel (als) möglich in der Kühle zu marschiren, welchemnach von-nöthen sein will, dass man sich bei dem Abmarsche allseits mit Brot versehe und könnten E. E. untereinem einen eigenen Officier voraus und anher schicken, welcher (wegen) der Einrückung und was etwa sonst zu erinnern vorfallen möchte, sich des weiteren erkundigen thue.

Sonst ist mir E. E. Antwortschreiben vom 28. dieses auf meine vom 26. und 27. ejusdem zurecht eingelaufen und werden Dieselben in loco am besten zu dijudiciren wissen, ob und wie am bequemlichsten der vorhabende Marsch anzustellen wäre, ist auch kein Bedenken, dass man 3 Märsche anher mache, wenn es in zweien zu bewirken nicht wohl möglich wäre.

Dass E. E. die Kranken in Bács zurückzulassen gedenken, geschieht schon recht und ist auch deswegen an die Kriegs-Commissariats-Amts-Substitution die Nothdurft bereits intimirt worden.

47.

An den FML. Baron de Viard. Feldlager bei Futak,
29. Juli 1716 [2]).

Des Herrn Feldmarschall - Lieutenants heute eingeschicktes Schreiben sammt den angelegten Nachrichten, habe ich zurecht erhalten und zweifle umsoweniger daran, da auch der mit 500 Pferden jenseits der Donau commandirt stehende Obrist Graf Lanthieri berichtet, dass sich gegen denselben der Feind bis 2000 Pferde stark sehen lassen und also muthmasslich ein Mouvement gemacht hat. Der Herr Feldmarschall-Lieutenant wolle sich dessen, so viel es derorts sein kann, erkundigen, alle feindlichen Regungen und Bewegungen gegen Titel, bevorderist längs der Donau, fleissig observiren, mich aber von allem umständlich benachrichtigen.

[1]) Kriegs-A., „Türkenkrieg 1716"; Fasc. VII, 213.
[2]) Kriegs-A., „Türkenkrieg 1716"; Fasc. VII, 212.

48.

An den G. d. C. Grafen Steinville. Feldlager bei Futak, 30. Juli 1716 [1]).

Ich will zwar die gemachte Postirung der beihabenden Truppen keineswegs abändern, der verlässlichen Zuversicht, solche werden nach Erforderniss der jetzigen oder anscheinenden Umständen eingerichtet und veranstaltet sein. Weil aber diese Ursachen nicht beständig also bleiben und die von Chotin durch anwerbendes Gesindel zu besorgende Gefahr sich bald äussern, auch die bevorstehenden Operationen, dem jetzigen Ansehen nach, jenseits der Donau wohl dürften vorgenommen werden, also wäre nach Möglichkeit dahin zu trachten, dass sodann die siebenbürgischen Regimenter zusammengezogen und in solch' fertige Bereitschaft gestellt werden, um sich deren nach Erheischung der Conjuncturen bedienen zu können, in diesem Absehen auch diejenige Infanterie, welche nach unumgänglicher Besetzung der haltbaren Plätze noch übrig bleibt, zu gebrauchen und die Fortifications-Arbeit in der Mannschaft zu proportioniren wäre, zumal Euer Excellenz von selbst ganz vernünftig ermessen werden, dass die Operationen und eine dem Feinde zu machende grosse oder kleine Diversion weit importanter, als etwa eine geringe, durch Beibehaltung der völligen Mannschaft zu machende Arbeit, welche auch durch die Bauern, wenn die Ausreissenden mit allem Ernst, andern zur Abscheu, in flagranti abgestraft, mitbestritten werden kann.

Indessen ist mir angenehm zu vernehmen gewesen, dass solche immerfort wohl von statten gehe, nicht zweifelnd, Dieselben werden sich die fernere Beförderung bestmöglichst angelegen sein lassen, mir aber von einer Zeit zur anderen den zunehmenden Stand berichten und annebens einen Cassa-Extract aller beihabenden Mittel einzuschicken belieben, wogegen man von Seite eines löblichen kaiserlichen Hofkriegsrathes mit allem Ernst darauf gedenkt, damit E. E. das dem Camerali unnachtheilig angesuchte commercium salis zugestanden und aus dem anhoffenden Fundus das Fortifications-Wesen bestritten werde.

Zumal der Feind nunmehr mit seiner völligen Macht herwärts der Save und also in der Nähe ist, also habe ich auch sowohl die zu Szegedin, als Bács, Vukovár und anderen Orten stehenden Corps sich anher zu moviren anbefohlen und werde nach zusammengesetzter Armee in wenigen Tagen die Donau passiren und sodann in Gottes Namen mit den Operationen den Anfang machen, daher Sie Ihres-

---

[1]) Kriegs-A., „Türkenkrieg 1716"; Fasc. VII, 228.

62

orts umsomehr auf guter Hut zu stehen und sich um verlässliche
Kundschaften, bevorderist wegen dem zu Chotin stehenden Feind, ob?
und wie er das angemerkte Absehen auf die Marmaros oder Siebenbürgen auszuwirken im Stande sei, zu bewerben haben.

49.

An den Obristen Freiherrn von Petrasch.
Feldlager bei Futak, 30. Juli 1716 [1]).

Mir gibt des Herrn Obristen Schreiben vom 24. dieses mehrern
Inhalts zu vernehmen, was Derselbe mittelst seiner Visitation der
dortigen Grenzen in Augenschein genommen und vorgekehrt hat.

Ich approbire die daselbst bisher gemachten Dispositionen und
lasse mir zur Nachricht dienen, was der Herr Obrist in specie des
Postens Gradiska halber anmerken thut. Es geschieht gar recht, dass
Derselbe mit dem Herrn GFWM. Grafen von Draskovich allerdings de concerto gehe [2]), angesehen nicht nur mit ihm, sondern mit
allen den übrigen benachbarten Generalaten und dem Banat stetshin
in guter Correspondenz zu stehen und sich unter einander, nachdem
und wie es die Umstände erfordern, so zeit- als vertraulich zu vernehmen sein wird, mich wegen der dortigen Enden anzufangenden
Operationen und Bewegung gegen Banjaluka auf dasjenige beziehend,
was an den Herrn Obristen hierunter bereits vorhin rescribirt habe.

Was die Fortification des Postens Babinagreda belangt, wolle
der Herr Obrist sich mit dem dortigen Commandanten verstehen und
den Ort so gut als möglich und die Zeit zulässt, verpallisadiren und
zu befestigen suchen.

Ich sehe hiernächst aus der anverwahrten Specification, was für
in dem türkischen Gebiet gelegene Dörfer die kaiserliche Protection
bereits amplectirt, und der Herr Obrist thut gar wohl, diese Leute
bei gutem Willen zu erhalten [3]) und dieselben, wie sie sich angeben,
man auch ihres ehrlichen Aufführens versichert sein mag, anzunehmen,
um den übrigen zur schleunigen Nachfolge desto mehr Anlass zu
geben, dem ich gleichwohl beifügen muss, dass nicht wohl rathsam
(sei), diese Leute längs der Save anzustellen, sondern das beste sei

---

[1]) Kriegs-A., „Türkenkrieg 1716"; Fasc. VII, 230.

[2]) Ein ähnliches Schreiben erging unterm selben Datum auch an den GFWM.
Grafen Draskovich. Fasc. VII, 229.

[3]) Die türkischen Bewohner zum Herüberkommen zu veranlassen, befiehlt der
Prinz schon am 13. und später am 23. Juli 1716. Fasc. VII, 142, 233. — Siehe
hierüber auch Supplement Nr. 29.

ihnen einige zurückgelegene öde Cameral-Fundos zu assigniren, um dass sie sich alldort niederlassen und bleiben mögen. Inmittelst finde ich überflüssig, die von obbesagten Dörfern herübergeschickten zwei Männer anher abzusenden, und könnte der Herr Obrist den dritten, so sich dabei befindet und zum Brieftragen (sich) anbietet, mit einem Schreiben seinesorts nach Dalmatien verschicken, um die Probe zu machen, wie weit man nach der Antwort sich auf seine Treue oder Untreue weiters zu verlassen hätte.

Die übrigen beigerückten Kundschaften dienen zur Nachricht und hätte der Herr Obrist sich nunmehr um derlei desto mehr zu bewerben, auch durchgehends auf guter Hut sich zu halten, als der Feind mit seiner völligen Armee den Savestrom nunmehr passirt und sich in der Gegend Banovce ordentlich gelagert hat. Man ist unserseits im wirklichen Begriffe, die sämmtlichen Truppen zusammenzuziehen und mithin nächster Tage über die Donau zu gehen, folglich mit den Operationen den Anfang zu machen, bis dahin (ich) dem Herrn Obristen das weitere zur Direction und fernern Beobachtung anzudeuten unermangeln werde.

<h3 style="text-align:center">50.</h3>

Patent für den Adelsrichter des Bácser Comitates, Johann Stratimirovich. Feldlager bei Futak, 30. Juli 1716 [1]).

Vorzeiger des gegenwätigen, Herr Johann Stratimirovich, Adelsrichter des Bácser Comitats, beabsichtigt, vom lobenswerthen Eifer für den Dienst geleitet, die Waffen gegen den erbittertsten Feind des christlichen Namens zu ergreifen und hat sich erbötig gemacht, sehr viele Männer raizischen Stammes anzuwerben und ins Feld zu stellen.

Wir haben diesen Antrag gerne vernommen und dem Genannten als Oberanführer der vorgenannten so aufzustellenden Soldaten zu Fuss und zu Pferd zu diesem Zwecke die nöthige Befugniss ertheilt und verordnet, dass den seinigen vom Tage der Präsentirung das kaiserliche Brot erfolgt werde.

Wir zweifeln nicht, dass er in allen seinen Handlungen sich sammt den seinigen so betragen wird, wie es der Dienst Ihrer kaiserlichen und königlichen Majestät erfordert.

---

[1]) Kriegs-A., „Türkenkriege 1716"; Fasc. VII, 241 (lateinisch).

51.

An den FZM. Prinzen Alexander von Württemberg. Feldlager bei Futak, 31. Juli 1716 [1]).

Euer Liebden werthes Schreiben vom 28. exspirantis habe ich sammt der angelegten Marschroute wohl behändigt und hätte in Wahrheit nicht geglaubt, dass von Szegedin bis hierher nach Futak so viele Märsche sein sollten.

E. L. belieben also, Ihren Weg nicht hierher, sondern gerade an die Römerschanze nach Peterwardein zu nehmen.

52.

An den FML. Baron de Viard. Feldlager bei Futak, 31. Juli 1716 [2]).

Weil man keine anderen Nachrichten hat, als dass der Feind sich zu Szlankamen gelagert und allda gebrannt habe, also wolle der Herr Feldmarschall-Lieutenant sich dessen verlässlich erkundigen, ob und wie weit diese Kundschaft wahr sei, um mich sodann davon zu benachrichtigen. Sonst erinnere (ich) hiemit, dass der General-Adjutant de Feignies von hier abgeschickt sei, mit dem Befehle, zu Vilova eine Brücke zu schlagen. Der Herr Feldmarschall-Lieutenant wolle ihm durch den Herrn Obristwachtmeister Baron de Chodroville zu diesem Ende alle hilflichen Hände bieten lassen, im übrigen allerseits auf guter Hut stehen und auf alle feindlichen Regungen und Bewegungen auf das fleissigste invigiliren, mich aber von allem benachrichtigen.

53.

An den GFWM. Freiherrn von Beckers. Feldlager bei Futak, 31. Juli 1716 [3]).

Demnach der Herr G. d. C. Graf von Nádasdy mit dem beihabenden Corpo aus dem Lager von Vukovár abgerückt, daselbst aber einiger Proviantvorrath zurückgeblieben, sonst auch dieser Posten an sich selbst respectu der Communication längs der Donau sehr gut und nützlich ist, also finde ich für nöthig, dem Herrn General-Feldwacht-meister zu bedeuten, dass Derselbe sogleich einen Lieutenant mit etwa

---

[1]) Kriegs-A., „Türkenkrieg 1716"; Fasc. VII, 236.
[2]) Kriegs-A., „Türkenkrieg 1716"; Fasc. VII, 238.
[3]) Kriegs-A., „Türkenkrieg 1716"; Fasc. VII, 237.

40 Mann aus der unterhabenden Garnison dahin abschicken, unter
einem aber auch einen Ingenieur mitgeben wolle, welcher die erforderliche Verpallisadirung auszeichnen und wegen der dazu benöthigenden
Pallisaden bei dem dortigen Provisor in loco sich anmelden thue.

54.

An den Obrist Freiherrn von Langlet. Feldlager bei Futak, 31. Juli 1716 [1]).

Ich accusire den richtigen Empfang des vom Herrn Obrist unterm
29. an mich erlassenen Schreibens und erwidere hierauf in Antwort,
dass man türkischerseits spargire, als ob ein ihriges starkes Detachement
diesseits und jenseits der Save gegen Rača abmarschirt sei.

Nun hat man zwar diesfalls keine verlässliche Nachricht, ist
dennoch der gänzlichen Zuversicht, der Herr Obrist werde sich mit
dem beihabenden Commando nicht mal à propos mit einem überlegenen
Feind engagiren, sondern sich in dem besten und haltbarsten Posto
setzen und gedachtem Feind, im Falle er sich gegen denselben wenden
sollte, allda umso herzhafter widerstehen, als ich innerhalb weniger
Tage mit der Armee die Donau zu passiren und sodann das weitere
anzuerinnern und vorzukehren gedenke etc.

55.

An den Kaiser. Feldlager bei Futak, 1. August 1716 [2]).

Euer kaiserlichen Majestät Allergnädigstes Schreiben vom 27.
jetzt abgewichenen Monats habe ich durch den gestern Mittag dahier
angelangten Courier in all ersinnlichster Submission recht behändigt
und Dero Allerhöchste Intention mehreren Inhalts daraus entnommen,
um solche mit möglicher Punctualität zu rechter Zeit zu vollziehen.

Weil aber nach meinem letzten allergehorsamsten Bericht nichts
wichtiges vorgefallen und E. k. M. Truppen theils wirklich dahier einrücken, theils in voriger Bewegung zur Formirung der Armee begriffen
sind, also habe ich die Zurückschickung obgedachten Couriers und
Antwort des Allergnädigsten Schreibens bis auf die nach Anlangung
des von Szegedin im Anmarsche befindlichen Corpo, innerhalb von
wenigen Tagen erfolgende Passirung der Donau und sodann, unangesehen noch einige Regimenter abgehen dürften, im Namen des Allerhöchsten angehenden Operationen, zu verschieben diensam erachtet, in

---

[1]) Kriegs-A., „Türkenkrieg 1716“; Fasc. VII, 240.
[2]) Kriegs-A., „Türkenkrieg 1716“; Fasc. VIII, 9.

der Hoffnung, es werden sich indessen auch die bereits abgesegelten Donau-Kriegsschiffe herzu nähern und die übrigen bald darauf folgen, um sich deren nicht allein zur Bedeckung der Brücken, Schiffe und Magazine, sondern auch bei weiterhin angehendem Marsche unentbehrlich bedienen zu können, zumalen da die nebenkommenden Nachrichten geben, dass demnächst ein feindliches Armament zu Belgrad eintreffen, dem man doch etwas entgegensetzen sollte.

Sonst bestätigen alle Kundschaften, dass die türkische Armee sehr ansehnlich und stark, aber die eigentliche Zahl und Composition dermalen noch unverlässlich und ungewiss sei.

56.

An den Hofkriegsrath. Feldlager bei Futak, 1. August 1716 [1].

.... Es ist gar recht veranstaltet, dass die letzt nachkommenden Faber- und Marullischen Recruten den von jedem dieser Regimenter in Besatzung bleibenden Bataillonen zugetheilt worden, um sich sowohl an die Luft füglicher zu gewöhnen, als nach und nach in tüchtigen Stand zu kommen.

Der Herr General-Kriegscommissär wird dahier stündlich erwartet, von welchen ich das mehrere mündlich vernehmen werde.

Dass 7000 Ducaten aus den in Siebenbürgen vorhanden gewesenen Cantacuzenischen Effecten nach Szegedin und Arad abgeschickt worden, ein solches habe ich auch dahier von gedachten Platzcommandanten und dem Herrn G. d. C. Grafen von Steinville vernommen.

Es wird auch gar gut sein, wann die anhoffenden 3000 fl. nach Brod und andere 30.000 fl. nach Essegg und Peterwardein ausgewirkt werden, massen ich in diesem letzteren Orte eine Anzahl Mann mehr als vorhin angestellt, mithin zu besorgen habe, dass der geringe, vor einiger Zeit aus dem Slavonischen Inspectorat beigebrachte Fundus per 4000 fl. täglich ausgehen und sodann diese bei gegenwärtigen Umständen so unumgängliche Arbeit in's Stocken gerathen wird.

Es wäre wohl gut, wenn die abgefahrenen 3 Kriegsschiffe demnächst eintreffen und die übrigen gleich darauf folgen würden, weil dem Vernehmen nach ein türkisches Armament bald eintreffen soll und man unsererseits gedachte Schiffe zur Bedeckung der Brücken und Magazine dermalen unentbehrlich vonnöthen hat, wenn man anders sich vieler Gefahr befreien will, dass also hierauf mit Nachdruck zu reflectiren ist.

---

[1] Kriegs-A., „Türkenkrieg 1716"; Fasc. VIII, 10.

Dass den Banatibus bei den angemerkten Umständen, das Brot ohne fernere Consequenz aus dem Agramer Magazine abgereicht werde, ein solches geschieht gar recht und wäre auch gut gewesen, wenn mit dem Pulver und Blei ohne Anstand hätte ausgeholfen werden können, da die Erhandlung durch die Bancalität sehr langsam gehen und die Noth mehr als gross sein dürfte.

Ich thue zwar unter Einem dem Obrist Petrasch nach Brod anbefehlen, mit etwas von dem beihabenden Vorrath auszuhelfen und solchen durch Essegg ersetzen zu lassen. Ein löbliches Mittel wolle aber deswegen von der angetragenen Veranstaltung nicht ablassen, sondern vielmehr darob sein, damit wenigstens derorten ein zulänglicher Vorrath bei nunmehr angehendem Krieg beigeschafft und der so grossen Noth abgeholfen werde.

Die alldasige Verfassung betreffend, beziehe ich mich auf mein voriges, wie nämlich das Banat und die Generalate eine gemeinsame einverständliche Anstalt zu machen und sich bei erheischender Noth zusammen zu ziehen, dem Feind mit einmüthigen Kräften zu widerstehen oder anzugreifen hätten, massen man bis anher noch keine Nachricht hat, dass der Feind dort andere als Grenzmiliz habe, welcher eben auf diese Art, unter Anführung tauglicher Officiere zu begegnen ist. Sollte aber die feindliche Macht verstärkt und die Gefahr vergrössert werden, in diesem Fall wird man durch wirkliche Hilfleistung oder zu machende Diversion die Hand bieten; es könnte auch bei höchst vordringender Noth die Hälfte oder das ganze Caraffa'sche Regiment dahin gezogen werden.

Der Herr Obrist von Wobeser könnte in die Zahl der nächst vorschlagenden General-Feldwachtmeister begriffen, dieses Jahr in Siebenbürgen gelassen, künftighin aber ob causam religionis anderwärtig hin angestellt werden.

Den Stand der Schell- und Mohr'schen Admodiation habe ich aus dem beigelegt gewesenen Entwurf des mehreren entnommen und ersehen, dass an Getreide kein Mangel, an Hafer aber wohl ein Abgang sein wird, daher die Beischaffung nach Möglichkeit werde urgiren lassen.

57.

An den GFWM. Grafen von Draskovich. Feldlager bei Futak, 1. August 1716[1]).

In Beantwortung des Herrn General-Feldwachtmeisters vom 24. elapsi abgelassenen Schreibens zweifelt mir nicht, es werde von

---

[1]) Kriegs-A., „Türkenkrieg 1716"; Fasc. VIII, 11.

Seite des Hofkriegsraths wegen des noch abgängigen Pulvers, Bleis und Brotes die Nothdurft bereits vorgekehrt sein, nachdem deswegen von hier aus iteratis vicibus dahin rescribirt worden.

Sonst und soviel die feindliche Bewegung angeht, beziehe ich mich auf mein voriges mit wiederholter Erinnerung, dass ein für allemal mit dem Banat und anliegenden Generalaten sich zu verstehen und solche gemeinschaftliche Dispositionen zu concertiren und vorzukehren seien, damit man mit zusammengesetzten Kräften die feindliche Unternehmung, so viel wie möglich, abhindern und sich entgegen setzen möge, allermassen und wenn auch der Feind dortiger Enden so stark, wie Sie melden, — ob es doch schwerlich zu glauben ist, — andringen sollte, man tali casu demselben anderweitige Diversion zu machen oder Ihnen wirkliche Hilfe zu schicken schon bedacht sein würde.

58.

An den Obrist Freiherrn von Petrasch. Feldlager bei Futak, 1. August 1716 [1]).

Demnach der Herr GFWM. Graf Johann von Draskovich an Pulver und Blei Mangel zu haben mir anerinnert, also wolle der Herr Obrist ihm aus dem unterhabenden Vorrath ein paar Centner Pulver und a proportione so viel Blei, je eher (desto) besser überschicken, sich aber sogleich wiederum um die Ersetzung obigen Quantums aus dem Magazine zu Essegg bei dem alldasigen Herrn Commandanten Baron von Beckers anmelden, welchem ich diesfalls das nöthige unter einem erinnere.

59.

An den Kaiser. Peterwardein, 3. August 1716 [2]).

Nachdem der Feind zwei Tage nacheinander marschirt, hatte er sich vorgestern mit seiner völligen Macht in einem zwischen Szlankamen und Karlowitz, unweit der sogenannten Friedenscapelle, sehr vortheilhaften Terrain gelagert, mit dem Ausschreien, dass sein Absehen auf Peterwardein gerichtet und er geradewegs dahin zu gehen willens sei. Bei so gestalteten Sachen rückte die zu Vukovár gestandene und im Marsche begriffene Infanterie in das Kronenwerk allda und wurden nebst der völligen Feld-Artillerie, einige Cavallerie-Regimenter unweit

---

[1]) Kriegs-A., „Türkenkrieg 1716"; Fasc. VIII, 12.
[2]) Kriegs-A., „Türkenkrieg 1716"; Fasc. VIII, 29.

der Raizenstadt gelagert, um solche an der Hand zu haben. Hierauf
that sich der Feldmarschall Graf Pálffy freiwillig anerbieten, mit
einem, wiewohl uncharaktermässigen Commando von 900 deutschen
Pferden und 400 Husaren, ohne diejenigen 500 Commandirten, welche
bereits herwärts waren, gegen den Feind auszugehen und zu sehen,
was etwa zu thun sei. Nach einigen Anstand habe ich ihm solche mit
dem Vorbehalte zugestanden, dass er sich nicht engagiren soll. Die
Nacht hierauf schickte er seines unterhabenden Regiments Obristlieutenant mit dem Ansinnen, ich möchte doch noch zwei Regimenter zugeben, welche zum blossen souteniren zu gebrauchen und wegen
Beschaffenheit des Landes kein impegno zu besorgen sei; wonach ich
ihm zwar die beiden Regimenter, als Bayreuth-Dragoner und Gondrecourt-Cürassiere zugeschickt, anbei aber wiederholt habe, dass meine
beständige Meinung sei, sich mit dem Feinde in kein detaglio einzulassen. Nachdem nun die obgedachten beiden Regimenter angelangt
waren, rückte der Feind mit seiner unzählbaren Cavallerie auf sie los
und vermeinte, durch wiederholtes Ansetzen sie zu trennen und über
den Haufen zu werfen; da er aber nach einem vierstündigen Gefecht
nicht eine handbreite Erde gewinnen, noch einigen Vortheil erhalten
konnte und man auf die Zurückziehung der Mannschaft bedacht war,
entstand aus Ursache der im Rücken befindlichen Defiléen einige
Unordnung, welche doch gleich wiederum remittirt, mithin dieses Commando nach Peterwardein zurückgezogen wurde.

Was nun der Feind bei diesem harten Rencontre eingebüsst, ist
nicht eigentlich zu wissen. Von unserer Seite ist verloren der FML.
Graf Seyfried von Breuner, welcher wegen erwiesenen besonderen
Valor sehr zu bedauern ist, dann zwei Hauptleute von Bayreuth todt,
in allem aber blessirt, todt und abgängig, sowohl deutsche als unga-
rische und raizische Miliz, dürften ungefähr 400 Mann sein, worüber
ich Euer kaiserliche Majestät eine Specification einschicken werde.
Dem Feldmarschall Grafen von Pálffy sind zwei Pferde unterm
Leib erschossen und der Obristlieutenant Baron von Au mit einer
Coppi (Spiess) am Leibe gestreift worden. E. k. M. muss ich zur beson-
deren Freude a. u. anrühmen, dass alle in diesem Rencontre gewesenen
Generale, Officiere und Gemeine eine unbeschreibliche, heldenmüthige
Tapferkeit erwiesen und umsomehr Lob verdient haben, als sie für
eine so weit überlegene Macht nicht die allermindeste Kleinmüthigkeit
gezeigt und stetshin tapfer gefochten. Nach nunmehr also angefangenen
Feindseligkeiten lasse ich E. k. M. Infanterie in dem beim vorigen
Krieg gemachten alten Retranchement postiren und die Cavallerie
jenseits an der Hand halten, um zu sehen, was etwa des Feindes

Vorhaben sei und ich mich darnach richten möge, da inzwischen auch das zu Szegedin gestandene Corpo morgen oder längstens übermorgen eintreffen und nicht wenig verstärken wird. Gedachtes Corpo habe ich nicht eher von der Theiss weg und anher ziehen können, so lang man von dem feindlichen Mouvement keine verlässliche Gewissheit und die Nachricht hatte, dass derorten sich nicht ein starkes Corpo zusammenziehen thäte.

Uebrigens E. k. M. unverhaltend, dass vor zwei Tagen der Herr Prinz Emanuel zu Portugal in Begleitung des jungen Conte Taroucca allhier incognito angelangt und gestern der Graf von Thürheim, General-Kriegscommissär, angekommen sei.

Was sich nun ferners ereignet, soll E. k. M. von Zeit zu Zeit a. u. berichtet werden.

60.

An den Hofkriegsrath. Peterwardein, 3. August 1716 [1]).

Aus der copeilichen Anlage beliebe ein löbliches Mittel des mehreren zu ersehen, was sich gestern morgens zwischen einem kaiserlichen Commando und der völligen feindlichen Cavallerie zugetragen und daher mich zur Abschickung eines eigenen Couriers veranlasst hat.

Nun hätte ich zwar umso viel lieber gesehen, wenn dieses impegno nicht geschehen und hinterblieben wäre, weil es aber eine unabänderliche Sache ist, so muss ich die erwiesene ungemeine Bravour und Standhaftigkeit aller hiebei gewesenen, sowohl Officiers als Gemeinen, anrühmen und hoffen, der verlorene FML. Graf Seyfried Breuner werde sich etwa in der Gefangenschaft befinden.

61.

An den Kaiser. Im Hornwerk bei Peterwardein,
4. August 1716 [2]).

Nachdem ich den letzten Courier abgefertigt und allerunterthänigst berichtet hatte, dass der Feind die hiesigen Höhen zwischen Karlowitz gegen die Donau linker Hand mit seinem Lager occupirt und ich hierauf den grössten Theil der Infanterie in das alte Retranchement vor Peterwardein gezogen, um zu sehen, was etwa der Feind tentiren

[1]) Kriegs-A., „Türkenkrieg 1716"; Fasc. VIII, 30.
[2]) Kriegs-A., „Türkenkrieg 1716"; Fasc. VIII, 44.

oder unternehmen möchte, so hat er sich gestern nicht allein sehr
genähert, sondern auch heute vor dem hiesigen Retranchement eine
ordentliche Linie eingeschnitten, auch mit Bombenwerfen und Stück-
schiessen einen Anfang gemacht, also dass es scheint, als wollte er
durch ordentliches approchiren dem Retranchement zukommen.

Bei solch' gestalteten Sachen wird heute die Disposition gemacht,
dass man vielleicht morgen mit einem Theile der Infanterie und völliger Cavallerie den Feind anfallen und also das Ansehen zu einer
baldigen Action sein dürfte, welches ich Euer kaiserlichen Majestät mit
heutiger ordinari vorläufig allergehorsamst beibringen, den Erfolg aber
einem abzuschickenden Courier vorbehalten will.

62.

An den Hofkriegsrath. Im Zelte des Grossveziers, 5. August 1716 [1]).

Einem löblichen Mittel habe ich hiemit die erfreuliche Zeitung
beibringen sollen, wie dass Gott der Allmächtige heute, als den 5. currentis, die kaiserlichen Waffen gesegnet, mittelst welchen der Feind
totaliter geschlagen, sein völliges Lager und so viel man dermalen
glaubt, bei die 100 Stücke erobert, wie nicht weniger ein Theil der
türkischen Kriegscanzlei, worunter auch mein unterm 29. Juni an den
Seraskier zu Belgrad und kaiserlichen Residenten Fleischmann
erlassenes Schreiben befindlich, überkommen sind.

Ich werde mit nächstem einen eigenen Courier mit den völligen
detaglio abschicken, mich indessen dieses so hochwichtigen Successes
erfreuend.

63.

An den G. d. C. Grafen Steinville. Im Zelte des Grossveziers, 5. August 1716 [2]).

Demnach Gott der Allmächtige den kaiserlichen Waffen heute,
als den 5. dieses, einen vollständigen Sieg gegen den Erbfeind allermildest verliehen hat, also zwar, dass er nebst Hinterlassung seines

---

[1]) Kriegs-A., „Türkenkrieg 1716"; Fasc. VIII, 59. — Das Concept dieses
Schreibens ist auf türkischem Papier, aus der eroberten Kriegskanzlei stammend,
im Zelte des Grossveziers geschrieben.

[2]) Kriegs-A., „Türkenkrieg 1716"; Fasc. VIII, 72. — Gleichlautende Schreiben
ergingen an demselben Tage auch an die GFWM. Freiherrn von Cosa, Grafen Herberstein, Freiherrn von Beckers und Salzer, an Obrist Freiherrn von Petrasch und
Feldmarschall Graf Huyn. Fasc. VIII, 72.

Lagers und Artillerie gänzlich zertrennt und in die Flucht getrieben worden; also habe ich ein solches dem Herrn zu dem Ende beibringen wollen, auf dass der Herr auch seinesorts zur mehrern gloire und Aufnehmung I. k. M. Allerhöchsten Dienstes gegen diesen geschlagenen Feind mit zusammengesetzten Rath und Kräften der alldasigen Banate und Generalate zu operiren und von dem erhaltenen Vortheil zu profitiren wissen belieben möge.

Und zumal solcher der blossen göttlichen Gnade und Segen zuzuschreiben ist, also ist auch billig, dass man diesfalls den gebührenden Dank und die christkatholischen Freudenbezeugungen abstatte, daher der Herr in der seinem Commando anvertrauten Festung durch feierliche Absingung der Ambrosianischen Hymne: Te deum laudamus und dreimaliger Abfeuerung des groben und kleinen Geschützes diese hochimportante Begebenheit solenniter begehen wolle.

64.

An den GFWM. Grafen Herberstein.
Peterwardein, 7. August 1716 [1]).

Es ist zwar das Pálffy'sche und das Bonneval'sche Bataillon von Grosswardein hierher zu marschiren beordert worden, nachdem aber der Sache Umstände es dermalen anders erfordert und für nöthig erachtet worden, gedachte Bataillone zu Szegedin anhalten zu lassen, also ist ihnen gegenwärtiges dahin zugefertigt worden, dass sie bei gedachtem Szegedin bis auf weiteren Befehl anhalten und verbleiben sollen, welches ich dem Herrn General-Feldwachtmeister zu dem Ende unter einsten bedeute, um dass Sie oberwähnte Bataillone daselbst, jedoch von der Garnison abgesondert, campiren lassen und unter Ihrem Commando bis auf weiteren Befehl beihalten wollen.

65.

An den Kaiser. (Schlachtrelation.)
Peterwardein, 8. August 1716 [1]).

Gleichwie ich Euer kaiserlichen Majestät unterm 4. currentis alleruntertänigst vorberichtet habe, also wurde noch selbigen Abend zur Angreifung des Feindes für den folgenden Tag die Disposition und der Schluss dahin genommen, dass nämlich zuförderst der Cavallerie 24 und der Infanterie 30 Schuss, dann den Grenadieren

---

[1]) Kriegs-A., „Türkenkrieg 1716"; Fasc. VIII, 90.
[1]) Kriegs-A., „Türkenkrieg 1716"; Fasc. VIII, 56.

4 Granaten auf den Mann ausgetheilt; die Artillerie nicht weniger sich mit den Munitions-Karren eingespannt und allerseits fertig halten, die Regimenter aber die sämmtliche Bagage zurücklassen und der Mann nichts, als was zum Fechten erforderlich ist, mitnehmen, folglich die herwärts stehende Cavallerie und von Szegedin angekommene Infanterie mit angehender Nacht über die beiden Schiffbrücken, zu defiliren anfangen sollen, um den Angriff bei anbrechenden Tag vornehmen zu können. Es hat sich aber ereignet, dass die unweit Peterwardein auf der Donau befindlichen Schiffmühlen, welche man etliche Tage vorher an das Ufer zu bringen befohlen, wegen des allzustarken Windes aber nicht haben herbei gebracht werden können, losgemacht worden, mithin sie dann auf gedachte Schiffbrücken, obwohl man durch Tschaiken und allerhand Mittel sie noch bei Zeiten wegzubringen gesucht, auch einige abgehindert hat, gestossen und an der ersten 5 Schiffe, an der letztern aber 18 ausgebrochen, womit die Brücken ruinirt und der Marsch der Truppen zu dem frühzeitigen Angriff des Morgens um 2½ Stunden retardirt worden, bis durch des Herrn FZM. Baron vo Löffelholz löbliche Sorgfalt es gleichwohl dahin gebracht worden, dass bald darauf sothane Brücken wieder reparirt und aufgerichtet gewesen.

Die Cavallerie wurde in 6 Theile eingetheilt und durch folgende Generale commandirt, und zwar die Regimenter Rabutin, Gronsfeld, Darmstadt und Cordova durch den G. d. C. Freiherrn von Ebergényi, unter ihm aber der FML. Graf von Hauben, dann die beiden GFWM. Galbes und Hamilton, welche sich rechter Hand des Retranchements postirten. Die übrigen sämmtlichen Cavallerie-Regimenter waren linker Hand sich zu setzen beordert, als unter dem G. d. C. Graf von Mercy, dem FML. Fürst von Lobkowitz, dann dem GFWM. Graf von Eck mit den Bayreuth-, Hannover-, Pálffy- und Mercy'schen Regimentern; der G. d. C. Baron von Falkenstein hatte unter sich die beiden FML. Croix und Viard, dann den GFWM. St. Amour mit den St. Amour-, Falkenstein-, Martigny- und Graven'schen Regimentern;

der G. d. C. Graf von Martigny mit den beiden FML. Hochberg und Gondrecourt, dann dem GFWM. Graf von Jörger, commandirte die Althann-, Croix-, Hautois- und Viard'schen Regimenter;

der G. d. C. von Battée mit den FML. Veterani und Hautois, dann dem GFWM. von Schilling, die Schönborn-, Lobkowitz-, Gondrecourt- und Emanuel Savoyen'schen Regimenter, dann der G. d. C. Graf von Nádasdy mit den FML. Althann und Prinz Friedrich von Württemberg, die Regimenter Galbes, Jörger,

Vasquez, dann Splényi- und Esterházy-Husaren, welche aber nach er
schienener Nothwendigkeit nach rechter Hand geschickt wurden.

Die mit dem Herren Prinzen Alexander (Württemberg)
tagsvorher von Szegedin angelangte Infanterie, aus sechs Bataillonen
bestehend, wurde linker Hand postirt und schloss sich an die rechte
der Cavallerie mit dem Befehl, dass sie die erste den Feind attaquiren solle, welches bald gegen 7 Uhr morgens geschehen und musste
zu gleicher Zeit die erste Linie aus dem Retranchement und zwar zuerst
der linke Flügel, welcher von dem FZM. Grafen von Regal commandirt wurde, hinausrücken und den Feind ebenfalls attaquiren. Ein
Gleiches that der FZM. Graf von Starhemberg mit dem ersten
Treffen des rechten Flügels. Auf den General Regal folgte der
FZM. Graf von Harrach mit dem linken Flügels des zweiten
Treffens von der Infanterie, um den erstern zu souteniren und der
Herr FZM. Prinz von Bevern Liebden observirte eben ein solches
mit dem rechten Flügel des zweiten Treffens. Der FZM. Baron von
Löffelholz aber behielt das Commando im Kronenwerk und Retranchement, um die darin befindlichen Regimenter in guter Bereitschaft und beständiger Ordnung zu halten.

Als nun die Attaque obbesagtermassen ungefähr um 7 Uhr
morgens geschehen und die auf dem linken Flügel, über das Szegediner
Corpo zum Angriff destinirte Infanterie, auch sodann die von dem
rechten, welche durch die unter dem Ebergényi- und Nádasdyschen Commando gestandenen Cavallerie-Regimenter am Wasser soutenirt
wurde, aus dem Retranchement gerückt, stand der Feind nicht weniger
in guter Ordnung hinter seinen Linien postirt, welcher in dem ersten
Feuer und Angriff sogleich daraus poussirt wurde. Es entstand aber
ganz unvermuthet auf unserem Flügel der Infanterie einige Confusion,
welche auch auf dem linken, ebenfalls der Infanterie, Unordnung verursachte, wovon der Feind mit besonderer Eilfertigkeit profitirt und
mit ungemeiner Gewalt in das erste Retranchement eingedrungen, auch
bereits ein Eck des zweiten überstiegen hatte; so aber nicht lange
gedauert, weil die zum souteniren links und rechts gestellte Cavallerie
zugeeilt und der Infanterie die Zeit, sich zu recoligiren, gegeben hatte.

E. k. M. Cavallerie des linken Flügels, obschon sie gleich anfangs
von den feindlichen Stücken an Mann und Pferd ziemlich gelitten,
ist die erste an die türkische Wagenburg gedrungen und soweit
avancirt, dass endlich der Feind durch den an verschiedenen Orten
von derselben geschehenen Einbruch in Unordnung gerathen und allerseits zu weichen angefangen, folglich unserer Armee so viel Terrain
gelassen, worauf sie sich darauf formiren und vorwärts gegen die feind-

liche Anhöhe in Ordnung anmarschiren konnte. Je mehr man aber dahin gerückt, je eilfertiger suchte der Feind sich zu retiriren, also dass er nicht nur seine vorgelegene Wagenburg, sondern auch das auf den Berg gewesene Hauptquartier und finaliter das ganze Lager mit Artillerie, Munition, Fuhrwesen, Canzlei und allen Zeltern verlassen, folglich mit grosser Précipitance sich in die Flucht begeben musste. Seine Cavallerie hat wenig getroffen, massen sie die erste échappirt, da hingegen die in Stich gelassenen Janitscharen desto mehr erlitten haben. Es war noch nicht 12 Uhr mittags, da hatte unsere Armee das völlige feindliche Lager und Hauptquartier occupirt, ist auch bis zum anderen Tage allda verblieben, wo inzwischen der Feind so schleunig als möglich dem Savestrome zugeeilt, hingegen aber unsere Truppen alles und jedes zur Beute gemacht, folglich eine ziemliche Anzahl von Büffeln, Kameelen und allerhand Lebensmittel sammt allen Zeltern überkommen haben.

Die eroberte Artillerie besteht aus grossen und kleinen Kanonen, auch Feuermörsern, so viel man bis dato weiss, 164 Stück, an Fahnen zählt man dermalen schon 165, ohne diejenigen, so von den Leuten zerrissen und sonst verloren gegangen, wie auch 5 Rossschweife und Pauken.

Unsererseits kann man von dem Verluste des Feindes die positive Anzahl schon darum noch nicht wissen, weil ob des ungleichen und embouscirten Terrains die Wahlstatt sich auf einige Meilen extendirt; inmittelst und kurz zu sagen ist es eine vollkommene Victorie gewesen, womit bei diesem so schweren Angriffe, der feindlichen Uebermacht und ihres vortheilhaften Lagers, die deutsche Bravour und Standhaftigkeit sich umsomehr signalirt hat, als der Gefangenen Aussage nach ihre Armee, ohne Tataren, welche in's Land ausgelaufen und nicht einmal dabei waren, bis 200.000 Mann stark gewesen sein soll. Unsere Cavallerie, welche nicht einmal Platz hatte, sich zu formiren, sondern nur regimenter-, wie auch compagnien- und truppenweise dort und da hat ansetzen müssen, hat sich dabei eine grosse Ehre und Reputation erworben und alles gethan, was immer von einer Reiterei prätendirt werden mag.

Der FML. Graf von Breuner ist bei des Grossveziers Zelt ganz frisch zerhauen mit Eisen an Hals und Füssen, dann verschiedene unserer Leute herum, von dem ersten Pálffy'schen Rencontre, enthauptet aufgefunden worden.

In der letzten Action aber sind an Generalspersonen die FML. Lancken und Wellenstein, dann der GFWM. Graf Honsbruck von Gehlen, wie auch die Obriste Graf Rovero von

Alt-Daun, Graf Erps von Jung-Daun, Goldacker von Gschwind, Forstner von Herzog von Württemberg, Streithorst vom Prinz Friedrich Württemberg, dann der General-Adjutant Graf Johann Baptist von Pálffy und General-Quartiermeister-Lieutenant Chréstien de Bouchon todt geblieben.

Der FML. Graf von Bonneval aber, dann der GFWM. O'Dwyer und Schilling, nicht weniger die Obriste Schuhknecht von Althann, Graf von Trautson, Des Pilliers von Mercy und Schläuerspach von Pálffy, item General-Adjutant Graf von Trauttmansdorff stark blessirt worden.

Und dieses ist, was ich E. k. M. über die so siegreiche Action und glücklichen Ausschlag Dero glorreichen Waffen in Unterthänigkeit beibringen soll, ohne die Ursache zu berühren, wo etwa die auf dem rechten Flügel entstandene Unordnung hergerührt haben möchte, gestalten ich vielmehr glaube, dass ein jeder seiner Schuldigkeit Genüge zu leisten sich bestrebt haben wird. Und gleichwie ich durch eigene Abschickung E. k. M. General-Adjutanten Grafen von Zeil die eroberten Fahnen zu Füssen lege, also muss ich Deroselben die von Dero gesammten Generalität bezeugte Tapferkeit und löblichen Eifer allerdings rühmen. Insbesondere aber E. k. M. Feldmarschall Grafen von Pálffy und Prinzen Alexander von Württemberg bei dieser Gelegenheit erwiesenen Valor und tapferen Conduite unangerühmt nicht lassen, mithin dieselben zuerst zu Dero Allerhöchsten Gnaden wie billig, anrecommandiren.

Schliesslich lege ich E. k. M. originaliter bei, was der Grossvezier durch einen eigenen, nach Peterwardein abgeschickten Türken 2 Tage vor der Action noch an Dero FZM. Freiherrn von Löffelholz als Grenz-Commandanten geschrieben, woraus ihre Vermessenheit und Hochmuth sattsam erhellt, daher man auch, um die billige Verachtung darüber zu bezeugen, sothanen Türken ohne Antwort sogleich wieder zurückgeschickt hat.

66.

An den Kaiser. Peterwardein, 8. August 1716 [1]).

Euer kaiserlichen Majestät muss ich allerunterthänigst vorstellen und erfordert Dero höchster Dienst, dass zur Fortsetzung des angefangenen Fortificationsbaues der Grenzfestungen Peterwardein, Essegg, Szegedin, Arad und Brod dermalen eine Summe von wenigstens

---

[1]) Kriegs-A., „Türkenkrieg 1716"; Fasc. VIII, 95.

150.000 fl. beigeschafft und ein zulängliches Quantum zu diesem Ende jährlich angewiesen und gezahlt werde, um diese so wichtigen Plätze, von welchen so importante Länder dependiren, wenigstens in einen solchen Defensionsstand zu setzen, damit ein Feind nicht sogleich hineinlaufe oder eine Armee zu deren Erhaltung nothwendig sei. E. k. M. werden die unumgängliche Nothdurft dieser unmassgeblichen Vorstellung von selbst Allergnädigst erachten und daher umso nachdrücklicher den schleunigen und wirklichen Befehl an seine Behörde ergehen lassen.

Diesemnach finde ich ferners zur Erhaltung E. k. M. Cavallerie und Wirthschaft Dero Aerars, dass über den unzulänglichen M o h r- und S c h e l l'schen Associations - Hafervorrath noch 200.000 Metzen und zwar von einem anderen, mit gedachter Admodiation, welche in Beischaffung ihres übernommenen Quantums sattsam beschäftigt ist, nicht interessirten Unternehmer beigeschafft und zeitlich an Ort und Ende eingeliefert werden möchte, weil man dermalen nicht wissen kann, ob die vornehmenden Operationen nicht etwa zu einer späteren Campagne veranlassen, mithin wenigstens einen solchen Vorrath erfordern, widrigenfalls die bereits sehr abgematteten Pferde zu Grunde gehen und E. k. M. Aerar ein doppeltes Remontengeld consumiren wird. Bei dieser Gelegenheit habe ich noch allergehorsamst bitten wollen, dass E. k. M. geruhen möchten, die Remonten- und Recrutenanstalten auf das bevorstehende zeitlich vorzukehren und verlässlich zu stellen.

Sonst ist zwar E. k. M. General-Kriegscommissär vor einigen Tagen dahier glücklich angelangt und hat von den mitgebrachten 650.000 fl. der Armee nur für einen Monat Geld abgereicht, mithin diese Summe fast absorbirt, da doch drei ganze Monate wirklich verstrichen und das vierte bereits eingegangen ist. E. k. M. geruhen sich allermildest zu erinnern, wie dass Sie sowohl mir, als gedachtem General-Kriegscommissär die heilige Versicherung gegeben, dass Sie das auf 4 Monate ausgeworfene Quantum zur Verpflegung und Aufrechthaltung einer so schönen und von Dero kaiserlichen Gnaden so wohl meritirten Armee verlässlich würden abreichen lassen. Ich unterstehe mich diesfalls meine allergnädigste Bitte umso nachdrucksamer zu erneuern, als hierunter Dero Glorie und Interesse, wie nicht weniger die Wirthschaft des Aerars hauptsächlich waltet, zumal die Aufrechthaltung der Armee von der ordentlichen Verpflegung hauptsächlich dependirt.

67.

An den Hofkriegsrath. Peterwardein, 8. August 1716 [1]).

.... Dass die angefangenen Donau-Kriegsschiffe ausgebaut und nach Essegg bis auf weitere Disposition abgeschickt werden, um wenigstens künftiges Jahr in tempore dienen zu können, ein solches ist gar recht, weil aber die Umstände und das System der vornehmenden Operationen dermalen abgeändert ist, auch die Nachschickung gedachter Schiffe nicht mehr de tempore, so könnten die bereits angenommenen Matrosen zwar beibehalten, aber keine anderen mehr angenommen werden.

Sonst geschieht gar recht, dass man mit Nachdruck darob sei, damit sowohl von Seite des Commissariats-Amts als der ungarischen Canzlei wegen den Märschen und Zügen, mithin hieraus entstehenden Excessen, bevorderist der Vorspannswagen, ein Abhelfungsmittel erfinde, worüber ich dahier mit dem Herrn General-Kriegscommissär reden und die übertretende Miliz zur billigen Observanz anhalten werde, allein es muss die Norm draussen concertirt und einverstanden werden.

Die croatischen Generalate und das Banat beschweren sich noch immer, dass sie sowohl an Proviant, als Munition und vielen anderen Nothwendigkeiten einen beständigen Abgang leiden; nun habe ich zwar dahin verordnet, dass mit 200 Centner Pulver und Blei a proportione von Brod ausgeholfen und dieses wieder aus Essegg ersetzt werden solle, allein ich sehe nicht, wie man aus den ungarischen Grenzfestungen, welche ohnedem gar schlecht versehen sind, allerorts aushelfen könne, ohne sich selbst zu entblössen. Es ist auch obgedachtes Quantum so wenig, dass andurch ermeldetem nothleidenden Banat und Generalaten nur auf geringe Zeit geholfen sein dürfte, dass also die Beischaffung eines zulänglichen Vorrathes, sowohl in diesen als anderen abgängigen unumgänglichen Erfordernissen, umsomehr zu veranstalten ist, als ich von hier aus nebst Anerinnerung der erhaltenen Victorie angeordnet habe, mit zusammengesetzten Rath und Kräften gegen den geschlagenen Feind zu agiren und Abbruch zu thun, welches ohne Beischaffung der Nothwendigkeiten nicht geschehen kann.

Es ist leicht zu ermessen, dass die Türken, nachdem sie einmal den Krieg gegen I. k. M. zu führen entschlossen, die Hostilitäten auch

---

[1]) Kriegs-A., „Türkenkrieg 1716"; Fasc. VIII, 96.

gegen Napoli verüben werden, daher man sich auch der Orte wohl vorzusehen und dem Feind auf gleiche Art zu begegnen hat.

Ferners ist aus der übersetzten Anlage zu ersehen, was der Grossvezier den 2. August durch einen eigens abgeschickten, an den zu Peterwardein commandirenden FZM. Herrn Baron von Löffelholz geschrieben und dem Dupplicate des Originals, so vor einiger Zeit dem Löffelholz'schen Lieutenant auf der Postirung zu Szlankamen eingehändigt worden, per P. S. zugesetzt hat, welche beide ich keiner Antwort gewürdigt, weil solche nicht anders als impertinent hätte sein können.

P. S. [1]).

Nach geschlossener Relation kommt die verlässliche Nachricht, dass der General-Quartiermeister-Lieutenant Chréstien de Bousson in der letzten Action todt geblieben; also habe ich zur Ersetzung dieser Stelle den Ingenieur-Obristwachtmeister Plöttner vorzuschlagen, dass also ein löbliches Mittel diesfalls das weitere in seinem Vortheil zu beobachten belieben wird.

68.

An den GFWM. Grafen von Vehlen.
Peterwardein, 8. August 1716 [2]).

Durch gegenwärtigen, eigens abgeschickten Courier habe ich dem Herrn General-Feldwachtmeister zu bedeuten, dass Derselbe mit den beiden Dragoner-Regimentern, als meinem unterhabenden und dem Württemberg'schen von Baja aufbrechen und gerade nach Szegedin marschiren soll, wie denn der General-Feldwachtmeister sich bis dahin mit benöthigten Brot zu versehen hat.

Es wird inmittelst der Feldmarschall Graf Pálffy mit einiger Cavallerie dahin aufbrechen. Wenn also der General-Feldwachtmeister noch vor meiner Ankunft dahin gelangen sollte, ist derselbe an obgedachten Herrn Feldmarschall hiermit angewiesen.

69.

An den Kaiser. Peterwardein, 9. August 1716 [3]).

Euer kaiserliche Majestät haben aus meiner heute allerunterthänigst eingeschickten Relation des mehreren zu ersehen beliebt,

[1]) Kriegs-A., „Türkenkrieg 1716"; Fasc. VIII, 10.
[2]) Kriegs-A., „Türkenkrieg 1716"; Fasc. VIII, 97.
[3]) Kriegs-A., „Türkenkrieg 1716"; Fasc. VIII, 57.

welchergestalt durch die in der letzten Pálffy'schen Affaire und darauf erfolgten Action todt gebliebenen Generale und Obriste das Breuner-Dragoner-, dann die Lancken-, Wellenstein- und Gehlen-Infanterie-Regimenter in Erledigung und zu E. k. M. Disposition gekommen sind, daher ich mich unterstehe, zu dem ersten den Freiherrn von Hauben als den ältesten Feldmarschall-Lieutenant, welcher nebst vielen anderen erworbenen meriten, sich in der letzten Affaire auch mit empfangener Blessur sehr distinguirt, allerunterthänigst vorzuschlagen und zumal der Prinz von Aremberg, anstatt des in Niederlanden habenden Regimentes, um ein deutsches sehr inständig ansucht und sich unangesehen der schlechten Gesundheit, auch Gefahr der Augen, bei der letzten Action hat einfinden und den zu E. k. M. Dienst tragenden Eifer bezeugen wollen, auch sonst eine so andere Consideration sein dürfte, also wäre ich der unmassgeblichen Meinung, E. k. M. könnten ihn mit einem gedachter Regimenter allermildest consoliren und sodann zum Vortheil eines anderen mit dem freiwerdenden in den Niederlanden disponiren. Zu den beiden übrigen, als Wellenstein und Gehlen darf ich die ältesten beiden GFWM. Freiherrn von Langlet und Livingstein a. u. in Vorschlag bringen, in Ansehung ihrer von so vielen Jahren treu geleisteten Dienste und erworbenen Kriegs-Experienz und Erfahrenheit. Es befinden sich zwar noch einige andere Prätendenten und unter diesen der aus französischen und pfälzischen Diensten gekommene GFWM. Marsigli und Diesbach. Weil aber diese nur eine geringe Zeit E. k. M. dienen, könnten sie mit Geduld getröstet werden.

70.

An den Kaiser. Peterwardein, 9. August 1716[1]).

Nachdem der geschlagene Erbfeind sich also entfernt hatte, dass von ihm nichts mehr zu sehen war, habe ich Euer kaiserliche Majestät Armee in das hiesige Lager, herwärts der Donau, zurückgezogen, um sich allda bei der zurückgelassenen Bagage von den starken Strapazen, welche sie einige Zeit wegen des Feindes gegenwärtig ausgestanden hatte, etwas zu erquicken und die Kranken und Blessirten von den Gesunden gelegentlich abzusondern. Wenn dieses geschehen und ein so andere zu den bevorstehenden Operationen erforderliche Anstalten gemacht sind, sodann bin ich mit E. k. M. Allergnädigster Erlaubniss der gefassten Resolution, gerade nach Temesvár

---

[1]) Kriegs-A., „Türkenkrieg 1716"; Fasc. VIII, 108.

abzumarschiren und solches zu belagern, wohin ich indessen den Feldmarschall Grafen Pálffy mit einem Theile der Cavallerie vorausschicke, den Ort zu berennen. Die Ursachen, welche mich zu dieser Operation bewegen, sind erstlich, dass der geschlagene Feind mir die Passage der Save, wenn ich mein Vorhaben auf Belgrad richten wollte, noch disputiren und unsicher machen, auch wegen abgehendem Schiffs-Armament die Donau offen und frei, ich hingegen solche zu den Transport nicht gebrauchen könnte; sodann finde ich die Wegnehmung von Temesvár, welche mit Hilfe Gottes zu hoffen steht, zu den künftigen Winterquartieren, Ziehung der Contributionen aus der Wallachei, Bedeckung der Theiss und Oberungarn, auch Communication mit Siebenbürgen zu E. k. M. Allerhöchsten Dienst sehr beiträglich und nützlich, nicht weniger zu den künftigen Absehen auf Belgrad sehr förderlich zu sein. Die Beschwerlichkeit, welche sich in Vollziehung dieses dessein ereignen wird, dürfte in dem Transport der Erfordernisse bestehen, man wird aber suchen, solche mit Beihilfe des Landes nach Möglichkeit zu heben und zu diesem Ende das nöthige einzuleiten.

E. k. M. bitte ich allerunterthänigst, dass Dieselbe geruhen möchten, zu diesem Ende Dero königlichen ungarischen Canzlei anzubefehlen, dass sie alle von mir hierinfalls zu machende Dispositionen nicht allein bestätigen, sondern befördern und zu diesem Ende das nöthige intimiren möchte.

Diesemnach unterstehe ich mich E. k. M. vorzustellen, wie der zu vorhabenden Operationen a. g. zugesagte Fundus der 200.000 fl. zur Bestreitung der Extra-Ausgaben dermalen unumgänglich nöthig ist.

71.

An den GFWM. Grafen Herberstein.
Peterwardein, 9. August 1716 [1]).

Weil ich vernehme, dass der Herr General-Feldwachtmeister auf eine Brücke über die Theiss die Schiffe und andere zugehörige Requisiten zu Szegedin bei Handen habe, also wird Derselbe allsogleich nach Empfang dieses, jedoch in der Stille, gedachte Schiffe und Requisiten nach Becse, allwo vormals nach der Bataille (bei Zenta 1697) das Backhaus war, unverweigerlich abschicken, allwo die nöthige Bedeckung bei Anlangung dessen schon gegenwärtig sein wird.

[1]) Kriegs-A., „Türkenkrieg 1716"; Fasc. VIII, 110.

72.

An den GFWM. Freiherrn von Langlet.
Peterwardein, 9. August 1716 [1]).

Nach Empfang dieses wird der Herr General-Feldwachtmeister das obhabende Commando zu Rača dem Herrn Obristlieutenant Dillher vom Löffelholz'schen Regiment sammt den vier Compagnien vom gedachten Regiment übergeben und anbei nach Anleitung des Herrn FZM. Baron von Löffelholz die alldasigen Raizen anweisen, diesemnach für seine Person und dem übrigen Commando sich anher zu der Armee verfügen, oder wenn diese bereits abmarschirt wäre, solcher nachfolgen.

73.

An den Obrist Freiherrn von Petrasch.
Peterwardein, 9. August 1716 [2]).

Von dem Herrn Obrist erhalte ich 4 Berichtschreiben unterm 30. pass., dann 4., 6. und 8. hujus, worüber mich nicht verwundere, dass meine vorigen so lange umgelaufen, weil wegen vorgewesener Unsicherheit der Strassen es nicht wohl anders hat sein können.

Was nun weiters die angesuchte Verstärkung der Garnison auf den Winter angeht, darauf wird man seinerzeit schon reflectiren, gestalten dermalen bei geändertem Umstand der Sachen die feindliche Gefahr alldort ohnedies nicht mehr so gross sein dürfte. Respectu des dasigen Fortificationsbaues wird der Herr Obrist in loco am besten zu entscheiden wissen, ob bei den Thoren oder Kasernen der Anfang zu machen und was am nöthigsten instandzusetzen sei.

Auf dasjenige, was Derselbe wegen Handhabung seiner Autorität angeregt, weiss dem Herrn Obrist anderes nichts zu erinnern, als dass es hierunter bei der alten und bisherigen Observanz sein unabänderliches Bewenden haben müsse. Die Erfolglassung aber der nach Rača geschickten Stücke und Ablösung der Büchsenmeister kann dato umsoweniger bewilligt werden, weil dieser Posten rebus sic stantibus dem Feind am meisten exponirt und mithin wohl zu verwahren ist.

Dass aus Syrmien und sonst ein grosser Alarm und Flüchten entstanden, ist eine natürliche Sache, wo der Feind mit einer solchen Uebermacht à portée ist und mit seinen Parteien excurrirt. Durch die

[1]) Kriegs-A., „Türkenkrieg 1716"; Fasc. VIII, 111.
[2]) Kriegs-A., „Türkenkrieg 1716"; Fasc. VIII, 112.

jüngstens von Gott verliehenen Victorie hat sich aber der status geändert, mithin die Operationen einen guten Anfang genommen, der Herr Obrist aber sehr wohlgethan, dass er das türkische Territorium mit seinen unterhabenden Leuten betreten, auch Posto gefasst und das jenseitige Land, soviel thunlich, in Contribution zu setzen sucht, welches Derselbe fort continuiren und dem Feind allen möglichen Abbruch mit gehöriger Vorsichtigkeit und soviel ohne Gefahr geschehen kann, zu thun hätte, gestalten meines Erachtens die Türken ohnedies dortiger Enden dermalen nichts hauptsächliches vornehmen oder tentiren dürften etc.

74.

An den Hofkriegsrath. Peterwardein, 10. August 1716 [1]).

Ich habe zwar den Herrn GFWM. Baron von Langlet in meinem vorigen zu einem der vacirenden Regimenter I. k. M. allerunterthänigst vorgeschlagen.

Ich glaubte aber, dass re ad huc integra der Herr Obrist Graf von Hohenfeld anstatt seiner könnte eingerathen und ermeldeter General-Feldwachtmeister mit dem Vicecommando zu Szigeth sammt Anwartung und Gage der Wirklichkeit consolirt und nebst dem bereits publicirten GFWM. Herrn Baron von Rotenhan, die folgenden Obriste Orsetti, Lanthieri, Uffeln (Offeln), Arigoni, La Marche und Locatelli zu wirklichen General-Feldwachtmeister promovirt und declarirt werden, welchen ich noch den Herrn Obrist Grafen von Windischgrätz zusetze.

75.

An den FML. Freiherrn von Beckers. Peterwardein, 10. August 1716 [2]).

Ich accusire zugleich von meinem Herrn Feldmarschall-Lieutenant nach einander wohl erhaltene Berichtschreiben vom 2., 4., 5., 6. und 7. dieses. Es ist leicht zu erachten, nachdem der Feind nicht nur im Lande gestanden (ist), sondern auch allerseits ausgelaufen und gestreift hat, dass die Inwohner gleichfalls entlaufen (sind) und sich in die Sicherheit zu salviren gesucht (haben); zumal sich aber nunmehr durch göttlichen Beistand der status geändert und der Feind abgetrieben worden, so lebe (ich) der Hoffnung, dass auch sothane Inwohner

---

[1]) Kriegs-A., „Türkenkrieg 1716"; Fasc. VIII, 120.
[2]) Kriegs-A., „Türkenkrieg 1716"; Fasc. VIII, 121.

und Unterthanen sich wieder herbeimachen und einfinden werden und
wird mein Herr Feldmarschall-Lieutenant sich allerdings angelegen sein
lassen, die Leute bei Hause und den ihrigen zu erhalten.

Dass die auf die anlangenden Kriegsschiffe destinirten Stücke
in wirklicher Bereitschaft stehen, war mir lieb zu vernehmen und ich
unterlasse nicht, wegen eines zur Fortsetzung der Fortification ehe-
baldigst zu remittirenden fundi die Nothdurft nachdrucksam zu pressiren.

Es befindet sich auch bei meinem Herrn Feldmarschall-Lieutenant
ein ziemlicher ungegossener Bleivorrath, daher Dieselbe jetztgedachtes
Blei sobald als möglich calibermässig umgiessen und deswegen das
benöthigte vorzukehren hätten.

Was das Particulare angeht, sind mir Dero meriten und löblicher
Diensteifer zur genüge bekannt. Man wird auch seinerzeit darauf
billigermassen zu reflectiren nicht entstehen. Das übrige dient mir zur
guten Nachricht.

<h2 style="text-align:center">76.</h2>

An den Kaiser. Peterwardein, 11. August 1716 [1]).

Seit meiner vorgestrigen allerunterthänigsten Relation ist bei
Euer kaiserlichen Majestät Armee nichts sonderliches vorgefallen, als
dass der Feldmarschall Graf Pálffy mit der Cavallerie des ersten
Treffens und mit ihm der Prinz Alexander von Württemberg
mit zwölf Bataillonen von hier nach Temesvár wirklich abmarschirt
ist, den Ort zu berennen und einzusperren, welchen ich zwar morgen
mit der Armee nachzufolgen gesinnt war, weil aber noch so andere
Dispositionen zu dieser vorhabenden Operation vorzubereiten, auch
die Theiss- und andere Brücken zu veranstalten sind, also dürfte ich
noch wohl ein oder zwei Tage mich aufhalten müssen. Indessen geruhen E. k. M. aus den beiliegenden Kundschaften des mehreren
Allergnädigst zu ersehen, welchergestalt der Grossvezier, nachdem er
die Flucht der seinigen wahrgenommen, sich dem grössten Feuer exponirt und nebst dem Janitscharen-Aga und einem gewissen Mehemet
Pascha in der Action soll geblieben sein, womit nebst Beilage zweier
Tabellen über die gedachte Action von Seite E. k. M. todten und
blessirten Mannschaft mich zu Allerhöchsten kaiserlichen Hulden und
Gnaden in tiefster Submission empfehle.

P. S.

Auch obgedachte zwölf Bataillons werden dermalen nicht gar
auf Temesvár, sondern bis an die Theiss gehen.

---

[1]) Kriegs-A., „Türkenkrieg 1716“; Fasc. VIII, 58

77.

An den Hofkriegsrath. Peterwardein, 11. August 1716[1]).

Ich erhalte zurecht die beiden beliebten Antwortschreiben vom
1. und 5. currentis, worauf ich hiemit ratione der innerösterreichischen
Generalate und des croatischen Banates anzuerinnern habe, dass solche
auf alle Weise mit zusammengesetztem Rath und Kräften unter Commando
des älteren Generals gegen den Feind zu agiren und sie auch ihresorts
von dem erhaltenen Vortheil zu profitiren suchen sollen, zu welchem
Ende ich die 200 Centner Pulver und Blei à proportione von Brod
verabfolgen zu leisten bereits anbefohlen habe. Weil aber der Abgang
in diesen nicht allein, so wolle ein löbliches Mittel das übrige besorgen, um diese Leute einmal in den Stand zu setzen, agiren zu
können.

An nachdrucksamer Urgirung der Fortificationsgelder geschieht
gar recht und habe ich diesfalls an I. k. M. ganz angelegentlichst
relationirt, dass also diesfalls umsomehr dermalen zu pressiren und nicht
nachzulassen ist, bis die Resolution und Bewirkung erfolge, massen
I. k. M. gar hoch daran gelegen, auf dass die Grenzfestungen in einen
Defensionsstand gesetzt werden, wie ich ein solches in obgedachter
Relation umständlicher vorgestellt habe.

Wegen Beischaffung der Cürasse ist es heuer zwar zu spät, indessen dennoch darauf anzutragen, dass solche in tempore und vor
der zukünftigen Campagne in zulänglicher Quantität und guter Qualität
beigeschafft werden, massen nicht allein verschiedene Regimenter,
sondern auch alle Carabinier-Compagnien zu versehen, mithin die angetragenen 300 Stück bei weitem nicht erklecklich sind.

Von den ersteren drei abgeschickten Kriegsschiffen sollen zwei
dem Vernehmen nach zu Essegg anlangen, von wo nach vollzogener
Montirung sie weitershin abgehen und bis zu dem Einfluss der Theiss,
solchen zu bedecken, abfahren werden. Und bin ich gar wohl persuadirt, dass man von Seite eines löblichen Mittels keine Mühe und
Sorgfalt gespart habe, gedachte Schiffe eher zu verfertigen.

Mit der neuen Enceinte und Determinirung derselben bei der
allhiesigen Peterwardeiner Wasserstadt hat es noch Zeit, weil erstens
die obere Festung, deren Aussenwerke und die untere Stadt aufzubauen und zu befestigen sind.

Dass die löbliche kaiserliche Hofkammer den Slavonischen Cameral-
Inspector Herrn von Kalleneck an mich zu Herrndienst insoweit

---

[1]) Kriegs-A , „Türkenkrieg 1716“; Fasc. VIII, 129.

angewiesen hat, dass er meinen in diesem Absehen ihm zu ertheilenden
Befehlen unweigerlich nachkommen soll, ein solches habe ich aus dem
Cameral-reinsinuato ersehen und annebens beizurücken, dass ich gedachten von **Kalleneck** auch vor Einlangung dessen ganz willfährig
und eifrig gefunden.

Ferners ist es allerseits billig, dass die innerösterreichischen
Generalate und beförderist das Carlstädtische mit dem venetianischen
in Dalmatien angestellten Herrn Proveditore General S. **Emo** in den
gegen die Türken vorfallenden Operationen nach Erheischung der Umstände sich freundlich einverstehen und allen Vorschub leisten, wodurch dem gemeinsamen Feinde ein Abbruch geschehen könne, wenn
nur ein gleiches von Seite der Republik auch geschehen und anbefohlen würde.

P. S.

Ein löbliches Mittel wolle die Sachen dahin einleiten, damit meine
letzte Relation an den Kaiser über die vorbei gegangene Action nicht
publique gemacht werde.

78.

An den FML. Grafen Hannibal Heister.
Peterwardein, 11. August 1716 [1]).

Demnach I. k. M. Allerhöchster Dienst erfordert, wider den Erbfeind mit gesammter Hand zu agiren und selbem allen möglichen Abbruch zu thun, gleichwie der Herr Feldmarschall-Lieutenant aus meinem
vorigen Schreiben das mehrere von dem hier erhaltenen Vortheil wird vernommen haben; also will sonderlich nöthig sein, dass sich das Banat
und die Generalate untereinander und mit dem venetianischen in Dalmatien angestellten Proveditore Generalen S. **Emo** in den gegen die
Türken vorfallenden Operationen nach Erheischung der Umstände
freundlich einverstehen und allen Vorschub leisten, worüber von dem
Hofkriegsrath dem Herrn Feldmarschall-Lieutenant das weitere bereits
wird zugekommen sein.

79.

An den Hofkriegsrath. Peterwardein, 13. August 1716 [2]).

Es ist bereits vor einem Jahre mit einem löblichen Mittel die
Sache verabredet und dahin beschlossen worden, dass zu einer etwa

----

[1]) Kriegs-A., „Türkenkrieg 1716"; Fasc. VIII, 130.
[2]) Kriegs-A., „Türkenkrieg 1716"; Fasc. VIII, 145.

vorzunehmenden Belagerung alle benöthigten Requisiten zu Zeiten möchten beigeschafft werden. Nun will ich zwar an der geschehenen Vollziehung dieser Sache keinen Zweifel tragen, inzwischen aber geht von der zu Wien eingegebenen Specification sehr viel ab. Also wolle ein löbliches Mittel sogleich mir specifice einschicken, was zu dem Ende sowohl an grossen und kleinen Geschützen, Munition und allen zu einer Belagerung erforderlichen Requisiten vorhanden ist und, so etwas abgängig wäre, ohne Zeitverlust nach Ofen transportiren lassen, auf dass man in der angefangenen Entreprise nicht gehindert, folglich I. k. M. Dienst nicht gehemmt werde.

Sonst habe ich einem löblichen Mittel noch unlängst angemerkt, dass die zu Ofen und Essegg angestellten Zeugsbedienten und Zeugs-werkleute schon so lange ohne Bezahlung stehen, mithin Herrendienst nothwendig leiden muss; also wolle ein löbliches Mittel sich angelegen sein lassen, diesen Leuten, auf welche Art und Weise es auch sein mag, mit einigem Geld auszuhelfen.

80.

An den Feldmarschall Grafen Pálffy.
Peterwardein, 13. August 1716 [1]).

Aus Euer Excellenz gestrigem Schreiben habe ich zwar ent-nommen, dass Sie die Laufbrücken nach Zenta vorausgeschickt und um die Schiffe und Requisiten nach Szegedin geschrieben haben, aber nicht daraus ersehen, ob und wo Sie die Brücken zu Zenta oder Klein-Kanizsa zu schlagen gesinnt sind, daher ich diese Nachricht von Deroselben erwarte, damit ich den Marsch der Armee dahin richten kann.

An Ausschickung der Husaren-Parteien ist gar recht geschehen, damit sie entweder Gefangene oder Kundschafter einbringen mögen und wird ein gleiches von hier aus gegen Titel anbefohlen werden. Sonst, weil ohnedies der FZM. Prinz A l e x a n d e r von W ü r t t e m-b e r g bei gedachten Brücken zu verbleiben hat, so könnte er die Verfertigung derselben umso eher übernehmen und mir den Erfolg berichten.

----

[1]) Kriegs-A., „Türkenkrieg 1716"; Fasc. VIII, 146.

81.

An den Kaiser. Feldlager bei der Römerschanze, 14. August 1716 [1]).

Nachdem ich die Anstalten gemacht hatte, dass diejenige Artillerie und Requisiten, welche in Peterwardein zu der bevorstehenden Belagerung Temesvárs genommen, theils zu Land mitgeführt, theils durch die Donau unter guter Sicherheit die Theiss hinaufgezogen, und wenn anders das bisher hinderliche wird nachlassen, noch heute abfahren werden, bin ich heute morgens mit Euer kaiserlichen Majestät Armee aufgebrochen und gedenke, will's Gott, morgen zu Becse einzutreffen, um sodann weiters nach Anleitung der von dem vorausgegangenen Feldmarschall P á l f f y erwarteten Nachricht, die Theiss entweder zu Zenta oder zu Klein-Kanizsa zu passiren, auch nach Beschaffenheit der Umstände mit der Cavallerie vorauszugehen, ihn, Feldmarschall, wenn es nöthig zu souteniren, und zu verhindern, dass in gedachtes Temesvár nichts mehr hineingebracht werde. Oft wiederholter Feldmarschall hätte zwar bereits in der Gegend Temesvárs sein können, ist aber durch die Theiss und Moräste, als worüber er bis dato keine Brücken hat schlagen können, verhindert worden. Ich erwarte aber stündlich die Nachricht, dass solches durch eine von Szegedin kommende geschehen sei.

Sonst geben die Kundschaften, dass der Pascha zu Temesvár in der letzten Action tödtlich blessirt und sein Sohn todt geblieben sei.

Was nun ferners bei Fortsetzung dieses Marsches, welchen ich nach Möglichkeit beschleunigen werde, vorfällt, soll E. k. M. von Zeit zur anderen allerunterthänigst beigebracht werden.

82.

An den Feldmarschall Grafen Pálffy. Feldlager bei der Römerschanze, 14. August 1716 [2]).

Eben als ich mit der Armee dahier angelangt, ist mir Euer Excellenz Schreiben vom gestrigen dato richtig eingehändigt worden; wiezumal ich aber daraus nicht wohl ersehen kann, ob, wann und wo Sie wirklich die Brücke geschlagen, oder schlagen zu lassen gedenken und ich nun morgen den Marsch weiters nach Ó-Becse fortsetzen thue, also will mir umso nöthiger sein, positive zu wissen, wo E. E.

---

[1]) Kriegs-A., „Türkenkrieg 1716“; Fasc. VIII, 154.
[2]) Kriegs-A., „Türkenkrieg 1716“; Fasc. VIII, 155.

die Passage bewirkt haben oder bewirken wollen, um mich mit dem Marsche der Armee darnach dirigiren, auch wenn es nothwendig, mit der Cavallerie Ihnen folgen und Sie souteniren zu können, da ich inzwischen nicht zweifle, dass E. E. alles mögliche anwenden werden, sowohl das Schlagen der Brücken, als Ihren vorhabenden Zug desto mehr zu beschleunigen, als Ihren eigenen Kundschaften nach die Festung Temesvár sehr schlecht besetzt sein soll, folglich nunmehr die geringste Zeit nicht zu verlieren ist, wodurch der Feind Anlass und Gelegenheit finden könnte einigen Succurs dahin zu werfen.

Im Uebrigen hat mich das Commissariat versichert, dass sowohl die deutschen, als Husaren-Regimenter bis 22. inclusive mit Brot versehen sein müssen. Wenn sie solchemnach wider Vermuthen ein mehreres empfangen haben sollten, würde ihnen der Abzug unfehlbar, wie es auch billig ist, widerfahren. Die erinnerten Kundschaften dienen mir zur guten Nachricht.

83.

An den Kaiser. Feldlager bei Zenta, 17. August 1716 [1]).

Gleichwie ich Euer kaiserlichen Majestät in meinem letzten Schreiben allerunterthänigst berichtet habe, also wurde auch den 15. der Marsch aus der Römerschanze nach Becse fortgesetzt und den anderen Tag, also den 16., mit der Cavallerie und Artillerie ferners bis auf Zenta gerückt, die Infanterie aber, welche etwas fatiguirt war, zur Haltung eines Rasttages zurückgelassen und zumal es gedachter Infanterie sehr hart fallen dürfte, wenn sie wie die Cavallerie in einem Zuge anher abgehen sollte, so wurde der Feldmarschall Graf von H e i s t e r erinnert, das erste Nachtlager zu Moholy an der Theiss und das zweite erst dahier zu machen, allwo ich mit der Cavallerie solche abwarte und sodann dem gestern nachmittags über die verfertigte Theissbrücke vorausgegangenen Feldmarschall Grafen P á l f f y zu folgen gedenke, zumal da er mit Schlagung der Brücken über die jenseitigen Moräste und Aranyos unangesehen der mitgenommenen Schiffe, sich noch wohl etwas aufhalten dürfte.

Sonst wird noch mehr bestätigt, dass der Pascha zu Temesvár in der letzten Action blessirt und sein Sohn nebst einen Theil der mitgewesenen Garnison todt geblieben und viele Verwundete zurückgekommen sind.

Es gehe auch, wie die Kundschaften geben, bei ihnen die Rede, dass die Tataren zu Belgrad über die Donau setzen und nebst zwei

---

[1]) Kriegs-A., „Türkenkrieg 1716"; Fasc. VIII, 173.

Paschas der Sultan selbst mit 30.000 Mann gegen Temesvár ziehen soll und wäre E. k. M. Resident Fleischmann von Semendria nach Belgrad abgeführt worden, allwo er unter guter Verwahrung, ohne jemand mit ihm reden zu lassen, aufgehalten würde.

Uebrigens werden E. k. M. von selbst Allergnädigst ermessen, wie hart und beschwerlich es mit dem Transporte der Artillerie, Munition und Requisiten, wie nicht weniger einem zulänglichen Magazins-vorrathe zur Bestreitung einer so ansehnlichen Operation hergehen wird, massen die Disposition hierüber erst nach geschlagenem Feind hat können angeordnet werden und die Artillerie mit den Requisiten mehrentheils von Ofen, mithin über 40 ungarische Meilen zugeführt werden muss, was ohne Zuziehung des Landes unmöglich geschehen kann.

Schliesslich unterstehe ich mich, E. k. M. wiederholt allerunter-thänigst zu bitten, sowohl auf die schleunige Beschaffung der unumgänglich erforderlichen Verpflegs-, als ausserordentlichen Operations-gelder allermildest zu reflectiren, damit durch jene der so wohl meritirte Soldat zu Dero ferneren Dienst erhalten, durch diese aber die bevorstehende Belagerung befördert, also durch beide ein unersetzlicher Schaden abgehindert werde.

84.

An den Hofkriegsrath. Feldlager bei Zenta, 17. August 1716[1]).

Ich accusire den richtigen Empfang eines unterm 8. currentis an mich erlassenen Schreibens und finde hierauf für nöthig, dass die neuen Patente für die vormaligen Herren FML. Battée, Zum Jungen, Wetzel und den Grafen von Harrach bis zu Ende der Campagne insgeheim und zurückgehalten, sodann aber ein Expediens den Rang-anstand des Herrn Prinzen von Bevern ausgefunden werde, massen ich nicht finde, wie jenen als älteren Feldmarschall-Lieutenants der Rang benommen werden könnte.

Die authentische Nachricht über den Hafervorrath, welchen die Schell- und Mohrische Association bis letzten Juli eigentlich ab-gereicht hat und was noch effectiv vorhanden sei, wird durch den Herrn General-Kriegscommissär eingeschickt werden, wobei ich aber dieses zu erinnern habe, dass gedachte Admodiation das contrahirte Quantum laut Contract vor Ausgang Juli an Ort und Ende hätte liefern sollen, mithin ihrer contractmässigen Obliegenheit durch dasjenige, was sie dermalen bei den After-Lieferanten bestellt, kein genüge gethan hat

---

[1]) Kriegs-A., „Türkenkrieg 1716"; Fasc. VIII, 174.

85.

An den Feldmarschall Grafen Pálffy. Feldlager bei Zenta, 17. August 1716 [1]).

Ich behändige Euer Excellenz beide Schreiben vom 15. und 16. und zwar das erstere diese Nacht. Dieselbe belieben also nur an Schlagung der Brücken fleissig zu continuiren, mir aber berichten, wann und wo ich mit der Armee passiren könnte, sodann specifice einschicken, wie der Marsch einzurichten, was für Defiléen zu passiren und wo Wasser sei oder nicht, wie nicht weniger jedesmal, sowohl von E. E. als von des Feindes machenden Regungen und Bewegungen zu benachrichtigen.

Ich schicke zwar den Herrn GFWM. und Quartiermeister von Elster gleichfalls hinüber, E. E. aber belieben inzwischen durch den bei sich habenden Ingenieur obig Anbegehrtes specificiren zu lassen.

Wenn sonst die Husaren keine Lust zeigen, auf Partei auszugehen und des Landes nicht kundig wären, ist freilich besser sich in diesem Falle der Raizen zu gebrauchen.

86.

An den Feldmarschall Grafen Pálffy. Feldlager bei Zenta, 18. August 1716 [2]).

Auf Euer Excellenz gestriges Schreiben wiederhole ich hiemit als Antwort und ist auf alle Weise bei dem unterhabenden Corpo das Brennen, Rauben und Plündern, auch alle anderen derlei Strafmässigkeiten, auf das allerschärfste, ja, bei Leib- und Lebensstrafe zu verbieten, damit das Land zu I. k. M. Dienst und Subsistenz der Armee, mithin die Einwohner bei Haus und Hof erhalten werden.

Der Herr Baron von Elster hat wegen eingefallener Nacht E. E. nicht folgen können, ist also diese Nacht hieher wieder zurückgekommen und hat mir das Befinden der jenseitigen Beschaffenheit, so weit er sie gesehen, beigebracht, worüber ich E. E. hiemit zur Nachricht andiene, dass heute Mitternacht die hiesige Cavallerie und nach dieser die Infanterie die Theissbrücken passiren und in das Lager, wo E. E. vergangene Nacht gestanden sind, einrücken wird, dass also, wenn Sie ein oder anderes nöthig hätten, solche allda zu finden haben etc.

---

[1]) Kriegs-A., „Türkenkrieg 1716"; Fasc. VIII, 175.
[2]) Kriegs-A , „Türkenkrieg 1716"; Fasc. VIII, 183.

87.

**An den Feldmarschall Grafen Pálffy. Feldlager bei Zenta,
18. August 1716 [1]).**

Es ist gar recht geschehen, dass Euer Excellenz die Brücken
verfertigter hinterlassen. Ich werde morgen, mit der heute Nachts
bereits zu defiliren anfangenden Armee nachfolgen und sodann die
Besetzung gedachter Brücken veranlassen; auch meinen Marsch, soviel
es die Nothwendigkeit des Brotes zulässt, beschleunigen. Indessen
belieben E. E. Ihresorts sich überall zu erkundigen, besonders aber
verlässliche Kundschaften einzuholen, ob und wo der Feind eine Brücke
über die Donau hat, oder was er sonst sowohl in- oder ausserhalb der
Festung für Anstalten macht, mich aber von allem umständlich benachrichtigen, damit ich den Marsch der folgenden Armee darnach
richten kann. Uebrigens dient mir zur guten Nachricht, was E. E. an
Neuigkeiten haben beirücken wollen; ich recommandire Deroselben
die gewöhnliche Obsorge, damit dem Feinde aller Abbruch und die
Einwerfung eines Succurses in Temesvár gehindert werde.

88.

**An den G. d. C. Grafen Steinville. Feldlager bei Zenta,
18. August 1716 [2]).**

. . . . Betreffend den besorgenden Einfall der Tataren und daraus
entstandenen Lärm werden solche, nachdem der Feind hiesiger Enden
aus dem Feld geschlagen, hoffentlich verschwunden und die Landes-
einwohner bei ihrer reichen Einfechsung beibehalten sein, zumal da
der Herr Feldmarschall Graf Pálffy mit einem grossen Theil der
Cavallerie bereits die Theiss passirt (hat) und die Armee morgen folgen,
mithin Siebenbürgen auf dieser Seite von aller Gefahr bedecken wird,
daher Euer Excellenz auf die jenseitigen Grenzen fleissig zu invigiliren
und solche Disposition zu machen hätten, mittelst welcher diese
gleichfalls von aller Incursion und Verwüstung befreit bleiben, vor
allem aber die beihabenden Truppen nicht allein in solche fertige
Bereitschaft stellen, damit man solche, im Falle es die Sicherheit von
Siebenbürgen zulassen und ratio belli et circumstantiorum erfordern
sollten, dahin ziehen und gebrauchen, wo (es) die Noth erheischen

---

[1]) Kriegs-A., „Türkenkrieg 1716"; Fasc. VIII, 184.

[2]) Kriegs-A., „Türkenkrieg 1716"; Fasc. VIII, 185.

könnte, sondern auch in supposito, dass in und für das Land nichts
zu besorgen wäre, sich wirklich in hostico mit so viel Infanterie und
Cavallerie, als immer möglich, wo sie die mehrste jalousie verursachen
können, postiren.

Bei so gestalten Umständen stelle ich E. E. vernünftiger Disposition und Experienz anheim, ob Sie nicht Karansebes, Lugos, Lippa
und andere in dem grenzenden Banat liegende Orte und Posten mit
guter Vorsichtigkeit und Ordnung zu occupiren, zu Herrndienst
fürträglich erachten werden, massen Sie in facie loci am besten zu
urtheilen wissen, was etwa pro ratione circumstantiorum thunlich
sein möchte, wobei ich aber dieses anzumerken habe, dass auf alle
Weise, ja unter Leib- und Lebensstrafe das Brennen, Plündern und
andere landverderbliche Thätlichkeiten verboten, also das Land zu
I. k. M. Dienst und der Armee die Subsistenz aufrecht gehalten werde.

Dieses ist, was ich E. E. dermalen über die Disposition der
Truppen anzuerinnern habe; von der Artillerie sind wenigstens 12 halbe
Carthaunen mit aller Zugehör und auf eine jede 1000 Schuss allsogleich
nach Arad abzuschicken, wie nicht minder die 2 Ingenieure und an
Schanzzeug all' dasjenige, was immer zu entbehren ist, bevorderst
aber eine gute Quantität an allerhand Brettern und Batterie-Pfosten,
weil man verlässlich weiss, dass solche allda und nirgends anders zu
bekommen sind. Die übrigen Artillerie-Requisiten, welche etwa von
dannen aus zu haben sind, werden E. E. auf der Grenze fertig halten,
damit man sich deren pro re nata bedienen könne. Denn weil durch
diese Operation Siebenbürgen fast ausser Gefahr gesetzt und bedeckt
wird, müssen Sie umso unbedenklicher dasjenige hiezu hergeben, was
Sie unpraejudicirlich entbehren können, noch vonnöthen ist, als ich
Ihnen meine Parole engagire, nicht allein alles und jedes wieder
hineinzuschicken, sondern zu vermehren gedenke.

Ueber diese militaria komme ich ad oeconomica, und weil Gott
der Allmächtige die heurige Ernte reichlich gesegnet, auch die Disposition der Subsistenz für die zahlreiche kais. Armee anfänglich nicht
gegen Temesvár gemacht, hingegen vermöge derselben ein ansehnlicher
Vorrath über die ordinäre Consumption sowohl an Getreide als hartem
Futter veranstaltet ist, diesemnach werden E. E. allsogleich nach
Empfang dieses und ohne Anstand all' dasjenige, was Sie über den
gewöhnlichen Vorrath entbehren können, gegen Déva und von da
nach Arad mit den beihabenden Schiffen transportiren lassen, denn
einmal bei so gestalten Sachen diejenige Assistenz aus Siebenbürgen
zu leisten ist, welche die Wichtigkeit der Entreprise und die eigene
Sicherheit erfordere. Und zumal es nicht genug (ist), dass die Noth-

durft in sich selbst beigeschafft werde, sondern das Hauptwesen auf den Transport ankommt, diesemnach werden E. E. dahin trachten, dass erstlich bei gutem Maros-Wasser davon profitirt und also nicht allein die 20 pro militari erbauten, sondern auch pro hoc occasione ex camerali so viele Schiffe genommen werden, als man zu diesem Ende vonnöthen haben könnte. Ferner wäre auch das Land zur Stellung der im Frühling zu derlei Operationen versprochenen 500 Wägen anzuhalten und diese entweder beladen oder unbeladen in Begleitung guter Commissarien nach Arad abzuschicken, ich aber frühzeitig über alles und jedes zu benachrichtigen [1]).

Uebrigens will ich mich in kein Detail von einem so anderm einlassen, sondern der gänzlichen Zuversicht leben, E. E. werden bevorderst obangeregtes so schleunig als möglich vollziehen, sodann in allem andern die gewöhnliche Vorsichtigkeit brauchen und zu diesem Ende sowohl den kaiserlichen Zeugslieutenant als Obercommissär bei Ihnen in loco beibehalten, damit man in Aufstellung der Befehle eine schleunigere Vollziehung und diese Leute an der Hand haben möge. Ich versehe mich zu E. E. in Herrndienst tragenden Eifer.

89.

An den GFWM. Grafen Herberstein. Feldlager bei Zenta, 18. August 1716[2]).

Man wird von Seite des kaiserlichen General-Kriegscommissariats an den daselbstigen Herrn Cammeral-Präfecten Cometh die gehörige Verordnung stellen, dass er unverzüglich einen ergiebigen Vorrath an Kornfrüchten und hartem Futter zum Behufe der in die Gegend (von) Temesvár zu stehen kommenden Armee in dem Szegediner, Arader und benachbarten Districten einkaufen und zusammenbringen solle. Diesemnach wird der Herr General-Feldwachtmeister seinesorts hierunter nach Thunlichkeit sich dergestalt interponiren und ermeldetem Cammeral-Präfecten alle thunliche Assistenz und hilfreiche Hand zu solchem Ende bieten, auch auf erfordernden Fall den Leuten die Versicherung thun, dass, obschon der Fundus dermalen nicht sogleich bereit vorhanden, die Bezahlung jedoch allernächstens und unfehlbar erfolgen werde, in dessen Entstehung aber ich in particulari mich

---

[1]) Aehnliche Aufträge wegen Getreidebeschaffung vom 12. und 26. August. 7. und 9. September 1716. Fasc. VIII, 137, 289; Fasc. IX, 56, 66.

[2]) Kriegs-A., „Türkenkrieg 1716“; Fasc. VIII, 186. Der gleiche Befehl an den GFWM. Freiherrn von Cosa und an den Cammeral-Präfecten Cometh vom 18. August 1716.

jedesmal dafür engagiren und gut stehen will. Demnächst auch pro
motivo angeführt werden könnte, dass es weit besser wäre, die ansuchenden Früchte um einen leidentlichen Preis ausfolgen zu lassen
und zu verkaufen, als widrigenfalls die Cavallerie der unentbehrlichen
Subsistenz halber ohnedies gezwungen sein würde, das Futter aller
Orten, wo es zu bekommen, selbst aufzusuchen und zu fouragiren,
ausser Zweifel stellend, der Herr General-Feldwachtmeister werde sich
diesfalls und der dazu etwa benöthigten Landfuhren halber am besten
zu employiren angelegen sein lassen [1]) etc.

90.

An den Kaiser. Feldlager an der Aranka, 20. August 1716 [2]).

Ueber diejenigen Beschwerlichkeiten, welche sich beim Schlagen
der Theiss-, Aranka- und verschiedenen Morastbrücken geäussert, wird
die Beschleunigung des Marsches noch durch die unumgängliche Brot-
zufuhr, welche von weiten geschehen muss, nicht wenig gehindert und
zeigen sich bei dem weiten Transport einer so ansehnlichen Artillerie
und Requisiten noch immerhin allerhand Anstände und Difficultäten,
welche ich zwar nach Möglichkeit zu heben mir angelegen sein lasse,
bin aber zugleich auch der tröstenden Zuversicht, es werde von Seite
des Königreichs, besonders zu den von Ofen anhoffenden, alle Beförderung und Vorschub umso unweigerlicher und willfähriger gegeben
werden, als nebst Euer kaiserlichen Majestät und der ganzen Christenheit Dienst die eigene Particularsicherheit desselben darunter obwaltet
und die bereits sehr avancirte Jahreszeit eine besondere Beschleunigung
erfordert.

Sonst habe ich gestern mit E. k. M. Armee die Theiss passirt
und habe mich unweit der Aranka gelagert. Der Feldmarschall Graf
Pálffy ist mit der beihabenden Cavallerie bereits über Czerna vorgerückt, welchem ich die übrige Cavallerie heute nachgeschickt habe,
auch morgen mit der Infanterie über die geschlagenen Morastbrücken
folgen werde, wobei die Infanterie wegen Abgang des Wassers und
Holzes zwei schwere Märsche wird auszustehen haben. Was sich nun
hierüber und in anderem ferners äussern oder vorfallen wird, werde
ich E. k. M. bei meiner hoffentlichen baldigen Ankunft vor Temesvár
allergehorsamst beizubringen nicht ermangeln.

---

[1]) Ein ähnlicher Befehl vom 26. August 1716 an die GFWM. Graf Herberstein, Freiherr von Cosa und Freiherr von Salzer wegen Unterstützung des Handels
mit Victualien und Wein zur Armee. Kriegs-A., „Türkenkrieg 1716"; Fasc. VIII, 250.

[2]) Kriegs-A., „Türkenkrieg 1716"; Fasc. VIII, 201.

Sonst geben die jüngst aus Belgrad eingelangte Kundschaften, dass nebst dem Grossvezier der Janitscharen-Aga mit 15 Paschas in der Schlacht geblieben und die Türken einen gewissen Omer Agik, vormals gewester Pascha, zum Grossvezier ernannt hätten.

91.

An den Hofkriegsrath. Feldlager an der Aranka, 20. August 1716 [1]).

Mir sind die beiden vom 12. currentis zurecht eingelaufen und gleichwie ich die feierliche Absingung des Ambrosianischen Lobgesanges unter dreimaliger Abfeuerung des groben Geschützes in Siebenbürgen und den Grenzfestungen Brod, Essegg, Szigeth, Peterwardein, Szegedin, Arad und Grosswardein bereits anbefohlen habe, also beliebe ein löbliches Mittel ein Gleiches in den übrigen, weiter hinauf liegenden Plätzen unschwer anzuordnen.

Aus den beigelegten Memorialien habe ich des mehreren die Prätendenten ersehen, welche sich um die bei der den 5. vorgewesenen geglückten Feldschlacht in Erledigung gekommenen Regimenter angegeben haben und zumal ich hierüber meine Meinung I. k. M. bereits allerunterthänigst eröffnet und einem löblichen Mittel copialiter beigeschlossen habe, so thue ich mich hierauf beziehen und kann zwar wohl leiden, dass die beiden Obriste Hanstein und Bartels dermalen unter Promotion der mit nächster Post, oder wenn es möglich mit heute einschickender zu General-Feldwachtmeister promovirenden Subjecten mitinbegriffen werden, wenn anders I. k. M. ein solches Allergnädigst resolviren wollen. Es wäre ihnen jedoch zu erkennen zu geben, dass derlei in beständigem Commando stehende Officiere nicht allemal in den Promotionen begriffen werden können, da sonst in einem jeden Schloss und Posten ein Feldzeugmeister oder Feldmarschall commandiren würde, welches weder thunlich noch zu I. k. M. Dienst convenient ist.

92.

An den FZM. Freiherrn von Löffelholz. Feldlager an der Aranka, 20. August 1716 [2]).

Wegen der daselbst vorhandenen Kranken und Blessirten wird das kais. General-Kriegscommissariat die Dispositionen vorzukehren

---

[1]) Kriegs-A., „Türkenkrieg 1716"; Fasc. VIII, 202.
[2]) Kriegs-A., „Türkenkrieg 1716"; Fasc. VIII, 203.

nicht ermangeln. Da inzwischen dasjenige, was dermalen davon in dem Proviantstadl befindlich, alldort wegen Mangel des sonstigen Unterkommens verbleiben, hingegen aber die in den Kasernen freilich anderwärts hingebracht und allenfalls, wenn gar kein Platz vorhanden, die Infanterie sowohl, als Cavallerie auf die Dorfschaften verlegt und finaliter, wie es immer möglich, Rath und Hilfe geschaffen werden müsse, allermassen ein neues Spital aufzurichten, dermalen nicht an der Zeit mehr ist, sonsten auch von den Kranken und Blessirten von einer Zeit zur anderen entweder einige absterben, oder reconvalesciren, mithin dieselben hoffentlich eher ab- als zunehmen und Platz werden muss.

93.

**An den Artillerie-Obrist Faber. Feldlager an der Aranka,
20. August 1716 [1]).**

Mir sind des Herrn Obrist Berichtschreiben vom 16. und 18. dieses wohl eingeliefert worden und ich zweifle nicht, dass Demselben mein vorhergegangenes auch rechts zugekommen sein und daraus zu ersehen gewesen sein wird, dass der vorseiende Marsch so gut als möglich fortzusetzen und zu befördern sei, daher und damit es desto schleuniger geschehe, der Herr Obrist sothane Artillerie und Munition auf dem diesseitigen Ufer, wo etwa nur ein gutes und bequemliches Terrain zu finden, aus- und auf die dazu destinirten und in Bereitschaft stehenden Proviant-Admodiationswägen laden zu lassen, folglich zu solchem Ende alle hilfreiche Hand zu bieten hätte, allermassen auch in einem so anderm der zu Zenta befindliche Commissär und (die) Artillerie-Officiere schon die weiters erforderliche Anleitung geben werden.

Wenn nun ein so anderes concertirt und gerichtet sein wird, hätte der Herr Obrist sich für die beihabende Mannschaft unter einem mit dem benöthigten Brot zu versehen und sodann mit dem an der Brücke zurückgelassenen Herrn Obrist von Marulli der Armee mit mehrgedachtem Artillerie-Transport in guter Ordnung zu folgen und solche Obsicht zu tragen, damit alles wohl escortirt und hinterlässiger Weise etwa nichts verunglückt werden möchte, wie denn zu desto mehrerer Bedeckung der Herr Obrist unterwegs an den Brücken eine und andere Cavallerie antreffen, folglich mir von Zeit zur andern, wie und welchergestalt der Zug vor sich geht, fleissig berichten wird.

---

[1]) Kriegs-A., „Türkenkrieg 1716"; Fasc. VIII, 205. Ein ähnliches Befehlschreiben an den Obrist Freiherrn von Marulli vom 20. August 1716. Fasc. VIII, 204.

94.

**An den Obrist Freiherrn von Petrasch. Feldlager an der
Aranka, 21. August 1716 [1]).**

Mir war aus des Herrn Obrist unterm 16. dieses eingelangtem
Schreiben besonders angenehm zu vernehmen, dass derselbe dem
Feinde einen so glücklichen Streich bei Gradiska angebracht. Gleichwie nun hieraus des Herrn Obrist höchst ruhmwürdiger Eifer gegen
I. k. M. Allerhöchsten Dienst zu erkennen und bestens anzurühmen
ist, also wird sich Derselbe ferners angelegen sein lassen, dem Feind
allen möglichen vorsichtigen Abbruch zu thun, anbei aber den Leuten
das Rauben und Brennen auf das schärfste einstellen, damit das Land
conservirt und zum Behufe des kaiserlichen Aerars wirklich in Contribution gesetzt werde, besonders da man zur Bestreitung der ob-
seienden Fortifications-Baukosten dergleichen Fundis höchst bedürftig,
mir aber von allen dergleichen eingehenden Geldmitteln eine Specification jedesmal einzuschicken ist.

95.

An den Kaiser. Feldlager bei Czerna, 24. August 1716 [*]).

Der vorgestrige Marsch nach Hettin (?) ist Euer kaiserlichen
Majestät Infanterie sowohl wegen der Länge, als Hitze, besonders aber
wegen Abgang des Wassers so hart und beschwerlich gefallen, dass
sie nicht allein gestern allda, sondern auch dahier nach einem kleinen,
heute gemachten Zug, wird ausrasten und ruhen müssen, wodurch ich
dann in meiner vorher gehabten Meinung, mit der Cavallerie allsogleich
zu dem unweit Temesvár stehenden Feldmarschall Grafen Pálffy abzumarschiren, bin gehindert worden. Gedachter Feldmarschall, welcher
eben dahier eingelangt, hat zwar einige Kundschaften, als wäre die
feindliche Cavallerie zu Belgrad über die Donau gegangen und in
das diesseitige Banat gerückt; weil aber alle über Peterwardein kommenden Nachrichten einhellig bestätigen, dass der Feind keine Brücken
und nur 2000 Pferde in Schiffen übersetzt und nach Temesvár abgeschickt habe, so steht zu vermuthen, dass eben diese die Ursache
gedachter ersten Kundschaften und diejenigen Truppen, so auf die
Vorposten gestossen sind. Diesem sei, wie ihm wolle, so werde ich

---

[1]) Kriegs-A., „Türkenkrieg 1716"; Fasc. VIII, 215. Aehnliches Schreiben an
GFWM. Freiherrn von Beckers, 21. August 1716. Fasc. VIII, 214.

[*]) Kriegs-A, „Türkenkrieg 1716"; Fasc. VIII, 233.

die Sicherheit des über Zenta von Peterwardein täglich erwarteten Artillerie-Transport, dem mit ungefähr 3000 Mann zur Bedeckung dabei befindlichen Generalen St. Amour die Hand zu bieten und solchen zu versichern nicht ermangeln.

Nachdem gegenwärtige allerunterthänigste Relation bereits unterschrieben war, erhalte ich die verlässliche Nachricht, dass ungefähr 10.000 Mann feindliche Cavallerie sich herwärts befinden.

96.

An den FZM. Freiherrn von Löffelholz. Feldlager bei Czerna, 24. August 1716[1]).

. . . . . Nun aber bevorderst auf das Hauptwesen zu kommen, habe ich Euer Excellenz die Beförderung des zweiten Artillerie-Transportes in allweg und umso besser anrecommandiren wollen, als dermalen wahrhaftig an der Zeit und (den) Umständen alles gelegen (ist), folglich der weitere gute Ausschlag der bevorstehenden Operationen davon guter Dinge dependirt, zu solchem Ende dem zu Zenta zurückgebliebenen Herrn GFWM. Chevalier de St. Amour das Weitere bereits mitgegeben habe, dass er die mit dem ersten Transport dahin kommenden Tschaiken sowohl als (die) übrigen Cormanschaften (?) allsogleich wiederum nach Peterwardein zurückschicken thue. Sollte nun obiger Transport eher, als diese zurück, dahin einlangen, müssten E. E. auf gute Art und Manier die Essegger Schiffsleute zur Gewinnung der Zeit dahin disponiren, um dass sie gegen billigmässige Bezahlung sothanen Transport auf sich nehmen und sofort bis nach Szegedin bewirken möchten, wie denn E. E. gar wohl thun, dass Sie davon weiter nichts aus- und umladen, sondern alles auf den Schiffen, wie sie kommen, wieder abfahren lassen. Ich unterlasse nicht, an das General-Kriegscommissariat wegen der dazu auszufolgenden Verlagsgelder die Erinnerung unter einem zu thun, da widrigenfalls und soferne diese in tempore nicht eintreffen sollten, E. E. die Nothdurft beliebig vorstrecken wollen, wofür ich Ihnen meine Parole hiemit gebe, dass es Deroselben ohne geringste Verzögerung sogleich wiederum remboursirt werden soll. (Folgen Aufträge in Geld- und Personal-Angelegenheiten.)

Mich wird (es) freuen, wenn der von Essegg (zu) erwartende Transport bestmöglichst beschleunigt wird, wobei ich dennoch anzuerinnern habe, wie dass dahier einige Kundschaften eingelaufen seien, (als) hätte der Feind seine Cavallerie über die Donau in das hiesige Banat rücken lassen. Obzwar ich nun ein solches umso weniger glauben

---

[1]) Kriegs-A., „Türkenkrieg 1716“; Fasc. VIII, 236.

kann, als E. E. Nachrichten von keiner Brücke (etwas) und nur so viel sagen, dass 1000 Pferde zu Belgrad in Schiffen übersetzt worden (sind), so ist sich dennoch vorsichtig zu erkundigen und diesfalls alle gute praecaution zu gebrauchen, zu welchem Ende und mehrerer Sicherheit des Transports, die Reconvalescenten von den dasigen Kranken mit zugegeben werden könnten; und zumal (der) Herr General Baron von Beckers anher berichtet, dass er einen Abgang an Schiffen leide, so belieben E. E. ihm einige von Peterwardein hinauf zu schicken, damit er sich deren bei etwa erfolgender Noth zur Transportirung und anderen Nothwendigkeiten bedienen könne. Und weil die türkischen eroberten Stücke zu Peterwardein nicht alle gebraucht werden können, so wäre mir eine Specification über die Erforderniss allda einzuschicken, damit ich sodann mit den übrigen nach Essegg oder anderwärtig hin disponire.

97.
An den GFWM. Grafen Herberstein. Feldlager bei Czerna, 24. August 1716 [1]).

Demnach die Veranstaltung geschehen, dass nicht nur die bisher bei Zenta bestandene Schiffbrücke, sondern auch die mit dem Artillerie-Transporte dahin kommenden Schiffe, nachdem sie ausgeladen, unter einem allsogleich nach Szegedin abgeführt werden sollen, also habe ich dem Herrn General-Feldwachtmeister die diesfällige Erinnerung bereits gethan, damit Derselbe nicht nur die zur Escortirung sothaner Schiffe und Brücken erforderliche Mannschaft entgegenschicke, sondern auch die zum Heraufziehen derselben benöthigten Schiffleute beistellen und verdingen möge. Dem nun weiters zur Nachricht anfüge, dass man auch das gehörige verordnet, womit die zu Zenta, Klein-Kanizsa und der Gegend zurückgelassenen Kranken auf gedachten Schiffen dahin nach Szegedin transportirt werden, welchemnach der Herr General-Feldwachtmeister mit Beiziehung des Commissariats, deren Unterbringung halber, die zeitliche Vorsorge zu tragen hätte, massen man dabei auch angetragen, damit unter anderem die Kranken den Regimentern, wovon sich die Bataillone daselbst in Szegedin befinden, dahin gebracht, folglich desto besser besorgt werden mögen, welche, wie sie von Zeit zu Zeit reconvalesciren, der Herr General-Feldwachtmeister jedesmal nach Arad abschicken wolle, damit sie von dort allzeit wieder zur Armee folgen können.

---

[1]) Kriegs-A., „Türkenkrieg 1716"; Fasc. VIII, 239.

98.

An den Kaiser. Feldlager unweit Temesvár,
27. August 1716 [1]).

Vorgestern bin ich mit meinem unterhabenden, dann dem Württembergischen Dragoner-Regiment aus dem Lager von Czerna, in das
hiesige unweit Temesvár zu dem Pálffy'schen Corpo vorausgegangen
und gestern ist die völlige Infanterie mit den übrigen Cavallerie-
Regimentern und der Artillerie dahier eingetroffen. Die meiste Cavallerie
des rechten Flügels von beiden Treffen marschirt heute unter den
beiden G. d. C. Mercy und Battée gegen die Bega, um das Terrain
zu occupiren, welches ihr bei der bevorstehenden Belagerung ist angewiesen worden. Die Grenadiere und Zimmerleute sind auch in fertige
Bereitschaft gestellt, die Communications-Brücken zu verfertigen, wobei ich Euer kaiserlichen Majestät allerunterthänigst zu bemerken
habe, dass, obschon die Zeit und Umstände dermalen noch nicht
zugelassen haben, das völlige Terrain der Festung verlässlich zu recognosciren, dennoch aus der wasserlichen Situation und vielen durch
die Temes und Bega formirten Morästen soviel abzunehmen ist, dass
dieser Platz, insbesondere auf der anderen Seite, schwerlich allerorts
einzusperren, mithin die Entreprise umso mehr Difficultäten unterworfen
sein dürfte, als man die erforderlichen Requisiten nicht sogleich nach
Nothdurft bei der Hand und von weitem ungewiss abzuwarten hat.
Die wenige Artillerie und Zugehör, welche von Peterwardein genommen
worden, wird zwar innerhalb weniger Tage von Zenta, wo sie debar-
quirt wird, dahier eingetroffen sein; von den übrigen aus Ofen und
Essegg aber hat man keine Nachricht und kann wegen Unverlässlich-
keit des weiten Transportes sowohl in re als tempore nichts versichern.

Diejenige feindliche Cavallerie, von welcher ich E. k. M. in meinem
letzten Schreiben per postscriptum allerunterthänigste Anregung gethan,
dass sie mit unseren Vorposten chargirt hätte, wird dem Augenschein
nach zu 3000, von dem auf Partei gewesenen Obristen Tökölyi aber
aus einer gefundenen Marschspur zu 8000 bis 10.000 Pferden geschätzt,
da indessen die Peterwardeiner Nachrichten von einer Donaubrücke
nichts wissen und nur 100 Pferde mit etwas weniger Infanterie, so
die hiesigen Bauern zu 800 Mann zählen, hinüber gesetzt zu sein
bestätigen. Die Anstellung des neuen Grossveziers ist noch unver-

---

[1]) Kriegs-A., „Türkenkrieg 1716"; Fasc. VIII, 257.

lässlich, weil einige den K i u p e r l i, andere den A c h m e t - P a s c h a dazu machen, da doch die Zeit noch gar zu kurz, dass die Relation der Pforte von Constantinopel hätte einlangen und die Nachricht davon anher kommen können.

Sonst habe ich nunmehr die anscheinliche Hoffnung, durch den zu Szegedin, Arad und der Gegend auf Credit veranlassten Hafer- einkauf ein gutes Quantum zur Erhaltung der Cavallerie demnächst beizubringen. E. k. M. geruhen allermildest zu beherzigen, dass die armen Leute das ihrige zu Dero Dienst auf meine ihnen gegebene Parole der nächstens folgen sollenden Bezahlung hergeben und mir sehr gewissenhaft fallen würde, wenn ich ihnen wider Verhoffen nicht zuhalten sollte, zumal da der Fundus bereits festgestellt und von dem der M o h r - und S c h e l l'schen Admodiation Gewidmeten genommen, mithin in modo nur eine Abänderung gemacht ist. E. k. M. belieben also auf die unentbehrlichen mangelnden Verpflegs-, dann ausserordent- lichen Operationsgelder Allergnädigst zu reflectiren, damit der so theuere wohl meritirte Soldat in diesem ohnedies ihm sehr harten Lande zu Dero ferneren Diensten animirt und erhalten werde.

Wie ich gegenwärtige Relation bis hieher geschlossen hatte, kommt die verlässliche Kundschaft, dass der Feind eine Brücke zu Semendria zu schlagen angefangen und bei Ersehung E. k. M. Caval- lerie des obgedachten linken Flügels die Vorstadt zu Temesvár in Brand gesteckt hat.

<h2 style="text-align:center">99.</h2>

An den Kaiser. Feldlager vor Temesvár, 30. August 1716 [1]).

Nachdem laut meiner vorigen allerunterthänigsten Relation die beiden Treffen des linken Flügels unter den beiden G. d. C. M e r c y und B a t t é e das Terrain gegen die untere Bega occupirt hatten, wurde der FZM. Graf von S t a r h e m b e r g mit seiner Brigade Infanterie und Grenadier-Compagnie gleichfalls der Enden abgeschickt und setzte sich hinter gedachter Cavallerie, um einer oder anderen im Falle der Erforderniss die Hand bieten und souteniren zu können. Bei dieser Gelegenheit logirten sich die Grenadiere in des Paschas unentferntem Lusthause und behalten diesen Posten. Der Feind hatte hierauf die Vorstädte angezündet und zwar ziemlich stark mit Stücken geschossen, aber keinen Schaden zugefügt.

Den 28. rückte der G. d. C. Freiherr von E b e r g é n y i mit vier Cavallerie- und sämmtlichen Husaren-Regimentern, dann den Raizen

---

[1]) Kriegs-A., „Türkenkrieg 1716"; Fasc. VIII, 280.

gegen die obere Bega in ein über 2000 Schritt langes Terrain, worauf gestern das Lager für die Infanterie ausgestochen und angewiesen wurde, in der Meinung solches heute zu beziehen, welches aber durch ein und andere Wechsel-Mouvement mit der bereits vorgelagerten Cavallerie verhindert und hauptsächlich dahin getrachtet wird, vor allem die Communications-Brücken über die links und rechts durch die Bega und Temes formirten Moräste fest und sicher zu stellen, damit die lagernden Truppen, sowohl gegen den in- und auswendigen Feind secundiren und helfen können. Wenn dieses langsame, dennoch unumgängliche Werk gerichtet werden soll, sodann wird die Infanterie mit acht Cavallerie-Regimentern sich in dem Spatium zwischen der oberen und unteren Bega lagern, dem Platze sich soviel als möglich nähern und die übrige Cavallerie gedachte Bega passiren, mithin solches von den anderen Seiten gleichfalls und also ringsum einsperren. Ich halte die Infanterie mit gemeldeten acht Cavallerie-Regimentern herwärts, in der Meinung, die Attaque von dieser Seite zu führen, weil das Terrain hiezu am vortheilhaftesten, ich meinen Rücken gegen Arad, von da aus mein Proviant, Artillerie und andere Requisiten, auch die Faschinen und Holz an der Hand, sodann meine rechte und linke Hand an beide — obere und untere — Bega sicher habe, da zugleich die völlig übrige Cavallerie den Feind gegen Semendria, Wallachei und derorts beobachtet, damit nichts aus- noch eingelassen, oder sonst tentirt werde, zu dessen besserer Bewerkstelligung dem in Siebenbürgen commandirenden G. d. C. Grafen Steinville unter einsten die Ordre zugestellt wird, dass, weil dermalen allda nichts zu besorgen, die zur Vertheidigung der jenseitigen Grenze gewidmeten beiden Dragoner-Regimenter Breuner und Vehlen allda verbleiben, hingegen das Neuburgische und sein unterhabendes Cürassier-Regiment, welche zur Sicherheit des Landes gegen das angrenzende Banat postirt waren, von dem aber dermalen nicht das Allermindeste zu besorgen ist, gedachter Graf Steinville also mit denselben und soviel Infanterie, als aus dem Lande zu entbehren und einigen Raizen-Compagnien nach Karansebes, oder nach Beschaffenheit der Erfordernisse gegen Lugos rücken und sich allda postiren soll, um dem Feinde sowohl eine Ombrage zu machen, als auch im vorkommenden Falle in der Nähe zu sein, sich mit der Armee conjungiren zu können. Da er auch zugleich Siebenbürgen im Rücken und in der Nähe hat, um sich dahin zu wenden, wenn es die Umstände wider verhoffen und Anschein etwa veranlassen möchten, wenn er durch das Hatszeger Thal aus dem Hunyader Magazine seine Subsistenz zu ziehen hat. Aus gedachtem Siebenbürgen werden zur Subsistenz der hiesigen Armee nebst anderen

Nothwendigkeiten dermalen 30.000 Kübel Mehl und 16.000 Kübel Hafer gezogen und durch den Vortheil der Maros nach Arad abgeführt, um allda verbacken zu werden. Euer kaiserliche Majestät werden also von selbst Allergnädigst zu erachten belieben, wie hart es würde gefallen sein, ohne diesen Vorrath die Armee mit dem erforderlichen Brot zu versehen. Es wäre nur zu wünschen, dass zur Erhaltung einer so schönen und kostbaren Cavallerie auch die Anstalten des Hartfutters zulänglich gemacht und dahier, nicht aber in entfernten Ländern, aus welchen solches unmöglich dermalen zu transportiren ist, zeitlich beigeschafft würde.

Von dem Feinde ist dermalen nichts zu hören, als dass die Consternation in der Festung gross und er an Schanzkörben, Einschneiden der Schiessscharten, Setzung der Pallisaden und derlei Vertheidigungs-Vorbereitungen arbeite.

Uebrigens erstatte ich E. k. M. allerunterthänigsten Dank für Dero Allerhöchsten Handbrief und darinnen mir bezeugten kaiserlichen Gnaden. Gleichwie ich nun solche mit Bezeugung meiner blossen Schuldigkeit bei der durch die Hilfe Gottes glücklich erfochtenen Action nicht verdient, also werde ich bei allen künftighin sich ereignenden/Gelegenheiten alles mögliche anwenden, mich derselben ferners würdig und fähig zu machen, mithin contestiren, wie dass ich in tiefster Submission unter E. k. M. Allerhöchsten Huld und Gnade sei.

100.

**An den Hofkriegsrath. Feldlager vor Temesvár,
30. August 1716 [1]).**

Dero beliebte Antwortschreiben vom 18. und 21. ausgehenden Monats sind mir zurecht behändigt worden und gleichwie ich nicht zweifle, es werde ein löbl. Mittel allen Eifer angewendet haben, damit die für Peterwardein und Essegg, auch Brod am Savestrom erforderlichen Baugelder abgereicht werden möchten, also verwundere ich mich nicht wenig, dass bis anher noch nichts losgewirkt und diese so wichtige unumgängliche Bestreitung vor andern ganz gleichgiltig angesehen sei, da man doch dermalen ein zulängliches Quantum ungesäumt erfinden, um die angefangene Arbeit nicht in's Stocken zu bringen, sodann ein für allemal den ergiebigen jährlichen Fundus verlässlich stabiliren und anweisen soll.

---

[1]) Kriegs-A., „Türkenkrieg 1716"; Fasc. VIII, 281.

Ich will nicht hoffen, dass es eine gleiche Beschaffenheit mit den Verpflegs- und ausserordentlichen Belagerungs-Unkosten haben werde. Denn einmal bei Gott und der Welt nicht zu verantworten wäre, wenn diese ohnedem so vielem Ungemach unterworfene Armee durch Verweigerung des Soldes zugrunde gerichtet und anstatt des alten wohlverdienten Soldaten auf den bevorstehenden Feldzug mit vierfachen Unkosten eine neue Armee aufzurichten und die Operationen wegen Abgang der Mittel gehemmt oder retardirt werden sollten. Ein löbl. Mittel beliebe ein solches I. k. M. durch ein ordentliches Referat nachdrucksam vorzustellen, gleichwie ich es meinesorts auch gethan habe.

Mit der bei dem croatischen Banat gemachten Anstalt hat es sein gutes Bewenden, wenn nur auch exparte dessen und der Generalate dermaleinst etwas rechtschaffenes vorgenommen und mit einmüthigem Rath und That operirt würde, zu welchem Ende bei so gestalten Umständen keine deutsche Mannschaft vonnöthen, und wird man das dermalen zum Convoy der zuerst kommenden Belagerungs-Artillerie gewidmete Caraffa'sche Regiment, sobald solche in Sicherheit (ist), zu der Armee ziehen. (Der folgende Absatz behandelt lediglich Personalien.)

Dass für den Ingenieur-Obristwachtmeister Plöttner die Expedition als General-Quartiermeister-Lieutenant anstatt des in der Schlacht todt gebliebenen Chrestien de Bouchon ausgefertigt worden, ist gar recht geschehen und ist der Ingenieur-Hauptmann Giessenbier zwar zu Peterwardein, aber nicht dahier erschienen. Der Ingenieur-Lieutenant Kienle und Unter-Ingenieur Müller sind bei der Armee.

Von den zu Wien erbauten Kriegsschiffen sind die 2 ersten bereits an dem Einfluss der Theiss angelangt, allwohin nach Beschaffenheit der Erfordernisse das dritte folgen oder mit den übrigen nachkommenden unweit Essegg bleiben soll.

Sonst dient mir zur guten Nachricht, was sowohl wegen gedachter Schiffe und der Matrosen halber, dann wegen Abstellung der Excesse am Marsche und Verleihung der in Erledigung gekommenen Regimenter, auch Promotion des Obristlieutenants Dillher und Schramm, nicht weniger der türkischen postscripta und des Sulfikar Effendi wegen ist angemerkt worden, welches letztere bei ersehender Gelegenheit in favor des Residenten Fleischmann zu Nutzen zu bringen unermangeln werde.

Weil dermalen an der Zeit alles gelegen und der Transport das beschwerlichste (ist), so ist an Wiederholung der mandatorum regiorum ad comitatus contiguos zwar gar vorsichtig geschehen, es hätten jedoch solche ad remotiores auch können extendirt werden, massen die gegenwärtige Erfahrenheit gibt, dass man sogar die unter Ofen liegenden zu dem Ofner Transport ziehen muss. Was nun ferners zu der hiesigen Belagerung erforderlich projectirt worden ist, ein solches zeigt die Anlage.

Zumal nun alle diese Nothwendigkeiten aus den Festungen, bevorderst der Grenze gezogen, mithin solche ganz und gar entblösst werden, so beliebe ein löbl. Mittel durch ein eigenes Referat die zulängliche Ersatz- und Versehung zu urgiren und annebens nachdrucksam vorzustellen, dass die höchste Noth erfordere, zeitlich die zur Campagne nöthigen Requisiten, unter andern (das) Schanzzeug, woran aller Orten ein Abgang (ist), Pulver, Blei, Flintensteine, Bomben, Granaten, Kugeln und was sonst nöthig, beigeschafft, die Stückgiesserei fortgesetzt und in summa alles dasjenige vorbereitet werde, welches zur Fortsetzung des glücklich angefangenen Krieges erfordert werden kann.

Betreffend die Schell- und Mohrische Admodiations-Haferlieferung, war solcher juxta tenorem contractus nicht jetzt zu erkaufen, sondern mit Ausgang Mai an Ort und Ende zu verschaffen. Und weil gedachte Admodiation in ihrem verlässlichen statu des Vorraths angezeigt, dass das ganze Quantum in völliger Bestellung sei, so erfolgt von selbst, dass entweder die verlangende Einkaufung überflüssig oder gedachter Aufsatz unwahr (ist). Denn gesetzt, auch dieser wäre in allem dem wahren Vorrath gleichstimmig, so ist er doch so entfernt, dass der Transport dermalen unmöglich mehr in tempore geschehen und der Armee geholfen werden kann. Das beste Mittel wäre, dasjenige Geld, so zur Beschleunigung des Transports so freigebig anerboten wird, zu dem Szegediner Einkauf zu employiren oder nach Siebenbürgen unverweilt abzuschicken, von wannen mit Beihilfe des commandirenden Generals am besten ausgeholfen werden könnte.

Den ungarischen Haus-Artilleristen werde ich durch den Herrn General-Kriegscommissär von den beihabenden oder vielmehr folgenden Geldern etwas auf die Sommergebühr zahlen lassen, damit sie wenigstens ihre Noth in etwas steuern mögen. (Die folgenden Absätze berühren minder wichtige Angelegenheiten.)

Schliesslich weil die schleunige Anstellung des wallachischen Bischofs in Siebenbürgen eine dem Regions- und Religions-Status höchst fürträgliche Sache ist und die längere Verzögerung eine gar grosse Gewissens- und Verantwortungs-Sache, als woran das Heil (von) mehr denn 300.000 Seelen zum grossen Theil gelegen ist, diesemnach erfordert I. k. M. Dienst und Gottes Ehre, dass alle diejenigen Passi mit dem päpstlichen Hof ohne Anstand und mit Nachdruck gemacht werden, mittelst welchem I. k. M. Allergnädigst denominirtes Subject

die Confirmation und nach dieser cum possessione exercitium juris-
dictionis episcopalis et pastoralis curae über die neu unirten und noch
nicht recht bestätigten Wallachen antreten könne.

101.

An den G. d. C. Grafen Steinville. Feldlager vor Temesvár, 30. August 1716 [1]).

Ich habe Euer Excellenz in meinem vorigen Schreiben zum
öfteren erinnert, dass Sie die beihabenden Truppen in fertiger Bereitschaft stellen und also gefasst halten möchten, damit solche auf
erfolgende Ordre dahin abzurücken im Stande wäre, wo die Nothdurft
und Herrendienst es erheischen würden. Wenn nun aber die hiesige
Operation angeht und viele Leute erfordert, hingegen die Gefahr in
Siebenbürgen, besonders von dieser Seite andurch gänzlich aufhört und
die zur Beschützung der jenseitigen Grenze destinirt gewesenen beiden
Dragoner-Regimenter allda verbleiben, unangesehen, dass unten nichts
besonderes zu fürchten steht, diesemnach muss ich Deroselben hiemit
anzeigen, wie dass die ratio belli und I. k. M. Dienst erheischen, dass
E. E. mit den beiden als dem Neuburg- und unterhabenden Cürassier-
Regiment, dann einigen Raizen-Compagnien und so viel Infanterie,
als Sie immer auch mit Unterbrechung der Fortifications-Arbeit in ein
Corpo zusammengesetzt haben, in das hiesige Banat gegen Karansebes
einrücken, um entweder nach Beschaffenheit der Umstände allda
à portée zu verbleiben, oder auch sich mit der hiesigen Armee zu
conjungiren, worüber von Zeit zu Zeit auf Dero einlaufende Berichte
das mehrere pro directione wird angezeigt werden.

Des Brotes und der Feld-Artillerie halber, wenn von dieser
letzteren etwas nothwendig sein sollte, werden E. E. das nöthige aus
Siebenbürgen veranstalten und mich von allem, ob und wie es geschehen, benachrichtigen.

P. S.

E. E. wollen sich bei dem Ausmarsche aus Siebenbürgen über
alle und jede feindliche Regungen und Bewegungen gegen die Donau
und Wallachei verlässlich erkundigen, Ihre Mouvements darnach richten
und nach Beschaffenheit der Umstände oder Erforderniss auch ohne
Erwartung weiterer Befehle sich mit der Armee vorsichtig conjungiren
und gleichwie ich Deroselben von allem benachrichtigen werde, also
erwarte ich ein gleiches.

---

[1]) Kriegs-A., „Türkenkrieg 1716“; Fasc. VIII, 282.

102.

An den GFWM. Grafen Herberstein. Feldlager vor Temesvár, 30. August 1716 [1]).

Des Herrn General-Feldwachtmeisters drei Schreiben, eines vom 25. und die anderen vom 26. d. habe ich zugleich recht behändigt und gleichwie ich die Dispositionen, sowohl wegen Heraufziehung der von Zenta kommenden Schiffe, als Unterbringung der Kranken und zu schlagen veranlassten Theiss- und Maros-Brücken allerdings approbire, also zweifle nicht, der Herr General-Feldwachtmeister werde gedachte Brücken und die Wege in einen solchen Stand setzen, damit die nächstfolgende schwere Artillerie unbedenklich darüber passiren kann.

An Abschickung der 17 mit Zeugsrequisiten beladenen Schiffen, ist gar gut geschehen, es wäre aber mit dem Herrn GFWM. Freiherrn von Cosa die einverständliche Anstalt zu machen, wie solche von Csanád weiters nach Arad fortzubringen wären, auch auf was für eine Art die Artillerie von Ofen, wenn sie dahin kommen sollte, zu beschleunigen wäre.

103.

An den FZM. Freiherrn von Löffelholz. Feldlager vor Temesvár, 31. August 1716 [2]).

Demnach der letzte Artillerie-Transport bereits ziemlich die Theiss herauf avancirt, mithin zu vermuthen ist, dass er nunmehr allerdings in Sicherheit sein wird, wie es denn Euer Excellenz in loco am besten sehen und wissen werden, also könnten Sie solchenfalls und soferne keine Gefahr vorhanden, die bisher an dem Einfluss der Theiss postirt gestandenen beiden Kriegsschiffe wiederum in die Gegend (von) Peterwardein zurückziehen, mithin die darauf befindlichen 150 Commandirten debarquiren lassen, welche E. E. belieben, mit den etwa alldort seienden Reconvalescirten unter Commando der dabei befindlichen Officiere anher zu ihren Regimentern abzuschicken, zuvorderst aber mit dieser Gelegenheit und Bedeckung von dem daselbst vorhandenen Schanzzeug soviel nur immer entbehrt werden kann, unter einem mitzusenden und durch quocumque modo dazu aufbringende Landfuhren transportiren zu lassen.

---

[1]) Kriegs-A., „Türkenkrieg 1716"; Fasc. VIII, 284.
[2]) Kriegs-A., „Türkenkrieg 1716"; Fasc. VIII, 291.

Inmittelst hätten E. E. dem zu Titel stehenden Hauptmann nach-drücklich einzubinden, dass er gegen Pancsova sowohl als sonst fleissig recognosciren lassen und sich immerhin um sichere Kundschaften bewerben soll.

104.

An den FZM. Freiherrn von Löffelholz. Feldlager vor Temesvár, 1. September 1716 [1]).

Es erheischen die dermaligen Operationen, dass das Battée'sche Dragoner-Regiment, nachdem dortiger Enden keine Feindesgefahr vorhanden, anher gezogen werde. Diesemnach belieben Euer Excellenz selbes nach Empfang dieses sogleich aufbrechen zu lassen und, mit dem erforderlichen Brot versehen, nach Szegedin abzuschicken, allwo es die weitere Verhaltungs-Ordre schon vorfinden wird.

105.

An den GFWM. Grafen Herberstein. Feldlager vor Temesvár, 1. September 1716 [2]).

Es ist Demselben zwar vorhin schon erinnert worden, alles Schanzzeug, was nur immer möglich entbehrt werden kann, von Szegedin gleich anher zu schicken. Zumal aber hieran gar keine Zeit zu verlieren, indem es I. k. M. Dienst erfordert, also wiederhole es hiemit nochmals und versehe mich der schleunigsten Beförderung unfehlbar.

106.

An den Obrist Grafen Kinsky: Feldlager vor Temesvár, 1. September 1716 [3]).

Demnach die allhiesigen Operationen und gegenwärtigen Umstände erfordern, dass das löbl. unterstehende Caraffa'sche Regiment nach Szegedin und von da nach Anleitung der dahin folgenden Ordre weiters anher abmarschire, diesemnach wird der Herr Obrist mit obgedachten Regiment, wann er des Brotes halber die Nothdurft bekommen hat, mit guter Ordnung und Mannszucht nach ermeldtem Szegedin fort-

---

[1]) Kriegs-A., „Türkenkrieg 1716"; Fasc. IX, 5. Ein ähnliches Schreiben an den Commandanten des Dragoner-Regiments Battée, Obristen Freiherrn von Seidlitz. Fasc. IX, 8.

[2]) Kriegs-A., „Türkenkrieg 1716"; Fasc. IX, 6.

[3]) Kriegs-A., „Türkenkrieg 1716"; Fasc. IX, 7.

rücken und mir vorläufig, ob und wie der Marsch von statten gehe, auch wann er in Szegedin einzutreffen vermeint, berichten und zumalen es sein könnte, dass die letzteren 6 Compagnien noch nicht angelangt, in diesem Fall wären die denselben zugewidmeten Remontenpferde mit einigen Commandirten zurückzulassen und mit den beihabenden 6 Compagnien der Marsch anzutreten, auch den andern nachzufolgen die Ordre zuzuschicken, massen die 200 Commandirten vom löbl. Battée'-schen Regiment dem Ober-Kriegscommissär von Forstner die Hand zu bieten und den Artillerie-Transport zu escortiren haben.

107.

An den Kaiser. Feldlager vor Temesvár, 3. September 1716¹).

Wie nun den 30. pass. Euer kaiserlichen Majestät Infanterie aus dem unentfernten in das hiesige Lager zwischen der oberen und unteren Bega eingerückt, die Morastbrücken, besonders rechter Hand in Stand gesetzt und die acht herwärts zu bleiben bestimmten Cavallerie-Regimenter auf die Flügel an die beiden Bega gesetzt, auch das Machen neuer Faschinen-Vorräthe und andere Dispositionen veranstaltet waren, gingen den 31. pass. in der Nacht die beiden FZM. Prinz Alexander von Württemberg .mit dem General-Quartiermeister und einigen Ingenieuren rechter, dann der Graf von Harrach linker Hand des Terrains gegen die Palanka zu recognosciren, um zu sehen, wo etwa die bevorstehende Attaque vorzunehmen sein möchte. Als nun ein solches geschehen und gegen das Arader Thor ein bequemer Ort zu solchem Ende aufgefunden, wurde den 1. d. zur Eröffnung der Tranchéen folgende Vorbereitung gemacht: Dass nämlich rechter Hand von der ausserhalb der Palanka liegenden Moschee eine Parallele ungefähr 400 Schritt von der Palanka durch das zwischen dem ersten und zweiten Thor liegende etwas erhöhte Terrain nach Tracirung des Freiherrn von Elster gezogen und links am Ende derselben eine Redoute für 500 Mann angelegt und die rechte Hand an den allda befindlichen Morast angeschlossen wurde, welche auch allenfalls mit einer Redoute versehen werden soll. Zu diesem Ende wurden 3000 Arbeiter und zur Bedeckung derselben unter Anführung und Direction des FZM. Prinzen Alexander von Württemberg, dann dem FML. Ahumada und GFWM. Herzog von Aremberg, acht Bataillone und so viel Grenadier-Compagnien, nebst 1000 Pferden commandirt und angeordnet, dass drei Bataillone links und so viel rechts, dann

¹) Kriegs-A., „Türkenkrieg 1716"; Fasc. IX, 20.

zwei in der Mitte mehrberührter Parallele hinter die Arbeiter gesetzt, die gedachten Grenadier-Compagnien solche bedecken, ermeldete Pferde aber die beiden Flanken unterstützen und souteniren sollen.

Nachdem nun alles angeordnetermassen den Abend also veranlasst und zubereitet war, wurde in der Nacht zwischen den 1. und 2. die Tranchée eröffnet und die angeordnete Parallele und Redouten linker Hand dergestalten gezogen und verfertigt, dass man den Tag hindurch verdeckter hat fortarbeiten, aber diese nicht völlig ausmachen können, wobei ein Hauptmann und neun Todte, dann sechzig Blessirte bekommen worden, weil die feindliche Palanka zu nahe und der Feind sowohl aus derselben, als der Stadt stetshin mit kleinem und grossem Gewehr auch Bombenwerfen continuirt und die Arbeiter bei dem vorscheinenden Monde frühzeitig entdeckt hat.

Ich hätte zwar mit obgedachter Eröffnung der Tranchée umso mehr noch etwas anstehen können, weil die zu einer Belagerung erforderliche Artillerie und Requisiten nicht bei der Hand und der erste Ofner Transport den 10. currentis zu Szegedin eintrifft und ungewiss ist, wann der zweite wegen Langsamkeit der Comitate folgen wird und also dasjenige abgeht, was zu einer rigoureusen Attaque nöthig ist. Damit aber keine Zeit verloren werde und man sich indessen vorwärts eingräbt, habe ich mich hiezu entschlossen, in der Hoffnung E. k. M. werden durch die ungarische Canzlei die Beschleunigung der Vorspannswägen mit Nachdruck anbefehlen.

Gestern ist die übrige Cavallerie mit dem Feldmarschall Grafen Pálffy auf die andere Seite der Bega abgerückt, die Festung auch allda einzusperren und auf alle äusserlichen feindlichen Regungen und Bewegungen ein wachsames Auge zu tragen.

Der Prinz Emanuel von Portugal hat dieser Eröffnung der Tranchée, zweifelsohne aus löbl. Eifer, beigewohnt, mir aber, weil er nicht unbillig geglaubt, dass ich es abhindern möchte, ein solches verbergen wollen, daher in aller Stille, ohne dass die beiden meine Bedienten davon das geringste erfahren, auf einem fremden Pferde, ungeachtet alles Missrathens des bei ihm gewesenen Grafen Almeida entzogen und nach dem Orte der Arbeit verfügt. Es hat aber das Unglück gewollt, dass ihm das Pferd unterm Leibe erschossen und er am rechten Fuss beim Knie gestreift worden. Wie E. k. M. aus der nebenliegenden Beschreibung des Chirurgen das mehrere Allergnädigst zu ersehen belieben, ist die Wunde zwar an sich selbst nicht gefährlich, dennoch wie gemeiniglich mit einer Alteration und Fieber begleitet. Es steht aber zu hoffen, dass durch gute Wartung und anwendende Mittel, worinnen alle menschenmögliche Sorgfalt getroffen werden soll, hieraus keine ferneren gefährlichen Folgen zu besorgen sein dürften. Nach Erfahrung dieser Begebenheit habe ich Seine Liebden allsogleich besucht und die seinigen scharf verwiesen, Deroselben aber die Gefahr, welcher er sich exponirt, mit diensamen terminis vorgestellt [1]).

Diese Begebenheit und obgedachte Eröffnung der Tranchée vor Temesvár hat mich billig veranlasst, E. k. M. gegenwärtigen Courier abzuschicken und anbei aus pflichtmässiger Schuldigkeit allerunterthänigst zu repräsentiren, dass, weil der nunmehr so glücklich angefangene Krieg gegen die Feinde des christlichen Namens mit allen Kräften fortzusetzen, Dero Allerhöchster Dienst erheischt, bei Zeiten, sowohl wegen der Recruten als Remontenpferde, dann der Artillerie und Zeugs-Requisiten das erforderliche vorzubereiten und sowohl das eine, als andere an Ort und Stelle beizuschaffen, damit man mit Allem versehen, die künftige Campagne längstens mit Anfang Mai eröffnen und dem Feinde in den Operationen vorkommen könne. Dieses nun zu E. k. M. Dienst zu bewirken, wäre ich der unmassgeblichen Meinung, dass Dieselbe Allermildest geruhen möchten, aus dem Hofkriegsrath und anderen hiezu nöthigen Stellen eine Commission anzuordnen, um den Entwurf der Erfordernisse, worüber von Seite gedachten Hofkriegsrathes die Specification übergeben werden wird, aufzusetzen.

108.

An den Hofkriegsrath. Feldlager vor Temesvár, 3. September 1716 [2]).

Aus der abschriftlichen Beilage meiner unter einem an I. k. M. allerunterthänigst abgegangenen Relation, beliebe ein löbliches Mittel die Ursachen des gegenwärtigen Couriers des mehreren Inhalts zu ersehen und da ich mich hierauf beziehe, muss ich bei dieser Gelegenheit erinnern, denn weil Höchstgedachte I. k. M. den nunmehr mit Beihilfe Gottes glücklich angefangenen Krieg wider den Erbfeind christlichen Namens ferner fortzusetzen und die Campagne längstens bei angehenden künftigen Mai zu eröffnen, mithin in den Operationen vorzukommen haben, man ohne Zeitverlust auf die Ersetzung der abgängig seienden und werdenden Leute und Pferde gedenken und dahin antragen müsse, damit sowohl zum Ankaufe dieser, als auch Anwerbung jener ein zulänglicher Fundus erfunden und wirklich richtig gestellt werde, da bei dieser harten Campagne und vorher

---

[1]) Die gleiche Mittheilung an die Kaiserin-Mutter Eleonora, 3. September 1716. Fasc. IX, 21.

[2]) Kriegs-A., „Türkenkrieg 1716"; Fasc. IX, 22.

gewesenen Action, auch gegenwärtiger Belagerung, sowohl an Pferden als Leuten ein grosser Abgang und die von den Ländern zu stellen kommenden Recruten bei weitem nicht erklecken, mithin das Geld auf deren Werbung zu geben sein dürfte, zu welchem Ende ich ratione der Länder die Farben der Regimenter hier beischliesse und annebens erinnere, dass weil durch die gegenwärtige Belagerung, die ohnedies schlecht versehen gewesenen Grenzfestungen von den meisten Artillerie- und anderen Requisiten fast völlig entblösst, solche nach Proportion ihrer Grösse und Erforderniss ohne Anstand zu versehen und besser als bisher einzurichten sind, damit solche durch Abgang der Noth- wendigkeiten, welche auch oft Kleinigkeiten sind, nicht in die Gefahr des Verlustes gesetzt werden mögen.

Sodann wäre auch hauptsächlich zu veranstalten, dass zu einer künftigen Operation 8000 bis 10.000 Centner Pulver, gegossene Blei- kugeln à proportion nach dem rechten anderthalblöthigen Caliber, eine Million Flintensteine, 40.000 bis 50.000 Stück Schanzzeug, 8000 Cuirasse, 50.000 bis 60.000 Sandsäcke, eine ansehnliche Quantität Granaten, 100-, 60- und 30pfündige Bomben, dann nach proportion der zu ver- mehrenden 10pfündigen auch die Haubitzgranaten, die schwere Artillerie mit allem Zugehör sammt den 24-, 12-, 6- und 3pfündigen Kugeln in einer zulänglichen Quantität, sammt vielen anderen Requisiten und Erfordernissen, worüber mit nächstem ein erforderlicher Aufsatz er- folgen soll, unumgänglich beigeschafft werden.

Ein löbliches Mittel wolle hierüber ein referatum ad Caesarem machen und eine Commission begehren, damit in dieser hierüber das nöthige abgehandelt und also veranstaltet werde, damit es nicht auf dem Papier, sondern wirklich in tempore beigebracht, an Ort und Ende abgeführt und an die Hand der bevorstehenden Operationen gestellt werde, wobei auch die Fortsetzung der Giesserei umsoweniger zu ver- absäumen, als durch die hiesige Belagerung einige Stücke schlecht und unbrauchbar, mithin zu ersetzen sein werden. Die eroberte tür- kische Artillerie ist nicht von dem kaiserlichen Caliber und obschon etwas davon zu brauchen, so ist doch die Montirung ganz anders, dass also solche grösstentheils umzugiessen und die Lafetten völlig abzu- ändern sind. Die Munition und andere Requisiten befinden sich in Peterwardein und geschieht also gar recht, dass solche zufolge des beliebten vom 26. pass. ordentlich conscribirt worden, in der Hoffnung, dass indessen die in dem überschickten Aufsatz angemerkten und zurückgebliebenen Belagerungs-Requisiten zu Ofen angelangt sein werden, damit man sich wenigstens derselben, bei dem zweiten, vielleicht jetzt abgehenden Transport bedienen kann.

Weil die Schell- und Mohrenfeld'sche Admodiations-Association weder in re- noch tempore zugehalten und ihre im Reiche, Oesterreich oder anderen entfernten Orten wirklich gemachte oder gebende Provision der Armee die Subsistenz dahier nicht geben kann, so bin und bleibe ich der beständigen Meinung, dass man Dasjenige, was sie wirklich dahier bei Zeiten zu liefern im Stande sind, nicht mehr übernehmen und zum grossen Nachtheil des kaiserlichen Aerars passiren, mithin einen Theil dieser hiezu gewidmeten Gelder zur Entrichtung des in der Gegend Szegedin und Arad zum Ankaufe veranstalten Hartfutters, worauf das General-Kriegscommissariat bereits 18.000 fl. vorgeschossen hat, ohne Anstand herabschicken soll, auf dass durch diese Disposition der kaiserl. Cavallerie wenigstens mit etwas ausgeholfen werde.

Die abgeschickten Kriegsschiffe belangend, ist der Befehl ertheilt worden, dass sobald der Essegger Artillerie-Transport die Theiss hinauf gesetzt ist, die beiden an dem Einflusse derselben geankert, mit dem nachgekommenen dritten zurück, anfänglich nach Peterwardein und von da nach Essegg zurückgezogen werden sollen, um alldort diesen Winter an der Hand zu verbleiben, zu welchem Ende dem alldasigen Commandanten anbefohlen ist, das nöthige vorzubereiten, damit die Requisiten sicher und gut untergebracht werden mögen.

Nach dem Inhalte deren vorigen rescriptorum hätte ich vermeint, dass die letzten sechs Caraffa-Compagnien mit den Faber- und Marulli'schen Recruten bereits vor einiger Zeit angelangt wären. Gedachtem Regiment, welches bisher in der Gegend von Ofen gestanden, um die Fuhren zum Transport der Artillerie nach Anleitung commissariatlicher Disposition beizutreiben und zu convoyiren, ist der Befehl ertheilt worden, anher abzumarschiren.

109.

An den Hofkriegsrath. Feldlager vor Temesvár, 3. September 1716 ').

Demnach durch malitieuse und ehrenrührische Leute zu Wien ausgesprengt worden, als wären von dem kaiserlichen Hof- und Feld-Kriegssecretär Herrn von Brockhausen verdächtige Correspondenzen geführt und nach der letzten Bataille in des Grossveziers seiner Kanzlei einige seiner Schreiben, wodurch er solchem von einem und anderen benachrichtigt hätte, gefunden worden, also habe ich der Wahrheit

---

') Kriegs-A., „Türkenkrieg 1716"; Fasc. IX, 23.

zu· steuern und Confundirung dieser gottlosen Leute ein löbliches Mittel hiemit ersuchen wollen, diesem falschen und ehrenrührerischen Ausgeschrei öffentlich zu widerreden, über den auctorem ernstlich zu inquiriren, auch I. k. M. durch ein eigenes referatum über diese Unwahrheit allerunterthänigst zu benachrichtigen, damit ehrliche Leute, über deren Conduite nichts zu sagen, in ihrem guten Namen nicht zu kurz geschehe, sondern dieser vielmehr erhöht werde.

110.

An den Platzmajor in Ofen, Freiherrn von Stomm. Feldlager vor Temesvár, 3. September 1716 [1]).

Ich empfange des Herrn Platzmajors vom 29. pass. mit der angelegten Specification dessen, was von dannen an Artillerie und Requisiten hierher abzuschicken kommt. Ich ersehe aber unter einem mit (um) so grösserer Befremdung, dass dieser Transport den 1. hujus daselbst erst abgegangen, also die dermaligen Operationen und Herrndienst durch derlei Verzögerung und Hinlässigkeit bei gegenwärtiger Conjunctur allerdings retardirt werden müssen. Ich lasse dahin gestellt sein, ob die angeführte Ursache der nicht beisammen gewesenen Vorspann die Beförderung sothanen Transports abgehindert; der Herr Platzmajor hätte aber in Erwägung der schon so weit avancirten Saison und vorseienden Umstände seine Mesures darnach nehmen und mit der wenigstens pro parte vorhandenen Vorspann das nöthigste und soviel wie möglich indessen unverweilt abschicken sollen, daher nöthig sein will, nachdem die Absendung so spät geschehen, dass der Zug umsomehr beschleunigt und anher befördert werde, mich in das künftige dahin versehend, dass Derselbe derlei Herrndienst ferners betreffende Vorfallenheiten mit besserer Exactitude auf selbsteigene Verantwortung zu vollziehen sich angelegen sein lassen werde.

111.

An den Feldmarschall Grafen Pálffy. Feldlager vor Temesvár, 4. September 1716 [2]).

Es haben die Kriegskundschaften zwar versichert, als ob der Feind auf Schlagung einer Donaubrücke nicht mehr gedenke, weil aber jetzt die Nachricht und Aussage dreier gefangener Türken von

---

[1]) Kriegs-A., „Türkenkrieg 1716“; Fasc. IX, 26.
[2]) Kriegs-A., „Türkenkrieg 1716“; Fasc. IX, 30.

Peterwardein eingelaufen, dass die Savebrücke zerrissen und solche
auf der Donau wieder zusammengesetzt worden, um einen neuen angelangten Tatarenschwarm darüber und anher abzuschicken, auch wie
einer aussagt, bereits einige hinübergesetzt, also habe ich ein solches
Euer Excellenz kraft dieses und zu dem Ende beibringen wollen, auf
dass Sie allsogleich nach Empfang dieses einige Partheien gegen Pancsova und derorten abzuschicken belieben wollen, um sowohl ratione
der Brücken, als Tataren und andern Umständen die Verlässlichkeit
einzuholen, damit dieser schnelle Feind uns nicht eher über den Hals
komme, als man seine Ankunft wisse.

112.

An den G. d. C. Grafen Steinville. Feldlager vor Temesvár, 5. September 1716 [1]).

Nachdem ich mein gestriges Schreiben bereits abgefertigt hatte,
kommt die verlässliche Nachricht, dass der Feind zu Višnica eine
Brücke über die Donau geschlagen und bereits 15.000 Tataren mit
einem Pascha passirt sind, auch der Ueberrest demnächst folgen dürfte.
Bei sogestalten Sachen erfordert der Herrndienst, dass Euer Excellenz
mit den beiden Cürassier-Regimentern und so viel Infanterie, als Sie
entbehren können, auch einigen Raizen ungesäumt nach Lugos abmarschiren und sich bis auf weitere Ordre allda postiren, mich aber vor
allem von dem Marsche und Eintreffung in gedachtem Lugos benachrichtigen, damit man sodann Deroselben das weitere nach Beschaffenheit
der Umstände anerinnern kann. Auf gute Kundschaft werden E. E.
von selbst bedacht sein.

113.

An den GFWM. Grafen Herberstein. Feldlager vor Temesvár, 5. September 1716 [2]).

Weil die Anzahl der Kranken und Blessirten wie gewöhnlich sich
vermehrt, hingegen die Medici und Chirurgi abnehmen, also erfordert
I. k. M. Dienst, dass sowohl der Grenz-Medicus als der Chirurgus zu
Szegedin den allda befindlichen Kranken und Blessirten nach Anleitung des Kriegs-Commissariats assistire; wolle also der Herr General-
Feldwachtmeister ihnen ein solches intimiren und auf den Vollzug
halten, mir aber ob und wie es geschehen, berichten.

[1]) Kriegs-A., „Türkenkrieg 1716“; Fasc. VIII, 73.
[2]) Kriegs-A., „Türkenkrieg 1716“; Fasc. IX, 36.

114.

An den GFWM. Freiherrn von Langlet.
Peterwardein, 6. August 1716 ¹).

Des Herrn General-Feldwachtmeisters unterm 31. pass. an mich erlassenes Schreiben, habe (ich) zurecht erhalten und die langsame Fortrückung des beihabenden Transports daraus ersehen. Weil aber an der schleunigen Beförderung alles und sehr viel gelegen, so wird der Herr General-Feldwachtmeister sich von selbst beeifern, so viel immer menschenmöglich fortzueilen und wenn die beihabenden Proviant- und Marketender-Schiffe hieran im geringsten hinderlich sein sollten, mit den seinigen vorausgehen und, im Fall es etwa an Leuten zum Hinaufziehen abgehen sollte, könnten deren einige aus den an der Theiss liegenden Dorfschaften beigetrieben und ihnen eine kleine Er-götzlichkeit dafür abgereicht werden.

Zu obgedachtem Ende (haben) wir auch unter einem dem Herrn GFWM. und Commandanten zu Szegedin Grafen Herberstein zu-geschrieben, dass er einige Leute mit Seilen entgegen schicken und den Zug nach Möglichkeit befördern solle, massen solcher also zu Wasser bis nach Makó oder Csanád fortzusetzen ist. Ich versehe mich eines schleunigen Marsches.

115.

An den GFWM. Freiherrn von Cosa. Feldlager vor
Temesvár, 6. September 1716 ²).

Der Bruder des Herrn Obristen Tökölyi geht von hier nach Arad, um alldort den Ueberrest der zurückgebliebenen Raizen zu versammeln und anher abzuführen; weil aber diese Leute sich be-schweren, dass, da sie hier im Felde stehen, ihre Felder, Heu und Getreide allda angegriffen werden, also ist es billig und wird der Herr General-Feldwachtmeister ernstlich dahin verfügen, dass man sie mit Fouragiren und derlei Beschwernissen verschone, auch ihnen laut einer dem alldasigen Commissär oder Officier überreichenden rechten Tabelle, das Brot oder vielmehr Mehl, welches sie selbst verbacken und durch ihre eigenen Wagen anher abführen werden, ordonnanz-mässig abreichen lasse. Sonst möchten gedachte Raizen zwar auch von der Zufuhr des kaiserlichen Proviants eximirt bleiben, weil man aber

---

¹) Kriegs-A., „Türkenkrieg 1716"; Fasc. VIII, 83.
²) Kriegs-A., „Türkenkrieg 1716"; Fasc. IX, 47.

sodann mit dem Transport nicht erklecken und der Armee das Brot fehlen würde, sie auch für ein jedes Ross einen Gulden bezahlt bekommen, so sind sie mit guter Manier zur Continuirung dieser Fuhren zu disponiren und nicht über die Noth damit zu beschweren.

116.

**An den Kaiser. Feldlager vor Temesvár,
7. September 1716 [1]).**

Nachdem man die abgewichene Nacht wegen des eingefallenen starken Regens mit der Arbeit nicht viel avanciren, also nur die bereits angefangene durch Erhöhung und Erweiterung verbessern und die Parallele rechter Hand bis über die ausserhalb der Stadt gelegene Moschee auf 300 Schritt extendiren konnte, wurde den 3. d. M. FZM. Graf Max Starhemberg durch den Grafen Regal abgelöst und mit ihm FML. Graf Daun, dann GFWM. Graf Leimbruck nebst 2000 Arbeitern und über 300 andere, welche dem Tranchée-Major, dann ebensoviel von der Artillerie, zugegeben worden, und sieben Bataillone mit ebensoviel Grenadier-Compagnien zur Bedeckung commandirt, folgsam in der Nacht gleichfalls linker Hand die Parallele um 320 Schritt verlängert und an dem Ende eine neue Redoute angelegt, auch an zwei Batterien zu 18 Stück zu arbeiten angefangen. Wir haben dabei 4 Todte und 32 Blessirte, worunter 1 Hauptmann und 1 Lieutenant bekommen.

Den 4. hatte die Inspection der FZM. Graf Harrach und unter ihm der FML. Ahumada und GFWM. Livingstein mit so viel Arbeitern, Bataillonen und Grenadier-Compagnien wie oben. Die Arbeit wurde an den Batterien sowohl, als den übrigen, was vorigen Tags angefangen worden, fortgesetzt und eine Communication rückwärts angelegt, um gedeckt in die Approchen kommen zu können, worauf dann den 5. der FZM. Prinz von Bevern ablöste, unter Deroselben aber die FML. und GFWM. Gebrüder Grafen von Wallis nebst den obgedachten Arbeitern, Bataillonen und Grenadier-Compagnien, welche zwei Linien gegen die Festung, eine rechter Hand aus der Parallele auf 200 und die andere linker Hand bis 350 Schritt lang gezogen, also dass, nachdem diese und die vorige Nacht die zwei Batterien in Stand gebracht und jede mit 9 Stücken versehen worden, man den 6. bei anbrechendem Tage mit gutem Success daraus zu feuern angefangen und sind diese Nacht 7 Mann todt geschossen und

---

[1]) Kriegs-A., „Türkenkrieg 1716"; Fasc. IX, 54.

3 verwundet worden, unter welch' letzteren sich ein Stückhauptmann, ein Fähnrich, dann drei Feuerwerker befinden. Die Ablösung hatte der Prinz Alexander von Württemberg und der FML. Graf Daun, dann GFWM. Herzog von Aremberg mit den oft gedachten Arbeitern und der Bedeckung. Diese Nacht hat man eine Batterie à ricochet von 5 Stücken auf der rechten Seite verfertigt und wurde die zweite Parallele an den links und rechts aus den ersten gezogenen zwei Linien zu 100 Schritt nach Beschaffenheit des Terrains etwas mehr oder weniger von dem Graben gezogen. Todte sind 3, Verwundete 6 und unter diesen letzteren der Harrach'sche Hauptmann Graf von Kuenburg.

Von Rača am Savestrom ist der Bericht eingelaufen, dass eine von dort ausgegangene Partei auf den in dortiger Gegend gelegenen Posten Šabac marschirt, die daselbst herausgerückten Türken zu Fuss und Pferd, nachdem sie zuvor einen Succurs von 800 Mann bekommen, gegen den Abend angegriffen und als der stärkere Feind sich zurückgezogen, waren sie mit ihm zugleich in die Schanze eingedrungen; aus dem gemauerten Schloss aber so sehr gefeuert worden, dass unmöglich näher zuzukommen gewesen, worauf gedachte Schanze angezündet und der Brand, da auch der starke Wind favorable gewesen, fast alles darin verzehrt und einige so sich daraus retten wollten, theils in der Save ersoffen, theils von den Grenzern niedergehauen worden. Sonst geben zwar verlässliche Nachrichten, als ob der Feind seine gehabten Brücken über den Savestrom zerrissen und mit Zugebung anderer Schiffe eine auf der Donau erbaut hätte. Ob nun nach eben dieser Kundschaft die darin angemerkten 15.000 Tataren darüber passirt und in das hiesige Banat eingerückt sind, ist noch nicht eigentlich zu versichern.

Uebrigens befindet sich der Herr Prinz Emanuel von Portugal an seiner empfangenen Wunde in so gutem Stand, dass er auch, wenn die lädirte Partie nicht zu schonen wäre, aufstehen könnte. Die vollständige Genesung wird innerhalb weniger Tage gehofft.

117.

An den Hofkriegsrath. Feldlager vor Temesvár, 7. September 1716 [1]).

.... Gleichwie Herr Obrist von Petrasch, Commandant zu Brod, sich über den, von dem zu Rača commandirenden Obristlieutenant

[1]) Kriegs-A., „Türkenkrieg 1716"; Fasc. IX, 55.

120

D i l l h e r geschehenen Eingriff des Commandos am Savestrom beklagt,
also beschwert sich auch der Herr FZM. Baron von L ö f f e l h o l z,
dass gedachter Commandant zu Brod in der Subordination gegen ihn
fehle, dass also bei diesen beiden ein nicht allzugrosses Einverständniss, respective Beobachtsamkeit zu verspüren ist, wogegen man
aber sowohl dem einen, als anderen das seinige anzeigt und besonders,
dass das Commando am Savestrom demjenigen verbleibe, dem es gebührt, wiewohl der Posten Rača ein ganz separirtes, neues und anderes
Wesen ist.

<h3 align="center">118.</h3>

An den GFWM. Grafen Herberstein. Feldlager vor Temesvár, 8. September 1716 [1]).

Aus der Anlage hat der Herr General - Feldwachtmeister des
mehrern zu ersehen, was mit den Essegger Artillerie-Transport unter
Escortirung des Herrn GFWM. Baron von L a n g l e t mittelst der
Theiss hoffentlich angelangt ist oder demnächst anlangen wird und die
Disposition, welche von hier aus gemacht worden ist, um solchen von
Makó bei kleinem Wasser, oder von Csanád, wenn mit den Schiffen
dahin oder weiter zu kommen, möglich wäre, anher zu transpor-
tiren ist.

Und zumal annebens noch zwei beladene Schiffe von Ofen dabei
sein werden, aber nicht eigentlich bekannt ist, was sich etwa darauf
befinden und wieviel Wagen zu der Transportirung erforderlich sein
könnten, also hat man von allem und jedem dem Herrn General-
Feldwachtmeister zu dem Ende benachrichtigen wollen, damit er
seinerseits alles immer mögliche beitrage, auf dass nach Anleitung
der dahier gemachten Disposition der gemeldete Transport bewerkstelligt oder wenn es in loco nicht thunlich zu sein befunden würde,
quocumquo modo ein anderes expediens erdacht werde, da einmal
daran gelegen und nicht anders sein kann, dass derlei Sachen ohne
Anstand beschleunigt werden müssen.

Sonst hat der Herr General-Feldwachtmeister aus meinem vorigen
bereits vernommen, dass gedachter Transport unter Escortirung des
Herrn Generalen von L a n g l e t, so weit immer möglich, zu Wasser
hinauf zu befördern sei, damit man den Weg zu Land verkürze und
die Moräste zwischen hier und Szegedin evitire, dem ich noch dieses
beizurücken habe, dass diejenigen 12 Wagen, welche mit Schanzzeug

---

[1]) Kriegs-A., „Türkenkrieg 1716“; Fasc. IX, 60.

beladen von Peterwardein unter Escorte einiger Reconvalescenten nach Szegedin abgeführt werden, wenn es wohl sein kann und den obigen Transport nicht verhindert, zwar abzulösen, sonst aber also, wie sie ankommen ferner zu Csanád über die Brücke bis hieher fort-zuschicken sind, zu welchem Ende und damit die Bauern nicht davon laufen, eine zulängliche Wache zu geben wäre.

Ich versehe mich, dass all obiges und was noch beigerückt werden könnte, wohl beobachtet und vollzogen wird.

P. S.

Sobald als gedachter Transport zu Szegedin ankommt, bin ich durch eigene Staffete einer ordentlichen Specification mit allem umständlich gewärtig.

119.

An den GFWM. Grafen Draskovich. Feldlager vor Temesvár, 9. September 1716 [1]).

Ich ersehe aus des Herrn General-Feldwachtmeisters vom 26. pass. was derselbe über die zur Occupirung Novi gemachten Dispositionen und was sich dabei zugetragen berichtet. Meines Behalts wäre es das beste gewesen, wenn man dem fliehenden Feinde eine goldene Brücke gebaut, mithin durch allzu frühzeitige Anrückung nicht wieder zurück gelockt, folglich von der Occasion, wie sie sich anzeigt, profitirt und nachdem der Feind selbst gewichen, den Posten ordentlich ohne vieler Leute Verlierung occupirt und besetzt hätte, umso mehr, als es erin-nertermassen eine Passage und sehr guter Grenzort ist. Ich will er-warten, was etwa der Herr General-Feldwachtmeister hierunter weiters in loco vorkehren wird; was das Pulver und Blei angeht, wird à pro portione der 200 Centner der Herr Obrist von Petrasch aus Brod aushelfen, der Herr General-Feldwachtmeister aber die sonstigen Artillerie und Requisiten bei dem innerösterreichischen Hofkriegsrath oder sonst à porté herzunehmen haben, weil von hier es dahin zu schicken eine pure Unmöglichkeit ist.

Sonst befremdet mich sehr, dass die Agramer Brotlieferung dato so unzulänglich gewesen, hoffe aber, dass es nun auf die an seine Behörde erlassene Verordnung in besserer Ordnung gehen werde, da mir inmittelst das mit dem Herrn General Heister zunehmende gute Verständniss lieb zu vernehmen war, im übrigen aber dem Herrn Grafen respective der angesonnenen Truppen Anweisung ohnedem

[1]) Kriegs-A. „Türkenkrieg 1716"; Fasc. IX, 67.

nicht unbekannt ist, wenn mehrere Herren Generale in derlei Fällen zusammen kommen, was die althergebrachte Ordnung und Kriegs-observanz in unseren Diensten mit sich bringen thut.

120.
An den Kaiser. Feldlager vor Temesvár, 11. September 1716 [1]).

Ich fahre fort, Euer kaiserlichen Majestät allerunterthänigst bei-zubringen den Verlauf der hiesigen Belagerung und ist die Ablösung in den Approchen den 7. d. auf den FZM. Graf Max Starhem-berg gefallen und waren unter ihm der FML. Ahumada, dann der GFWM. Graf Marsigli. Zu der Arbeit gingen abermals 2000 Mann, ohne denen, welche bei der Artillerie und dem Tranchée-Major com-mandirt waren. Die Bedeckung bestand aus 7 Bataillons und 10 Gre-nadier-Compagnien und wurden noch 200 Mann zu Communications-Arbeiten an die Bega abgeschickt. Sodann wurde aus der gestern neugezogenen Parallele mit zwei Zickzack weiter gegen die Palanka vorgerückt, auch mit angehender Nacht aus 6 Feuermörsern Bomben hineinzuwerfen angefangen, sodann rechts der Approchen eine Redoute angelegt, worauf den 8. d. der FZM. Graf Regal und unter ihm der FML. Graf Daun, nebst den GFWM. Leimbruck im Commando ablösten.

Nun zieht man ein anderes Zickzack, woraus auch eine Linie linker Hand der Approchen, von 180 Schritt Länge, gegen den Graben der Palanka, unangesehen eines starken feindlichen Feuers sowohl aus Kleingewehren, als Stücken und Mörsern. Den 9. folgte in der Ab-lösung der FZM. Graf Harrach mit dem FML. Grafen Daun, sammt dem oft wiederholten Ablösungs-Commando und wurde dasjenige, was die letzteren Tage her angelegt worden, heute fortgesetzt und ausge-bessert; auf den Abend aber durch unsere Bomben rechts und links in der Palanka ein sehr starkes Feuer angesteckt, welches fast die ganze Nacht durch dauerte. Den Obrist Grafen Hohenfeld traf das Unglück, dass er bei Vertretung seiner Function als Tranchée-Major mit einer Stückkugel todt geschossen wurde.

Den 10. d., ungefähr eine Stunde vor Tagesanbruch, wagte der Feind durch das linker Hand unserer Approchen gelegene Thor einen Ausfall zu Pferd und zu Fuss und ging auf unsere, zur Bedeckung und Soutenirung dieser Flanke postirten Wachen und Vorposten los,

---

[1]) Kriegs-A.. „Türkenkrieg 1716"; Fasc. IX, 81.

wurde aber sogleich durch die angerückte Feldbereitschaft wiederum
repoussirt und bis in die Gärten, wo einige Janitscharen sich verdeckt
gehalten, verfolgt und mit Verlust sich zurückzuziehen gezwungen,
wobei von E. k. M. Cavallerie bis 50 Mann todt blieben. Die
Approchen-Inspection hat heute der FZM. Prinz von Bevern angetreten
und unter demselben FML. Ahumada und GFWM. Graf Wallis.
Zur Arbeit wurde mehrmals die obige Mannschaft commandirt. Man
hatte diesen Tag zu 2 neuen Batterien in unserer zunächst am Palanka-
Graben avancirten Linie den Anfang gemacht und in der Nacht jetzt
erwähnte Linie vorwärts verlängert, dass man etwa nach Beschaffenheit
des Terrains 60 Schritt von ermeldetem Graben entfernt und obzwar
der Feind mit verschiedenen Ausfällen die Arbeit zu verhindern gesucht, so ist er doch jedesmal zurückgetrieben worden.

Sonst bestätigen die Nachrichten, als wären zu Pancsova
13.000 Tataren auf diese Seite überschifft worden und ist der Essegger
Artillerie-Transport zu Makó oder nach der Beschaffenheit des Wassers
zu Csanád angelangt, auch der erste von Ofen auf dem Wege begriffen
gewesene, zwischen Szegedin und Arad angekommen.

121.

An den G. d. C. Grafen Steinville. Feldlager vor Temesvár, 12. September 1716[1]).

Demnach die verlässlichen Nachrichten von allen Orten einlaufen,
und (es) ganz gewiss ist, dass eine Anzahl Tataren mit einigen
Türken vermischt, welche zusammen einige zu 20.000 und andere zu
30.000 Mann ausmachen wollen, mit Schiffen die Donau passirt, um
hiesigerorten etwas zu tentiren, auch eine Brücke zu Višnica wirklich
gebaut oder nach anderer Aussage gebaut werden soll, um mehr
Völker nachzuschicken, diesemnach erfordern I. k. M. Dienst und die
gegenwärtigen Umstände, dass Euer Excellenz allsogleich mit Vorsichtigkeit bevorderst der Infanterie den Marsch über Karansebes und
Lugos gerade anher in's Lager beschleunigen und des Brotes halber
durch die mitzuführenden Wagen die Nothdurft vorkehren lassen. E. E.
werden von selbst erachten, ob Sie mit dem zusammengesetzten Corpo
für Ihre Person selbst mitkommen oder solche in Siebenbürgen nöthiger
befinden und dem Herrn FML. Grafen von Browne hierüber das
Commando anvertrauen wollen.

---

[1]) Kriegs-A., „Türkenkrieg 1716"; Fasc. IX, 95.

Ich versehe mich einer schleunigen Antwort und dass E. E. alle gute Vorsorge anordnen werden, wogegen ich, was dahier zu Ihrer Nachricht einläuft, wenn ich den Marsch erfahre, entgegenschicken werde, wobei auch dahin anzutragen wäre, um gute Kundschaften aus der Wallachei zu haben, damit man wisse, ob etwa von dort, wie einige Nachrichten geben, etwas von (den) Tataren herkommen wird.

122.

An den GFWM. Freiherrn von Beckers. Feldlager vor Temesvár, 13. September 1716[1]).

. . . . Sonst muthmasse (ich) nicht, dass einige Türken und Tataren den Savestrom passirt sein sollen, um in dortiger Gegend zu brennen, indem eine Anzahl mittelst einiger Schiffe über die Donau gesetzt worden, so sich in hiesigem Revier befinden.

Uebrigens ist mir lieb, dass Rača bereits mit etwas Proviant versehen, so weitershin nach Möglichkeit zu continuiren ist.

123.

An den GFWM. Grafen Herberstein. Feldlager vor Temesvár, 13. September 1716[2]).

Es wird allhier beschwerlich vor- und angebracht, wasmassen zu Szegedin die aus allhiesigem Lager dahin mit passeports versehenen und abgehenden Handelsleute oder Marketender aufgehalten und zur Nehmung neuer Pässe gegen Erlegung einer gewissen Taxe angestrengt, ingleichen ohne Abführung solcher über die Brücken nicht passirt werden. Obwohl (ich) nun glaube, dass dem Herrn General-Feldwachtmeister von dergleichen nichts wissend sei, so will (ich) dennoch die unfehlbare Abstellung hiemit anerinnert und die Darobhaltung umso mehr exprimirt haben, als dadurch bei der Armee unumgänglich alle vivres zum Nachtheil des gemeinen Mannes in höheren Werth steigen müssen, für welchen die mehrste Sorge zu tragen, mithin ich sothane Taxirung niemals gestatten werde; ich versehe mich demnach der Abhinderung fernerer Beschwerden.

---

[1]) Kriegs-A., „Türkenkrieg 1716"; Fasc. IX, 106.

[2]) Kriegs-A., „Türkenkrieg 1716"; Fasc. IX, 107. Der gleiche Befehl am selben Tage an GFWM. Freiherrn von Cosa. Wiederholung desselben am 18. September 1716. Fasc. IX, 144.

124.

**An den Kaiser. Feldlager vor Temesvár,
15. September 1716 [1]).**

Bei der hiesigen Belagerung ist die Ablösung den 11. auf den
FZM. Prinzen von Bevern gekommen und unter ihm FML. Graf
von Wallis, dann GFWM. Herzog von Aremberg mit dem gewöhnlichen Bedeckungs- und Arbeits-Commando; so wurde auch statt
des Obrist weiland Grafen von Hohenfeld, der Regalische Obristlieutenant von Bärnklau als Tranchée-Major angestellt. Man hatte
die Linie des Grabens der Palanka theils ausgebessert und theils verlängert, war auch von der zur linken Hand angelegten Redoute mit
zwei Zickzack, um diese Linie zusammenzuziehen, gegen die Ecke der
Palanka angerückt. Die Türken steckten in der Nacht viele Pechkränze
aus und warfen eine Menge Granaten in die vorderste, etwa 30 Schritte
von dem Graben entfernte Linie und nebstdem, dass sie stark mit
Pfeilen geschossen, machten sie ein beständiges Feuer mit Kleingewehr,
dessenungeachtet aber die Arbeit wohl fortgesetzt, und die Ingenieure-
Lieutenants Beausson und Conteville blessirt wurden, wovon der
Letztere bereits gestorben.

Die diese Nacht an den Batterien in der vordersten Linie angefangene Arbeit nahm den 12. ihren guten Fortgang, wurde auch
sonst mit der anderen links und rechts weiter zusammengerückt und
dabei der Ingenieur-Lieutenant Kienle verwundet. Die Inspection
vertrat heute der FZM. Graf Max Starhemberg und unter
ihm der FML. Graf Daun, dann der GFWM. Marsigli. Diesem
folgte den 13. der Graf Regal mit dem FML. Ahumada und
GFWM. Livingstein, mit der gewöhnlichen Anzahl Arbeiter, dann
acht Bataillonen und zehn Grenadier-Compagnien Bedeckung und wurde
in der Nacht an den zwei Parallelen vorwärts ein Kessel für 15 Feuermörsern angelegt, auch zugleich eine neue Breschbatterie linker Hand
nächst dem Palanka-Graben angefangen und nicht weniger mit der
Arbeit allda gegen das Thor fortgefahren.

Den 14. traf die Ablösung der Approchen-Inspection den
FZM. Grafen Harrach mit dem FML. Grafen Wallis und der
vorigen Anzahl Mannschaft zur Arbeit und Bedeckung. Der Feind war
mit seinen in Garnison befindlichen Spahis und Tataren zu Pferd jenseits
der Stadt über die Bega gegen das Pálffy'sche Lager ausgerückt,

---

[1]) Kriegs-A., „Türkenkrieg 1716“; Fasc. IX, 122.

unwissend, ob sie etwa die unter ihren Stücken in den Morästen noch übrige Fourage abzuholen, oder etwa gar durchzudringen und davonzugehen gesucht. Nachdem man aber unsererseits auf guter Hut gewesen und sich postirt, auch aus den bei der Cavallerie befindlichen vier kleinen Stücken auf sie zu kanonieren angefangen, hatten sie sich, ohne etwas zu unternehmen, wieder in die Stadt zurückgezogen.

Eben heute langte von der aus Ofen anher destinirten Artillerie der erste Transport dahier an, wie denn auch der von Essegg in ein paar Tagen ankommen soll.

Wenn nun obgedachte drei neu angefangene Batterien ausgemacht, sollen die beigehabten und mit dem ersten angelangten Ofner Transporte gekommenen schweren Stücke eingeführt und in die Palanka Bresche geschossen, auch nach gefüllten Graben darauf gestürmt, sodann die fernere Attaque gegen die Stadt nach aller Thunlichkeit der Umstände umso ernstlicher fortgesetzt werden, als von den türkischen Garnisonen keine Capitulation zu hoffen und sie nur blos mit Gewalt zu bezwingen sind. Es wird zwar von einigen Kundschaftern versichert, dass zu Višnica eine Brücke über die Donau geschlagen, von anderen aber, dass solche zwar angefangen, aber noch nicht ausgemacht worden sei, berichtet und sagen die meisten, dass ein Corpo von Tataren mit etwas Türken vermischt, zu 20.000, oder wie auch einige wollen, zu 30.000 Mann, in Schiffen herüber geführt und bei Pancsova postirt sind.

Weil man aber links und rechts Partcien ausgeschickt, diese aber nichts eigentliches davon mitgebracht, also kann man auch keine Verlässlichkeit darüber anmerken; denen Kundschaften nach soll das Absehen gedachten Corps dahin gerichtet sein, die Fouragierer von der Armee, ja diese selbst zu incommodiren und zu beunruhigen, welches aber, wenn etwas daran, sich demnächst wohl zeigen dürfte und steht man indessen auf bestmöglichst guter Hut, um gegen alle feindlichen Regungen und Bewegungen gefasst zu sein.

Sonst habe ich zwar Euer kaiserlichen Majestät in meiner vorigen alleruntertthänigsten Relation geziemend vorgestellt, auch Dero Hofkriegsrath nachdrucksamer zugeschrieben, dass es unumgänglich und zur Verhütung eines unersetzlichen Schadens höchst nothwendig sei, nicht allein der hiesigen nothleidenden Armee mit den gewidmeten Verpflegsgeldern und ausserordentlichen Operationsmitteln demnächst auszuhelfen, sondern auch zur Fortsetzung des Grenz-Festungsbaues einen erklecklichen Fundus ohne Anstand beizuschaffen, wie nicht weniger die für die zukünftige Campagne gehörigen Zeugs- und Artillerie-Requisiten, auch Versehung der durch gegenwärtige Belagerung entblössten Grenz- und anderen Festungen dergestalt vorzubereiten dass längstens im März alles an Ort und Ende vorräthig sei, welch' alles ich E. k. M. aus aller treu gehorsamster Devotion hiemit nochmals unmassgeblich wiederholen und bitten soll, diesfalls zur Beförderung Dero Allerhöchsten Dienstes das nöthige je eher, je besser an Ort und Ende Allergnädigst anzuordnen, dem ich noch beizurücken habe, was ich wegen zeitlicher und zulänglicher Stellung der Recruten und Remonten bereits angemerkt. Es würde zur Conservirung E. k. M. Infanterie nicht wenig beitragen, wenn in den ungarischen Festungen den Garnisonen die erforderlichen Kotzen und was sonst gewöhnlich, für den Winter beigeschafft würde, weil es sonst nicht möglich, dass der arme Soldat nebst so viel anderem Ungemach und im Felde ausgestandenen Strapazen sich den Winter durch erholen und für den Feldzug in Stand setzen kann.

E. k. M. geruhen diese meine allerunterthänigste Vorstellung als ein Kennzeichen meines schuldigen Eifers zur besseren Beförderung Dero Dienstes auf- und anzunehmen.

125.

**An den Hofkriegsrath. Feldlager vor Temesvár,
15. September 1716 [1]).**

Es ist wohl zu bedauern, dass nach dem Inhalte des beliebten Schreibens vom 5. die Fortsetzung des so angelegentlichen slavonischen Festungsbaues so gleichgiltig angesehen wird, dass bisher nicht die geringste Geldhilfe losgewirkt, nicht einmal eine nahe Hoffnung gegeben, auch ein löbliches Mittel von Abschickung des anher gewidmeten Verpflegs- und ausserordentlichen Operations-Fundus nur extra judicialiter informirt werden, dass also, ob und wieviel etwa der nothleidenden Armee hievon zukommen werde, mir ebenfalls unbekannt, mithin nichts verlässliches ist. Weil aber Ihre kaiserliche Majestät durch ein ausführliches Referat die Nothwendigkeit in einem und anderen Erfordernissen unterm 30. v. Mts. geziemend ist vorgetragen worden, steht nunmehr die Allergnädigste Resolution zu gewärtigen und zu hoffen, I. k. M. werden die Aufrechthaltung einer sowohl verdienten, als kostbaren Armee höchsterleuchtet beherzigen und nicht allein die gewidmeten unentbehrlichen Subsistenzgelder entschliessen, sondern auch mit Nachdruck und Ernst die Aufbringung zu bewirken allermildest anbefehlen.

---

[1]) Kriegs-A., „Türkenkrieg 1716"; Fasc. IX, 123.

Wie die Operationen des Banater und Warasdiner Generalats vor Novi abgelaufen, habe ich aus des Herrn FML. Grafen von Heister an mich erlassenen Schreibens des mehreren verstanden und bin ich der gleichstimmigen Meinung, dass, weil die Nothwendigkeiten und Erfordernisse zu der angetragenen Operation nicht bei der Hand waren, man solche nicht unternehmen, sondern vielmehr in die feindlichen Länder hätte eindringen und aus denselben die abgängigen Lebensmittel suchen oder wenigstens den Feind in gedachtem Novi (welches er nach dem Inhalte eines von dem Herrn General von Draskovich an mich erlassenen Schreibens zu verlassen gesinnt war), nicht ein-sperren, mithin zur Renitenz zwingen sollen, da einem fliehenden Feinde, welchen man zu überwältigen nicht im Stande, eine goldene Brücke zu machen ist.

Der Ingenieur-Obristlieutenant Graf Gosseon aus Szegedin, Hauptmann Giessenbier, Hauptmann Quadro aus Siebenbürgen sammt dem Lieutenant Conteville, welch' Letzterer bereits todt geschossen, sind alle bei der Belagerung employirt und wird man sich endlich der Officiere von den Regimentern bedienen müssen, weil von den ersteren nach und nach einige blessirt, andere todt geschossen worden, daher auch der holländische Ingenieur namens Rietkesler nach seiner Ankunft dahier zu gebrauchen sein wird, zumal man aus der Erfahrung erkennt, dass derlei Leute sowohl in qualitate, als quantitate sehr abgehen. Ein löbliches Mittel beliebe frühzeitig dahin anzutragen, damit für die zukünftige Campagne einige taugliche Sub-jecte, welche eine Attaque zu führen wissen, aufgesucht und beige-bracht werden.

Wegen Verschaffung der Zeugsrequisiten für künftige Campagne ist es eine unumgängliche Sache, dass solche ohne Anstand pressirt, dann einige Gelder losgewirkt werden, um die auf meinen Credit in hiesigen Orten und in der Nähe beigebrachten Körner demnächst be-zahlen zu können, über welchem beiden Puncte ich mich auf mein voriges beziehe und solche hiemit geziemend wiederholt haben will.

126.

**An den Hofkriegsrath. Feldlager vor Temesvár,
15. September 1716 [1]).**

Nachdem mein anderes Schreiben schon völlig geschlossen war, erhalte ich in der Nacht das sehr werthe Schreiben vom 9. mit den

[1]) Kriegs-A., „Türkenkrieg 1716"; Fasc. IX, 124.

beiden Anlagen von dem FZM. Baron von Löffelholz und Vice-Admiral Anderson. Nun wundere ich mich nicht wenig, dass gedachter General, dem doch auf sein erstes Anmelden der wiederholte Befehl ertheilt worden, dass die drei an dem Einflusse der Theiss geankerten Kriegsschiffe so lange, als es die Noth erfordern und er selbst erachten würde, allda zu verbleiben hätten, sich darin nicht genügend habe belehren können, da ich doch als commandirender General, solche nach Beschaffenheit der Umstände und Erforderniss des Herrendienstes wohl zu geben weiss.

Wegen Ueberwinterung gemeldeter drei Schiffe ist ihm des Vice-Admirals Vorschlag, dass solche nach Observanz vorigen Krieges allda sicher und gut verbleiben könnten, zur Zusagung seiner guten Meinung communicirt worden und ich bin gar nicht dagegen, dass solches zur Ersparung der Betriebs-Unkosten geschehe, massen sie in solchem Falle auch näher an der Hand; die übrigen aber sind alle auf die in meinem vorigen bereits angemerkte und gedachtem Vice-Admiral geschriebene Art, welche er auch in dem mir beigelegten Schreiben vollständig anführt, in dem Canal von Iszép anzuhalten.

Ich kann meinerseits wohl leiden, dass der Admodiation ein Geldabschlag mit dem wohlmeinenden Absehen, hiedurch der Armee besser auszuhelfen, gemacht werde; in loco aber befürchte leider ein ganz anderes, weil nebst der Materie es hauptsächlich in den Dispositionen mangelt, solche auch bei so weit avancirter Jahreszeit fast unmöglich in tempore mehr gemacht werden können.

Betreffend die von dem eingangs gedachten FZM. Baron von Löffelholz angeführten üblen Veranstaltungen mit den auf seinen Posten befindlichen Kranken und Blessirten, so hat die Obsicht und Disposition, so lange die Armee allda war, ihn nicht betroffen und ist dazumal dasjenige vorgekehrt worden, was die Umstände zugelassen; wenn nach Entfernung gedachter Armee solche zu verbessern gewesen, war es ihm nicht verboten, ja er es zu thun umso mehr schuldig, als man ihm auf die diesfalls gemachten Vorstellungen allemal geantwortet hat, dass in loco zuzusehen und sich nach Möglichkeit zu behelfen sei.

127.

An den Hofkriegsrath. Feldlager vor Temesvár, 15. September 1716 [1]).

Mir ist nicht ohne etwelchem Nachdenken die unangenehme, bis anher hier ganz unbekannte Zeitung eingelaufen, dass in dem König-

[1]) Kriegs-A., „Türkenkrieg 1716"; Fasc. IX, 125.

reiche Böhmen ein Bauernaufstand sich errichten will und dazu in dem Časlauer Kreise bereits ein Anfang gemacht sei. Gleichwie nun die Hauptsache dahin ankommt, dass derlei weitaussehenden innerlichen Gefährlichkeiten und schädlichen Folgerungen unterworfene Unternehmen in ihrem Anfange gedämpft, vorgebeugt und abgeholfen werden, also ist auf alle Weise gar vorsichtig geschehen, dass das nach Erfurt auf dem Rückwege begriffene Detachement angehalten, das Caraffa'sche Regiment nach Böhmen beordert und soviel aus der Prager Garnison zu ziehen anbefohlen worden, als ohne Entblössung dieser Hauptstadt füglich entbehrt werden kann.

In der Hoffnung, man werde durch zeitliche zulängliche Anstalten dem nascendo mali vorbeugen können, finde ich aber noch zu erinnern, dass die Ausbreitung und das Geschrei dieser widrigen Begebenheit soviel immer möglich und das Werk selbst zulässt zu secretiren sei, damit bedenkliche Impressionen und was daraus erfolgen könnte, abgehindert werden.

128.

An den GFWM. Freiherrn von Langlet. Feldlager vor Temesvár, 15. September 1716 [1]).

Ob ich schon nicht zweifle, der Herr General-Feldwachtmeister werde vor Einlangung dieses im vollen Marsch begriffen sein und sich an leeres Geschrei nicht kehren, so habe dennoch hiemit anerinnern wollen, dass, wenn es nicht geschehen wäre, der Marsch sogleich zu beschleunigen, dennoch aber auch allerseits auf guter Hut und Vorsichtigkeit zu stehen sei, massen, wenn was verlässliches an der besorgenden tatarischen Gefahr sein sollte, ich davon zu benachrichtigen unermangeln würde. Ich versehe mich im übrigen aller guten Vorsorgen.

129.

An den GFWM. Freiherrn von Oosa. Feldlager vor Temesvár, 16. September 1716 [2]).

Demnach bei mir beschwerlich angebracht worden, wasmassen die zur Armee anher kommenden und zurückreisenden, sowohl Ober- und Unterofficiere, als Gemeine, bevorderst Marketender und andere

---

[1]) Kriegs-A., „Türkenkrieg 1716"; Fasc. IX, 127.
[2]) Kriegs-A., „Türkenkrieg 1716"; Fasc. IX, 134.

der Armee Lebensmittel zuführende Leute sich vermessentlich unterfangen, nicht allein sich gewaltthätiger Weise einzulogiren, sondern die Vorspann abzunehmen, dann andere strafmässige Insolentien und Excesse zu verüben, also habe (ich) dem Herrn General-Feldwachtmeister gegenwärtige öffentliche Ordre[1] hiemit zu dem Ende beischliessen wollen, damit derselbe seinesorts darob sein solle, derlei Excesse in dem Bezirk seines Commandos einzustellen, die Aufrechthaltung meines gegenwärtigen Befehls zu manuteniren und die Uebertreter desselben zur gebührenden Verantwortung anzuhalten.

<h2 style="text-align:center">130.</h2>

An den Kaiser. Feldlager vor Temesvár,18. September 1716[2]).

Seit meinem letzten allerunterthänigsten Bericht hat man zwei Bresch-Batterien verfertigt und auch gestern daraus zu schiessen angefangen und wird die dritte heute zusammengebracht, wie denn auch acht Sappen fortgesetzt und aus der ersten Parallele links und rechts zwei Zickzack gegen den Graben zu geführt werden, um solchen desto besser ausfüllen und nach gelegter Bresche anlaufen und Posto fassen zu können. Nach eroberter Palanka wird die Attaque der Stadt fortgesetzt werden. Weil aber diese in einem weit besseren Fortificationsstande, dürfte solche auch beschwerlicher sein und mehr Mühe kosten.

Sonst berichtet der Feldmarschall Graf von Pálffy aus seinem Lager jenseits der Festung und Bega, dass die raizischen Salveguarden, welche in die Dorfschaften gegen Pancsova vorgelegt worden, zurückkommend mitbringen, dass der Feind zu gedachtem Pancsova eine Brücke über die Donau geschlagen und solche mit dem Ueberreste seiner Armee das herwärtige Land passirt habe.

Weil ich aber hierüber keine andere Nachricht habe, steht die weitere Verlässlichkeit zu erwarten.

<h2 style="text-align:center">131.</h2>

An den GFWM. Grafen Herberstein. Feldlager vor Temesvár, 18. September 1716[3]).

Es hat sich die bisher hier gestandene raizische Grenz-Miliz einige Tage her meistentheils fort und nach Hause verfügt; wie zumal aber

---

[1]) Kriegs-A., „Türkenkrieg 1716"; Fasc. IX, 133.
[2]) Kriegs-A., „Türkenkrieg 1716"; Fasc. IX, 142.
[3]) Kriegs-A., „Türkenkrieg 1716"; Fasc. IX, 126½.

Ihro kaiserlicher Majestät Dienst erfordert und die von Deroselben
dieser Nation verliehene Exemtion und Privilegien sie dahin verbinden,
auf ereignenden Fall sich jederzeit wider den Erbfeind bereit und wohin es vonnöthen employiren zu lassen, als wolle der Herr General-
Feldwachtmeister solche so sich in seinem unterhabenden District befinden, gemessen erinnern, dass sie sich unverweilt zu ihrer Schuldigkeit
anher einstellen oder widrigens man sie auf andere Weise und Wege
beizubringen schon wissen wird. Sonst wird auch der Herr General-
Feldwachtmeister diejenigen Orte und Dorfschaften, so zur Lieferung
des harten Futters benannt und ausgeschrieben sind, dahin mit guter
Manier disponiren, dass sie über das bereits taxirte Quantum ein noch
mehreres an hartem Futter gegen billigmässige baare Bezahlung umso
lieber einliefern sollen, als man widrigens bei Entstehung dessen,
ohnedem zu fouragiren benöthigt sein würde.

132.

**An den Obrist Freiherrn von Seidlitz. Feldlager vor
Temesvár, 19. September 1716 [1]).**

Demnach 59 mit verschiedenen Schanzzeug und Munition beladene
Wägen von Szegedin nach Csanád abgeschickt sind und der Herr
Obrist mit dem Battée'schen Regiment auch der Gegend eingetroffen
ist, also wird derselbe obgedachten Transport übernehmen und mit
solchem gerad anher zur Armee abmarschiren.

133.

An den Kaiser. Feldlager vor Temesvár, 22. September 1716 [2]).

Gleichwie ich Euer kaiserliche Majestät in meinem letzten
allerunterthänigst vorberichtet, also hat man seither aus den drei verfertigten Batterien mit guter Wirkung auf die Palanka Bresche zu
schiessen fortgefahren, auch solche bereits in practicablen Stand gesetzt, um nach angefülltem Graben anlaufen und stürmen zu können.
Mit den Sappen ist man gleichfalls bis an den Graben avancirt und
jetzt daran, mit dem unentfernten Logement links und rechts gleichfalls bis dahin zu rücken, um sodann mit gewissern Ausschlag obgedachten Sturm vornehmen und souteniren zu können, worauf sich

---

[1]) Kriegs-A., „Türkenkrieg 1716"; Fasc. IX, 147.
[2]) Kriegs-A, „Türkenkrieg 1716"; Fasc IX, 154.

sodann nach meiner vorigen allerunterthänigsten Relation über die Stadt das mehrere äussern wird. Mit obgedachtem Logement geht es wegen des steten feindlichen Feuers, Granaten- und Bombenwerfens etwas langsam, wodurch viele Leute ausser Stand gesetzt werden. Man hofft aber auch diesem kurz abzuhelfen, umso mehr als die aus der Stadt kommenden Raizen versichern, dass sowohl die hineingeworfenen Bomben, als das beständige Kanonieren viele Leute in der Festung zu Schanden richten und die Consternation immer vermehren. Sonst ist gestern der Graf Steinville aus Siebenbürgen mit zwei Cavallerie-Regimentern, als Neuburg und sein unterhabendes, dann vier Bataillonen und soviel Grenadier-Compagnien dahier im Lager zu der Armee gestossen, welchen das bisher zu Peterwardein gestandene Regiment Battée morgen folgen wird. Es wird vom Feinde die Kundschaft bestätigt, dass er nicht allein seine Brücken zu Višnica über die Donau verfertigt, sondern solche auch wirklich passirt und wie einige wollen, der Grossvezier mit Türken dabei sei. Die Anzahl und Qualität dieses Corpo ist dermalen noch nicht eigentlich bekannt, obwohl links und rechts verschiedene Parteien zum Kundschaften ausgeschickt worden, von welchen eine heute Morgen wieder zurückgekommene mitbringt, dass sie gestern in der Nähe auf den Feind gestossen und einige Janitscharen zu Pferde dabei gesehen habe. Ob nun das Absehen sei, etwas gegen das allhiesige Lager zu versuchen, um gedachte Janitscharen in die Festung zu werfen, oder solche nur in der Nähe sind um zu incommodiren, wird sich bald zeigen. Man steht indessen auf guter Hut und schickt stets Parteien aus, seine Regungen und Bewegungen zu beobachten, damit ihnen nach Beschaffenheit der Umstände begegnet werden möge.

Diesen Morgen ist der Herzog von Aremberg durch die Wange gegen den Hals zu, jedoch nicht gefährlich, angeschossen worden.

134.

An den Hofkriegsrath. Feldlager vor Temesvár,
22. September 1716 [1]).

Das unterm 9. an mich erlassene Schreiben dient mir zur guten Nachricht und habe ich aus den beigelegt gewesenen Anlagen des mehreren entnommen, was in Zeugssachen, sowohl an eine löbliche Hofkammer, als dem obersten Haus- und Landzeugs-Amte zur Intimation übergeben worden ist. Es ist zwar die heurige consumption an

---

[1]) Kriegs-A., „Türkenkrieg 1716"; Fasc. IX, 155.

Pulver, Blei, Kugeln, Bomben, Granaten und anderen Requisiten bei noch anhaltender Belagerung dermalen noch nicht verlässlich zu berichten, weil man vor Ende derselben die Erfordernisse nicht wissen kann, also damit bis dahin warten muss. Man wird aber nichtsdestoweniger sobald als möglich einen Aufsatz über alles und jedes, was hierher gekommen und von wo es genommen worden, einschicken, auch einen Entwurf für die Erfordernisse pro 1717 beilegen. Man glaubt aber, dass es das verlässlichste wäre, wenn man den Zustand der Artillerie-Munition und Requisiten, besonders der Grenzfestungen von denen, welchen die Obsicht obliegt, abfordern und nach diesen die Versehung der entblössten Magazine anstellen, auch sich in Vorbereitung eines Artillerie-Munitions- und Zeugs-Vorrathes nach Beschaffenheit der zukünftigen Operation richten thäte, dem ich allein noch beizurücken habe, dass man in derlei Sachen den Antrag nicht zu gross machen kann.

Dass die Giesserei nach Möglichkeit fortgesetzt und befördert werde, ist gar recht, auch dabei beständig zu continuiren, besonders aber dahin zu trachten, dass nach den approbirten Rissen und Calibern alles formirt werde.

<h3 style="text-align:center">135.</h3>

<h3 style="text-align:center">An den Hofkriegsrath. Feldlager vor Temesvár,
22. September 1716 [1]).</h3>

. . . . Diesemnach ist mir aus dem sehr werthen Schreiben vom 12. d. umsomehr zur guten Nachricht zu vernehmen gewesen, dass 2000 Centner Pulver, 230 Centner anderthalblöthige Bleikugeln und 3000 Stück Schanzzeug nach Ofen abgegangen, also ich über den ersten Antrag, laut einer neulich eingeschickten Specification noch 10 halbe Carthaunen, 2000 Centner Pulver und andere Zeugs-Nothwendigkeiten mit dem Zusatze abgefordert habe, dass auch gedachtes Pulver-Quantum, wenn zu Ofen nicht genug vorhanden, aus den nach Essegg destinirten 1000 Centnern completirt werden müsste.

Weiters vernehme ich zwar von anderwärts her, als ob einige verdächtige Uebelgesinnte zu Kaschau und Grosswardein gefänglich eingezogen wurden. Weil ich diesfalls aber von einem löbl. Mittel keine zulängliche Nachricht habe, so kann ich auch nicht eigentlich wissen, ob und was etwa hieran sein möchte, daher ich mir hierüber eine unschwere Information ausbitte.

---

[1]) Kriegs-A., „Türkenkrieg 1716"; Fasc. IX, 156.

Da ich nun ferners aus den croatischen Generalats-Briefen vernehme, dass die dortige Grenz-Miliz auseinander, mithin zu vermuthen ist, dass sie auch für heuer wohl nichts oder wenig unternehmen dürfte, so glaubte ich, man könnte die vorhin sub conditione bewilligte Land-Subministration aus dem Magazine in Agram einstellen und auf zukünftiges Jahr vorbehalten, auch dermalen, da die Körner dem hiesigen Vernehmen nach zu einem bedenklichen Preise allda zu kaufen sind, frühzeitig dahin antragen, damit ein ergiebiges Quantum vorräthig gemacht, auch in anderem, als: Munition und Zeugs-Requisiten, all' dasjenige vorbereitet werde, welches dem Commandanten als Entschuldigung der heuer nicht vorgenommenen Operationen gedient hat.

Wegen der Proviantirung bin ich ebenfalls der Meinung, dass man von der Schell- und Mohr'schen Admodiation alles dasjenige an Mehl und Hafer nehmen soll, welches der Armee zu guten gebracht oder bei Separirung und Einrückung der Truppen in die Quartiere und Postirungen nützlich zu gebrauchen, wenn nur das zu Szegedin und in der Gegend zusammen gekaufte Hafer-Quantum demnächst bezahlt und der aus Siebenbürgen so nützlich gezogene Vorrath ersetzt werde.

Dem habe ich noch beizurücken, dass von den Verpflegsgeldern bereits 200.000 fl. wirklich angelangt und den nächst nachkommenden 300.000 fl. nach I. k. M. eigenhändigen Versicherung demnächst mehr folgen soll, welches umso mehr zu glauben ist, als der Contract in Holland nunmehr seine Richtigkeit erlangt haben soll.

136.

An den Hofkriegsrath. Feldlager vor Temesvár, 22. September 1716 [1]).

Aus der, dem untern 12. erlassenen Schreiben beigelegt gewesenen copirten Anlage habe ich des mehreren ersehen, was der kaiserliche Resident in Polen, Herr Baron von Martels, wegen eines vermeintlichen Einfalles der Tataren in Schlesien, dann einer allda geschehen sollenden fremden nordischen Werbung berichtet hat. Nun ist es mit dieser eine ausgemachte Sache, dass, wenn sie wahr gefunden werden sollte, sogleich ein- und abzustellen sei. Mit dem bedrohenden Einfall hat es zwar auch sein gutes Bewenden, doch steht nicht zu vermuthen, dass die entfernten Tataren bei so weit avancirter Jahreszeit und so beschaffenen Umständen, so etwas unternehmen oder die confoederirten

---

[1]) Kriegs-A., „Türkenkrieg 1716"; Fasc. IX, 157.

Polen es zugeben werden. Demnach ist auf guter Hut zu stehen und
solche misstrauische Veranstaltungen zu machen, als es der hiesige
status und vires zulassen.

137.

An den FZM. Freiherrn von Löffelholz. Feldlager vor Temesvár, 22. September 1716 [1]).

Euer Excellenz letzte Berichtschreiben waren vom 12. und 14. d.,
woraus und den Anlagen zuvörderst ersehe, was der raizische Parteigänger Thodor über sein mit dem Feind gehabtes Rencontre, auch
von Passirung eines türkischen Corpo über die Donau referirt. Gleichwie aber die Aussage desjenigen, so er dabei gefangen genommen, nicht
anverwahrt gewesen, sonst auch seine Nachricht nichts positives meldet,
was eigentlich herüber und wohin gegangen sei, also wäre mir lieber
gewesen, wann gleichfalls eine sichere Verlässlichkeit zu vernehmen
gehabt hätte, gestalten E. E. sich darum künftig alles Fleisses bewerben wollen, um dass man verlässlich wissen möge, wo der Feind
von Zeit zur andern sich befindet und was für Bewegungen er mache,
welchemnach Sie es auch nach befindender Wichtigkeit so Tag als
Nacht durch Staffeten oder Expresse zu berichten hätten. ·

Was die von den syrmischen Inwohnern ansuchenden türkischen
Salvaguardien belangt, mag ich zwar geschehen lassen, dass sie derlei
nehmen mögen, mit dem Vorbehalt jedoch, dass sie beiderseits respectirt
und nicht weniger nach Belieben jedesmal zurückgezogen werden
können; hauptsächlich hätten aber E. E. mit aller Präcaution dahin
vorzusehen, damit andurch dem Feinde zu allerhand Nachtheiligkeiten
kein Anlass gegeben werde.

Sonst bin ich der guten Meinung ratione Ueberwinterung der
Kriegsschiffe demnächst gewärtig, finde aber indessen nöthig, dass sie
eben bis dahin an dem Einflusse der Theiss und sonderheitlich des
Salz-Transports halber stehen bleiben sollen. E. E. wollen- vielmehr
denjenigen, so hierunter die Incumlenz tragen, andeuten, dass sie
sothanen Transport beschleunigen, gestalten wegen der Salz-Bedeckung
man die Kriegsschiffe über die Zeit nicht daselbst lassen kann.

Was E. E. aber wegen eines feindlichen Angriffes vorsorglich
erinnert und angefragt, da vermag ich von ferne eine positive Ver-
haltungsordre umso weniger zu ertheilen, als die Umstände in derlei
Fällen sich augenblicklich abändern können, Sie aber in loco mit

---

[1]) Kriegs-A., „Türkenkrieg 1716"; Fasc. IX, 158.

Beiziehung der Schiffcommandanten am besten urtheilen und wissen, was in omnem eventum an und vorzukehren sein möchte.

Nachdem nun das Battée'sche Regiment sowohl, als auch viele Reconvalescenten von dannen abgegangen, mithin die Consumption um ein merkliches abgenommen, inzwischen aber nach E. E. Bericht auch einige Bäcker von Szegedin dahin angelangt, so wird hoffentlich die Feldbäckerei einen besseren Fortgang gewinnen. Occasione der Reconvalescenten muss mich aber sehr wundern, dass alle diejenigen, so in E. E. bisher eingeschickten Tabellen befindlich, von der Infanterie und gar nichts von der Cavallerie darunter begriffen sei, da doch geglaubt hätte, dass die letztere fast ehender, als die erstere zur Gesundheit gelangen sollen, worüber den näheren Bericht gleichfalls erwarte.

138.

An den FZM. Freiherrn von Löffelholz. Feldlager vor Temesvár, 22. September 1716 [1]).

. . . . Dass von den Kranken und Blessirten von einer Zeit zur andern einige sterben, ist gar natürlich; dass aber der alldasige Provisor der Feldapotheke mit den nöthigen Medicamenten in qualitate et quantitate nicht versehen sein soll, wäre eine unverantwortliche Sache, und will ich daher die Visitation der unparteiischen Visitatoren demnächst erwarten, um sodann das weitere vorzukehren. Indessen ist dem General-Kriegscommissariats-Amt das nöthige diesfalls angezeigt worden, damit ein jeder zur Beobachtung (des) Herrndienstes bevorderst (zur) Genesung der armen Kranken und Blessirten mit Ernst angehalten werde.

Mir ist leid des gefangenen raizischen Capitäns Nicola Unglück zu vernehmen und ist (der) in Syrmien diesfalls entstandene Generallärm soviel möglich zu stillen und das Land durch die ausschickenden raizischen Parteien zu bedecken, da solche ohnedem dermalen nichts und vorhin wenig gethan haben.

139.

An den Kaiser. Feldlager vor Temesvár, 25. September 1716 [2]).

Ich habe zu Euer kaiserlichen Majestät Allerhöchstem Dienst für gut angesehen, dass Dero General-Kriegscommissär Graf von

[1]) Kriegs-A., „Türkenkrieg 1716"; Fasc. IX, 159.
[2]) Kriegs-A., „Türkenkrieg 1716"; Fasc. IX, 175.

Th ü r h e i m von hier abreist und sich zu E. k. M. Füssen lege, um über ein oder anderes der Militär-Oekonomie und zukünftigen Quartier-Einrichtung betreffende Anliegen allergehorsamsten Bericht abzustatten. Daher ich mich in aller geziemenden Unterthänigkeit beziehe und zu meiner ferneren allersubmissesten Direction E. k. M. Allerhöchsten Befehl seinerzeit darüber erwarte.

140.

An den Kaiser. Feldlager vor Temesvár, 25. September 1716 [1].

Euer kaiserlichen Majestät habe ich in meiner vorigen allerunterthänigsten Relation berichtet, wie dass die Kundschaften eingelaufen, dass der Feind mit einem Corpo über die Donau in das hiesige Banat gerückt wäre. Den 22. wurde dies durch die zurückgekommenen Parteien bestätigt und anbei mitgebracht, dass er über die Temes in wirklichem Anmarsche begriffen, daher die von dem jenseits der Bega stehenden Pálffy'schen Lager ausgegangene Fouragierer zurückgerufen, demnach von dem schnellen Feind einige saumselige Knechte und Vieh ertappt wurden, von welchen aber nachträglich einige Verloffene zurückgekommen. Den 22., also vorgestern, liess der Feldmarschall Graf von Pálffy sagen, wie dass nicht allein die ausgesandten Kundschafter mitgebracht, dass der Feind sich seinem Lager nähere, sondern auch eine Husaren-Partei mit den Faschinenmachern zurückgetrieben und er auf ihn anrückte, worauf ich mich dahin verfügte und der Max Starhemberg'schen aus 11 Bataillonen bestehenden Brigade, als der nächsten an der Hand und ausserdem im Angesichte des belagerten Feindes in gedachtes Pálffy'sche Lager abzumarschiren befahl, auch 20 nebst den bereits gehabten Feldstücken nachzufolgen die Anstalten getroffen, um sich deren nach Beschaffenheit der Umstände zu bedienen. Zwischen 12 und $1\frac{1}{2}$ mittags zog der Feind mit grossem Geschrei und Gewalt gegen gemeldetes Lager und den Ort wo der Feldmarschall campirt war, in der Meinung, allda durchzudringen; er wurde aber nach einem dreimaligen heftigen Ansatze von E. k. M. längst bekannten, nach der Kürze der Zeit möglichen aufgeworfenen Circumvallations-Retranchement, so dennoch an vielen Orten offen war, postirten Cavallerie standhaftig und mit Verlust besonders vieler vornehmer Türken repoussirt, massen solches aus den schönen todten Pferden, Körpern, Kleidung, Petschaften und anderen Kennzeichen anzunehmen war. Von Seite E. k. M. sind ausser einem Obristlieutenant

---

[1] Kriegs-A., „Türkenkrieg 1716"; Fasc. IX, 176.

und Rittmeister, welche etwas blessirt, nicht über 3 Mann todtgeblieben. Die Stärke dieses Feindes, so viel man aus dem Ansehen hat abnehmen und von den Kundschaften nach Aussage gefangener Türken erfahren können, sei aus 20.000 der auserlesensten und mit Geld zu diesem Unternehmen animirten Türken, dann 7—8000 Tataren nebst 500 Janitscharen, um solche in die Stadt zu werfen, bestanden, welche sich nach diesem gegen die Temes zurückgezogen und allda gelagert haben, ohne zu wissen, ob sie ferner etwas unternehmen, oder wo sie sich hinwenden wollen. Denn obschon einige, besonders durch eigene Staffete eingelangte Nachrichten von Peterwardein geben, dass der Grossvezier mit einem Uebergang der Truppen über die Brücken zu Višnica folgen und gesammter Hand etwas tendiren werde, so steht doch zu vermuthen, dass wenn dieses also, die ersteren den Angriff nicht vor der Zeit würden vorgenommen haben. Weil aber mit diesem Feinde auf nichts zu verlassen, ist auch keine Verlässlichkeit abzufassen, daher man die angefangene Circumvallation nach Möglichkeit ausmachen und verbessern lässt, um nach Beschaffenheit des Unternehmens desto sicherer die weiteren Mesuren abzufassen auch gar dem Feinde entgegen zu rücken und ihn aufzusuchen. Zur Verfertigung gedachter Circumvallation hat mich die Weite der Circumferenz des Lagers, die verschiedenen Moräste, Vielheiten der Brücken und Communicationen und Schnelligkeit des Feindes bewogen, welcher bald hier, bald dort und wo man am wenigsten vermeint, am ersten einfallen kann, daher ich dann für gut befunden, ermeldeten Feind nicht entgegen zu rücken, um für alle Fälle das sicherste zu wählen und sein ferneres Absehen zu erwarten.

Bei der hiesigen Belagerung geht es sowohl wegen Abgang der tauglichen Ingenieure, als anderen Umständen und Vorfallenheiten etwas langsam, wird auch durch auswendige feindliche Mouvements und daher entstandene andere Arbeit und widriges Wetter von der Beschleunigung divertirt und abgehalten. Man hofft aber nunmehr ernstlich und vielleicht morgen den Sturm auf die Palanka vorzunehmen und sodann das weitere allerunterthänigst beizubringen. Mit dem Artillerie-Transport nimmt es seinen guten Fortgang und wird solche nach und nach anher wohl und sicher eingeliefert, dass also diesfalls dermalen so wenig als des Brotes halber kein Abgang.

E. k. M. geruhen das mehrere von obgedachten feindlichen Angriffe und anderen Dispositionen von dem heute morgens von hier zu Dero Füssen abgereisten General-Kriegscommissär zu vernehmen, auf welchen ich mich in geziemender Unterthänigkeit beziehe und deswegen keinen eigenen Courier abschicke.

141.

An den Hofkriegsrath. Feldlager vor Temesvár, 25. September 1716[1].

Ich zweifle ganz und gar nicht, dass ein löbliches Mittel nach Anleitung des unterm 19. an mich erlassenen werthen Schreibens nec in tempore nec modo ermangelt habe oder werde, den Hof dermalen zu bewegen, damit ein zulänglicher Fundus zu dem so hoch angelegenen Fortifications-Baue gewidmet werde, gleichwie ich I. k. M. und einigen Ministern nachdrücklich remonstrirt habe.

Die beiden noch verfertigten Kriegsschiffe „St. Maria" und „St. Stephanus" können dermalen unbedenklich die anwachsende Donau und zugleich das noch nachkommende Seilwerk abwarten und sodann gegen Essegg nach Disposition des Herrn GFWM. Baron von B e c k e r s an einen gewissen sicheren Ort, herwärts des Drau-Eck in einem gegenüber Bieloberdo gefundenen Canal, welcher sehr lang, breit und bei fallendem Wasser mit genügenden Tiefen von 16 bis 17 Schuh vor dem Eistriebe völlig gesichert ist, unweit der Festung abgeschickt werden, massen ich der guten Meinung bin, dass gedachte und übrigen Schiffe ausser den dreien, welche vermuthlich zu Peterwardein verbleiben dürften, allda besser als zu Iszép und Illok überwintern werden, massen gedachter Iszép-Canal aus Ursache der Sandbänke und daher mangelnder Tiefe und Breite unbrauchbar, Illok aber wegen der Unsicherheit nicht rathsam ist. Weil mir gar wohl bekannt, dass, wenn die Abtheilung der von dem Feinde eroberten Artillerie und Zeugssorten auf dem arbitrium des Herrn FZM. Freiherrn von L ö f f e l h o l z gelassen wird, es ohne Zwistigkeiten schwerlich ablaufen dürfte, so habe ich ihm bereits vor einigen Tagen geschrieben, dass man nach Inventar anzeigen werde, was in Peterwardein zu lassen und was nach Essegg abzuschicken sei.

Gleichwie die Nothwendigkeit der Fortifications-Gelder, also habe ich auch die Unumgänglichkeit der Verpflegs-Gelder I. k. M. und einigen Ministern zum öfteren ganz nachdrucksam vorgestellt, in der Hoffnung, solche werden endlich erfolgen, weil Allerhöchst gedachte k. M. mich diesfalls bereits vor einiger Zeit eigenhändig versichert haben, daher dabei beständig zu verharren und mit dem Mahnen ohne Unterlass fortzufahren ist.

Vernehmlich ich zur beliebigen Erschung noch anschliesse, wie dass ungeachtet der publicirten kaiserlichen Patente von den Dreissigst-

---

[1] Kriegs-A., „Türkenkrieg 1716"; Fasc. IX, 177.

Aemtern noch die Auslagen von den der Armee Victualien zuführenden Marketendern abgefordert werden, worüber ich der Kammer-Administration zwar geschrieben und die Antwort abwarte, ein löbliches Mittel beliebe aber ein solches gleichfalls anzuzeigen.

142.

An den Kaiser. Feldlager vor Temesvár, 29. September 1716 [1]).

Nachdem dem feindlichen Corpo, zufolge meines letzten allerunterthänigsten Berichtes, sein Vorhaben auf das Pálffy'sche Lager misslungen war, hat dasselbe sich nicht allein über die Temes, sondern wie die Kundschafter fortgewesener Parteien melden, gar gegen die Donau zurückgezogen, unwissend, ob es solche repassiren, oder wie einige Nachrichten von Peterwardein geben, nach nunmehr geendigten Beyram die Herüberkunft des Grossveziers mit einem Ueberreste der zu Belgrad stehenden Truppen abwarten und noch etwas tentiren werde, worüber man durch die ausgeschickten Parteien demnächst das weitere zwar zu erfahren hofft, kann aber dies letztere umso weniger muthmassen, als in diesem Absehen der Feind mit zusammengesetzten Kräften ein solches würde angefangen und auszuführen getrachtet haben.

Ermeldete abgeschickt gewesene Parteien bringen mit, dass sie in einem, von dem Feinde verlassenen Lager, die wenigen Reiterknechte und Raizen von den Fouragierern, so bei seiner Anrückung gefangen worden, niedergehauen, die Köpfe der Deutschen von den Raizen und Ungarn abgesondert, auf zwei Haufen zusammen gesetzt gefunden haben. Wenn nun dies auch eine bisher bei dem, wiewohl allezeit barbarischen Feinde, ungebräuchliche Grausamkeit ist, so werde ich ihm künftighin bei ersehender Gelegenheit davon abzustehen abmahnen, sonst aber auf eine gleiche Art mit den Seinigen verfahren lassen.

Nebstdem melden zwar auch einige Kundschafter, als ob etwas Volk über Orsova kommen sollte, welches man aber sowohl wegen Beschwerlichkeit der engen Passagen, entfernten harten Marsch durch das Gebirge und anderen Umständen, nicht glauben auch nicht sehen kann. Aus Siebenbürgen aber wird berichtet, dass der Tataren-Khan mit einem Schwarme von 10—12.000 Pferden, sammt den beiden

---

[1]) Kriegs-A., „Türkenkrieg 1716“; Fasc. IX, 196.

Hospodaren von der Moldau und Wallachei anher zum Entsatze beordert, auch der erste bereits im Aufbruche und Marsch gegen Braila begriffen war. Obwohl man nun aus diesen verschiedenen Kundschaften nichts verlässliches schliessen, noch weniger etwas gewisses erfahren kann, so steht man doch billig an, dass gedachte beide Hospodaren das ihnen abgeneigte Land verlassen und den beiden auf ihrer Grenze im Burzenland unweit Kronstadt stehenden Dragoner-Regimentern das Land offen und ihnen über den Hals ziehen lassen. Bei so gestalteten Sachen und ungewissen Nachrichten werde ich durch stets ausschickende Parteien alle feindlichen Regungen und Bewegungen fleissig beobachten, um mich zeitlich darnach zu richten, zumal da sich demnächst äussern muss, ob und was er ferners zu unternehmen vor hat.

Bei der hiesigen Belagerung geht es aus den Euer kaiserlichen Majestät allerunterthänigst angemerkten Ursachen noch immer langsam und hat der vor ein paar Tagen angetragene Sturm nicht vor sich gehen können, weil die Belagerten einen Theil unserer Galerien durch Feuer und über die Palanka auf Brettern hinabgelassene Bomben ruinirt, auch das fliessende Bega-Wasser in dem Graben, welcher wegen seiner Tiefe und Schmäle einen gar starken Lauf hat, mithin gedachte Galerie beschädigt, angeschwollen ist. Dieses nun abzulassen, wird nicht allein links unserer Attaque ein Graben und Oeffnung, sondern auch auf eine Distanz von der Stadt, an einem Orte, wo das angewachsene Wasser von selbst bereits etwas durchgedrungen ist, ein zweiter Ablauf angefangen, zumal da das Lager, welches sich bis dato dieses Wassers bedient hat, nunmehr mit einem Brunnen versehen ist. Und da nun weiters der belagerte Feind obgedachte Palanka mit allen seinen Kräften zu souteniren gedenkt, so ist man so viel als möglich behutsam und vermehrt die Galerien, damit der Anlauf und Sturm in einer grösseren Front geschehen kann. Weil übrigens die Cavallerie wegen der Gegenwart des Feindes einige Tage nicht fouragiren konnte und solches daher hernach geschehen musste, wollten die Belagerten davon profitiren und versuchten einen zweimaligen starken Ausfall zu Pferd und Fuss, wurden aber mit Verlust durch einige gegen sie commandirte Escadronen in die Stadt zurück getrieben.

143.

An den Hofkriegsrath. Feldlager vor Temesvár,
29. September 1716 [1]).

Ich empfange zu meiner guten Nachricht all dasjenige, was ein löbliches Mittel mir unterm 23. elabentis über den so eifrig sollici-tirenden Verpflegs- und Festungsbau-Fundum, dann Regulirung des Services und Bestellung der Zug- und Schiffbrücken-Requisiten so umständlich angemerkt hat, worüber ich nach und nach einen glück-lichen Erfolg und zum Herrendienste erforderlichen Ausschlag ge-wärtige, denn wenn man den Krieg fortsetzen, das Land und die Armee erhalten, auch nicht alles zu Grund gehen lassen will, die hierzu unentbehrliche Einrichtungen in tempore qualitate et quantitate höchst nöthig vorzukehren sind.

. . . . Um auf die von dem Herrn FZM. Freiherrn von Löffel-holz so beflissentlich ausgeschriebene und besorgende Attaque ge-dachter dreier Kriegsschiffe von der ganzen türkischen Flotte und in Belgrad zu dem Ende vorkehrenden verschiedenen Präparatorien zu kommen, hat er mir solche ebenso, wiewohl nicht so gefährlich be-richtet und seine Antwort darauf erhalten. Mir dünkt dennoch, dass man sich vielmehr verlässlich hätte erkundigen, als derlei unnöthige Gefährlichkeiten besorgen sollen, zumal da auch bei erfolgendem An-griff gedachte, mit so vielen Stücken versehene Kriegsschiffe sich unbedenklich gegen das leichte türkische Armament hätten wehren können.

. . . . Uebrigens befremdet mich das in Unwahrheiten bestehende Oppenheimer'sche Anbringen sehr, weil man ihm oder seinem Substitut niemals die Erkaufung des zur Nothdurft seines Contracts erforderlichen Getreide-Quantums verboten, sondern zu dessen Erfül-lung nicht allein zwei Passeports ertheilt, sondern auch den Comman-danten der Garnisonen die er zu versehen, angemerkt und geschrieben hat, den Einkauf des von dem General-Kriegscommissariat umspeci-ficirten Quanti für eine jede Garnison unbedenklich zu gestatten, zu-gleich aber auch abzuhindern, dass unter diesem Schein zu höchster Praejudiz und Nachtheil des kaiserlichen Aerars und zur künftigen Proviantirung keine Monopole eingerichtet werden, weil man dahier verlässlich weiss, dass die Juden den Officieren auch zu 1000 Kübel Hafer zu verkaufen anerboten und gedachte Officiere die Passeports

---

[1]) Kriegs-A., „Türkenkrieg 1716"; Fasc. IX, 198.

darauf verlangt haben. Die Billigkeit ist ihnen zu gestatten, der Verkauf aber, wodurch nur eine Theuerung eingeführt wird, zu verhüten. Dieses ist, was diesen Leuten nicht gefällt.

Um Convoi sind sie mehrmals förmlich eingekommen, haben solche aber unnöthig, weil das Land ruhig, von keiner Gefahr etwas zu besorgen und man nicht einmal den kaiserlichen Proviant escortiren lässt; so ist mir auch nicht wissend, dass ihnen über das, was kaiserlich war, etwas genommen worden. Die Admodiation kann zwar wohl auf einige Tage was entlehnt haben, dafür aber haben sie sich der Ersetzung halber bei dem Commissariat in tempore anzumelden und die Billigkeit zu empfangen.

144.

An den Hofkriegsrath. Feldlager vor Temesvár, 1. October 1716 [1]).

Durch den Ueberbringer dieses, einen kaiserlichen Courier, gebe ich I. k. M. die allerunterthänigste Nachricht von der heute mit Beistand Gottes durch Sturm eroberten feindlichen Palanka und darin gefasstem Posto. Ich habe unermangeln wollen, ein löbliches Mittel von diesem glücklichen Ausschlag gleichfalls zu informiren und anneben die erwiesene tapfere und herzhafte Aufführung der kaiserlichen Infanterie anzurühmen; weil aber der Feind seine Standhaftigkeit erwiesen und von dem Feuer der im Rücken liegenden Stadt soutenirt worden, so ist es ohne Verlust nicht abgegangen, worüber ich zwar dermalen keine verlässliche Anzahl, wegen noch nicht eingereichten Tabellen ansetzen, beiläufig aber auf 500 Mann rechnen kann; der feindliche Verlust ist zwar nicht zu versichern, aber wenigstens grösser als der unserige. Unter den Blessirten befinden sich die beiden Herren Prinzen von Württemberg, der FML. Graf von Browne und die GFWM. von Livingstein und Ahumada. Die übrigen Details sollen demnächst erfolgen und wird nur dieses dermalen beigerückt, dass der Feind in ziemlicher Unordnung und Consternation, man auch eine gute Beute, bevorderist an Pferden überkommen habe. Dieses ist, was ich dermal in Eile beibringen kann.

P. S.

Gestern ist der General von Hochberg mit einer Stückkugel todtgeschossen worden.

<hr>

[1]) Kriegs-A., „Türkenkrieg 1716“; Fasc. X, 7.

145.

An den Obrist Freiherrn von Dillher. Feldlager vor Temesvár, 2. October 1716 [1]).

.... Betreffend die (zu) besorgende Attaque zu Rača, so finde ich nicht, dass solche bei so gestalten Sachen sehr zu befürchten sei, massen dieser Posten mit deutschen Compagnien nebst der Grenzmiliz versehen und in einem solchen Stand (ist), dass ohne förmliche Attaque, wenn man sich anders recht wehren will, wie ich nicht zweifle, nichts zu belagern oder zu emportiren ist, zumal da man mit der völligen raizischen Miliz der Donau und (des) Save-Stromes allezeit die Hand bieten kann, welche auch den Türken das freie Auslaufen in Syrmien einstellen könnte, wenn sie anders ihre Schuldigkeit beobachten will, und sehe ich nicht, warum die unteren Grenzer solche weniger verrichten sollen als bis anher die oberen gethan, von welchen bis dato diesfalls keine Klagen eingelaufen sind.

146.

An den Kaiser. Feldlager vor Temesvár, 6. October 1716 [2]).

Zufolge meines letzten allerunterthänigsten Berichtes lege ich zu E. k. M. Allergnädigsten Ersehung hierbei eine ordentliche Tabelle aller exclusive der bereits genannten Generals-Personen bei dem vorgewesten Sturm auf die hiesige Palanka und Postofassung blessirt und todt gebliebenen Officiere und Gemeine, wovon sich die Zahl grösser befindet, als ich anfänglich gemeint, weil diejenigen, so die vorige und folgende Nacht in den Approchen geblieben oder beschädigt worden, darunter gerechnet und das Postofassen in der Nähe eines so zahlreichen Feindes unter dem steten Feuer der Festung viele Leute gekostet.

Mit der Approchen-Arbeit ist man einiger Orten auf 120, anderer aber nur 40 bis 50 Schritte von dem Hauptgraben der Festung entfernt, auch an dem Baue der neuen avancirenden Batterien beschäftigt, in dem dermaligen Absehen, die Attaque linker Hand des Arader Thores zu führen, obgleich man schon bis anher mit aller angewendeten Mühe noch nicht verlässlich hat erfahren können, ob dortorts wie versichert wird, ein doppelter oder ein einfacher Graben sei. Sonst wird von einem in der tatarischen Gefangenschaft gewesenen und echapirtem

---

[1]) Kriegs-A., „Türkenkrieg 1716"; Fasc. X, 12.
[2]) Kriegs-A., „Türkenkrieg 1716"; Fasc. IX, 44.

Knechte die Kundschaft gebracht, dass ihr Lager ein und eine halbe
Tagreise und das türkische zwei Meilen weiter hinauf gegen die Donau
stehe, auch vor sieben Tagen an dem jenseitigen Ufer zwanzig Stücke
in Bereitschaft gewesen wären, welches auch zum Theile und mit dem
Beisatze von Peterwardein berichtet wird, dass der Grossvezier den
passirenden Leuten jedem einen Ducaten abgereicht und sie dadurch
animirt hätte; steht also demnächst zu erwarten, ob und wie sich diese
Nachricht confirmiren, oder inwiefern das Absehen bestehen möge,
wogegen ich alle möglichen Vorkehrungen veranstalte und E. k. M.
von allem und jedem allergehorsamst benachrichtigen werde.

P. S.

Ueber obiges ist mir bei dem Unterschreiben noch beigefallen,
E. k. M. a. u. beizubringen, wie dass ungefähr 60 in der Stadt Temesvár befindliche ungarische Malcontenten gestern zwei der ihrigen in
der Stille herausgeschickt und sich anerboten haben, hinaus zu kommen,
wenn sie die Gnade finden würden, welche ich ihnen auch zugesagt,
daher heute Morgens sich zwanzig eingestellt, zwölf andere aber durch
den Feind gehindert worden und müsste ihr Capo beständig bei dem
Pascha sein, dass er also wider seinem Willen aufgehalten wird.

147.

An den Kaiser. Feldlager vor Temesvár, 7. October 1716 ').

Euer kaiserlichen Majestät bei der otomanischen Pforte gewesener
und in Belgrad angehaltener Resident Fleischmann hat mit Erlaubniss des neuen Grossveziers gegenwärtig den vor ungefähr 6 Monaten an
ihn abgefertigten Courier mit nebenkommenden Berichten anher abgeschickt, mit welchen er auch gestern um die Mittagszeit dahier angekommen und wegen Dechiffrirung des obgehabten Schreibens bis heute
Morgens aufgehalten ist. Meines unmassgeblichen allerunterthänigsten
Erachtens ist gedachter Fleischmann ohne die geringste Vollmacht
und Anleitung mit einem Friedensantrag gar zu weit geschritten, vermuthlich andurch per indirectum sich aus den türkischen Händen loszuwirken. Anderntheils scheint zwar nicht zu muthmassen, dass E. k. M.
sich bei dermaligen und so bleibenden Umständen in eine wahre
Friedenshandlung einlassen oder die Pforte hiezu eine zulängliche Einleitung und allerseitig billige Satisfaction geben würde. Indessen könnte
dennoch der unvorgreifliche Antrag geschehen, dass, wenn die Pforte
derlei Gedanken oder Vorschläge hätte, vor allem er, Resident, mit

---

') Kriegs-A., „Türkenkrieg 1716“; Fasc. X. 38.

ihrer Meinung zurückzuschicken und mündlich zu vernehmen wäre, bevorderist durch seine gewaltsame Verarrestirung nebst dem allgemeinen Völkerrecht E. k. M. selbst angegriffen und weil die Pforte mit diesem den Anfang zu dem friedbrüchigen Vorhaben gemacht, sie auch andurch und vormaligen türkischen Uebergaben und Auszügen nicht viel gesehen ohne bevor von andern reden zu können, die Reparation angehen müsste, zumal da sie Pforte unangesetzt in gewachsenen Stand wäre, E. k. M. vorzukommen, Dero Länder und Völker ohne gegebene Ursache die erste feindlich angefallen. Es wären dennoch E. k. M. von einem allerseits billig und genug zu glaubenden Frieden nicht entfernt, wenn gedachte Pforte mit ihren etwa vermeinenden Propositionen ihn, F l e i s c h m a n n hinüber und zurückschicken wollte, damit andurch der Anfang zu den führenden guten Gedanken gemacht werde, welches alles ich E. k. M. aus allerunterthänigster Devotion hiemit beibringe.

148.

An den Hofkriegsrath. Feldlager vor Temesvár, 7. October 1716 [1]).

Aus dem sub volanti an I. k. M. nebenkommenden allerunterthänigsten Bericht [2]) und den angebogenen F l e i s c h m a n n'schen Relationen wolle ein löbliches Mittel des mehreren ersehen, was gedachter F l e i s c h m a n n ohne Befehl eingeleitet hat und ich hierüber an I. k. M. allergehorsamst unvorgreiflich vorschlage.

Ein löbliches Mittel beliebe ein solches eigenhändig und insgeheim I. k. M. zu übergeben und Dero Allergnädigste Gedanken zu vernehmen, massen ich auch aus dieser Ursache den gemeldeten Courier L u c c a, so viel (als) möglich gewesen, in der Stille abfertigen und die Expedition bei dem Herrn von O e t t e l abzugeben anbefohlen habe.

149.

An den GFWM. Grafen Herberstein. Feldlager vor Temesvár, 8. October 1716 [3]).

Demnach einige Kundschaften geben, dass der Feind oder seine Parteien den 6. dieses sich gegen Becskerek und gegen die Theiss sehen liessen, also wird ein solches dem Herrn General-Feldwacht-

<hr>

[1]) Kriegs-A., „Türkenkrieg 1716“; Fasc. X, 39.
[2]) Supplement Nr. 147.
[3]) Kriegs-A., „Türkenkrieg 1716“; Fasc. X, 45.

10*

meister hiermit zur Nachricht und dem Ende anerinnert, damit Sie die längs der Theiss befindliche und nach Hause zurückgeschickte raizische Miliz auf guter Hut zu stehen und alles dasjenige anzubefehlen oder anordnen möchten, was zur Abhinderung eines feindlichen Absehens und Passirung, wiewohl es nicht zu vermuthen, erforderlich, mithin solche Mesuren nehmen wollen, auf dass nichts gefährliches daraus entstehe, wie denn auch zu diesem Ende nebenkommende offene Ordre dem Herrn General-Feldwachtmeister angeschlossen wird, um sich deren für die im Marsche begriffenen Reconvalescenten und andern der Orten befindlichen Maroden, wenn es die Noth erfordern sollte, nach Beschaffenheit der Umstände zu bedienen.

P. S.

Die mit dem Heister'schen Hauptmann von Peterwardein kommenden Reconvalescenten und 6 Caraffa'schen Compagnien werden ohne die grösste Noth nicht anzuhalten, sondern anher abzuschicken sein.

150.

An den Kaiser. Feldlager vor Temesvár, 9. October 1716[1]).

Euer kaiserliche Majestät geruhen aus den Nebenlagen Allergnädigst zu entnehmen, was der Pascha zu Temesvár an den Grossvezier geschrieben und durch einen verkleideten, aber erkannten und aufgefangenen Türken hat wollen berichten lassen, dem ich annoch per extractum die mir aus der Walachei und von Peterwardein eingelangten Kundschaften allerunterthänigst beilege[2]), in Erwartung, ob oder was hierauf erfolgen werde, wogegen alle thunlichen Anstalten vorbereitet sind. Indessen wird die Attaque der belagerten Stadt bestmöglichst fortgesetzt und ist man bis auf etliche Schritte nach Beschaffenheit des Terrains vom Graben avancirt, auch morgen, geliebt es Gott, von den neu in der Palanka angelegten Batterien zu schiessen anzufangen ist, um die Défense zu nehmen und nach diesem Bresche zu legen.

151.

An den Hofkriegsrath. Feldlager vor Temesvár, 9. October 1716[3]).

Aus den unterm 30. pass. an mich beliebten und beigelegt gewesenen Anlagen, habe ich des mehreren ersehen, was ein löbliches

---

[1]) Kriegs-A., „Türkenkrieg 1716“; Fasc. X, 48.

[2]) In den Acten nicht vorhanden.

[3]) Kriegs-A., „Türkenkrieg 1716“; Fasc. X, 49.

Mittel inmittelst zu Gewinnung der Zeit in Zeugssachen pro anno 1717 vorläufig an die Hofkammer hat ergehen lassen, bis die annoch nicht bewirkte Commissional-Zusammentretung angestellt und andurch das fernere ausgemacht werde, wobei denn auch auf alle Weise zu dringen und anzutragen ist, dass eine weit grössere Quantität als angesetzt, Pulver, Sandsäcke und Granaten beigeschafft, in allem aber dahin gesehen werde, damit nicht allein die durch hiesige Belagerung entblössten Grenz- und anderen Festungen nach Proportion und Nothdurft wieder versehen, sondern auch ein zulänglicher Operations-Vorrath auf das zukünftige Frühjahr in Bereitschaft sei.

Die Stück- und Pöllergiesserei ist vor allem auch mit Ernst aller Orten, bevorderst zu Wien, Ofen und Grosswardein wieder anzufangen und sind zu diesem Ende gute und taugliche Meister auszusuchen und lieber etwas mehr als gewöhnlich zu zahlen.

152.

An den Obrist Freiherrn von Petrasch. Feldlager vor Temesvár, 9. October 1716 [1]).

Obschon nicht zu vermuthen steht, dass die Gefahr gegen Syrmien gross sei, so ist doch gar recht geschehen, dass der Herr Obrist nach Anleitung des Herrn FZM. Freiherrn von L ö f f e l h o l z eine zulängliche Grenzmiliz nach Rača abgeschickt hat, um den streifenden Türken das weitere Eindringen im Lande zu verbieten, welches meines Erachtens, durch dieselbe, wenn sie anders recht angeführt wird, gar leicht wird geschehen können. Indessen ist gar recht, dass dem Feind allerorten eine Diversion gemacht und er andurch von anderen Unternehmungen abgehalten werde, wobei vor allem auf die Contributionen zu gedenken und alles so einzurichten wäre, damit durch die, mit Zuziehung der Cameralbeamten eingehenden Mittel das Fortificationswesen bestmöglichst befördert werden möge, wobei ich mich auf des Herrn Obrist bekannten Diensteifer verlasse und der Zuversicht lebe, er werde zur Fortsetzung dieses so nützlichen als unentbehrlichen Werkes alles beitragen.

------

[1]) Kriegs-A., „Türkenkrieg 1716“; Fasc. XI, 54.

153.
An den Hofkriegsrath. Feldlager vor Temesvár,
13. October 1716 ¹).

Demnach die Festung Temesvár nunmehr wirklich capitulirt und
die Sachen bereits so weit eingestanden sind, dass die Garnison und
türkischen Einwohner mit ihren Privat-Effecten frei abziehen, alles
übrige aber hinterlassen sollen, mithin die Festung zu I. k. M. Allerhöchsten Devotion gebracht ist, also habe ich mit dieser Zeitung den
General-Adjutanten Obrist Grafen von Wurmbrand an I. k. M. vorläufig abgeschickt, bis demnächst ein anderer mit der Relation folge.
Wenn nun bei so gestalten Sachen I. k. M. Dienst und die Aufrechthaltung der Armee erfordern, dass die Repartition der (zu) beziehenden
Winterquartiere so schleunig als möglich projectirt und durch eigenen
Courier anher abgeschickt werde, so beliebe ein löbliches Mittel solche
nach Möglichkeit zu befördern. In gedachter Repartition wäre zwar
die Zahl der Regimenter mit dem Unterschied (ob) zu Pferd oder
zu Fuss, welche in diesem oder jenem Lande, Districte oder Comitat
destinirt, nicht aber alle Regimenter specifie zu benennen, weil die
Reflexionen zu machen, damit diejenigen, welche diese Campagne am
mehrsten gelitten, den Erbländern am nächsten gelegt, mithin ihnen
die Gelegenheit gegeben werde, sich in der Nähe wieder zu erholen
und aufrecht bringen zu können. Und zumal ich der Meinung bin, über
die bereits in Siebenbürgen gewesenen, noch 3 Regimenter Cavallerie
und eines von der Infanterie allda zu verlegen, welche die Naturalien
zwar geniessen, die bare Zahlung aber unmöglich empfangen können,
so beliebe ein löbliches Mittel die Sache bei I. k. M. durch ein eigenes
Referat anzubringen und durch eine anzustellende Commission oder sonst
verlässlich zu stellen, damit ein zulänglicher gewisser Geld-Fundus
gemacht werde, mittelst welchem sämmtlichen ermeldeten Regimentern
in Siebenbürgen auch die Portionen respective 3 und 2 fl. monatlich
ex cassa entrichtet werden, denn ohne diesem das Land und die Miliz
zugrundegehen, und ich zu dieser Disposition, um keinen zu betrügen,
nicht rathen würde. Weil nun auch vorhin bekannt, dass die siebenbürgischen Magazine der allhiesigen Armee die Subsistenz gegeben,
mithin völlig entblösst sind, so wäre ferners die unvermeidliche Veranstaltung zu machen, damit solche zum Vortheil des kaiserlichen
Aerars ungesäumt wieder angefüllt und nicht allein zur ordinären

---

¹) Kriegs-A., „Türkenkrieg 1716"; Fasc. X, 77.

Consumption, sondern auch zur ausserordentlichen Nothdurft ein ansehnlicher Vorrath gemacht werde, welcher auch hauptsächlich zur Versorgung der hiesiger Enden verbleibenden zahlreichen Postirungen oder auch zukünftigen Campagne gebraucht werden könnte. Gedachte allhier zu stehen kommende Postirung erfordert eine zulängliche Anstalt, welche man, soviel thunlich, in loco machen, das übrige aber zur ferneren Besorgung remittiren wird; denn, weil das Land ruinirt und daraus wenig zu ziehen ist, die Nothdurft anderwärtig her muss beigeschafft werden.

Auf das Recruten- und Remonten-Werk beliebe ein löbliches Mittel seinesorts auch mit Ernst zu urgiren, damit die Regimenter, bevorderst entfernte, bei Zeiten wissen, wo sie ein so anderes zu nehmen haben und die Anstalten ihresorts darnach antragen können. Bei dieser Gelegenheit muss (ich) einem löblichen Mittel nochmals ganz nachdrucksam wiederholen, mit allem Ernst darob zu sein, damit nebst genugsamer Versehung der entblössten Festungen ein zulänglicher Munitions-, Bomben-, Kugel- und aller andern Zeugsrequisiten-, auch ein competenter Operations-Vorrath zeitlich beigeschafft und vorbereitet, auch eine gute Anzahl neuer halben Karthaunen, 30- und 60 pfündiger Pöller gegossen und zu diesem Ende das Giesswerk nicht allein zu Wien, Ofen und Grosswardein, sondern allerorten, wo die Gelegenheit ist, durch gute, taugliche Meister angefangen und fortgesetzt werde, weil man dahier die Erfahrenheit hat, dass solche zu verbessern (sind) und viele unbrauchbar wurden.

<h3 style="text-align:center">154.</h3>

<h3 style="text-align:center">An Mustapha Pascha in Temesvár. Feldlager vor Temesvár,
13. October 1716 [1]).</h3>

Mit Dero mir heute zu recht überbrachten geehrten Schreiben habe ich das mitgeschickte Pferd umso angenehmer empfangen, als es von Deroselben mir ist präsentirt worden. Gleichwie ich mich nun diesfalls dienstfreundlich bedanke, also würde mir sehr angenehm und lieb sein, wenn ich sowohl in Dero, als deren übrigen Inwohnern billigen Consideration über die bereits verwilligten 1000 die annoch angesuchten 500 Wagen aufbringen könnte. Weil man aber mit der Zusammensuchung der ersten Anzahl gar grosse Beschwerlichkeit und solche hie und dort im Lager hat aufsuchen müssen, also ist es eine lautere Unmöglichkeit, zumal, da vorhin bekannt, dass aus diesem

---

[1]) Kriegs-A., „Türkenkrieg 1716"; Fasc. X, 82.

Banat, wo alles verlaufen, kein Wagen zu bekommen und die Beischaffung aus den entfernten Ländern die Zeit nicht zulässt, dass mir also diese Gelegenheit entgeht, Deroselben eine Willfährigkeit zu erzeigen.

155.

An den Kaiser. Feldlager vor Temesvár, 16. October 1716 [1]).

Nachdem die Capitulation mit der belagerten Stadt aufgerichtet und beiderseits ausgewechselt war, hatte die Garnison zufolge deren Inhalt gestern zwar ausziehen sollen, weil aber die Herbeischaffung der versprochenen 1000 Wagen nicht so geschwind hat bewirkt, weder die durch Bomben sehr ruinirte Stadt und Gassen, Brücken und andere Verhindernisse debarrassirt werden können, haben E. k. M. Truppen erst gestern die völlige Possession der Stadt, des Schlosses und aller Fortificationswerke genommen. Die Abziehung der Garnison aber wird erst heute geschehen können und zumal ich andurch für dieses Mal ein mehreres zu schreiben verhindert und durch einen eigenen mit der Capitulation, Inventaris und andern Umständen allerunterthänigst nachschicken werde, so will dieses allein in geziemender Submission beisetzen, wie dass man indessen an Einreissung der Tranchéen, Linien, Batterien und anderer unserer Arbeiten begriffen ist. Sonst wird ausser der Walachei und Siebenbürgen auch von Peterwardein die Kundschaft gebracht, dass sich ein feindliches Corpo bei Semendria zusammenziehe, ein ansehnlicher Tataren-Schwarm in gedachter Walachei ankommen und in Siebenbürgen einzudringen willens, auch gegenüber Orsova ein türkisches Lager sei; ob aber diese nach vernommener Uebergabe weiter gehen oder etwas unternehmen werden, steht zu erwarten.

156.

An den Hofkriegsrath. Feldlager vor Temesvár, 16. October 1716 [2]).

. . . . Damit wegen Determinir- und Eintheilung des einem jeden Regiment zukommenden Recruten- und Remonten - Quantums mit sicherem Grund geschritten und mit Verlässlichkeit fortgefahren werde, ist den Regimentern bereits anbefohlen worden, die Tabellen allsogleich einzugeben, um solche mit nächster Post, wenn es mit dieser nicht geschehen kann, einzuschicken.

---

[1]) Kriegs-A., „Türkenkrieg 1716"; Fasc. X, 75.
[2]) Kriegs-A., „Türkenkrieg 1716"; Fasc. X, 103.

Wegen der Proviantirung bin ich der einstimmigen Meinung, dass mit einer zu bestellenden guten Admodiation, welche mittelst leistender zulänglicher Caution in Wien die Sicherheit ihrer nothdürftlichen Proviantirung geben und zuhalten könnte, nicht aufzukommen sein dürfte, mithin die eigene Erzeugung das beste und wirthschaftlichste sein wird, dass also zu diesem Ende ex parte cammerae das erforderliche und angemerkte sowohl wegen tauglicher Beamten, zulänglichem Fuhrwesen, Ein- und Zurichtung der Legstätten und Magazine und was diesem grossen Werk ferners anhängig (ist), zeitlich vorbereiten, vor allem aber in Siebenbürgen und Ungarn bei der gegenwärtigen Wohlfeilheit unbemerkt, um den Preis nicht zu steigern, ein ansehnliches Getreide- und Hartfutter-Quantum zu erkaufen, damit dadurch diesen geldlosen Ländern die Mittel an die Hand gegeben werden, ihre Naturalien versilbern und die kaiserlichen Contributionen zahlen, zugleich auch die kaiserliche Wirthschaft befördern zu können. Weil aber dem Vermuthen nach die Bargelder zur Erzeugung des ganzen Vorraths abgehen dürften, so ist aus der Noth eine Tugend zu machen und der Körner- oder Mehl-Einkauf mit verlässlichen Lieferanten festzustellen, mithin ihnen der Vortheil des Gewinnes zu gönnen.

Die in Zeugsachen veranlasste Commission ist auf alle Weise zu befördern und in Sachen ein Schluss zu machen, weil diese, wenn sie nicht in tempore angeordnet, hernach unmöglich können beigebracht werden, wobei ich zwar auf die von dem Herrn General-Kriegscommissär Grafen von Thürheim angemerkten 20.000 Centner Pulver angetragen habe, in der Meinung, es würde das hieher gezogene Quantum durch Fortsetzung der durch die Capitulation beendigten Belagerung völlig consumirt werden. Da aber noch ein Ueberrest von ungefähr 5000 Centnern vorhanden, kann wenigstens auf 16.000 Centner geschlossen werden, damit die entblössten Festungen wenigstens etwelchermassen wieder versehen und ein Operationsvorrath beigeschafft werde, weil die hiesige Erfahrenheit die grosse Erfordernis dieser unumgänglichen Materie folgsam zu erkennen gibt, auch obgedachte Quantität der 20.000 Centner, wenn man anders alle Nothdurft zulänglich bestreiten will, nicht so gross fallen dürfte.

Betreffend das Schiffs-Armament habe ich zwar dem Herrn General-Kriegscommissär gesagt, dass die 8 verfertigten nebst den 50 Tschaiken erklecken möchten; weil aber das neunte bereits in der Arbeit und angefangen, so glaube besser zu sein, dass es ausgebaut und befördert werde, damit man desto besser imstande sei, dem sich mit aller Macht zu Wasser und Lande rüstenden Feinde zu begegnen und nicht allein die etwa zu schlagenden Brücken defensiv bedecken, sondern auch (im) erfordernden Fall hinunter zu fahren und das feindliche Armament anzugreifen, mithin die Land-Operationen zu faci-litiren, wozu und (zu) anderen Unternehmen die Tschaiken, wie sie durch derlei grosse Schiffe soutenirt, gar wohl auch gegen die tür-kischen Fregatten dienen können. (Der folgende Absatz behandelt minder wichtige Angelegenheiten.)

Dass zur Completirung der auf 4 Quartale der Armee versicherten Verpflegung die noch mangelnden 1,200.000 fl. hoffentlich erfolgen werden, ist umso nöthiger, als die Aufrechthaltung der Armee hier-unter obwaltet und mit dem Genuss von 4 noch nicht empfangenen, das über die Hälfte verflossene sechste Monat zu bestreiten und wegen bevorstehendem Mouvement in tempore nicht gesichert sein kann, wann sie eigentlich die Winterquartiere beziehen werden, zumal da von einer feindlichen Regung gegen Orsova und Walachei auch andere Orte Kundschaften einlaufen. Die ordinären Ducaten sollen in ihrem Werth dem Soldaten abgereicht werden, weil er von dem wenigen was er hat, keinen Abzug von dem Agio leiden kann. Da aber solches dahier bereits zu 7 kr. angenommen, in Siebenbürgen aber etwas sicherer gehen, glaube (ich), dass man dahier bei dem angefangenen, Lauf verbleiben, den siebenbürgischen Regimentern aber solche zu 4 fl. 10 kr. anrechnen könnte. (Der folgende Absatz berührt belanglose Ange-legenheiten.)

Was übrigens eine löbliche Ministerial-Conferenz über die vor dem grossbritannischen an die otomanische Pforte abgehen sollenden Herrn Botschafter Montague auf Befehl seines Königs gemachte Erklärung deliberirt und concludirt, ein solches habe umständlich er-sehen, und da nach diesem der von Belgrad abgefertigte Courier nun-mehr wird angelangt und also das anscheinende Friedensverlangen gedachter Pforte mehr bekannt sein, wäre ich der unvorgreiflichsten Meinung, dass man nichtsdestoweniger den gefassten Principis inhaeriren, dennoch den Weg supposita securitate et satisfactione zur Einleitung sogleich nicht völlig abschneiden könnte.

Betreffend die Allianz mit dem Czar bin ich eben der Meinung, dass eine blosse Defensiv-Allianz pro hic et nunc keinem Theil für-träglich, mithin abzulehnen sei; wenn er aber zu einer offensiven zu bringen wäre, glaubte (ich), dass solche auf alle Weise fürträglich und gar nicht zu entschlagen, denn einmal gewiss (ist), dass die otomanische Pforte zu der bevorstehenden Campagne alle möglichen Kräfte anspannt, von der venetianischen Diversion, wie leider die Erfahrenheit sattsam zu erkennen gibt, wenig besseres zu hoffen (ist), das Königreich Polen mit innerlichen Unruhen zertheilt, ihnen selbst nicht gewachsen (ist) und also die ganze otomanische Kriegsmacht auf I. k. M. allein fallen wird, zu geschweigen viele andere Ursachen und sich ereignen könnende Umstände, welche bei guten Zeiten vorzusehen. Und da vermuthlich bei so gestalten Dingen der Moscovitische Hof die Convenienz der Offensiv-Allianz erkennen dürfte, wird man die Bedingnisse von Seite I. k. M. umso leichter nach Dero Interesse einleiten, die vermeinte Garantie der eroberten schwedischen Länder ablehnen und die übrigen (zu) besorgenden Gefährlichkeiten behutsam abfassen können, worin ich mich dennoch der Allerhöchsten kaiserlichen Determination aller- unterthänigst submittire und mir dasjenige, was mit dem sogenannten Theils vorgekehrt worden, zur guten Nachricht dienen lasse.

Mit Einleitung einer verlässlichen Correspondenz mit Constan- tinopel durch die Walachei dürfte es beschwerlich vonstatten gehen, denn keinem Griechen zu trauen (ist), und sich keiner untersteht, etwas derlei zu unternehmen wegen der steten Obsicht und Grausam- keit des dermaligen Fürsten, welcher wahrhaftig schlimmer als ein Türke (ist). Denn obschon einige Passagen eröffnet (sind), so ist doch die Gefahr dadurch nicht behoben; es wird demnach Herr Graf von Steinville alles mögliche zu thun beflissen sein.

Was nun ferners die angetragenen Militär-Gelderfordernisse auf das bevorstehende Jahr und die diesfalls in Vorschlag gekommene Modalität angeht, ist ein für allemal der zulängliche Fundus in tempore auszufinden, sicherzustellen und anzuweisen, denn ohne diesem (ist) nichts vorzubereiten noch zu unternehmen, mithin alles von diesem primo principio zu nehmen ist.

Bei dieser Gelegenheit kann ich nicht unberührt lassen, wie Siebenbürgen und Ungarn über das vorjährige Quantum unmöglich ein mehreres an Contributionen werden ertragen können, weil diese geldlosen Provinzen sehr entkräftet und nebst der gehabten Stärke noch eine grössere Natural-Einquartierung zu leiden und so viele andere Neben-Praestationen den ganzen Sommer ertragen müssen und in dem bevorstehenden Sommer nicht entgehen werden. Ich meinesorts will solche zwar nicht entheben, wenn sie und die Truppen nur zu I. k. M. Diensten können erhalten werden.

Uebrigens habe ich zwar mit dem Herrn General-Kriegscommissär geredet, dass etwa 6 Regimenter zu Pferd und eines zu Fuss nebst der Artillerie in den (deutschen) Erblanden hyberniren könnten, nicht aber völlig festgestellt, sondern mich auf ein über die Einrichtung der Quartiere zu meiner Gutmeinung erwartendes Project bezogen, welches ich auch laut meiner vorigen noch erwarte, nicht zweifelnd, man werde

solches nach Thunlichkeit und Kräften eines jeden Landes zu dessen
und der Truppen Aufrechthaltung einrichten, wobei ich doch nicht
sehe, wie die deutschen Erbländer von der völligen Natural-Einquartierung können befreit bleiben, ohne die anderen Länder mit der
Miliz zugrunde zu richten. Ich werde zwar in Siebenbürgen, wie
bereits vorhin berichtet, mit der Condition, dass die Regimenter allda
die Naturalien empfangen, das Geldquatum aber ex cassa erheben
sollen, auch diesen zum grössten Theil ruinirten Banat nicht verschonen;
es wird dennoch solcher schwerlich erklecken, um die Armee ausser
den deutschen Erbländern unterbringen zu machen, zumal da in den
Ländern, wo die Natural-Subsistenz abgeht, das Geld solche nicht aus-
finden kann.

Das anscheinende Absehen auf die Walachei ist ohne Bestand
und Grund, daher kann ich als commandirender General den sicher
daraus erfolgenden Ruin der Truppen umsoweniger gestatten noch zugeben, als die Erfahrenheit vorigen Krieges noch erinnerlich ist. Ich
werde in diesem wie allem andern thun, was I. k. M. Dienst und
meine Schuldigkeit mit sich bringt, auch Deroselben, wenn es vonnöthen, dagegen meine erheblichen Remonstrationen nicht verhalten,
dass also diejenigen, so etwa darauf antragen, hoffentlich abstehen
werden.

157.

An den FZM. Freiherrn von Löffelholz. Feldlager vor Temesvár, 16. October 1716 [1]).

Mir sind zwar Euer Excellenz beide vom 9. und 10. dieses recht
eingelaufen; ich kann aber aus den verschiedentlichen angelegten Avisen
umsoweniger von den feindlichen Begebenheiten etwas positives entnehmen, als sie sich selbst untereinander dergestalt contradiciren, dass man
weder einen Staat darauf machen, vielweniger einige Mesuren abfassen
kann. Diesemnach wäre weit besser und belieben E. E. sich künftighin nicht um so vielerlei, sondern lieber um weniger Kundschaften,
mittelst guter Bezahlung zu bewerben, damit man gleichwohl von Zeit
zur andern etwas verlässliches erfahren, folglich mit Grund darauf
bauen und das weitere sodann vorkehren möge. Was die Kriegsschiffe
angeht, mögen E. E. selbe an dem Einfluss der Theiss so lange stehen
lassen, als Sie es in loco eine Nothwendigkeit zu sein finden werden,
jedoch aber dabei beobachten, dass sie noch bei guter Saison zu den
andern unweit Essegg zur Ueberwinterung abgeschickt werden, in-

[1]) Kriegs-A., „Türkenkrieg 1716"; Fasc. X, 104.

massen zur Ausweichung alles etwa sich ereignenden Anstandes E. E. nicht mehr willkürlich anheim bleibt, sondern hiemit positiv angedeutet wird, sothane Schiffe, wenn keine Gefahr mehr vorhanden, directe dahin, wo die andern überwintern werden, nicht nur zu befördern, sondern auch mit dieser Gelegenheit die daselbst vorhandene Feld-Artillerie nach gedachtem Essegg, nicht weniger, was Sie wissentlich von der türkischen eroberten Artillerie entbehren können, dahin unter einem abzusenden, bis man der letzteren halber das weitere nachsehen und sodann demnächst an- und vorkehren wird.

Sonst sehe (ich) auch, dass die Salvaguardien zum Behufe des Landes wenig oder gar nichts gefruchtet, weil der Feind keine Aufsicht dafür getragen und die Leute sogar niedergemacht (hat), daher ich es eine Nothdurft zu sein erachte, gedachte Salvaguardien hinkünftig nicht nur gänzlich aufzuheben, sondern auch auf ereignenden Fall gegen den Feind Repressalien zu gebrauchen, damit sich ein jeder so gut (als) möglich wehren und schützen thue, inmassen derlei bisher allem Ansehen nach mehr zur Ausspionier- und Verderbung, als Conservation des Landes gedient haben.

Rača muss freilich allerdings behauptet und soutenirt werden. (Es) ist auch gar recht geschehen, dass E. E. bei der erinnerten Beschaffenheit den Herrn Obrist von Petrasch mit seinen Grenzern dahin beordert haben; Deroselben muss (ich) aber dabei zur Abhinderung aller Dispute vorläufig nicht verhalten, dass bei Dahinkunft nicht der Obrist Dillher, sondern der von Petrasch das Commando führen solle, weil der letztere bekanntermassen älter im Rang als der erstere ist.

Den übrigen Inhalt Dero Schreibens beantworte (ich) mit nächsten.

158.

An den Kaiser. Feldlager vor Temesvár, 21. October 1716 ').

Durch meine letzte Relation habe ich Euer kaiserlichen Majestät allerunterthänigst berichtet, dass die türkische Garnison und Einwohner den 16. die Festung Temesvár vollständig geräumt, sich in einem vor der Palanka des Schlosses insulirten Terrain gelagert und E. k. M. Truppen hierauf den völligen Besitz genommen und sowohl Stadt, als Schloss besetzt hatten. Mit dem Ueberbringer dieses, General-Adjutanten Grafen von Lamberg, habe ich nebenkommende Capitulation ')

---

¹) Kriegs-A., „Türkenkrieg 1716"; Fasc. X, 76.
²) Siehe Belagerung von Temesvár.

zu E. k. M. Füssen legen und ferners allergehorsamst beibringen sollen, wie dass den anderen Tag, also den 17. gedachte, von mir zwar nicht gesehene, aber nach allgemeinem Erachten aus ungefähr 12.000 wehrbaren Mann — worunter beiläufig 2000 bis 3000 zu Pferde — bestehende Garnison um 10 Uhr morgens ohne Rührung des allergeringsten Spieles den Fortzug angetreten und unter Escorte von 500 durch den Obrist und General-Adjutanten de Figny commandirte Pferde gegen Pancsova fortgesetzt, um von da weiters gegen die Donau und nach Belgrad überzugehen. Bei dieser Gelegenheit kann ich nicht unterlassen, E. k. M. Armee wegen gehaltener lobwürdigen guten Ordnung geziemend anzurühmen und zu bezeugen, dass ich ein gleiches bei den christlichen und vormaligen türkischen Uebergaben und Auszügen nicht viel gesehen habe, weil ein jeder sich beflissen, dasjenige und nicht mehr zu thun, als ihm wohl gestattet war. Es ist keinem nicht der geringste Eintrag noch Ueberlast geschehen und gleichwie die Christen frei mit den Türken in der Stadt, also sind auch die Türken in dem Lager ungehindert herumgegangen und ist nicht die allermindeste Beleidigung geschehen, also zwar dass auch die Türken selbst, welche die Haltung der Capitulation zum Theile nicht geglaubt, sich dessen selbst verwundert haben. Von eben gedachter Garnison ist auf die ihnen wiederholt schriftliche, eine gleichmässige von den vornehmsten der verschiedenen Corps, Janitscharen, Spahis, Tataren und anderen unterschriebene Versicherung zurückgestellt worden, mittelst welcher sie sich verbinden, dass die ebenfalls von gedachten differenten Corps hinterlassenen vornehmen Geiseln dahier zur Sicherheit solange verbleiben sollen, bis die mit commandirter Escorte befindlichen Wagen und was sich dabei befindet, zurück angelangt sein wird, wonach sie gleichfalls unter gutem Geleite entlassen werden sollen. Die Ursache, welche diese so zahlreiche und mannbare Garnison zur Uebergabe bewogen hat, kann dermalen, so viel man weiss, keine andere sein, als das stete Kanonieren und Bombeneinwerfen, weil dadurch eine unbeschreibliche Furcht eingejagt, weder Tag noch Nacht in den von lauter Holz zusammengesetzten engen Häusern und Gässen keine Ruhe gewesen, viele Leute getödtet und verwundet worden, sonst aber kein Abgang zu finden ist.

Was an Artillerie, Munition und Blei in gedachter eroberter Festung gefunden worden, geruhen E. k. M. aus dem nebenkommenden Aufsatz Allergnädigst zu entnehmen [1], welchem auch demnächst die commissariatische Magazins-Specification folgen soll.

---

[1] Kriegs-A., „Türkenkrieg 1716"; Fasc. X, 76 b.

Die Bomben, Kugeln und Granaten und andere Zeugsrequisiten können noch nicht eigentlich bemerkt werden, weil alles zerstreut und erst zusammenzusetzen ist; zumal aber die wiederholte Artillerie mehrentheils unbrauchbar, das Pulver zum Theile feucht und verdorben, so werde ich die Nothdurft von der beihabenden Belagerungs-Artillerie und Munition mit anderen abgängigen Requisiten ersetzen und die untaugliche zum Umarbeiten herausziehen lassen.

Betreffend den Fortificationsstand dieser Festung, ist solche auf die türkische irreguläre Art gebaut. Das Corps de la place besteht aus einem guten terre plain, sammt Parapet und Faussebraye mit gehörigen Flanken, welch' alles durch ein sogenanntes Kastenwerk und mannsdicke Bäume besetzt und mit einem mehr als nocheinmal so breiten und tiefen, beiderseitig ausgefütterten Wassergraben umgeben ist; die Palanka ist nach diesem mit den Aussenwerken und einem zweiten gleichfalls tiefen und breiten, ausgefütterten Graben versehen, wo aber diese Fortification nicht vollständig ist, ein unprakticabler Morast vorhanden, dass also E. k. M. von selbst Allergnädigst erachten werden, diese importante Festung würde bei so weit avancirter Jahreszeit vielfältigen Fatiguen der Armee und so ansehnlichen Defensionswerken und namhafter Garnison noch viel Blut und Zeit gekostet haben.

Ich habe indessen, bis eine andere Einrichtung erfolgt, den GFWM. Grafen von Wallis als Interims-Commandanten darin angestellt und werde soviel immer thunlich durch die Beihilfe der Armee das ruinirte repariren und dasjenige vorkehren lassen, was dermalen zu thun möglich ist, zumal da dieses hölzerne, zum grossen Theil verfaulte Werk in das dauerhafte bekanntlich abzuändern ist, zu welchem Ende ein so andere Projecte in loco verfassen und zu dem Terrain aptiren lasse, um sodann das verlässliche desto leichter beschliessen zu können, welches bei einem so wichtigen Ort eine unumgängliche und höchst nöthige Sache ist.

Nebst gedachtem Commandanten der Hauptfestung hat noch ein General der Cavallerie oder Feldzeugmeister, worüber nach Beschaffenheit der Umstände die eigentliche Determination noch zu nehmen ist, dahier in dem Banat zu verbleiben und die ganze Postirung gegen die Donau und Walachei allda mit einmüthigem Verständniss der in Siebenbürgen und jenseits der Theiss und Maros befindlichen Generalität zu commandiren. Diese Postirung ist umso beschwerlicher einzurichten, da wenn solche schwach, gar leicht überm Haufen geworfen, wenn sie aber stark und zahlreich, die Subsistenz nicht zu finden sein wird. in einem Lande, wo E. k. M. Armee so lange gestanden, die

Tataren und Türken immerhin gestreift, gelagert, verbrennt und ruinirt und wo sie nicht hinkommen die Einwohner aus Furcht der Gefangenschaft verjagt haben, zu geschweigen, dass weder Pancsova noch Uj-Palánka erobert und ungewiss ist, ob und wie diese beiden Posten noch zu bezwingen sind, denn einmal gewiss, wenn dieser letztere reparirte, mit einem bekleideten Wall und ausgefüttertem Graben und verdeckten Weg versehene Posten sich recht wehren will, ohne förmliche Attaque umso beschwerlicher zu emportiren sei, als die Jahreszeit sehr avancirt, die Armee durch die ausgestandenen Strapazen zu ermüdet, einen fünftägigen Marsch dahin zu machen, keine andere Subsistenz, als welche mitgenommen wird, allda zu finden ist und eine freie Communication zur Erfrischung der Garnison von Seite der Donau offen, auch zu diesem Ende das feindliche Schiffs-Armament bei der Hand steht, sodann die Kundschaften eingegangen sind, dass ein grosser Schwarm Tataren über die Donau gesetzt und zu Višnica wieder herwärts soll gekommen sein, welch' letzteres noch nicht verlässlich ist. Ich werde mich nach den Umständen richten und zufolge deren Beschaffenheit entweder mit der Armee, wenn es die Saison, welcher dermalen nicht viel zu trauen ist, zulässt, ein Mouvement machen oder durch ein Detachement das Zulängliche vorzukehren trachten, zumal da der G. d. C. Graf von Steinville nebst den aus Siebenbürgen anhergebrachten Regimentern mit noch drei anderen von der Cavallerie und einem Infanterie-Regiment nach gedachtem Siebenbürgen zurückgeht, mithin diese Expedition facilitiren und wenigstens von einer Seite bedecken kann.

Bei Gelegenheit der nach Siebenbürgen über die gewöhnliche Anzahl abgehenden und hier auf der Postirung verbleibenden Regimenter muss ich E. k. M. pflichtmässig vorstellen, wie dass solche bei der winterlichen Einlogirung zwar einen Theil der Natural-Subsistenz finden, umsoweniger aber in diesen mittellosen Provinzen eine Geldzahlung überkommen können, als die Natural-Verpflegung wenigstens das Contributions-Quantum absorbiren, wo nicht übersteigen wird, dass also eine zu E. k. M. Dienst unumgängliche Nothdurft ist, die Sicherstellung eines anderwärtigen Geldfundi, mittelst welchem obgedachte Regimenter auf die Portion respective drei und zwei Gulden ex cassa baar empfangen können. Ich werde zwar obgedachtem nach Siebenbürgen zurückgehenden Grafen von Steinville die Incumbenz geben, in der Moldau und mit Einverständniss des im hiesigen Banate commandirenden Generalen in der Walachei die Contributionen soweit immer möglich auszuschreiben und einzufordern, auch zu diesem Ende über den bereits habenden noch mehr Posten längs dem Gebirge zu fassen, um das eingehende zu E. k. M. Allerhöchstem Dienste zu employiren. Es steht aber dahin, ob nicht der Feind, wenn er sieht, dass man einigen Vortheil aus diesen Provinzen zieht, solche ohnedies verdächtige Griechen durch einen Schwarm Tataren nicht völlig devastire, wie zum Theile in dem herwärts des Alt-Flusses gelegenen Districte bereits geschehen, mithin dieses Absehen fruchtlos mache, dass also die Versorgung obgedachter Truppen keineswegs hierauf zu fundiren ist.

Die Einquartierung E. k. M. Truppen in gedachter Walachei ist ein unmögliches Project, weil solche der grossen Gefahr, durch einen tatarischen Ueberfall mitten im Winter delogirt zu werden, exponirt sind, oder wenigstens durch stetes Alarmiren in einen solchen Stand gelangen würden, dass sie auf dem Frühling keine ferneren Dienste würden leisten können, geschweige, dass laut Anlage die Pest wirklich zu Bukarest eingerissen sei, so aber in dieser Begebenheit nur incidenter angeregt wird. Die Erfahrung des letzten Krieges gibt des mehreren zu erkennen, da diejenigen Truppen, welche in gedachte Walachei verlegt waren, vor der Zeit haben ausziehen und ihre Stationen verlassen müssen, da doch herwärts und jenseits der Donau alle Posten von Orsova und Widdin bis an die Theiss und Peterwardein von E. k. M. Waffen besetzt und occupirt waren.

Nun hat zwar E. k. M. General-Kriegs-Commissariats-Amt über die winterliche Einlogirung der allhiesigen Armee der Amts-Substitution ein Project zugeschickt, um meine Meinung darüber zu vernehmen, weil ich aber, solange die hierortige Postirung noch nicht festgestellt, hierüber keine vollständige Antwort nicht geben kann, so thue ich doch unter einem das vorläufige und soviel in Antwort anerinnern, dass die erforderliche Vorbereitung auf dem entworfenen Fuss dennoch geschehen kann, weil das Hauptwesen auf die Abänderung der benannten Regimenter, nicht aber die Quantität oder Qualität der Portionen ankommt, welches in der Hauptsache gar wenig machen wird, ausser dass etwa nach Beschaffenheit der Umstände bei der allhiesigen Postirung anstatt so vieler angesetzten Infanterie etwas mehr an Cavallerie verbleiben dürfte, über welch' alles ich mich demnächst gegen gedachtes Commissariat umständlicher expliciren und E. k. M. meine weitere gute Meinung allerunterthänigst berichten, auch indessen dahier das nöthige vorbereiten werde.

Uebrigens veranlasst mich meine zu E. k. M. Dienst tragende pflichtmässige Schuldigkeit Deroselben in allgeziemender Submission unvorgreiflich vorzustellen, dass das hiesige Banat, welches durch die Eroberung Temesvár unter E. k. M. Devotion gefallen, sowohl wegen der vortheilhaften Situation, Grösse, Cameral-Gefällen als anderen Ur-

sachen, von so nachdenklicher Wichtigkeit sei, dass billig die darin
vorzukehren kommende Einrichtung in politicis, oeconomicis et ecclesiasticis nicht zu übereilen, bis das Land vollständig erkannt eine
vorläufige Interims-Einrichtung zu machen und sodann nach dessen
Beschaffenheit eine wohlüberlegte norma zu nehmen wäre, damit alles
tempori et circumstantiis zu E. k. M. Dienst accommodirt werde.

Ich habe indessen dem Interims-Commando anbefohlen, in dem
oft wiederholten neu eroberten Platze nichts als lauter deutsche Einwohner, wovon sich schon einige anmelden, anzunehmen, die Raizen
und andere aber in der Palanka unterzubringen.

159.

An den Hofkriegsrath. Feldlager bei Temesvár,
21. October 1716 [1]).

Das kaiserliche General-Kriegs-Commissariats-Amt hat einen
Courier mit einem Project der winterlichen Einlogirung der kaiserlichen
Armee an die hiesige Amts-Substitution, Herrn Hofkammerrath von
Harrucker, abgeschickt um meine gute Meinung darüber zu vernehmen, welche ich ihm dann auch in Conformität meiner vorigen an ein
löbliches Mittel erlassenen Schreiben und nebenkommender copeilichen
Relation an I. k. M. gegeben, annebens aber wiederholt habe, auch
unänderlich dabei bleibe, dass auf die Quartiere in der Walachei absolut
nicht zu gedenken und daher darauf anzutragen sei, dass die Truppen
anderwärtig unterkommen; mir ist gleich, ob sie in die deutschen
Erbländer oder andere Länder verlegt werden, wenn sie nur wohl
untergebracht und zu I. k. M. Dienst erhalten werden.

160.

An den Kaiser. Feldlager bei Temesvár, 23. October 1716 [2]).

Ob ich schon immer der ganz getrösten Hoffnung lebe, E. k. M.
Armee werde das Allergnädigst zugesagte sommerliche Verpflegs-
quantum unweigerlich sicher überkommen, angesehen die Aufrechthaltung derselben, mithin Dero Allerhöchster Dienst hierunter obwaltet,
die Zeit aber nunmehr verstrichen, die Noth andringt und verlauten
will, als ob unangesehen E. k. M. Allergnädigsten Verordnung dennoch
ein ansehnlich ausstehender Theil des ermeldten Verpflegsgeldes

[1]) Kriegs-A , „Türkenkrieg 1716" ; Fasc. X, 131.
[2]) Kriegs-A., „Türkenkrieg 1716" ; Fasc. X, 141.

schwerlich erfolgen dürfte, so unterstehe ich mich aus pflichtmässiger Obliegenheit E. k. M. nochmals allergehorsamst vorzustellen, wie dass Dero Dienst unumgänglich erfordere, obgedachte Subsistenzgelder unverweilt auszufinden und der Armee zuzuschicken, zumal da nebst anderen triftigen Bewegursachen, die aus dem Felde in ihre Winterquartiere ziehenden Regimenter (wenn man anders das Königreich Ungarn nicht ganz zugrunde richten will) keine Etapen geniessen, sondern um das bare Geld leben, auch bei Betretung der Quartiere bis etwas eingeht, eine Auskunft haben müssen, zu geschweigen, dass die Regimenter in Schulden stecken nnd von diesen erwartenden Geldern gelebt haben.

Die allhiesige und siebenbürgische Postirung solle demnächst verlässlich determinirt und E. k. M. der allerunterthänigste Bericht darüber abgestattet werden. Indessen verlautet und berichtet der zu Karansebes stehende Steinville'sche Obristwachtmeister, dass bei Orsova eine Anzahl Türken und Tataren von 50—60.000 Mann angelangt und im Begriff sei Mehadia wegzunehmen und sich gegen Karansebes und von da in die Plaine zu extendiren, zweifelsohne in der Meinung, dass Temesvár annoch nicht über sei. Von diesem Corpo, dessen Stärke nicht eigentlich bekannt, ist nichts anderes als die Verwüstung des Landes und Subsistenznehmung der künftigen Postirung zu besorgen, daher ich mich mehrmal allerunterthänigst dahin beziehe, dass den zu solchem Ende in dem Banat, Siebenbürgen und Syrmien gewidmeten Truppen aus diesen und derlei Motiven ein besonderer Fundus, um auf die Portion, respective drei und zwei Gulden baar ex cassa zu empfangen, auszufinden sei.

161.

Instruction für den G. d. C. Grafen von Steinville.
Feldlager bei Temesvár, 26. October 1716 [1]).

Demnach Ihrer kaiserlichen Majestät Dienst und die gegenwärtigen Umstände erfordern, dass Euer Excellenz nicht allein mit den aus Siebenbürgen anher gebrachten Truppen, Feld-Artillerie und Stab, sondern noch folgenden, kraft nebengebogener Ordre Deroselben angewiesenen Regimentern, als nämlich meinem unterhabenden, dann St. Amour'schen Dragoner, Martigny-, Lobkowitz- und Hohenzollern-Cürassiere, dann Harrach-Infanterie, nebst den beiden GFWM. Herrn Chevalier de St. Amour und Fürsten zu Hohenzollern, sammt den

---

[1]) Kriegs-A., „Türkenkrieg 1716“; Fasc. X, 159.

künftighin neu promovirenden in gedachtes Siebenbürgen zurück und abmarschiren, um allda die Winterquartiere nach gewöhnlichem Gebrauche zu beziehen, das Land von allen feindlichen Unternehmungen zu schützen, dem Feinde in den benachbarten Fürstenthümern Moldau und Walachei, oder wo es die Gelegenheit zugeben wird, allen möglichen Abbruch zu thun, auch die Contribution zum Vortheil des kaiserlichen Aerars soweit es immer thunlich auszuschreiben und einzubringen, mithin all dasjenige mit obgedachten Truppen zu verrichten, was I. k. M. und das allgemeine Beste erheischen dürfte; also wird ein solches E. E. hiemit zur Nachricht und dem Ende erinnert, auf dass Sie sich für Ihre Person darnach zu richten, die angewiesenen Truppen in fertige Bereitschaft stellen und nach dahier empfangenem und auf dem Wege zu veranstaltenden Brot, Ihren Zug über Dobra und von da weiters nach Siebenbürgen anzutreten belieben möchten. Damit aber ermeldete Regimenter nach einem so harten Feldzuge und zu besorgenden schlimmen Wetter nicht aufgehalten und sammt dem Lande ruinirt werden, so stehe ich nicht an, E. E. werden mit der gewöhnlichen Fürsorge bedacht sein, damit die Quartier-Stände durch vorauszuschickende Anleitung vorläufig concertirt und gerichtet, mithin den Regimentern entgegengeschickt werden, auch dass ein jedes bei Betretung Siebenbürgens ohne Anstand gerade in das seinige abgehen könne.

Gedachte Regimenter werden zwar die anzuweisenden Naturalien nach dem üblichen Gebrauche von dem Lande, ex cassa aber auf die Portionen, respective drei und zwei Gulden bar empfangen, dass also bei dieser Disposition weder das Land noch der Soldat sich zu beschweren, noch dieser zu excediren Ursache hat, zumal da jenem nicht nur die Gelegenheit gegeben wird, das auflegende Quantum contributionale mit den durch Gottes Güte zulänglichen Naturalien grösstentheils zu entrichten, sondern auch das durch die Miliz consumirende Geld an sich zu ziehen. Nach einer so verfassten Einrichtung ist der Landeinwohner bei gutem Muthe und Willen zu erhalten und gleichwie er der Miliz das angewiesene zur rechten Zeit ordonnanzmässig zu präsentiren, also hat auch diese alles üblen Tractaments sich zu enthalten und weder mit Worten noch Werken, worunter auch die ungebührliche Vorspann, gratuitae condescensiones, Erzwingung des baren Geldes anstatt der Naturalien über die Taxe und andere Unzulässlichkeiten verstanden werden, zu excediren, worüber und anderen derlei zur Conservation des Landes und guter Disciplin der Truppen gereichenden Sachen, E. E. bei dem Einmarsche das zulängliche zeitlich anzubefehlen und auf den gebührenden Vollzug nachdrücklich zu halten wissen werden.

Nachdem es auch nothwendig sein will, dass die nach Sieben-bürgen abgehenden und befindlichen Regimenter, sowohl Infanterie als Cavallerie sobald immer möglich ergänzt werden, also können E. E. die zur Uebernahme der respectiven Recruten und Remonten gewidmete alte commandirte Mannschaft nach meiner gestrigen mündlichen An-leitung unter Obsicht zweier Obristlieutenants und Obristwachtmeister von der Infanterie, respective Cavallerie mit proportionirten Ober- und Unterofficieren von hier nach commissariatischer Disposition und Marschroute abschicken.

Das Oeconomicum betreffend, sind E. E. von selbst allemal be-flissen, dass solches, besonders der Rest, so nach Abzug der Natural-Consumption überbleibt, zu den von einer Zeit zur anderen vorfallenden Nothwendigkeiten, nach der gewöhnlichen Disposition erhalten und verwendet werde.

Nach diesem auf das extrinsecum zu kommen, habe ich E. E. besonders zur Nachricht den Stand der allhier im Banate verbleibenden Postirung beilegen und hauptsächlich ein vertrauliches Verständniss, Harmonie und Correspondenz mit dem dabei commandirenden G. d. C. Grafen von Mercy ganz nachdrücklich zur Beförderung des Herren-dienstes anzurecommandiren, damit Sie die vorhabenden Operationen nach Beschaffenheit der Umstände, insoweit sie beide betreffen, vor-läufig mit einander communiciren, überlegen und in executione einer dem anderen die Hand bieten, auch auf erforderlichen Fall Hilfe leisten, von den feindlichen Regungen und Bewegungen benachrichtigen, mithin in allem und jedem zu einem, dem Zwecke nützlichen Herrendienste concurriren mögen. Indessen bleiben E. E. nebst der völligen Moldau die ganze walachische Grenze von inclusive Tismana längs dem Gebirge bei dem rothen Thurm vorbei bis gegen Törzburg und von da an die Moldau von Siebenbürgen aus vorbehalten.

Das Hauptwesen respective gedachter Walachei und Moldau geht unter anderem dahin, dass in beiden Fürstenthümern längs den Grenzen in den haltbaren Klöstern, Schlössern und vortheilhaften Ge-bäuden mit guter Vorsicht Posto gefasst, auch nach Gutbefinden und soweit es die raison de guerre zulässt, weiter vorwärts im Land fester Fuss gefasst werde, um nicht allein die eigene Grenze dadurch besser zu versichern, sondern auch dem Feinde soviel immer möglich Abbruch zu thun und die Contribution, wenn es durch die Glimpfe, um den Landeinwohner bei gutem Muthe und Willen zu erhalten, nicht geschehen kann, mit der Schärfe zu extendiren und zu I. k. M. Nutzen einzutreiben, nicht zweifelnd, E. E. werden von selbst vernünftig ermessen, dass die Einbringung dieses anzuhoffenden Fundi eine unumgängliche Nothdurft sei, auch in facie loci nach Dero bekannten Kriegs-erfahrung am besten zu indiciren wissen, was sich in einem und anderen thun lässt.

Sonst werden E. E. die Beibringung guter und verlässlicher Nachrichten, nicht allein nützlich, sondern auch unumgänglich erachten, damit sowohl Sie, als gedachter Herr Graf von Mercy die Mass-nahmen darnach richten und nach Anlass der Zeit und Conjuncturen I. k. M. Dienst de concerto befördern können, zu welchem Ende in geheimen Sachen oder unsicheren Zeiten Sie sich des überkommenen Zifferschlüssels mit einander bedienen könnten.

Uebrigens zweifle ich ganz und gar nicht, E. E. werden in loco mit Dero bekannten Vigilanz, Eifer und langer Kriegs-Experienz all' dasjenige vorkehren, was Sie nach Beschaffenheit der Conjuncturen und Kriegsraison fürträglich finden und erachten werden, massen ich mich hauptsächlich dahin beziehe und vertraue.

P. S.

Weil E. E. vielleicht ein Obristlieutenant von der Infanterie zur Abholung der Recruten abgehen dürfte, so bleibt es in Dero Dispo-sition, einen anderen Stabsofficier hiezu zu benennen.

162.

An den Kaiser. Feldlager bei Temesvár, 27. October 1716 [1].

Euer kaiserlichen Majestät beide Rescripte vom 13. habe ich mit aller geziemenden Submission und fast zu gleicher Zeit durch Dero General-Kriegscommissariat ein zwar wohlverfasstes Project der heurigen Einquartierung und Postirung für die in Ungarn militirende Armee zu recht behändigt. Da ich aber aus obgedachtem Rescripte E. k. M. Allerhöchsten Befehl, die deutschen Erbländer von der Natural-Ein-logirung der dahin angetragenen sechs Regimenter zu Pferd und eines zu Fuss (massen wegen der Artillerie kein Bedenken sei) zur Faci-litirung der extra aufzulegenden zwei Millionen zu überheben, in Unterthänigkeit vernommen, habe ich indessen zur allergehorsamsten Vollziehung kein anderes Mittel gefunden, als in das Fürstenthum Siebenbürgen neben der National-Miliz, neun Regimenter zu Pferd und vier zu Fuss, dann in das Banat acht Regimenter zu Pferd, fünf Regimenter Husaren und neunzehn Bataillone zu verlegen, mithin obgedachtes Project in dem nebenkommenden unvorgreiflichen Entwurfe insoweit abzuändern, als es die Nothdurft und Bewirkung des führenden

---

[1] Kriegs-A., „Türkenkrieg 1716"; Fasc. X, 130.

Absehens erfordert hat, zumal da die Aufrechthaltung der Truppen, raison de guerre und andere E. k. M. bereits bekannte triftige Ursachen keineswegs gestatten wollen, noch können, die benachbarte Walachei mit Miliz zu belegen. Bei so gefasster Disposition muss ich E. k. M. pflichtmässig wiederholen, dass ermeldte, nach Siebenbürgen und in das Banat unter Commando der beiden G. d. C. Grafen von Steinville und Mercy, als welche zur Führung desselben am tauglichsten erachtet worden, gewidmete Regimenter, besonders in dem ersten Lande, die Natural-Subsistenz zwar finden, im Gelde aber umso weniger oder vielmehr gar nichts überkommen werden, als diese beiden Provinzen von den baren Mitteln völlig entblösst und die Natural-Verpflegung das auf sie entfallende Contributions-Quantum fast absorbiren wird, geschweige, dass die siebenbürgischen Magazine durch die anher gemachte Subministration gänzlich ausgeleert, mithin unumgänglich wiederum anzufüllen sind.

Mit dem hiesigen Banat hat es eine weit schlechtere Beschaffenheit, weil solches nicht so viel durch den langen Aufenthalt E. k. M. Armee, als besonders durch die feindlichen, nicht allein in der Gegend Pancsova und Theiss, sondern auch weiter herunter der Orte Uj-Palánka und Orsova gestandenen Corps, ja auch längs den walachischen Grenzen mit immerwährendem Hin- und Hermarschiren sehr hergenommen und ruinirt worden ist, wie denn erst gestern die Nachricht eingelangt ist, dass ein Schwarm von 15.000 Tataren und Türken in dem schönen Thal von Mehadia eingedrungen und bis Karansebes gekommen sei; zweifelsohne in dem Absehen, das Land zu devastiren und der Postirung die Subsistenz zu benehmen. Zu dem ist zwar dem obgedachten dahier im Commando angestellten Generalen Grafen von Mercy aufgetragen, auch die Disposition angewendet worden, Pancsova und Uj-Palánka sobald immer möglich und die Umstände es zulassen, anzugreifen. So lange aber dieses nicht bewirkt und noch einige Tage erfordert, kann die ordentlich angetragene Postirung nicht vollzogen werden, mithin umsomehr nöthig ist, dass derselben anfänglich das Brot und Hartfutter aus den Magazinen abgereicht werde, bis man sich hernach im Lande recht austheile, durch haltende strenge Mannszucht den verloffenen Landesbewohnern zu dem Seinigen zurückziehe und gedachte Natural-Verpflegung einrichte.

Weil aber die Truppen in gemeldetem Banat und Siebenbürgen mit diesem allein nicht bestehen können, so erfordert ihre Aufrechthaltung, dass ihnen zur Completirung der Gebühr auf die Portion, respective 3 und 2 fl. ex cassa bar entrichtet oder in den von aller Einlogirungslast nunmehr befreiten deutschen Erbländern verlässlich

angewiesen werden, wobei man es zwar, wie E. k. M. aus der neben-
gehenden Steinville'schen Instruction des mehreren zu ersehen geruhen
werden, dahin veranstaltet hat, dass sowohl von Seiten des Banates
als Siebenbürgens die Contributionen in der Walachei, dann auch
jenseits in der Moldau so weit immer möglich extendirt, mit der
Glimpfe, wenn es thunlich, wenn nicht, mit Schärfe eingetrieben und
in diesem Absehen fester Fuss gesetzt werden solle. Weil es aber
eine bekannte Sache, dass diese beiden Fürstenthümer durch die türkische, einige Zeit angehaltene unerträgliche harte Auflage und grosse
Neben-Extorsiones ihrer Hospodaren gänzlich entkräftet, auch zu besorgen ist, dass durch des mehr als türkischen M a u r o c o r d a t o abgeneigte Anleistungen bei Ersehung eines für E. k. M. Truppen eintretenden Vortheiles, das Land im Grund ruiniren wird und die Leute
davon laufen werden, wird von daraus zwar einige Beihilfe zu hoffen
aber nicht zu versichern sein, mithin die Betragnus der Geldverpflegung
anderwärtig einzuleiten steht.

Diesem nach nun auf die Remonten und Recruten zu kommen,
so bin ich mehr denn versichert, E. k. M. werden von selbst höchst
erleucht erkennen, dass diesfalls die frühzeitigen Anstalten vorzubereiten seien, zu welchem Ende ich die von den siebenbürgischen
Regimentern zur Abholung und Uebernehmung derselben commandirte
alte Mannschaft, von hier gegen Ofen abschicke und innerhalb 14 Tage
die von der hiesigen Postirung nachschicken werde, damit sie als die
entferntesten in die anweisenden Uebernehmungsörter nach der erwartenden Disposition abmarschiren, mithin sich zu einem frühzeitigen
Feldzug, als woran bei der vornehmenden Operation das mehrste gelegen
sein wird, completiren und anschicken können.

Zur Facilitirung ermeldeten Recrutenwesens würde sowohl der
Miliz als den Ländern sehr fürträglich sein, wenn von ein oder anderem
Reichsstande eine taugliche alte Mannschaft, ohne den Stabspersonen,
von inclusive dem Feldwebel oder wenigstens compagnieweise, könnte
erhandelt werden, wie ich bereits mit E. k. M. Hofkriegsrath in
Antwort anerinnert, auch des Prinzen zu A n h a l t - B e r n b u r g diesfalls gemachten Anträge in copia beigeleget habe.

Sonst bin ich nunmehr daran, die Armee zu separiren und in
die unvorgreiflich zugewidmeten Winterquartiere mit guter Mannszucht abgehend zu machen, wie denn das siebenbürgische Corps bereits
heute seinen Marsch angetreten und morgen ein anderes, mithin nach
und nach alles zu folgen hat; wenn dieses geschehen und dem dahier
bei dem Commando verbleibenden Grafen von M e r c y, seine gemessene
Instruction wird gegeben sein, worüber E. k. M. die Copie soll ein-

geschickt werden, gedenke ich meine Abreise anzutreten, um mich zu E. k. M. Füssen zu legen und von allem allerunterthänigsten Bericht abzustatten, der getrösteten Hoffnung, Dieselben werden Allergnädigst geruhen, sowohl über obgedachtes unmassgebliches Einlogirungs-Project und Recruten- oder andere gemachte Anstalten, Dero Allerhöchste Genehmhaltung oder gut befindende Abänderung durch einen eigenen Courier zu meiner Direction auf den Weg entgegen abfertigen zu lassen, damit ich umso schleuniger E. k. M. unänderlichen Befehl vollziehen möge.

Ferner lege ich E. k. M. allergehorsamst zwei in der Moldau durch siebenbürgische Parteien aufgefangene türkische und moskowitische, die Einrückung der czarischen Truppen in Polen betreffende Briefe bei und habe zu Folge des an mich ausgestellten Allermildesten Befehles den Prinzen von Sulzbach bei dem abgetretenen Neuburg'schen Regiment als wirklichen Obristen kriegsgebräuchlich vorstellen lassen.

Sodann habe ich auch die Gnade des sogenannten Stocco und Beretino, welche Ihre päpstliche Heiligkeit mir in Ansehung E. k. M. zugewidmet, durch den angelangten Marchese Rasponi zwar vernommen, die Solennität aber wegen Abgang eines hiezu erforderlichen Bischofs bei der Armee nicht verrichten können. Wo aber E. k. M. Allergnädigst erlauben möchten, wäre ich des Vorhabens, ein solches zu Raab vorzunehmen, allwo Bischof Nádasdy sich aufhaltet, eine Garnison und Artillerie vorhanden, mit der allergehorsamsten Bitte dass E. k. M. zur Beehrung der päpstlichen Gnade belieben möchten zu erlauben, dass die Garnison in's Gewehr und die Artillerie abfeuern, mithin diese Solennität nach Thunlichkeit beehren mögen.

163.
An den FML. von Graven. Feldlager bei Temesvár, 29. October 1716[1]).

Es ist nun (an) dem, dass die Armee wirklich auseinandergeht und diesemnach wird mein Herr Feldmarschall-Lieutenant morgen mit den neben specificirten Regimentern den Aufbruch machen, folglich nach anverwahrter Marschroute seinen Zug mit genauer Ordnung und guter Mannszucht dergestalt fortzusetzen haben, dass alle desordres und Beschwerden des Landes verhütet werden mögen, zu welchem Ende denn sothane Regimenter meinem (Titel) mit aller gebührender Aufsicht und Parition sowohl auf dem Marsch als der Ueberwinterung

---

[1]) Kriegs-A., „Türkenkrieg 1716"; Fasc. X, 170.

halber, wie denn auch der zum General-Feldwachtmeister declarirende Herr Obrist von El tz qua talis angewiesen sind, dem hiernächst un-verhalten bleibt, wasmassen bevorderst man durchgehends campiren, ausser wo etwa bei schlimmem Wetter das Cantoniren die Noth erfor-dern sollte und man sonst das Land mit der Vorspann nicht im geringsten zu beschweren haben wird, massen das Commissariat für die Kranken der Infanterie die bedürftige Vorspann von hier aus abgibt, über welche sonst ein ferneres keineswegs, sonderheitlich aber von der Cavallerie gar nichts zu praetendiren wäre. Das Brot wie auch das harte Futter wird der Infanterie und der Cavallerie, aus den unterlegten Magazinen abgereicht werden, ohne dass man also dem Land ausser der rauhen Fourage etwas abzufordern hätte.

Im übrigen wird mein Herr Feldmarschall-Lieutenant bevorderst eine beständig gute Correspondenz mit den in Siebenbürgen und hiesiger Postirung commandirenden Herrn G. d. C. Grafen von Steinville und Mercy zu unterhalten und mit denselben nach sich ereignender Conjunctur den Herrendienst de concerto bestens zu be-sorgen, auch auf erfordernden Nothfall die Hand zu bieten (sich) angelegen sein lassen.

164.

An den FML. Grafen St. Croix. Feldlager bei Temesvár, 29. October 1716[1]).

Meinem Herrn Feldmarschall-Lieutenant unverhalte hiermit, was-massen bei nun auseinandergehender Armee das Postirungs-Commando dem Herrn G. d. C. Grafen von Mercy aufgetragen, auch neben anderen mein Herr (Titel) für seine Person sammt dem löbl. Regiment dahin destinirt sei, welchemnach Sie denn mit gegenwärtigem an gedachten Herrn Grafen von Mercy allerdings dahin angewiesen werden, damit Sie nicht nur in allem dem, was er zu Herrendienst so-wohl respectu der Einlogirung der Truppen, als Abschickung der alten Mannschaft auf Recrutirung und sonst veranlassen wird mit gebühren-der Aufsicht die Folge zu leisten wissen, sondern auch mit guter Ver-ständniss und Einmüthigkeit unter seinem Commando sich comportiren und den Allerhöchsten Dienst nach Obliegenheit besorgen mögen.

---

[1]) Kriegs-A., „Türkenkrieg 1716"; Fasc. X, 183.

165.

An den Hofkriegsrath. Feldlager bei Temesvár, 30. October 1716 [1]).

Der FML. **G r a v e n** hat mit seinem, dem Arenberg-, Alt-Lothringen-, Vasquez- und Hannover'schen Regiment seinen Marsch bereits gestern in die angesetzten Quartiere angetreten, heute und morgen werden die Generale **V e t e r a n i** und **C o r d o v a** mit den Regimentern Cordova, Galbes und Mercy, dann der FML. **D a u n** und GFWM. von **L a i m p r u c h** mit Baden-Durlach, Max Starhemberg, Jung-Daun, Trautson, Bevern, Ahumada, Marulli, wie nicht weniger der GFWM. Graf **J ö r g e r** mit dem unterhabenden, Rabutin- und Pálffy'schen, dann der FML. Graf **W a l l i s** und GFWM. **M a r u l l i** mit dem Guido Starhemberg- und Regal'schen Regimente folgen. Der Generalstab, Artillerie und Ueberrest werden alle morgen und über-morgen ihren Zug auch antreten und zwar gedachter Generalstab gerade gegen Ofen, allwo die Nachricht der noch im Ausstand ge-bliebenen Quartiere entgegen zu senden und annebens darauf anzu-tragen wäre, dass den Generalspersonen nach Anleitung meiner bei den überschickten Projecten gemachten Anmerkungen die Disposition eingerichtet und beschleunigt werde.

166.

Instruction für den G. d. C. Grafen Mercy. Feldlager bei Temesvár, 1. November 1716 [2]).

Demnach Gott der Allmächtige die glorreichen kaiserlichen Waffen dahin gesegnet, dass nach geschlagenem Feinde die Festung Temesvár und dadurch das aus allen Umständen ansehnliche Banat der Botsmässigkeit Ihrer kaiserlichen Majestät unterworfen, mithin nach nunmehr auseinander gegangener Armee nothwendig ist, solches nicht nur gegen alle feindlichen Unternehmungen zu sichern, sondern auch den Feind aus den noch innehabenden kleinen Posten zu ver-treiben und dem erhaltenen Vortheil zum Herrendienste allferneren Nutzen zu verschaffen, also hat man zu dessen Bewirkung die in nebenkommender Specification angesetzten Regimenter und Generale mit allen anderen thunlichen Dispositionen zur einrichtenden Postirung

---

[1]) Kriegs-A., „Türkenkrieg 1716"; Fasc. X, 193.
[2]) Kriegs-A., „Türkenkrieg 1716"; Fasc. XI, 1.

angeordnet und Euer Excellenz in Ansehung der bekannten guten Aufführung, erwiesenen Valeur und erworbenen langen Erfahrung, auch besonderem Desinteressement das Commando darüber, kraft dieses anvertrauen und ermeldte Regimenter, Generale und andere angestellte Personen mit gebührenden Aufsehen und Parition nach Kriegsgebrauch anweisen wollen, der gewissen Zuversicht, Sie werden solchen, so löblich als nützlich vorzustehen, in allem I. k. M. Dienst zu fördern mit uner·müdeten Kräften bedacht sein. Zu diesem Ende will quo ad militare vor anderen unumgänglich sein, dass E. E. nach vorläufig gemachten zulänglichen Dispositionen, sobald immer möglich, bei dem noch so ungewöhnlich schön anscheinenden Wetter das Absehen auf Pancsova, Uj-Palánka und wenn Sie es thunlich befinden, auch Orsova ins Werk richten, um dadurch die anstellende Postirung auf ihre rechte Hand versichern, das Land zu rassuriren und dem Feinde allen Fuss in dem Banat zu nehmen, auch besonders wenn es die Zeit zulässt, auf der Orsovaer Insel Posto zu fassen, die freie Donau-Communication mit Belgrad zu unterbrechen, welch' letzteres die zukünftigen Operationen um ein grosses erleichtern und dem Feinde die Subsistenz bei gedachtem Belgrad und Save-Strom vermindern würde. Zur Ausführung dieser Entreprise wird von der schweren Artillerie nebst sechs Feldstücken das nöthige an Mörsern, Bomben, Munition und anderen derlei Requisiten hinterlassen, die erforderlichen Officiere und Bedienten à proportione angewiesen und von dem Commissariate die Bespannung hergegeben, auch ratione des Brotes und dessen Transportirung das nöthige dergestalten veranstaltet, damit einestheils die Truppen nicht leiden, andertheils das Land conservirt und zu beiden Absehen die nöthige Assistenz gegeben werde. Wenn nun, wie man gänzlich hoffen thut, dieses also wird bewirkt sein, so ist vor allem anderen auf die Erhaltung eines so ansehnlichen Theils der Armee, der stärksten zu der Postirung commandirten Regimentern zu gedenken und alle Sorge dahin anzutragen, damit solche unnöthiger Dinge nicht fatiguirt, zu den vorhabenden Operationen nützlich gebraucht und zu rechter Zeit nach Thunlichkeit oder Beschaffenheit des Landes untergebracht werden, damit sie nach so viel ausgestandenen Strapazen sich erholen und bei angehendem künftigem Feldzuge in gutem dienstfähigen Stande erscheinen mögen. Damit nun dieses um desto füglicher und sicherer geschehe, dürfte wohl unumgänglich sein, die Seite gegen die Donau und die Front gegen die Walachei nach Möglichkeit zu versichern, sich auch in den Orten, wo es die Umstände erfordern könnten, zu verschanzen, damit der flüchtige Feind bei gefrorener Donau und durch die Walachei nicht überfalle oder wenigstens die Quartiere unruhig mache. Die Einrichtung dieser Postirung auch Unterbringung der Truppen erfordert vor allem eine Kenntniss des Landes, damit solche nach Proportion der Kräfte separirt und einer mit dem anderen zu I. k. M. Diensten erhalten werde, wozu die strenge Mannszucht und Kriegsdisciplin das meiste beitragen müssen, dass also vor allem darob zu halten ist, dass weder in den Märschen, noch Stationen oder anderwärtig im geringsten davon abgewichen werde, denn gleichwie billig, dass der Soldat das Seinige zu rechter Zeit bekomme, also muss auch dem armen Landmann umsoweniger Ursache sich zu beschweren gegeben werden, als solcher diesen Sommer durch die gewöhnlichen Kriegsfolgen von beiden Armeen viel gelitten und der billigen Hoffnung lebt, bei der veränderten christlichen Domination ein weit angenehmeres Tractament zu empfangen, als er unter der harten türkischen Botmässigkeit erdulden müssen.

Zur besseren Einführung dieser guten Ordnung, welche sowohl zur Conservation des Landes als der Truppen gereicht, hat man die Ordnung gemacht, dass anfänglich das Brot und Hartfutter auf eine kleine Zeit aus den an der Donau, Theiss, Maros, auch mitten im Lande gegen Karansebes und Mehadia anstellenden Magazinen abgereicht werden soll, bis man die Zeit gewinnt, die Miliz in das Land zu vertheilen, die Natural-Subsistenz daraus zu ziehen und das aus den Magazinen empfangene wiederum zu ersetzen, dass also E. E. zu diesem Ende concurriren und alles Ihrige beitragen, auch denjenigen welche etwa die Amtirung zu pflegen hätten, willfährig an die Hand gehen werden. Weil aber mit dieser abrechenden Natural-Subsistenz die Miliz nicht bestehen und im dienstfähigen Stande bleiben kann, so ist die Nothdurft zwar dahin eingeleitet, dass auf die Portion, respective zwei oder drei Gulden ex cassa entrichtet, oder in den deutschen Erbländern angewiesen werden sollen. Da aber E. E. die überhäuften Ausgaben und grosse Beschwerden des kaiserl. Aerars vorhin bewusst, so zweifelt mir ganz und gar nicht, E. E. werden auf dessen Erleichterung soviel als möglich bedacht sein und durch Einstellung aller Excesse einen Beitrag aus dem Lande, besonders aus der Walachei zu ziehen beflissen sein, damit durch die eintreibenden Contributionen ex hostico dem Feinde geschadet und I. k. M. ein Vortheil werde; daher in der Walachei in den Klöstern, Schlössern und anderen vortheilhaften Situationen, soweit es die raison de guerre zulässt, Posto zu fassen und gedachte Contribution vielmehr mit der Glimpfe, um die Leute zu animiren, wo aber diese nicht practicabel, mit der Schärfe einzutreiben wäre.

Das gute Einverständniss, vertrauliche Harmonie und stete Correspondenz mit dem commandirenden Generalen in Siebenbürgen Herrn

Grafen von Steinville, dem nebenspecificirte Truppen untergeben sind, ist zu diesem Ende höchst nöthig und vor allem mit demselben die etwa vorzunehmende Operation, insoweit sie ihn gemeinschaftlich betrifft, zu concertiren, auch einer dem anderen hilfliche Hand zu leisten; denn gleichwie aus einem einmüthigen Operiren alles Gute zu hoffen, also aus einem abseitigen viel Nachtheiliges zu besorgen steht.

Ein so anderes nun abzuhindern, hat man für gut befunden, obgedachten Herrn Grafen von Steinville die walachische Grenze längs Siebenbürgen von Tismana incl. bis an die Donau, wie es die natura loci mit sich bringt, aufzutragen, dergestalt jedoch, dass dadurch die gemeinsame Hilfeleistung nicht gehindert sein soll. Die gute Correspondenz mit den Commandanten zu Arad, Szegedin, dann Peterwardein und zwischen der Maros und Theiss versteht sich von selbst und hat besonders der Herr FML. Graven den Befehl, auf erforderlichen und nöthigen Fall die gemeinsame Hand zu bieten und sowohl Deroselben, als dem commandirenden Generalen in Siebenbürgen im Falle der Noth mit den angewiesenen Truppen Hilfe zu leisten, welche aber ohne die höchte Ursache nicht zu verlangen, noch die Miliz und das Land dadurch zu fatiguiren wäre.

Weil auch die Einholung verlässlicher Kundschaften eine sehr fürträgliche und höchst nöthige Sache ist, so belieben E. E. sich darum nach Möglichkeit zu bewerben, und solche dem Grenz-Commandanten, gleichwie Sie auch thun werden, besonders aber dem commandirenden Generalen in Siebenbürgen mitzutheilen; auch mich und einen löbl. Hofkriegsrath von allem und jedem posttäglich zu benachrichtigen, mithin in geheimen Sachen sich des nebenliegenden Zifferschlüssels mit oft wiederholtem Herrn Grafen von Steinville, mir und einem löbl. Hofkriegsrathes zu bedienen. Dem Herrn GFWM. Grafen von Wallis als dermalen Deroselben mit geziemender Parition angewiesenen Commandanten zu Temesvár ist sowohl zur Förderung der Fortifications-Reparation oder Vermehrung, als in allem anderen hilfliche Hand zu bieten.

Das Oeconomicum betreffend steht zu verhoffen, E. E. werden solches nach Thunlichkeit vermehren und bei so hoch angelaufenen Ausgaben des kaiserl. Aerars dahin bedacht sein, damit den Cameral- oder Commissariats-Officianten in ihrer zur Herrenwirthschaft gereichenden Amtirung aller diensamer Vorschub gegeben, die Miliz soviel möglich aus dem Lande subsistiren möge und sonst all dasjenige vorkehren, was an derlei Sachen das Land erhalten und I. k. M. Einkünfte verbessern kann, wobei hauptsächlich auf Reparirung der Mühlen und

Zurückbringung der zerstreuten Unterthanen, dann Haltung guter
Ordnung zu attendiren wäre.

Das Politicum geht dermalen nicht weiter, also dass man auf
alle Art und Weise sich bemühe durch gute Einleitung die Justice zu
administriren, durch Haltung guter Disciplin die Einwohner zu gewinnen, dann in keinem, sowohl militari, oeconomico, ecclesiastico et
civili die allermindeste beständige Anstellung vorzukehren, massen
derlei Sachen I. k. M. nach genommener guter Kenntniss des Landes
allein vorbehalten bleiben, auch der Dienst erfordert, dass in der
Stadt die wahre, alleinseligmachende katholische Religion mit lauter
deutschen Einwohnern besetzt werde, bis auf I. k. M. Allergnädigste
Resolution wie sie ein so anderes gehalten haben wollen.

Schliesslich sind die Umstände der veränderlichen Zeit so beschaffen, dass man E. E. in einer Instruction nicht alles vorschreiben
oder vorsehen kann, sondern überlasse ich das meiste Deroselben
Gutbefinden und zur Förderung des Herrendienstes tragenden Eifer,
welchen Sie in fascie loci am besten erkennen und dasjenige vorkehren und in allen Fällen sich anfragen können, was in einem und
anderem zu thun am fürträglichsten sei, wiewohl ich mich vor allem
auf Dero bekannte Prudenz, Vorsichtigkeit und Activität hauptsächlich
verlasse, mithin in stetem Vertrauen verbleibe.

167.

**Instruction für den GFWM. Grafen Franz Paul Wallis.
Feldlager bei Temesvár, 1. November 1716 [1]).**

Aus besonderem Vertrauen zu des Herrn General - Feldwacht-
meisters in allen Begebenheiten bezeigten löblichen Aufführung bin
ich billig veranlasst worden, Deroselben das dermalige Commando der
glücklich eroberten Festung Temesvár bis auf weitere Allergnädigste
Disposition aufzutragen und obschon ich nun eben aus dieser Ursache
nicht anzustehen hätte, der Herr General-Feldwachtmeister werde von
selbst bedacht sein, all' dasjenige in dem Bezirk der anvertrauten
Festung vorzunehmen, was I. k. M. Dienst immer verlangen und erfordern könnte, so habe ich dennoch vor allem den Herrn General-
Feldwachtmeister an den im Banat pro nunc angestellten commandirenden G. d. C. Herrn Grafen von Mercy mit gutem Aufsehen
quo ad militaria zu verweisen und annebens zu erinnern für gut be-

---

[1]) Kriegs-A., „Türkenkrieg 1716"; Fasc. XI, 2.

funden, dass vor allem in gedachte Festung kein anderer als catholicae religionis und deutscher beständig anzunehmen, weniger eine Anstellung einiger beneficiorum et officiorum oder Austheilungen des inneren kleineren Terrains zu machen seien. Den Raizen kann ein Theil der grösseren Palanka, wo die Attaque war, ausgetheilt werden, jedoch mit dem Vorbehalt, dass das dominium soli I. k. M. verbleibe, um bei künftighin dort etwa anzulegender Fortification zu keiner Vergütung verbunden zu sein. Die Reparation gedachter Fortification, wozu der Herr Graf von Mercy mit Roboten und anderen Beihilfen mit der Zeit an die Hand stehen wird, oder vielmehr deren unschadhafte Erhaltung, dann die Sauberkeit in einem so beschaffenen Ort verstehen sich von selbst, bevorderst die Vorsichtigkeit gegen die Gefahr des Feuers, aus welcher sehr viel zu besorgen steht, dann die Reparation der Mühlen zur Vermahlung des Getreides. Von Versicherung der Magazine, Austheil- und Unterbringung der beihabenden Garnison, damit die Posten wohl bewacht und doch die Bataillone ohne Ursache nicht strapacirt werden will ich gar nichts melden, in der Zuversicht, der Herr General-Feldwachtmeister werde von selbst darauf bedacht bleiben und zur Besorgung der ihm anvertrauten Festung und Garnison alles dasjenige vorkehren, was die Kriegsordnung, I. k. M. Dienst und seine Kriegs-Experienz mit sich bringt, von welcher man unter anderen eine umständliche Nachricht erwartet, ob und wie etwa durch anzulegende Schleusen oder Batardeaux die Bega zu sperren, der Morast (und) mithin die Gräben, als worin der grösste Vortheil besteht, zu halten und zu vergrössern sind, mithin seine Gedanken über Verbesserung der irregulären Fortification eröffnen. Und gleichwie mit den benachbarten Commandanten gute Einverständniss und Correspondenz zu pflegen, also ist in dem noch unbekannten Lande um die Kenntniss des kaiserl. Interesses (sich) zu bewerben, den Inwohnern durch Administrirung der Justiz und Handhabung der Billigkeit Muth zu machen, sodann der Miliz alles excediren einzustellen, wie nicht weniger dem kaiserl. Kriegs-Commissariat und der löbl. Hofkammer in der Amtirung die fördersame Hand zu bieten. Und zumal in derlei und anderen täglich vorfallenden Umständen nicht wohl möglich (ist), über alles und jedes eine ordentliche Instruction zu ertheilen oder die Nothdurft vorzusehen, also thue ich mich hauptsächlich auf des Herrn General-Feldwachtmeisters bekannte Prudenz und erworbene lange Kriegserfahrenheit verlassen, wohl wissend, er werde in allem und jedem in facie loci nach Beschaffenheit der Vorfallenheiten sich schicken, I. k. M. Dienst befördern und dadurch seine eigenen Verdienste vermehren.

168.

An den Kaiser. Raab, 7. November 1716 [1]).

Nachdem Euer kaiserlichen Majestät Armee den letzten entwichenen Monats völlig auseinandergegangen und im wirklichen Zuge
nach den angewiesenen Quartieren begriffen war, habe ich dem
G. d. C. Grafen von M e r c y die in Copie beikommende Instruction hinterlassen [2]) und meine Reise bis hieher fortgesetzt, in der Hoffnung bald
selbst zu E. k. M. Füssen zu sein. In gedachter Instruction hat man
nicht alles vorsehen, noch ein mehreres vorschreiben können, sondern
einen Theil der Conduite dem commandirenden General anheim stellen
müssen, als welcher in facie loci ein so anderes zu erkennen und das
übrige aus den von Zeit zur anderen sich ergebenden Zufällen anzuzeigen hat.

169.

An den sächsischen GFWM. Freiherrn von Seckendorf in Leipzig. Wien, 12. November 1716 [3]).

.... Betreffend die beiden Regimenter, so des Herrn Markgrafen
von A n s p a c h Liebden Ihrer kaiserlichen Majestät zu überlassen
erbötig sind, kann ich in Antwort unverhalten, dass I. k. M. dermalen
nicht gesonnen sind, fremde Regimenter in Dero Sold zu übernehmen,
wohl aber gegen anständige Bedingnisse recrutenweise, um Ihre bereits
habenden alten Regimenter dadurch zu ergänzen. Zudem ist auf einen
Generalvorschlag und ohne Benennung der Conditionen, auf welche
etwa angetragen werden möchte, nichts verlässliches zu antworten,
mithin eine nähere Erklärung zu machen, um sodann nach Beschaffenheit
derselben und anderen Umständen das weitere vortragen zu können.
Mich freut übrigens zu vernehmen, dass die polnischen Unruhen dermalen zur allseitigen Zufriedenheit beigelegt sind, dass also demnächst
von dem Ausmarsch der deutschen Truppen das mehrere zu erwarten steht.

Kann ich indessen dem Herrn General - Feldwachtmeister etwas
dienstliches erweisen (so) werde (ich) bei sich fügender Gelegenheit
zeigen.

[1]) Kriegs-A., „Türkenkrieg 1716"; Fasc. XI, 19.
[2]) Supplement Nr. 166.
[3]) Kriegs-A., „Türkenkrieg 1716", Fasc. XI, 5.

170.

An den FZM. Freiherrn von Löffelholz.
Wien, 13. November 1716 [1]).

Auf Euer Excellenz unterm 1. dieses hat es sein Bewenden, dass
Sie verordnetermassen die Kriegsschiffe in den Canal von Bjeloberdo
zur Ueberwinterung und mit selben die Feld- nebst anderer daselbst
entbehrlicher Artillerie, wie es der löbliche Hofkriegsrath Deroselben
nächstens specifie andeuten wird, abschicken thun.

Hiernächst aber und was Rača angeht, sind Deroselben die Ursachen nicht unbekannt, warum die Posten anzulegen für nöthig
erachtet worden. Und zumal eben diejenige raison de guerre, so
pro praeterito hierunter gewaltet, auch auf bevorstehendes Frühjahr
auf sich beruht und sein Verbleiben hat, also will es eine Unumgänglichkeit sein, sothanen Posten auf alle Weise zu behaupten und aufrecht zu halten.

Die Disposition und Eintheilung der dahin auf die Postirung destinirten Truppen bleibt E. E. anheimgestellt, damit Sie es also veranstalten mögen, wie Dieselbe zu Herrendienst und Bedeckung der Grenzen
es in loco am besten anzuordnen und zu dijudiciren wissen werden,
wobei Deroselben jedoch unerinnert nicht lassen muss, dass die Leute
ohne Noth nicht zu fatiguiren, sondern soviel (als) möglich bei der
Ruhe zu lassen, folglich auf den bevorstehenden Feldzug in gutem
und diensttauglichen Stande zu erhalten wären, wie denn nicht weniger
bei Dero Belieben steht, über den in Peterwardein befindlichen 2 Bataillonen zur erforderlichen Bestreitung der Wachen noch mehrere Compagnien von Dero Regiment dahin einzuziehen, gestalten bereits die
zur Erbauung der Kasernen im Kronenwerk benöthigten Materialien
dahin abgeschickt worden (sind).

Sonst recommandire E. E. bevorderst die Eintreibung der bestimmt
und wirklich ausgeschriebenen Contributionen umso mehr, als man
darauf Conto gemacht und indessen zum dortigen Fortificationsbau
wirklich angetragen hat.

Wegen Uebernehm- und Weiterbeförderung des Residenten
Fleischmann ist durch den Hofkriegsrath die Nothdurft verfügt
worden, allworauf (ich) mich diesfalls vollkommentlich referire und
im übrigen der unterlegenden Ordonnanzen halber, dann beständiger vertraulicher Correspondenz und guten Vernehmens mit dem

---

[1]) Kriegs-A., „Türkenkrieg 1716"; Fasc. XI, 26.

in der Temesvárer Postirung commandirenden Herrn G. d. C. Grafen von M e r c y, mich auf meine vorigen gleichfalls beziehe und nachrichtlich unverhalte, dass auch zu Zsablja ein Magazin an- und aufzurichten befohlen worden, keineswegs zweifelnd, E. E. werden Dero unterhabenden District nach gewöhnlichem Eifer allseits zu besorgen sich äusserst angelegen sein lassen.

Ich bedaure schliesslich Dero anscheinende Unpässlichkeit, hoffe aber anbei, dass bis nach geschehener Postirungs-Einrichtung es sich damit besser anlassen und E. E. sich erholt haben werden. Sollte aber widrigenfalls Dero Anherreise zur Restitution unumgänglich sein, so hätten Dieselbe bei dem Hofkriegsrath sich der Erlaubniss halber seiner Zeit zu insinuiren, wiewohl (ich) Deroselben nicht bergen mag, dass bei gegenwärtigen Conjuncturen, sonderheitlich in einer solchen avancirten Grenze, die Anwesenheit eines Generals hauptsächlich vonnöthen sei, obzwar man E. E. Gesundheit in keinerlei Wege zu praejudiciren gedenkt.

171.

An den Papst Clemens XI. Wien, 16. November 1716[1]).

Nach Gottes des Höchstgütigen und Allerhöchsten Gnade, welche die frommen Gebete Euerer Heiligkeit erflehten und durch welche die kaiserl. Waffen jüngsthin bei Peterwardein über den erbitterten Feind des christlichen Namens siegten, konnte mir nichts erwünschter kommen, als die gütigen Glückwünsche Euerer Heiligkeit und die unverdiente, durch den in jeder Hinsicht hervorragenden und angesehenen Ritter H o r a t i u s R a s p o n i überbrachte Auszeichnung des Schwertes und Hutes, welche, indem sie mit der grösstmöglichsten Feierlichkeit vollzogen wurde, mich nicht nur an die göttliche Gnade erinnern, sondern mich auch zu grossen Unternehmungen für die gerechte Sache Gottes, des K a i s e r s und der Christenheit aneifern wird.

Indem ich hoffe, dass sie unter einem solchen Pontificate glücken werden, rufe ich zugleich die göttliche Macht zu Hilfe, damit sie mich der empfangenen Gnade würdig mache und Euere Heiligkeit zu grösserem Ruhme und zur Förderung der heiligen und des K a i s e r s Sache lange heil und unversehrt erhalte, Deren heilige Füsse ich mit Ehrerbietung küsse und mit hochachtungsvoller Unterwürfigkeit verbleibe etc.

---

[1]) Kriegs-A., „Türkenkrieg 1716"; Fasc. IX, 34 (lateinisch).

172.

An den G. d. C. Grafen Mercy. Wien, 21. November 1716 [1]).

Durch eigens abgeschickte Stafette habe ich Euer Excellenz
beliebtes Schreiben vom 11. dieses vorgehenden Monats zurecht
behändigt und die angenehme Nachricht daraus entnommen, dass der
feindliche Posten Pancsova auf die angemerkte Art sich ergeben, mithin in die kaiserl. Botmässigkeit verfallen ist. Gleichwie ich nun nicht
ermangle, I. k. M. diesfalls allerunterthänigst zu benachrichtigen, also
erfreue ich mich mit Deroselben über diesen so glücklichen Anfang
der vorgenommenen Expedition, nicht zweifelnd, E. E. werden nach
Inhalt der obhabenden Instruction nunmehr ferners bedacht sein, den
Posten Uj-Palánka und nach diesem Orsova, mithin alle von der Theiss
herwärts längs der Donau bis obgedachtem Orsova vom Feind noch
besetzten Orte so schleunig als möglich wegzunehmen, um dadurch
das Banat völlig zu räumen und die vorhabende Postirung zu versichern, auch unvergessen sein, nach Thunlichkeit und Beschaffenheit
der Umstände das nöthige wegen Behauptung obgedachten Postens
Orsova, wie nicht weniger Occupirung der daneben liegenden Donau-
Inseln zu rechter Zeit in facie loci vorzukehren, damit dieser so importanten Situation halber nichts verabsäumt werde, worüber E. E. nach
der beiwohnenden Kriegserfahrenheit das weitere anheimgestellt wird,
nicht anstehend, dass Sie dasjenige disponiren werden, was zu I. k. M.
Dienst und Vorbereitung der zukünftigen Operationen vonnöthen und
erforderlich sein dürfte.

Wenn nun nach diesem die Postirung und winterlichen Stationen
einzurichten sind, so ist auch vonnöthen, dass von Seite der Walachei
die Front versichert, mithin solche Anstalten vorgekehrt werden, auf
dass von dort kein Ueberfall oder unzeitige Delogirung von einem
fliehenden Feinde zu besorgen sei, daher E. E. in loco bestens erkennen
werden, ob nicht etwa Mehadia sammt dem ganzen Thal bis auf
Orsova zu occupiren und davon zu profitiren wäre. Sonst approbire
ich diejenigen Dispositionen, welche E. E. mit Besetzung obgedachten
Pancsova und Verlegung der Husaren dann deutschen Regimenter
theils vorgekehrt und theils angetragen haben.

Die Subsistenz an Brot und hartem Futter betreffend, kann zwar
solche anfänglich aus den Magazinen genommen werden, massen ein
solches bereits vorgesehen und dem Herrn Hofkammerrath von Har-

---

[1]) Kriegs-A., „Türkenkrieg 1716"; Fasc. XI, 43.

rucker das nöthige erinnert ist. E. E. werden aber auf alle Wege dahin bedacht sein, damit diese nicht über die Noth extendirt und sobald immer möglich die Natural-Verpflegung aus dem Banat mit Ordnung und Wirthschaft beigeschafft werde.

Dass von den in Garnison liegenden Bataillonen die gehörigen Officiere und alte Mannschaft unter einem Stabsofficier so schleunig als möglich zur Uebernehm- und Abholung der Recruten abgeschickt werden, daran geschieht gar recht, massen dieses so hochwichtige Geschäft, woran die Ergänzung der Regimenter liegt, bevorderst für die so weit entfernten nicht zu versäumen noch zu verschieben ist.

Herr Graf Philippi hat zwar gar recht gethan, dass er wegen allzu sehr ruinirtem Ort Mehadia die Postirung nicht allda, sondern nur die Passagen zwei Stunden herwärts in dem Dorf Teregova und Ruska eingerichtet; ich hoffe aber, E. E. werden nach vollbrachter Expedition auf Uj-Palánka das Postirungs- und Natural-Subsistenzwesen also einzurichten und zu verbessern bedacht sein, dass man sowohl der Admodiation als der Beihilfe aus Siebenbürgen nachgehends nicht mehr bedürftig sei. Indessen wird von Seite eines Hofkriegsrathes sowohl an den commandirenden Generalen in Siebenbürgen Herrn Grafen von Steinville wegen Leistung allthunlichen Vorschubs, wiewohl wegen ausgeleerten Magazinen an Getreide von daraus wenig zu hoffen sein dürfte, als an die beiden GFWM. Herrn Grafen von Herberstein und Freiherrn von Cosa unter einem de novo rescribirt und erinnert, dass sie die zu dem Banat gehörigen, herwärts der Theiss und Maros entwichenen Unterthanen unweigerlich nach Hause zurücklassen und auch sonst alle übrige Assistenz und Beförderung im Herrendienst leisten sollen.

173.

An den Marschall Herzog von Villars.
Wien, 21. November 1716 [1]).

A mon retour de l'hongrie, j'ai reçu quasi en même temps les deux lettres que vous m'avez fait l'honneur de m'écrire le 22 et 31 du mois passé, et comme la recluition de la ville de Temesvár a de fort près suivie la prise de la Palanka, j'ai par là satisfait à la première, d'autant plus que les turcs assiégés ont fait voir, qu'ils ne se tiennent pas toujours aux obligations de soutenir trois assauts au corps de la place, et qu'ainsi dans le cas ils se sont quasi conformés à l'opinion de

---

[1]) Kriegs-A., „Türkenkrieg 1716"; Fasc. XI, 45.

ceux qui croyent le chemin couvert une principale partie de la fortification, la Palanka ayant tenue lieu du même. Je souhaite, Monsieur,
qu'ils continuent dans ce sentiment chrétien, si contraire à leur habitude,
et que la providence, qui a retenue les pluies, bénisse toujours la juste
cause pour le bien commun de la chretienneté.

Je vous remercie, Monsieur, très humblement, des compliments
sincères, dont vous m'avez honoré au sujet de l'évènement susdit et de
la généreuse part que vous voulez bien prendre à la conservation de
ma santé, vous souhaitant en échange du meilleur de mon âme une
entière satisfaction en tout ce qui vous regarde.

J'ai porté vos compliments à Monsieur le duc d'A re n b e r g, qui
vous en rend ses humbles grâces et assure les dames qui s'interessent
pour lui, que la blessure ne dérangera aucunement les traits de son
visage qui est toujours le même. Je suis surpris que M. d e H o h e n d o r f f
soit incognito, et espère qu'il sera plus attentif à vous rendre les devoirs
à l'avenir.

<h3 style="text-align:center">174.</h3>

An den G. d. C. Grafen Mercy. Wien, 28. November 1716 [1]).

Mit Euer Excellenz beliebtem Schreiben vom 18. dieses auslaufenden Monats sind mir die Risse der beiden eroberten Posten
Pancsova und Uj-Palanka zu richtigen Handen wohl eingelangt und
zugleich die Uebergabe dieses letzteren umso angenehmer daraus zu
entnehmen gewesen, als der Ort für sich selbst und die vortheilhafte
insulirte Situation Zeit und Leute gekostet hätte, dass also diese Ersparung E. E. vorsichtigen guten Disposition lobwürdig beizumessen
ist, wie ich denn auch diejenige, welche Sie sowohl wegen Abschickung
der alten Mannschaft auf Recrutirung als Bestellung der dermaligen
Garnison obgedachten Postens unter Commando des Herrn Obristen Freiherrn von N e i p p e r g, auch Detachirung des Herrn FML. Baron
von V i a r d mit 3 Cavallerie-Regimentern und 6 Bataillonen nach Karansebes umso leichter approbire, als ich der ungezweifelten Zuversicht
lebe, E. E. werden unter andern Ihnen aufgetragenen Einrichtungen
nicht allein auf das Fleisch und rauhe Futter, sondern auch hauptsächlich
auf den Ueberrest der Natural-Subsistenz, als Hafer und Brot bedacht
gewesen sein, damit solche in zulänglicher Quantität aus dem Banat
so schleunig als möglich beigeschafft werden, denn Deroselben nicht
unbekannt (ist), dass die siebenbürgischen Magazine durch die im ver-

---

wichenen Sommer geschehene Subministration ausgelcert, die Verzehrung im Lande durch die vielen einquartierten Truppen sehr gross und dem kaiserlichen Aerar sehr kostbar, ja fast unmöglich fallen würde, die in dem Banat befindlichen Regimenter aus den Magazinen zu verpflegen.

175.

An den Feldmarschall Grafen Daun. Wien, 9. December 1716 [1]).

Gleichwie ich Euer Excellenz in meinem vorigen bereits anerinnert habe, also bestätige ich auch Dero unterm 20. passato an mich erlassenes sehr werthes Schreiben und nebengebogen geweste Anlage der venetianischen See-Begebenheiten, dass von daraus wenig Diversion zu hoffen sein und bei weiters so fortgehenden Sachen man auf die zukünftige Campagne wohl anders reden, mithin der vorschützende widrige Wind nicht allemal als Entschuldigung dienen dürfte. Von hier aus wird E. E. vorhin bereits bekannt sein, dass Pancsova und Uj-Palánka in dem Temesvárer Banat an I. k. M. Waffen auch übergegangen und hat nebstdem der Herr G. d. C. Graf von Steinville den Hospodar in der Walachei, Maurocordato, durch den Obristwachtmeister Dettina aufheben und weiter führen lassen.

176.

An den GFWM. Freiherrn von Beckers.
Wien, 9. December 1716 [2]).

. . . . Sonst geschieht (es) gar recht, dass die 2 Jung-Lothringen'schen Bataillone mit guter Vorsorge in den Požeganer District zu ihrer Erholung verlegt, auch die Kriegsschiffe in dem Canal bei Bjeloberdo wohl eingebracht worden (sind), nicht zweifelnd, der Herr Feldmarschall-Lieutenant werde gleichfalls die von Szegedin über Peterwardein anlangende Artillerie und Munition nach Disposition eines löbl. kais. Hofkriegsraths trocken und sicher unterbringen, auch auf Reparation jener antragen, sodann nach Abreise des Herrn FZM. Baron von Löffelholz das angehende Commando mit gewöhnlicher Vigilanz und Eifer vertreten.

Was übrigens das von dem Herrn Obrist Petrasch mit Verschwiegenheit ausgeführte und in Deroselben Schreiben angeführte anbelangt, diesfalls ist mir bisher zwar noch nichts zugekommen, indessen

---

[1]) Kriegs-A., „Türkenkrieg 1716"; Fasc. XII, 15.
[2]) Kriegs-A., „Türkenkrieg 1716"; Fasc. XII, 16.

184

wird (es) mich freuen, wenn gedachter Herr Obrist durch einen guten
Streich seine obhabenden treuen Dienste vermehrt und Anlass gegeben
habe, auch etwas gegen Šabac vorzunehmen, mithin den Feind von
dem ganzen Save-Strom zu delogiren.

177.

An den G. d. C. Grafen Mercy. Wien, 30. December 1716[1]).

Votre Excellence aura appris par mes précédentes que j'entre dans
les raisons qui ont empêché l'expédition d'Orsova et que je me persuade
qu'elles cesseront ou deviendront plus faciles avec le temps pour l'entre-
prendre avant l'entrée de la campagne par l'avantage que j'en espère
dans les opérations à faire. Pour ce même effet il serait fort nécessaire
de bien reconnaître tout le terrain et les isles le long et dans le Danube,
particulièrement du côté de Pancsova, vis-à-vis de Belgrad, avec les
marais et isles qui doivent être fortifiés pour avoir une exacte con-
naissance de tous ces environs, y joignant dans les cartes à faire par
les ingénieurs que vous avez, la frontière de Valachie, Orsova et les
rivages opposés de votre côté du Danube autant qu'on les pourra connaître.

Je ne doute pas de la difficulté que V. E. trouve pour faire
subsister les troupes par le manquement des grains et d'avoine avec
une entière ruine du pays et retraite des habitants. Je vous recom-
mande l'oeconomie des magasins autant qu'elle est compatible avec la
conservation des régiments, la quelle doit être le premier soin et
attention pour qu'à l'entrée de la campagne ils se trouvent en bon
état de service; vous me ferez plaisir de m'informer de celui du
pays et sa situation après le tour que vous vous êtes proposé de faire.

Je suis bien aise qu'il ait réussi à Monsieur le colonel baron de
Neipperg d'enlever trois grosses barques qui remontèrent le Danube.
V. E. fera parfaitement bien d'armer autant de tschaikes, bateaux ou
barques qu'elle pourra trouver pour interrompre s'il est possible, ou au
moins incommoder la navigation des ennemis et leur communication
avec Belgrad. Le conseil de guerre ayant écrit à Messieurs les com-
mendants de Peterwardein, Szegedin et Arad de donner pour cet effet
toute l'assistance qui dépendra d'eux, de sorte que V. E. fera bien de
s'entendre avec eux, portés d'ailleurs pour l'avantage du service.

---

[1]) Kriegs-A., „Türkenkrieg 1716"; Fasc. XII, 51.